Einreise und Integration von Ausländern in der Bundesrepublik Deutschland und der Russischen Föderation

Studien zum Öffentlichen Recht, Völker- und Europarecht

Herausgegeben von Prof. Dr. Eckart Klein

Band 22

PL ACADEMIC RESEARCH

Oxana Syuzyukina

Einreise und Integration von Ausländern in der Bundesrepublik Deutschland und der Russischen Föderation

Eine rechtsvergleichende Untersuchung

PL ACADEMIC RESEARCH

Bibliografische Information der Deutschen Nationalbibliothek
Die Deutsche Nationalbibliothek verzeichnet diese Publikation in der Deutschen Nationalbibliografie; detaillierte bibliografische Daten sind im Internet über http://dnb.d-nb.de abrufbar.

Zugl.: Potsdam, Univ., Diss., 2014

Gedruckt auf alterungsbeständigem,
säurefreiem Papier.

517
ISSN 1437-2037
ISBN 978-3-631-65711-9 (Print)
E-ISBN 978-3-653-04998-5 (E-Book)
DOI 10.3726/ 978-3-653-04998-5

PL Academic Research ist ein Imprint der Peter Lang GmbH.

Peter Lang – Frankfurt am Main · Bern · Bruxelles · New York ·
Oxford · Warszawa · Wien

Diese Publikation wurde begutachtet.

www.peterlang.com

Vorwort

Bei dem vorliegenden Band handelt es sich um die finale Fassung meiner Dissertation, die im Sommersemester 2014 von der Juristischen Fakultät der Universität Potsdam angenommen worden ist. Sie entstand teilweise während meiner Tätigkeit als wissenschaftliche Hilfskraft am Lehrstuhl für Rechtsgeschichte, Rechtsphilosophie i. V. m. Öffentlichem Recht der Universität Potsdam. Die Rechtsprechung und Literatur sind bis zum Ende des Jahres 2013 berücksichtigt worden. Darüber hinaus habe ich den Bereich Zuwanderung und Integration in Russland und Deutschland überarbeitet. Die geänderte Rechtslage bis zum Dezember 2014 habe ich in die Arbeit mit einbezogen.

Ein besonderer Dank gilt meinem Doktorvater *Herrn Prof. Dr. Eckart Klein*. Er hat meine Arbeit mit großem Engagement betreut. Für das mir entgegengebrachte Vertrauen bedanke ich mich. Ohne seine wissenschaftliche und menschliche – wertvolle – Unterstützung und vielfältige Förderung hätte dieses Projekt nicht entstehen können. Ich freue mich sehr, dass mein Doktorvater diese Arbeit in seine Schriftenreihe aufgenommen hat.

Herzlichst danken tue ich auch *Frau Prof. Dr. Carola Schulze*. Sie hat das Zweitgutachten zügig erstellt und mir vielfältige Anregungen für meine Arbeit gegeben. Ihre Unterstützung hat maßgeblich zum Gelingen dieser Arbeit beigetragen.

Die vorliegende Arbeit wurde teilweise durch ein Promotionsstipendium des Koordinationsbüros für Chancengleichheit der Universität Potsdam und der Graduiertenförderung des Landes Brandenburg gefördert. Die Potsdam Graduate School hat einen Publikationszuschuss gewährt. Für diese finanzielle Unterstützung und das mir entgegengebrachte Vertrauen bedanke ich mich recht herzlich.

Die Leistungen der Korrektoren waren vorbildlich und haben zum Entstehen der Arbeit in ihrer jetzigen Form beigetragen. Ihnen gebührt mein Dank.

Ein Dank gebührt auch den Kollegen vom Lehrstuhl für Staats- und Kommunalrecht der Staatlichen Juristischen Kutafin-Universität Moskau, namentlich *Prof. Dr. N. A. Michaleva* und *Prof. Dr. V. I. Fadeev* (leider bis zur Veröffentlichung des Buches verstorben), die mich bei der Literatursuche in Russland stets unterstützt haben. Sie haben es mir ermöglicht, in der Universitätsbibliothek zu arbeiten. Ihre menschliche Unterstützung war für das Gelingen dieser Arbeit unerlässlich.

Zum Gelingen dieser Arbeit haben auch folgende Personen beigetragen: *Ella Shliaha* (Minsk), die am Entstehen des Dissertationsthemas mitgewirkt hat, *Galina Anisimova* (Tscheboksary) für hilfsreiche Diskussionen, *Marina Hartmann*, die mich finanziell unterstützt hat, *Julia Große, Sigrid Große, Erika Schmidt* und *Anastasia Maiwald* für menschliche Unterstützung. Bei all den Genannten möchte ich mich an dieser Stelle sehr herzlich bedanken.

Nicht zuletzt möchte ich mich bei meinem Mann, *Dr. Igor Di Varano*, bedanken.

... für meine Mutter und meine Tochter Victoria

Inhaltsübersicht

Inhaltsverzeichnis

Abkürzungsverzeichnis

a. A.	andere Ansicht
a. a. O.	am angegebenen Ort
ABl.	Amtsblatt
ABl.EG	Amtsblatt der Europäischen Gemeinschaft
Abs.	Absatz
Abschn.	Abschnitt
AEMR	Allgemeine Erklärung der Menschenrechte
AEUV	Vertrag über die Arbeitsweise der Europäischen Union
a. F.	alte Fassung
AGB-RF	Arbeitsgesetzbuch der Russischen Föderation
AGG	Allgemeines Gleichbehandlungsgesetz
AK	Alternativkommentar
Anh.	Anhang
Anm.	Anmerkung
APO-GOSt	Verordnung über den Bildungsgang und die Abiturprüfung in der gymnasialen Oberstufe
APO-S I	Verordnung über die Ausbildung und die Abschlussprüfungen in der Sekundarstufe I
ARB 1/80	Beschluß des Assoziationsrates EWG – Türkei
Art.	Artikel
Artt.	Artikeln
AsylVerfG	Asylverfahrensgesetz
AufenthG	Aufenthaltsgesetz
AufenthVO	Aufenthaltsverordnung
Aufl.	Auflage
Ausg.	Ausgabe
AuslG	Ausländergesetz / Ausländergesetz der Russischen Föderation
AVV	Allgemeine Verwaltungsvorschrift
AZ	Aktenzeichen
BAMF	Bundesamt für Migration und Flüchtlinge
BayEUG	Bayerische Erziehungs- und Unterrichtsgesetz
BayVBl.	Bayerische Verwaltungsblätter
BayVerf.	Bayerische Verfassung
Bd.	Band
BdbLVerf.	Verfassung des Landes Brandenburg
BdbSchulG	Brandenburgisches Schulgesetz
Bearb.	Bearbeiter
BerlVerf.	Berliner Verfassung

Beschl.	Beschluss
BeschV	Beschäftigungsverordnung
BeschVerfV	Beschäftigungsverfahrensverordnung
BFH	Bundesfinanzhof
BGB	Bürgerliches Gesetzbuch
BGBl.	Bundesgesetzblatt
BGH	Bundesgerichtshof
BGHZ	Entscheidungssammlung des Bundesgerichtshofs in Zivilsachen
BiG	Bildungsgesetz der Russischen Föderation
BMBF	Bundesministerium für Bildung und Forschung
BMI	Bundesministerium des Innern
BQFG	Berufsqualifikationsfeststellungsgesetz
BRD	Bundesrepublik Deutschland
BremVerf.	Landesverfassung der Freien Hansestadt Bremen
bspw.	beispielsweise
BT-Drucks.	Bundestag-Drucksache
BVFG	Gesetz über die Angelegenheiten der Vertriebenen und Flüchtlinge / Bundesvertriebenengesetz
BVerfG	Bundesverfassungsgericht
BVerfGE	Entscheidungen des Bundesverfassungsgerichts
BVerwG	Bundesverwaltungsgericht
BVerfGE	Entscheidungen des Bundesverwaltungsgerichts
BWVerf.	Verfassung des Landes Baden-Württenberg
bzgl.	bezüglich
bzw.	beziehungsweise
ca.	circa
CDU	Christlich Demokratische Union
CSU	Christlich Soziale Union
DARL	Daueraufenthaltsrichtlinie
ders.	derselbe
d. h.	das heißt
dies.	dieselbe
Diss.	Dissertation
DJT	Deutscher Juristentag
DÖV	Die Öffentliche Verwaltung
DRiG	Deutsches Richtergesetz
DStR	Deutsches Steuerrecht
DVBl.	Deutsches Verwaltungsblatt
ed.	edition
EG	Europäische Gemeinschaft
EGMR	Europäischer Gerichtshof für Menschenrechte
EGV	Vertrag zur Gründung der Europäischen Gemeinschaft

EinigungsV	Einigungsvertrag
Einl.	Einleitung
EMRK	Europäische Menschenrechtskonvention
EstG	Einkommensteuergesetz
EU	Europäische Union
EuGH	Europäischer Gerichtshof
EuGH-Slg.	Amtliche Sammlung der Entscheidungen des Europäischen Gerichtshofes
EuRAG	Gesetz über die Tätigkeit europäischer Rechtsanwälte in Deutschland
EUV	Vertrag über die Europäische Union
EWG	Europäische Wirtschaftsgemeinschaft
f.	folgende
FamG	Familiengesetz der Russischen Föderation
FAZ	Frankfurter Allgemeine Zeitung
FDP	Freie Demokratische Partei
ff.	fortfolgende
FG	föderales Gesetz
FGNU	Föderale staatliche wissenschaftliche Behörde für Nostrifizierung ausländischer Bildungsabschlüsse in der Russischen Föderation
FMS	Föderaler Migrationsdienst der Russischen Föderation / Federalnaja migrazionnaja sluzhba
Fn.	Fußnote
FreizügG/EU	Gesetz über die allgemeine Freizügigkeit von Unionsbürgern
FS	Festschrift
FZ	Federalnyj zakon / föderales Gesetz
gem.	gemäß
GERR	Gemeinsame Europäische Referenzrahmen für Sprachen
GeschOBR	Geschäftsordnung des Bundesrates
GG	Grundgesetz
ggf.	gegebenenfalls
GG-Komm.	Kommentar zum Grundgesetz
GK	Genfer Konvention
GK-GG	Großkommentar zum Grundgesetz
GRCh	Charta der Grundrechte der Europäischen Union
GRe-Komm.	Grundrechte-Kommentar
GRUR-Prax	Gewerblicher Rechtsschutz und Urheberrecht, Praxis im Immaterialgüter- und Wettbewerbsrecht
GS. NW	Nordrhein-westfälische Gesetzessammlung
GUS	Gemeinschaft Unabhängiger Staaten
GVBl.	Gesetzes- und Verordnungsblatt

GVerfG	Gerichtsverfassungsgesetz
HAG	Gesetz über die Rechtsstellung heimatloser Ausländer im Bundesgebiet
HessVGH	Hessischer Verwaltungsgerichtshof
HessVerf.	Hessische Verfassung
HK-AufenthG	Handkommentar zum Aufenthaltsgesetz
h. M.	herrschende Meinung
Hrsg.	Herausgeber
hrsg.	herausgegeben
HS.	Halbsatz
HStR	Handbuch des Staatsrechts der Bundesrepublik Deutschland
HVerf.	Handbuch des Verfassungsrechts
i. d. F.	in der Fassung
i. d. R.	in der Regel
i. d. S.	in diesem Sinne
IGLU	Internationale Grundschul-Lese-Untersuchung
IHK	Insdustrie- und Handelskammer
ILO	International Labour Organization, Internationale Arbeitsorganisationen
InfAuslR	Informationsbrief Ausländerrecht
insg.	Insgesamt
IntV	Integrationskursverordnung
IOM	Internationale Organisation für Migration
IPbpR	Internationaler Pakt über bürgerliche und politische Rechte
IPR	Internationales Privatrech
IPwskR	Internationaler Pakt über wirtschaftliche, soziale und kulturelle Rechte
ISCO	International Standard Classification of Occupation / Internationale Standardklassifikation der Berufe
i. S. d.	im Sinne des
i. S. v.	im Sinne von
IT	Information technology
i. V. m.	in Verbindung mit
IW	Institut der deutschen Wirtschaft Köln
i. w. S.	im weiteren Sinne
JA	Juristische Arbeitsblätter
Jh.	Jahrhundert
JURA	Juristische Ausbildung
JuS	Juristische Schulung
JZ	Juristenzeitung
Kap.	Kapitel

KMK	Ständige Konferenz der Kultusminister der Länder in der Bundesrepublik Deutschland
LER	Lebensgstaltung – Ethik – Religion
Lfg.	Lieferung
lit.	litera
LSA-V	Verfassung des Landes Sachsen-Anhalt
LVerfBbg	Brandenburgische Landesverfassung
LVerfG	Landesverfassungsgericht
LVerfG Bbg	Landesverfassungsgericht Brandenburg
mind.	mindestens
Mio.	Millionen
MVVerf.	Verfassung des Landes Mecklenburg-Vorpommern
m. w. N.	mit weiteren Nachweisen
NAG	Niederlassungs- und Aufenthaltsgesetz in Österreich
NdsVerf.	Niedersächsische Verfassung
NGO	Non-governmental organization / Nichtregierungsorganisation
NJW	Neue Juristische Wochenschrift
NJW-RR	Neue Juristische Wochenschrift – Rechtsprechungsreport
Nr.	Nummer
Nrn.	Nummern
NRW	Nordrhein-Westfalen
NRWVerf.	Verfassung für das Land Nordrhein-Westfalen
NVwZ	Neue Zeitschrift für Verwaltungsrecht
NVwZ-RR	Neue Zeitschrift für Verwaltungsrecht – Rechtsprechungsreport
NZA	Neue Zeitschrift für Arbeitsrecht
NZS	Neue Zeitschrift für Sozialrecht
o. g.	oben genannte
OLG	Oberlandesgericht
OSZE	Organisation für Sicherheit und Zusammenarbeit in Europa
OVG	Oberverwaltungsgericht
PartGG	Partnerschaftsgesellschaftsgesetz
PISA	Program for international Student Assessment
RF	Russische Föderation
RGBl.	Reichsgesetzblatt
RhPfVerf.	Verfassung des Landes Rheinland-Pfalz
RL	Richtlinie
Rn.	Randnummer
Rosobrnadzor	Ministerium für Bildung und Forschung der Russischen Föderation / Ministerstvo obrazovanija i nauki Rossijskoj Federazii

RSFSR	Russische Sozialistische Föderative Sowjetrepublik
RVO	Verordnung der Regierung der Russischen Föderation
S.	Satz / Seite
s.	siehe
SaarVerf.	Verfassung des Saarlandes
SächsVerf.	Verfassung des Freistaates Sachsen
SächsGVBl.	Sächsische Gesetzes- und Verordnungsblatt
SchlHLVerf..	Verfassung des Landes Schleswig-Holstein
SchulG / SchulG NRW	Schulgesetz / Schulgesetz des Landes Nordrhein-Westfalen
SchulO	Schulordnung
SGB	Sozialgesetzbuch
SLVerf.	Verfassung des Saarlandes
s. o.	siehe oben
sog.	sogenannte
SPD	Sozialdemokratische Partei Deutschlands
StAG	Staatsangehörigkeitsgesetz
StAG-RF	Staatsangehörigkeitsgesetz der Russischen Föderation
StGB-RF	Strafgesetzbuch der Russischen Föderation
StlÜbk	Übereinkommen über die Rechtsstellung der Staatenlosen
str.	strittig
s. u.	siehe unten
Teilbd.	Teilband
ThLVerf.	Verfassung des Freistaats Thüringen
ThürOVG	Thüringisches Oberverwaltungsgericht
u.a.	unter anderem / und andere
UdSSR	Union der sozialistischen Sowjetrepubliken / Sowjetunion
UN	United Nations
UNHCR	United Nations High Commissioner for Refugees
Urt.	Urteil vom
USA	United States of America / Vereinigte Staaten von Amerika
usw.	und so weiter
v.	von / vom
VBlBM	Verwaltungsblätter für Baden-Württemberg
VerfB	Verfassung des Landes Berlin
VerfLSA	Verfassung des Landes Sachsen-Anhalt
VerfRF	Verfassung der Russischen Föderation
VG	Verwaltungsgericht
VGH	Verwaltungsgerichtshof
vgl.	vergleiche
VO	Verordnung

VVDStRL	Veröffentlichungen der Vereinigung der Deutschen Staatsrechtslehrer
VwVfG	Verwaltungsverfahrensgesetz
VwVO	Verwaltungsverordnung
WASymbG	Weltanschauungssymbolegesetz
WRV	Weimarer Reichsverfassung
ZAR	Zeitschrift für Ausländerrecht und Ausländerpolitik
z. B.	zum Beispiel
ZevKR	Zeitschrift für evangelisches Kirchenrecht
ZRP	Zeitschrift für Rechtspolitik
z. T.	zum Teil
zul.	zuletzt
ZUM	Zeitschrift für Urheber- und Medienrecht
z. Z.	zurzeit

Einleitung

„Die Welt hat sich durch die Globalisierung verändert"
(Aus dem Bericht der Weltkommission für internationale Migration, Oktober 2005)

A. Einführung in die Problematik

Es gibt heute kaum ein Land, das von der weltweiten Migration, gleich welcher Art, nicht betroffen ist. Migration und Integration sind zugleich Ursache und Folge von Globalisierungsprozessen. Der tatsächliche Umfang der internationalen Migration weltweit ist kaum zu beschreiben und zu messen. Nach Schätzungen der Vereinten Nationen sind derzeit weltweit mehr als 214 Mio. Menschen unterwegs (im Jahre 2005 gab es ca. 191 Mio. internationale Migranten).[1] Drei Viertel aller Migranten leben in nur 28 Ländern. Die wichtigsten Zielländer der Zuwanderer sind – neben den USA und Kanada – die Bundesrepublik Deutschland und die Russische Föderation. Gegenwärtig stellt Russland das zweitgrößte Einwanderungsland der Welt dar – nach den USA – mit ca. 13,6 Mio. Zuwanderern.[2] Deutschland befindet sich auf Platz 3 der weltweiten Zuwanderer. Nach Angaben der UNO leben rund 10,8 Mio. Zuwanderer in Deutschland.[3]

Die meisten Zielländer von Einwanderungsbewegungen – darunter auch die Bundesrepublik Deutschland – bemühen sich um eine Steuerung der Zuwanderung und in den letzten Jahren verstärkt um eine bewusste und zielgerichtete Gestaltung der Ausländerintegration. Dabei ist der Umgang mit kulturfremden Werten, Normen und Lebensstilen von Zuwanderern von zentraler Bedeutung. Die Eingliederung der Zuwanderer in Deutschland ist allerdings mit erheblichen Integrationsdefiziten verbunden. Besondere Defizite liegen – wie sich auch aus den zahlreichen Untersuchungen ergibt – im Bereich des Schulwesens und des Arbeitsmarkts sowie in der politischen Partizipation. In Russland wird die Integration von Zuwanderern – trotz der erheblichen demographischen und wirtschaftlichen Probleme – weder in wissenschaftlichen Untersuchungen noch in der Öffentlichkeit thematisiert. Die rückgängige Geburtenrate, die Überalterung der

1 Aus der Rede von UN-Generalsekretär *Ban Ki-Moon* zum Internationalen Tag der Migranten am 18.12.2012, abrufbar unter: http://www.unric.org/de (abgerufen am 30.04.2013).

2 *FMS der RF*, in: Die Arbeitsergebnisse des Jahres 2010, 2010, S. 2. Nach Angaben der UNO lebten in Russland im Jahr 2010 ca. 12,3 Mio. Zuwanderer. In den USA sind es insgesamt ca. 42,8 Mio. Zuwanderer. S. Trends in International Migrant Stock: The 2008 Revision, United Nations – Department of Economics und Social Affairs 2010, S. 3, abrufbar unter: www.un.org/esa/population/migration/UN_MigStock_2008.pdf. (abgerufen am 03.05.2013).

3 Ebenda.

Bevölkerung und die hohe Auswanderung junger Leute und Hochqualifizierter bilden nur einige Gründe dafür, die Zuwanderungspolitik in der RF neu zu gestalten, damit die „Entvölkerung des Landes“ vermieden wird. Bereits heute wird Russland auf der internationalen Bühne als eine „defekte Großmacht“ bezeichnet, und das zu Recht: Neben zahlreichen Gründen stellt die demographische Krise im Land ein großes Zukunftsrisiko für Russland dar. Nach offiziellen Angaben wird hier bis zum Jahr 2050 ein Bevölkerungsrückgang von derzeit ca. 145 Mio. auf 85–100 Mio. prognostiziert. Bereits heute ist ein Arbeitskräftemangel festzustellen. Dieser Bedarf ist mit der Situation von vor 60–70 Jahren in Deutschland vergleichbar. Andererseits stellt Russland heute ein Aufnahmeland für Millionen von Zuwanderern aus den ehemaligen sowjetischen Teilrepubliken dar. Diese Entwicklung kann nicht ohne Einfluss auf Politik und Wissenschaft bleiben. Die politischen Diskussionen betreffen allgemeine Ausländer- und Migrationsprobleme bei den Arbeitsmigranten, aber nicht die Probleme der Integration von Zuwanderern in Russland. Die vorliegende vergleichende Untersuchung möchte daher – unter rechtswissenschaftlichen Gesichtspunkten – in diesem Bereich einen Beitrag leisten.

B. Ziel und Gegenstand der Untersuchung

Das Ziel der vorliegenden Untersuchung liegt in der Analyse der rechtlichen Grundlagen von Zuwanderung und der Eckpunkte von Ausländerintegration in Deutschland sowie deren Vergleich mit den rechtlichen Steuerungsinstrumentarien der Zuwanderungskontrolle in Russland. Dabei soll eine effektive Lösung für die Eingliederung zugewanderter Bevölkerungsgruppen in die Aufnahmegesellschaft beider Rechtsordnungen gefunden werden, um die Bildung gefährlicher Parallelgesellschaften zu vermeiden. Die Untersuchung dreht sich um drei wichtige und aktuelle Probleme der Ausländerintegration: Zugang zu (Aus)Bildung, Zugang zum Arbeitsmarkt und gesellschaftspolitische Partizipation. Das weitere Ziel des Projektes besteht darin, ein für die Praxis taugliches Modell zu schaffen: das deutsche Ausländerrecht wird auf Regelungsmodelle hin untersucht, um dieses auf das Problem der Ausländerintegration in der RF zu übertragen. Vergleichbare wissenschaftliche Arbeiten liegen bisher nicht vor. Vor allem besteht eine große Lücke im Bereich der Ausländerintegration in Russland, wo die staatlichen Maßnahmen bisher nur auf die Zuwanderung in jeglicher Form gerichtet sind. Zudem fehlt eine grundlegende zukunftsorientierte Gesetzgebung; und es besteht ein Reformbedarf der Migrationspolitik in der RF. Mit dieser Forschungsarbeit soll daher nicht nur ein Beitrag für die Entwicklung der Rechtswissenschaft im Bereich der Migration und Integration geleistet werden, sondern die Forschungsarbeit soll auch der Zivilgesellschaft in beiden Staaten behilflich sein, indem Toleranz und Integration akzentuiert und gefördert werden.

C. Abgrenzungsfragen und Begriffliches

Um im Fortgang der Untersuchung Missverständnisse zu vermeiden, werden vorab einige Begriffe geklärt und abgrenzende Fragen erläutert. Den Gegenstand der Untersuchung bilden die in der Bundesrepublik Deutschland und der Russischen Föderation lebenden Zuwanderer. Im Wesentlichen werden folgende Ausländergruppen in die Untersuchung mit einbezogen: Spätaussiedler, Green-Card- und Blaue-Karte-EU-Inhaber (nur in Deutschland), Arbeitsmigranten, Asylberechtigte, andere Flüchtlinge und sonstige Gruppen (Familiennachzug, Studenten, Wissenschaftler) – in beiden Ländern. Keinen Gegenstand dieser Untersuchung bilden die EU-Ausländer und – in beiden Rechtsordnungen – die illegalen Ausländer. Trotz ihrer Behandlung als Deutsche i. S. d. Art. 116 Abs. 1 GG sind in die wissenschaftliche Untersuchung auch die Aussiedler und Spätaussiedler mit einzubeziehen, weil sie ähnlich wie andere Zuwanderergruppen in Deutschland erhebliche Integrationsdefizite aufweisen. So ist eine Begegnung mit Aussiedlern und Spätaussiedlern stets von kultureller Fremdheit geprägt. In den nachfolgenden Ausführungen werden mit „Zuwanderer" und „Ausländer" oder mit anderen Begriffen, die nur in männlicher Form verwendet werden, sowohl weibliche als auch männliche zugewanderte Personen bezeichnet. Aufgrund der besseren Lesbarkeit werden diese Begriffe im Rahmen der vorliegenden Untersuchung im o. g. Sinne verwendet. Die Begriffe „Zuwanderer", „Ausländer", „Arbeitsmigrant" werden hier im Zusammenhang mit der Zuwanderung und Integration sowie in ähnlichen Konstellationen synonym benutzt.

D. Gang der Untersuchung

Der Schwerpunkt der Darstellung liegt im deutschen Recht. Die Ausführungen zur russischen Rechtslage erheben demzufolge keinen Anspruch auf Vollständigkeit und fallen bewusst knapper aus.

Die Abhandlung gliedert sich insgesamt in fünf Teile. Zunächst folgt ein Überblick zu der historischen Entwicklung der Zuwanderung und ihren gesetzlichen Regelungen in der Bundesrepublik Deutschland. Es wird das nationale Zuwanderungsrecht im Rahmen europäischer Reformen zur Flüchtlings- und Migrationspolitik und als Grundlage des deutschen Ausländerrechts angeschnitten. Zur besseren Problemdarstellung werden hier auch Daten und Fakten zur Zuwanderung erläutert. Die Aufgabe dieses Abschnittes liegt darin, die Rechtslage von Drittstaatsangehörigen in Deutschland zu analysieren. Im ersten Kapitel soll somit der Grundstein zum Verständnis der weiteren Kapitel gelegt werden.

Das zweite Kapitel befasst sich mit dem gesetzlichen Regelungsstand zur Ausländerintegration in der Bundesrepublik Deutschland, wobei die allgemeinen Grundlagen zur Integration von Zuwanderern zu entwickeln sind. Es geht hier um die nationale Integrationsaufgabe eines demokratischen Staates und einer Gesellschaft bei der Eingliederung von Zuwanderern sowie um grundlegende Probleme bei der Durchführung der deutschen Integrationspolitik. Hierbei wird insbesondere die

Sprache als Integrationsfaktor dargestellt. Die Untersuchung über die Integration von Zuwanderern wäre allerdings ohne Erarbeitung der soziologischen Grundlagen zur Beschreibung von kulturellen und strukturellen Integrationsprozessen bei den Zuwanderern in der Aufnahmegesellschaft und ohne Auseinandersetzung mit kontroversen Multikulturalismus- und Leitkulturdebatten in der Bundesrepublik unvollständig. Daher ist beabsichtigt, in diesem Abschnitt auch die Soziologie der modernen Gesellschaften darzustellen.

Trotz der Bemühungen des Staates zur Integration von Zuwanderern sind noch erhebliche Integrationsdefizite vorhanden. Diese liegen vor allem im Bereich des Schulwesens und des Arbeitsmarkts. Aus diesem Grund werden im dritten Kapitel der rechtliche und tatsächliche Zugang zu den Bildungseinrichtungen und die Gewährleistung des freien Zugangs für Zuwanderer zum Arbeitsmarkt untersucht. Die Rechtslage und Praxis zur Beschulung von Zuwandererkindern in der Bundesrepublik wird anhand des Bundeslandes Nordrhein-Westfalen dargestellt. Die weiteren Aspekte des Integrationsprozesses – gesellschaftspolitische Partizipation und Einbürgerung – sind nachfolgend zu analysieren.

Im vierten Kapitel der vorliegenden Arbeit wird die Ausländerintegration in der gegenwärtigen Russischen Föderation dargestellt. Im Vergleich zu Deutschland, hat die Zuwanderung und Auswanderung in Russland nach dem großen politischen Umbruch der 1990er Jahre in beträchtlichem Ausmaß zugenommen. Das Ziel dieses Abschnittes ist es daher, neben der Darstellung der gesetzlichen Regelungen der Zuwanderung auch Daten und Fakten zur Situation von Zuwanderern in Russland zu liefern. Ferner soll die Migrations- und Integrationspolitik des Landes analysiert werden; und aktuelle rechtliche Probleme bei der Ausländerintegration – vor allem im Bildungswesen, im Arbeitsmarkt und in der gesellschaftspolitischen Partizipation – sollen herausgearbeitet werden.

Im abschließenden Kapitel werden die Untersuchungsergebnisse zur russischen und deutschen Rechtsordnung miteinander verglichen und einer abschließenden Bewertung unterzogen. Damit soll das Ziel der wissenschaftlichen Untersuchung erreicht werden. An dieser Stelle soll jedoch erwähnt werden, dass ein Vergleich nur unter großem Vorbehalt vorgenommen werden kann – denn die Entwicklung und Struktur beider Rechtssysteme sind unterschiedlich. Der für diese wissenschaftliche Arbeit gewählte methodische Ansatz eines Rechtsvergleichs wird im letzten Kapitel kurz dargestellt. Im Übrigen endet jeder Abschnitt mit einer kurzen Zusammenfassung der wichtigsten Ergebnisse.

1. Kapitel: Die gesetzliche Regelung der Zuwanderung in der Bundesrepublik Deutschland

Das erste Kapitel befasst sich mit einigen wichtigen Aspekten der Forschungsarbeit, insbesondere mit den Fragen der gesetzlichen Regelung der Zuwanderung in der Bundesrepublik Deutschland. Hierbei werden im ersten Kapitel die Grundlagen für das Verständnis der darauf folgenden Kapitel entwickelt. Zuerst wird auf die Fragen der gesetzlichen Regelung der Zuwanderung und auf die Geschichte der Migration in Deutschland eingegangen. Es werden maßgebliche Daten und Fakten zur Situation von Ausländern in der Bundesrepublik dargestellt.

A. Die gesetzliche Regelung der Zuwanderung

I. Der Begriff der Einwanderung

Der Begriff „Einwanderung" wird häufig als Synonym mit den Begriffen „Zuwanderung" „Migration" und „Immigration" verwendet. Das Gesetz über den Aufenthalt, die Erwerbstätigkeit und die Integration von Ausländern im Bundesgebiet v. 30. Juli 2004[4] regelt im Kapitel 1 die allgemeinen Bestimmungen des Gesetzes. Hier werden auch die im Gesetz verwendeten sieben wesentlichen Begriffe erläutert, unter denen sich jedoch der Rechtsbegriff der Zuwanderung oder Einwanderung nicht findet.

In den *Politikwissenschaften* werden häufig die Termini „Emigration" und „Migration" verwendet. *Mertins* versteht als Migrationen (Wanderungen) diejenigen Formen der räumlichen Mobilität, die mit einer endgültigen oder längerfristigen Wohnsitzverlagerung einhergehen, wobei diese zwischen verschiedenen Einheiten eines räumlichen Systems stattfinden kann, z.B. zwischen Bezirken einer Stadt, zwischen Gemeinden oder Ländern.[5] Nach *Rieger* umfasst Migration alle Wanderungsbewegungen, gleich welcher Verursachung, mit denen Gruppen oder Individuen ihren Wohnsitz vorübergehend oder ständig verändern. Danach ist Migration stets ein Versuch, die eigene Lebenslage zu verbessern bzw. den

---

4 Gesetz über den Aufenthalt, die Erwerbstätigkeit und die Integration von Ausländern im Bundesgebiet (Aufenthaltsgesetz – weiterhin auch: AufenthG) v. 30.07.2004, in: BGBl. I S. 1950, zul. geändert durch Art. 3 G zur Änd. des BundeszentralregisterG und anderer registerrechtlicher Vorschriften v. 06.09.2013 (BGBl. I S. 3556).

5 *Mertins*, in: Nohlen (Hrsg.), Lexikon der Politik. Die östlichen und südlichen Länder, Bd. 4, 1997, S. 356 (356). Auch *Albrecht, G.* Soziologie der geographischen Mobilität, 1972; *Bähr*, J. Weltweites Bevölkerungswachstum – Zur Anwendung des „Modells des demographischen Übergangs" auf die Länder der Dritten Welt, in: Geographie und Schule, 13, 1991, S. 2–10; *Leib, J./ Mertins,G,* Bevölkerungsgeographie, Braunschweig, 1983.

widrigen Bedingungen der jeweiligen natürlichen wie sozialen Umwelt zu entkommen. Idealtypisch unterscheidet die Migrationsforschung (1) hinsichtlich der Migrationsmotivation zwischen Flucht und Arbeitsmigration und (2) in Bezug auf die betroffenen politischen Einheiten zwischen grenzüberschreitender Migration (Einwanderungs- und Asylpolitik) und Binnenmigration.[6]

In den *Sozialwissenschaften* handelt es sich um Binnenwanderungen und internationale Wanderungen. Als internationale Wanderung wird die freiwillige Verlegung des tatsächlichen Wohnsitzes von Einzelnen oder ganzen Familien dauernd oder vorübergehend von einer Nationalwirtschaft in eine andere bezeichnet.[7] Hierbei werden verschiedene Formen (substitutive, komplementäre) und Ursachen der internationalen Wanderungen unterschieden. Internationale Arbeitnehmerwanderungen werden als „vorübergehende Arbeitsaufnahme in einem fremden Land“ und keine Dauereinwanderung mit dem Ziel der ständigen Niederlassung bezeichnet. Vom Begriff der internationalen Wanderungen werden ferner sämtliche grenzüberschreitenden Wanderungen umfasst, wie freiwillige Emigration, durch Aufenthalts- und Arbeitserlaubnis legalisierte und illegale Arbeitsmigration sowie die durch Gewalt oder lebensbedrohende Situationen erzwungene Flucht oder Vertreibung.[8]

Der juristische Terminus für die „Einwanderung“ ist die Zuwanderung. Nach Meinung des *BVerfG* kann Einwanderung bereits dann vorliegen, „wenn die Niederlassung in einem ausländischen Staat für längere Zeit erfolgen soll“[9]. Dies bedeutet, dass eine Person aus einem anderen Staat ausgewandert ist und dauerhaft ihren Wohnsitz in einen anderen Staat verlegt hat. Der Begriff der Einwanderung umfasst neben dem dauerhaften Zuzug in einen Mitgliedstaat und die Einreise zwecks Familienzusammenführung auch den Aufenthalt zum Zwecke einer Ausbildung, eines Studiums, einer selbstständigen oder unselbstständigen Tätigkeit.[10] Das Völkerrecht (mit Ausnahme von Spezialregelungen für Flüchtlinge, Asylsuchende, Wanderarbeitnehmer und Staatenlose) kennt keine umfassenden Regelungen zur Einwanderung. Unter Zuwanderung wird allgemein die Einreise in einen anderen Staat als den Heimatstaat verstanden, die mit dem Wunsch verbunden ist, dort auf Dauer einen Lebensmittelpunkt zu begründen und zukünftig sogar den Status des Staatsangehörigen zu erwerben.[11]

---

6 Vgl. *Rieger*, in: Nohlen (Hrsg.), Lexikon der Politik. Politische Begriffe, Bd. 7, 1998; *Rieger*, in: Nohlen/ Schultze, Lexikon der Politikwissenschaft, Bd. 1 (A – M), 2004, S. 548 (548).

7 Vgl. *Kruse*, in: Beckerath (Hrsg.), Handwörterbuch der Sozialwissenschaften, Bd. 11, 1961, S. 503.

8 Vgl. *Nuscheler*, Bevölkerung und Migration, in: Hauchler/Messner/Nuscheler, Globale Trends, 2000, S. 101 (109); *Braun/Topan*, Internationale Migration. Ihre Folgen für die Ursprungsländer und Ansätze eines Migrationsregimes, 1998, S. 10.

9 *BVerfGE* 38, 92, in: NJW 1971, 2141 (2142).

10 Vgl. *Graßhof*, in: Schwarze (Hrsg.), EU-Kommentar, 2. Aufl. (2009), Art. 63 EGV, Rn. 24, S. 820.

11 *Thile*, Das Integrationserfordernis für Drittstaatsangehörige nach dem Zuwanderungsgesetz, in: DÖV 2007, Heft 2, S. 58 (59).

II. Die historische Entwicklung der Zuwanderung und ihre gesetzliche Regelung in der Bundesrepublik Deutschland

1. Die historische Entwicklung der Zuwanderung

Bis zu den 40er Jahren des abgelaufenen Jh. gehörte Deutschland zu den größten Auswanderungsstaaten Westeuropas, ebenso wie Italien, Großbritannien und Irland. Nur das Ruhrgebiet erlebte Ende des 19. Jh. Arbeitsimmigration in einem größeren Umfang. Bereits vor der Entstehung der Bundesrepublik wurde die Beschäftigung von Arbeitsmigranten praktiziert. Es fand Arbeitsmigration sowohl im Kaiserreich als auch in der Weimarer Republik statt.[12] Zudem bewegten sich die Flüchtlingsströme (sog. Heimatvertriebene und ehemalige Kriegsgefangene) in das Gebiet des Deutschen Reiches bereits vor der bedingungslosen Kapitulation.[13] Erst nach dem Nationalsozialismus und dem Zweiten Weltkrieg hat sich Deutschland zu einem Einwanderungsland entwickelt. Seit den 90er Jahren des letzten Jh. bildet die Bundesrepublik im Vergleich zu den anderen westeuropäischen Ländern die wichtigste Zielregion für Zuwanderer unterschiedlicher Herkunft. Aber was unverändert geblieben ist, sind die Ängste vor Zunahme der Arbeitslosigkeit oder kultureller „Überfremdung“ und die Betrachtung der Einwanderung als ein gravierendes soziales, wirtschaftliches, politisches und kulturelles Problem mit geringen Vorteilen, aber mit zahlreichen Nachteilen und Gefahren für die Gesellschaft. Im Folgenden wird zunächst auf die Zuwanderung nach der Gründung der BRD eingegangen. Im Wesentlichen begann die Migrationsgeschichte direkt nach dem Ende des Zweiten Weltkriegs und lässt sich in folgende fünf Phasen aufteilen:

a) Die erste Phase der Zuwanderung

Die erste Phase der Zuwanderung dauerte von 1945 bis 1961, wobei die ersten fünf Jahre bis 1950 durch Massenwanderungen gekennzeichnet waren. Diese waren durch Umwälzungen, Vertreibungen und Repatriierungen sowie durch die Neugestaltung der politischen und staatsterritorialen Landschaft in Europa in Folge der nationalsozialistischen Herrschaft und des Krieges ausgelöst worden. In dieser Zeit kamen mindestens 12 Mio. Menschen (Vertriebene und Flüchtlinge).[14] Besonders betroffen waren hiervon die sog. „Displaced Persons“, Zwangsarbeiter aus verschiedenen Staaten außerhalb ihrer Heimatländer und die große Bevölkerungsbewegung in Ost-West-Richtung, vornehmlich in die vier Besatzungszonen (US-amerikanische, britische, französische und sowjetische) Nachkriegsdeutschlands. Auch diese Massenwanderung war eine Folge des Nationalsozialismus. Die erste Volkszählung v. 29. Oktober 1946 erfasste in den vier Besatzungszonen über 9,6 Mio. vertriebene Deutsche aus Osteuropa, davon befanden sich 3,6 Mio. in der

---

12 Vgl. *Oltmer*, Migration und Integration in der Weimarer Republik, 2005, S. 6.

13 Vgl. *Köppe*, Migrantinnen zwischen sozialem Rechtsstaat und nationalem Wettbewerbsstaat, Diss., 2002, S. 13.

14 Vgl. *Budzinski*, Die multikulturelle Realität, 1999, S. 27.

sowjetischen Besatzungszone und fast 6 Mio. in den westlichen Zonen. Auch nach dem Zweiten Weltkrieg kam es in Europa vor dem Hintergrund des sich verschärfenden Ost-West-Konfliktes zu massiven Fluchtbewegungen. Am stärksten aus allen sozialistischen Staaten war die DDR von diesen Auswanderungen betroffen. So verließen allein nach dem Kriegsende bis 1990 mehr als 4,5 Mio. Menschen die DDR.[15] Zwischen 1991 und 2008 wanderten etwa 1,2 Mio. Menschen aus den otsdeutschen Bundesländern ab.[16]

b) Die zweite Phase der Zuwanderung

Die Einwanderung von 1955 bis 1973 war von der Anwerbung ausländischer Arbeitnehmer geprägt. Hintergrund der Anwerbepolitik war ein steigender Bedarf an billigen Arbeitskräften im in- und angelernten Arbeitsmarktsegment der Industrie. So folgten die Abschlüsse folgender Anwerbeabkommen mit Italien (1955), Griechenland (1960), Spanien (1960), der Türkei (1961), Marokko (1963), Portugal (1964), Tunesien (1965) und Jugoslawien (1968).[17] Diese Vereinbarungen zielten **nicht** darauf, Menschen für einen dauernden Aufenthalt in Deutschland zu gewinnen. Vereinbart wurden kurzfristige Arbeitsaufenthalte von meist alleinstehenden Arbeitnehmern, die nach einem Jahr oder jedenfalls wenigen Jahren wieder in die Heimat zurückkehren sollten. Demgegenüber stieg die Zahl der ausländischen Arbeitnehmer im Jahr 1964 zunächst auf 1,2 Mio. Im Jahr 1973 hielten sich schließlich 4 Mio. ausländische Personen in der BRD auf.[18] Folglich hat die Regierung den Anwerbestopp eingeführt: Bei Verlust des Arbeitsplatzes verlor der Einwanderer automatisch die Aufenthaltsgenehmigung.

c) Die dritte Phase der Einwanderung

Die Einwanderung zwischen 1973 bis 1989/90 verlief uneinheitlich. Sie war aber von den Folgen der Anwerbung und des Anwerbestopps geprägt. Der Anwerbestopp von 1973 wurde in der Bundesrepublik durch den sog. Ölpreisschock, die Wirtschaftskrise und Arbeitslosigkeit ausgelöst.[19] Die Bundesregierung versuchte dem Prozess der dauerhaften Einwanderung ab 1980 mit verschiedenen politischen Maßnahmen entgegenzusteuern. Wie die Praxis gezeigt hat, kamen diese

---

15 Vgl. *Udke*, Dableiben, Weggehen, Wiederkommen: Abwanderung aus Ostdeutschland, 1945 bis heute, 2008, S. 30 f.

16 Bevölkerungsentwicklung in Ostdeutschland, Online-Handbuch Demografie, Berlin-Institut für Bevölkerung und Entwicklung, 2010, abrufbar unter: www.berlin-institut.org/online-handbuchdemografie/bevoelkerungsdyna mik/regionale-dynamik/ostdeutschland.html (abgerufen am 23.09.2014).

17 Vgl. *Bade* J., Ausländer, Aussiedler und Asyl, Eine Bestandsaufnahme, 1994, S. 42 ff.; *Birsl*, in: Gieler (Hrsg.), Handbuch der Ausländer- und Zuwanderungspolitik, 2003, S. 129 (132).

18 Vgl. *Köppe*, Migrantinnen zwischen sozialem Rechtsstaat und nationalem Wettbewerbsstaat, Diss., 2002, S. 1 (19).

19 Vgl. *Santel*, Migration in und nach Europa, 1995, S. 54.

zeitlich zu spät, denn zu dieser Zeit hatten viele Einwanderer die Entscheidung, in Deutschland zu bleiben, bereits getroffen.[20] Kurz vor der deutschen Einheit im Oktober 1990 hielten sich in Westdeutschland über 5,2 Mio. (8,2 %) Ausländer auf. Bereits damals stellten die türkischen Staatsangehörigen mit 38 % die größte Einwanderungsgruppe dar.[21]

d) Die vierte Phase der Einwanderung

Diese Einwanderungswelle beginnt um 1989/90 und dauert bis zur Gegenwart an. Sie war mit zwei Arten von Ereignissen in Europa eng verbunden. Zum einen wanderten nach dem Zerfall der Sowjetunion die Aussiedler und Spätaussiedler[22] mit sog. „deutscher Volkszugehörigkeit" und jüdische Emigranten[23] nach Deutschland ein. Während die höchste Einwanderungszahl der Aussiedler mit 397.073 bereits 1990 erreicht wurde, ist die Zahl der Spätaussiedler seit der Mitte der 90er Jahre kontinuierlich gesunken.[24] Laut statistischen Angaben wanderten 1994 ca. 222.591 Spätaussiedler, im Jahr 2000 insgesamt 95.615 und im Jahr 2011 lediglich 2.148 Personen ein.[25] Eine weitere Einwanderungsgruppe bildeten die jüdischen Zuwanderer aus der ehemaligen UdSSR, die als sog. „Kontingentflüchtlinge" in Deutschland aufgenommen wurden. Bis Ende 1999 waren insgesamt 120.500 Kontingentflüchtlinge in die Bundesrepublik eingereist.[26] Zum anderen entstanden wegen militärischer Konflikte auf dem europäischen Kontinent, vor allem aufgrund der Auseinandersetzungen zwischen Armenien und Aserbaidschan und Bergkarabach, zwischen der Tschetschenischen Republik und Russland sowie wegen der Bürgerkriege in Kroatien, Bosnien, Herzegowina und Kosovo Anfang und Ende der 90er Jahre, erneut Fluchtbewegungen. Deutschland hat diese Flüchtlinge als „De-facto-Flüchtlinge" aufgenommen. D.h. sie waren Flüchtlinge ohne formalen Flüchtlingsstatus, die aus humanitären Gründen aufgenommen wurden, keinen Asylantrag gestellt haben oder deren Antrag abgelehnt wurde. Zwischen 1990 und 1998 beantragten knapp 1,8 Mio. Menschen in Deutschland ein politisches Asyl. Diese Zahl ist deutlich höher als in den westlichen Nachbarländern (zum

---

20 Vgl. *Birsl*, in: Gieler, (Hrsg.), Handbuch der Ausländer- und Zuwanderungspolitik, 2003, S. 129 (133 ff.).

21 Vgl. *Birsl*, in: Gieler, (Hrsg.), Handbuch der Ausländer- und Zuwanderungspolitik, 2003, S. 129 (134).

22 Zu den begrifflichen Unterscheidung zwischen den Aussiedlern und Spätaussiedlern siehe *Klein*, Status des deutschen Volkszugehörigen und Minderheiten im Ausland, in: Isensee/Kirchhof, HStR, Band X, 3. Aufl. (2012), § 212, Rn. 18 ff. und 27.

23 Vgl. *Cohen/Haberfeld/Kogan*, Jüdische Immigration aus der ehemaligen Sowjetunion, in: Kalter (Hrsg.), Migration und Integration, 2008, S. 185.

24 *Klein*, Status des deutschen Volkszugehörigen und Minderheiten im Ausland, in: Isensee/Kirchhof, HStR, Band X, 3. Aufl. (2012), § 212, Rn. 33.

25 Migrationsbericht der Bundesregierung 2010, S. 52 und 54.

26 Vgl. *Birsl*, in: Gieler, (Hrsg.), Handbuch der Ausländer- und Zuwanderungspolitik, 2003, S. 129 (135).

Vergleich: In Großbritanien wurden 405.589 Asylanträge gestellt, in Frankreich – 267.332 und in den Schweden – 233.823.)[27] Die Zahl der Asylbewerber hat erst mit der Änderung des Asylrechts zurückgegangen.

e) Die fünfte Phase der Einwanderung

Die letzte Phase überschneidet sich mit der vierten. Sie beginnt mit einem „Paradigmenwechsel" in der Politik. Mit der „Green Card" (2000) setzte sich die bereits gestoppte Anwerbung hochqualifizierter ausländischer Arbeitskräfte und von IT-Fachkräften fort. Bis Ende Oktober 2001 erhielten diese mehr als 10.000 ausländische Arbeitskräfte, wovon 14 % bereits zum Studium nach Deutschland eingereist waren. Die IT-Fachkräfte kamen überwiegend aus Indien (21 %), Russland, Weißrussland, der Ukraine und den Baltischen Staaten (14 %), Rumänien (8 %), der Tschechischen und Slowakischen Republik (7 %) und dem ehemaligen Jugoslawien (6 %).

2. *Überblick über die rechtlichen Grundlagen der Zuwanderung in Deutschland*

Bevor auf den historischen Überblick zu den rechtlichen Grundlagen der Zuwanderung in Deutschland eingegangen wird, ist anzumerken, dass sich die ausländerrechtlichen Vorschriften nicht nur im AufenthG, sondern auch in einer Vielzahl anderer Gesetze, Verordnungen, untergesetzlicher Normen und Verträge finden. Diese Regelungen sind auf einen jeweils unterschiedlichen Personenkreis anwendbar. Im Einzelnen richtet sich die Frage der Anwendbarkeit der Norm nach der Staatsangehörigkeit des Ausländers. In der Literatur wird dies wie folgt geordnet: In erster Linie wird zwischen den Drittstaatsangehörigen (Nicht EU – Bürger) und den Unionsbürgern unterschieden. Zudem genießen aufgrund europarechtlicher Vorgaben und völkerrechtlicher Verträge die Angehörigen bestimmter Drittstaaten, insbesondere die türkischen Staatsangehörigen, Sonderregelungen.

a) Ausländergesetz von 1965

Nach der Gründung der BRD 1949 galt zunächst die Ausländerpolizeiverordnung v. 22. August 1938[28] als Bundesrecht fort. Sie hat nur das Aufenthaltsrecht der Ausländer geregelt. Nach der gezielten Anwerbung ausländischer Arbeitnehmer seit Mitte der 1950er Jahre und dem wirtschaftlichen Aufschwung erwies sich diese als zunehmend weniger tragfähig.[29] Aus diesem Grund wurde das Ausländergesetz v. 28. April 1965[30] ausgefertigt und verkündet, das am 1. Oktober 1965 in Kraft trat. Dieses Gesetz enthielt die Regelung der Einreise und des Aufenthalts der

---

27 *Herbert*, Geschichte der Ausländerpolitik in Deutschland: Saisonarbeiter, Zwangsarbeiter, Gastarbeiter, Flüchtlinge, 2003, S. 289.

28 RGBl. I 1938 S. 1053.

29 Vgl. *Renner*, Ausländerrecht. Kommentar, 8. Aufl. (2005), Rn. 1.

30 BGBl. I 1965 S. 353.

Ausländer, die Bestimmungen über das Pass- und Ausweiswesen, die politische Betätigung und das Asylrecht. Die Entstehung des neuen AuslG wurde als Triumph der Toleranz gefeiert.[31] Das neue Fremdenrecht fiel in dieser Zeit für das „entnationalisierte" Land fortschrittlich aus und hat die Anforderungen der Aufnahmegesellschaft vollständig erfüllt. Allerdings war das AuslG 1965 offensichtlich von der Unterscheidung zwischen Fremden und Deutschen geprägt und kannte keinen Einwandererstatus. Es war von der Vorstellung beherrscht, dass dem Fremden der Aufenthalt zwar – wenn es im öffentlichen Interesse lag – gestattet werden konnte, dass er aber auch nach langem Aufenthalt nicht seine Fremdeneigenschaft verlor, die ihn von den Deutschen unterscheidet. Daher hatte das Ausländerrecht primär polizeiliche Funktionen.[32] Das Gesetz erhielt konsequenterweise keine Vorschriften über den Familiennachzug, über die Erteilung der Aufenthaltsberechtigung und Einbürgerung. Auch die Integration des Ausländers wurde nicht thematisiert: Nach Vorstellung des Gesetzgebers sollten die „Gastarbeiter" nach einem kurzfristigen Arbeitsaufenthalt wieder in die Heimat zurückkehren.

b) Das Ausländergesetz 1990[33]

Die tatsächliche Entwicklung der Migration ist jedoch anders verlaufen. Seit Mitte der 1980er Jahre wurde daher der Bedarf nach einem neuen Ausländergesetz viel stärker.[34] Deutschland wurde offiziell als „Einwanderungsland" anerkannt. Die ausländerpolitischen Ziele der Begrenzung weiteren Zuzugs und der Integration der Zuwanderer sowie des Offenhaltens der BRD für deutsche Volkszugehörige aus den „Ostblockstaaten" und für die Freizügigkeit innerhalb der erweiterten EU bedurften neuer Maßstäbe und rechtlicher Formen.[35] So wurden Ende der 1980er Jahren erste konkrete Vorstellungen über ein neues Ausländerrecht geäußert.[36] Es wurden zahlreiche Gesetzesentwürfe zum Aufenthalts- und Niederlassungsrecht vorgelegt. Das neue AuslG trat am 1. Januar 1991 in Kraft. Das Gesetz brachte einige Erleichterungen für Ausländer. Die Einbürgerung, das Wahlrecht und die Teilhabe des Ausländers am sozialen und kulturellen Leben spielten dabei eine wichtige Rolle.

Was die Integration der Ausländer betraf und welche Vorstellungen damit im Einzelnen verbunden waren, wurde aus der komplizierten Regelung des Gesetzes nicht hinreichend deutlich. In der Begründung des Gesetzes hieß es jedoch, dass die Bundesrepublik den Ausländern die Teilhabe an ihrem wirtschaftlichen, sozialen und kulturellen Leben ermöglichen und im Rahmen ihrer ethisch-moralischen,

---

31 Vgl. *Franz*, Der Gesetzesentwurf der Bundesregierung zur Neuregelung des Ausländerrechts, in: ZAR 1990, 3 (3).

32 Vgl. *Hailbronner*, Der Gesetzentwurf der Bundesregierung zur Neuregelung des Ausländerrechts, in: ZAR 1990, 56 (56).

33 BGBl 1990 I S. 1354.

34 Dazu mehr in: ZAR 1990, 101 f.

35 *Renner*, Ausländerrecht. Kommentar, 8. Aufl. (2005), Rn. 3 ff.

36 Zur Politik der Bundesregierung s. Berichte in ZAR 1982, S. 61, 166; 1987, 50; 1990, S. 101.

rechtlichen und kulturellen Wertvorstellungen Ausländern einen Freiraum für die Bewahrung der eigenen kulturellen Identität lassen müsse. Den Ausländern obliege es aber auch, sich in die rechtliche, soziale und wirtschaftliche Ordnung der BRD einzufügen, die hiesigen kulturellen und politischen Wertvorstellungen zu respektieren und sich nicht gegen ihre deutsche Umwelt, in die sie freiwillig als Ausländer gekommen seien, zu verschließen.[37] Das AuslG 1990 war im Wesentlichen von dem Grundprinzip geprägt, dass Ausländern, die zum Zweck einer unselbstständigen Erwerbstätigkeit in die Bundesrepublik einreisen wollten, ein Aufenthaltsrecht nur ausnahmsweise nach Maßgabe einer Rechtsverordnung gewährt wurde. Bestimmungen zur selbstständigen Erwerbstätigkeit oder zur Integrationsförderung von Ausländern wurden kein Gesetzesinhalt.

c) Rechtsänderungen von 1992 bis 2004

In der Folgezeit wurde zunächst mit den Asylnovellen[38] vom Juni 1992[39] und Juni 1993[40] mehrere Regelungen des AuslG grundlegend geändert, insbesondere wurden

---

37 Vgl. Begründung zum AuslG 1990.

38 Nachdem die jährliche Zahl der Asylbewerber zum Ende der 1980er Jahre 100.000 überschritt, ist die Begrenzung des Asyls erneut zu einem zentralen innenpolitischen Thema geworden. 1992, als die Anzahl der Asylbewerber mit etwa 438.200 ihren höchsten Stand erreichte, verschärfte sich die Debatte um das Asylrecht. Ein großer Teil der Flüchtlinge (1991 mit 127.414–49,75 %) kam aus den ehemaligen Ostblockstaaten Jugoslawien, Bulgarien und Rumänien. Insgesamt beantragten 1991 aus den Ländern Osteuropas (außer Türkei) 142.777 Personen Asyl im Bundesgebiet (Dazu mehr – *v. Pollern*, Die Entwicklung der Asylbewerberzahlen im Jahre 1991, in: ZAR 1992, 24 (26)). Daher war von vornherein sicher, dass viele dieser Flüchtlinge nach Art. 16 Abs. 2 S. 2 a. F. GG, wonach politisch Verfolgte Asylrecht genossen, als „Gruppenflüchtlinge“ gelten konnten und keinen Anspruch auf das Individualrecht Asyl besaßen. Am 10.10.1991 wurden in einem Gespräch mit dem Bundeskanzler „Zielvorstellungen“ über eine Änderung des Asylverfahrensrechts ohne eine Grundgesetzänderung vereinbart. Aufgrund dieser politischen Vorgaben wurde der Entwurf eines Gesetzes zur Neuregelung des Asylverfahrens erarbeitet, der neben den Änderungen des AuslG und der VerwGO vor allem ein vollständig neu gefasstes AsylVerfG enthielt. Bei Bekanntgabe der Asylstatistik des Bundesamts für die Anerkennung ausländischer Flüchtlinge am 05.01.1992 betonte der Bundesinnenminister *Rudolf Seiters*, dass man eine Verfassungsergänzung brauche, damit die Personen, die keines Schutzes bedürfen, nicht in ein aufwendiges Asylverfahren einbezogen werden müssen. Während SPD, GRÜNE und Teile der FDP eine grundsätzliche Neuregelung der Zuwanderung anstrebten, plädierten CDU/CSU – Fraktionen für eine Neuregelung des Asylrechts mit weiteren Verschärfungen und für eine Beibehaltung des Ausländergesetzes von 1990. Im Gesetzentwurf wurden sowohl die Antragstellung, Anhörung, Entscheidung und Aufenthaltsbeendigung als auch die Unterbringung neu geordnet. Zudem sollten Zurückweisungen und Abschiebehaft erleichtert, Schlepper schärfer bestraft werden. Außerdem wurden eine Reihe von Unterstützungsmaßnahmen und verschärfte Grenzkontrollen gegenüber Nicht-EU-Staaten

die §§ 50, 57, und §§ 32a, 74a AuslG eingeführt. Die Verteilung von Flüchtlingen, das Verhältnis zum Arbeitserlaubnisrecht und die Mitteilungen an die zuständigen Behörden wurden neu geregelt. Zum 1. November 1997 wurden einzelne Verbesserungen des AuslG vorgenommen. Diese galten für den Familiennachzug, das eigenständige Aufenthaltsrecht des Ehegatten und die Aufenthaltsgenehmigung für Kinder aus ehemaligen Anwerbestaaten. Es wurden Ausweisung und Abschiebung erleichtert und Strafvorschriften verschärft.[41] Außerdem wurde erstmals 1994 eine gesetzliche Grundlage für die Einrichtung und den Betrieb des Ausländerzentralregisters[42] geschaffen. Das AsylVerfG wurde in der Folgezeit mehrfach geändert, jedoch nur in weniger wichtigen Einzelheiten. Im Zuge der Vorbereitung der

---

vorgesehen. Das Gesetz wurde am 30.06.1992 verkündet und trat am 01.07.1992 in Kraft.

Da im ersten Halbjahr 1992 mehr als doppelt so viele Ausländer wie im ersten Halbjahr 1991 um Asyl nachsuchten, kam es im Dezember 1992 zu einem erneuten Spitzengespräch der Parteiführungen von CDU, CSU, SPD und FDP beim Bundeskanzler, bei dem sich auf grundlegende Änderungen des Asyl- und Flüchtlingsrechts und weitere Gesetze geeinigt wurde. Im Ergebnis dieser Gespräche und der Auseinandersetzung um die Asylpolitik entstand 1993 der sog. Asylkompromiss, dessen Kernelement eine „Drittstaatenregelung" war: Asylsuchende, die aus einem sog. „sicheren Drittstaat" in die Bundesrepublik einreisen wollten, konnten nach § 26a AsylVerfG von Ausländer- und Grenzbehörden zurückgewiesen werden, ohne eine Prüfung im Einzelfall vornehmen zu müssen. Ein weiterer Bestandteil des „Asylkompromisses" lag in einer Einführung des Asylbewerberleistungsgesetzes. Durch den Asylkompromiss, umgesetzt durch das Gesetz v. 28.06.1993, wurde Art. 16 Abs. 2 S. 2 GG a. F. als Abs. 1 des neu geschaffenen Art. 16a GG übernommen und in den Abs. 2 bis 5 mit weitgehenden Ausnahmen und Einschränkungen versehen. Inhaltlich hat die Drittstaatenklausel des Art. 16 a Abs. 2 GG jedoch den Schutzbereich dieses Grundrechts somit erheblich eingeschränkt. Sinn und Zweck der Regelung bestehen nach Auffassung des *BVerfG* in Folgendem: wer in dem sicheren Drittstaat Schutz vor politischer Verfolgung hätte finden können, bedarf des Schutzes des Asylgrundrechts nicht (*BVerfGE* 94, 115 – Sichere Herkunftsstaaten; *BVerfGE* 94, 49 – Sicherer Drittstaat; *BVerfGE* 94, 166 – Flughafenverfahren). Damit wird der abstrakte und potenzielle Charakter dieser Drittstaatenklausel hervorgehoben und bekräftigt. Anzumerken ist auch, dass nach der Grundgesetzänderung ein deutlicher Rückgang der Asylbewerber festzustellen ist. Weiterführende Literatur: ZAR 1992, 2; *v. Pollern*, Die Entwicklung der Asylbewerberzahlen im Jahre 1991, in: ZAR 1992, 24; *Henkel*, Das neue Asylrecht, in: NJW 1993, 2705; *v. Pollern*, Die Entwicklung der Asylbewerberzahlen im Jahre 1993, in: ZAR 1994/1, 29; *Renner*, Was ist vom deutschen Asylrecht geblieben?, in: ZAR 1996, 103; *v. Pollern*, Die Entwicklung der Asylbewerberzahlen im Jahre 1995, in: ZAR 1996, 86; ZAR 1997/3, 152.

39 BGBl. I 1992 S. 1126.

40 BGBl. I 1993 S. 1062.

41 Vgl. *Renner*, Ausländerrecht, Kommentar, 8. Aufl. (2005), Rn. 7 ff.

42 BGBl. 1994 I S. 2265, zul. geändert durch Art. 2 des Gesetzes v. 26.02.2008, BGBl. I S. 215.

Zuwanderungsrechtsreform wurden auch weitere Verbesserungen des Asylrechts und der asylrechtlichen Verfahren vorgesehen. Bis zum Jahre 1998 stellte jedoch eine umfassendere Zuwanderungsregelung kein politisches Thema für die CDU/ CSU- geführte Bundesregierung dar.

Im Zuge der Reform des Staatsangehörigkeitsrechts im Jahre 2000 wurden die Einbürgerungsvorschriften der §§ 85 ff AuslG grundsätzlich geändert. Außerdem wurden einige Personengruppen vom Erfordernis der Aufenthaltsgenehmigung befreit oder zur Antragstellung nach der Einreise befugt[43] und die visumsfreie Teilnahme an Klassenfahrten für Schüler aus Drittstaaten in andere Unionsstaaten zugelassen.[44] Da der Gegenstand der Dissertationsarbeit nicht die EU – Ausländer sind und der Rahmen der Dissertationsschrift es nicht gestattet, alle diese Frage zu betrachten, soll auf die Rechtsänderung bzgl. der Unionsbürger nicht eingegangen werden.

d) Zuwanderungsreform 2004

Im Zuge der Vorbereitung eines neuen Zuwanderungsrechts wurden vor allem grundlegende Neuorientierungen der Steuerung der Zuwanderung mit dem Ziel einer Aufgabe des Anwerbestopps und einer Neuausrichtung der Zuzugsregeln diskutiert. Dabei wurde die Aussage: „Deutschland braucht Zuwanderung" häufig angewendet. Die Reformstimmung stützte sich zunächst auf drei wesentliche Argumente: den drohenden Arbeitskräftemangel, die dramatische Alterung der deutschen Gesellschaft und gravierende Integrationsdefizite in den früheren Phasen der Zuwanderung.[45] Diese Diskussion wurde von einer Rede des Bundeskanzlers Schröder am 23. Februar 2000 in Hannover initiiert, in der er den damals in Deutschland bestehenden Fachkräftemangel im Bereich der Kommunikations- und Informationstechnologie beschrieb. Erst mit dieser Rede nahm eine breite Öffentlichkeit wahr, dass eine Arbeitsmigration in bestimmten Bereichen sowohl ökonomisch als auch demographisch erforderlich ist. Danach folgte die Verordnung des Bundesministeriums über „Aufenthaltserlaubnisse für hoch qualifizierte ausländische Fachkräfte der Informations- und Kommunikationstechnologie (IT-AV)" v. 25. Juli 2000[46], die als eine sog. „Green Card" für IT-Spezialisten verstanden

43 Weiterführende Informationen: *Renner*, Ausländerrecht, Kommentar, 8. Aufl. (2005), S. 3, Rn. 9.

44 VO v. 04.07.1995, BGBl. I, S. 905.

45 Vgl. *Angenendt/Kruse*, Migrations- und Integrationspolitik in Deutschland 2002–2003: Der Streit um das Zuwanderungsgesetz, in: Bade (Hrsg.), Migrationsreport 2004 – Fakten – Analysen – Perspektiven, 2004, S. 175.

46 BGBl. 2000 I S. 1146. Green-Card-Regelung bedeutet das Sofortprogramm der Bundesregierung für IT-Fachkräfte. Es wurde durch zwei Verordnungen (....) den IT-Fachkräften aus den Ländern außerhalb des europäischen Wirtschaftsraumes ermöglicht, in Deutschland bis zu fünf Jahre zu arbeiten. Voraussetzung für die Erteilung einer Arbeitserlaubnis war der Abschluss einer Hoch- bzw. Fachhochschulausbildung mit dem Schwerpunkt Informations- und Kommunikationstechnologie

wurde, mit denen der seit 1993 geltende Anwerbestopp für ausländische Arbeitskräfte etwas relativiert wurde.[47] Die unabhängige Kommission „Zuwanderung"[48] stellte fest, dass Deutschland zum Einwanderungsland geworden ist und qualifizierte Zuwanderer auf Dauer bereits im eigenen Interesse benötigt. In einem Bericht wurden jeweils die tatsächlichen und rechtlichen Grundlagen der bisherigen Zuwanderung und die Veränderungspotenziale schwerpunktmäßig wiedergegeben. Nach einer umfassenden Darstellung des demographischen Wandels und der äußerst ungünstigen Entwicklung des Arbeitsmarkts wurden konkrete Empfehlungen für eine verbesserte Ausschöpfung der vorhandenen Ressourcen und für eine gezielte Anwerbung herausgearbeitet: Vereinfachung der Aufenthaltstitel, deutliche Verbesserungen der Integrationsförderung und Zuwanderung nach einem „Punktesystem". Ferner wurden Reformen in den Bereichen Bildungs- und Ausbildungspolitik, Familienpolitik, Wissenschafts- und Technologiepolitik sowie Arbeits- und Sozialpolitik vorgeschlagen.[49] Nach Vorlage des Zuwanderungsberichtes hat Bundesinnenminister *Otto Schily* am 3. August 2001 einen ersten Entwurf für ein Zuwanderungsgesetz vorgelegt. Dabei wurden einige Empfehlungen der Süssmuth-Kommission, insbesondere neue Grundsätze für die Zulassung von Selbstständigen und Arbeitnehmern sowie die gleichzeitige Zulassung zum Aufenthalt und zur Erwerbstätigkeit, aufgegriffen und weitere Änderungen des Aufenthaltsrechts vorgeschlagen.[50] Zunächst wurde dieser allgemein begrüßt. Der Gesetzesentwurf wurde während der Beratungen im Bundesrat und Bundestag teilweise ergänzt und modifiziert.[51] Trotz Bedenken des Bundespräsidenten

oder der Nachweis einer Vereinbarung mit dem Arbeitgeber über ein Bruttojahresgehalt von mind. 51.000 €. Das Zuwanderungsgesetz trat noch vor dem Auslaufen der ersten Green Cards in Kraft. Nach Inkrafttreten des Zuwanderungsgesetzes behielt die einer IT-Fachkraft erteilte Arbeitserlaubnis bis zum Ablauf ihrer geplanten Geltungsdauer ihre Gültigkeit.

47 Vgl. *Hoffmann*, HK – AufenthG, 1. Aufl. (2008), S. 49, Rn. 3.

48 Die Kommission wurde im Sommer 2000 unter der Leitung von Prof. Dr. Rita Süssmuth (CDU) gebildet, deshalb wird sie auch in der Literatur häufig als „Süssmuth-Kommission" bezeichnet.

49 Vgl. *Renner*, Zuwanderung und Integration statt Anwerbestopp, in: ZAR 2001, 147.

50 ZAR 2001, 146; ZAR 2001, 194; ZAR 2002, 2. Zu dem Meinungsstreit hinsichtlich des Referentenentwurfes: ZAR 2001, 285.

51 ZAR 2002, 122.

wegen des Abstimmungsverhaltens im Bundesrat[52] wurde das Gesetz verkündet[53] und trat teilweise am 26. Juni 2002 und am 1. Juli 2002 in Kraft.[54] Wegen einiger Unklarheiten bei der Stimmenbewertung im Bundesrat haben die unionsregierten sechs Bundesländer[55] eine Normenkontrollklage beim BVerfG eingereicht: Die Stimme des Landes Brandenburg hätte nicht als „Ja“-Stimme gewertet werden dürfen, so dass die erforderliche Mehrheit zur Verabschiedung des Entwurfs nicht

52 Im Verlauf der Abstimmung über die Verabschiedung des Gesetzesentwurfes hat das Land Brandenburg seine vier Stimmen nicht einheitlich abgegeben. Gem. § 29 Abs. 1 S. 2 GeschOBR richtete der sitzungsleitende Bundesratspräsident, der Regierende Bürgermeister von Berlin Wowereit, entsprechend der beantragten Abstimmungsart durch Aufruf der Länder jeweils die Frage an die anwesenden Bundesratsmitglieder der einzelnen Länder, die für das jeweilige Land dessen Stimmen abgaben. Während für das Land Brandenburg das Mitglied des Bundesrates *Ziel* (Sozialminister) mit „Ja“ gestimmt hat, antwortete Innenminister *Schönbohm* mit „Nein“. Daraufhin stellte der Bundesratspräsident fest, dass das Land Brandenburg nicht einheitlich abgestimmt habe, und verwies auf Art. 51 Abs. 3 S. 2 GG, wonach die Stimmen eines Landes nur einheitlich abgegeben werden können. Auf die Nachfrage des Bundespräsidenten antwortete der Ministerpräsident des Landes Brandenburg *Stolpe* mit „Ja“. Nach einigen Zwischenrufen wurde festgestellt, dass das Land Brandenburg für das Zuwanderungsgesetz mit „Ja“ gestimmt hat. Von den übrigen Bundesländern stimmten Berlin, Mecklenburg-Vorpommern, Niedersachsen, Nordrhein-Westfalen, Rheinland-Pfalz, Schleswig-Holstein und Sachsen-Anhalt dem Gesetz zu. Dagegen lehnten Bayern, Sachsen, Saarland und Thüringen das Gesetz ab und die restlichen Bundesländer enthielten sich. Wie der damalige Bundespräsident J. Rau nach seiner Unterzeichnung des Zuwanderungsgesetzes in der von ihm abgegebenen Erklärung v. 22.03.2002 betonte (*betont ist von der Autorin verwendet*), wurde in der Sitzung des Bundesrates „eine verfassungsrechtliche Verfahrensvorschrift in gewagter Weise angereizt und damit eine politische Kampfsituation auf die Spitze getrieben“. Während am 22.03.2002 bei der Abstimmung des Gesetzes im Bundesrat aufgrund des Abstimmungsverhaltens der Regierung des Bundeslandes Brandenburg noch eine knappe Mehrheit erreicht worden war, hat die Regierungskoalition die Landtagswahlen in mehreren Bundesländern verloren. Damit lag die Bundesmehrheit bis zum Jahre 2002 bei den CDU/CSU-geführten Landesregierungen. Es wurden jedoch Angstgefühle entwickelt, dass „mit diesem Gesetz die Verwandlung Deutschlands in eine multikulturelle Gesellschaft unter Aufgabe der deutschen Identität beabsichtigt sei. Im Ganzen unterschieden sich die Vorschläge von Bundesregierung und Opposition nur geringfügig. Gleichwohl hatte die Union den Reformentwurf aus „wahltaktischem Kalkül“ blockiert. Mehr dazu: Abstimmung im Bundesrat, in: ZAR 2002/7, 162; Bundespräsident unterzeichnet Zuwanderungsgesetz, in: ZAR 2001/7, 210.

53 BGBl. 2002 I S. 1946.

54 BGBl. 2002 I S. 1946; ZAR 2002/7, 258; ZAR 2002, 122.

55 Unter ihnen sind die folgende Bundesländer: Baden-Württemberg, Bayern, Hessen, Saarland, Sachsen und Thüringen.

erreicht worden sei. Das *BVerfG*[56] erklärte das Zuwanderungsgesetz für formell verfassungswidrig und daher (wegen Unvereinbarkeit mit Art. 78 GG) für nichtig, so dass sich die Konsequenz ergab, dass die alte Rechtslage weiterhin galt. Die öffentliche Diskussion hat jedoch auf die dringend notwendige Modernisierung des deutschen Ausländerrechts hingewiesen. Im Januar 2003[57] wurde der Entwurf des Zuwanderungsgesetzes vom Bundeskabinett erneut und unverändert in das Gesetzgebungsverfahren eingebracht.[58] Das Zuwanderungsgesetz v. 30. Juli 2004[59] trat am 1. Januar 2005 in Kraft, wobei einige Vorschriften bereits einen Tag nach der Verkündung galten. Im neuen Aufenthaltsrecht sind gegenüber dem AuslG folgende Änderungen festzustellen: Reduzierung der Zahl der Aufenthaltstitel, deutliche Verbesserungen für Selbstständige, Hochqualifizierte, Hochschulabsolventen, anerkannte GK-Flüchtlinge und Spätaussiedler; Zusammenfassung von Aufenthalt und Erwerbstätigkeit; zusätzliche Maßnahmen zum Schutz von Sicherheitsinteressen und Bündelung zahlreicher alter und neuer Aufgaben beim BAMF. Schließlich hat das Gesetz wichtige Änderungen im Bereich der Integration erbracht. Auf die Untersuchungen, denen diese Dissertation gewidmet ist, wird im Hinblick darauf später eingegangen.

III. Das Zuwanderungsrecht im Rahmen europäischer Reform einer Flüchtlings- und Migrationspolitik

Im Rahmen der europäischen Reform der Flüchtlings- und Migrationspolitik[60] der letzten Jahre hat sich das nationale Zuwanderungsrecht wesentlich geändert. Mit dem Gesetz zur Umsetzung aufenthalts- und asylrechtlicher EU-Richtlinien

---

56 *BVerfG*, Urt. v. 18.12.2002–2 BvF 1/02 „Nichtigkeit des Zuwanderungsgesetzes“, in: NJW 2003, 339; auch *Renner*, Das Urteil des BVerfG zum Zuwanderungsgesetz – Bewertung und Folgerungen, in: NJW 2003, 332.

57 Das Zuwanderungsgesetz sollte eigentlich am 01.01.2003 in Kraft treten.

58 BR-Drucks. 22/03 = BT-Drucks. 15/420; auch ZAR 2003, 42. Die Bundesregierung war der Auffassung, dass die Nichtigkeit nur auf dem formalen Grunde des fehlerhaften Abstimmungsverfahrens, nicht jedoch auf inhaltlichen Gründen beruhe. Bundesinnenminister *Otto Schily* hat auf die im „verworfenen“ Gesetz bereits enthaltenen zahlreichen Kompromisse hingewiesen und erklärte daher eine inhaltliche Diskussion der Gesetzesnorm für nicht erforderlich.

59 BGBl. 2004 I S. 1950.

60 Mit dem Amsterdamer Vertrag von 1997, der eine entscheidende Rolle bei der Europäisierung von Zuwanderung spielt, erhielt die EU erweiterte Regelungskompetenzen in der Visa-, Asyl- und Einwanderungspolitik. Die Normen und ergänzenden Vorschriften dafür sind in Art. 61–69 EGV (Titel IV) niedergelegt. Auf der Grundlage der Art. 62 und 63 EGV wurden eine Reihe von Maßnahmen in den Bereichen der Kontrolle der Außengrenzen sowie der Visa-, Asyl- und Einwanderungspolitik mit dem Ziel des Aufbaus eines gemeinsamen Raums für die Freiheit, die Sicherheit und das Recht geschaffen. Allein von November 2002 bis Dezember 2005 erließ daher die EG elf Richtlinien in diesem Bereich. Zum einen liegen die Ziele dieser Regelungen

v. 19. August 2007[61] wurden zahlreiche Regelungen des Ausländer- und Asylrechts geändert. Das Richtlinienumsetzungsgesetz hat insbesondere elf ausländer- und asylrechtliche EU-Richtlinien in das nationale Recht umgesetzt, auf deren bedeutendste für das Zuwanderungsgesetz an dieser Stelle kurz eingegangen wird.

Die *Familiennachzugsrichtlinie*[62] hat die Harmonisierung der aufenthaltsrechtlichen Voraussetzungen für die Erteilung, Versagung oder Entziehung des Aufenthalts zum Zweck der Familienzusammenführung zu Drittstaatsangehörigen, die sich rechtmäßig in den EU-Mitgliedstaaten aufhalten, zum Ziel. Sie verpflichtet die Mitgliedstaaten, Ehegatten und minderjährigen Kindern sowie eingetragenen Lebenspartnern von Drittstaatsangehörigen den Familiennachzug zu gestatten, sofern sie bestimmte Voraussetzungen erfüllen. Deutschland hat die Richtlinie in nationales Recht umgesetzt. Der Nachzug zu Familienangehörigen kann grundsätzlich von einem Integrationskriterium abhängig gemacht werden.[63]

Die *Daueraufenthaltsrichtlinie*[64] sieht zur Harmonisierung des Daueraufenthaltsrechts von Drittstaatsangehörigen die Schaffung eines gemeinschaftlichen EU-Daueraufenthaltsrechts nach fünfjährigem rechtmäßigen Aufenthalt in einem

---

in der Verbesserung der Integration von aufenthaltsberechtigten Einwanderern und zum anderen in der konsequenten Bekämpfung der illegalen Einwanderung. Mit dem Vertrag von Lissabon zur Änderung des Vertrags über die Europäische Union und des Vertrags zur Gründung der Europäischen Gemeinschaft (unterzeichnet in Lissabon am 13.12.2007, ABlEG C 306/1), der im Jahre 2007 als Ersatz für den gescheiterten Vertrag (wegen ablehnenden Volksabstimmungen in Frankreich und den Niederlanden) über eine Verfassung für Europa von 2004 abgeschlossen wurde und am 01.12.2009 in Kraft trat, blieben die Kompetenzen im Bereich Asyl- und Ausländerrechts größtenteils unverändert, die zukünftig einheitlich von der EU ausgeübt werden sollen, die nach Art. 1 Nr. lit. b des Vertrages von Lissabon an die Stelle der EG trat. Die Kompetenzregelungen sind daher in den neuen Art. 77 bis 79 des Vertrages über die Arbeitsweise der EU (AEUV) niedergelegt, der den EG ablöst (Art. 2 Nr. 1 des Vertrages von Lissabon). Nachdem das *BVerfG* in seiner Entscheidung (*BVerfG*, 2 BvE 2/08 v. 30.06.2009) den Vertrag von Lissabon mit der deutschen Verfassung für vereinbar erklärte, wurde das Begleitgesetz neu gefasst und von Bundestag und Bundesrat beschlossen. Deutschland hat diesen Vertrag am 25.09.2009 ratifiziert und ist somit völkerrechtlich gebunden.

61 Der Bundesregierung lag bereits am 28.03.2006 ein Gesetzesentwurf zur Umsetzung aufenthalts- und asylrechtlicher Richtlinien der EU (Richtlinienumsetzungsgesetz) vor, womit das Ziel verfolgt wurde, europäische Richtlinien in das nationale Recht umzusetzen. Gestützt auf Art. 63 EG-Vertrages waren elf EU-Richtlinien erlassen worden, die vom Zuwanderungsgesetz 2004 nicht oder teilweise umgesetzt werden konnten. Das Richtlinienumsetzungsgesetz trat am 28.08.2007 in Kraft.

62 RL 2003/86/EG v. 22.09.2003, ABlEU Nr. L 251 v. 03.10.2003, S. 12.

63 Vgl. *Hailbronner*, Die Neuregelung des Ehegattennachzugs im Kreuzfeuer des Verfassungs- und Europarechts, in: FamRZ 2008, 1583 (1589).

64 RL 2003/109/EG des Rates v. 25.11.2003 betreffend die Rechtstellung der langfristig aufenthaltsberechtigten Drittstaatsangehörigen, ABlEG L 16 v. 23.01.2004, S. 44; *Hailbronner*, Vorschriftensammlung Ausländer- und Asylrecht, 3. Aufl. (2008), D 9.16.

Mitgliedstaat der EU vor. Das Daueraufenthaltsrecht begründet grundsätzlich einen Gleichbehandlungsanspruch beim Arbeitsmarktzugang und bei auf „Kernleistungen" beschränkten Sozialleistungen[65] sowie beim Recht auf Weiterwanderung in einen anderen Mitgliedstaat. Im Zuge der Richtlinienumsetzung wurde die sog. Erlaubnis zum Daueraufenthalt-EG geschaffen.[66]

Mit der *Studentenrichtlinie*[67] werden die Voraussetzungen für die Einreise und den Aufenthalt auch für die Aufnahme einer Erwerbstätigkeit von Studenten und Schülern im Rahmen eines Schüleraustauschs sowie von Teilnehmern unbezahlter Ausbildungs- oder Freiwilligenmaßnahmen geregelt. Im nationalen Recht wurde ein Aufenthaltstitel zum Zweck des Studiums bzw. der Studienbewerbung geschaffen. § 16 wurde weitgehend erweitert. Nach neuer Regelung beträgt die Mindestgeltungsdauer der Aufenthaltserlaubnis zum Zweck des Studiums ein Jahr, die maximale Dauer zwei Jahre (vgl. § 16 Abs. 1 S. 5) und kann danach verlängert werden.

Nach der *Forscherrichtlinie*[68] erhalten Forscher aus Drittstaaten in einem dreistufigen Verfahren für zeitlich begrenzte Forschungsprojekte in der EU einen Aufenthaltstitel, um ihr Forschungsprojekt innerhalb der gesamten EU verwirklichen zu können.[69] Es wurde im AufenthG ein besonderer Aufenthaltstitel für Forscher

---

65 Darunter werden zumindest ein Mindesteinkommen sowie Unterstützung bei Krankheit, Schwangerschaft, Elternschaft und Langzeitpflege verstanden. Die Richtlinie sieht allerdings nunmehr eine eingeschränkte Gleichbehandlung bei allgemeinen Sozialhilfeleistungen vor. Eine weitere Einschränkung begründet die Norm für die Fälle, in denen der Wohnsitz oder gewöhnliche Aufenthalt des langfristig Aufenthaltsberechtigten oder seiner Familienangehörigen, für die er die Leistungen beansprucht, im Hoheitsgebiet des betreffenden Mitgliedstaates liegt, so dass die Verpflichtung zur exterritorialen Gewährung sozialer Leistungen grundsätzlich ausgeschlossen ist.

66 Vgl. §§ 9a, 9b, 9c und 38 a AufenthG.

67 RL 2004/114/EG des Rates v. 13.12.2004 über die Bedingungen für die Zulassung von Drittstaatsangehörigen zur Absolvierung eines Studiums oder zur Teilnahme an einem Schüleraustausch, einer unbezahlten Ausbildungsmaßnahme oder einem Freiwilligendienst, ABlEG Nr. L 375 v. 23.12.2004, S. 12; *Hailbronner*, Vorschriftensammlung Ausländer- und Asylrecht, 3. Aufl. (2008), D 9.17.

68 RL 2005/71/EG des Rates v. 12.10.2005 über ein besonderes Zulassungsverfahren für Drittstaatsangehörige zum Zwecke der wissenschaftlichen Forschung, ABlEG Nr. L 289 v. 03.11.2005, S. 15; *Hailbronner*, Vorschriftensammlung Ausländer- und Asylrecht, 3. Aufl. (2008), D 9.19.

69 Das Ziel dieser Regelung ist der für das 2010 prognostizierte hohe Bedarf an Forschern (ca. 700.000) und das politische Ziel, bis zu diesem Zeitpunkt 3 % des BIP (Bruttoinlandsproduktes) in die Forschung zu investieren, um das neue Europa zu einer der „wissensstärksten" Region der Welt zu machen. Dazu gehören vor allem die Attraktivität von Wissenschaft und Forschung, die Förderung der Frauenbeteiligung an der wissenschaftlichen Forschung, die Erweiterung der Möglichkeiten für Ausbildung und Mobilität sowie bessere Karrieremöglichkeiten in der Forschung

entwickelt (vgl. § 20). Es wurden Mobilitätsregelungen umgesetzt und das Zulassungsverfahren in der AufenthVO geregelt.

IV. Das Zuwanderungsgesetz als Grundlage des deutschen Ausländerrechts

Das Kernstück des Zuwanderungsgesetzes v. 30. Juli 2004 bildet das „Gesetz über den Aufenthalt, die Erwerbstätigkeit und die Integration von Ausländern im Bundesgebiet"[70]. Mit der Ersetzung des AuslG durch das AufenthG hat der Gesetzgeber bereits im Namen des Gesetzes deutlich gemacht, dass in der Ausländerpolitik nicht nur kleine Korrekturen vorgenommen werden sollten, sondern mit einem neuen Zuwanderungsgesetz ein „Paradigmenwechsel" verbunden sein sollte, der durch den Dreiklang Steuerung, Begrenzung und Integration gekennzeichnet war.

1. Zweck des Gesetzes

Im § 1 Abs. 1 S. 4 sind die Regelungsbereiche des Gesetzes, insbesondere Einreise, Aufenthalt, Erwerbstätigkeit und Integrationsförderung von Ausländern, festgelegt, die den Inhalt des Gesetzes bilden. § 1 Abs. 1 AufenthG[71] besagt ausdrücklich, dass Einreise und Aufenthalt für Ausländer mit zahlreichen Beschränkungen verbunden sind, nicht frei und nur eingeschränkt genehmigt werden können. Weder Völker- noch Verfassungsrecht garantieren eine „kosmopolitische Freizügigkeit", obwohl das Völkerrecht einen gewissen fremdenrechtlichen Mindeststandard, vor allem die Freiheitsrechte und den Rechtsschutz, für Ausländer gewährt. Allgemeine Grundsätze des Völkerrechts zeigen über Art. 25 GG keine praktischen Auswirkungen auf das deutsche Ausländerrecht, weil das deutsche innenstaatliche Recht diese Mindestnormen erfüllt. Die Einreisefreiheit für Staatsfremde ergibt sich weder aus dem Völkervertrags- noch aus dem Völkergewohnheitsrecht.[72] Allerdings können zugunsten von Staatsangehörigen bestimmter Länder aufgrund bilateraler Verträge oder Abkommen Erleichterungen und Vergünstigungen bei Einreise und Aufenthalt getroffen sowie durch das AufentG selbst Ausnahmen und Befreiungen für diese Personengruppe angeordnet oder vorgesehen werden.[73]

und die stärkere Öffnung der Gemeinschaft für Drittstaatsangehörige (Präambel der RL, Nr. 4).

70 Gesetz über den Aufenthalt, die Erwerbstätigkeit und die Integration von Ausländern im Bundesgebiet" (Aufenthaltsgesetz – AufenthG), i. d. F. v. 25.02.2008 (BGBl. I, S. 162), zul. geändert durch Art. 3G zur Änd. des BundeszentralregisterG und anderer registerrechtlicher Vorschriften v. 06.09.2013 (BGBl. I S. 3556).

71 Alle folgende Paragraphen ohne Gesetzesangabe sind solche des AufenthG.

72 *Dienelt*, in: Renner/Bergmann/Dienelt, Ausländerrecht, Kommentar, 10. Aufl. (2013), § 1 Rn. 5.

73 Dieses Recht ergibt sich so etwa aufgrund des EU-Rechts, aufgrund einer Rechtsverordnung (vgl. §§ 18 ff. und 41 ff AufenthVO und VO Nr. 539/2001 des Rates der

Das auf Ausländer in Deutschland teilweise anwendbare Grundgesetz, sofern die Grundrechte nicht den Deutschen vorbehalten sind, gewährt ebenfalls keine Einreisefreiheit. Eine Ausnahme in diesem Bereich bildet jedoch Art. 16a Abs. 1 GG, wonach den Flüchtlingen Schutz vor politischer Verfolgung gewährt wird.[74] Für die Einreise von Asylsuchenden sind daher insbesondere Art. 16a Abs. 1 GG sowie §§ 18, 18a, 19 Abs. 3 AsylVerfG maßgebend.[75] Eine Zuwanderung bestimmter Gruppen, etwa von Unionsbürgern, Asylbewerbern und Familienangehörigen, in die Bundesrepublik wird wegen Verfestigung des Aufenthaltsrechts bis hin zur Einbürgerung sowohl rechtlich als auch faktisch zugelassen.[76]

Aus dem § 1 Abs. 1 ergibt sich, dass die Ziele und Zwecke des Gesetzes mit den fünf Begriffspaaren, insbesondere Steuerung und Begrenzung, Ermöglichung und Gestaltung von Zuwanderung, Aufnahme- und Integrationsfähigkeit, Wirtschaft- und Arbeitsmarkt sowie Gestaltung und Pflichterfüllung, zusammengefasst dargestellt sind. Als vorrangiges Ziel sind jedoch die Steuerung und Begrenzung der Zuwanderung[77] zu verstehen. Als Zweck des Gesetzes sind ebenfalls im Zusammenhang mit dem Erwähnten das Ermöglichen und Gestalten von Zuwanderung zu betrachten. Der Gesetzgeber hat diese beiden Begriffe bewusst zur Verdeutlichung gewählt: Zuwanderung soll nicht nur allgemein geregelt, sondern auch gestaltet und gesteuert sowie vor allem begrenzt werden. Folglich ist das Ziel der Begrenzung den anderen Ziel- bzw. Zweckbestimmungen, wie aus deren Inhalten

EU) oder aufgrund des Assoziationsabkommens EWG/Türkei v. 12.09.1963, soweit sich daraus ein Aufenthaltsrecht ableiten lässt. *Maaßen*, Ausländerrecht, Gesetze und Verordnungen mit erläuternder Einführung, 18. Aufl. (2007), S. 150 (162).

74 Wortlaut des Art. 16a Abs. 1 GG: „Politisch Verfolgte genießen Asyl". *Marx*, Kommentar zum Asylverfahrensgesetz, 7. Aufl. (2009), § 1 AsylVerfG, Rn. 12; *Hailbronner*, Asyl- und Ausländerrecht, 3. Aufl. (2013), Rn. 430. Zum Begriff der politischen Verfolgung: *BVerfGE* 80, 315 (334).

75 *Dienelt*, in: Renner/Bergmann/Dienelt, Ausländerrecht, Kommentar, 10. Aufl. (2013), § 1 Rn. 4; *Hailbronner*, Vorschriftensammlung Ausländer- und Asylrecht, 3. Aufl. (2008), A 1; *Marx*, Kommentar zum Asylverfahrensgesetz, 7. Aufl. (2009), § 18 Rn. 1–5; § 18a Rn. 1–10; § 19 Rn. 17.

76 *Dienelt*, in: Renner/Bergmann/Dienelt, Ausländerrecht, Kommentar, 10. Aufl. (2013), § 1 Rn. 5.

77 Trotz des Willens der Bundesrepublik zur Zuzugsbegrenzung (§ 1 Abs.1 S. 1) und zur gesteuerten Zuwanderung nach wirtschaftlichem Interesse (§ 1 Abs.1 S. 2) verbleiben zahlreiche internationale Verpflichtungen der BRD, die einen Zuzug in das Bundesgebiet ermöglichen. Diese ergeben sich vor allem aus dem Abkommen über die Rechtsstellung der Flüchtlinge v. 28.07.1951 (BGBl. 1953 II S. 559), sog. Genfer Flüchtlingskonvention. Interessant ist insbesondere das dortige Zurückweisungsverbot, auch „Refoulment-Verbot" genannt, das nunmehr in Art. 33 Abs. 1 GK geregelt ist. Diese Verpflichtungen kann der nationale Gesetzgeber nur wiedergeben, nicht umgestalten oder gar abschaffen. Demnach war und ist dem Gesetzgeber eine umfassende und zielgerichtete Steuerung des Zuzugs von vornherein nicht möglich.

hervorgeht, vorgeordnet. Es sollen die Möglichkeiten und Fähigkeiten der BRD zur Aufnahme und Integration von Zuwanderern beachtet werden. Es ist aber deutlich zu erkennen, dass eine Steuerung im Interesse Deutschlands notwendig ist und sich auch lohnt.[78]

Die Interessen von Wirtschaft und Arbeitsmarkt als eine Antwort auf die zunehmende Globalisierung und damit verbundene Flexibilisierung der Arbeitsmärkte bilden einen wichtigen Bezugspunkt für die Zuwanderung. Es sollen für die deutsche Wirtschaft und für den deutschen Arbeitsmarkt nützliche Lösungen gefunden werden, damit die Bundesrepublik im Wege der fortschreitenden Liberalisierung der Märkte und der gleichzeitigen Mobilisierung der Arbeitskräfte konkurrenzfähig bleibt.[79] Allerdings ist Deutschland neben dem zielgerichteten und aktiven Gestalten der Zuwanderung im eigenen Interesse gehalten, wie auch andere (zahlreiche) Länder, die humanitären Verpflichtungen zu erfüllen. In diesem Bereich brachte das AufenthG im Vergleich zum AuslG 1990 deutliche Verbesserungen, obwohl hinsichtlich des humanitären Schutzes und der Familienzusammenführung zahlreiche Probleme auftauchen. In der Aufzählung der Ziele und Zwecke des Gesetzes fehlen jedoch andere Interessen des Gesetzgebers, wie *Renner* zu Recht bemerkt, z.B. das Interesse an einer Verbesserung der demographischen Situation in Deutschland, obwohl dieses Problem zukünftig auch in Deutschland eine Reihe von Problemen aufwerfen wird.[80] Diese Aspekte sind bei der Gesetzesauslegung einzubeziehen.

2. Anwendungsbereich und Personenkreise

a) Vorrangsregelungen

In räumlicher Hinsicht ist das AufenthG im gesamten Bundesgebiet anzuwenden. In persönlicher Hinsicht gilt es nur für natürliche Personen, die durch § 2 Abs. 1 ausdrücklich genannt sind, also ausschließlich für Ausländer. Als Ausländer sind Personen ohne Status des Deutschen nach Art. 116 Abs. 1 GG zu verstehen. Auf die nähere Erläuterung des Begriffs des Ausländers wird in der Untersuchung später eingegangen. An dieser Stelle ist allerdings gleich zu verdeutlichen, dass mit diesem Begriff gem. § 2 Abs. 1 sowohl die Angehörigen anderer Staaten als auch die Staatenlosen erfasst sind. Die Anwendung des Gesetzes auf diesen Personenkreis ist in zweifacher Hinsicht eingeschränkt: durch vorrangige andere gesetzliche Regelungen gem. § 1 Abs. S. 5 und durch im § 1 Abs. 2 genannte Anwendungsausnahmen.

---

78 Vgl. *Dienelt*, in: Renner/Bergmann/Dienelt, Ausländerrecht, Kommentar, 10. Aufl. (2013), § 1 Rn. 8.

79 Vgl. *Dienelt*, in: Renner/Bergmann/Dienelt, Ausländerrecht, Kommentar, 10. Aufl. (2013), § 1 Rn. 9.

80 Vgl. *Renner*, Ausländerrecht, Kommentar, 8. Aufl. (2005), § 1 Rn. 11; *Dienelt*, in: Renner/Bergmann/Dienelt, Ausländerrecht, Kommentar, 10. Aufl. (2013), § 1 Rn. 11; *Birg*, in: ZAR 1999, 195; *Schnapp/Kostorz*, in: ZAR 2002, 163, Jahresgutachten 2004, S. 115.

aa) Vorrang von Spezialgesetzen

Nach § 1 Abs. 1 S. 5 bleiben die Vorschriften der in anderen Gesetzen enthaltenen Regelungen – damit sind die spezielleren Gesetze gemeint – unberührt. Obwohl der allgemeine Rechtsgrundsatz „lex specialis derogat legi generali" gilt, also das speziellere Gesetz das allgemeine verdrängt, hat der Gesetzgeber dieses ausdrücklich in § 1 Abs. 1 geregelt. Andere Gesetze oder Spezialgesetze i. S. d. § 1 Abs. 5 S. 1 sind derzeit insbesondere folgende Gesetze, das AsylVerfG[81] und das Gesetz über die Rechtsstellung heimatloser Ausländer im Bundesgebiet,[82] die Vorrang vor dem AufenthG haben. Zu den Bestimmungen i. S. d. § 1 Abs. 1 S. 5 gehören auch die Vorschriften der EMRK.[83] Abgesehen vom vorrangigen Art. 16a GG, unterliegen Asylbewerber, Asylberechtigte und GK-Flüchtlinge den speziellen Bestimmungen des AsylVerfG, ansonsten sind sie als Personenkreis vom AufenthG erfasst. Die Rechtsstellung der heimatlosen Ausländer[84] ergibt sich zunächst aus den privilegierten Vorschriften des HAG.

bb) Ausnahmen von der Anwendung

Gem. § 1 Abs. 2 findet das AufenthG keine Anwendung auf Ausländer,

- die freizügigkeitsberechtigte Staatsangehörige eines Mitgliedstaates der EU sind (sog. Unionsbürger)[85], soweit nicht durch Gesetz etwas anderes bestimmt ist,
- die nach den §§ 18–20 des GVerfG nicht der deutschen Gerichtsbarkeit unterliegen, insbesondere Mitglieder der in Deutschland errichteten ausländischen Botschaften und Konsulate,
- soweit sie nach Maßgabe völkerrechtlicher Verträge für den diplomatischen und konsularischen Verkehr und für die Tätigkeit internationaler Organisationen

81 Asylverfahrensgesetz v. 27.07.1993, BGBl. I S. 1361, zul. geändert am 22.11.2011, BGBl. I S. 2258.

82 Sog. HAG v. 25.04.1951, BGBl. I 269, zul. geändert durch Gesetz v. 30.07.2004, BGBl. I S. 1950. *Hailbronner*, Vorschriftensammlung Ausländer- und Asylrecht, 3. Aufl. (2008), B 3.

83 Vgl. *Fritzsch*, in: VBlBM 2005, 378.

84 Unter einem heimatlosen Ausländer wird ein nichtdeutscher fremder Staatsangehöriger oder Staatenloser verstanden, der sich am 30.06.1950 im Bundesgebiet aufhielt und der Obhut der internationalen Organisationen oder des UNHCR untersteht. Dabei handelt es sich vor allem um während des Zweiten Weltkrieges verschleppte Personen. I. S. d. § 1 Abs. 1 i. V. m. § 2 Abs. 3 HAG wird auch diese Rechtsstellung erwerben, wer seinen gewöhnlichen Aufenthalt im Bundesgebiet nach dem 01.07.1948 aufgegeben hat und innerhalb von zwei Jahren zurückgekehrt ist. Gesetz über die Rechtsstellung heimatloser Ausländer im Bundesgebiet v. 25.04.1951 (BGBl. I S. 269), zul. geändert am 30.07.2004 (BGBl. 1950); Ausländer- und Asylrecht, Vorschriftensammlung, 3. Aufl. (2008), B 3.

85 Gem. Art. 17 Abs. 1 S. 2 EGV ist Unionsbürger, wer die Staatsangehörigkeit eines Mitgliedstaates besitzt. Daraus folgt, dass die Unionsbürgerschaft die nationale Staatsbürgerschaft ergänzt, sie jedoch nicht ersetzt. Diese Regelung wurde erstmals 1992 mit dem Maastrichter Vertrag eingeführt.

und Einrichtungen von Einwanderungsbeschränkungen von der Ausländermeldepflicht und dem Erfordernis der Aufenthaltsgenehmigung befreit sind und wenn Gegenseitigkeit besteht, sofern die Befreiungen davon abhängig gemacht werden können.

Das europäische Gemeinschaftsrecht hat Vorrang vor dem AufenthG und dem Freizügigkeitsgesetz/EU, so dass im Wesentlichen für Staatsangehörige der anderen EU-Staaten und deren Familienangehörige neben den primären europarechtlichen Vorgaben (EGV oder EU-Verordnungen) anstatt des AufenthG das Gesetz über die allgemeine Freizügigkeit von Unionsbürgern (sog. Freizügigkeitsgesetz/EU) zur Anwendung kommt. Das AufenthG gilt für Unionsbürger und deren Familienangehörige nur in dem Fall, wenn es durch § 11 FreizügG/EU ausdrücklich für anwendbar erklärt wird. Vom Anwendungsbereich des AufenthG sind auch die Staatsangehörigen der EWR-Staaten ausgeschlossen, insbesondere Island, Norwegen, Liechtenstein, die nicht gleichzeitig EU-Mitgliedstaaten sind, sowie die Schweiz[86], § 12 FreizügG/EU[87]. Die Sonderstellung von Inländern gleichstehenden Angehörigen anderer Mitgliedstaaten kommt dadurch zum Ausdruck, dass freizügigkeitsberechtigten Unionsbürgern keine Aufenthaltstitel, sondern nach § 5 Abs. 1 und Abs. 2 FreizügG/EU Bescheinigungen über gemeinschaftsrechtliches Aufenthaltsrecht und ihren drittstaatsangehörigen Familienangehörigen eine für fünf Jahre gültige Aufenthaltskarte ausgestellt wird.[88] Da Gegenstand der Untersuchung ausschließlich die Ausländer, die keine EU-Bürger sind, bilden, ist daher nicht näher auf die Rechtsstellung der Unionsbürger einzugehen.

b) Türkische Staatsangehörige

Für türkische Staatsangehörige gelten in Deutschland grundsätzlich die Regelungen des AufenthG. Werden sie durch das Assoziationsrecht als türkische Arbeitnehmer oder deren Familienangehörige privilegiert, sind daher das Assoziationsabkommen

---

86 Nachdem der ursprünglich geplante Schweizer Beitritt zum EWR durch das Referendum im Dezember 1992 scheiterte, wurde aufgrund der in einer Volksabstimmung gebilligten Verträge mit der EU und ihren Mitgliedstaaten allerdings eine weitgehende Gleichstellung von Unionsbürgern und Schweizern vereinbart. Seit Juni 2002 gilt daher die EU-Freizügigkeit auch im Verhältnis zur Schweiz. Es kommt für die Schweiz jedoch nicht das FreizügG/EU in Betracht, sondern das AufenthG, das durch das Freizügigkeitsabkommen EG-Schweiz v. 21.06.1999 (seit 01.06.2002 in Kraft, ABl. L 114 v. 30.04.2002, S. 6) jedoch überlagert wird. Die Schweizer sind somit von dem Erfordernis eines Aufenthaltstitels gem. § 28 AufenthG befreit. Vgl. *Geyer*, in: HK – AufenthG, Handkommentar, 1. Aufl. (2008), § 12 FreizügG/EU, Rn. 4; *Dienelt*, in: Renner/Bergmann/Dienelt, Ausländerrecht, Kommentar, 10. Aufl. (2013), § 12 FreizügG/EU Rn. 12; ZAR 2002, 123, 212 und 329.

87 Vgl. *Hoffmann*, in: HK – AufenthG, Handkommentar, 2008, § 1 Rn. 23; *Dienelt*, in: Renner/Bergmann/Dienelt, Ausländerrecht, Kommentar, 10. Aufl. (2013), § 1 Rn. 16.

88 § 5 Abs. 1 und 2 FreizügG/EU, *Hailbronner*, Vorschriftensammlung Ausländer- und Asylrecht, 3. Aufl. (2008), D 1.

der Türkei mit der EWG und ihren Mitgliedstaaten v. 12. September 1963,[89] das Zusatzprotokoll v. 23. November 1970[90] und die hierauf ergangenen Assoziationsbeschlüsse (ARB) Nr. 1/80 und Nr. 2/76[91] vorrangig anzuwenden. Allerdings stehen sie damit nicht den Unionsbürgern gleich, sondern besitzen lediglich eine angenäherte Rechtsposition in vielen Bereichen. Nach der Rechtsprechung des *EuGH* sind die Vorschriften des ARB Nr. 1/80 integrierender Bestandteil des Gemeinschaftsrechts[92] und haben daher Vorrang vor dem staatlichen Gesetzesrecht, somit Vorrang vor dem AufenthG.[93] Das hat der nationale Gesetzgeber in § 4 Abs. 1 anerkannt und ausdrücklich formuliert, indem dieser Personenkreis vom Erfordernis des Aufenthaltstitels befreit ist. Daher dient die ihnen zustehende Aufenthaltserlaubnis nur als Nachweis des gemeinschaftsrechtlich begründeten Aufenthaltsrechts.

c) Die Staatenlosen

Die Staatenlosen genießen eine vergleichbare Rechtsstellung wie die ausländischen Flüchtlinge nach der Genfer Flüchtlingskonvention (vgl. Art. 12 StlÜbk). I. S. d. § 1 Abs. 1 Übereinkommens ist ein „Staatenloser" eine Person, die kein Staat aufgrund seines Rechts als Staatsangehörigen ansieht,[94] so dass staatenlos ist, wer von Rechts wegen von keinem völkerrechtlich existenten Staat als dessen Staatsangehöriger anerkannt wird.[95] Als solche „rechtliche" Staatenlosigkeit werden daher nach allgemeinem Verständnis nicht die Fälle der sog. „De-facto-Staatenlosigkeit" verstanden. Gemeint sind damit jene Fälle, in denen der Heimatstaat entweder zwar Personen als seine Staatsangehörigen anerkennt, aber selbst keine effektive Regierung besitzt, die zu einer Schutzgewährung imstande ist.[96] Die andere Fallgruppe bilden Personen, deren Heimatstaat nicht bereit ist, einen diplomatischen Schutz zu gewähren oder die diesen Schutz aufgrund politischer Verfolgung nicht in Anspruch nehmen.[97] Da eine Person entweder einem bestimmten Staat oder mehreren Staaten oder keinem Staat angehört, existiert daher keine „ungeklärte" Staatsangehörigkeit. Staatenlos ist auch, wer auf seine

---

89 BGBl. 1964 II, S. 509.

90 BGBl. 1972 II, S. 385.

91 *Hailbronner*, Vorschriftensammlung Ausländer- und Asylrecht, 3. Aufl. (2008), D.5.2, D. 5.3.

92 *EuGH* v. 20.09.1990, Rs. C-192/89, Slg. 1990, I-3461 – Sevince.

93 Vgl. *Hailbronner*, Asyl- und Ausländerrecht, 3. Aufl. (2013), Rn. 27, 834 und Rn. 839; *Hoffmann*, in: HK – AufenthG, 1. Aufl. (2008), § 1 Rn. 26; *Dienelt*, in: Renner/Bergmann/Dienelt, Ausländerrecht, Kommentar, 10. Aufl. (2013), § 1 Rn. 22; *Wenger*, in: Kommentar zum Zuwanderungsrecht, 2. Aufl. (2008), § 1 Rn. 10.

94 Art. 1 Abs. 1 StlÜbk, *Hailbronner*, Vorschriftensammlung Ausländer- und Asylrecht, 3. Aufl. (2008), B 4.

95 Vgl. *Hoffmann*, in: HK – AufenthG, 1. Aufl., 2008, § 1 Rn. 28; *Dienelt*, in: Renner/Bergmann/Dienelt, Ausländerrecht, Kommentar, 10. Aufl. (2013), § 1 Rn. 34.

96 Ebenda.

97 Ebenda, unter Hinweis auf *Bleckmann/Helm*, in: ZAR 1989, 147.

Staatsangehörigkeit verzichtet hat, sie aber wiedererwerben könnte.[98] Allerdings ist es für die Anwendung des AufenthG unerheblich, ob eine Person de jure oder de facto staatenlos ist. Vorausgesetzt wird lediglich, dass die Person auf keinen Fall die deutsche Staatsangehörigkeit besitzt. Die Rechtsstellung nach dem StlÜbk setzt daher eine De-jure-Staatsangehörigkeit voraus.[99] De facto staatenlose Personen werden jedoch wie Staatenlose behandelt.[100] Die Rechtsstellung von Staatenlosen folgt unmittelbar aus dem StlÜbk und knüpft an die Rechtmäßigkeit des Aufenthalts i. S. v. Art. 23 und 24 StlÜbk an, vor allem betreffend die Inanspruchnahme von Leistungen für Fürsorge, von Sozialrechten, von Freizügigkeit und einem Reiseausweis.[101]

B. Daten und Fakten zur Situation von Ausländern in der Bundesrepublik Deutschland

I. Zum Begriff des Ausländers

§ 2 Abs. 1 AufenthG übernimmt wortidentisch die in § 1 Abs. 2 AuslG angegebene und negativ formulierte Definition des Ausländerbegriffs[102], so dass Deutsche dem Gesetz nicht unterliegen. I. S. d. § 2 Abs. 1 ist daher Ausländer jeder, der nicht Deutscher i. S. d. Art. 116 Abs. 1 GG ist. Nach der Definition des Art. 116 Abs.1 GG sind unter Deutschen sowohl deutsche Staatsangehörige als auch aufgenommene deutsche Volkszugehörige sowie deren Ehegatten und Kinder zu verstehen.[103] Deutsch ist vor allem, wer die deutsche Staatsangehörigkeit durch Abstammung (*ius sanguinis*), Geburt in Deutschland (*ius soli*), Erklärung, Adoption oder Einbürgerung sowie als Statusdeutscher erworben hat.[104] Deutscher i. S. d. Grundgesetzes ist nach Art. 116 Abs. 1 GG auch, wer, ohne die deutsche Staatsangehörigkeit zu besitzen, „als Flüchtling oder Vertriebener deutscher Volkszugehörigkeit oder als

---

98 *Hoffmann*, in: HK – AufenthG, 1. Aufl., 2008, § 1 Rn. 28; BVerfGE 92, 116.

99 *Hoffmann*, in: HK – AufenthG, 1. Aufl. (2008), § 1 Rn. 28.

100 *Dienelt*, in: Renner/Bergmann/Dienelt, Ausländerrecht, Kommentar, 10. Aufl. (2013), § 1 Rn. 34.

101 Vgl. *Dienelt*, in: Renner/Bergmann/Dienelt, Ausländerrecht, Kommentar, 10. Aufl. (2013), § 1 Rn. 35; *Hoffmann*, in: HK – AufenthG, 1. Aufl. (2008), § 1 Rn. 28.

102 Vgl. *Silagi*, Der Begriff des Ausländers in § 1 Abs. 2 AuslG und in Nr. 1.2 AuslVwV, in: Das Standesamt, 2001, S. 225 (226). Im früheren Sprachgebrauch wurde anstatt des Begriffs „Ausländer" „Fremder" gebraucht. Vgl. *Stein*, Aufenthalt und aufenthaltsbeendende Maßnahmen gegenüber Fremden, in: Hailbronner, Die allgemeinen Regeln des völkerrechtlichen Fremdenrechts. Bilanz und Ausblick an der Jahrtausendwende, 2000, S. 53 (55).

103 Vgl. *Dienelt*, in: Renner/Bergmann/Dienelt, Ausländerrecht, Kommentar, 10. Aufl. (2013), § 2 Rn. 3a.

104 Vgl. *Hailbronner*, in: Hailbronner/Renner, Staatsangehörigkeitsrecht, 5. Aufl. (2010), § 3, Rn. 5 ff.

dessen Ehegatte oder Abkömmling in dem Gebiete des deutschen Reiches nach dem Stande v. 31. Dezember 1937 Aufnahme gefunden hat“[105].

Die bloße Behauptung, Deutscher i. S. v. Art. 116 Abs. 1 GG zu sein, genügt allerdings nicht, um der Legaldefinition des § 2 Abs. 1 zu entgehen. Stattdessen muss die deutsche Volkszugehörigkeit im Regelfall in einer dem Bundesvertriebenengesetz entsprechenden Form nachgewiesen oder bescheinigt sein.[106] Anderenfalls ist mithin von der Ausländereigenschaft auszugehen.[107] Umstritten ist jedoch, ob bereits die Einreise mit einem Aufnahmebescheid gem. § 27 BVFG oder erst die Erteilung der Spätaussiedlerbescheinigung nach § 15 BVFG zur Annahme der Deutschen-Eigenschaft führt.[108] Besteht ein Zweifel an der Eigenschaft, Deutscher zu sein, so obliegt die Klärung der Staatsangehörigkeitsbehörde im Rahmen der Amtsvermittlung (vgl. §§ 24, 26 VwVfG). Wer sich darauf beruft, Deutscher zu sein, ist demnach verpflichtet, dies im Rahmen seiner Mitwirkungspflichten gem. § 82 Abs. 1 nachzuweisen, vor allem durch Vorlage einer Staatsangehörigkeitsurkunde.[109] Ist keine Klärung möglich, so liegt die materielle Beweislast dafür, dass der Betreffende Deutscher ist, bei demjenigen, der sich darauf beruft.[110] Keine Ausländer i. S. d. AufenthG sind Deutsche, die zugleich eine oder mehrere fremde Staatsangehörigkeiten besitzen, sog. „inländische[...] Mehrstaater“[111]. Entsprechend der Negativdefinition des § 2 Abs. 1 sind ferner nicht nur EU-Bürger, sondern auch Staatenlose, Asylberechtigte und Heimatlose als Ausländer i. S. d. Ausländerrechts zu betrachten, weil sie keine Deutsche i. S. d. Art. 116 GG sind.[112]

Aus der Prüfung ergibt sich Folgendes: Solange die Eigenschaft, Deutscher zu sein, nicht feststeht, wird die betroffene Person grundsätzlich als Ausländer behandelt.[113] Trotz dieser Rechtsstellung darf er vor der Klärung der Staatsangehörigkeit nicht uneingeschränkt abgeschoben oder ausgeliefert werden, soweit dadurch der

---

105 *Bergmann*, Staatsangehörigkeitsgesetz, 1. Aufl. (2009), Einfg. XV; *Dienelt/Röseler*, in: Renner/Bergmann/Dienelt, Ausländerrecht, Kommentar, 10. Aufl. (2013), § 2 Rn. 5.

106 Vgl. *Wenger*, in: Kommentar zum Zuwanderungsrecht, 2. Aufl. (2008), § 2 AufenthG, Rn. 3; *Dienelt/Röseler*, in: Renner/Bergmann/Dienelt, Ausländerrecht, Kommentar, 10. Aufl. (2013), § 2 Rn. 5–6.

107 Vgl. *OVG RhPf*, Beschl. v. 10.02.1999 Az. 11B 10148/99-Statusdeutscher, in: ZAR 1999, 140.

108 Vgl. *BVerwGE* 114, 332; *Wegner*, in: Kommentar zum Zuwanderungsrecht, 2. Aufl. (2008), § 2 Rn. 3.

109 Vgl. *Hoffmann*, in: HK – AufenthG, 1. Aufl. (2008), § 2 Rn. 2.

110 Vgl. *Hoffmann*, in: HK – AufenthG, 1. Aufl. (2008), § 2 Rn. 2; *Funke-Kaiser*, in: GK-AufenthG, Stand Januar 2008, II, § 2 Rn. 4.

111 *Hoffmann*, in: HK – AufenthG, 1. Aufl. (2008), § 1 Rn. 2; *Funke-Kaiser*, in: GK-AufenthG, Stand Januar 2008, II, § 2 Rn. 5; *Hailbronner*, Ausländerrecht, 38. Aktualisierung Januar 2005, § 2 Rn. 10.

112 Siehe oben.

113 Vgl. *Hoffmann*, in: HK – AufenthG, 1. Aufl. (2008), § 2 Rn. 4.

Rechtsstatus gefährdet würde.[114] Somit sind Ausländer alle natürlichen Personen, die weder die deutsche Staatsangehörigkeit besitzen, noch als Flüchtling oder Vertriebener deutscher Volkszugehörigkeit oder als dessen Ehegatte oder Abkömmling im Gebiet des deutschen Reiches nach dem Stand v. 31. Dezember 1937 Aufnahme gefunden haben (sog. Deutsche ohne deutsche Staatsangehörigkeit) oder diesen Status durch Abstammung oder – bis zum 31. März 1953 – durch Eheschließung erworben haben sowie Staatenlose, Asylberechtigte und ausländische Flüchtlinge. Ist die Zugehörigkeit der Person zu einem oder mehreren Staaten nicht geklärt oder Staatenlosigkeit nicht sicher festzustellen, und wenn darüber hinaus auch die Tatbestandsvoraussetzungen des Art. 116 Abs. 1 GG nicht vorliegen, so ist die Person als Ausländer zu betrachten.[115]

II. Die Gruppen der Ausländer

Im AufenthG sind die Ausländergruppen nicht ausdrücklich dargestellt, ebenso wenig in anderen gesetzlichen Vorschriften. Allerdings lässt sich aus den zahlreichen Gesetzesbestimmungen erkennen, dass es verschiedene Fallgruppen gibt. So setzt sich die legale Zuwanderung nach Deutschland grundsätzlich aus folgenden Gruppen zusammen:

- erwerbstätigen Migranten (Green-Card-Inhabern, Hochqualifizierten, Werkvertrags- und Saisonarbeitnehmern),
- ausländischen Studierenden,
- Asylberechtigten und Flüchtlingen,
- jüdischen Zuwanderern aus der ehemaligen UdSSR,
- Aussiedlern und Spätaussiedlern,
- Staatenlosen,[116]
- Ehegatten und Familienangehörigen aus Drittstaaten und EU-Binnenmigranten.

Die Arbeitsmigration in Deutschland besteht überwiegend aus *Saison- und Werkvertragsarbeitnehmern* und einer relativ geringen Anzahl von höher qualifizierten Ausländern, etwa aufgrund der Green-Card-Regelung eingereisten IT-Fachkräften. Seit 1994 hat sich die Zahl der mittel- und osteuropäischen Saisonarbeitnehmer ständig erhöht und lag bspw. im Jahr 2006 bei 300.000 Personen.[117] Hierbei handelt es sich um kurzfristig Beschäftigte im Hotel- und Gaststättengewerbe sowie in der Landwirtschaft, die gem. § 18 BeschV maximal vier Monate im Kalenderjahr arbeiten dürfen. Hingegen ist die Zahl der beschäftigten Werkvertragsarbeitnehmer seit 2001 deutlich zurückgegangen.

114 Vgl. *Dienelt/Röseler,* in: Renner/Bergmann/Dienelt, Ausländerrecht, Kommentar, 10. Aufl. (2013), § 2 Rn. 3a.

115 Vgl. *Dienelt/Röseler,* in: Renner/Bergmann/Dienelt, Ausländerrecht, Kommentar, 10. Aufl. (2013), § 2 Rn. 7.

116 Zu dem Begriff von Staatenlosen s. o.

117 Vgl. Migrationsbericht 2006 des BAMF, S. 76.

Als *qualifizierte Fachkräfte* werden die Personen bezeichnet, die vor allem vom Inkrafttreten des Zuwanderungsgesetzes auf Grundlage der Arbeitsaufenthaltsverordnung in IT-Branchen eine Aufenthaltserlaubnis erworben haben. So wurden von 2000 bis 2004 insgesamt 13.041 Arbeitserlaubnisse für eine erstmalige und 4070 für eine erneute Beschäftigung an IT-Fachkräfte erteilt.[118] Nach der Ablösung der Green-Card-Regelung am 1. Januar 2005 durch das neue AufenthG und die vom Bundesministerium für Wirtschaft und Arbeit erlassene Beschäftigungsverordnung liegen keine genauen Zahlen dieser Beschäftigten vor.

Eine weitere Gruppe von Ausländern bilden *die ausländischen Studienbewerber und Studierenden.* Hierbei wird auch zwischen Bildungsinländern und Bildungsausländern unterschieden. Während die erste Gruppe trotz Besitz einer fremden Staatsangehörigkeit wegen Geburt in Deutschland und Verfügung über eine deutsche Hochschulzugangsberechtigung nicht als Zuwanderer bezeichnet werden, sind hingegen die Bildungsausländer ausländische Personen, die ihre Hochschulzugangsberechtigung im Ausland erworben haben und gem. § 16 ff. AufenthG zum Zweck des Studiums nach Deutschland einreisen. Es ist festzustellen, dass ihre Zahl in der letzten Zeit deutlich gestiegen ist. Die größte Gruppe der Studierenden bilden dabei chinesische und russische Staatsangehörige.

Jüdische Zuwanderer aus der ehemaligen UdSSR können seit 1991 nach Deutschland einreisen. Daher wurde bei der Aufnahme von jüdischen Zuwanderern bis zum 1. Januar 2005 das Kontingentenflüchtlingsgesetz angewandt. Seit dem Inkrafttreten des Zuwanderungsgesetzes ist die eigenständige Regelung des § 23 Abs. 2 anzuwenden. Sie verfügen über die Rechtsstellung als Kontingentflüchtling.[119]

Als nächste Gruppe kommen *Asylbewerber, Asylberechtigte und Flüchtlinge* in Betracht.

- *Asylbewerber:* Einem Ausländer, der um Asyl nachsucht[120], ist gem. § 55 Abs. 1 AsylVerfG zur Durchführung des Asylverfahrens der Aufenthalt im Bundesgebiet nach Maßgabe der §§ 55 ff. AsylVerfG gestattet.
- *Asylberechtigte*: Als Asylberechtigter gilt der Ausländer, der vom Bundesamt für Migration und Flüchtlinge (BAMF) unanfechtbar als politisch Verfolgter i. S. d. Art. 16a GG anerkannt worden ist.[121]

---

118 Vgl. Migrationsbericht 2005 des BAMF, S. 81.

119 Als „Kontingentflüchtling" wurde im nach dem Inkrafttreten des Zuwanderungsgesetzes obsolet gewordenen Kontingent-Flüchtlingsgesetz bezeichnet, wer die Rechtsstellung des § 1 des Gesetzes über Maßnahmen für im Rahmen humanitärer Hilfsaktionen aufgenommene Flüchtlinge v. 22.07.1980 innehatte. (BGBl. I S. 1057).

120 Siehe zum Asylantrag i. S. d. § 13 AsylVerfG. Nach § 13 Abs. 1 AsylVerfG ist mithin das Nachsuchen um Schutz vor politischer Verfolgung oder um Schutz vor Abschiebung oder einer sonstigen Rückführung in einen Staat entscheidend, in dem Betroffene die in § 60 Abs. 1 AufenthG bezeichneten Gefahren drohen.

121 Vgl. auch § 1 Abs. 1, 1 Alt. und § 2 AsylVerfG.

- *Flüchtlinge*: Ein Ausländer ist Flüchtling i. S. d. Abkommens über die Rechtsstellung der Flüchtlinge,[122] sofern er in dem Staat, dessen Staatsangehörigkeit er besitzt oder in dem er als Staatenloser seinen gewöhnlichen Aufenthalt hatte, den Bedrohungen gem. § 60 Abs. 1 AufenthG ausgesetzt ist, § 3 AsylVerfG. Der Begriff des Flüchtlings ist mithin ausführlich in der Genfer Konvention definiert (vgl. Art. 1 A GK).

Zudem werden die Personen, bei denen das BAMF in einem Asylverfahren nach den Vorschriften des AsylVerfG unanfechtbar festgestellt hat, dass die Tatbestandsvoraussetzungen für eine Verfolgung aufgrund von Rasse, Religion, Staatsangehörigkeit, Zugehörigkeit zu einer bestimmten sozialen Gruppe oder wegen der politischen Überzeugung im Falle einer Abschiebung vorliegen und die in den Anwendungsbereich des § 25 Abs. 2 S. 1 fallen, als *Konventionsflüchtlinge* (kleines Asyl) bezeichnet. Hierbei handelt sich um die Personen, die die Voraussetzungen für die Zuerkennung der Flüchtlingseigenschaft nach der Genfer Flüchtlingskonvention erfüllen. Sie können aber wegen einer Einreise aus einem „sicheren Drittstaat" i. S. v. Art. 16a Abs. 2 GG oder wegen des Vorliegens gewillkürter Nachfluchtgründe nicht als Asylberechtigte anerkannt werden.[123]

Ferner gehören auch die *Aussiedler* und *Spätaussiedler,* die zusammen mit ihren Familienangehörigen aufgrund von Art. 116 GG die deutsche Staatsangehörigkeit in einem besonderen Verfahren erlangt haben, zu der Ausländergruppe. Spätaussiedler ist ein deutscher Volkszugehöriger i. S. v. § 6 Abs. 2 BVFG, der vor dem 1. Januar 1993 geboren ist, nach dem 31. Dezember 1992 die maßgeblichen Aussiedlungsgebiete im Wege des Aufnahmeverfahrens verlassen und innerhalb von sechs Monaten seinen ständigen Aufenthalt in Deutschland gefunden hat. Der Aussiedler wird in § 1 Abs. 2 Nr. 3 BVFG n. F. definiert.

Schließlich stellt der Ehegatten- und Familiennachzug eine praktisch und rechtlich bedeutsame Einwanderungsgruppe dar. Unter die Schutzwirkung des Art. 6 Abs.1 GG fallen grundsätzlich die Ehegatten und die minderjährigen Kinder. Art. 6 Abs. 1 GG gewährleistet den Schutz von Ehe und Familie und schützt die Herstellung oder Wahrung einer familiären Lebensgemeinschaft.

III. Zahlen und Fakten zu den in der Bundesrepublik Deutschland lebenden Ausländern

Von 1991 bis 2012 wurden insgesamt 20,0 Mio. Zuzüge vom Ausland nach Deutschland registriert. Diese hohen Zuzugszahlen resultieren vor allem aus dem – bis Mitte der 1990er Jahre – erhöhten Zuzug von (Spät-)Aussiedlern und der bis 1995

---

122 Abkommen über die Rechtsstellung der Flüchtlinge (Genfer Konvention – GK) v. 28.07.1951, zugestimmt und veröffentlicht durch das Gesetz v. 01.09.1953, BGBl. II, S. 559.

123 Vgl. *Hailbronner*, Asyl- und Ausländerrecht, 3. Aufl. (2013), S. 128 ff., Rn. 225 und 227.

gestiegenen Zahl von Asylsuchenden. Eine große Rolle spielten auch die seit 1991/92 aus dem ehemaligen Jugoslawien geflohenen Kriegs- und Bürgerkriegsflüchtlinge, von denen die meisten bereits wieder in ihre Heimat zurückgekehrt sind, sowie die gestiegene, aber zeitlich begrenzte Arbeitsmigration aus Nicht-EU-Staaten.[124]

Wird das Migrationsgeschehen insgesamt betrachtet, so ist seit 2007 ein kontinuierlicher Anstieg der Zuzugszahlen festzustellen. Im Jahr 2012 wurden etwa 1.081.000 Zuzüge verzeichnet, darunter 965.908 Zuzüge von ausländischen Staatsangehörigen. Nach Angaben des *BAMF* gab es eine entsprechend hohe Zuzugszahl zuletzt im Jahr 1995.[125] Ein Wanderungsverlust ist gegenüber der Türkei seit 2006 festzustellen. Eine differenzierte Betrachtung der Einwanderung nach einzelnen Zuwanderergruppen zeigt, dass im Jahr 2012 vor allem der Familiennachzug von Drittstaatsangehörigen und die Zuwanderung von Spätaussiedlern und ihren Familienangehörigen weiter rückläufig waren. So sank der Ehegatten- und Kindernachzug seit 2002 um mehr als die Hälfte auf 40.843 im Jahr 2012. Noch deutlicher fiel der Rückgang des Spätaussiedlerzuzugs aus. Nachdem im Jahr 2001 fast 100.000 Spätaussiedler mit ihren Familienangehörigen nach Deutschland kamen, waren es im Jahr 2012 nur noch 1.820 Personen. Wie die Statistik zeigt, ist dies der niedrigste Wert seit Beginn der Aussiedleraufnahme. Dagegen konnte nach einem von 2001 bis 2007 kontinuierlich anhaltenden Rückgang der Asylbewerberzahlen seit 2009 wieder ein deutlicher Anstieg der Asylbewerber verzeichnet werden (im Jahr 2010: 48.589; 2011: 53.347; 2012: 77.651 und im Jahr 2013: 127.023 Asylanträge). Im Jahr 2014 (Januar-Oktober) wurden insg. 158.080 Asylanträge (Erst- und Folgeanträge) registriert.[126] Im Vergleich zum Vorjahreszeitraum mit 100.937 Asylanträgen bedeutet dies einen deutlichen Anstieg. Die Asylbewerber stammten hauptsächlich aus den Ländern Syrien (21,1%), Serbien (9,7%), Eritrea (8,2%), Afghanistan (5,5%), Albanien (4,5%) und Somalia (3,5%).[127]

Im Bereich der Arbeitsmigration hat der Trend zu einer Zuwanderung von Fachkräften auch im Jahr 2012 angehalten. Im Vergleich zum Vorjahr ist ein leichter Zuwachs von 2% festzustellen: Eine Gesamtzahl zugewanderter Erwerbsmigranten betrug im Jahr 2012 36.777. Darunter haben 2.190 Personen eine Blaue Karte EU erhalten. Hauptherkunftsländer waren Indien, Kroatien, die USA, Bosnien-Herzegowina und China. Dagegen erwies sich die Zahl der Saison- und Werkvertragsarbeitnehmer als leicht rückläufig. Die größte Gruppe stellten Saisonarbeitnehmer aus EU-Staaten dar, deren Zahl jedoch seit 2004 sinkt.

Im Jahr 2012 konnte zudem ein erneuter Anstieg der Zahl der Bildungsausländer, die ihr Studium in Deutschland begannen, um 9 % auf 79.537 Studierende

---

124 Vgl. *BMI* (Hrsg.), Migrationsbericht des BAMF 2012, S. 14.

125 Vgl. *BMI* (Hrsg.), Migrationsbericht des BAMF 2012, S. 18.

126 Vgl. *BMI* (Hrsg.), Migrationsbericht des BAMF 2012, S. 10 und *BAMF* (Hrsg.), Aktuelle Zahlen zu Asyl: Tabellen, Diagramme und Erläuterungen, Ausgabe: Oktober 2014, S. 3.

127 *BAMF* (Hrsg.), Aktuelle Zahlen zu Asyl: Tabellen, Diagramme und Erläuterungen, Ausgabe: Oktober 2014, S. 6.

verzeichnet werden. Dies ist die höchste Zahl an Bildungsausländern. Eine Zunahme wurde ebenfalls bei den drittstaatsangehörigen Hochschulabsolventen ermittelt, die nach Abschluss ihres Studiums an einer deutschen Hochschule einen entsprechenden Arbeitsplatz in Deutschland fanden.

Wichtigste Herkunftsländer sind daher die europäischen Staaten: Fast drei Viertel aller zugezogenen Personen (77,5 %) stammten aus Europa.[128] 13,6 % aller zugezogenen Personen kamen aus dem übrigen Europa. Weitere 12,4 % der Zugezogenen des Jahres 2012 sind aus asiatischen Ländern. Damit hat sich deren Anteil gegenüber 2007 (12,3 %) leicht erhöht. Nur 3,2 % zogen aus den Ländern Afrikas nach Deutschland, weitere 6,3 % aus Amerika, Australien und Ozeanien.[129] Auch unter den Fortgezogenen aus Deutschland bildete Europa die Hauptzielregion: 74,2 % zogen aus Deutschland in ein anderes europäisches Land.

Eine Differenzierung der Zuzüge nach Herkunftsregionen zeigt, dass die meisten Zuzüge nach Deutschland im Jahr 2012 mit 43,1 % aus den neuen EU-Staaten waren. Die meisten Zuwanderer kamen aus Polen, Rumänien und Bulgarien. Dagegen ist die Zahl der Zuzüge aus der ehemaligen Sowjetrepubliken seit Jahren rückläufig (Anteil 2012: 3,9 %). Dies liegt am starken Rückgang der Spätaussiedlerzahlen und ihren Familienangehörigen seit 2005.[130]

Im Ausländerzentralregister wurden im Jahr 2012 ca. 740.000 ausländische Staatsangehörige registriert, darunter 305.595 Drittstaatsangehörige. Im Vergleich zum Vorjahr zeigt sich damit ein deutlicher Anstieg der Zuwanderung nach Deutschland: 2011 kamen 622.506 Personen, darunter 265.728 Drittstaatsangehörige. Deutlich angestiegen ist die Zuwanderung aus der RF (9.259), China (7.381), Syrien (7.286), Indien (6.955) und Afghanistan (6.649). Eine Zuwanderung aus Syrien und Afghanistan entfällt insbesondere auf die Asylzuwanderer. Ein Großteil der zugezogenen Russen kam nach Deutschland zum Zweck des Studiums, der Erwerbstätigkeit und aus familiären Gründen. Aus Indien und China erfolgt die Zuwanderung von Fachkräften und von Studierenden.

IV. Aufenthalts- und niederlassungsrechtliche Stellung von Ausländern

1. *Aufenthaltstitel*

Nachdem der Gesetzgeber mit dem Ziel der Verbesserung der Übersichtlichkeit die Anzahl der Dokumente über ein Aufenthaltsrecht verringert hatte,[131] musste er sie

128 In der Statistik wurde als Europa auch die Europäische Union und europäische Drittstaaten, inklusive Türkei und Russische Föderation, bezeichnet.

129 Vgl. *BMI* (Hrsg.), Migrationsbericht des BAMF, S. 16.

130 Vgl. *BMI* (Hrsg.), Migrationsbericht des BAMF, S. 17.

131 Im AuslG 1990 waren neben dem Visum, das eine besondere Form einer Aufenthaltsgenehmigung darstellte, und Ausnahme-Visum, das an der Grenze von der Grenzpolizei gem. § 58 Abs. 2 AuslG erteilt wurde, auch folgende Titel vorgesehen:

aber im Zuge der Richtlinienumsetzung wieder erweitern. Nach § 4 Abs. 1 S. 1 bedürfen daher die Ausländer für die Einreise und den Aufenthalt im Bundesgebiet grundsätzlich eines Aufenthaltstitels, sofern nicht ein andersartiges Aufenthaltsrecht besteht.[132] I. S. d. § 4 Abs. 1 S. 2 werden folgende Aufenthaltstitel erteilt: das Visum (§ 6), die befristete Aufenthaltserlaubnis (§ 7), die unbefristete Niederlassungserlaubnis (§ 9) und die Erlaubnis zum Daueraufenthalt-EG (§ 9a) sowie die Blaue Karte EU (§ 19a).[133] Hierbei werden die Aufenthaltserlaubnis und das Visum zu „multifunktionalen Aufenthaltstiteln" erweitert, die zu mehreren sowohl vorübergehenden als auch dauernden Aufenthaltszwecken erteilt werden können. Während sich das Visum von den anderen Aufenthaltstiteln durch den Aufenthaltszeitraum und das Erfordernis, es vor der Einreise einzuholen, unterscheidet, werden die weiteren Aufenthaltstitel erst nach der Einreise durch die Ausländerbehörde erteilt.[134]

Auch die Umwandlung der befristeten Aufenthaltserlaubnis zur unbefristeten Niederlassungserlaubnis ist möglich, wenn die gesetzlichen Voraussetzungen dafür vorliegen.[135] Als unbefristete Aufenthaltstitel für einen dauerhaften Aufenthalt in Deutschland kennt das Gesetz die Niederlassungserlaubnis und die Erlaubnis zum Daueraufenthalt-EG. Beide sind zeitlich und räumlich unbeschränkt und dürfen gem. § 9 Abs. 1 S. 2 und § 9a Abs. 1 S. 2 nur in den durch das AufenthG ausdrücklich zugelassenen Fällen mit einer Nebenbestimmung

---

Aufenthaltsberechtigung, befristete/unbefristete Aufenthaltserlaubnis, Aufenthaltsbewilligung und Aufenthaltsbefugnis. Dabei wurde als der Oberbegriff für die o. g. Titel die Aufenthaltsgenehmigung verwendet. Die Aufenthaltsberechtigung, die im § 27 AuslG geregelt war, stellte die für Ausländer vorgesehene stärkste Aufenthaltsverfestigung dar. Die Aufenthaltsbewilligung (§ 28) war ein zweckgebundener und befristeter Aufenthaltstitel, der die Erlangung eines späteren Daueraufenthalts ausschloss. Sie war für Ausländer vorgesehen, denen der Aufenthalt nur für einen bestimmten und lediglich einen zeitlich begrenzten Aufenthalt erfordernden Zweck, etwa eine Ausbildung und Besuchsreise, gewährt wurde. Die Aufenthaltsbefugnis (§ 20) war für den aus völkerrechtlichen, humanitären oder politischen Gründen gewährten Aufenthalt für Ausländer vorgesehen. Das AufenthG 2004 hingegen kannte bisher, also bis zur Umsetzung der EU-Richtlinien, insgesamt drei Aufenthaltstitel: als eigenständigen Aufenthaltstitel das Visum, als befristeten Aufenthaltstitel die Aufenthaltserlaubnis und als unbefristeten die Niederlassungserlaubnis. Nun kommt seit der Richtlinienumsetzung noch ein Aufenthaltstitel hinzu.

132 § 4 Abs. 1 S. 1 AufenthG, *Hailbronner*, Vorschriftensammlung Ausländer- und Asylrecht, 3. Aufl. (2008), A 1.

133 Im Zuge der Richtlinienumsetzung wurde ein auf vier Jahre befristeter Aufenthaltstitel für hochqualifizierte Drittstaatsangehörige – sog. „Blaue Karte EU" – geschaffen. Der neue Aufenthaltstitel ist seit dem 01.06.2012 in Kraft.

134 Vgl. *Hailbronner*, Asyl- und Ausländerrecht, 3. Aufl. (2013), S. 65, Rn. 92; *Maaßen*, Ausländerrecht, Gesetze und Verordnungen mit erläuternder Einführung, 18. Aufl. (2007), S. 11.

135 Vgl. *Hailbronner*, Asyl- und Ausländerrecht, 3. Aufl. (2013), S. 66, Rn. 92.

versehen werden. Sie berechtigen auch zur Ausübung einer Erwerbstätigkeit (vgl. § 9 Abs. 1 S. 2 und § 9a Abs. 1 S. 2).[136] Die Erlaubnis zum Daueraufenthalt-EG unterscheidet sich von der Niederlassungserlaubnis jedoch dadurch, dass sie eine „transnationale Wirkung" aufweist, also die Ausländer, die diese Erlaubnis in Deutschland oder in einem EU-Staat erworben haben, sind mit diesem Aufenthaltstitel berechtigt, sich dauerhaft in einem anderem EU-Staat oder in Deutschland unter vereinfachten Bedingungen zum Zweck der Erwerbstätigkeit oder zum Zweck des Studiums bzw. der Ausbildung niederzulassen (§§ 9a, 38 a).[137] Die Blaue Karte EU (§ 19a), die einem hochqualifizierten Drittstaatsausländer in Deutschland seit dem Juni 2012 erteilt wird, ist bei erstmaliger Erteilung höchstens auf vier Jahre befristet.

Keine Aufenthaltstitel sind die vorübergehende Aussetzung der Abschiebung, nämlich die Duldung nach § 60a und die Aufenthaltsgestattung nach § 55 AsylVerfG.[138]

2. *Die Erteilung eines Aufenthaltstitels*

Der Gesetzgeber hat die grundlegenden Voraussetzungen für die Erteilung eines Aufenthaltstitels in § 5 AufenthG zusammengefasst. Dabei ist § 5 Abs. 1 für alle Arten von Titel anwendbar. § 5 Abs. 2 gilt hingegen nur für bestimmte Aufenthaltstitel, insbesondere für die Erteilung einer Aufenthaltserlaubnis, einer Niederlassungserlaubnis und einer Erlaubnis zum Daueraufenthalt-EG. Einige Abweichungen sind bereits in § 5 genannt, die jedoch nicht abschließend sind. Von den Regelabweichungen ist die in § 5 Abs. 3 getroffene Bestimmung zu unterscheiden, wonach bei der Erteilung von Aufenthaltstiteln aus völkerrechtlichen, humanitären oder politischen Gründen von der Anwendung des Abs. 1 grundsätzlich abzusehen ist oder abgesehen werden kann. Weitere allgemeine Voraussetzungen sind für die Erteilung eines Visums in § 6, für die Erteilung einer Aufenthaltserlaubnis in §§ 7 und 8, für die Erteilung einer Niederlassungserlaubnis in § 9 und für die Erteilung einer Erlaubnis zum Daueraufenthalt-EG in § 9a sowie in § 19a für die Erteilung einer Blauen Karte EU festgelegt. Die besonderen Voraussetzungen für die einzelnen Aufenthaltszwecke sind in den jeweiligen einschlägigen Normen geregelt.[139] Soweit in § 5 Abs. 3 oder in den jeweiligen speziellen gesetzlichen Vorschriften keine Ausnahmen oder Befreiungen

136 § 9 Abs. 1 S. 2 und § 9a Abs. 1 S. 2 AufenthG, *Hailbronner*, Vorschriftensammlung Ausländer- und Asylrecht, 3.Aufl. (2009), A 1.

137 §§ 9a ff. und 38 a ff. AufenthG, Ausländer- und Asylrecht, Vorschriftensammlung, 3. Aufl. (2009), A 1; *Hailbronner*, Asyl- und Ausländerrecht, 3. Aufl. (2013), S. 66, Rn. 92.

138 *Hailbronner*, Asyl- und Ausländerrecht, 3. Aufl. (2013), S. 66, Rn. 93.

139 *Möller*, in: HK – AufenthG, 1. Aufl. (2008), § 5 Rn. 6; *Dienelt*, in: Renner/Bergmann/Dienelt, Ausländerrecht, Kommentar, 10. Aufl. (2013), § 5 Rn. 2; *Hailbronner*, Vorschriftensammlung Ausländer- und Asylrecht, 3. Aufl. (2009), A 1.

enthalten sind, müssen die Tatbestandsvoraussetzungen für die Erteilung eines Aufenthaltstitels stets geprüft und bejaht werden. Dabei kann die Prüfreihenfolge nicht streng eingehalten werden.[140]

a) Allgemeine Voraussetzungen für die Erteilung eines Aufenthaltstitels nach § 5 Abs. 1 AufenthG

§ 5 Abs. 1 regelt die allgemeinen Voraussetzungen, die zumeist bei der Erteilung eines jeden Aufenthaltstitels, nämlich eines Visums, einer Aufenthaltserlaubnis, einer Blauen Karte EU, einer Niederlassungserlaubnis oder einer Erlaubnis zum Daueraufenthalt-EG, vorliegen müssen. Die Voraussetzungen des § 5 greifen nur bei Aufenthaltstiteln i. S. d. § 4 Abs. 1 S. 2 ein. § 5 Abs. 1 setzt insbesondere folgende Tatbestandsvoraussetzungen voraus:

aa) Erfüllung der Passpflicht i. S. d. § 3 Abs. 1 AufenthG

Ein Ausländer darf in das Bundesgebiet nur einreisen oder sich darin aufhalten, wenn er einen anerkannten und gültigen Pass oder Passersatz besitzt. Allerdings können sich Abweichungen ergeben, indem Aufenthaltsgesetz und -verordnung in bestimmten Fällen die Befreiung von der Passpflicht vorsehen.[141] Die Passpflicht wird bspw. dann nicht erfüllt, wenn die Geltungsdauer des Passes nach der Einreise abläuft.

bb) Sicherung des Lebensunterhalts

Des Weiteren soll der Lebensunterhalt des Ausländers gesichert sein. Dabei handelt es sich nach der Gesetzesbegründung um die wichtigste Voraussetzung für die Aufenthaltsgewährung, um die Inanspruchnahme öffentlicher Mittel zu verhindern.[142] Nach der Legaldefinition in § 2 Abs. 3 ist der Lebensunterhalt eines Ausländers dann gesichert, wenn er ihn einschließlich ausreichenden Krankenversicherungsschutzes ohne Inanspruchnahme öffentlicher Mittel bestreiten kann, wobei das Kindergeld, der Kinderzuschlag und das Erziehungsgeld oder Elterngeld sowie öffentliche Mittel außer Betracht bleiben.[143] Allerdings ist im AufenthG nicht prägnant definiert, wann der Lebensunterhalt eigentlich als

---

140 Vgl. *Möller*, in: HK – AufenthG, 1. Aufl. (2008), § 5 Rn. 6.

141 Eine allgemeine Befreiung von der Passpflicht enthält § 14 AufenthG bspw. für ausländisches Rettungspersonal. Außerdem führt zur Befreiung von der Pflicht eines eigenen Passes gem. § 2 AufenthG, wenn der Minderjährige bis zur Vollendung des 16. Lebensjahres diese Pflicht durch Eintragung in den Pass oder den Passersatz eines gesetzlichen Vertreters erfüllt. In begründeten Fällen kann das BMI ausnahmsweise eine passlose Einreise und den Aufenthalt bis zu sechs Monaten zulassen (vgl. § 3 Abs. 2 AufenthG).

142 BT-Drucks. 15/420, S. 70.

143 § 2 Abs. 3 AufenthG, *Hailbronner*, Vorschriftensammlung Ausländer- und Asylrecht, 3. Aufl. (2008), A 1.

gesichert anzunehmen ist. § 2 Abs. 3 S. 5 und 6 hat lediglich für die Erteilung einer Aufenthaltserlaubnis nach Maßgabe der §§ 16 und 20 gesetzlich die Mindestbeträge festgelegt. Jedoch wird in Rechtsprechung und Literatur allgemein anerkannt, dass im Hinblick auf die Berechnung des zur Sicherung des Lebensunterhalts eines Ausländers notwendigen Bedarfs die Bestimmungen des SGB II[144], vor allem die Regelsätze der §§ 19 ff. SGB II, sowie der auf Grund des § 28 SGB XII erlassenen Rechtsverordnung maßgebend sind.[145] Das richtet sich somit nach der Höhe des Bedarfs, nach Art und Umgang der zur Verfügung stehenden Eigenmittel, auch der hierzu zählenden öffentliche Leistungen, und nach dem insofern maßgeblichen Prognosemaßstab und -zeitraum[146] sowie nach den individuellen Bedürfnissen.[147] Das Bestreiten des Lebensunterhalts kann sowohl aus eigener Erwerbstätigkeit als auch aus anderen Einkünften oder aus eigenem Vermögen, aber auch aus weiteren Quellen erfolgen.[148]

cc) Geklärte Identität und Staatsangehörigkeit

§ 5 Abs. 1 Nr. 1a fordert für die Erteilung eines Aufenthaltstitels, dass die Identität des Ausländers und – falls der Ausländer nicht zur Rückkehr in einen anderen Staat berechtigt ist – seine Staatsangehörigkeit geklärt sind. Die Vorschrift dient vor allem „der Kontrolle von Einreise und Aufenthalt sowie der Sicherung der Rückkehrberechtigung und damit auch der Möglichkeit der Aufenthaltsbeendigung“[149]. Die Klärung der Identität bedeutet, eine Gewissheit über die Person eines Ausländers herzustellen. Das kann in der Regel durch einen gültigen Pass oder Passersatz festgestellt werden. Die Identität umfasst Name und Vorname der Person, nicht jedoch das Lebensalter oder die Staatsangehörigkeit.[150]

Die Klärung der Staatsangehörigkeit kommt nach § 5 Abs. 1 Nr. 1a HS 2 nur dann in Betracht, wenn die Rückkehrberechtigung in einen anderen Staat unsicher

---

144 Sozialgesetzbuch 2. Buch – Grundsicherung für die Arbeitsuchende – v. 24.12.2003, BGBl. I, S. 2954.

145 Vgl. *VGH Kassel*, Beschl. v. 14. 03.2006, 9 TG 512/065, in: ZAR, 2006, 145 – Erteilung einer Aufenthaltserlaubnis; *OVG Berlin-Brandenburg* v. 28.02.2006, in: InfAuslR 2006, 277; *OVG Berlin* v. 10.03.2005, in: AuAS 2005, 110; *VG Berlin*, Urteil v. 23.09.2005 – VG 25 A 329.02, in: InfAuslR 2006, 21; *Hailbronner*, Asyl- und Ausländerrecht, 3. Aufl. (2013), S. 67, Rn. 96; auch *Philippsohn*, in: ZAR 2005, 143.

146 Vgl. *Dienelt*, in: Renner/Bergmann/Dienelt, Ausländerrecht, Kommentar, 10. Aufl. (2013), § 2 Rn. 14.

147 Vgl. *Dienelt*, in: Renner/Bergmann/Dienelt, Ausländerrecht, Kommentar, 10. Aufl. (2013), § 2 Rn. 15.

148 Vgl. *VGH Kassel*, Beschl. v. 14.03.2006, 9 TG 512/065, in: ZAR 2006, 145 (146) – Erteilung einer Aufenthaltserlaubnis.

149 *Möller*, in: HK – AufenthG, 1. Aufl. (2008), § 5 Rn. 12.

150 Vgl. *Dienelt*, in: Renner/Bergmann/Dienelt, Ausländerrecht, Kommentar, 10. Aufl. (2013), § 5 Rn. 42.

ist. Eine zusätzliche Prüfung ist daher lediglich dann erforderlich, sofern kein Passpapier vorliegt und ein atypischer Fall eine Ausnahme von dem Passbesitz rechtfertigt.[151]

dd) Nichtvorliegen von Ausweisungsgründen

Die Erteilung eines Aufenthaltstitels setzt weiterhin voraus, dass keine Ausweisungsgründe vorliegen, insbesondere dass der Ausländer keine Rechtsverstöße i. S. d. §§ 53, 54, 55 ff. begangen hat. In Rechtsprechung und Literatur ist bereits anerkannt, dass ein Ausweisungsgrund jedoch nur dann herangezogen werden kann, wenn er gegenwärtig tatsächlich vorliegt und rechtlich verwertbar ist. Ein Ausweisungsgrund liegt dann vor, wenn „er die Prognose künftigen normwidrigen Verhaltens rechtfertigt“[152]. Das ist jedoch dann nicht der Fall, wenn der Grund für die Ausweisung nicht mehr aktuell ist. Beim Vorliegen eines Ausweisungsgrundes kommt es allein darauf an, ob ein Ausweisungstatbestand abstrakt, also nach seinen tatbestandlichen Voraussetzungen, verwirklicht ist. Im konkreten Fall bedarf es daher keiner hypothetischen Prüfung und Ermessensentscheidung, ob der Ausländer tatsächlich ausgewiesen werden könnte.[153] Ob er einen besonderen Ausweisungsschutz nach § 56 AufenthG genießen würde, ist daher auch nicht relevant.[154]

ee) Keine Beeinträchtigung oder Gefährdung von Interessen der Bundesrepublik Deutschland

Soweit kein Anspruch auf die Erteilung eines Aufenthaltstitels besteht, darf der Aufenthalt eines Ausländers gem. § 5 Abs. 1 Nr. 3 nicht aus sonstigem Grund die Interessen der BRD beeinträchtigen oder gefährden. Unter den Interessen Deutschlands sind daher alle wirtschaftlichen, gesellschaftlichen, politischen und arbeitsmarktpolitischen sowie sonstigen staatlichen oder öffentlichen Interessen von Bund und Ländern zu verstehen.[155] Hierzu gehören sowohl das Interesse an der Einhaltung der Einreisevorschriften als auch der Inanspruchnahme der öffentlichen Haushalte und von Rückkehrhilfe, fehlende Rückkehrbereitschaft, entwicklungshilfepolitische Interessen, Gefährdungen der öffentlichen Gesundheit sowie

---

151 Vgl. *Möller*, in: HK – AufenthG, 1. Aufl. (2008), § 5 Rn. 12; *Dienelt*, in: Renner/Bergmann/Dienelt, Ausländerrecht, Kommentar, 10. Aufl. (2013), § 5 Rn. 43.

152 *BVerwGE* v. 15.03.2005, in: NJW 2005, 3590; *BVerwGE* v. 24.06.1997, in: InfAuslR 1997, 119; *Hess. VGH* v. 04.03.2002, in: AuAS 2002, 172; auch *Möller*, in: HK – AufenthG, 1. Aufl. (2008), § 5 Rn. 14; *Hailbronner*, Asyl- und Ausländerrecht, 3. Aufl. (2013), S. 69, Rn. 99;

153 Vgl. *VGH BW* v. 30.05.2007–13 S 1020/07, in: juris.

154 Vgl. *VG München* v. 15.03.2007 – M 10 K 06.4308, in: juris; *Hailbronner*, Asyl- und Ausländerrecht, 3. Aufl. (2013), S. 69, Rn. 99.

155 *Dienelt*, in: Renner/Bergmann/Dienelt, Ausländerrecht, Kommentar, 10. Aufl. (2013), § 5 Rn. 61; *Möller*, in: HK – AufenthG, 1. Aufl. (2008), § 5 Rn. 18; *Hailbronner*, Asyl- und Ausländerrecht, 3. Aufl. (2013), S. 69, Rn. 100.

Zuzugsstopp bzw. Verhinderung von Einwanderung.[156] Der Begriff der Interessen der BRD muss daher in Einklang mit den verfassungsrechtlichen Wertentscheidungen oder völker- und europarechtlichen Vorschriften ausgelegt werden.[157]

b) Besondere Voraussetzungen für die Erteilung eines Aufenthaltstitels

Die Erteilung eines Aufenthaltstitels gem. § 5 Abs. 2 S. 1 setzt weiterhin voraus, dass der Ausländer mit dem nach § 6 Abs. 3 erforderlichen Visum in die BRD eingereist ist (1) und bei dessen Antragstellung alle dafür erforderlichen Angaben bereits ordnungsgemäß im Visumantrag vorgenommen hat (2). Nach dem Wortlaut der Vorschrift handelt es sich dabei um zwingende Voraussetzungen, die auch im Falle eines Rechtsanspruchs gelten. Der Grundsatz der Antragstellung im Ausland dient daher der effektiven Steuerung der Zuwanderung bereits vor der Einreise.[158]

aa) Ordnungsgemäße Einreise

Um die Einhaltung des Visumverfahrens als wichtiges Steuerungsinstrument des Zuzugs zu gewährleisten,[159] verlangt § 5 Abs. 2 S. 1 Nr. 1, dass der Ausländer mit dem erforderlichen Visum eingereist ist. Diese Regelung greift nur dann, wenn überhaupt eine Visumpflicht für die Einreise besteht. Deshalb ist zunächst zu prüfen, ob eine Befreiung von der Visumpflicht gegeben ist.

(1) Befreiung von der Visumpflicht

Kein Visum ist erforderlich, wenn der Ausländer nach §§ 15 bis 30 vom Erfordernis eines Aufenthaltstitels befreit ist oder nach § 39 einen Aufenthaltstitel im Bundesgebiet einholen oder verlängern kann sowie Staatsangehöriger einer der in Anh. 2 zur VO (EG) Nr. 39/2001 aufgeführten Drittländer ist oder um Asyl oder Verfolgungsschutz nachsucht.[160] Die türkischen Staatsangehörigen genießen im Rahmen des Assoziationsabkommen EWG/Türkei eine eingeschränkte Visumpflicht. Schließlich bedarf es keines Visums für die Aufenthaltserlaubnis nach § 38 a.

---

156 Vgl. *Möller*, in: HK – AufenthG, 1. Aufl. (2008), § 5 Rn. 19–24.

157 Vgl. *Hailbronner*, Asyl- und Ausländerrecht, 3. Aufl. (2013), S. 69, Rn. 100. *BVerfG* v. 24.10.2006–2 BvR 1908/03, in: juris.

158 Vgl. *Dienelt*, in: Renner/Bergmann/Dienelt, Ausländerrecht, Kommentar, 10. Aufl. (2013), § 5 Rn. 74; *Hailbronner*, Asyl- und Ausländerrecht, 3. Aufl. (2013), S. 70, Rn. 101.

159 BT-Drucks. 15/420, S. 70.

160 Mehr zur Befreiung von der Visumspflicht: *Renner*, Ausländerrecht, Kommentar, 9. Aufl. (2011), § 4 Rn. 17–28, *Möller*, in: HK – AufenthG, 1. Aufl. (2008), § 5 Rn. 28–30.

(2) Erforderliches Visum

Liegt kein Befreiungstatbestand vor, kommt für die Einreise die Erforderlichkeit des Visums in Betracht. Umstritten ist hierbei, ob allein der Besitz irgendeines Visums ausreichend ist, ob insbesondere das Visum zu dem Zweck erteilt worden sein muss, zu dem die Aufenthalts- oder Niederlassungserlaubnis beansprucht wird.[161] Dies soll mit der Formulierung „mit dem erforderlichen Visum" insoweit klargestellt sein, dass für die Einreise nur das für den jeweiligen konkreten Aufenthaltszweck erteilte Visum die Anforderungen erfüllt.[162] Die Erforderlichkeit des Visums ist somit grundsätzlich von der Zugehörigkeit zu bestimmten Personengruppen und ggf. vom verfolgten Aufenthaltszweck, von der geplanten Dauer und einer beabsichtigten Erwerbstätigkeit abhängig.[163]

bb) Maßgebliche Angaben

Weiterhin ist erforderlich, dass der Ausländer die für die Erteilung o. g. Aufenthaltstitel erforderlichen Angaben bereits ordnungsgemäß im Visumantrag gegenüber der deutschen Auslandsvertretung vorgenommen hat, also die Mitwirkungspflichten gem. § 82 Abs. 1 erfüllt hat. Maßgeblich sind daher nur die für das konkrete Visum benötigten Angaben (z.B. abgefragte Personalien, Voraufenthalte und frühere Visavorgänge).[164] Die Anwendung des § 5 Abs. 2 S. 1 Nr. 2 setzt somit voraus, dass ein Visum erforderlich ist, ein Visumverfahren stattgefunden hat und ein Visum erteilt wurde.

cc) Absehen von der Erfüllung der Visumpflicht, § 5 Abs. 2 S. 2 AufenthG

Allerdings kann im Einzelfall von der Erfüllung der Visumpflicht abgesehen werden (vgl. § 5 Abs. 2 S. 2). Hiervon ist dann abzusehen, wenn die Voraussetzungen eines Anspruchs auf die Erteilung eines Aufenthaltstitels erfüllt sind oder wenn es aufgrund besonderer Einzelfallumstände unzumutbar ist, das Visumverfahren nachzuholen (vgl. § 5 Abs. 2 S. 2 Alt. 2).

---

161 Vgl. *Pfaff*, in: ZAR 1992, 119; *Renner*, in: NVwZ 1993, 729; NJW 2000, 1732; *Urteil* v. 27.04.2005–2 StR 457/04, in: InfAuslR 2005, 332, zit. nach *Möller*, in: HK – AufenthG, 1. Aufl. (2008), § 5 Rn. 31.

162 Vgl. *Hess. VGH*, Beschl. v. 16.03.2005–12 TG 298/05, in: NVwZ 2006, 111; *Möller*, in: HK – AufenthG, 1. Aufl. (2008), § 5 Rn. 31; *Dienelt*, in: Renner/Bergmann/Dienelt, Ausländerrecht, Kommentar, 10. Aufl. (2013), § 5 Rn. 79.

163 Vgl. *VGH BW*, Beschl. v. 14.03.2006–11 S 1797/05, in: VBlBW, 2006, 357 (356); *Dienelt*, in: Renner/Bergmann/Dienelt, Ausländerrecht, Kommentar, 10. Aufl. (2013), § 5 Rn. 80.

164 Vgl. *Dienelt*, in: Renner/Bergmann/Dienelt, Ausländerrecht, Kommentar, 10. Aufl. (2013), § 5 Rn. 98.

dd) Ausnahmen zugunsten von Flüchtlingen
Der Gesetzgeber hat die in § 5 Abs. 3 vorgesehenen Ausnahmen unterschiedlich gestaltet: sowohl obligatorisch als auch fakultativ. Die zwingende Ausnahme greift ein, soweit die formellen Voraussetzungen für die jeweilige humanitäre Aufenthaltserlaubnis gegeben sind. In den Fällen der §§ 24, 25 Abs. 1 und 2 ist die Ausländerbehörde grundsätzlich an die Entscheidungen des EU-Rats und des BAMF insoweit gebunden, als sie lediglich über das Vorliegen des Ausschlussgrundes von § 24 Abs. 2 entscheidet und nicht zur eigenen Prüfung berechtigt ist.[165] Zwingend ist ferner von der Anwendung der Abs. 1 und 2 abzusehen, wenn über die Erteilung einer Aufenthaltserlaubnis nach § 25 Abs. 3[166] oder nach § 26 Abs. 3 zu entscheiden ist.[167] In allen anderen Fällen der Erteilung eines Aufenthaltstitels aus völkerrechtlichen, humanitären oder politischen Gründen ist davon auszugehen, dass von der Anwendung der Abs. 1 und 2 nach Ermessen abgesehen werden kann.

ee) Fehlende Versagungsgründe
Schließlich setzt die Erteilung eines Aufenthaltstitels voraus, dass keine Versagung eines Aufenthaltstitels aus Sicherheitsgründen nach § 5 Abs. 4 S. 1 vorliegt. Zu einem solchen Ausweisungstatbestand gehören die Beteiligung am internationalen Terrorismus (§ 54 Nr. 5), die Gefährdung der freiheitlichen demokratischen Grundordnung oder der Sicherheit der BRD und die öffentliche Gewaltanwendung (§ 54 Nr. 5a). Die Ausnahmen nach § 5 Abs. 4 S. 2 sind auf begründete Einzelfälle der tätigen Reue des Ausländers beschränkt. Eine weitere Ausnahme bildet § 5 Abs. 4 S. 3, wonach das BMI im Einzelfall bereits vor der Einreise für den Ausländer einen kurzfristigen Aufenthalt zulassen kann. Entsprechende Einzelfälle sind Zeugenaussagen oder Parteivernehmungen sowie Krankenbesuche oder Hilfseinsätze.[168] Außerdem ist der Aufenthaltstitel zu versagen, wenn die Tatbestände des § 54 (Ausweisung im Regelfall) vorliegen.

c) Weitere Voraussetzungen für die Erteilung eines Aufenthaltstitels

aa) Voraussetzungen der Aufenthaltserlaubnis
Die Grundsätze über die Erteilung der Aufenthaltserlaubnis als befristeten Aufenthaltstitel sind in § 7 geregelt. Die Aufenthaltserlaubnis wird demnach zu den

165 *Dienelt*, in: Renner/Bergmann/Dienelt, Ausländerrecht, Kommentar, 10. Aufl. (2013), § 5 Rn. 132.
166 § 25 Abs. 3 AufenthG ist auch auf den aufgrund des Abs. 3 möglichen Familiennachzug anwendbar. In diesem Fall sind daher für die Erteilung einer Aufenthaltserlaubnis die Bestimmungen des § 25 Abs. 3 i. V. m. § 60 Abs. 5 und Art. 8 EMRK in Betracht zu ziehen.
167 *Möller*, in: HK – AufenthG, 1. Aufl. (2008), § 5 Rn. 41, 43.
168 *Dienelt*, in: Renner/Bergmann/Dienelt, Ausländerrecht, Kommentar, 10. Aufl. (2013), § 5 Rn. 145.

im Gesetz genannten Aufenthaltszwecken erteilt: zum Zwecke der Ausbildung (Abschn. 3), zum Zwecke der Erwerbstätigkeit (Abschn. 4), aus völkerrechtlichen, humanitären oder politischen Gründen (Abschn. 5), aus familiären Gründen (Abschn. 6) und aus sonstigen Gründen (Abschn. 6).[169] Die Erteilung einer Aufenthaltserlaubnis setzt folgende Tatbestandsvoraussetzungen voraus:

(1) Erfüllung der besonderen Erteilungsvoraussetzungen
nach §§ 7, 8 i. V. m. §§ 16–38a

(2) Erfüllung der allgemeinen Voraussetzungen
etwa Ist-Erteilungsvoraussetzungen gem. § 5 Abs. 2 mit Ausnahmemöglichkeit (§ 5 Abs. 2 S. 2, Abs. 3) und Regel-Erteilungsvoraussetzungen nach § 5 Abs. 1 mit Ausnahmemöglichkeit (§ 5 Abs. 3) sowie spezielle Voraussetzungen (§ 10 Abs. 3 S. 1) mit Ausnahmemöglichkeit (§ 10 Abs. 3 S. 3)

(3) Fehlen eines Versagungsgrundes
dabei sollen spezielle Versagungsgründe (§§ 24 Abs. 2 S. 2, 26 Abs. 2, 37 Abs. 3), zwingende Versagungsgründe (§§ 5 Abs. 4 S. 1, 10 Abs. 3 S. 2, jeweils mit Ausnahmemöglichkeit gem. §§ 5 Abs. 4 S. 2, 10 Abs. 3 S. 3) sowie nach § 11 Abs. 1 S. 2, auch Ermessensversagungsgründe beachtet werden.

bb) Voraussetzungen der Niederlassungserlaubnis
Im Vergleich zur Aufenthaltserlaubnis ist die Niederlassungserlaubnis[170] „prinzipiell zeitlich unbegrenzt und inhaltlich unbeschränkt“[171]. Sie ist Ausdruck einer

---

169 Zu den einzelnen Aufenthaltszwecken s. u.

170 Der Begriff der „Niederlassung“ gehört ursprünglich in die wirtschaftlichen Bereiche der Selbstständigen und Freiberufler, die ihren Tätigkeitsschwerpunkt an einem Ort einrichten und sich dort niederlassen. Im Migrationsrecht hatte er „ein verborgenes Dasein“, obwohl er aufgrund einer Tradition im Recht der Freizügigkeit an prominenter Stelle (Art. 74 Nr. 4 GG) zur Kennzeichnung der konkurrierenden Zuständigkeit des Bundes für das „Aufenthalts- und Niederlassungsrecht von Ausländern“ dient. Während unter „Aufenthalt“ das bloße „Verweilen einschließlich der Wohnsitznahme“ verstanden wurde, bedeutete die „Niederlassung“ die „Begründung einer Erwerbstätigkeit“. In den 80er Jahren hat der Begriff eine „Renaissance“ erlebt. Im Zuge der letzten großen Zuwanderungsreform wurde dieser ins Leben gerufen, wobei für die Definition von Niederlassung die allgemeine Bedeutung nach dem „Brockhaus“ ausgewählt wurde: „Die Gründung eines Wohnsitzes im Unterschied zum nichtständigen Aufenthaltsort“. Somit wird unter Niederlassung der auf eine längere Dauer angelegte Aufenthalt verstanden, ohne dass damit notwendig eine wirtschaftliche Betätigung verbunden ist. So kann auch der Inhaber einer Aufenthaltserlaubnis selbstständig erwerbstätig oder abhängig beschäftigt sein. Vgl. *Renner*, Ausländerrecht, Kommentar, 9. Aufl. (2011), § 9 Rn. 2–3.

171 *Hailbronner*, Asyl- und Ausländerrecht, 3. Aufl. (2013), S. 71, Rn. 104.

fortgeschrittenen Integration der Ausländer und unterscheidet sich durch weitere besondere Merkmale: Die Niederlassungserlaubnis wird grundsätzlich aufgrund eines Rechtsanspruchs erteilt und berechtigt zu jeder Art von Erwerbstätigkeit.[172] Allerdings enthält die Norm für einige Aufenthaltszwecke Sonderregelungen, die an den Erwerb der Niederlassungserlaubnis geringere Voraussetzungen als in § 9 knüpfen (vgl. §§ 19, 21 Abs. 4 S. 2, 23 Abs. 2, S. 3, 26 Abs. 3, 28 Abs. 2, 35, 38 Abs. 1).[173] Die Erteilung einer Niederlassungserlaubnis begründet eine Privilegierung bei aufenthaltsbeendenden Maßnahmen, indem die Ausweisungen nur unter besonderer Beachtung der Voraussetzungen des § 56 zulässig sind, und setzt nach § 9 Abs. 2 folgende Tatbestände voraus:

(1) Besitz der Aufenthaltserlaubnis seit fünf Jahren nach § 9 Abs. 2 S. 1 Nr. 1 AufenthG

Zunächst muss der Ausländer seit fünf Jahren eine noch andauernde und ununterbrochene Aufenthaltserlaubnis besitzen. Gem. § 85 AufenthG können die Unterbrechungen der Rechtmäßigkeit des Aufenthaltes bis zu einem Jahr außer Betracht bleiben.[174] Welche Zeiten auf die Zeit des Besitzes einer Aufenthaltserlaubnis angerechnet werden, wird bereits in § 9 Abs. 4 geregelt.[175] Nicht angerechnet werden

---

172 Vgl. *Dienelt*, in: Renner/Bergmann/Dienelt, Ausländerrecht, Kommentar, 10. Aufl. (2013), § 9 Rn. 5.

173 Vgl. *Müller*, in: HK – AufenthG, 1. Aufl. (2008), § 9 Rn. 4.

174 Nach anderer Auffassung greift die Regelung der Unterbrechung i. S. d. § 85 AufenthG nicht ein, denn sie betrifft nur die Rechtmäßigkeit des gewöhnlichen Aufenthalts in der BRD und nicht den Besitz der Aufenthaltserlaubnis. Sodann macht das Gesetz einen deutlichen Unterschied zwischen Besitz eines Aufenthaltstitels, rechtmäßigem und geduldetem Aufenthalt. Vgl. *Dienelt*, in: Renner/Bergmann/Dienelt, Ausländerrecht, Kommentar, 10. Aufl. (2013), § 35 Rn. 6; § 9 Rn. 13, § 85 Rn. 2.

175 Problematisch waren bisher ausbildungs- oder studienbedingte Aufenthaltszeiten. § 16 Abs. 2 S. 2 AufenthG schließt generell die Erteilung einer Niederlassungserlaubnis während eines Studiums aus. Wie sich aus dem Abs. 2 S. 1 ergibt, gilt dies allerdings nur, soweit der Student über keine Aufenthaltserlaubnis für einen anderen Aufenthaltszweck als den des Studiums verfügt. Zudem ist die Erteilung einer Niederlassungserlaubnis auch nach erfolgreichem Abschluss des Studiums ausgeschlossen. Allerdings ist hier nicht vom generellen Ausschluss der Anrechnungszeiten auszugehen. Nach § 9 Abs. 4 Nr. 3 sind diese zur Hälfte anzurechnen, soweit der Aufenthalt in dieser Zeit rechtmäßig war, sodass Sinn und Zweck des Erfordernisses des Aufenthaltserlaubnisbesitzes für die Anrechnung sprechen. Somit kommt es auf die Besitzdauer der Aufenthaltserlaubnis nicht an, sofern (inländische) Absolventen als Hochqualifizierte i. S. d. § 19 Abs. 1 AufenthG zugelassen werden. Vorteilhaft ist auch, dass sie bereits die Integrationsvoraussetzungen erfüllt haben, die „durch das Studium und dessen erfolgreichen Abschluss nicht weniger zuverlässig gefördert werden als durch die Erwerbstätigkeit eines nur gering qualifizierten Arbeitnehmers oder eines Familienangehörigen, deren Aufenthaltserlaubnis uneingeschränkt mitgerechnet wird“. So *Dienelt*, in: Renner/Bergmann/

hingegen die Zeiten der Aufenthaltsgestattung, sofern keine Asyl- oder Flüchtlingsanerkennung erfolgte (§ 55 f. AsylVerfG), Zeiten einer Duldung und der Betretenserlaubnis gem. § 11 Abs. 2 sowie fiktive Aufenthaltszeiten gem. § 81 Abs. 3 S. 2.

(2) Sicherung des Lebensunterhalts gem. § 9 Abs. 2 S. 1 Nr. 2 AufenthG

Die Frage der Sicherung des Lebensunterhalts wurde bereits im Rahmen der allgemeinen Voraussetzungen für die Erteilung eines Aufenthaltstitels nach § 5 Abs. 1 Nr. 1 erläutert. Maßgebend sind daher die Regelungen des § 2 Abs. 3. Allerdings kann von dieser Tatbestandsvoraussetzung abgesehen werden, wenn der Antragsteller sie nach § 9 Abs. 2 S. 6 wegen einer körperlichen, geistigen oder seelischen Krankheit oder Behinderung nicht erfüllen kann[176], und bei Kindern im Falle des § 35 Abs. 1 S. 1.

(3) Altersvorsorge, § 9 Abs. 2 S. 1 Nr. 3 AufenthG

Des Weiteren soll der Ausländer gem. § 9 Abs. 2 S. 1 Nr. 3 mind. 60 Monate Pflichtbeiträge oder freiwillige Beiträge zur gesetzlichen Rentenversicherung geleistet haben. Dabei werden berufliche Ausfallzeiten wegen Kinderbetreuung oder häuslicher Pflege entsprechend angerechnet. Die private Vorsorge ist insoweit zugelassen, als sie nach Art und Höhe mit der gesetzlichen Rentenversicherung vergleichbare Leistungen gewährleistet.[177]

(4) Kein Verstoß gegen öffentliche Sicherheit und Ordnung

§ 9 Abs. 2 S. 1 Nr. 4 verlangt vom Ausländer, dass er nicht gegen die öffentliche Sicherheit und Ordnung[178] verstoßen hat. Diesbezüglich gelten auch die

---

Dienelt, Ausländerrecht, Kommentar, 10. Aufl. (2013), § 9 Rn. 13–14; auch *Müller*, in: HK – AufenthG, 1. Aufl. (2008), § 9 Rn. 11.

176 Aus der Gesetzesbegründung ergibt sich, dass der Gesetzgeber damit dem durch Art. 3 Abs. 3 S. 2 GG gebotenen besonderen Schutz von kranken und behinderten Menschen Rechnung tragen wollte. Die Regelung soll sicherstellen, dass keine Benachteiligung von Behinderten entsteht, wenn sie wegen ihrer Behinderung nicht arbeiten können. Vgl. BT-Drucks. 15/420, S. 72; *Hailbronner*, Asyl- und Ausländerrecht, 3. Aufl. (2013), S. 75, Rn. 110.

177 Vgl. *Dienelt*, in: Renner/Bergmann/Dienelt, Ausländerrecht, Kommentar, 10. Aufl. (2013), § 9 Rn. 38–39.

178 Nach der Definition des *BVerfG* ist als öffentliche Sicherheit der Begriff zu verstehen, der den Schutz zentraler Rechtsgüter wie Leben, Gesundheit, Freiheit, Ehre, Eigentum und Vermögen des Einzelnen sowie Unversehrtheit der Rechtsordnung und der staatlichen Einrichtungen umfasst. Die öffentliche Ordnung ist dabei die ungeschriebene Regel, deren Befolgung nach den jeweils herrschenden sozialen und ethischen Anschauungen als unerlässliche Voraussetzung eines geordneten menschlichen Zusammenlebens innerhalb eines bestimmten Gebiets angesehen wird (BVerfGE, 69, 315, 352). Daher ist der Begriff der öffentlichen Sicherheit und

Ausführungen zu § 5 Abs. 1 Nr. 2 (Fehlen des Ausweisungsgrundes). Der Gesetzgeber will damit klarstellen, dass § 9 Abs. 2 S. 1 Nr. 4 keine ausschließende Wirkung gegenüber den allgemeinen Voraussetzungen in § 5 zeigt.[179]

(5) Zulassung zur Erwerbstätigkeit, § 9 Abs. 2 S. 1 Nr. 5 und Nr. 6 AufenthG

Zudem soll der Ausländer zur Beschäftigung ordnungsgemäß zugelassen sein, was entweder durch eine Zustimmung der Bundesagentur für Arbeit oder durch eine Ausnahme vom Zustimmungserfordernis nach der BeschV erreicht werden kann. Nach § 9 Abs. 2 S. 1 Nr. 6 muss der Antragsteller die sonstigen für eine dauerhafte Beschäftigung erforderlichen Erlaubnisse besitzen. Das betrifft insbesondere Freiberufler wie Rechtsanwälte, Ärzte, Zahnärzte, Heilpraktiker, und auch Selbstständige. Für Ehegatten genügt es, wenn einer von ihnen diese Voraussetzungen erfüllt (§ 9 Abs. 3 S. 1).[180]

(6) Hinreichende Integration, § 9 Abs. 2 S. 1 Nrn. 7–8 und S. 2 bis 5 AufenthG

Als weitere Voraussetzungen verlangt das AufenthG zunächst ausreichende Kenntnisse der deutschen Sprache nach § 9 Abs. 2 S. 1 Nr. 7 und Grundkenntnisse der Rechts- und Gesellschaftsordnung und der Lebensverhältnisse im Bundesgebiet nach § 9 Abs. 2 S. 1 Nr. 8). Damit soll „dem Erfordernis der Sprachkenntnisse als wesentlicher Integrationsvoraussetzung und als Voraussetzung für die Teilnahme am gesellschaftlichen Leben größere Bedeutung verschafft werden“[181]. Gem. § 2 Abs. 10 entsprechen ausreichende Kenntnisse der deutschen Sprache dem Niveau B 1 des GER. Sie liegen dann vor, wenn sich der Ausländer im Alltag, einschließlich der Kontakte mit Behörden, in seiner deutschen Umgebung sprachlich zurechtfindet und mit ihm ein seinem Alter und Bildungsstand entsprechendes Gespräch führen kann.[182] Dazu gehört auch die Fähigkeit, einen deutschsprachigen einfachen Text lesen, verstehen und die wesentlichen Inhalte mündlich wiedergeben zu können.[183] Dagegen reicht es nicht aus, sich auf einfache Art mündlich verständigen zu können. Allerdings sieht das Gesetz eine Reihe von Ausnahmen vor, u. a. auch eine Befreiung wegen einer körperlichen, geistigen oder seelischen Krankheit oder Behinderung. Zur Vermeidung einer Härte kann auch von den Voraussetzungen

---

Ordnung in dieser Norm europarechtlich, wie in § 9a Abs. 2 S. 1 Nr. 5 AufenthG auszulegen. *Müller*, in: HK – AufenthG, 1. Aufl. (2008), § 9 Rn. 19.

179 Vgl. Begründung der Bundesregierung zum Entwurf eines RL-Umsetzungsgesetzes, BT-Drucks. 16/5065, S. 23 f.

180 Vgl. *Hailbronner*, Asyl- und Ausländerrecht, 3. Aufl (2013), S. 76, Rn. 113.

181 BT-Drucks. 15/420, S. 72.

182 Vgl. Begründung des Regierungsentwurfs, BT-Drucks. 14/7387, S. 67.

183 Vgl. BT-Drucks. 14/7387, S. 67. Mehr dazu – unter dem Themenbereich „Integrationskurs“.

der Sprachkenntnisse und der Grundkenntnisse der Rechts- und Gesellschaftsordnung abgesehen werden (vgl. § 9 Abs. 2 S. 4). Zudem gilt die Ausnahme auch für diejenigen, die keinen Anspruch auf Teilnahme am Integrationskurs hatten oder nach § 44a Abs. 2 Nr. 3 nicht dazu verpflichtet waren, sich aber auf einfache Art in der deutschen Sprache mündlich verständigen können (vgl. § 9 Abs. 2 S. 5). Zu dieser Gruppe gehören zum einen Kinder, Jugendliche und junge Erwachsene, die sich in der Ausbildung befinden, zum anderen Ausländer bei erkennbar geringem Integrationsbedarf sowie auch bereits über ausreichende Deutschkenntnisse verfügende Ausländer.[184] Die Grundkenntnisse der Rechts- und Gesellschaftsordnung werden ebenso wie die erforderlichen Sprachkenntnisse durch Vorlage des Zeugnisses über den erfolgreichen Abschluss eines Integrationskurses nachgewiesen, können aber auch durch den Nachweis eines entsprechenden Schulabschlusses belegt werden.[185]

(7) Besitz von ausreichendem Wohnraum gem. § 9 Abs. 2 S. 1 Nr. 9 AufenthG

Schließlich setzt die Niederlassungserlaubniserteilung die Verfügung über ausreichenden Wohnraum für sich und die mit der Person in häuslicher Gemeinschaft lebenden Familienangehörigen voraus. Aus § 2 Abs. 4 ergibt sich, dass als ausreichender Wohnraum nicht mehr gefordert wird, als für die Unterbringung eines Wohnungssuchenden in einer öffentlich geförderten Sozialmietwohnung genügt.[186] Die Voraussetzung „ausreichend" bezieht sich dabei auf zwei Qualifikationsmerkmale, nämlich Beschaffenheit und Belegung (Ausstattung und Größe der Wohnung hinsichtlich der Bewohnerzahl) sowie eine Ober- und Untergrenze, vor allem das Sozialwohnungsniveau und den auch für Deutsche geltenden rechtlichen Minimalstandard.[187]

---

184 *Hailbronner*, Asyl- und Ausländerrecht, 3. Aufl (2013), S. 77, Rn. 114.

185 Vgl. BT- Drucks. 15/420, S. 72; auch *Müller*, in: HK – AufenthG, 1. Aufl. (2008), § 9 Rn. 25; *Hailbronner*, Asyl- und Ausländerrecht, 3. Aufl (2013), S. 78, Rn. 115; *Wenger*, in: Kommentar zum Zuwanderungsrecht, 2. Aufl. (2008), § 9 Rn. 9.

186 § 2 Abs. 4 S. 1 AufenthG.

187 Vgl. *Dienelt*, in: Renner/Bergmann/Dienelt, Ausländerrecht, Kommentar, 10. Aufl. (2013), § 2 Rn. 28. Sodann ist ausreichender Wohnraum stets gegeben, wenn für jedes Familienmitglied über sechs Jahren zwölf Quadratmeter und für jedes Familienmitglied unter sechs Jahren zehn Quadratmeter Wohnfläche zur Verfügung stehen sowie Nebenräume im angemessenen Umfang mitbenutzt werden können. Mehr dazu: *Dienelt*, in: Renner/Bergmann/Dienelt, Ausländerrecht, Kommentar, 10. Aufl. (2013), § 2 Rn. 28–33.

cc) Voraussetzungen der Erlaubnis zum Daueraufenthalt-EG

Die im Zuge der EU-Richtlinienumsetzung neu geschaffene Erlaubnis zum Daueraufenthalt-EG[188] gewährt den langfristig Aufenthaltsberechtigten[189] eine privilegierte Rechtsstellung, indem die Drittstaatsangehörigen nicht nur den Unionsbürgern angenähert sind, sondern ihnen auch die Binnenwanderung innerhalb der EU erleichtert wird.[190] Nach § 9a Abs. 1 S. 1 stellt die Daueraufenthaltserlaubnis-EG einen unbefristeten Aufenthaltstitel dar, die der Niederlassungserlaubnis gleichgestellt ist, sofern im Gesetz nichts anderes geregelt ist. Während ein ausschließlich zu humanitären Zwecken eingereister Drittstaatsangehöriger eine Niederlassungserlaubnis erwerben kann, ist der Rechtsstellungserwerb eines langfristig Daueraufenthaltsberechtigten für diesen allerdings ausgeschlossen.[191] Hinsichtlich ihrer Gültigkeit geht sie über Art. 8 Abs. 2 S. 2 DARL hinaus, der nur mindestens fünf Jahre mit weiteren Verlängerungsmöglichkeiten festlegt.[192] Zudem berechtigt sie zur Ausübung einer Erwerbstätigkeit und kann nur in den durch das AufenthG zugelassenen Fällen mit einer Nebenbestimmung versehen werden.[193] Inhaber einer Daueraufenthaltserlaubnis-EG bedürfen daher zur Ausübung einer Erwerbstätigkeit einer Genehmigung durch die Bundesagentur für Arbeit. Ihr Recht auf Zugang zur Beschäftigung ist unabhängig von den Grundsätzen des § 39 Abs. 2.[194] Für die Erteilung einer Erlaubnis zum Daueraufenthalt-EG verlangt § 9a Abs. 2 somit die Erfüllung folgender Voraussetzungen:[195]

- *Fünfjähriger Aufenthalt im Bundesgebiet mit Aufenthaltstitel*
- *Sicherung des Lebensunterhalts, § 9a Abs. 2 Nr. 2 AufenthG*

---

188 Aus der Literatur ergibt sich, dass der vom nationalen Recht neu geschaffene Begriff „Erlaubnis zum Daueraufenthalt-EG“ anstatt der in der EG-Richtlinie bereits erwähnten „langfristige Aufenthaltsberechtigung-EG“ (Art. 8 der DARL) eine Unklarheit darstellt. Dabei wird auch die Auffassung vertreten, dass diese RL fehlerhaft umgesetzt worden sei, denn Art. 8 Abs. 2 der DARL besagt ausdrücklich, dass die Mitgliedstaaten langfristig Aufenthaltsberechtigten eine „langfristige Aufenthaltsberechtigung-EG“ ausstellen sollen. Vgl. *Müller*, in: HK – AufenthG, 1. Aufl. (2008), § 9a Rn. 2; *Gutmann*, Fehlerhafte Umsetzung von Richtlinien, in: InfAuslR 2006, 165 (167).

189 I. S. d. Art. 2b der DARL ist als langfristig Aufenthaltsberechtigter jeder Drittstaatsangehöriger zu verstehen, der die Rechtsstellung eines langfristig Aufenthaltsberechtigten i. S. d. Art. 4 bis 7 dieser RL besitzt (vgl. Art. 2b RL 2003/109/EG v. 25.11.2003).

190 Vgl. Ziffern 2, 4 und 18 ff. der Erwägungen in der Präambel der RL 2003/109/EG des Rates v. 25.11.2003 betreffend die Rechtsstellung der langfristig aufenthaltsberechtigten Drittstaatsangehörigen, ABl.EU, L 16, S. 44–45.

191 Vgl. *VG Ansbach* (19. Kammer) Urteil v. 22.04.2008 – AN 19 K 07.00952, in: juris.

192 § 9a Abs.1 S.1 AufenthG, *Hailbronner*, Vorschriftensammlung Ausländer- und Asylrecht, 3. Aufl. (2008), A 1; Art. 8 Abs. 2 DARL, ABl.EG, 2004, L 16, S. 44 (48).

193 Vgl. § 9a Abs. 1 S. 2 i. V. m. § 9 Abs. 1 S. 2 und 3 AufenthG.

194 Vgl. *Hailbronner*, Asyl- und Ausländerrecht, 3. Aufl. (2013), S. 79, Rn. 117.

195 Zur ausführlichen Erläuterung der Voraussetzungen s. o.

- *Hinreichende Integration*
- *Kein Verstoß gegen die öffentliche Sicherheit und Ordnung*
- *Ausreichender Wohnraum (§ 9a Abs. 2 Nr. 6 AufenthG)*
- *Ausschlussgründe nach § 9a Abs. 3 AufenthG*
- *Kein Erlöschen der Daueraufenthaltserlaubnis-EG i. S. d. § 51 Abs. 9 Nrn. 1 bis 5.*

dd) Voraussetzungen der Blauen Karte EU, § 19a AufenthG
Einem Drittstaatsausländer wird eine Blaue Karte EU erteilt, wenn dafür die Voraussetzungen des § 19a AufenthG vorliegen. Zu den näheren Erläuterungen wird auf das Kapitel 3 Abschnitt III verwiesen.

3. Aufenthaltszwecke nach dem Aufenthaltsgesetz

Wie bereits erwähnt, orientiert sich das AufenthG betreffs der Voraussetzungen für die Erteilung des Aufenthaltstitels nicht an den unterschiedlichen Aufenthaltstiteln, sondern an den im Gesetz normierten Aufenthaltszwecken. Vor allem ist die Aufenthaltserlaubnis stets mit einem konkreten Aufenthaltszweck verbunden und je nach dem Aufenthaltszweck von verschiedenen Voraussetzungen abhängig. Hierbei wird wie folgt unterschieden:

a) Aufenthalt zum Zweck der Ausbildung nach §§ 16, 17 ff. AufenthG
Nach §§ 16 und 17 kann einem Ausländer eine Aufenthaltserlaubnis zum Zweck des Studiums, zum Zweck der Mobilität der Studenten in der EU, zur Teilnahme an einem Sprachkurs oder Schulbesuch und für sonstige Ausbildungszwecke, etwa für betriebliche Aus- und Weiterbildung, erteilt werden. Die Aufenthaltserlaubnis wird insbesondere für folgenden Personenkreis vorgesehen: Studierende, Studienbewerber und Teilnehmer an studienvorbereitenden Maßnahmen. Nach neuer Rechtslage berechtigt die Aufenthaltserlaubnis i. S. d. § 16 zur Ausübung einer Beschäftigung bis zu 120 Tagen oder 240 halben Tagen im Jahr und zur zeitlich uneingeschränkten Ausübung studentischer Nebentätigkeit, § 16 Abs. 3.[196] Allerdings darf die Erwerbstätigkeit den Studienzweck nicht gefährden.[197] §16 Abs. 4 ermöglicht es erfolgreichen Absolventen eines Studiums, die Aufenthaltserlaubnis bis zu achtzehn Monaten zur angemessenen Arbeitsplatzsuche zu verlängern. Sie bildet eine gesetzliche Ausnahme zu § 16 Abs. 2 S. 1.[198]

---

196 BT-Drucks. 15/420, S. 74; *Storr/Kreuzer*, in: Kommentar zum Zuwanderungsrecht, 2. Aufl. (2008), § 16 Rn. 20; *Hoffmann*, in: HK – AufenthG, 1. Aufl. (2008), § 16 Rn. 22; *Walther*, Der Wettbewerb um die besten Köpfe, in: ZAR 2006/10, S. 354 (358).

197 BT-Drucks. 15/420, S. 74.

198 Mehr zur Erwerbstätigkeit: *Hoffmann*, in: HK – AufenthG, 1. Aufl. (2008), § 16 Rn. 26–30; *Storr/Kreuzer*, in: Kommentar zum Zuwanderungsrecht, 2. Aufl. (2008), § 16 Rn. 23–25; *Walther*, Der Wettbewerb um die besten Köpfe, in: ZAR 2006/10, S. 354 (359).

b) Aufenthalt zum Zweck der Erwerbstätigkeit

Die Regelungen für einen Aufenthalt zur Erwerbstätigkeit sind im Abschnitt 4 des Kapitels 2 niedergelegt. Mit diesem gesonderten Abschnitt beabsichtigte der Gesetzgeber einen „Paradigmenwechsel" zu einer vorausschauenden Bildungs- und Arbeitsmarktpolitik. Mit diesen Vorschriften sollten – laut Gesetzesbegründung – zum einen ein flexibles Instrumentarium zur Beseitigung von Engpässen auf dem Arbeitsmarkt und zum anderen attraktive Bedingungen für innovative Fachkräfte und Studenten aus dem Ausland zur Förderung des Wissenschafts- und Hochschulstandorts Deutschland geschaffen werden.[199] Allerdings hat das Gesetz „nur eine leichte und äußerst vorsichtige Öffnung für die Zuwanderung ausländischer Arbeitskräfte und Selbstständige"[200] gebracht. Doch ist dieses Problem angesichts aktueller Engpässe auf dem deutschen Arbeitsmarkt wieder in den Mittelpunkt der Diskussion über Zuwanderung gerückt.[201]

Nach § 4 Abs 3 S. 1 darf ein Ausländer nur dann eine Erwerbstätigkeit ausüben, wenn sein Aufenthaltstitel ihn dazu berechtigt. Gleiches gilt für die Beschäftigung von Ausländern im Bundesgebiet oder für deren Beauftragung mit anderen entgeltlichen Dienst- oder Werkleistungen gem. § 4 Abs. 3 S. 2. Dabei handelt es sich um ein grundsätzliches Arbeits- oder Beschäftigungsverbot mit Erlaubnisvorbehalt.[202] Ein Ausländer, der gegen dieses Arbeitsverbot verstößt, wird gem. § 95 Abs. 1a bestraft. Von zentraler Bedeutung für den Aufenthalt zum Zwecke der Erwerbstätigkeit ist § 18. Auch die Beschäftigungs- und Beschäftigungsverfahrensverordnung enthalten dafür entscheidende Regelungen. Allerdings ist zu beachten, dass § 18 auf Ausländer, deren Aufenthaltstitel die Erwerbstätigkeit bereits kraft Gesetzes ausdrücklich erlaubt, nicht anwendbar ist.

aa) Aufenthalt zur Ausübung einer Beschäftigung, §§ 18, 18a, 18b und § 18c

Eine Beschäftigung i. S. d. § 18 können nur diejenigen Ausländer ausüben, die nichtselbstständig oder abhängig beschäftigt sind. Nach § 18 Abs. 3, 4 i. V. m. § 18 Abs. 2 wird die Aufenthaltserlaubnis zum Zweck der unselbstständigen Beschäftigung mit qualifizierter und ohne qualifizierte Berufsausbildung erteilt. Im Zuge der Richtlinienumsetzung im Jahre 2012 wurden im deutschen Zuwanderungsgesetz weitere Vorschriften bzgl. der Zulassung zur Erwerbstätigkeit in der BRD geschaffen. So kann einem geduldeten Ausländer eine Aufenthaltserlaubnis zur Ausübung einer der beruflichen Qualifikation entsprechenden Beschäftigung, einem Absolventen deutscher Hochschulen eine Niederlassungserlaubnis und einer qualifizierten ausländischen Fachkraft ein Aufenthaltstitel zur Arbeitsplatzsuche erteilt werden, §§ 18a, 18b und § 18c.

---

199 Vgl. BT-Drucks. 22/03, S. 135.

200 *Storr/Kreuzer,* in: Kommentar zum Zuwanderungsrecht, 2. Aufl. (2008), § 18 Rn. 5.

201 Mehr dazu – im 3. Kapitel.

202 Vgl. *Storr/Kreuzer,* in: Kommentar zum Zuwanderungsrecht, 2. Aufl. (2008), § 18 Rn. 8.

bb) Niederlassungserlaubnis für Hochqualifizierte gem. § 19 AufenthG

Gem. § 19 soll einem neu einreisenden, hochqualifizierten Ausländer, an dessen Aufenthalt im Bundesgebiet ein besonderes wirtschaftliches und gesellschaftliches Interesse besteht, von Anfang an ein Daueraufenthaltstitel in Form einer Niederlassungserlaubnis erteilt werden. Den hochqualifizierten Fachkräften wird damit die für ihre Aufenthaltsentscheidung notwendige Planungssicherheit geboten. Die Vorschrift zielt auf Spitzenkräfte in Wirtschaft und Wissenschaft.[203] Kurz gefasst, wollte der Gesetzgeber mit dieser Norm den Weg für eine Zuwanderung der „besten Köpfe" erleichtern. So sollten der gestiegene Bedarf an Fach- und Führungskräften erfüllt und die Leistungsfähigkeit der deutschen Wissenschaft und Forschung erhalten und ausgebaut werden. Diese Erwartungen haben sich bisher nicht vollständig bestätigt. Im ersten Jahr nach Inkrafttreten dieser Vorschrift sind weniger als 1000 Aufenthaltstitel zu diesem Zweck erteilt worden.[204] Im Zuge der EU-Richtlinienumsetzung wurde sowohl eine lange Diskussion hinsichtlich der Erleichterung des Zuzugs geführt als auch zahlreiche Vorschläge zu Änderung des § 19 unterbreitet. Im Ergebnis sind keine Änderungen vorgenommen worden. Die Bundesregierung einigte sich lediglich darauf, den Zuzug osteuropäischer Ingenieure in einzelnen Branchen zu erlauben, um dem Fachkräftemängel entgegenzutreten und auf die vorrangige Prüfung zu verzichten.[205]

(1) Allgemeine Tatbestandsvoraussetzungen

Da kein Anspruch auf Erteilung des Aufenthaltstitels nach § 19 besteht und die Erteilung vielmehr nach dem Ermessen der Ausländerbehörde erfolgt, kann nach Abs. 1 einem hochqualifizierten Ausländer in besonderen Fällen eine Niederlassungserlaubnis erteilt werden, wenn folgende Voraussetzungen vorliegen:

- *Ein besonderer Fall i. S. v. § 19 Abs. 1:* Die Vorschrift macht deutlich, dass es hier um Einzelfälle geht. Ein solcher ist dann zu bejahen, wenn an der Beschäftigung des Antragstellers ein besonderes wirtschaftliches oder gesellschaftliches Interesse besteht.[206]
- *Das Vorliegen einer hohen beruflichen Qualifikation des Ausländers.* Wer als hochqualifiziert anzusehen ist, wird unter „Personenkreis" ausführlich erläutert.
- Zudem muss *eine Zustimmung der Bundesagentur für Arbeit nach § 39* vorliegen. Dies gilt nicht, wenn durch eine Rechtsverordnung nach § 42 oder durch zwischenstaatliche Vereinbarung bestimmt ist, dass die Niederlassungserlaubnis ohne eine solche Zustimmung erteilt werden kann (vgl. § 19 Abs. 1 S. 1). Nach § 3 BeschV bedarf es generell keiner Zustimmung für die in § 19 Abs. 2

203 Vgl. *VAH – AufenthG*, Nr. 19.1.1.

204 *Feldgen*, in: ZAR 2006, 168, Stellungnahme des Bundesrates zum 2. ÄndG-Drucks. 16/5527 Nr. 7.

205 Ausführlich dazu im 3. Kapitel.

206 Vgl. *VGH BW*, in: InfAuslR 2007, 376; *VG Stuttgart*, Urt. v. 8.11.2006–17 K 2196/05 – Vensa.

vorgesehenen Kategorien. Gleiches gilt auch für die in §§ 4 und 5 BeschV aufgeführten Personengruppen. Im Übrigen findet nach § 39 Abs. 5 nur eine beschränkte Arbeitsmarktprüfung gem. § 39 Abs. 2 Nr. 1a statt und es entfällt die Vorrangprüfung nach § 39 Abs. 2 Nr. 2.[207]

- Ferner soll auch die Annahme gerechtfertigt sein, dass *die Integration in die Lebensverhältnisse der Bundesrepublik und die Lebensunterhaltssicherung* ohne staatliche Hilfe gewährleistet sind. Damit soll, so die Gesetzesbegründung, die Ausländerbehörde eine Prognoseentscheidung hinsichtlich der Integration treffen, um von Anfang an erkennbare Schwierigkeiten bei der Eingliederung in die Gesellschaftsordnung zu vermeiden. Maßgebend sind dabei vor allem deutsche Sprachkenntnisse, Ausbildung, Berufsausbildung und Alter, so dass hier grundsätzlich ein Rückgriff auf die in Kapitel 3 vorgesehenen Integrationsanforderungen erkennbar ist. Allerdings ist zu beachten, dass bei den in § 19 genannten Hochqualifizierten einerseits wegen einer andersartigen Integration in die „Lebensverhältnisse der BRD", andererseits wegen der Entstehungsgeschichte der Norm im Hinblick auf die berufliche und soziale Eingliederung nicht die gleichen Anforderungen an die Sprachkenntnisse gestellt werden können.[208] Verlangt wird auch keine Voraussetzungserfüllung des § 9.
- Schließlich soll *ein konkretes Arbeitsangebot* vorhanden sein.

(2) Zum Personenkreis der Hochqualifizierten

§ 19 Abs. 2 enthält nicht abschließende Regelbeispiele, die den weiten Begriff „hochqualifizierte Personen" eingrenzen und aufzeigen, wen der Gesetzgeber als „hochqualifiziert" ansieht.[209] Maßgebend sind danach entweder besondere Fachkenntnisse oder die herausgehobene Funktion und die besondere Berufserfahrung. Hochqualifiziert ist über diese Fallkonstellationen hinaus, wer aufgrund seiner Aus- oder Vorbildung herausragende Leistungen erbringt oder erwarten lässt, jedoch zu keiner wissenschaftlichen, technischen oder ähnlichen Elite gehört.[210]

(3) Ermessen und Mitwirkung der obersten Landesbehörde

Sind die Voraussetzungen erfüllt, so steht die Erteilung der Niederlassungserlaubnis im Ermessen der Ausländerbehörde.[211] Liegen allerdings sowohl die allgemeinen

---

207 Vgl. *Stiegeler*, in: HK – AufenthG, 1. Aufl. (2008), § 19 Rn. 8 m. w. N.

208 Vgl. *Hailbronner*, Asyl- und Ausländerrecht, 3. Aufl. (2013), S. 105, Rn. 177.

209 *VGH BW* v. 27.06.2007–13 S 1663/06, in: juris; *VG Stuttgart* v. 08.11.2006–17 K 2196/05; *Stiegeler*, in: HK – AufenthG, 1. Aufl. (2008), § 19 Rn. 11; *Storr/Kreuzer*, in: Kommentar zum Zuwanderungsrecht, 2. Aufl. (2008), § 19 Rn. 9; *Hailbronner*, Asyl- und Ausländerrecht, 3 Aufl. (2013), S. 104, Rn. 173.

210 Vgl. *Stiegeler*, in: HK – AufenthG, 1. Aufl. (2008), § 19 Rn. 7.

211 So die Gesetzesbegründung, BT-Drucks. 14/7387, S. 70. Die Ermessensentscheidung wurde bereits im Rahmen des RL-Umsetzungsgesetzes stark diskutiert. Der Bundesrat hatte vorgeschlagen, dass die Erteilung der Niederlassungserlaubnis für Hochqualifizierte künftig nicht mehr allein im Ermessen der Behörde stehen und

Voraussetzungen nach § 5 als auch die speziellen Erteilungsvoraussetzungen des § 19 vor, bleibt wenig Raum für Ermessensentscheidungen. Dies gilt dann, wenn einer der Fälle des Abs. 2 nachgewiesen ist. In diesem Fall ist vom intendierten Ermessen auszugehen, „wonach eine Ermessensentscheidung durch das Gesetz in Richtung auf ein bestimmtes Ergebnis vorbestimmt ist und nur in Ausnahmefällen von den Intentionen des Gesetzgebers abgewichen werden kann“[212]. Gem. § 19 Abs. 1 S. 2 kann die Landesregierung bestimmen, dass diese Aufenthaltstitelerteilung der Zustimmung der obersten Landesbehörde oder einer von ihr bestellten Stelle bedarf.

(4) Rechtsfolge

Die Rechte und Pflichten des Ausländers ergeben sich grundsätzlich aus § 9. Mit dem Besitz der Niederlassungserlaubnis ist ein besonderer Ausweisungsschutz verbunden (vgl. § 56 Abs. 1 Nr. 1). Der Familiennachzug wird nach §§ 30 Abs. 1, 32 Abs. 1 Nr. 2 bis Nr. 4 geregelt.

(5) Weitere Regelungen für Hochqualifizierte

Hochqualifizierte, die nicht dem § 19 unterliegen, können einen Aufenthaltstitel zum Zweck der Erwerbstätigkeit nach den Vorschriften der § 18 Abs. 2 und 4, 20 AufenthG i. V. m. §§ 4, 5, 27 und 28 BeschV beantragen.[213]

cc) Aufenthaltserlaubnis zum Zweck der Forschung, § 20 AufenthG

Die im Zuge der Richtlinienumsetzung entwickelte Forschervorschrift verfolgt – ebenso wie die Forscher-RL[214] – das Ziel, einen bestehenden Mangel an Forschern durch eine Erleichterung bei der Aufenthaltstitelerteilung und den Verzicht auf eine individuelle Arbeitsmarktprüfung auszugleichen. Nach § 20 Abs. 1 besteht daher ein Rechtsanspruch auf die Erteilung einer Aufenthaltserlaubnis zum Zweck der Forschung,[215] wenn neben den allgemeinen Voraussetzungen des § 5 auch die

---

nur „in besonderen Fällen“ erfolgen soll, sondern der Ausländer vielmehr einen Anspruch darauf haben soll (BR-Drucks. 224/07). Kritisch zur Aufgabenerteilung, wonach fachfremde Sachbearbeiter der Ausländerbehörde anspruchsvolle Prüfungen durchführen sollen und Fälle der Au-pair-Tätigkeit durch die Arbeitsverwaltung geprüft werden: vgl. *Feldgen*, in: ZAR 2006, 168; *Feldgen*, in: Barwig/Beichel-Benedetti/Brinkmann, Perspektivenwechsel im Ausländerrecht?, 2007, S. 393.

212 *Stiegeler*, in: HK – AufenthG, 1. Aufl. (2008), § 19 Rn. 11 m. w. N.

213 Mehr dazu: *Stiegeler*, in: HK – AufenthG, 1. Aufl. (2008), § 19 Rn. 14–19.

214 RL 2005/71/EG des Rates v. 12.10.2005 über ein besonderes Zulassungsverfahren für Drittstaatsangehörige zum Zwecke der wissenschaftlichen Forschung, ABlEG Nr. L 289 v. 03.11.2005, S. 15.

215 Der Begriff der „Forschung“ definiert § 38a Abs.1 AufenthV als jede systematisch betriebene schöpferische und rechtlich zulässige Tätigkeit, die den Zweck verfolgt, den Wissensstand zu erweitern, einschließlich der Erkenntnisse über den Menschen, die Kultur und die Gesellschaft, oder solches Wissen einzusetzen, um neue Anwendungsmöglichkeiten zu finden.

in § 20 Abs. 1 genannten besonderen Tatbestandsvoraussetzungen gegeben sind. § 20 gilt für Drittstaatsangehörige, die aus einem Drittstaat einreisen (Abs. 1), und für ausländische Forscher, die mit einem Aufenthaltstitel nach der Forscher-RL in einem anderen EU-Mitgliedstaat beschäftigt sind und einen Teil ihrer Forschung in Deutschland durchführen möchten (Abs. 5). In der Regel wird die Aufenthaltserlaubnis für mindestens ein Jahr erteilt, sofern das Forschungsvorhaben nicht in kürzerer Zeit erfolgen soll.

dd) Aufenthaltserlaubnis zur Ausübung einer selbstständigen Tätigkeit, § 21 AufenthG

Auf diese Vorschrift kann sich nur derjenige berufen, der eine selbstständige Tätigkeit anstrebt. Was darunter zu verstehen ist, ist gesetzlich nicht definiert. Besonders gefördert sind damit Unternehmensgründer oder Einzelunternehmer und diesen gleichgestellte angestellte Geschäftsführer, wenn sie Unternehmensfunktion haben.[216] Die Tatbestandsvoraussetzungen einer positiven Ermessensentscheidung sind in § 21 Abs. 1 geregelt. Die Beurteilung dieser Voraussetzungen verlangt nach § 21 Abs. 1 S. 4 eine fachliche Prognose, zu der die Ausländerbehörde eine Stellungnahme der zuständigen Gewerbebehörde einzuholen hat. Nach § 21 Abs. 2 kann eine Aufenthaltserlaubnis auch erteilt werden, wenn besondere völkerrechtliche Verträge bestehen. Erteilt wird die Aufenthaltserlaubnis für Selbstständige gem. § 21 Abs. 4 S. 1 auf drei Jahre. Daher ist auch die abweichende Regelung des § 21 Abs. 4 S. 2 zu berücksichtigen, wonach dem Ausländer nach drei Jahren eine Niederlassungserlaubnis erteilt werden kann.

ee) Aufenthaltserlaubnis für Freiberufler nach § 21 Abs. 5 AufenthG

Abweichend von Abs. 1 kann eine Aufenthaltserlaubnis auch zur Ausübung einer freiberuflichen Tätigkeit[217] erteilt werden, sofern eine erforderliche Erlaubnis gegeben oder ihre Erteilung zugesagt worden ist (vgl. § 21 Abs. 5). Zum Personenkreis der Freiberufler zählen dabei die Katalogberufe gem. § 18 ff. EStG und § 1ff. PartGG, insbesondere Ärzte, Rechtsanwälte, Steuerberater, Dolmetscher oder Künstler.[218] Für diese Kategorien gelten die engen Voraussetzungen des § 21 Abs. 1 nicht. Die Erteilung der Aufenthaltserlaubnis steht im Ermessen der Ausländerbehörde, obwohl die Prüfung der berufsrechtlichen Voraussetzungen nicht in ihren Kompetenzbereich gehört.

216 So auch die Gesetzesbegründung BT-Drucks. 15/420, S. 76.

217 Nach der Legaldefinition des § 1 Abs. 2 Partnerschaftsgesetz übt eine freiberufliche selbstständige Tätigkeit aus, wer auf der Grundlage besonderer beruflicher Qualifikation und schöpferischer Begabung persönlich, eigenverantwortlich und fachlich unabhängig Dienstleistungen höherer Art erbringt. Gesetz über Partnerschaftsgesellschaften Angehöriger Freier Berufe v. 25.07.1994, BGBl. I 1994, S. 1774.

218 § 18 Abs. 1 S. 2 EstG, § 1 Abs. 2 S. 2 PartGG.

c) Aufenthalt aus völkerrechtlichen, humanitären oder politischen Gründen

Abschn. 5 des Kapitels 2 (§§ 22 bis 26 AufenthG) ist dem Aufenthalt aus völkerrechtlichen, humanitären oder politischen Gründen gewidmet. Gem. § 25 hat ein Asylberechtigter, der nach Art. 16a GG unanfechtbar anerkannt wurde, einen Anspruch auf Erteilung der Aufenthaltserlaubnis. Nach der Rechtsprechung des *BVerwG* verlangt aufenthaltsrechtlicher Schutz i. S. d. Art. 16a Abs. 1 GG, dass „die BRD dem Asylberechtigten im Regelfall einen rechtlich gesicherten Aufenthalt sowie die Möglichkeit zu beruflicher und persönlicher Entfaltung verschafft und dass dieses Aufenthaltsrecht nur aus gewichtigen Gründen und unter Wahrung des Verfolgungsschutzes vorenthalten oder entzogen wird“[219]. Die Aufenthaltserlaubnis wird zunächst für drei Jahre erteilt. Dabei hat die Ausländerbehörde weder einen Ermessens- noch einen Beurteilungsspielraum und ist an die Entscheidung des Bundesamtes gebunden (vgl. § 4 S. 1 AsylVerfG).

Wurde der Ausländer bereits aus schwerwiegenden Gründen der öffentlichen Sicherheit und Ordnung ausgewiesen, so entfällt gem. § 21 Abs. 1 S. 2 der Erteilungsanspruch. Schwerwiegende Gründe liegen dann vor, wenn das öffentliche Interesse an der Erhaltung von Sicherheit und Ordnung im Vergleich zu dem vom Gesetz bezweckten Schutz des Ausländers ein deutliches Übergewicht aufweist.[220] Die Norm verdrängt somit als lex specialis die allgemeinen, zwingenden Versagungsgründe des § 5 Abs. 4 S. 1 und knüpft zugleich an § 56 Abs. 1 S. 2 und 3 an.[221]

Nach § 25 Abs. 2 S. 1 und Abs. 3 S. 1 haben Konventionsflüchtlinge[222] und diejenigen Ausländer, für die eine Abschiebung nach § 60 ff. wegen Folter, Todesstrafe und erheblicher Gefahr für Leib, Leben oder Freiheit unzulässig ist, einen Anspruch auf Erteilung einer Aufenthaltserlaubnis. Ausgeschlossen ist die Aufenthaltserlaubniserteilung, wenn zum einen gem. § 25 Abs. 3 S. 2 die Ausreise in einen anderen Staat möglich und zumutbar ist, zum anderen, wenn der Ausländer wiederholt oder gröblich gegen entsprechende Mitwirkungspflichten verstößt oder wenn ein Verbrechen gegen Frieden, Kriegsverbrechen sowie erhebliche Straftaten vorliegen (vgl. § 25 Abs. 3 S. 2). § 22 regelt die Erteilung eines Aufenthaltstitels in besonderen Fällen für Personen, die sich zum Zeitpunkt der Aufenthaltsgewährung noch nicht im Bundesgebiet aufhalten.[223] Im Gegensatz zu §§ 23, 24 betrifft § 22 nur Einzelfälle.[224] Völkerrechtliche Gründe liegen insbesondere dann vor, wenn die Aufnahme aufgrund internationaler Verpflichtungen, aber nicht aufgrund

219 *BVerwGE* v. 19.05.1981; *BVerwGE* 62, 206.

220 Vgl. *Hailbronner*, Asyl- und Ausländerrecht, 3. Aufl. (2013), S. 127, Rn. 221 m. w. N.

221 *Hailbronner*, Asyl- und Ausländerrecht, 3. Aufl. (2013), S. 127, Rn. 221.

222 Der Begriff der „Konventionsflüchtlinge“ ist im Abschnitt B II näher definiert worden.

223 Vgl. BT-Drucks. 15/420, S. 77; auch *BayVGH*, Beschl. v. 09.03.2005–10 CS 05.455, in: juris.

224 Vgl. BT-Drucks. 15/420, S. 77.

vertraglicher Verpflichtungen aus einem zwischenstaatlichen Übereinkommen erfolgt. Humanitäre Gründe bestehen hingegen dann, wenn die Aufnahme im Hinblick auf eine Sondersituation gegenüber anderen Ausländern gerechtfertigt ist, vor allem humanitäre Hilfeleistung in einer Notsituation, schwere Krankheitsfälle oder Kindernachzug zu einem Asylbewerber.[225]

Soweit die Erteilung oder Verlängerung eines Aufenthaltstitels ausscheiden, die Abschiebung aus tatsächlichen oder rechtlichen Gründen aber unmöglich ist, ist gem. § 60a Abs. 2, 4 nur eine Bescheinigung über die Aussetzung der Abschiebung (Duldung) zu erteilen. Sie stellt keinen Aufenthaltstitel dar. Die Ausländer, die über eine solche Bescheinigung verfügen, sind nach §§ 50 Abs. 1, 58 Abs. 2 vollziehbar ausreisepflichtig und ihr Aufenthalt ist räumlich auf das Gebiet des Landes beschränkt (vgl. 61 Abs. 1).[226] Allerdings enthält § 10 Abs. 3 S. 2 eine bedeutsame Verschärfung im Hinblick auf einen „offensichtlich unbegründet" abgelehnten Asylantrag nach § 30 Abs. 3 AsylVerfG. Ist dies der Fall, so darf vor der Ausreise eines Ausländers kein Aufenthaltstitel erteilt werden, wenn kein Anspruch darauf besteht (vgl. § 10 Abs. 3 S. 2 und 3). Deshalb soll die Ausländerbehörde bei abgelehnten Anträgen stets die Entscheidungen im Asylverfahren auf „offensichtlich unbegründete Entscheidungen"[227] hin prüfen. Im Einzelnen sind die Aufnahme aus dem Ausland in § 22, die Aufenthaltsgewährung aufgrund einer politischen Entscheidung durch die obersten Landesbehörden und in Härtefällen gem. §§ 23 und 23a, die Aufenthaltsgewährung zum vorübergehenden Schutz in § 24 und der Aufenthalt aus humanitären Gründen in § 25 geregelt. § 26 hat die Regelung der Dauer und der Verlängerung des Aufenthalts zum Inhalt.

d) Aufenthalt aus familiären Gründen gem. §§ 27 ff. AufenthG

Der Abschn. 6 normiert den Aufenthalt aus familiären Gründen. § 27 regelt die für den Familiennachzug generell geltende Zweckbestimmung der Aufenthaltserlaubnis, die ausländischen Familienangehörigen zur Herstellung und Wahrung der familiären Lebensgemeinschaft erteilt oder verlängert wird.[228] § 27 Abs. 1 verweist ausdrücklich auf den Schutz der Ehe und Familie gem. Art. 6 GG. Nach der Generalklausel des § 27 folgen die Spezifizierungen des Familiennachzugs zu Deutschen (§ 28) und Ausländern (§ 29), des Ehegattennachzugs (§ 30), des Kindernachzugs (§ 32) und des Nachzugs sonstiger Familienangehöriger (§ 36). Beim Familiennachzug zu Ausländern unterscheidet das Gesetz zwischen „gewöhnlichen Ausländern", Asylberechtigten und Konventionsflüchtlingen (§ 29 Abs. 2) sowie Flüchtlingen, die eine humanitäre Aufenthaltserlaubnis entweder

---

225 Vgl. BT-Drucks. 15/420, S. 77; *Stiegeler*, in: HK – AufenthG, 1. Aufl. (2008), § 22 Rn. 4; *Storr*, in: Kommentar zum Zuwanderungsrecht, 2. Aufl. (2008), § 22 Rn. 4.

226 Auch *Storr*, in: Kommentar zum Zuwanderungsrecht, 2. Aufl. (2008), vor § 22 Rn. 2.

227 *Storr*, in: Kommentar zum Zuwanderungsrecht, 2. Aufl. (2008), vor § 22 Rn. 3; *Oberhäuser*, in: HK – AufenthG, 1. Aufl. (2008), § 10 Rn. 17.

228 So auch die Gesetzesbegründung, BT-Drucks. 15/420, S. 81.

aufgrund einer Aufnahme aus dem Ausland, einer Aufenthaltsgewährung nach § 23 Abs. 1 oder wegen des Vorliegens des Abschiebungshindernisses gem. § 25 Abs. 3 haben.[229] Die Regelungen des § 27 sind auf Angehörige von Drittstaaten anwendbar. Sie gelten auch für türkische Staatsangehörige. Im Übrigen bilden den Personenkreis Ehegatten, Kinder, Lebenspartner bei gleichgeschlechtlichen Lebenspartnerschaften, Eltern minderjähriger Kinder und sonstige Familienangehörige. Die allgemeinen Voraussetzungen, die für alle Familiennachzugsfälle gelten, sind im § 27 geregelt. Hinzu kommen auch die allgemeinen Erteilungsvoraussetzungen nach § 5, soweit die speziellen Bestimmungen davon nicht befreien.

e) Besondere Aufenthaltsrechte, Abschn. 7

Schließlich ermöglicht das Gesetz die Erlangung eines Aufenthaltstitels unter den Aspekten der Wiederkehr (§ 37), des ehemaligen Status als Deutscher (§ 38) und einer Aufenthaltserlaubnis für in anderen EU-Mitgliedstaaten langfristig Aufenthaltsberechtigte (§ 38a) sowie Aufenthalt aus sonstigen Gründen (§ 7 Abs. 1 S. 3 AufenthG) und in besonderen Fällen (§ 104a, 104b und § 104 Abs. 4), worauf aber in der vorliegenden Untersuchung nicht eingegangen werden soll.

4. *Aufenthaltsbeendende Maßnahmen*

a) Die Ausreisepflicht gem. § 50 AufenthG

Gem. § 50 ist der Ausländer ausreisepflichtig, wenn er noch nie über den erforderlichen Aufenthaltstitel verfügte oder auch falls ein solcher nicht mehr besteht. Es handelt sich hierbei um eine unmittelbare gesetzliche Pflicht, die keiner Konkretisierung oder Umsetzung durch einen Verwaltungsakt bedarf, die dann eintritt, sobald die Voraussetzungen des § 50 Abs. 1 vorliegen.[230] Danach wird die Erforderlichkeit eines Aufenthaltstitels, der Nichtbesitz eines Aufenthaltstitels und das Nichtbestehen eines Aufenthaltstitels nach den Assoziationsabkommen EWG/Türkei verlangt. Grundsätzlich soll die Ausreise unverzüglich stattfinden. Ausnahmsweise kann eine Ausreisefrist – die spätestens sechs Monate nach dem Eintritt der Unanfechtbarkeit der Ausreisepflicht endet – gewährt werden, um dem Ausländer zu ermöglichen, seine Angelegenheiten im Bundesgebiet zu regeln.[231] In § 51 sind die Erlöschungsgründe des Aufenthaltstitels geregelt, wonach der Aufenthaltstitel erlischt, wenn der Ausländer aus einem seiner Natur nach nicht vorübergehenden Grunde aus dem Bundesgebiet ausreist (Nr. 6) oder wenn er ausgereist und nicht innerhalb von sechs Monaten oder einer von der Ausländerbehörde bestimmten längeren Frist wieder eingereist ist (Nr. 7), wenn er nach Erteilung eines Aufenthaltstitels gem. §§ 22, 23 oder 25 Abs. 3 bis 5 einen Asylantrag gestellt hat. Zudem stellen auch der bloße Ablauf der Geltungsdauer eines befristeten

---

229 Vgl. *Hailbronner*, Asyl- und Ausländerrecht, 3. Aufl. (2013), S. 169, Rn. 319.
230 Vgl. *Möller*, in: HK – AufenthG, 1. Aufl. (2008), § 50 Rn. 5.
231 Vgl. *Eberle*, in: Kommentar zum Zuwanderungsrecht, 2. Aufl. (2008), § 50 Rn. 8.

Aufenthaltstitels (Nr. 1) und der Eintritt einer auflösenden Bedingung (Nr. 2) Erlöschungsgründe dar. Weiterhin ergehen die Ausweisung des Ausländers gem. § 53, der Widerruf des Aufenthaltstitels nach § 52 sowie dessen Rücknahme (vgl. § 48 VwVfG) durch aufenthaltsbeendende Verwaltungsakte.

Die Erlöschenstatbestände gelten auch für die Fiktion des rechtmäßigen Aufenthalts nach § 81.[232] Die Ausreisepflicht wegen Nichtverlängerung des Aufenthaltstitels ist nach § 58 Abs. 2 S. 2 i. V. m. § 84 Abs. 1 Nr. 1 sofort vollziehbar, soweit ein Antrag gem. § 80 Abs. 5 VwGO keinen Erfolg hat.[233]

b) Rücknahme und Widerruf eines Aufenthaltstitels

Ein Aufenthaltstitel kann zurückgenommen oder widerrufen werden,[234] soweit die rechtlichen Voraussetzungen dafür vorliegen. Da das AufenthG keine spezielle Regelung der Rücknahme enthält, ist auf die allgemeinen Regeln des § 48 VwVfG zurückzugreifen. Die Rücknahme eines Aufenthaltstitels ist dann gegeben, wenn ein Ausländer den Aufenthaltstitel mittels falscher Angaben oder Urkunden erschlichen hat.[235] Der Widerruf des Aufenthaltstitels ist hingegen in § 52 abschließend geregelt. Beim Widerruf einer Asylberechtigung liegt ein Sonderfall vor. Der Verlust der Asylberechtigung bzw. des Flüchtlingsstatus bedeutet nicht den automatischen Verlust des entsprechenden Aufenthaltstitels. Es muss eine gesonderte Ermessensentscheidung der Ausländerbehörde nach § 52 Abs. 1 Nr. 4 vorliegen.[236]

c) Die Ausweisung nach § 53 ff. AufenthG

Es handelt sich dabei um eine aufenthaltsbeendende Maßnahme,[237] die von der zuständigen Ausländerbehörde als „Ordnungsverfügung in Form von Ausreisegeboten“ gegenüber Ausländern ausgesprochen wird und die künftige Störungen der öffentlichen Sicherheit und Ordnung oder sonstige Beeinträchtigungen erheblicher Belange der BRD aufgrund des Aufenthalts des Ausländers

232 Vgl. *Hailbronner*, Asyl- und Ausländerrecht, 3. Aufl. (2013), S. 262, Rn. 524.

233 *Hailbronner*, Asyl- und Ausländerrecht, 3. Aufl. (2013), S. 263, Rn. 526.

234 Kritisch dazu: *Rittstieg*, in: InfAuslR 1989, 160.

235 *Eberle*, in: Kommentar zum Zuwanderungsrecht, 2. Aufl. (2008), § 51 Rn. 11; *Möller*, in: HK – AufenthG, 1. Aufl. (2008), § 51 Rn. 8.

236 Vgl. *Eberle*, in: Kommentar zum Zuwanderungsrecht, 2. Aufl. (2008), § 52 Rn. 9; *OVG Niedersachsen*, in: InfAuslR 2003, 430; ZAR, 2006, 112.

237 Es gibt zahlreiche Rechtsprechung zur Ausweisung, die sich mit unterschiedlichen Problemen beschäftigt, vor allem Fragen der familiären Bindung oder Achtung des Privatlebens, Eingriff in das Recht auf freie Persönlichkeitsentfaltung und Ausweisungsschutz. Vgl. *BVerwG*, Beschl. 10.08.2007–2 BvR 535/06, in: juris, NVwZ 2007, 1279; *BVerwG*, Beschl. v. 10.05.2007–2 BvR 304/7; *BVerwG*, Urteil v. 16.11.1999–1 C 11.99; *BVerwG*, Beschl. v. 11.07.2003–1 B 252/02; *BVerwG* 107, 58; *OVG NRW*, Beschl. 27.10.2006–18 B 70/06; *VG Düsseldorf*, Beschl. v. 10.01.2006–27 L 1616/05; *OVG NRW*, Beschl. 20.05.2005–18 B 1207/04; *OVG NRW*, Beschl. v. 08.07.2004–1144/04.

im Inland verhindern soll.[238] Es wird zwischen zwingender Regel- und Ermessensausweisung unterschieden. Bei der zwingenden Ausweisung oder der sog. „Ist-Ausweisung“ muss einer der gesetzlichen Tatbestände des § 53 erfüllt sein, um den Ausländer zur Ausweisung zu verpflichten. Die Ausweisung stellt dabei eine zwingende Rechtsfolge dar.[239] Die „Regel-Ausweisung“ ist in § 54 geregelt und gilt für weniger schwere Fälle von Vergehen und Verbrechen. Danach wird ein Ausländer bei Erfüllung der Voraussetzungen des § 54 nicht zwingend, sondern „in der Regel“ ausgewiesen. Allerdings darf vom Regelfall nur ausnahmsweise abgesehen werden.[240] Ist dies der Fall, so steht die Ausweisung im Ermessen der Ausländerbehörde. Demgegenüber hat die Ausländerbehörde bei der Ermessensausweisung nach § 55 in eigener Verantwortung aufgrund einer individuellen Einzelfallsprüfung darüber zu entscheiden, ob sie beim Zustandekommen bestimmter Ausweisungstatbestände die Ausweisung verfügt. Die nicht abschließenden Gründe für die Ausweisung sind in § 55 Abs. 2 geregelt. Dem ausgewiesenen Ausländer darf schließlich kein Aufenthaltstitel erteilt werden und ihm ist weder Wiedereinreise noch Aufenthalt im Bundesgebiet erlaubt (vgl. § 11 ff.).

d) Überwachung ausgewiesener Ausländer aus Gründen der inneren Sicherheit

Sinn und Zweck der im Zuwanderungsgesetz eingefügten Norm des § 54a bestehen in der stärkeren Kontrolle gefährlicher, vollziehbar ausreisepflichtiger Ausländer, die sich wegen rechtlicher oder tatsächlicher Abschiebungshindernisse weiterhin im Bundesgebiet aufhalten.[241] So unterliegt der Ausländer sowohl der Meldepflicht bei der für seinen Aufenthalt zuständigen polizeilichen Dienststelle als auch Einschränkungen der Freizügigkeit und strafbewehrter Kommunikationsverbote. Der Aufenthalt ausgewiesener Ausländer ist daher kraft Gesetzes auf den Bezirk der Ausländerbehörde beschränkt, sofern die Behörde keine abweichenden Festlegungen trifft, § 54a Abs. 2. Durch behördliche Anordnung kann dem meldepflichtigen Ausländer ferner verboten werden, bestimmte Kommunikationsmittel oder -dienste – vor allem Telefon, Telegraphie Satellitentelefon oder Internet[242] – zu nutzen.

---

238 *Albrecht*, in: Kommentar zum Zuwanderungsrecht, 2. Aufl. (2008), § 53 Rn. 2 m. w. N.

239 Etwas anderes kann sich nur für diejenigen Ausländer ergeben, die gem. § 56 AufenthG einen besonderen Ausweisungsschutz genießen, bei denen sich die „Ist-Ausweisung“ in eine „Regel-Ausweisung“ umwandelt.

240 Nach Auffassung der Rechtsprechung liegt ein solcher Ausnahmefall dann vor, wenn „der Sachverhalt durch einen atypischen Geschehensablauf gekennzeichnet ist, der so bedeutsam ist, dass er jedenfalls das sonst für die Ausweisung im Regelfall ausschlaggebende Gewicht beseitigt“. *BVerwG* v. 13.11.1995, in: InfAuslR 1996, 103; *OVG Sachsen-Anhalt* v. 11.10.2007, in: AuAS 2008, 5.

241 Vgl. *VAH – AufenthG*, Nr. 54a.O; *Alexy*, in: HK – AufenthG, 1. Aufl. (2008), § 54a Rn. 1; *Hailbronner*, Asyl- und Ausländerrecht, 3. Aufl. (2013), S. 286, Rn. 568.

242 Vgl. *VAH-AufenthG*, Nr. 54a.3.

Dabei sind nur solche Beschränkungen zulässig, die die zur Ausweisung führenden Bestrebungen erschweren oder unterbinden.[243]

V. Der grundrechtliche Schutz der Ausländer

Die Grundrechtsnormen verbürgen bestimmte Rechtspositionen und Rechtsgüter, insbesondere Freiheit, Gleichheit und politischen Teilhabe und Verfahrensrechte im justiziellen Bereich. Grundsätzlich gewähren sie den Grundrechtsberechtigten einen spezifischen Schutzbereich für einzelne Verhaltensweisen oder sichern die jeweiligen Lebensumstandspositionen ab.[244] Bestimmte Grundrechte oder grundrechtsgleiche Rechte, insbesondere die politischen Rechte, die die aktive Teilnahme an der staatlichen Willensbildung sichern, berechtigen nur Deutsche i. S. d. Art. 116 GG.[245] Auch einige Freiheitsrechte – nämlich Artt. 8 (Versammlungsfreiheit), 9 Abs. 1 (Vereinigungsfreiheit), 11 (Freizügigkeit), 12 (Berufsfreiheit), 16 Abs. 1 (Verbot der Ausbürgerung) und Art. 16 Abs. 2 S. 1 (Auslieferung) – werden nur Deutschen zugeordnet. Die Ausländer können sich darauf nicht berufen.[246] Fraglich ist jedoch, ob und inwieweit das deutsche Grundgesetz auch den in der BRD lebenden Ausländern Schutz gewährt. Die Aufgabe dieses Abschnittes besteht daher darin, zu untersuchen, ob und unter welchen Voraussetzungen eine verfassungsrechtliche Gewährleistung auch Ausländer betrifft sowie inwieweit die politischen und sozialen Rechte der Ausländer im freiheitlichen Verfassungsstaat unter Berücksichtigung der Grundrechte erfüllt werden können.

1. Allgemeine Grundrechte der Ausländer

Allen Ausländern in Deutschland stehen die sog. „klassischen Menschenrechte" des Grundgesetzes zu. Dazu gehören diejenigen Grundrechte, die allen Personen unabhängig von ihrer Staatsangehörigkeit gewährt werden. Jeder hat insbesondere das Recht auf Leben, körperliche Unversehrtheit und die Freiheit der Person (Art. 2), die Gleichberechtigung (Art. 3 Abs. 1), die Glaubens- und Bekenntnisfreiheit (Art. 4), Meinungs- und Informationsfreiheit (Art. 5 Abs. 1), die Rechte der Privatsphäre (Artt. 6, 10 und 13), den Anspruch auf Rechtsschutz und die Prozessgrundrechte (Artt. 19 Abs. 4 und 101). Sie werden in der Literatur auch als „Jedermann-Grundrechte" bezeichnet. Im Grundgesetz werden sie mit den Worten „jeder"[247] oder „niemand"[248], „jedermann"[249] oder „alle Menschen"[250] umschrieben

243 Vgl. *Alexy*, in: HK – AufenthG, 1. Aufl. (2008), § 54a Rn. 10.
244 *Stern*, in: Stern/Becker, GR-Kommentar, 2010, S. 38, Rn. 85.
245 Alle folgende Artikelnummer ohne Gesetzesangabe sind solche des Grundgesetzes.
246 Vgl. *Stern*, Das Staatsrecht der BRD, Band III/1, 1988, S. 1033.
247 Art. 2, 5 Abs. 1, 6 Abs. 4 und Art. 104 Abs. 3 GG.
248 Art. 3 Abs. 3, 4 Abs. 3, 12 Abs. 2 und Art. 103 Abs. 3 GG.
249 Art. 9 Abs. 3 S. 1, 17 und Art. 103 Abs. 1 GG.
250 Art. 3 Abs. 1 GG.

oder es wird auf das Schutzgut[251] abgestellt. Fraglich ist allerdings, ob sich Ausländer auf die Deutschengrundrechte berufen können. Als Ansatzpunkt hierfür werden im Schrifttum einerseits die Menschenwürde des Art. 1 Abs. 1,[252] andererseits das Recht auf freie Entfaltung der Persönlichkeit aus Art. 2 Abs. 1[253] sowie die Wesensgehaltsgarantie des Art. 19 Abs. 2[254] angesehen.[255]

In der Literatur wird häufig das Argument vertreten, dass der Schutz aus Art. 2 Abs. 1 im Einzelfall weitgehender sein könne als der der speziellen Freiheitsrechte, was im Ergebnis zu einer Besserstellung der Ausländer führen würde.[256] Dies ist aber abzulehnen, denn für Ausländer gilt stets auch der Gesetzesvorbehalt, was dessen Absicherung durch Art. 2 Abs. 1 nahelegt. Zudem ist dieses Argument nicht überzeugend, denn „die Schranken des Art. 2 Abs. 1 erlauben mindestens ebenso viele Eingriffe wie die Schranken der speziellen Freiheitsrechte."[257] Ausländer

---

251 Art. 4 Abs. 1 und 2, 10 Abs. 1, 13 Abs. 1 und Art. 14 Abs. 1 GG.

252 Da die Menschenwürde auch Ausländer schützt, zieht ein Teil der Lehre daraus den Schluss, dass die Deutschengrundrechte Ausländern in ihrem Wesensgehalt auch zustehen müssen, da er Ausdruck der Menschenwürde ist. S. *Ruppel*, Der Grundrechtsschutz der Ausländer im deutschen Verfassungsrecht, Diss., 1968, S. 57.

253 *Jarass*, in: Jarass/Pieroth, GG-Komm., 13. Aufl. (2014), Art. 2 GG, Rn. 7; *Manssen*, in: v. Mangoldt/Klein/Starck, GG-Komm., Band 1, 6. Aufl. (2010), Art. 12, Rn. 266; *Kunig*, in: Münch/Kunig, GG-Komm., Band 1, 6. Aufl. (2012), Art. 12 Rn. 10 und Art. 2, Rn. 3; a. A.: *Scholz*, in: Maunz/Dürig, GG-Komm., Band II, Lfg. 47, 2006, Art. 12, Rn. 103 („Ausländischen Staatsangehörigen und Staatenlosen steht das Grundrecht des Art. 12 GG nicht zu"); *Starck*, in: Maunz/Dürig, GG-Komm., Band. I, Stand Oktober 2009, Art. 2 Abs. 1, Rn. 44 ff.

254 Nach der Auffassung *Dürigs* schützt Art. 19 Abs. 2 GG mit dem Wesensgehalt den Menschenwürdegehalt der Grundrechte. Danach müsse Art. 19 Abs. 2 für Ausländer auch dann eingreifen, wenn „eine formale Beschränkung des betreffenden Grundrechtsinhalts auf Deutsche erfolgt ist", denn die Menschenwürde steht auch den Ausländern zu. Diese Theorie ist allerdings aus folgenden Gründen zu verneinen. Zum einen bedarf es des Rückgriffs auf Art. 19 Abs. 2 GG nicht, wenn der Ausländer sich bereits auf den Menschenwürdegehalt der Deutschengrundrechte berufen kann. Zum anderen schützt diese Norm lediglich den Kernbereich der einzelnen Grundrechte, so dass sie dem Ausländer nicht den Wesensgehalt der Deutschengrundrechte oder Bürgerrechte zusichern kann. Dazu mehr: *Ruppel*, Der Grundrechtsschutz der Ausländer im deutschen Verfassungsrecht, Diss., 1968, S. 56; *Bleckmann*, Staatsrecht II – Die Grundrechte, 4. Aufl. (1997), S. 172, Rn. 111.

255 Andere Theorien, etwa der Gleichheitssatz des Art. 3 GG, der Grundsatz der Gesetzmäßigkeit der Verwaltung, der Grundsatz der Verhältnismäßigkeit und Notwendigkeit können hier unberücksichtigt bleiben. Dazu mehr: *Ruppel*, Der Grundrechtsschutz der Ausländer im deutschen Verfassungsrecht, Diss., 1968, S. 39–62; *Bleckmann*, Staatsrecht II – Die Grundrechte, 4. Aufl. (1997), S. 174, Rn. 116 ff.

256 *Starck*, in: v. Mangoldt/Klein/Starck, GG-Komm., Band 1, 6. Aufl. (2010), Art. 2, Rn. 44; *Erichsen*, in: Isensee/Kirchhof, HStR, Band VI, § 152, Rn. 48.

257 *Epping*, Grundrechte, 5. Aufl. (2012), Rn. 587 m. w. N. Mehr dazu s. Kap. 3 B I 1 (1.3).

können sich somit in der Zeit, in der sie sich in Deutschland aufhalten, im Bereich der Deutschengrundrechte auf die Garantie des Art. 2 Abs. 1 berufen. Ein Beispiel dafür ist der Grundrechtsschutz der Berufsfreiheit i. S. d. Art 12 Abs. 1. Gem. Art. 12 Abs. 1 S. 1 haben „alle Deutschen das Recht, Beruf, Arbeitsplatz und Ausbildungsstätte frei zu wählen." D. h., dass die Berufsfreiheit im Prinzip den Nichtdeutschen nicht zusteht. Allerdings kann die Berufsfreiheit über Art. 2 Abs. 1 GG auch auf Nichtstaatsangehörige erweitert werden. Diese Auffassung wird sowohl durch das *BVerfG* als auch durch die h. M. vertreten.[258] In diesem Sinne führt das *BVerfG* aus, dass diese Tatsache aber „nicht so verstanden werden darf, dass der Nichtdeutsche, dem die Berufung auf die Berufsfreiheit verwehrt ist, denselben Schutz über Art. 2 Abs. 1 GG beanspruchen könne."[259]

Die Deutschengrundrechte sollen so ausgelegt werden, dass Eingriffe in Art. 2 Abs. 1 lediglich aufgrund eines hinreichend bestimmten Gesetzes zulässig sind. In diesem Sinne dürfen „zu Lasten von Ausländern in stärkerem Maße öffentliche Interessen durchgesetzt werden als zu Lasten von Deutschen", um einen gegenüber Deutschen abgeschwächten Schutz vor Beeinträchtigungen der (beruflichen) Freiheit zu vermeiden.[260] Aufgrund des Diskriminierungsverbots (Art. 18 AEUV) und der besonderen Grundfreiheiten der Arbeitnehmerfreizügigkeit (Art. 45 AEUV), der Niederlassungs- und Dienstleistungsfreiheit (Artt. 49, 56 AEUV) sind EU-Ausländer hingegen im Bereich der Deutschengrundrechte den Deutschen gleichgestellt.[261] In diesem Bereich genießen sie daher einen Sonderstatus.

Außerdem sind Ausländer in der BRD durch einfaches Gesetz[262] und aufgrund völkerrechtlicher Vereinbarungen i. S. d. Art. 59 Abs. 2 geschützt. Der Schutz der EMRK und anderer völkerrechtlicher Verträge greift auch für Ausländer ein. Hier wird im Gegensatz zum Grundgesetz auch nicht zwischen Bürger- und Menschenrechten unterschieden, sondern die Konvention gewährt ihre Rechte jedermann, so dass Ausländern auch die Versammlungs- und Vereinigungsfreiheit zusteht.

258 Mehr dazu: *BVerfGE* 78, 179 (196 f.); 104, 337 (346); 35, 382 (399); *Bleckmann*, Staatsrecht II – Die Grundrechte, 4. Aufl. (1997), S. 173; *Jarass*, in: Jarass/Pieroth, GG-Komm., 13. Aufl. (2014), Art. 2 GG, Rn. 7 und Art. 12 GG, Rn. 12; *Manssen*, in: v. Mangoldt/Klein/Starck, GG-Komm., Band 1, 6. Aufl. (2010), Art. 12, Rn. 266; *Stern*, in: Stern/Becker, GR-Kommentar, 2010, S. 44, Rn. 97; a. A.: Scholz, in: Maunz/Dürig, GG-Komm., Bd. II, Lfg. 47, 2006, Art. 12 Rn. 103; *Kämmerer*, in: Münch/Kunig, GG-Komm., Band 1, 6. Aufl. (2012), Art. 12 Rn. 5; *Nolte*, in: Stern/Becker, GRe-Komm., 2010, Art. 12, Rn. 56.

259 *BVerfGE* 78, 179 (196 f.); 35, 382 (399).

260 *Manssen*, in: v. Mangoldt/Klein/Starck (Hrsg.), GG-Komm., Band 1, 6. Aufl. (2010), Art. 12, Rn. 266. Dazu mehr – im Kap. 3 B.

261 Siehe unter Kapiteln 3 B I 1 (1.3) und 3 A 4.

262 Vgl. *Scholz*, in: Maunz/Dürig, GG-Komm., Bd. II, Lfg. 47, 2006, Art. 12, Rn. 104; *Dienelt*, in: Renner/Bergmann/Dienelt, Ausländerrecht, Kommentar, 10. Aufl. (2013), § 47 Rn. 2.

Außerdem genießt jeder politisch verfolgte Ausländer nach Art. 16a das Asylrecht,[263] obwohl das Völkerrecht kein Individualrecht auf Asylgewährung kennt.[264] Dieses Grundrecht steht also in der Regel den Nichtstaatsangehörigen zu. Nach Auffassung des *BVerwG* besitzt Asylrecht wer „wegen seiner Rasse, Religion, Nationalität, Zugehörigkeit zu einer sozialen Gruppe oder wegen seiner politischen Überzeugung Verfolgungsmaßnahmen mit Gefahr für Leib und Leben oder Beschränkungen seiner persönlichen Freiheit ausgesetzt ist oder solche Verfolgungsmaßnahmen begründet befürchtet."[265] Nach Art. 16a Abs. 2 kann sich aber der Asylbewerber auf das Grundrecht auf Asyl nicht berufen, wenn er aus einem sicheren Drittstaat oder einem EG-Mitgliedstaat in die BRD einreist. Grundsätzlich sollen Asylberechtigten in Deutschland „die Voraussetzungen eines menschenwürdigen Daseins"[266] geschaffen werden (Recht auf Aufenthalt, Möglichkeit zu beruflicher und persönlicher Entfaltung). Allerdings besteht das Asylrecht im Gegensatz zu den Menschenrechten nicht dauerhaft. Seine Fortdauer ist vielmehr vom Vorliegen der Voraussetzungen für die Asylgewährung abhängig. Demnach endet es unter bestimmten Bedingungen, vor allem, wenn seine Voraussetzungen entfallen, wenn das *BVerfG* eine Verwirkung ausgesprochen hat oder wenn der Asylberechtigte unanfechtbar ausgewiesen oder abgeschoben wurde.[267]

---

263 Vgl. *Stern*, Das Staatsrecht der BRD, Band III/1, 1988, S. 1030; *Jarass*, in: Jarass/Pieroth, GG-Komm., 13. Aufl. (2014), Art. 16a, Rn. 5; *Randelzhofer*, in: Maunz/Dürig, GG-Komm., Stand März 2007, Art. 16a, Rn. 29.

264 Das Völkerrecht kann die Staaten zum Schutz politisch Verfolgter nicht verpflichten, „belässt ihnen allerdings die Freiheit, in ihren innenstaatlichen Rechtsordnungen eine Selbstverpflichtung zu seinem Schutz oder einen Individualanspruch auf Asyl vorzusehen" (*Randelzhofer*, in: Isensee/Kirchhof, HStR, Band VII, 3. Aufl. (2009), § 153, Rn. 10). Umstritten ist jedoch, ob das Asylgrundrecht ein Abwehr- oder Leistungsrecht darstellt (*Erberich*, in: Bleckmann, Staatsrecht II. Die Grundrechte, 4. Aufl. (1997), § 37 Rn. 69; *Randelzhofer*, in: Isensee/Kirchhof, HStR, Band VII, 3. Aufl. (2009), § 153, Rn. 11; *Wittreck*, in: Dreier, GG-Komm., Bd. I, 3. Aufl. (2013), Art. 16a, Rn. 90). Uneinheitlich ist auch die Klärung des unbestimmten Rechtsbegriffs der „politischen Verfolgung", daher auch auslegungsbedürftig (*BVerwGE* 49, 202 (204) = NJW 1976, 490; *BVerwGE* 67, 184 = NVwZ 1983, 674; *BVerwG*, Urteil v. 08.11.1983–9 C 93/83, in: NVwZ 1984, 182 (sog. Motivationslehre des BVerwG); *BVerfGE* 80, 315 (andere Akzente des BVerfG); *Becker*, in: v. Mangoldt/Klein/Starck (Hrsg.), GG-Komm., Band 1, 6. Aufl. (2010), Art. 16 a, Rn. 42; *Randelzhofer*, in: Isensee/Kirchhof, HStR, Band VII, 3. Aufl. (2009), § 153, Rn. 13 ff.; *Erberich*, in: Bleckmann, Staatsrecht II. Die Grundrechte, 4. Aufl. (1997), § 37 Rn. 20 ff.). Auf die weitreichende Problematik kann hier nicht näher eingegangen werden.

265 *BVerwGE* 49, 202 (205).

266 *BVerwGE* 49, 202 (205); 62, 206 (210).

267 Vgl. *Randelzhofer*, in: Isensee/Kirchhof, HStR, Band VII, 3. Aufl. (2009), § 153, Rn. 72.

2. Politische Rechte der Ausländer

Als politisch werden die Grundrechte bezeichnet, die dem Einzelnen die Mitwirkung an der Ausübung der Staatsgewalt ermöglichen.[268] Hierzu gehören insbesondere das aktive und passive Wahlrecht, das Zugangsrecht zu öffentlichen Ämtern, die Wehrdienstfähigkeit sowie die Fähigkeit zu allen Diensten, mit denen die Ausübung von Staatsgewalt verbunden ist. Das wichtigste Mitwirkungsrecht an der Ausübung der Staatsgewalt in der modernen Demokratie bildet das Wahlrecht, das gem. Art. 38 Abs. 2 das Recht darstellt, sowohl die Bundestagsabgeordneten zu wählen (Wahlberechtigung – aktives Wahlrecht), als auch zum Bundestagsabgeordneten gewählt zu werden (Wählbarkeit – passives Recht).[269] Wegen seiner grundlegenden Bedeutung für die demokratische Legitimation der Staatsgewalt stellt das Wahlrecht „ein höchstpersönliches (unveräußerliches, unverzichtbares und unübertragbares) Recht" dar.[270] Das Wahlrecht steht nur Deutschen zu. Das kommt in Art. 28 und 29 durch den Begriff „Volk" zum Ausdruck.[271] Auch aufgrund des Zusammenhangs mit anderen Verfassungsbestimmungen (Art. 20 Abs. 2)[272] und der in Art. 38 Abs. 1 ausdrücklich genannten Funktion der Abgeordneten als „Vertreter des ganzen Volkes"[273] kann geschlossen werden, dass der Träger der staatlichen Gewalt und des Wahlrechts nur das Staatsvolk ist,[274] mithin dieses „politisches Grundrecht"[275] nur Deutschen i. S. v. Art. 116 GG zusteht.[276] Daraus folgt, dass erst die Zugehörigkeit zum Staatsvolk, also die Staatsangehörigkeit, jene dauerhafte Beziehung des Bürgers zum Staat vermittelt, die zum einen durch dauerndes Unterworfensein unter die Staatsgewalt gekennzeichnet ist, zum anderen daraus die Notwendigkeit ihrer demokratischen Legitimation resultiert.[277]

---

268 *Ruppel*, Der Grundrechtsschutz der Ausländer im deutschen Verfassungsrecht, 1968, S. 186; *Dolde*, Die politischen Rechte der Ausländer in der Bundesrepublik, 1972, S. 23.

269 *Magiera*, in: Sachs, GG-Komm., 6. Aufl. (2011), Art. 38 GG, Rn. 101; *Stern*, Das Staatsrecht der BRD, Band III/1, S. 468.

270 *Magiera*, in: Sachs, GG-Komm., 6. Aufl. (2011), Art. 38 GG, Rn. 100.

271 Vgl. *Starck*, in: Bonner GG-Komm., 4. Aufl. (1999), Band 1, Art. 3 GG, Rn. 214; *BVerfGE* 83, 37 (51); 83, 60 (71).

272 Als Träger der Staatsgewalt wird in Art. 20 Abs. 2 GG das „Volk" bezeichnet, damit ist nach h. M. das deutsche Volk gemeint. *Magiera*, in: Sachs, GG-Komm., 6. Aufl. (2011), Art. 38 GG, Rn. 100.

273 *Starck*, in: Bonner GG-Komm., 4. Aufl. (1999), Band 1, Art. 3 GG, Rn. 214.

274 Staatsvolk sind all jene Personen, die durch die rechtliche Klammer der Staatsangehörigkeit dauerhaft mit dem Staat verbunden sind, auf die sich die Staatsgewalt in personeller Hinsicht erstreckt. *Degenhart*, Staatsrecht I, 25. Aufl. (2009), Rn. 3.

275 *Stern*, Das Staatsrecht der BRD, Band III/1, 1998, S. 466.

276 Vgl. *BVerfGE* 83, 37 (50ff.); *BVerfG*, Urteil v. 30.06.2009–2 BvE 2/08 u.a., in: NJW 2009, 2267 (2268); *Bleckmann*, Staatsrecht II – Die Grundrechte, 4. Aufl. (1997), S. 168; a. A: *Meyer*, in: Isensee/Kirchhof, HStR, Band III, 3. Aufl. (2005), § 46, Rn. 7.

277 *Degenhart*, Staatsrecht I, 27. Aufl. (2011), Rn. 68.

Diese dauerhafte Beziehung besteht regelmäßig bei Ausländern nicht. Sie liegt auch dann nicht vor, wenn der Ausländer durch einen längeren Aufenthalt im Bundesgebiet weitgehend eingegliedert ist, weil er weiterhin der Personalhoheit des Heimatstaates unterstellt ist. Die Beteiligung an Wahlen ist mithin von Verfassung wegen an die Staatsangehörigkeit gebunden (vgl. Art. 20 Abs. 2).[278] Dies gilt ebenfalls für die Landtagswahlen.

Fraglich ist jedoch, ob Ausländer an den Kommunalwahlen teilnehmen dürfen. Hierfür wurden in der Literatur bereits teilweise andere Auffassungen vertreten: Der Volksbegriff könne hierfür abweichend bestimmt werden.[279] Kaum wurde die Debatte über ein kommunales Ausländerwahlrecht geführt,[280] ist dem das *BVerfG* mit seinem Urteil v. 31. Oktober 1990[281] entgegengetreten: „Dem demokratischen Postulat, allen dauerhaft im Gebiet einer Gebietskörperschaft ansässigen, ihrer Hoheitsgewalt unterworfenen Personen auch demokratische Teilhabe zu gewähren, kann nicht durch Erstreckung des Wahlrechts auf Ausländer, sondern nur durch ein auf Veränderungen in der Zusammensetzung der Einwohnerschaft reagierendes Staatsangehörigkeitsrecht Rechnung getragen werden."[282] Daher werde ebenso auf kommunaler Ebene Staatsgewalt i. S. v. Art. 20 Abs. 2 GG ausgeübt, so dass auch das „Volk" nur das Staatsvolk sein könne und wegen fehlender deutscher

278 Vgl. *BVerfGE,* Urteil v. 30.06.2009–2 BvE 2/08 u.a., in: NJW 2009, 2267 (2271).

279 Vgl. *Meyer,* in: Isensee/Kirchhof, HStR, Band III, 3. Aufl (2005), § 46 Rn. 7. Meyer sieht auch die Möglichkeit der Einführung des Ausländerwahlrechts durch Änderung des Grundgesetzes und der Wahlgesetze, soweit nicht Verfassungsbestimmungen ausdrücklich die Deutschen-Eigenschaften voraussetzen. Siehe Rn. 11.

280 Seit den 70er Jahren ist die Möglichkeit der Einführung des Kommunalwahlrechts diskutiert worden. Während in Schweden das Kommunalwahlrecht seit den 70er Jahren Ausländern, die bestimmte Voraussetzungen erfüllen, gewährt wurde und in Finnland hier lebende Angehörige der skandinavischen Staaten sowohl an aktiven als auch an passiven Wahlen teilnehmen durften, blieb diese Frage in Deutschland bis zum BVerfG-Urteil unentschieden. *Ruppel,* Der Grundrechtsschutz der Ausländer im deutschen Verfassungsrecht, Diss., 1968; *Dolbe,* Die politischen Rechte der Ausländer in der Bundesrepublik, 1972; *Wölker,* Zu Freiheit und Grenzen der politischen Betätigung von Ausländern, 1987; *Niedermeyer-Krauß,* Kommunalwahlrecht für Ausländer und Erleichterung der Einbürgerung, 1989; *Sieveking/Barwig/Lörcher/Schumacher,* Das Kommunalwahlrecht für Ausländer, 1989; *Liegmann,* Kommunales Wahlrecht für Ausländer, 1990.

281 Vgl. *BVerfG,* Urteil v. 31.10.1990–2 BvF 2/89, 2 BvF 6/89 und *BVerfG,* Urteil v. 31.10.1990–2 BvF 3/89. Das *BVerfG* hat 1990 im Rahmen von zwei Normenkontrollverfahren betreffend die Gesetze, mit denen die Bundesländer Hamburg und Schleswig-Holstein auf lokaler Ebene ein Ausländerwahlrecht einführen wollten, entschieden, dass solche Wahlrechte mit Art. 28 Abs. 1 GG nicht vereinbar waren. Gleichzeitig betonte es, dass die Einführung eines Kommunalwahlrechts für EU-Mitglieder Gegenstand einer nach Art. 79 Abs. 3 GG zulässigen Verfassungsänderung sein könne.

282 *BVerfGE* 83, 37 (52).

Staatsangehörigkeit die Ausländer nicht dem Staatsvolk unterliegen. Allerdings genießen EU-Ausländer gem. Art. 28 Abs. 1 S. 3 GG seit 1992 sowohl das aktive als auch das passive Kommunalwahlrecht in dem Mitgliedstaat, in dem sie ihren Wohnsitz haben. Ein Ausländerwahlrecht für Drittstaatsangehörige ist auch auf kommunaler Ebene ausgeschlossen.[283] Die Debatte darüber ist allerdings nicht beendet.[284]

Der Zugang zu öffentlichen Ämtern, wie er sich aus dem Art. 33 ergibt, bleibt Ausländern ebenfalls verschlossen. Eine verfassungsrechtliche Verpflichtung, die Bewerbung von Ausländern für ein öffentliches Amt zu berücksichtigen, besteht daher nicht. Das Petitionsrecht ist hingegen „jedermann" gewährleistet, somit auch Ausländern (vgl. Art. 17). Allerdings ist Ausländern das Recht auf politische Betätigung in anderer Weise (z. B. Bildung von Ausländervereinen) sowohl verfassungsrechtlich als auch einfachgesetzlich gewährleistet, obwohl die politische Betätigung der Ausländer auf die in den nach § 47 AufenthG aufgeführten Fällen beschränkt bleibt oder untersagt werden kann.[285] Daneben sind einzelne Betätigungsformen aufgrund völkerrechtlicher Vereinbarungen, etwa durch Artt. 10, 11 EMRK und Artt. 19, 21, 22 UN-Pakt über bürgerliche und politische Rechte geschützt.

3. *Soziale und wirtschaftliche Rechte von Ausländern*

Im Wesentlichen sind die sozialen Rechte der Ausländer in den Gesetzesbestimmungen, die Bund, Länder und Kommunen zu Sozialleistungen ermächtigen oder verpflichten, niedergelegt. Dabei wird in der Regel zwischen verschiedenen Ausländergruppen unterschieden. Sowohl aus völkerrechtlichen[286] als auch aus verfassungsrechtlichen Gründen ergibt sich keine generelle Verpflichtung zur Gleichbehandlung von Ausländern mit Inländern beim Zugang zu den Sozialleistungen. Das deutsche Sozialrecht kennt lediglich das Staatsangehörigkeitsmerkmal[287] und

---

283 Vgl. *BVerfGE*, 83, 60 (71); *Hellermann*, in: Epping/Hillgruber, GG-Komm., 2. Aufl. (2013), Art. 28, Rn. 14; *Pieroth, in:* Jarass/Pieroth, GG-Komm., 13. Aufl. (2014), Art. 28 Rn. 8; a. A: *Bryde*, Staatswissenschaft und Staatspraxis 5 (1994), 305, 317.

284 Sowohl die erste Bundesratsinitiative zur Änderung des Grundgesetzes durch das Land Hessen im Jahre 1997 für die Einführung eines kommunalen Ausländerwahlrechts als auch der Anfang September 2007 durch Rheinland-Pfalz erneut eingebrachte Entwurf von 1997 hatten keinen Erfolg. Auf der letzten Bundestagsdebatte tauchten auch keine neuen Argumente auf. Der Versuch selbst wurde vom Staatsrechtler Isensee als „kosmopolitische Phantasterei" kritisiert. *Sieveking*, Kommunalwahlrecht für Drittstaatsangehörige, in: ZAR 2008, S. 121 (122).

285 Auch *Dienelt*, in: Renner/Bergmann/Dienelt, in: Ausländerrecht, Kommentar, 10. Aufl. (2013), § 47 Rn. 5.

286 Das Völkergewohnheitsrecht sieht nur einen gewissen Mindeststandard für Ausländer vor.

287 Die Staatsangehörigkeit als solche gehört nicht zu den nach Art. 3 Abs. 3 GG verbotenen Unterscheidungsmerkmalen, sodass sie von den hier aufgezählten Begriffen „Heimat und Herkunft" nicht erfasst worden ist. Da die fremde

die Art des Aufenthalts der Ausländer im Bundesgebiet, so dass die sozialrechtliche Stellung der Ausländer wesentlich davon abhängig ist und sich unterschiedlich gestaltet. Allerdings ergibt sich aus der Menschenwürdegarantie, dass auch Ausländer im Allgemeinen einen Anspruch auf ein „menschenwürdigen Existenzminimum“[288] haben,[289] soweit sie sich in Deutschland aufhalten. Der grundsätzliche Anspruch aller Ausländer auf Sozialhilfeleistungen ist in bestimmten Fällen eingeschränkt bzw. ausgeschlossen:[290] Eingeschränkt ist er für Asylbewerber und sonstige ausreisepflichtige Ausländer sowie deren Familienangehörige.[291] Grundsätzlich ausgeschlossen ist der Bezug von Sozialleistungen nach SGB II für ausländische Studierende gem. §§ 16 Abs. 1, 5 Abs. 1 Nr. 1 AufenthG i. V. m. § 7 Abs. 5 SGB II.

Die Gleichbehandlungsklauseln finden sich jedoch in zahlreichen bi- oder multilateralen Verträgen, die Deutschland mit Drittstaaten abgeschlossen hat. Vor allem aufgrund zahlreicher Regelungen des völkervertraglichen Sozialversicherungsrechts verpflichtet sich Deutschland zur Inländergleichbehandlung der Angehörigen der Vertragsstaaten hinsichtlich bestimmter sozialer Versicherungsleistungen, insbesondere Rente und Kindergeld.[292] Ferner haben alle Arbeitnehmer in der BRD gleiche Ansprüche auf die gesetzlichen Leistungen aus der Kranken-, Unfall-, Renten- und Arbeitslosenversicherung sowie auf Förderung der beruflichen Fortbildung und Umschulung. Außerdem sind Ausländer, je nachdem, zu welcher Gruppe sie gehören, zu Kinder- und Erziehungsgeld, Wohngeld, Kinder- und Jugendhilfe, Unterhaltsvorschuss und Ausbildungsförderung berechtigt. Während türkische Staatsangehörige im sozialen Bereich weitgehend der Rechtsstellung von Unionsbürgern angenähert sind und Ansprüche auf zahlreiche Leistungen der sozialen Sicherheit haben, sind Drittstaatsangehörige hingegen wesentlich schlechter gestellt.[293]

Staatsangehörigkeit mit der fremden Heimat verbunden ist, bedarf es hier einer strengen Verhältnismäßigkeitsprüfung. *BVerfGE* 51, 1 (30); *Osterloh*, in: Sachs, GG-Komm., 6. Aufl. (2011), Art. 3 GG, Rn. 297; *Sachs*, in: HStR, Band 5, 1992, § 126, Rn. 51; *Jarass*, in: Jarass/Pieroth, GG-Komm., 13. Aufl. (2014), Art. 3 GG, Rn. 126.

288 *BVerfG*, Urteil vom 9.2.2010–1 BvL 1/09 u.a.

289 Die Frage nach der überschrittenen Schwelle einer Verletzung der Menschenwürde ist in der Literatur und Rechtsprechung heftig umstritten.

290 Vgl. *Jarass*, in: Jarass/Pieroth, GG-Komm., 13. Aufl. (2014), Art. 3 GG, Rn. 60 m. w. N.; *Marx*, Handbuch zur Qualifikations-RL, Flüchtlingsanerkennung und subsidiärer Schutzstatus, 2009, § 48, Rn. 18 ff.

291 Die Leistungen für Asylbewerber und ausreisepflichtige Ausländer, die aus Grundleistungen (die Sachleistungen, u. a. der Bedarf an Ernährung, Unterkunft, Heizung, Kleidung usw.) und sonstigen Leistungen bestehen, sind im Asylbewerberleistungsgesetz geregelt.

292 Vgl. *Hailbronner*, Asyl- und Ausländerrecht, 3. Aufl. (2013), S. 247, Rn. 494.

293 Vgl. *Eichenhofer*, Die sozialrechtliche Stellung von Ausländern aus Nicht-EWR- und Nicht-Abkommensstaaten, in: ZAR 1996, S. 62 (70); *Hailbronner*, Asyl- und Ausländerrecht, 3. Aufl. (2013), S. 247, Rn. 499 m. w. N. Auf die Einzelheiten wird in dieser Forschungsarbeit nicht eingegangen.

Schließlich sind Ausländern im wirtschaftlichen Bereich die Koalitionsfreiheit nach Art. 9 Abs. 3 GG und der Eigentumsschutz gem. Art. 14 GG gleichermaßen wie Inländern garantiert, so dass ihnen Zutritts- oder Bildungsmöglichkeiten zu deutschen Gewerkschaften und die Teilnahme an ihren Aktivitäten sowie uneingeschränkte Möglichkeiten des Eigentumserwerbs im Bundesgebiet zustehen.[294] Hinsichtlich der Erwerbstätigkeit wird auf das dritte Kapitel verwiesen.

C. Zusammenfassung des 1. Kapitels

1. Seit dem Ende des Zweiten Weltkrieges kann die deutsche Zuwanderungsgeschichte in fünf Phasen eingeteilt werden. Nach der kurzen Phase der Arbeitskräfteanwerbung war die deutsche Migrationspolitik bis 1998 von einer restriktiven Ausrichtung geprägt. Im Zuge der Reform des Staatsangehörigkeits- und Zuwanderungsrechts in den Jahren 1999/2000 und 2004 wurden in diesem Bereich wesentliche Erleichterungen vorgenommen und grundlegende Neuorientierungen der Zuwanderung in Deutschland geschaffen.
2. Das Kernstück des Zuwanderungsgesetzes v. 30. Juli 2004 ist das Aufenthaltsgesetz. Es ermöglicht und gestaltet die Zuwanderung in Deutschland unter Berücksichtigung der Aufnahme- und Integrationsfähigkeit sowie der wirtschaftlichen und arbeitsmarktpolitischen Interessen des Landes und dient der Steuerung und Begrenzung des Zuzugs von Zuwanderern in die BRD. Ein Meilenstein des Zuwanderungsgesetzes 2004 ist die gesetzliche Regelung zur Integration von Zuwanderern in Deutschland.
3. Grundsätzlich benötigen Ausländer für die Einreise und den Aufenthalt in Deutschland einen Aufenthaltstitel. Im neuen Aufenthaltsgesetz wurden dafür folgende Aufenthaltstitel vorgesehen: Visum (§ 6), befristete Aufenthaltserlaubnis (§ 7), unbefristete Niederlassungserlaubnis (§ 9), Erlaubnis zum Daueraufenthalt-EG (§ 9a) und Blaue Karte EU (§ 19a). Diese werden erteilt, wenn die allgemeinen und besonderen Voraussetzungen für die Erteilung eines Aufenthaltstitels vorliegen. Ein Aufenthaltstitel kann aber zurückgenommen oder widerrufen werden, wenn die rechtlichen Voraussetzungen dafür vorliegen.
4. Das deutsche Grundgesetz gewährt in vielen Fällen nur den Deutschen i. S. d. Art. 116 GG bestimmte Grundrechte oder grundrechtsgleiche Rechte und Freiheiten. Aber den Ausländern stehen in Deutschland nicht nur die sog. „klassischen Menschenrechte“ zu, wie Artt. 2, 3 Abs. 1, 4, 5, 6, 10, 13, 17, 19 Abs. 4 und Art. 101 GG, sondern auch über Art. 2 Abs. 1 können sie auch im Sachbereich der Deutschenrechte Rechtsträger sein. Außerdem gibt es auch einfachgesetzliche Regelungen, die den Ausländern Rechte gewähren.

---

294 Auch *Hailbronner*, in: Frowein/Stein (Hrsg.), Die Rechtsstellung von Ausländern nach staatlichem Recht und Völkerrecht, 1987, S. 394.

5. EU-Ausländer sind den Deutschen gleichgestellt. Drittstaatsangehörige können sich im Bereich der Deutschengrundrechte auf die Garantie des Art. 2 Abs. 1 GG berufen.
6. Das Grundgesetz verbürgt Zuwanderern keine Ausübung von politischen Rechten. Das Recht auf politische Betätigung ist ihnen jedoch einfachgesetzlich gewährleistet. Stattdessen besitzen die Ausländer in Deutschland – von einigen Ausnahmen abgesehen –soziale und wirtschaftliche Rechte.

2. Kapitel: Der rechtliche Regelungsrahmen zur Integration in Deutschland

Hervorzuheben ist, dass mit dem Inkrafttreten des Zuwanderungsgesetzes ab dem 1. Januar 2005 erstmalig die Förderung der Integration gesetzlich festgelegt sowie die diesbezüglichen Rechte und Pflichten von Staat und Zuwanderern ausgestaltet wurden. An dieser Stelle befasst sich die Untersuchung sowohl mit der rechtlichen Integration von Zuwanderern in der Bundesrepublik Deutschland als auch mit den soziologischen Aspekten von Integrationsprozessen und Multikulturalität.

A. Die Rechtslage bzgl. der Integration von Zuwanderern

I. §§ 43–45 ff. des Aufenthaltsgesetzes und die Integrationskursverordnung

Der gesamte rechtliche Regelungsrahmen zur Integration im AufenthG ist darauf ausgelegt, für die Integration der Zuwanderer und dauerhaft aufenthaltsberechtigten Ausländern günstige Bedingungen zu schaffen und ihre Eingliederung in die BRD zu fördern. Zur Vermittlung der für den Integrationserfolg notwendigen Kenntnisse wurden vom deutschen Gesetzgeber im 3. Kapitel des AufenthG die Rahmenbedingungen für konkrete Maßnahmen zur Integration der Ausländer getroffen. Die Eingliederung von Ausländern wird durch ein staatliches Grundangebot zur Integration i. S. d. § 43 Abs. 2 S. 1 AufenthG[295] unterstützt. Somit stellt das 3. Kapitel einen zentralen Regelungsbereich des AufenthG dar.

Dieses Kapitel hat den Titel „Integration“ und setzt sich aus den §§ 43, 44, 44a und 45 zusammen. Außerdem enthält das Kapitel die Regelungen zu Art, Zweck und Inhalt der Integrationskurse (§ 43), zu den Ansprüchen auf Teilnahme am Integrationskurs (§ 44), zu Möglichkeiten der Verpflichtung (§ 44a) und den Vorschriften über die Aufstellung eines bundesweiten Integrationsprogramms (§ 45). Die Einzelheiten zu den Integrationskursen regelt die Integrationskursverordnung (im Weiteren – IntV).[296]

---

295 Alle Paragraphen in diesem Kapitel ohne Gesetzesangabe sind solche des AufenthG.

296 Verordnung über die Durchführung von Integrationskursen für Ausländer und Spätaussiedler (Integrationskursverordnung – IntV) v. 13.12.2004, BGBl. I 2004 S. 3370, zul. geändert am 29.08.2013, BGBl I 2013 S. 3484.

1. *Grundangebot Integrationskurs gemäß § 43 ff. AufenthG*

Nach § 43 Abs. 2 wird das Angebot der gezielten Förderung durch ein staatliches Grundangebot zur Integration realisiert. Die staatliche Förderung soll die Eingliederungsbemühungen von Ausländern unterstützen, nicht aber diese ersetzen. Denn ohne eigenständige Integrationsbemühungen ist keine erfolgreiche Integration zu erwarten.[297] Unter dem staatlichen Grundangebot wird gem. § 43 Abs. 2 S. 1 AufenthG der Integrationskurs für die dauerhaft rechtmäßig in Deutschland lebenden Ausländer verstanden. Zum Teil sind diese Ausländer zur Teilnahme berechtigt (§ 44) und zum Teil auch verpflichtet (§ 44a). Als Staatsangebot sollen die Integrationskurse, im Sinne eines Grund- oder Basisangebots, ein Minimum an erforderlicher Integration gewährleisten. Dieser Kurs soll den Zuwanderern vor allem erfolgreich die deutsche Sprache, die Rechtsordnung, die Kultur und die Geschichte Deutschlands vermitteln (vgl. § 43 Abs. 2 S. 2).[298] Das Erfordernis der Sprachkenntnisse bildet nach der Gesetzesbegründung eine wesentliche Integrationsvoraussetzung, dem für die Teilnahme am gesellschaftlichen Leben eine sehr große Bedeutung zukommt.[299] So spielt die deutsche Sprache eine „Schlüsselrolle bei der erfolgreichen Integration",[300] denn die Sprache – als wichtigste Kommunikationsform des Menschen – ist:

- Grundlage für das zwischenmenschliche Verstehen und soziale Handeln,
- ein wesentliches Werkzeug für Kultur und Bildung sowie
- Grundlage für die Wahrnehmung von Rechten, vor allem für die gesellschaftliche und politische Partizipation.[301]

Das Ziel des Grundangebotes liegt in der ordnungsgemäßen und erfolgreichen Kursteilnahme, um die Ausländer mit den Lebensverhältnissen im Bundesgebiet so weit vertraut zu machen, dass sie ohne die Hilfe oder Vermittlung Dritter in allen Angelegenheiten des täglichen Lebens selbstständig handeln können (vgl. § 43 Abs. 2 S. 3). Das bedeutet, dass in diesen Kursen neben dem unverzichtbaren Spracherwerb und den Angeboten zum Verständnis der Lebensverhältnisse in Deutschland auch die Grundkenntnisse über die Rechte und Pflichten der Bürger

---

297 *Röseler*, in: Renner/Bergmann/Dienelt, Ausländerrecht, Kommentar, 10. Aufl. (2013), § 43 AufenthG, AVV, S. 760.

298 *Röseler*, in: Renner/Bergmann/Dienelt, Ausländerrecht, Kommentar, 10. Aufl. (2013), § 43 AufenthG Rn. 5; *Clodius*, in: HK-Ausländerrecht, 1. Aufl. (2008), § 43 AufenthG, Rn. 10; *Storr*, in: Kommentar zum Zuwanderungsrecht, 2. Aufl. (2008), § 43 AufenthG, Rn. 3

299 Vgl. BT-Drucks. 15/420, S. 72.

300 *Röseler*, in: Renner/Bergmann/Dienelt, Ausländerrecht, Kommentar, 10. Aufl. (2013), § 43 AufenthG, AVV, S. 760.

301 *Schindler*, Sprachförderung, in: ZAR 2004, 319; *Thiele*, Das Integrationserfordernis für Drittstaatsangehörige nach dem Zuwanderungsgesetz, in: DÖV 2007, Januar, Heft 2, S. 58 (60).

vermittelt werden, die den Umgang mit Behörden und anderen Verwaltungseinrichtungen erleichtern und jedem Ausländer die eigenständige Orientierung in allen Lebensbereichen ermöglichen sollen.[302]

a) Inhalt der Integrationskurse nach § 43 Abs. 3 AufenthG i. V. m. § 10 ff. IntV

Nach § 43 Abs. 3 S. 1 besteht der Integrationskurs aus einem Basis- und einem Aufbausprachkurs von jeweils gleicher Dauer mit dem Ziel, ausreichende Sprachkenntnisse zu erlangen (sog. Deutschkurs), sowie einem Orientierungskurs, um die Kenntnisse der Rechtsordnung, der Kultur und der Geschichte in Deutschland zu vertiefen. Hinsichtlich der inhaltlichen Gestaltung von Integrationskursen regelt das AufenthG keine weiteren Einzelheiten. Allerdings ergeben sich diese aus der IntV, die gem. § 10 für den gesamten Integrationskurs 645 Stunden vorsieht: für den Deutschkurs insgesamt 600, für den Orientierungskurs nur 45 Stunden (vgl. §§ 11, 12 IntV). Laut IntV besteht der Basis- und Aufbausprachkurs aus jeweils drei Kursabschnitten mit unterschiedlichen Leistungsstufen von jeweils 100 Stunden. Der Sprachkurs wird regelmäßig als ganztägiger Unterricht mit höchstens 25 Wochenunterrichtsstunden oder als Teilzeitkurs mit mind. fünf Wochenunterrichtsstunden angeboten. Beim ganztägigen Unterricht soll der Deutschkurs innerhalb von sechs Monaten abgeschlossen sein. Nach § 11 Abs. 1 S. 4 IntV setzt eine Teilnahme am Aufbausprachkurs in der Regel die Teilnahme an dem Basiskurs voraus. Das gilt jedoch nicht, wenn das Sprachniveau eines Teilnahmeberechtigten dadurch nicht mehr wesentlich gefördert werden kann. In diesem Fall kann er nach § 11 Abs. 1 S. 6 IntV mit Zustimmung des Kursträgers gleich in den Aufbaukurs einsteigen. Einzelne Kursabschnitte können gem. § 14 Abs. 4 IntV auf eigene Kosten wiederholt oder der Kurs kann fortgesetzt werden, auch wenn die Höchstförderdauer von 1200 Unterrichtsstunden erreicht wurde. Im Anschluss an den Sprachkurs findet der Orientierungskurs statt und wird von dem zugelassenen Kursträger durchgeführt (vgl. § 10 Abs. 1 S. 1 i. V. m. 12 ff. IntV). Nach § 3 Abs. 1 Nr. 2 IntV soll dieser der Vermittlung von Alltagswissen, der Rechtsordnung, der Kultur und der Geschichte Deutschlands dienen. Besonderes Augenmerk wird dabei auf die Werte des demokratischen Staatswesens der Bundesrepublik und die Rechtsprinzipien der Rechtsstaatlichkeit, Gleichberechtigung und Toleranz sowie die Religionsfreiheit gelegt. Nach § 13 IntV können bei Bedarf die Integrationskurse für spezielle Zielgruppen vorgesehen werden, wenn ein besonderer Unterricht oder ein erhöhter Betreuungsaufwand erforderlich ist. Solche Integrationskurse umfassen im Unterschied zu dem allgemeinen Integrationskurs bis zu 900 Unterrichtsstunden im Sprachkurs und 45 im Orientierungskurs. Welche Personen zu den speziellen Zielgruppen gehören, wird in § 13 Abs. 1 S. 3 IntV geregelt. Danach werden folgende Integrationskurse unterschieden: Eltern- bzw.

302 *Röseler*, in: Renner/Bergmann/Dienelt, Ausländerrecht, Kommentar, 10. Aufl. (2013), § 43 AufenthG, AVV, S. 760.

Frauenintegrationskurs, Jugendintegrationskurs, Alphabetisierungskurs und Förderkurs (vgl. § 13 Abs. 1 S. 3 IntV). Der Integrationskurs kann auch bei Bedarf als Intensivkurs durchgeführt werden. In diesem Fall soll er insgesamt aus 430 Unterrichtsstunden bestehen: Der Sprachkurs soll 400 Unterrichtsstunden umfassen und sich aus vier Kursabschnitten zusammensetzen. Auf den Orientierungskurs entfallen daher 30 Unterrichtsstunden.

Ferner sieht das Zuwanderungsgesetz eine analoge Regelung des § 9 Abs. 1 BVFG für Spätaussiedler vor, so dass für Spätaussiedler und Ausländer auch gemeinsame und einheitliche Integrationskurse durchgeführt werden.[303]

b) Ausreichende Sprachkenntnisse

Das Ziel des Sprachkurses liegt in der Erlangung ausreichender deutscher Sprachkenntnisse (vgl. §§ 43 Abs. 3 S. 1, 9 Abs. 2 S. 1 Nr. 7 i. V. m. S. 2). Eine Definition hinsichtlich ausreichender Kenntnisse der deutschen Sprache enthält das Zuwanderungsgesetz nicht. Diese kann allerdings dem Gesetzesentwurf[304] und der IntV entnommen werden. Nach § 3 Abs. 1 Nr. 1 i. V. m. Abs. 2 IntV liegen ausreichende Kenntnisse der deutschen Sprache dann vor, wenn sich die Kursteilnehmer im täglichen Leben in ihrer Umgebung selbstständig sprachlich zurechtfinden, entsprechend ihrem Alter und Bildungsstand ein Gespräch führen und sich schriftlich ausdrücken können. Der Nachweis ausreichender Deutschkenntnisse ist gem. § 17 Abs. 2 IntV erbracht, wenn nach dem Deutschkurs die vorgesehene Prüfung („Deutsch-Test für Zuwanderer") auf der Niveaustufe B 1 (Basiskurs: A 1) des gemeinsamen europäischen Referenzrahmens für Sprachen[305] erfolgreich bestanden wird. Zum Sprachniveau B 1 gehören folgende Fähigkeiten: solide Grundkenntnisse der deutschen Sprache, aktive Teilnahme an Gesprächen, Formulieren der eigenen Gedanken, Anweisungen geben, Erfahrungen und Ereignisse berichten, Träume, Hoffnungen und Ziele beschreiben, Verstehen der Hauptpunkte, wenn es um vertraute Dinge geht (Arbeit, Schule, Freizeit), persönliche Briefe und zusammenhängende Texte über vertraute Themen schreiben. Dabei findet eine Differenzierung nach Alter und Bildungsstand nicht statt.[306] In § 17 Abs. 1 Nr. 1 IntV ist ein skalierter Sprachtest A 2 – B 1 geregelt, wonach auch ein niedrigeres erreichtes Sprachniveau zu bescheinigen ist. Allerdings hat der Gesetzgeber bislang keine rechtlichen Folgen für Besitzer einer solchen Bescheinigung vorgesehen.

303 Dazu mehr im 2. Kap. A II.

304 BT-Drucks. 14/7387, S. 67.

305 Empfehlungen des Ministerkomitees des Europarates an die Mitgliedstaaten Nr. R (98) 6 v. 17.03.1998 zum gemeinsamen europäischen Referenzrahmens für Sprachen, GERR.

306 *Storr*, in: Kommentar zum Zuwanderungsrecht, 2. Aufl. (2008), § 43 AufenthG, Rn. 6; *Clodius*, in: HK-Ausländerrecht, 1. Aufl. (2008), § 43 AufenthG, Rn. 13.

c) Abschlusstest

Der schriftliche und mündliche Abschlusstest für das Zertifikat Integrationskurs und den Orientierungskurs erfolgt nach erfolgreicher Kursteilnahme mittels eines standardisierten Tests. Gem. § 17 Abs. 4 IntV wird dem erfolgreichen Teilnehmer nach bestandener Prüfung ein Zertifikat über den Integrationskurs ausgestellt.[307] Bei der erfolglosen Teilnahme an einem Sprachkurs wird das tatsächlich erreichte Ergebnis des Abschlusstests durch eine Bescheinigung bestätigt, § 17 Abs. 4 S. 3 IntV. Nach § 5 Abs. 4 IntV können Teilnahmeberechtigte, die ordnungsgemäß am Integrationskurs teilgenommen haben, zur einmaligen Wiederholung des Aufbausprachkurses zugelassen werden, soweit sie den Sprachtest nach § 17 Abs. 1 S. 1 Nr. 1 IntV nicht bestanden haben.

d) Kosten und Finanzierung der Integrationskurse

Die Finanzierung der Integrationskurse erfolgt durch den Bund. Daher werden die Integrationskurse in alleiniger Zuständigkeit des Bundes durch das BAMF durchgeführt, § 75 Nr. 2 i. V. m. § 1 S. 1 IntV.[308] Der Kurs kostet 2,05 € pro Teilnehmerstunde.[309] § 43 Abs. 3 S. 3 und S. 4 sieht ferner eine Kostenbeteiligung vor: Für die Teilnahme am Integrationskurs sollen Kosten in einem angemessenen Umfang unter Berücksichtigung der Leistungsfähigkeit erhoben werden. Danach ist auch derjenige zur Zahlung verpflichtet, der dem Ausländer zur Gewährung von Lebensunterhalt verpflichtet ist. Dies ist vor allem beim Familiennachzug oder bei der Haftung für den Lebensunterhalt des Ausländers gem. § 68 ff. von Belang.[310] Vorgesehen ist gem. § 9 Abs. 1 IntV ein einheitlicher Eigenbetrag von 1 € pro Unterrichtsstunde. Bei einer durchschnittlichen Kursdauer von 630 Stunden ist ein Betrag in Höhe von 600 € an das Bundesamt zu zahlen. Seit dem Inkrafttreten des Zuwanderungsgesetzes betrifft diese Bestimmung auch Asylberechtigte oder jüdische Kontingentflüchtlinge aus den GUS-Staaten. Diese hatten bislang einen Anspruch auf kostenfreie Sprachförderung.[311] Kostenpflichtig ist grundsätzlich auch der Abschlusstest, sofern keine Voraussetzungen des § 17 Abs. 3 IntV vorliegen.[312] Befreit von der Kostenbeteiligung sind gegen Vorlage entsprechender

---

307 Um Fälschungen zu vermeiden, wurde diese Aufgabe vom Gesetzgeber durch eine Rechtsverordnung auf das BAMF übertragen.

308 Da der Bund die Verantwortung für die Durchführung und Finanzierung übernommen hat, besaß er die Verordnungsermächtigung zur Regelung von Einzelheiten des Integrationskurses (vgl. § 43 Abs. 4 AufenthG).

309 *Clodius*, in: HK-Ausländerrecht, 1. Aufl. (2008), § 43 AufenthG, Rn. 5.

310 *Storr*, in: Kommentar zum Zuwanderungsrecht, 2. Aufl. (2008), § 43 AufenthG, Rn. 15; *Clodius*, in: HK-Ausländerrecht, 1. Aufl. (2008), § 43 AufenthG, Rn. 15–16.

311 Vgl. *Clodius*, in: HK-Ausländerrecht, 1. Aufl. (2008), § 43 AufenthG, Rn. 15.

312 Gem. § 17 Abs. 3 IntV trägt das Bundesamt für Migration und Flüchtlinge die Kosten für einen einmaligen Abschlusstest bei Teilnahmeberechtigten i. S. v. § 4 IntV, insbesondere bei Anspruchsberechtigten nach § 44 AufenthG, bei den Spätaussiedlern und Verpflichteten nach § 44a Abs. 1 S. 1 Nr. 2 oder 3 AufenthG.

Nachweise die Spätaussiedler und ihre Familienangehörigen gem. § 9 Abs. 1 S. 1 BVFG i. V. m. § 9 Abs. 5 IntV sowie Personen, die die Leistungen nach SGB II und XII beziehen. Nach § 9 Abs. 2 S. 2 IntV ist auch eine Befreiung bei unzumutbarer Härte unter Berücksichtigung der persönlichen Umstände und wirtschaftlichen Situation des Teilnahmeberechtigten möglich. Dabei steht der Behörde ein Ermessensspielraum zu. Ferner können 50 % des Kostenbeitrags erstattet werden, wenn der Nachweis einer erfolgreichen Kursteilnahme innerhalb von zwei Jahren eingereicht wird (vgl. § 9 Abs. 6 IntV). Ebenso kann gem. § 4 Abs. 4 IntV auch ein Fahrkostenzuschuss gewährt werden.[313]

e) Evaluation der Integrationskurse nach § 43 Abs. 5 AufenthG

Die Bundesregierung hat im Juni 2007 dem Deutschen Bundestag einen Erfahrungsbericht über die Integrationskurse vorgelegt. Grundlage des Berichtes waren die Evaluation der Integrationskurse durch die Beraterfirma Rambøll und der Bericht der Arbeitsgemeinschaft 1 des nationalen Integrationsplanes.[314] Das Ziel der Evaluation bestand darin, die bisherige Umsetzung der Integrationskurse zu analysieren. Das zentrale Ergebnis der Evaluation lautet, dass sich die Integrationskurse der deutschen Integrationspolitik deutlich qualitativ verbessert haben. Im Allgemeinen sind die Ergebnisse der Evaluation der Integrationskurse in sieben Handlungsfeldern zusammengefasst, u. a.:

- „Erfolgskontrolle und Steuerung der Integrationskurse“ durch Einführung des verpflichtenden Abschlusstests,
- „Verbesserung des Kurserfolgs“ durch eine Flexibilisierung der Stundenkontingente, durch die Verbesserung der Zielerreichung des Sprachniveaus B1 sowie die Stärkung des Qualitätswettbewerbs unter den Trägern,
- „Aufwertung des Orientierungskurses“ mit der Entwicklung eines Curriculums, eines standardisierten Tests und der Schulung von Lehrkräften,
- „Kursdurchführung“: Laut Gutachten steigert eine Optimierung des Zugangs bestimmter Zielgruppen und eine Erleichterung der Teilnahme die Bedarfsgerechtigkeit,
- weitere Steigerung der „Nachhaltigkeit“ durch eine verbesserte Verbindung mit der Arbeitsmarktförderung, eine gezielte Einbettung in kommunale Integrationsstrategien sowie durch eine verbesserte Kooperation mit den Migrationsberatungsdiensten und

---

313 *Storr*, in: Kommentar zum Zuwanderungsrecht, 2. Aufl. (2008), § 43 AufenthG, Rn. 16; *Clodius*, in: HK-Ausländerrecht, 1. Aufl. (2008), § 43 AufenthG, Rn. 17.

314 *BAMF* (Hrsg.), Erfahrungsbericht: Integrationskurse verbessern, März 2007, abrufbar unter: www.bmi.bund.de (abgerufen am 18.05.2013); *BMI* (Hrsg.), Evaluation der Integrationskurse nach dem Zuwanderungsgesetz. Abschlussbericht und Gutachten über Verbesserungspotenziale bei der Umsetzung der Integrationskurse, Dezember 2006, abrufbar unter: www.bmi.bund.de (abgerufen am 18.05.2013).

- Empfehlung zur „Reduzierung des Verwaltungsaufwands" und der „Finanzierungsmodalitäten" der Integrationskurse mittels der Einführung eines Gutscheinsystems.

Inzwischen wurden diese Empfehlungen in die Praxis umgesetzt.

2. Begünstigter Personenkreis

a) Anspruchsberechtigte

Nach § 44 Abs. 1 sind die sich in Deutschland dauerhaft aufhaltenden Ausländer zur einmaligen Teilnahme an einem Integrationskurs berechtigt,[315] wenn

- sie erstmals eine Aufenthaltserlaubnis erhalten
  zum Zweck der Erwerbstätigkeit nach §§ 18 und 21,
  zum Zweck des Familiennachzugs gemäß §§ 28, 29, 30, 32 und 36,
  aus humanitären Gründen nach § 25 Abs. 1 oder 2 und
  als langfristig Aufenthaltsberechtigter nach § 38a;
- sie eine Niederlassungserlaubnis nach § 23 Abs. 2 erhalten.[316]

Ein Anspruch entsteht somit nur einmal bei der Ersterteilung eines Aufenthaltstitels und gilt ausschließlich für Neuzuwanderer, die zu den im Gesetz genannten Zwecken nach Deutschland eingereist sind. Die Anspruchsberechtigung entfällt auch dann nicht, wenn ein nach § 44 Abs. 1 Berechtigter die Voraussetzungen eines weiteren nicht anspruchsbegründenden Aufenthaltszweckes erfüllt, etwa ein nachgezogener Ehegatte ein Studium aufnimmt.[317] Kein Teilnahmeanspruch entsteht hingegen bei der Umschreibung eines Titels

---

315 Gem. § 44 Abs. 1 S. 2 AufenthG ist von einem dauerhaften Aufenthalt regelmäßig dann auszugehen, wenn der Ausländer eine Aufenthaltserlaubnis von mehr als einem Jahr erhält oder diese seit über 18 Monaten besitzt. Eine Aufenthaltserlaubnis mit einer kurzfristigen Gültigkeitsdauer reicht nicht aus: Dies ist in der Regel bei Ausbildung, Studium, Praktikum, Au-pair- oder Saisonarbeitskraft der Fall. Allerdings ist eine Aufenthaltserlaubnis mit einer kürzeren Gültigkeitsdauer ausnahmsweise auch dann ausreichend, wenn hinreichend sicher ist, dass der Aufenthalt trotz des kurzzeitigen Erteilungsraums auf Dauer angelegt ist. Vgl. *Röseler*, in: Renner/Bergmann/Dienelt, Ausländerrecht, Kommentar, 10. Aufl. (2013), § 44 AufenthG, AVV, S. 772.

316 Unter den Anspruchsberechtigten fehlen auch die türkischen Staatsangehörigen. Zwar wird ihnen mit einem Aufenthaltsrecht aus Art. 6 oder 7 ARB 1/80 eine Aufenthaltserlaubnis erteilt, die vor allem zu den Erwerbszwecken und zum Teil auch der Familienzusammenführung dienen, diese hat aber nur deklaratorischen Charakter und wird gem. § 4 Abs. 5 lediglich zu Beweiszwecken erteilt. Diesen Personen kann jedoch die Teilnahme trotz eines fehlenden Anspruchs ermöglicht werden. Dies setzt freie Kapazitäten voraus. Die Behörde verfügt über einen Ermessensspielraum.

317 Vgl. *Clodius*, in: HK-Ausländerrecht, 1. Aufl. (2008), § 44 AufenthG, Rn. 3.

nach dem Inkrafttreten des Zuwanderungsgesetzes und bei der neuen Benennung des Aufenthaltstitels.

aa) Erlöschen des Anspruchs

Gem. § 44 Abs. 2 erlischt der Teilnahmeanspruch zwei Jahre nach der Erteilung des Aufenthaltstitels, der zu einem Integrationskursanspruch geführt hat, oder bei dessen Wegfall. Allerdings ist die Teilnahme am Integrationskurs dann noch über Abs. 4 möglich. Die Teilnahmepflicht nach § 44 a bleibt hiervon unberührt.[318]

bb) Ausschluss des Teilnahmeanspruchs

Keinen Anspruch auf die Kursteilnahme haben Kinder, Jugendliche und junge Erwachsene, die die schulische Ausbildung aufnehmen oder fortsetzen, § 44 Abs. 3 Nr. 1. Nach § 44 Abs. 3 Nr. 2 haben Ausländer mit erkennbar geringem Integrationsbedarf ebenfalls keinen Anspruch auf einen Integrationskurs. Dieser liegt gem. § 4 Abs. 2 IntV dann vor, wenn ein Ausländer einen Hochschul- oder Fachhochschulabschluss oder eine entsprechende Qualifikation besitzt oder eine Tätigkeit ausübt, die eine solche Qualifikation erfordert, und die Annahme gerechtfertigt ist, dass sich der Ausländer ohne staatliche Hilfe in das wirtschaftliche, gesellschaftliche und kulturelle Leben der Bundesrepublik integrieren wird.[319] Schließlich entfällt nach § 44 Abs. 3 Nr. 3 der Teilnahmeanspruch am Integrationskurs, wenn der Ausländer bereits über ausreichende Kenntnisse der deutschen Sprache verfügt. Die Berechtigung zur Teilnahme am Orientierungskurs und Abschlusstest bleibt in diesen Fällen unberührt.[320] Ferner haben mangels Erwähnung in Abs. 1 keinen Anspruch auf Integrationskursteilnahme:

- Hochqualifizierte (§ 19) und Forscher (§ 20), weil bei dieser Personengruppe aufgrund der beruflichen Qualifikation und des Bildungsstands eine Integration auch ohne Integrationskurs zu erwarten ist,
- zur Ausbildung oder zum Studium (vorübergehend) eingereiste Ausländer (§§ 16, 17),
- Ausländer, die sich bereits in der Bundesrepublik aufhalten und
- sonstige Ausländer, die aus humanitären Gründen aufgenommen werden (§§ 22, 23 Abs. 1, 23a, 24, 25 Abs. 3 und 5).

---

318 *Röseler*, in: Renner/Bergmann/Dienelt, Ausländerrecht, Kommentar, 10. Aufl. (2013), § 44 AufenthG, AVV, S. 772

319 Vgl. *Storr*, in: Kommentar zum Zuwanderungsrecht, 2. Aufl. (2008), § 44 AufenthG, Rn. 6.

320 Da der Abschlusstest eine Voraussetzung für den Nachweis über das Sprachniveau für die Erteilung einer Niederlassungserlaubnis (§ 9 Abs. 2 S. 2 i.V.m. Abs. 2 S. 1 Nr. 7, 8) und für die Verkürzung der Einbürgerungsfristen gem. § 10 Abs. 3 StAG darstellt, sollte den Berechtigten in der Praxis geraten werden, diese Möglichkeit wahrzunehmen.

Diese Personengruppe kann lediglich auf dem Ermessenswege an den Integrationskursen teilnehmen.[321]

cc) Kursteilnahme durch Ermessensentscheidung

Nach § 44 Abs. 4 S. 1 i. V. m. § 4 Abs. 1 S. 1 Nr. 3, Abs. 3 und § 5 IntV kann auch ein Ausländer, der keinen Teilnahmeanspruch hat oder nicht mehr besitzt, im Rahmen einer Ermessensentscheidung zur Teilnahme am Integrationskurs zugelassen werden. Für die Zulassung der Teilnehmer ist das BAMF zuständig. Ein Rechtsanspruch auf die Teilnahme besteht nicht. Die Grundvoraussetzung für die Zulassung ist die Verfügbarkeit freier Kursplätze, § 44 Abs. 4. Die Ausländer, die keinen Anspruch auf Integrationskurse haben, werden daher nur dann gefördert, wenn genügend finanzielle Mittel zur Verfügung stehen. Dies gilt unter dem Gesichtspunkt der sog. „nachholenden Integration" vor allem für Ausländer, die sich bereits vor dem 1. Januar 2005 im Bundesgebiet aufhielten, oder für Personen, die eine Aufenthaltserlaubnis nach dem Abschn. 5 des Kapitels 2 besitzen.[322] Zudem begründet § 44 Abs. 4 S. 2 auch die Teilnahmemöglichkeit für Deutsche mit besonderer Integrationsbedürftigkeit und nicht ausreichenden Sprachkenntnissen. Laut der Gesetzesbegründung muss es sich um zugewanderte Deutsche handeln. Dabei geht es nicht um Aussiedler und Spätaussiedler, deren Rechte im BVFG geregelt sind, sondern wohl um diejenigen Gruppen, die Deutsche von Geburt sind und in größerer Zahl aus Südamerika und Osteuropa (ohne Spätaussiedler zu sein) nach Deutschland einwanderten und über keine Deutschkenntnisse verfügen.[323] Für die Auslegung der besonderen Integrationsbedürftigkeit ist auf § 4 Abs. 4 IntV zurückzugreifen.

b) Teilnahmeverpflichtete im Sinne des § 44a AufenthG

aa) Fallgruppen für eine Teilnahmeverpflichtung (§ 44a Abs. 1 AufenthG)

Nach § 44a besteht die Verpflichtung zur Teilnahme in drei Fallkonstellationen:

- Wenn sich der Anspruchsberechtigte i. S. d. § 44 nicht zumindest auf einfache Art und Weise in der deutschen Sprache verständigen kann (vgl. § 44a Abs. 1 Nr. 1a)[324] oder wenn er bei der Erteilung eines Aufenthaltstitels gem. §§ 23 Abs. 2, 28 Abs. 1 S. 1 Nr. 1 oder § 30 nicht über ausreichende deutsche Sprachkenntnisse verfügt, § 44a Abs. 1 Nr. 1b.[325] Betroffen sind somit regelmäßig jüdische Kontingentflüchtlinge, nachziehende Ehegatten eines Ausländers oder

321 Vgl. *Storr*, in: Kommentar zum Zuwanderungsrecht, 2. Aufl. (2008), § 44 AufenthG, Rn. 6 ff.

322 BT-Drucks., 15/420, S. 88.

323 Vgl. *Clodius*, in: HK-Ausländerrecht, 1. Aufl. (2008), § 44 AufenthG, Rn. 11.

324 Zumindest einfache Sprachkenntnisse fehlen nach § 3 Abs. 2 IntV dann, wenn sich der Ausländer bei der persönlichen Vorsprache nicht ohne die Hilfe Dritter verständlich machen kann.

325 Zum Begriff „ausreichende Sprachkenntnisse" s. Kap. 2 A I.

eines Deutschen.[326] Eine Teilnahmeverpflichtung besteht nur dann, wenn diese Mindestvoraussetzung für eine Integration beim Inhaber eines Aufenthaltstitels i. S. d. § 44 nicht vorliegt. Es werden mündliche und schriftliche Sprachkenntnisse verlangt. Den Sprachstand stellt nach § 44a Abs. 1 S. 2 die Ausländerbehörde bei der Erteilung des Aufenthaltstitels fest, bzw. lässt diesen durch einen Kursträger feststellen.[327]

- Wenn gem. § 44a Abs. 1 S. 1 Nr. 2 der Ausländer Leistungen nach dem SGB II[328] bezieht und die Teilnahme am Integrationskurs in einer Eingliederungsvereinbarung nach SGB II vorgesehen ist. Zuständig dafür ist der Träger der Grundsicherung für Arbeitssuchende. Somit macht der Gesetzgeber deutlich, dass das bisherige System nicht mehr gilt.[329] Sowohl die Ausländerbehörde als auch das Job-Center oder die Kommune können den Ausländer zur Teilnahme an dem Integrationskurs auffordern (vgl. § 44a Abs. 1 S. 3). Dies dürfte sachgerecht sein, denn die Träger der Grundsicherung können die Fähigkeiten und Bedürfnisse des Ausländers besser beurteilen. Im Rahmen der Eingliederungsvereinbarung gem. § 15 SGB II[330] soll der Leistungsträger nach § 44a Abs. 1 S. 4 der Verpflichtung durch die Ausländerbehörde folgen. Im begründeten Einzelfall muss er die Ausländerbehörde zum Widerruf der Verpflichtung auffordern (vgl. § 44a Abs. 1 S. 5). Ein Ermessensspielraum ist nur für den Leistungsträger eröffnet.[331]
- Wenn der Ausländer in besonderer Weise integrationsbedürftig ist und ihn die Ausländerbehörde zur Teilnahme am Integrationskurs auffordert, § 44a Abs. 1 S. 1 Nr. 3. Die besondere Integrationsbedürftigkeit liegt gem. § 4 Abs. 3 IntV dann vor, wenn sich der Ausländer als Inhaber der Personensorge für ein in Deutschland lebendes minderjähriges Kind nicht auf einfache Art in der deutschen Sprache verständigen kann und sich deshalb noch nicht in das wirtschaftliche, kulturelle und gesellschaftliche Leben integrieren konnte. Allerdings ist im Rahmen der Ermessensausübung zu berücksichtigen, ob die Integration des

---

326 Diese Personengruppen müssen daher bereits im Heimatland vor der Erteilung eines Visums zur Einreise in die Bundesrepublik einen Sprachtest über einfache mündliche und schriftliche Deutschkenntnisse ablegen. Dies entspricht dem Niveau A1 des gemeinsamen europäischen Referenzrahmens. Nach der Einreise müssen sie bei der Erteilung des entsprechenden Aufenthaltstitels bei der Ausländerbehörde einen Sprachstandtest über das Vorliegen ausreichender Sprachkenntnisse absolvieren.

327 Vgl. *Clodius*, in: HK-Ausländerrecht, 1. Aufl. (2008), § 44a AufenthG, Rn. 4.

328 Als solche Leistungen sind Arbeitslosengeld II bzw. Sozialgeld für Familienangehörige zu verstehen. Vgl. § 7 SGB II.

329 Bisher konnte nach dem AufenthG allein die Ausländerbehörde Teilnahmeverpflichtungen aussprechen.

330 Auf die Einzelheiten des § 15 SGB II wird etwas später (Kap. 2 A III) eingegangen.

331 Vgl. *Storr*, in: Kommentar zum Zuwanderungsrecht, 2. Aufl. (2008), § 44a AufenthG, Rn. 3; *Clodius*, in: HK-Ausländerrecht, 1. Aufl. (2008), § 44a AufenthG, Rn. 5.

Kindes in sein deutsches Umfeld voraussichtlich auch ohne die Teilnahme des Ausländers am Integrationskurs gewährleistet ist.[332]

bb) Verfügbarkeit und zumutbare Erreichbarkeit

Die Voraussetzungen des § 44, vor allem die Berechtigung zur Teilnahme an einem Integrationskurs, werden in den Fallgruppen des Abs. 1 S. 1 Nr. 2 und 3 nicht geprüft. Jedoch müssen Verfügbarkeit und zumutbare Erreichbarkeit von Kursplätzen bei einer Teilnahmeverpflichtung weiterhin als ungeschriebene Tatbestandsmerkmale geprüft werden, obwohl diese Tatbestandsmerkmale mit dem Inkrafttreten des 2. ÄndG für diese Fallgruppen entfallen sind. Bei ordnungsgemäßer Teilnahme sieht § 4 Abs. 4 S. 1 IntV eine Erstattung von Fahrtkosten zum Kursort für Teilnahmeverpflichtete nach § 44a Abs. 1 S. 1 Nr. 2 bzw. S. 3 (bei Eingliederungsvereinbarung oder Verpflichtung durch den Träger der Grundsicherung für Arbeit) vor. Für andere Teilnahmeverpflichtete ist die Erstattung bei Bedarf möglich.[333] Bei der Prüfung der zumutbaren Erreichbarkeit ist ferner auf § 121 Abs. 4 SGB III zurückzugreifen und von den verhältnismäßigen Entfernungen und Fahrtkosten auszugehen.[334]

cc) Verwaltungsakt

Die Teilnahmepflicht am Integrationskurs ergibt sich aus der Regelung des § 44a Abs. 1 S. 1 selbst. Zur Begründung der Teilnahmepflicht i. S. v. § 44a Abs. 1 S. 1 Nr. 1 bedarf es jedoch eines feststellenden Verwaltungsaktes der Ausländerbehörde (vgl. § 44a Abs. 1 S. 2). Nach Abs. 1 Nr. 3 fordert ferner die Ausländerbehörde den Betroffenen zur Teilnahme am Integrationskurs auf. In der dazu erteilten Bestätigung sind nach dem Wortlaut des § 6 Abs. 1 S. 3 IntV der Zeitpunkt des Erlöschens der Teilnahmeberechtigung und die Verpflichtung nach § 44a zu vermerken. Die Bestätigung stellt somit selbst den regelnden Verwaltungsakt dar. Des Weiteren regeln die Sätze 3 bis 6 die Zuständigkeit zur Teilnahmeverpflichtung in den Fällen, in denen aufenthaltsrechtliche und sozialrechtliche Verpflichtungsregelungen miteinander konkurrieren. Dabei gilt der Grundsatz, dass die sozialrechtliche Verpflichtung aufgrund einer Eingliederungsvereinbarung grundsätzlich vorrangig ist.[335]

---

332 Vgl. *Clodius*, in: HK-Ausländerrecht, 1. Aufl. (2008), § 44a AufenthG, Rn. 6; *Storr*, in: Kommentar zum Zuwanderungsrecht, 2. Aufl. (2008), § 44a AufenthG, Rn. 3.

333 Vgl. *Clodius*, in: HK-Ausländerrecht, 1. Aufl. (2008), § 44a AufenthG, Rn. 7.

334 Nach der Definition des § 121 Abs. 4 S. 2 SGB III sind die Pendelzeiten unverhältnismäßig lang, wenn sie insgesamt mehr als zweieinhalb Stunden bei einer Arbeitszeit von sechs Stunden betragen. Bei der Prüfung ist auch zu berücksichtigen, ob der Betroffene über ein Auto verfügt oder wie der öffentliche Nahverkehr geregelt ist, ob die besondere familiäre oder berufliche Verpflichtungen oder eine körperliche Behinderung vorliegen.

335 Mehr dazu: *Storr*, in: Kommentar zum Zuwanderungsrecht, 2. Aufl. (2008), § 44a AufenthG, Rn. 5; *Clodius*, in: HK-Ausländerrecht, 1. Aufl. (2008), § 44a AufenthG, Rn. 8.

c) Nicht-Teilnahmeverpflichtete

Kraft Gesetzes sind von der Teilnahmeverpflichtung die Personen befreit, bei denen die Teilnahme entweder überflüssig oder nicht zumutbar ist (vgl. § 44a Abs. 2 und 2a). So besteht keine Teilnahmepflicht für Ausländer:

- bei einer beruflichen oder sonstigen Ausbildung in Deutschland, § 44a Abs. 2 Nr. 1,[336]
- bei einem Nachweis der Teilnahme an vergleichbaren Bildungsangeboten im Bundesgebiet nach § 44a Abs. 2 Nr. 2, etwa private Kursangebote durch den Arbeitgeber, Universitäts- und VHS-Kurse und
- wenn nach § 44a Abs. 2 Nr. 3 seine Teilnahme auf Dauer unmöglich oder unzumutbar ist.

Wann die Teilnahme unmöglich oder unzumutbar ist, wird weder im AufenthG noch in der IntV näher definiert. Da nach § 44 Abs. 2 ein Teilnahmeanspruch nach zwei Jahren erlischt, muss nach diesem Zeitraum auch von einer auf Dauer unmöglichen oder unzumutbaren Teilnahme ausgegangen werden. Anderenfalls würde trotz des bereits erloschenen Teilnahmeanspruchs weiterhin eine Teilnahmeverpflichtung bestehen, die dem Ausländer bei Beantragung einer Aufenthalts- oder Niederlassungserlaubnis oder vorzeitigen Einbürgerung entgegengehalten werden könnte (vgl. § 9 Abs. 2 S. 5).[337] Gemeint sind damit Fälle besonderer beruflicher, familiärer oder persönlicher Umstände, etwa das Vorliegen einer geistigen Behinderung oder von lang andauernder Krankheit, die Betreuung von pflegebedürftigen Familienangehörigen, Erwerbstätigkeit (vgl. § 44a Abs. 1 S. 6) und das Vorliegen sehr hohen Alters oder fehlende Integrationskursangebote vor Ort.[338] Der Gesetzgeber ging ferner davon aus, dass die bloße Betreuung eigener Kinder nicht ohne Weiteres zur Unzumutbarkeit der Kursteilnahme führt. Dies gilt insbesondere bei der Möglichkeit kursergänzender Kinderbetreuung.[339] Unzumutbar ist die Teilnahme dann, wenn es sich um kleine Kinder handelt und keine kursbegleitende Kinderbetreuung angeboten wird oder wenn kein spezifisches Kursangebot, wie etwa Frauenkurse für bestimmte Gruppen von Frauen, vorhanden ist. Fraglich ist allerdings, wie dieser Grundsatz im Einzelfall anzuwenden ist, wenn bspw. integrationsbedürftige (muslimische) Frauen innerhalb von zwei Jahren zwei oder mehrere Kinder bekommen, in der Familie nur ihre Heimatsprache gesprochen wird und die Frau bildungsfern ist.

---

336 In diesen Fällen wird davon ausgegangen, dass der Ausländer bereits durch die Ausbildung die notwendigen Kenntnisse erwirbt und keinen zusätzlichen Integrationskurs benötigt. Befreit wird er jedoch nur dann, wenn das Ausbildungsangebot auch die Deutschkenntnisse vermittelt.

337 *Clodius*, in: HK-Ausländerrecht, 1. Aufl. (2008), § 44a AufenthG, Rn. 10.

338 *Storr*, in: Kommentar zum Zuwanderungsrecht, 2. Aufl. (2008), § 44a AufenthG, Rn. 7; *Clodius*, in: HK-Ausländerrecht, 1. Aufl. (2008), § 44a AufenthG, Rn. 10.

339 *VAH-AufenthG*, Nr. 44a. 2; *Storr*, in: Kommentar zum Zuwanderungsrecht, 2. Aufl. (2008), § 44a AufenthG, Rn. 7.

Ferner besteht gem. § 44a Abs. 2a keine Teilnahmepflicht für Ausländer, die bereits eine Aufenthaltserlaubnis nach § 38a besitzen und nachweisen, dass sie schon in einem EU-Mitgliedstaat an Integrationsmaßnahmen teilgenommen haben. Dies gilt ebenso für ihre Familienangehörigen.[340]

3. Rechtsfolgen

Nach § 44a Abs. 3 muss die Ausländerbehörde den Betroffenen vor der Verlängerung der Aufenthaltserlaubnis auf die möglichen Auswirkungen der Nichteinhaltung der Teilnahmepflicht hinweisen, wenn eine selbstverschuldete Verletzung der Teilnahmepflicht oder die erfolglose Teilnahme vorliegt.

a) Verletzung der Teilnahmepflicht

Zunächst muss die Kursteilnahme ordnungsgemäß sein. Dies ist gem. § 8 Abs. 3 S. 1 i. V. m. § 14 Abs. 5 S. 2 IntV der Fall, wenn ein Teilnehmer so regelmäßig am Kurs teilnimmt, dass ein Kurserfolg möglich ist und der Lernerfolg nicht durch Kursabbruch[341] oder häufige Nichtteilnahme gefährdet ist. Hierzu gehört auch die Teilnahme am Abschlusstest nach § 17 Abs. 1 IntV. Die Verletzung der Teilnahmepflicht kann jedoch bereits durch Nichtanmeldung zu einem Kurs erfolgen, die gem. § 7 Abs. 2 IntV unverzüglich stattfinden muss.[342]

b) Erfolglose Teilnahme

Als nächste Voraussetzung ist die erfolglose Teilnahme am Integrationskurs zu prüfen. Die Teilnahme ist erfolglos, wenn der Abschlusstest, der den Integrationskurs abschließen soll, nicht bestanden oder die für das Sprachniveau B 1 erforderliche Punktzahl nicht erreicht wurde (vgl. § 17 Abs. 2 IntV). Von diesem Nachweis wird jedoch abgesehen, soweit ihn der Ausländer wegen Krankheit oder Behinderung nicht erbringen kann (vgl. § 9 Abs. 2 S. 3), gem. § 44 Abs. 3 Nr. 2 wegen erkennbar geringem Integrationsbedarf kein Anspruch auf eine Kursteilnahme besteht oder gem. § 44a Abs. 2 Nr. 3 die Teilnahme dauerhaft unmöglich oder unzumutbar ist. In allen übrigen Härtefällen kann vom Nachweis einer erfolgreichen Kursteilnahme nach § 9 Abs. 2 S. 4 abgesehen werden.

---

340 *Clodius*, in: HK-Ausländerrecht, 1. Aufl. (2008), § 44a AufenthG, Rn. 11.

341 Von einem Kursabbruch kann ausgegangen werden, wenn der Teilnehmer an mehreren aufeinander folgenden Kursterminen dem Kurs fernbleibt. *Clodius*, in: HK-Ausländerrecht, 1. Aufl. (2008), § 44a AufenthG, Rn. 12.

342 *Clodius*, in: HK-Ausländerrecht, 1. Aufl. (2008), § 44a AufenthG, Rn. 12. Trotz der Teilnahmepflicht kann allerdings nur der Kurserfolg ausschlaggebend sein. Wird der Abschlusstest auch ohne ordnungsgemäße Teilnahme am Integrationskurs bestanden, so liegt keine Verletzung der Teilnahmepflicht vor. Somit kommt auch eine Nichtverlängerung der Aufenthaltserlaubnis nach § 8 Abs. 3 IntV, die an sich bei nicht ordnungsgemäßer Teilnahme möglich ist, nicht in Betracht.

c) Vertretenmüssen

Der Teilnahmeverpflichtete hat einen Verstoß gegen die Teilnahmepflicht nicht zu vertreten und begeht auch keine Pflichtverletzung, wenn er aufgrund mangelnder Kursplätze am Integrationskurs nicht teilnehmen kann.[343] Jedoch erlischt die Teilnahmeverpflichtung damit noch nicht.

d) Sanktionen nach § 44a Abs. 3 AufenthG

Bei einer Verletzung der Teilnahmepflicht ist mit folgenden Sanktionen zu rechnen:

- Zunächst kann die Verletzung der Teilnahmepflicht gem. § 8 Abs. 3 S. 1 negative Folgen auf die Verlängerung der Aufenthaltserlaubnis nach sich ziehen.[344] Es steht jedoch im Ermessen der Ausländerbehörde, die Verlängerung endgültig abzulehnen (vgl. § 8 Abs. 3 S. 2),[345] es sei denn, der Ausländer erbringt gem. § 8 Abs. 3 S. 3 einen Nachweis, dass seine Integration in das gesellschaftliche und soziale Leben anderweitig erfolgt ist.[346] Allerdings sind diese Regelungen nach § 8 Abs. 4 auf die Verlängerung einer gem. § 25 Abs. 1, 2, 3 oder Abs. 4a sowie §§ 30 Abs. 1 S. 1 Nr. 3c und 32 Abs. 1 Nr. 1 erteilten Aufenthaltserlaubnis nicht anwendbar, da die humanitäre Verpflichtung Vorrang hat.
- Weiterhin kann eine Verletzung der Teilnahmepflicht negative Auswirkungen auf die Erteilung einer Niederlassungserlaubnis oder auf die Erteilung einer Erlaubnis zum Daueraufenthalt-EG haben (vgl. §§ 9 Abs. 2 S. 1 Nrn. 7, 8 und 9a Abs. 2 S. 1 Nrn. 3, 4). Beide Tatbestandsvoraussetzungen werden nach § 9 Abs. 2 S. 2 i. V. m. § 9a Abs. 2 S. 2 durch den erfolgreichen Abschluss des Integrationskurses nachgewiesen.[347] Allerdings sieht § 9 Abs. 2 S. 3 und 4 eine Ausnahme von der Teilnahmeverpflichtung vor: Vom Fehlen der erforderlichen Sprach- und Orientierungskenntnisse wird abgesehen, wenn der Ausländer sie wegen körperlicher, geistiger und seelischer Krankheit oder Behinderung nicht erfüllen kann und wenn damit eine allgemeine Härte verbunden ist.[348]

---

343 *Huber*, Die geplante ausländerrechtliche Pflicht zur Teilnahme an Integrationskursen, in: ZAR 2004, 86 (87).

344 *Kau*, Sanktionsmöglichkeiten zur Durchsetzung von Integrationsanforderungen, in: ZAR 2007, 185 (187).

345 *Clodius*, in: HK-Ausländerrecht, 1. Aufl. (2008), § 44a AufenthG, Rn. 14.

346 Die Evaluierung der Integrationskurse zeigt, dass bislang die Ausländerbehörden von den Sanktionsmöglichkeiten i. S. d. § 8 Abs. 3 nur zurückhaltend Gebrauch machen. Vgl. *Kau*, Sanktionsmöglichkeiten zur Durchsetzung von Integrationsanforderungen, in: ZAR 2007, 185 (188).

347 Nach dem Wortlaut des § 9a Abs. 2 S. 2 AufenthG gilt für S. 1 Nr. 3 und 4 § 9 Abs. 2 S. 2 bis 5 AufenthG entsprechend.

348 Auch *Storr*, Kommentar zum Zuwanderungsrecht, 2. Aufl. (2008), § 44a AufenthG, Rn. 10; *Kau*, Sanktionsmöglichkeiten zur Durchsetzung von Integrationsanforderungen, in: ZAR 2007, 185 (188).

- Ferner hat sie eine nachteilige Folge auf das Aufenthalts- und Staatsangehörigkeitsrecht. Verletzt ein Ausländer seine Verpflichtung zur Kursteilnahme, so ist eine vorzeitige Einbürgerung i. S. v. § 10 Abs. 3 StAG ausgeschlossen. Diese Konsequenz stellt keine Sanktion im eigentlichen Sinne dar, sondern lediglich den Wegfall einer möglichen Privilegierung im Staatsangehörigkeitsrecht. Vielmehr ist zu berücksichtigen, dass „ausreichende Kenntnisse der deutschen Sprache“ und „die Einordnung in die deutschen Lebensverhältnisse“ sowohl im Rahmen der Anspruchseinbürgerung nach § 10 StAG als auch bei der Ermesseneinbürgerung nach § 8 StAG tatbestandliche Voraussetzungen bilden.[349]
- Gem. § 98 Abs. 1 Nr. 4 ist ein Bußgeld[350] zu erheben, wenn der Verpflichtete einer vollziehbaren Anordnung nach § 44a Abs. 1 S. 1 Nr. 3 und S. 2 oder 3 zuwiderhandelt. Bei schuldhafter Nichtteilnahme kann gem. § 44a Abs. 3 S. 3 der voraussichtliche Kostenbeitrag vorab in einem Gebührenbescheid vom Ausländer erhoben werden. Allerdings ist diese Regelung teilweise „leerlaufend“, denn nach § 9 Abs. 3 IntV ist der Kostenbeitrag grundsätzlich zu Beginn des Kursabschnittes zu entrichten.[351]
- Schließlich können bei den Verpflichteten gem. § 44a Abs. 1 S. 1 Nr. 2 die Sozialleistungen wegen der Verletzung der Eingliederungsvereinbarung[352] um 10 % gekürzt werden, wenn folgende Voraussetzungen erfüllt sind:

  1) wenn ein Fall des § 44a Abs. 1 Nr. 2a vorliegt, und zwar
  a) Aufforderung zur Integrationskursteilnahme durch die Ausländerbehörde,
  b) Bezug von Leistungen nach SGB II und
  c) die die Leistung bewilligende Stelle seine Teilnahme angeregt hat,
  2) wenn der Ausländer seine Teilnahmepflicht verletzt,
  3) wenn er die Verletzung der Teilnahmepflicht auch zu vertreten hat.[353]

Aus der Praxis ergibt sich, dass mit der in § 15 SGB II vorgesehenen Eingliederungsvereinbarung und den damit verbundenen Sanktionsmöglichkeiten des § 31 SGB II ein effektiveres und weitaus strengeres Mittel als § 44a Abs. 3 zur Verfügung steht.[354] Allerdings ergibt sich aus dem § 44a Abs. 3, dass diese Sanktionen nur gegen den Teilnahmeverpflichteten geltend machen werden können und

349 *Kau*, Sanktionsmöglichkeiten zur Durchsetzung von Integrationsanforderungen, in: ZAR 2007, 185 (188).

350 Gem. § 98 Abs. 5 AufenthG kann diese Ordnungswidrigkeit mit einem Bußgeld bis zu 1000 € geahndet werden.

351 *Clodius*, in: HK-Ausländerrecht, 1. Aufl. (2008), § 44a AufenthG, Rn. 18.

352 S. Kap. 2 A III.

353 *Kau*, Sanktionsmöglichkeiten zur Durchsetzung von Integrationsanforderungen, in: ZAR 2007, 185 (188); *Clodius*, in: HK-Ausländerrecht, 1. Aufl. (2008), § 44a AufenthG, Rn. 14; *Storr*, Kommentar zum Zuwanderungsrecht, 2. Aufl. (2008), § 44a AufenthG, Rn. 9.

354 *Kau*, Sanktionsmöglichkeiten zur Durchsetzung von Integrationsanforderungen, in: ZAR 2007, 185 (188). Mehr dazu im Kap. 2 A III: „SGB II“.

nicht alle Integrationsbedürftigen unter diese Regelung fallen. So kann bspw. bei einem türkischen Staatsangehörigen, der als Arbeitnehmer, Selbstständiger oder als Familienangehöriger einen Aufenthaltstitel beantragt, wegen der Verletzung der Teilnahmepflicht nicht die Verlängerung der Aufenthaltserlaubnis abgelehnt werden. Denn türkische Staatsangehörige unterliegen keiner Teilnahmeverpflichtung. Anderenfalls würde diese Bestimmung gegen die Standstill-Klauseln des Art. 41 Abs. 1 des Zusatzprotokolls zum Abkommen EWG/Türkei v. 23. November 1970 und des Art. 13 ARB 1/80 verstoßen.[355]

e) Anreize für eine erfolgreiche Teilnahme

Relevant sind auch die Anreize zur erfolgreichen Kursteilnahme. Teilnahmeberechtigte, die innerhalb von zwei Jahren nach Ausstellung der Teilnahmeberechtigung nach § 5 Abs. 2 und § 6 Abs. 1 IntV die erfolgreiche Teilnahme nachweisen, können gem. § 9 Abs. 6 IntV vom BAMF 50 % des Kostenbeitrags erstattet bekommen. Der erfolgreiche Abschluss des Integrationskurses gilt zudem als Nachweis ausreichender deutscher Sprachkenntnisse und Grundkenntnisse der Rechts- und Gesellschaftsordnung sowie der Lebensverhältnisse in Deutschland. Diese Kenntnisse werden bei der Erteilung einer Niederlassungserlaubnis und Daueraufenthaltserlaubnis-EG vorausgesetzt, §§ 9 Abs. 2 S. 1 Nrn. 7, 8 und 9a Abs. 2 S. 1 Nrn. 3, 4. Ferner wird nach § 10 Abs. 3 StAG die gesetzliche Einbürgerungsfrist um ein Jahr verkürzt.[356]

4. Bundesweites Integrationsprogramm als Gesamtprogramm

Nach § 45 S. 1 wird der Integrationskurs durch weitere Integrationsangebote des Bundes und der Länder, insbesondere durch sozialpädagogische und migrationsspezifische Beratungsangebote, ergänzt. Damit macht § 45 deutlich, dass die im AufenthG vorgesehenen Integrationskurse kein abschließendes Integrationsangebot darstellen. Weitere Integrationsangebote umfassen die Migrationserstberatung[357] und die Jugendmigrationsdienste. Diese werden vom Bund finanziert. Darüber hinaus gibt es noch Integrationsangebote, die von den Ländern finanziert werden. Zudem sieht § 45 S. 2 auch die Entwicklung eines bundesweiten Integrationsprogramms vor, um bestehende Integrationsangebote von Bund, Ländern, Kommunen und privaten bzw. kirchlichen Trägern besser zu koordinieren und aufeinander abstimmen zu können. In solchen Integrationsprogrammen sollen laut Gesetz bestehende Integrationsangebote und -maßnahmen für Ausländer und Spätaussiedler

---

355 *Clodius*, in: HK-Ausländerrecht, 1. Aufl. (2008), § 44a AufenthG, Rn. 15.

356 *Storr*, Kommentar zum Zuwanderungsrecht, 2. Aufl. (2008), § 44a AufenthG, Rn. 11.

357 Das Ziel der Migrationserstberatung soll es sein, den Integrationsprozess bei Neuzuwanderern zu initiieren, zu steuern und zu begleiten. Mehr dazu: *Röseler*, in: Renner/Bergmann/Dienelt, Ausländerrecht, Kommentar, 10. Aufl. (2013), § 45 AufenthG, Rn. 4.

festgestellt und Empfehlungen zu ihrer Weiterentwicklung erarbeitet werden. Dabei stehen nach Aussage des BAMF folgende Arbeitsschwerpunkte im Vordergrund: Sprachförderung, vorschulische und schulische Bildung, berufliche und gesellschaftliche Integration von Migranten. Die Aufgabe i. S. d. § 45 wird vom BAMF als ein langfristiger und fortlaufender Prozess der Qualitätsentwicklung der Integrationsförderung verstanden, der gemeinsam mit den wichtigen Akteuren bessere Rahmenbedingungen für die erfolgreiche Integration schaffen und Strategien entwickeln soll. Das Programm stellt kein konkretes individuelles Integrationsangebot für einzelne Zuwanderer dar.[358] Nach § 45 S. 3 und 4 sollen die Fortentwicklung und Vernetzung bestehender Integrationsprojekte auf Bundes-, Landes- und kommunaler Ebene und die Erstellung von Infomaterial gemeinsam mit den Ländern und Kommunen, den jeweiligen Integrationsbeauftragten und dem Aussiedlerbeauftragten sowie mit allen gesellschaftlichen Akteuren erfolgen.[359] Dafür ist das BMI zuständig, das seinerseits diese Aufgabe dem BAMF übertragen hat.[360]

II. Bundesvertriebenengesetz[361]

Nach § 9 Abs. 1 BVFG haben die Spätaussiedler i. S. d. § 4 Abs. 1 oder 2 sowie deren Familienangehörige, welche die Voraussetzungen des § 7 Abs. 2 S. 1 BVFG erfüllen, einen Anspruch auf kostenlose Teilnahme an einem Integrationskurs. Dadurch wurde die Sprachförderung für Spätaussiedler auf eine neue Grundlage gestellt. Bisher fand die Sprachförderung aufgrund der §§ 418 ff. SGB III statt. Neu ist auch, dass die Sprachförderung für Spätaussiedler an die durch § 43 eingeführte Sprachförderung für Ausländer, die im Rahmen eines Integrationskurses erfolgt, angeglichen ist. Dies ist Ausdruck einer geänderten Integrationspolitik in der BRD: Es wird daher nicht mehr nach dem Status der Zuwanderer unterschieden, sondern vielmehr nach dem Integrationsbedarf. So kann nach neuer Rechtslage der Fall eintreten, dass eine Zuwanderergruppe mit einer anderen Gruppe von Zuwanderern zusammen an dem gleichen Integrationskurs teilnimmt. Der Integrationskurs umfasst neben einem Sprachkurs auch einen Orientierungskurs (s. o.). In § 9 Abs. 1 S. 3 BVFG ist lediglich geregelt, dass der Sprachkurs bei ganztägigem Unterricht (Regelfall) längstens sechs Monate dauert. Die Stundenzahl ergibt sich aus der IntV v. 13. Dezember 2004.[362]

---

358 Mehr dazu unter: http://www.integration-in-deutschland.de; http://www.integrationsbeauftragte.de (abgerufen am 14.05.2013).

359 *Möller*, in: HK-Ausländerrecht, 1. Aufl. (2008), § 45 AufenthG, Rn. 9.

360 *Storr*, in: Kommentar zum Zuwanderungsgesetz, 2. Aufl. (2008), § 45 AufenthG, Rn. 5.

361 Gesetz über die Angelegenheiten der Vertriebenen und Flüchtlinge (Bundesvetriebenengesetz – BVFG) i. d. F. v. 10.08.2007 (BGBl. I S. 1902), zul. geändert am 06.09.2013 (BGBl. I S. 3554).

362 Vgl. *Herzog/Westphal*, Kommentar zum Gesetz über die Angelegenheiten der Vertriebenen und Flüchtlinge (Bundesvetriebenengesetz), in: Das Deutsche

Anspruchsberechtigt sind nicht nur die Spätaussiedler selbst (§ 4 Abs. 1 und Abs. 2 BVFG), sondern auch deren Ehegatten und Abkömmlinge, die die Voraussetzungen des § 7 Abs. 2 S. 1 BVFG erfüllen. Dies entspricht der bisherigen Regelung. Nicht erfasst sind aber sonstige Familienangehörige, die bereits einen Teilnahmeanspruch nach § 44 aufweisen. Dadurch wird eine erhebliche Lücke im bisherigen Recht geschlossen. Die Teilnahme am Integrationskurs erfolgt für den in § 9 Abs. 1 S. 1 BVFG genannten Personenkreis wie bisher kostenlos. Dies ergibt sich sowohl aus dem § 103 BVFG als auch aus der ausdrücklichen Regelung des § 9 Abs. 1 S. 1 BVFG. Die Kostenfreiheit gilt ebenso für die ausländischen Familienangehörigen des Spätaussiedlers (Ehegatten und Abkömmlinge) i. S. d. § 7 Abs. 2 S. 1 BVFG. Dagegen werden sonstige Familienangehörige, die einen Teilnahmeanspruch nach § 44 AufenthG haben, grundsätzlich zu einem Kostenbeitrag herangezogen, welcher 1 € pro Unterrichtsstunde beträgt (vgl. § 9 Abs. 1 IntV). Nach § 9 Abs. 2 IntV können sich die Teilnahmeberechtigten, die Leistungen nach dem SGB II oder Hilfe zum Lebensunterhalt nach dem SGB XII beziehen, von der Kostenbeitragspflicht befreien lassen. Der Integrationskurs soll, soweit erforderlich, durch eine sozialpädagogische Betreuung und durch Kinderbetreuungsangebote ergänzt werden (vgl. § 9 Abs. 1 S. 4 BVFG). Gem. § 103 BVFG trägt die Kosten hierfür der Bund, ebenso für alle Aufwendungen nach § 9 BVFG.

Weiterhin gelten die Richtlinien des Bundesministeriums für Familie, Senioren, Frauen und Jugend für die Gewährung von Zuwendungen der Otto-Benecke-Stiftung e.V. Durch die genannte Stiftung werden Beihilfen an junge Spätaussiedler und junge ausländische Flüchtlinge zur Vorbereitung und Durchführung eines Hochschulstudiums vergeben. Sie gehen über das im Zuwanderungsgesetz vorgesehene Grundangebot der Sprachförderung hinaus. Dasselbe gilt für die Richtlinien des BMBF (damals Bundesministerium für Bildung, Wissenschaft, Forschung und Technologie) v. 1. Januar 1997.[363] Schließlich können nach § 9 Abs. 4 BVFG, über das Grundangebot an Integrationskursen hinaus, weitere Integrationshilfen wie Ergänzungsförderung für Jugendliche und ergänzende Sprach- und sozialpädagogische Förderung gewährt werden. Mit dieser Ergänzung werden die geringere Anzahl an Unterrichtsstunden im Rahmen des Integrationskurses und der Wegfall der Richtlinien im Garantiefonds-Schul- und Berufsbildungsbereich kompensiert.[364]

III. §§ 15, 31 SGB II – Sozialrechtliche Integrationsvorschriften

Regelungen zur Integration sind auch im SGB II niedergelegt. Nach § 15 SGB II soll der Träger der Grundsicherung mit jedem erwerbsfähigen Hilfebedürftigen

Bundesrecht, 1126. Lfg. – Januar 2012, § 9 BVFG, S. 44. Zu dem Inhalt des Integrationskurses s. o.

363 Vgl. *Herzog/Westphal*, Kommentar zum Gesetz über die Angelegenheiten der Vertriebenen und Flüchtlinge (Bundesvetriebenengesetz), in: Das Deutsche Bundesrecht, 1126. Lfg. – Januar 2012, § 9 BVFG, S. 45.

364 Ebenda.

die Leistungen vereinbaren, die für seine Eingliederung erforderlich sind (die sog. Eingliederungsvereinbarung). Die Eingliederungsvereinbarung soll insbesondere bestimmen, welche Leistungen der Erwerbsfähige zur Eingliederung in den Arbeitsmarkt erhält. Darüber hinaus soll sie festlegen, in welcher Häufigkeit der Erwerbsfähige Bemühungen zur Eingliederung in den Arbeitsmarkt unternehmen muss und wie er diese Bemühungen nachzuweisen hat (vgl. § 15 Abs. 1 S. 2 SGB II). Hierzu gehört bei den Ausländern mit Integrationsbedarf auch die Teilnahme am Integrationskurs.

Nach h. M. wird die Eingliederungsvereinbarung als öffentlich-rechtlicher Vertrag i. S. d. § 53 Abs. 1 S. 1 SGB X betrachtet.[365] Nach der Legaldefinition des § 53 Abs. 1 S. 1 HS 1 SGB X liegt ein öffentlich-rechtlicher Vertrag vor, wenn ein Rechtsverhältnis auf dem Gebiet des öffentlichen Rechts durch Vertrag begründet, geändert oder aufgehoben wird. Wann der Vertrag vorliegt, bestimmt sich – mangels einer ausdrücklichen Regelung des § 61 S. 2 SGB X – nach den einschlägigen Normen des BGB und §§ 54 ff. VwVfG. Danach ist für einen Vertrag die Willenseinigung mehrerer Subjekte durch Annahme eines schriftlichen Vertragsangebotes erforderlich. Ein öffentlich-rechtlicher Vertrag kann auch dann zustande kommen, wenn nur einer der Vertragspartner eine schriftliche Erklärung zum Abschluss des Vertrages abgegeben und entsprechend § 151 S. 1 BGB stillschweigend auf den Zugang der Annahmeerklärung verzichtet hat oder eine solche Annahmeerklärung nicht zu erwarten ist.[366] Somit ist diese Vereinbarung für beide Vertragsparteien verbindlich. Jede Partei kann sich auf die Einhaltung der Rechte und Pflichten berufen. Bei vertraglicher Pflichtverletzung sind daher die schuldrechtlichen Vorschriften des BGB entsprechend anzuwenden, soweit sich aus § 61 ff. SGB X oder Regelungen des öffentlich-rechtlichen Vertrages nichts anderes ergibt. Bei Nichteinhaltung von Vertragspflichten kann nach § 15 Abs. 4 SGB II die Agentur für Arbeit einen Anspruch auf Schadensersatz wegen Vertragsverletzung geltend machen.[367] Diese Vereinbarung wird nach § 15 Abs. 1 S. 3 SGB II jeweils für sechs Monate geschlossen. Der Gesetzgeber erlaubt bei atypischen Ausnahmefällen auf den Abschluss einer Eingliederungsvereinbarung zu verzichten. Eine

---

365 *SächsLSG* v. 19.06.2008 – L 3 AS 39/07, in: juris, Rn. 42; *BayerLSG* v. 17.03.2006, in: juris; *LSG Baden-Württemberg* v. 19.07.2007, in: juris, Rn. 21; *Berlit*, Sozialrecht aktuell 2006, 41 (42); *Rixen*, in: Eicher/Spellbrink, SGB II, § 15 Rn. 2; *Fuchsloch*, in: Gagel, SGB II/SGB III, § 15, Rn. 109; *Lang*, NZS (Neue Zeitschrift für Sozialrecht) 2006, 176 (181), *Kretschmer*, DÖV 2006, 893, 895, *Berlit*, in: LPK-SGB II, § 15, Rn. 8; a. A.: *Spellbrink*, Sozialrecht aktuell 2006, 52; *ders.* in: Eicher/Spellbrink, § 15 Rn. 10 (Eingliederungsvereinbarung als hoheitlicher Rechtsakt sui generis).

366 Vgl. *Engelmann*, Kommentar zum SGB X, 8. Aufl. (2013), § 53 SGB X, Rn. 5; *Kramer*, in: Säcker/Rixecker, Münchener Kommentar zum BGB, Band I, 6. Aufl. (2012), § 151 BGB, Rn. 3–8 ff.

367 *Berlit*, in: LPK-SGB II, § 15, Rn. 47 ff.; *Engelmann*, Kommentar zum SGB X, 8. Aufl. (2013), § 61 SGB X, Rn. 4; *Clodius*, in: HK-Ausländerrecht, 1. Aufl. (2008), § 44a AufenthG, Rn. 14.

Eingliederungsvereinbarung ist nicht erforderlich bei Personen, die aufgrund ihrer Behinderung oder ihres Analphabetismus den Inhalt der Eingliederungsvereinbarung nicht erfassen könnten.[368] Zudem sieht § 31 SGB II vor, dass eine Leistungskürzung möglich ist, falls eine schuldrechtliche Vertragsverletzung vorliegt. Die Sozialleistung kann gem. § 31 Abs. 1 SGB II in einer ersten Stufe um 30 % gekürzt werden. Bei den wiederholten Pflichtverletzungen kann die Sozialleistung um 60 % gekürzt werden oder sogar völlig wegfallen (vgl. § 31 Abs. 3 SGB II). Die Regelung des § 31 SGB II ist viel strenger als die Bestimmungen des AufenthG. Kommt ferner eine Eingliederungsvereinbarung nicht zustande, weil sich der erwerbsfähige Hilfebedürftige weigert eine solche abzuschließen, sollen die ansonsten in der Eingliederungsvereinbarung zu treffenden Regelungen nach § 15 Abs. 1 S. 6 SGB II als Verwaltungsakt ergehen.[369]

B. Begriffsklärung der Integration

Der Gesetzgeber definiert den in den wissenschaftlichen Diskussionen sehr umstrittenen Begriff der Integration nicht.[370] Hinsichtlich der Bedeutung von Integration besteht auch im politischen und öffentlichen Diskurs kein wirklicher Konsens. Integration wird zum einen als die kombinatorische Schaffung eines neuen Ganzen unter Einbringung der Werte und Kultur außenstehender Gruppe in die Gesellschaft – bei Erhalt einer eigenen „Identität" – verstanden.[371] Danach beruht sie auf einer Gleichberechtigung und verlangt von der Gesellschaft Gerechtigkeit, Akzeptanz und Toleranz für alle Ausländer. Zum anderen wird die Integration als ein Anpassungsprozess definiert, der auf Angleichung bzw. Assimilation gerichtet ist[372] und die Kultur- und Religionsunterschiede als Hemmnis betrachtet. Im allgemeinen Verständnis wird Integration als die „Entstehung oder Herstellung einer Einheit oder Ganzheit, Vervollständigung, Einbeziehung oder Eingliederung in ein

---

368 Vgl. *Berlit*, in: LPK-SGB II, § 15, Rn. 16.

369 Vgl. *Berlit*, in: LPK-SGB II, § 15, Rn. 39. Zu beachten sind jedoch die atypischen Ausnahmefälle, in denen von einer Eingliederungsvereinbarung abgesehen werden kann.

370 Ganz anders das schweizerische AuG: Hier wird die Integration als ein politisches Ziel definiert und als ein fortwährender Prozess verstanden, der alle Menschen der schweizerischen Gesellschaft betrifft und von allen die Bereitschaft verlangt, sich auf diesen Prozess einzulassen. Integration setzt daher Gleichberechtigung und Chancengleichheit voraus.

371 *Speck*, System Heilpädagogik, Eine ökologisch reflexive Grundlegung, 2. Aufl. (1991), S. 294.

372 Vgl. Bericht des Landes Bayern, 1999, S. 1 (25); *Esser*, Integration, Assimilation und „plurale Gesellschaft", in: Höhn/Rein (Hrsg.), Ausländer in der Bundesrepublik Deutschland. Schriftenreihe des Bundesinstituts für Bevölkerungsforschung, Bd. 20, 1990, S. 15.

größeres“ bezeichnet.[373] Soziologisch wird unter diesem Begriff ein zweigliedriger gesellschaftlicher Prozess verstanden: zum einen die möglichst harmonische, konfliktfreie Zueinanderordnung verschiedener Elemente (Rollen, Gruppen, Organisationen), sowohl in horizontaler (arbeitsteiliger, funktionsspezialisierter) als auch in vertikaler (herrschafts-, schichtenmäßiger) Hinsicht. Zum anderen ist Integration ein Prozess der bewusstseinsmäßigen oder erzieherischen Einbindung von Personen und Gruppen in allgemein verbindliche Werte und Handlungsmuster.[374] Der Grad der Integration bestimmt das Ausmaß des Konsenses der Gesellschaftsmitglieder über die gemeinsamen Ordnungsprinzipien und die gesellschaftliche Stabilität.[375] Da sich die Integration auf verschiedene Felder und Sektoren der Gesellschaft bezieht, wird zwischen der sozialen, der systematischen, der kulturellen, der politischen und der rechtlichen Integration unterschieden. Die regelmäßig durch Parteien erfolgende politische Integration bedeutet die Aggregierung gesellschaftlicher Interessen und deren Übertragung in den politischen Entscheidungsprozess.[376] Mit dieser eng verbunden ist die rechtliche Integration, denn sowohl Inklusion als auch Exklusion erfolgen gerade mit Hilfe der Rechtsordnung.[377]

Die Europäische Kommission versteht Integration als einen gegenseitigen „Prozess, basierend auf gleichen Rechten und Pflichten der rechtmäßig in einem Mitgliedstaat ansässigen Drittstaatsangehörigen und der Gesellschaft des Gastlandes [...], der auf die umfassende Partizipation der Einwanderer abzielt“[378]. Nach dieser Definition soll einerseits das Gastland den Einwanderern zwecks Teilhabe am wirtschaftlichen, sozialen, kulturellen und gesellschaftlichen Leben einen formalen Rechtsrahmen bieten. Andererseits sollen die Einwanderer – ohne Aufgabe ihrer eigenen Identität – die grundlegende Normen und Werte des Aufnahmelandes respektieren und aktiv am Integrationsprozess teilnehmen.[379] Die Kommission vertritt die Auffassung, dass ein sicherer Aufenthaltsstatus die Integration des Einwanderers in die Gesellschaft fördert.

Aus dem Schrifttum und politischen Debatten folgen weiterhin solche Interpretationen der Integration: Integration ist „nicht nur ein juristisches Konzept, sondern

---

373 Vgl. *Jochum*, Integration und Recht, in: NJW, 2004, Heft 4, S. 208; Brockhaus-Enzyklopädie, Band 10, 1989, S. 552; Meyers Enzyklopädisches Lexikon, Band 12, 1974, S. 637; *Nohlen*, in: Kleines Lexikon der Politik, 2007, S. 229.

374 Vgl. *Luft*, Staat und Integration, Migration und ethnische Minderheit, 2008, S. 11 (26). Mehr zum soziologischen Begriff der Integration s. unter Kap. 2 D.

375 Vgl. *Luft*, Staat und Integration, Migration und ethnische Minderheit, 2008, S. 11 (26).

376 *Schliesky*, Ausländerintegration als kommunale Aufgabe, in: ZAR 2005, S. 106 (107).

377 Ebenda.

378 Mitteilung der Kommission an den Rat, das Europäische Parlament, den Wirtschaft- und Sozialausschuss und den Ausschuss der Regionen über Einwanderung, Integration und Beschäftigung, in: KOM (2003), 336, endgültig v. 03.03.2003.

379 A. a. O, S. 18.

auch etwas, was man ganz persönlich erlebt und fühlt“[380], „sowohl ein Ziel als auch der zu diesem Ziel führende Prozess“[381], „die Herstellung einer Einheit aus einzelnen Teilen, so dass ein Mehr entsteht als die bloße Summe der Elemente“[382] und „eine Bringschuld der Zuwanderer in die Aufnahmegesellschaft, wobei die Integration von Zuwanderern die Akzeptanz der säkularen Wertordnung und Lebensformen, die Unterordnung der religiösen Gebote und Bräuche unter die Grund- und Menschenrechte im Grundgesetz, der EMRK und Grundrechcharta verlangt“[383]. Integration ist „gesamtgesellschaftliche Aufgabe auf allen innerstaatlichen Ebenen – Bundes-, Landes- und Kommunalebene – und auch auf europäischer Ebene“[384], „eine strategische Aufgabe der kommunalen Politik und Verwaltung“ oder als „kommunalpolitisches Projekt,“[385] „ein Schwerpunkt der Politik und eine Querschnittsaufgabe vieler Politikbereiche“[386] sowie eine politische Aufgabe unter dem Leitspruch „Vielfalt statt Einheit“ und „eine gleichberechtigte Teilhabe am gesellschaftlichen, wirtschaftlichen, politischen und kulturellen Leben“[387]. Des Weiteren werden folgende Beschreibungen von Integration gegeben: „Integration ist ein Anspruch und eine Anstrengung, zu der es keine Alternative gibt – weder für die aufnehmende Mehrheitsgesellschaft noch für die zugewanderte Minderheitsgesellschaft. Dies anzuerkennen, ist für beide Seiten die Grundvoraussetzung eines erfolgreichen Integrationsprozesses.“[388] „Integration kann nicht Nivellierung bedeuten, sondern meint den beständigen Prozess der Selbstversicherung über die gemeinsamen Grundlagen des Zusammenlebens in einer heterogenen Gesellschaft. In diesem Sinne ist Integration ein gesellschaftlicher Prozess, der nicht irgendwann abgeschlossen ist, sondern immer wieder neu gefördert werden muss.“[389] Integration bezeichnet

380 *EuGH*: Schlussanträge v. 03.10.1990 – C 308/89, in: NVwZ 1991, 155 (157).

381 *Mickel/Bergmann*, Handbuch der Europäischen Union, 3. Aufl. (2005), S. 445.

382 *Bickenbach*, R.Smend: Grundzüge der Integrationslehre, in: JuS 2005/7, S. 588 (589).

383 *Röper*, Die Grundrechte als Integrationsmaßstab, in: ZRP 2006/6, S. 187 (189).

384 *Thiele*, Das Integrationserfordernis für Drittstaatsangehörige nach dem Zuwanderungsgesetz, in: DÖV 2007, Heft 2, S. 58 (65); auch *Griesbeck*, Das Bundesamt für Migration und Flüchtlinge, in: ZAR 2002/9, S. 303 (306).

385 *Baraulina/Friedrich*, Integrationspolitik im Wandel: Bedeutungsgewinn der Kommunen, in: ZAR 2008/9, S. 299 (300).

386 Koalitionsvertrag von CDU, CSU und SPD „Gemeinsam für Deutschland. Mit Mut und Menschlichkeit,“ S. 137, in: http://www.cdu.de; http://koalitionsvertrag.spd.de (abgerufen am 15.03.2013).

387 *Thiele*, Das Integrationserfordernis für Drittstaatsangehörige nach dem Zuwanderungsgesetz, in: DÖV 2007, Heft 2, S. 58 (65); Bericht der Unabhängigen Kommission Zuwanderung, Zusammenfassung, 2001, S. 200, in: http://www.bmi.bund.de/cae/servlet/conentblob/123148/publicationFile/9075/Zuwanderungsbericht_pdf.de (abgerufen am 28.05.2013).

388 *Schmalz-Jacobsen*, MdB, Memorandum der Beauftragten der Bundesregierung für Ausländerfragen, August 1998.

389 *Beck*, Beauftragte der Bundesregierung für Ausländerfragen, Februar 2000.

„die Eingliederung zugewanderter Bevölkerungsgruppen in bestehende Sozialstrukturen und die Art und Weise, wie diese Bevölkerung mit dem bestehenden System sozioökonomischer, rechtlicher und kultureller Beziehungen verknüpft wird."[390]

Groenendijk[391] trifft drei Bemerkungen zur Integration: „ein sicherer Aufenthaltstatus fördert die Integration des Einwanderers in die Gesellschaft (1), ein Daueraufenthaltstitel stellt die Anerkennung für eine erfolgreich abgeschlossene Integration dar (2) und mangelnde Integration oder angenommene Unfähigkeit zur Integration führen zur Verweigerung des Aufenthaltes (3). Die zwei letzten Auffassungen spiegeln sich auch in Art. 5 Abs. 2 DARL wider. *Bauböck*[392] hat vier Kritikpunkte zur Integration herausgearbeitet: Integration als Synonym für Assimilation, als subjektive Leistung von einzelnen Migranten und nicht als Aufgabe des Einwanderungslandes, der Migrationsprozess als Einbahnstraße und immer auf die Institutionen und sozialen Strukturen der Mehrheitsgesellschaft bezogene Integration. In der Wirklichkeit beginnt aber die Integration in den Strukturen der eigenen „ethnischen Community" im Einwanderungsland.[393] Nach seiner Auffassung fällt dieser Begriff viel komplexer aus als alle vorgeschlagenen Alternativen. Daher sieht er als Alternativbegriff für Integration *„settlement"*[394] und *„incorporation"*[395] und unterscheidet zwischen Integration als *„Inklusion"*, *„Köhäsion"* oder *„Föderation"*.[396] Von großer Bedeutung ist jedenfalls die rechtliche Dimension von Integration: „Integration ist ein Begriff, der nur im Bereich des Rechtlichen eindeutig ist – Integration bedeutet den Übergang vom Status von nur Regierten zum Status von voll Berechtigten, also die rechtliche Aufnahme in das „Volk"[397]. Insoweit ist der zentrale Akt der Integration die Verleihung der Staatsangehörigkeit.[398]

---

390 Beirat für Migrant/Innen und Flüchtlinge– beim Bezirksamt Mitte von Berlin „Leitlinien für die Integration", 2004, in: www.berlin-mitte.de/index_2690_de.html (abgerufen am 28.05.2013).

391 *Groenendijk*, Rechtliche Konzepte der Integration im EG-Migrationsrecht, in: ZAR 2004, S. 123 ((124).

392 *Bauböck*, Integration von Einwanderern – Reflexionen zum Begriff und seinen Anwendungsmöglichkeiten, in: Waldrauch, Die Integration von Einwanderern. Ein Index der rechtlichen Diskriminierung, 2001, S. 27 ff.

393 *Bauböck*, in: Waldrauch, Die Integration von Einwanderern, 2001, S. 28.

394 Settlement versteht eine soziale Eingliederung als objektives Ergebnis eines dauerhaften Wohnsitzes und langjährigen Aufenthaltes.

395 Incorporation ist nach seiner Ansicht attraktiver und erlaubt, Integration als einen komplexen Prozess der Interaktion zwischen Individuum, Herkunftsgruppe und Aufnahmegesellschaft zu beschreiben.

396 Vgl. *Bauböck*, Integration von Einwanderern – Reflexionen zum Begriff und seinen Anwendungsmöglichkeiten, in: Waldrauch, Die Integration von Einwanderern. Ein Index der rechtlichen Diskriminierung, 2001, S. 27 (31).

397 *Groll*, Die Wahrnehmung von Migration und Wähler/Innen mit Migrationshintergrund durch die österreichischen Parteien, Dipl., 2010 m. w. N.

398 Dazu s. Kap. 3 D V.

Wie sich aus den unterschiedlichen Interpretationen und wissenschaftlichen Definitionen ergibt, regelt der Begriff der Integration ein sehr abstraktes Verständnis. Außerdem fällt bei der Durchsicht der Literatur zu dieser Thematik auf, dass die Autoren oftmals nicht zwischen den Begriffen „Assimilation" und „Integration" unterscheiden. Integration ist nicht gleich Assimilation.[399] Integration ermöglicht ohne Aufgabe der eigenen kulturellen Identität die gemeinsame Gesellschaft herzustellen. Je nachdem, welche Bedingungen es für die Integration von Zuwanderern in der Aufnahmegesellschaft gibt, kann sie unterschiedlich verlaufen. Integration kann auch über mehrere Generationen andauern. Ergänzend zum Integrationsbegriff der Europäischen Kommission ist die Integration als ein gegenseitiger, dynamischer, lange andauernder und sehr differenzierter Prozess des Zusammenwachsens zu definieren, basierend auf gleichen Rechten und Pflichten der Zuwanderer und der Aufnahmegesellschaft, der auf die umfassende politische und gesellschaftliche Partizipation der Zuwanderer abzielt und zur Herstellung einer Einheit bzw. Ganzheit in der Gesellschaft führt. Was bildet das eigentliche Ziel der Integration? Was sind die Mindestvoraussetzungen für die Integration von Zuwanderern in die Aufnahmegesellschaft? Was ist unter eine erfolgreiche Integration von Zuwanderern zu verstehen? Diese und weitere Fragen sind nachfolgend zu erörtern.

C. Ziel und Zweck der Integration

Mit dem Grundsatz der Integration wird nach der Vorstellung des deutschen Gesetzgebers dem Umstand Rechnung getragen, dass in den letzten Jahrzehnten viele Ausländer rechtmäßig ihren dauerhaften Lebensmittelpunkt in Deutschland gefunden haben. Auch in der Zukunft werden qualifizierte Zuwanderer und ihre Familienangehörige die dazu geschaffenen Möglichkeiten nutzen, hier eine dauerhafte wirtschaftliche Existenz aufzubauen.[400] Deshalb sieht der Gesetzgeber als Ziele die staatliche Förderung der Integration von Ausländern in das wirtschaftliche, kulturelle und gesellschaftliche Leben in der BRD und das Einfordern von Integrationsbemühungen (vgl. § 43 Abs. 1).[401] § 43 Abs. 1 benennt also „eine Zielvorgabe"[402]. Die Norm spricht nicht vom Ziel der Integration von Ausländern, sondern vom „Ziel des Integrationskurses". Damit werden günstige Bedingungen für die Integration von Zuwanderern geschaffen und ihre Eingliederung in die Aufnahmegesellschaft gefördert. Als Instrument zur Integration von Zuwanderern dient der Integrationskurs (s. o.), wodurch der Erwerb der deutschen Sprache erfolgen kann. Nach der Vorstellung des Gesetzgebers ist die Integration der Ausländer dann erreicht, wenn sie in dem im Gesetz beschriebenen Umfang die deutsche

399 Zu den Einzelheiten zum Begriff „Assimilation" s. Kap. 2 D V 2.
400 Gesetzesbegründung, BT-Drucks. 15/420, S. 86.
401 Vgl. S. 2. Kap. A I 1.
402 Eichenhofer, Begriff und Konzept der Integration im Aufenthaltsgesetz, 1. Aufl. (2013), S. 125.

Sprache beherrschen. Ausländer müssen also i. S. d. § 43 Abs. 2 mit den Lebensverhältnissen im Bundesgebiet so weit vertraut sein, dass sie ohne die Hilfe oder Vermittlung Dritter in allen Angelegenheiten des täglichen Lebens selbstständig handeln können. Fraglich ist allerdings, ob dies das eigentliche Ziel der Integration darstellt? Was setzt die Integration von Zuwanderern voraus? Allein die Kenntnis der Sprache des Aufnahmelandes stellt noch keine Integration dar. Ebenfalls führt das Innehaben eines Daueraufenthaltstitels noch zu keiner Integration. Zwar bedeutet ein Daueraufenthaltstitel gesellschaftliche Anerkennung und einen sicheren Rechtsstatus, aber keine erfolgreich abgeschlossene Integration, wie dies oftmals wiederholt wird (s. o.).

Die Integration von rechtmäßig auf Dauer in der Bundesrepublik lebenden Ausländern setzt die Bleibeperspektive des Ausländers in Deutschland, die Entwicklung des Zusammengehörigkeitsgefühls und Respektes vor der deutschen Grundrechtsordnung, gegenseitiges Vertrauen, gegenseitige Toleranz und Akzeptanz der Kultur der Aufnahmegesellschaft voraus. Die Integration der bleibewilligen Zuwanderer verlangt außerdem die Entwicklung von gemeinsamer Verantwortung und die soziale Anerkennung des Zuwanderers durch die Gesellschaft. Als entscheidende Voraussetzung für eine erfolgreiche Integration sieht *Fuchs*[403] die Aneignung und Ausbildung der sog. *„Fremdheitskompetenz“* an. Darunter versteht er die Fähigkeit eines Menschen, mit Fremden kooperativ umzugehen und sich mit ihnen, ohne Angst vor einem eigenem Identitätsverlust, auseinander zu setzen.[404] Der Einheimische soll den Kompromiss eingehen, das Anderssein des Zuwanderers zu akzeptieren, und der Zuwanderer soll sich anpassen, um sich zu integrieren.

Die Integration von Ausländern in die neue Gesellschaft kann nur dann gelingen, wenn der Zuwanderer selbst zur aktiven Lebensgestaltung im Aufnahmeland, zum Erwerb der Sprachkenntnisse, Bildung und Ausbildung sowie zur Beachtung der für die Mehrheitsgesellschaft verbindlichen demokratischen Grundwerte und kulturellen Traditionen bereit ist. Es besteht also einerseits eine Integrationspflicht der bleibewilligen Zugewanderten. Andererseits trifft auch den Staat eine Integrationsverantwortung.[405] In diesem Sinne ließe sich Integration als juristischer Vertrag zwischen dem Staat und den Zugewanderten oder als eine „Bringschuld der Migranten und eine Holschuld des Staates“ charakterisieren.[406] Integration beruht damit auf dem Gegenseitigkeitsprinzip und dem Austausch zwischen den zwei

403 *Fuchs D.* (1995), zit. nach Sachs/Lieb, Islamische Kindergärten in Deutschland – Ein neuer Weg zur Integration? Dipl., 2003, S. 14.

404 Vgl. *Fuchs D.* (1995), zit. nach Sachs/Lieb, Islamische Kindergärten in Deutschland – Ein neuer Weg zur Integration? Dipl., 2003, S. 14.

405 Vgl. *Klein*, Integration in Freiheit – Chancen und Hindernisse. Eine Einführung, in: Stiftung Gesellschaft für Rechtspolitik (Hrsg.), Bitburger Gespräche, Jahrbuch 2010/I, S. 14.

406 *Klein*, Integration in Freiheit – Chancen und Hindernisse. Eine Einführung, in: Stiftung Gesellschaft für Rechtspolitik (Hrsg.), Bitburger Gespräche, Jahrbuch 2010/I, S. 14.

Parteien – zwischen dem zuziehenden Ausländer und der ihn aufnehmenden Gesellschaft. So werden von beiden Seiten Anstrengungen verlangt: Zum einen muss der aufnehmende Staat Integrationsbedingungen bieten, zum anderen muss sich der Zuwanderer selbst aktiv um eine Eingliederung bemühen.[407] Der Staat muss nicht nur die nationalen, europäischen und internationalen Diskriminierungsverbote beachten, sondern im Rahmen seiner Kompetenz in der Aufnahmegesellschaft auch die Xenophobie und den Rassismus bekämpfen.[408] Aufgabe des Staates ist es, maßgebliche Integrationsangebote für die Integration von Zugewanderten vorzunehmen und Integrationsmaßnahmen durchzuführen.[409] Als weitere Instrumente zur Integration dienen der gleiche Zugang des Zuwanderers zur (Aus)Bildung, zum Arbeitsmarkt, zum öffentlichen Dienst und der Erwerb der deutschen Staatsangehörigkeit.

Das Ziel der Integration kann sich nicht darauf beschränken, das Zusammenleben von Menschen aus unterschiedlichen Kulturen zu organisieren. Das wäre auch nicht realisierbar. Das Ziel von Integrationspolitik muss darin bestehen, den Zuwanderern mit einer Bleibeperspektive – unabhängig von ihrer ethnischen Herkunft und Religion – eine umfassende, möglichst gleichberechtigte und ihrer individuellen Voraussetzung und Bereitschaft entsprechende Teilhabe am gesellschaftlichen, wirtschaftlichen, kulturellen und politischen Leben zu ermöglichen. Das Ziel der Integration ist, dass die einheimische und zugewanderte Wohnbevölkerung friedlich zusammenleben, sich zusammengehörig fühlen, die Sprache des Landes beherrschen, demokratische Grundwerte und kulturelle Traditionen akzeptieren und respektieren, gegenseitige Achtung und Toleranz ausüben, gleiche Chancen zur Selbstverwirklichung haben und sich nicht diskriminiert fühlen. Folglich ist das Integrationsziel dann erreicht, wenn sich der Zuwanderer im rechtlichen und tatsächlichen Sinne als gleichberechtigter Bürger des Landes (mit gleichen Rechten und Pflichten) fühlt. Das bedeutet, dass am Ende des Integrationsprozesses keine Unterschiede in den Lebenschancen und -bedingungen für Deutsche und Zuwanderer bestehen sollten, die nur auf den Status „deutsch“ und „nicht deutsch“ oder eine entsprechende ethnische Herkunft zurückzuführen sind. Das Ziel der Integration ist aber keine Assimilation, es sei denn, dass die Aufgabe der kulturellen Traditionen freiwillig erfolgt. Gerade hier, also in der Bewahrung der eigenen kulturellen Identität, liegen die feinen Grenzen zwischen Assimilation und Integration von Zuwanderern. Denn die ethnische Identität ist – als Teil des Selbstkonzeptes des Einzelnen – für den Zuwanderer im Integrationsprozess von herausragender Bedeutung.[410]

---

407 Vgl. Gesetzesbegründung, BT-Drucks. 15/420, S. 86; *Luft*, in: Migration und ethnische Minderheiten, 2008/1, S. 11 (26).

408 *Klein*, Integration in Freiheit – Chancen und Hindernisse. Eine Einführung, in: Stiftung Gesellschaft für Rechtspolitik (Hrsg.), Bitburger Gespräche, Jahrbuch 2010/I, S. 14.

409 Dazu mehr im Kap. 2 E II.

410 Dazu mehr im Kap. 2 D II 3.

D. Soziologische Aspekte von Integrationsprozessen und Multikulturalität

Bevor der hieraus folgenden Frage der nationalen Integrationsaufgabe des demokratischen Staates und der deutschen Integrationspolitik im Einzelnen nachgegangen wird, sind zunächst die soziologischen Aspekte von Integrationsprozessen und Multikulturalität zu entfalten, welche den Grundstein für die nachfolgenden Betrachtungen bilden.

I. Die sozialwissenschaftliche Debatte über Multikulturalität und Multikulturalismus

1. Multikulturalismuskonzept in den modernen Gesellschaften

a) Begriff von Multikulturalität

In der einschlägigen Literatur existiert keine einheitliche sozialwissenschaftliche Präzisierung der Begriffe „Multikulturalität", „Multikulturalismus" oder „multikulturelle Gesellschaft". Demnach werden diese Begriffe auf sehr unterschiedliche Weise definiert. Häufig werden diese Begrifflichkeiten als Synonym verwendet, obwohl sie unterschiedliche Bedeutungen tragen. Diese Unterschiede beinhaltet bereits der Terminus „Kultur" selbst. Der Soziologe *Hoffmann-Nowotny*[411] bezeichnet Kultur als das „Symbolsystem einer Gesellschaft"[412]. Seiner Meinung nach ist „auf der Ebene der Gesamtgesellschaft dieses Symbolsystem in Institutionen kodifiziert, welche die grundlegenden Werte und Normen, Verfahrens- und Verhaltensregeln des menschlichen Zusammenlebens beinhalten"[413]. Diese Werte und Normen, Verfahrens- und Verhaltensregeln bilden den „Teil eines ‚Wissensvorrates', der die Kultur der verschiedensten gesellschaftlichen Subsysteme durchdringt und zusammen mit den subsystemspezifischen ‚Wissensvorräten' bei der symbolischen ‚Konstruktion von Welt' und der Bewältigung von deren Problemen Anwendung

---

411 Die folgenden Ausführungen beziehen sich im Wesentlichen auf Überlegungen von *Hans-Joachim Hoffmann-Nowotny*, Soziologische Aspekte der Multikulturalität, in: Bade (Hrsg.), Migration-Ethnizität-Konflikt: Systemfragen und Fallstudien (1996) und *Langenfeld*, Integration und kulturelle Identität zugewanderter Minderheiten (2001).

412 *Hoffmann-Nowotny*, Soziologische Aspekte der Multikulturalität, in: Bade (Hrsg.), Migration – Ethnizität – Konflikt: Systemfragen und Fallstudien, 1996, S. 103 (104).

413 *Hoffmann-Nowotny*, Soziologische Aspekte der Multikulturalität, in: Bade (Hrsg.), Migration – Ethnizität – Konflikt: Systemfragen und Fallstudien, 1996, S. 103 (104); auch *Langenfeld*, Integration und kulturelle Identität zugewanderter Minderheiten, 2001, S. 266.

findet"[414]. Daraus wird weiterhin der Schluss gezogen, dass deshalb unterschiedliche Kulturen auch unterschiedliche Welten, unterschiedliche Strategien der Problembehandlung und differentielle Chancen des Gelingens von Kommunikation bedeuten.[415] „Erst ein geteilter ‚Wissensvorrat' ermöglicht [...] – wie *Hoffmann-Nowotny* ausführt – dem Einzelnen wie der Gruppe *Kommunikation, Verständigung* und letztlich ein Zusammen*leben*."[416] Kultur gibt dem Menschen *Orientierung* in einer Gesellschaft und vermittelt ihm kulturelle *Identität*.[417] So stiftet „die *Gemeinsamkeit* der Kultur ein Bewusstsein von *Zusammengehörigkeit* und kann ein Gefühl von *Geborgenheit* und *Sicherheit* geben"[418]. Aus dem Gesagten ergibt sich, nach seiner Auffassung, dass von „Multikulturalität" generell dann gesprochen werden kann, wenn sich Mitglieder einer Gesellschaft bei der symbolischen Konstruktion von Realität aus je verschiedenen, einander „fremden" „Wissensvorräten" versorgen, wenn sie je eigene „Bedeutungswelten teilen"[419].

Mit „Multikulturalismus" wird eine Konzeption bezeichnet, die den „Zustand einer Einwanderungsgesellschaft als erhaltens- und erstrebenswert darstellt".[420] Als Voraussetzung hierfür setzt sie im Wesentlichen „auf ein entsprechendes Entgegenkommen der einheimischen Bevölkerung, die moralisch verpflichtet ist, die kulturelle Besonderheit der Einwanderer als gleichwertig und gleichberechtigt zu akzeptieren sowie ihr eine entsprechende Entfaltungsmöglichkeit auch im öffentlichen Bereich einzuräumen".[421] Im Rahmen des vorliegenden Abschnittes

---

414 *Habermas*, Theorie des kommunikativen Handelns, Bd. 2, Zur Kritik der funktionalistischen Vernunft, 1981, S. 209, zit. nach *Hoffmann-Nowotny*, Soziologische Aspekte der Multikulturalität, in: Bade (Hrsg.), Migration – Ethnizität – Konflikt: Systemfragen und Fallstudien, 1996, S. 103 (104 ff.).

415 Vgl. *Hoffmann-Nowotny*, Soziologische Aspekte der Multikulturalität, in: Bade (Hrsg.), Migration – Ethnizität – Konflikt: Systemfragen und Fallstudien, 1996, S. 103 (105).

416 *Hoffmann-Nowotny*, Soziologische Aspekte der Multikulturalität, in: Bade (Hrsg.), Migration – Ethnizität – Konflikt: Systemfragen und Fallstudien, 1996, S. 103 (105).

417 Vgl. *Hoffmann-Nowotny*, Soziologische Aspekte der Multikulturalität, in: Bade (Hrsg.), Migration – Ethnizität – Konflikt: Systemfragen und Fallstudien, 1996, S. 103 (105).

418 *Hoffmann-Nowotny*, Soziologische Aspekte der Multikulturalität, in: Bade (Hrsg.), Migration – Ethnizität – Konflikt: Systemfragen und Fallstudien, 1996, S. 103 (105).

419 *Hoffmann-Nowotny*, Soziologische Aspekte der Multikulturalität, in: Bade (Hrsg.), Migration – Ethnizität – Konflikt: Systemfragen und Fallstudien, 1996, S. 103 (105).

420 *Hoffmann-Nowotny*, Soziologische Aspekte der Multikulturalität, in: Bade (Hrsg.), Migration – Ethnizität – Konflikt: Systemfragen und Fallstudien, 1996, S. 103 (105).

421 *Langenfeld*, Integration und kulturelle Identität zugewanderter Minderheiten, Band 80, 2001, S. 267 m. w. N.

soll auf die soziologischen Dimensionen von Multikulturalität näher eingegangen werden.

b) Multikulturalismusdiskurs im angloamerikanischen (Sprach)Raum

Zunächst ist zu betonen, dass selbst die Begriffe „multikulturelle Gesellschaft“ und „Multikulturalismus“ vom englischen „multiculturalism“ hergeleitet werden und zum ersten Mal in Kanada geprägt und in Umlauf gebracht wurden. Erst danach wurden sie auf die politische Diskussion in andere „klassische“ Einwanderungsländer wie Australien, USA, Neuseeland und auf die innergesellschaftliche Diskussion der alten Kolonialmächte, etwa England und Frankreich, „übertragen“.

Im Blick auf den amerikanischen und kanadischen Multikulturalismusdiskurs wird der Streit zwischen Kommunitaristen und Liberalen als ein diskursiver Brennpunkt in der Auseinandersetzung um die multikulturelle Gesellschaft wahrgenommen. Es handelt sich hierbei um eine Kontroverse, in der zentrale gesellschaftliche Aspekte wie „Gemeinschaft“, „Integration“, „Identität“, „Differenz“, „Anerkennung“ und „Multikulturalität“ in der Diskussion auftreten. Im Allgemeinen steht im Mittelpunkt dieser Kontroverse die „politische Ethik multikultureller Gesellschaften im globalen Kontext“[422]. Während es beim Streit der Kommunitaristen um eine Debatte unter Liberalen über ein recht verstandenes Liberalismuskonzept geht – zumindest was radikale Kommunitaristen wie Charles Taylor betrifft, der sich zum Liberalismus bekennt – , gibt es längst andere einflussreiche Theorierichtungen und Strömungen.[423] Im Wesentlichen lassen sich in der amerikanischen und kanadischen Multikulturalismusdebatte mindestens fünf bedeutsame Theorierichtungen und Strömungen des Multikulturalismus unterscheiden:[424]

Erstens: Der *kooperative Multikulturalismus (Cooperative multiculturalism)* steht für eine ethnopluralistische Variante des Multikulturalismus. Er hat zum Ziel, eine multiethnische Gesellschaft zu bilden, in der es sich nicht um ein Miteinander, sondern vielmehr um ein Nebeneinander verschiedener Kulturen handelt. Zwar werden alle Kulturen gleichwertig anerkannt, es wird jedoch an der Trennung der als homogen definierten Kulturen festgehalten. Kulturelle Hybridisierung wird strikt abgelehnt und als „Völkergenozid“[425] betrachtet. Als Differenzierungsmerkmal

---

422 *Neubert/Roth/Yildiz,* Multikulturalismus – ein umstrittenes Konzept, in: Neubert/Roth/Yildiz, Multikulturalität in der Diskussion, 2. Aufl. (2008), S. 10.

423 *Neubert/Roth/Yildiz,* Multikulturalismus – ein umstrittenes Konzept, in: Neubert/Roth/Yildiz, Multikulturalität in der Diskussion, 2. Aufl. (2008), S. 15.

424 Im Folgenden bezieht sich die Autorin auf die Ausführungen von *Viola Georgi,* Zur Vielfalt multikultureller Gesellschaftsentwürfe (1999) und von *Stefan Neubert/Hans-Joachim Roth/Erol Yildiz,* Multikulturalismus – ein umstrittenes Konzept (2008).

425 *Georgi,* Zur Vielfalt multikultureller Gesellschaftsentwürfe, in: Kiesel/Messerschmidt/Scherr (Hrsg.), Die Erfindung der Fremdheit, 1. Aufl. (1999), S. 123 (125).

dient nicht mehr die „Rasse“, sondern die „Kultur“. Die ideale Vorstellung ist eine Gesellschaft, in der unterschiedliche Ethnien gleichberechtigt koexistieren können.[426]

Zweitens: Das *traditionelle Multikulturalismusmodell* klassifiziert kulturelle Differenz und Ethnizität als ein reines Übergangsphänomen. Festgehalten wird an einem Assimilationskonzept der *Melting-pot-Ideologie.* Danach sollen die unterschiedlichen ethnischen, sprachlichen und kulturellen Minderheiten schrittweise mit der „Mehrheitsgesellschaft“ verschmelzen. Dieses Modell galt insbesondere für die europäische Einwanderung in die USA und wurde durch das Modell mit einer *salad bowl* ergänzt, wonach die multikulturelle Gesellschaft mit einer Schüssel gemischten Salats vergleichbar ist.[427]

Drittens: Der *liberale Multikulturalismus* unterscheidet sich durch ein Festhalten an formalen Gleichheitsprinzipien und der zentralen Positionierung des Individuums gegenüber ethnischen und kulturellen Gruppen. Zurückgewiesen wird die Forderung einzelner Minoritäten nach Kollektivrechten. Es wird in die private und öffentliche Sphäre getrennt: Während bei der Kultur als Ausdruck von Partikularität auf den Privatbereich verwiesen wird, herrschen universalistische Prinzipien in der Öffentlichkeit, so dass die Demokratisierungsprozesse durch Entkulturalisierung des öffentlichen Raums vorangetrieben werden sollen.

Viertens: Der *links-liberale oder progressive Multikulturalismus (auch radikaler Multikulturalismus oder Kulturpluralismus genannt)* orientiert sich stark an dem Differenzparadigma, betont die *Gender*-Perspektive, fördert die Identitätspolitik und setzt sich für eine positive Diskriminierung marginalisierter Gruppen durch *Affirmative-action*-Programme ein.[428] Der Multikulturalismus steht hier für den Kampf um soziale Gerechtigkeit und rechtliche Gleichstellung und verteidigt die Kollektivrechte für kulturelle Minderheiten. In dieser Hinsicht argumentieren sie ähnlich wie Kommunitaristen und neigen dazu, Essentialismus, Separatismus und Fundamentalismus zu begünstigen.[429]

Fünftens: Der *kritisch-selbstreflexive Multikulturalismus* nimmt eine Vermittlerfunktion zwischen dem formalen Gleichheitsprinzip und der Identitätspolitik ein. Es geht um Gleichheit in der Differenz, repräsentative Gleichheit und interkulturelle Anerkennungsprozesse.[430] Einerseits wird die politisch-ideologische

---

426 Vgl. *Georgi*, Zur Vielfalt multikultureller Gesellschaftsentwürfe, in: Kiesel/Messerschmidt/Scherr (Hrsg.), Die Erfindung der Fremdheit, 1. Aufl. (1999), S. 123 (126).

427 Vgl. *Neubert/Roth/Yildiz*, Multikulturalismus – ein umstrittenes Konzept, in: Neubert/Roth/Yildiz, Multikulturalität in der Diskussion, 2. Aufl. (2008), S. 15.

428 Vgl. *Georgi*, Zur Vielfalt multikultureller Gesellschaftsentwürfe, in: Kiesel/Messerschmidt/Scherr (Hrsg.), Die Erfindung der Fremdheit, 1. Aufl. (1999), S. 123 (126).

429 Vgl. *Neubert/Roth/Yildiz*, Multikulturalismus – ein umstrittenes Konzept, in: Neubert/Roth/Yildiz, Multikulturalität in der Diskussion, 2. Aufl. (2008), S. 16.

430 Vgl. *Neubert/Roth/Yildiz*, Multikulturalismus – ein umstrittenes Konzept, in: Neubert/Roth/Yildiz, Multikulturalität in der Diskussion, 2. Aufl. (2008), S. 16.

Instrumentalisierung des Multikulturalismus kritisch reflektiert. Andererseits wird der Multikulturalismus als Ausdruck des Widerstands von Minderheiten gegenüber der Dominanzkultur verstanden.[431] An die Stelle der Betonung kultureller Differenz tritt eine verstärkte Betrachtung der kulturellen und nationalen Überschneidungen, Vermischungen und Vernetzungen. In der soziologischen und gesellschaftlichen Analyse bilden sich daher neue Terminologien für plurale Gesellschaften heraus: „kulturelle Hybridität", „Posttraditionalität", „Transkulturation" und „Transnationalität".[432]

Im Verhältnis zu Deutschland ist darauf hinzuweisen, dass die amerikanischen Strömungen nur sehr bedingt auf den deutschen Multikulturalismusdiskurs übertragbar sind, weil die gesellschaftlichen Entwicklungen in Deutschland im Vergleich mit den USA eher einen nachholenden Charakter aufweisen. Auch die historischen und gegenwärtigen Bedingungen für Einwanderer sind in beiden Ländern unterschiedlich. Da die USA ein klassisches Einwanderungsland darstellen, sind sie eher bereit, unterschiedliche Probleme zu lösen. Unterschiedlich sind auch die ethnischen Gruppen. Dennoch finden sich in der Literatur Ähnlichkeiten und Überschneidungen, unter denen insbesondere drei wesentliche Diskussionen nennenswert sind:[433]

- Die Essentialismus-Diskussion: charakterisiert durch einen Perspektivwechsel zu Differenz und Forderung nach ethnischer und kultureller Vielfalt.
- Die Universalismus-Partikularismus-Diskussion: gekennzeichnet durch einen Perspektivwechsel in Richtung Minderheitendiskurs.
- Die Transnationalismus-Diskussion: Hier steht ein Perspektivwechsel in Richtung Mehrfachidentitäten im Vordergrund.

aa) Integrationsbedingungen der modernen Gesellschaften

Die Eingliederung der Einwanderer umfasst einen lang andauernden und komplizierten Prozess, der in den modernen Gesellschaften ein komplexes Problem darstellt. Wie und unter welchen Bedingungen kann daher die Integration in die modernen Gesellschaften erfolgreich verlaufen? In der Fachliteratur wird in dieser Hinsicht vom mehrdimensionalen Modell gesprochen: Sozial- und Systemintegration sowie strukturelle und kulturelle Integration, was an dieser Stelle dargestellt werden soll.

(1) Sozialintegration und Systemintegration

Bei der Analyse der Eingliederung von Zuwanderern nehmen die Aspekte der Sozial- und Systemintegration einen besonderen Stellenwert ein.[434] Diese Begriffe

---

431 Vgl. *Georgi*, Zur Vielfalt multikultureller Gesellschaftsentwürfe, in: Kiesel/Messerschmidt/Scherr (Hrsg.), Die Erfindung der Fremdheit, 1. Aufl. (1999), S. 123 (127).

432 Vgl. *Neubert/Roth/Yildiz*, Multikulturalismus – ein umstrittenes Konzept, in: Neubert/Roth/Yildiz, Multikulturalität in der Diskussion, 2. Aufl. (2008), S. 17.

433 Vgl. *Georgi*, Zur Vielfalt multikultureller Gesellschaftsentwürfe, in: Kiesel/Messerschmidt/Scherr (Hrsg.), Die Erfindung der Fremdheit, 1. Aufl. (1999), S. 123 (126).

434 Vgl. auch Eichenhofer, Begriff und Konzept der Integration im Aufenthaltsgesetz, 1. Aufl. (2013), S. 216 ff.

stammen vom britischen Soziologen *David Lockwood*: Als Systemintegration bezeichnet er „the orderly or conflictful relationships between the *parts*“, als Sozialintegration hingegen „the orderly or conflictful relationships between the *actors*“ eines Systems.[435] So bezieht sich die Systemintegration auf die Integration des *Systems* einer Gesellschaft als Ganzheit, während Sozialintegration die Integration der *Akteure* in das System hinein ist.[436] In diesem Zusammenhang lassen sich zwei unterschiedliche Integrationsbegriffe herleiten: Integration ist a) der Zusammenhalt und das gleichgewichtige Funktionieren der Teilsysteme einer Gesellschaft, deren Mitglieder aus unterschiedlichen Kulturen stammen (Systemintegration), b) die Eingliederung der einzelnen Mitglieder der ethnischen Gruppen in die verschiedenen Bereiche der Aufnahmegesellschaft (Sozialintegration).[437] Zwar sind beide Formen als zwei Teile des Integrationsprozesses miteinander verbunden, aber die speziellen Motive, Interessen und Beziehungen der beteiligten Akteure und Teile in Bezug auf das Ergebnis des Prozesses sind unterschiedlich relevant. Während die soziale Integration unmittelbar mit den Motiven, Orientierungen, Absichten und vor allem den Beziehungen der Akteure verbunden ist, bezeichnet *Esser* als Systemintegration jene Form des Zusammenhalts der Teile eines Sozialsystems, die sich unabhängig von den speziellen Motiven und Beziehungen der individuellen Akteure ergibt und durchsetzt.[438] Sie ist „die Integration eines sozialen Systems ‚über die Köpfe‘ der Akteure hinweg“[439]. Eine Gesellschaft ist dann systemintegriert, wenn sich die verschiedenen Gruppen in gleichgewichtigen, relativ spannungsfreien, wenngleich nicht unbedingt „harmonischen“, Beziehungen zueinander befinden.[440] Laut *Esser* funktionieren die aus verschiedenen Gruppen unterschiedlicher Herkunft und Kultur gebildeten Gesellschaften relativ reibungslos und zeigen einen relativ hohen Zusammenhalt, wenn sie systemintegriert sind. Eine erfolgreiche Systemintegration wäre dann mit der multikulturellen Gesellschaft identisch.[441] Nach *Essers* Ansicht wird eine gelungene Systemintegration dadurch ermöglicht, dass alle Einheimischen und Zuwanderer an den Märkten, insbesondere am Waren- und Arbeitsmarkt, an

---

435 Vgl. *Lockwood*, Social Integration and System Integration, in: Zollschan/Hirsch (Hrsg.), Explorations in Social Change, 1964, S. 245 (Hervorhebungen im Original), zit. nach *Esser*, Integration und ethnische Schichtung/Arbeitspapiere – Mannheimer Zentrum für Europäische Sozialforschung, Nr. 40, 2001, S. 3.

436 Vgl. *Esser*, Integration und ethnische Schichtung/Arbeitspapiere – Mannheimer Zentrum für Europäische Sozialforschung, Nr. 40, 2001, S. 3.

437 *Löffler*, Integration in Deutschland, 2011, S. 67.

438 Vgl. *Esser*, Integration und ethnische Schichtung/Arbeitspapiere – Mannheimer Zentrum für Europäische Sozialforschung, Nr. 40, 2001, S. 3 ff.

439 *Esser*, Integration und ethnische Schichtung/Arbeitspapiere – Mannheimer Zentrum für Europäische Sozialforschung, Nr. 40, 2001, S. 4 ff.

440 *Esser*, Inklusion, Integration und ethnische Schichtung, in: Journal für Konflikt- und Gewaltforschung, Heft 1/1999, S. 5 (22).

441 Vgl. *Esser*, Inklusion, Integration und ethnische Schichtung, in: Journal für Konflikt- und Gewaltforschung, Heft 1/1999, S. 5 (23).

den symbolisch generalisierten Medien (z.B. dem Geld), an der Gewährung von Rechten und Pflichten und an der Anerkennung staatlicher Herrschaft beteiligt sind. Er bezeichnet dieses Instrumentarium als Mechanismen der Systemintegration: Märkte, Organisationen bzw. institutionelle Regeln und Medien.[442] Es kann, wie *Esser* behauptet, keine Systemintegration vorliegen, wenn diese (sozial-)integrativen Voraussetzungen, vor allem die Verfügung über generell interessierende Fertigkeiten und Ressourcen, nicht erfüllt sind.[443] *Löffler*[444] erweitert diesen Gedanken und setzt sich gleichzeitig mit der Frage auseinander, ob die Systemintegration in der Einwanderungsgesellschaft unter Inkaufnahme ethnischer Heterogenität (Modell der multikulturellen Gesellschaft) oder unter einer Politik der ethnischen Homogenität (Assimilationsmodell) angestrebt werden soll.[445] Er lehnt die These von *Esser* über die Möglichkeiten in beiden Fällen ab und äußert, dass die vollständige Systemintegration nur unter den Bedingungen ethnisch-kultureller Homogenität zu erwarten ist.[446] In der multikulturellen Gesellschaft (ethnische Heterogenität) kann höchstens eine eingeschränkte Systemintegration erfolgen. So kann die Einwanderungsgesellschaft ein hohes Niveau der Systemintegration nur erreichen, wenn die verschiedenen gesellschaftlichen Gruppen in gleichwertigen und relativ spannungsarmen Beziehungen zueinander stehen, weil sie durch eine gesamtgesellschaftliche Solidarität miteinander verbunden sind. Dieser Zustand verlangt aber, dass die Mitglieder der Einwanderungsgesellschaft über ein kollektives Gefühl der Zusammengehörigkeit und eine gemeinsame nationale Identität verfügen.[447]

Von großer Bedeutung ist ferner der Aspekt der Sozialintegration, womit sich bereits zahlreiche soziologische Klassiker – *E. Durkheim, G. Simmel, F. Tönnies und H. Spencer* – intensiv befassten. Sie bezeichnen den Gesellschaftswandel als „einen Wandel des jeweiligen Modus der sozialen Integration"[448]. Laut *Peters* wird die soziale Integration als gelungene Lösung von drei Problemen bezeichnet: „Probleme der Orientierung in der objektiven Welt, Stiftung und Ausbildung individueller und kollektiver Identitäten sowie Kriterien und Verfahren konfligierender Interessen, ohne die Integrität aller Betroffenen zu verletzen"[449]. Es handelt sich also um drei Formen sozialer Integration:

---

442 Vgl. *Esser*, Integration und ethnische Schichtung/Arbeitspapiere – Mannheimer Zentrum für Europäische Sozialforschung, Nr. 40, 2001, S. 6 ff.

443 Vgl. *Esser*, Integration und ethnische Schichtung/Arbeitspapiere – Mannheimer Zentrum für Europäische Sozialforschung, Nr. 40, 2001, S. 6–8.

444 Siehe *Löffler*, Integration in Deutschland, 2011.

445 Vgl. *Löffler*, Integration in Deutschland, 2011, S. 68.

446 Vgl. *Löffler*, Integration in Deutschland, 2011, S. 68.

447 *Löffler*, Integration in Deutschland, 2011, S. 68.

448 Zit. nach *Kraemer*, Integration und Desintegration, in: Swiss Journal of Sociology, 34 (1), 2008, S. 37 (39).

449 *Peters*, Die Integration moderner Gesellschaften, in: Imbusch/Heitmeyer (Hrsg.), Integration – Desintegration. Ein Reader zur Ordnungsproblematik moderner Gesellschaften, 1. Aufl. (2008), S. 75(75).

- die funktionale Koordination, d. h. die zweckmäßige und effiziente Organisation von notwendigen Aktivitäten zur Reproduktion und Desintegration zu vermeiden.
- die moralische Integration, d. h. Ausgleich konfligierender Interessen und solidarischen Beistand, um Anomie und Gewalt zu vermeiden.
- die expressive Integration, die sich nur mit begrenzten Einflussmöglichkeiten auf die „expressive Gemeinschaft“ der Lebenswelt richtet.[450]

Für *Richard Münch*, der an die Theorie *Parsons* anknüpft, ist soziale Integration „ein Zustand der Gesellschaft, in dem alle ihre Teile fest miteinander verbunden sind und eine nach außen abgegrenzte Ganzheit bilden. Zu ihren Teilen gehören die einzelnen Individuen als Mitglieder der Gesellschaft, die Familien, Stände, Gruppen, Klassen, Schichten, Verbände, Vereinigungen und Parteien sowie die Teilsysteme, die auf die Erfüllung bestimmter Funktionen spezialisiert sind, so die Systeme der Wirtschaft, der Politik, des Rechts, der Wissenschaft, der Medizin, der Massenmedien oder der Religion“[451]. So gemeint ist Sozialintegration die Eingliederung von Individuen in das gesellschaftliche Leben, in den Arbeitsmarkt, in das Bildungssystem, den Erwerb von Sprachkenntnissen und sozialer Akzeptanz, die Aufnahme von Kontakten und Freundschaften, die politische und gesellschaftliche Partizipation und vor allem die Identifikation mit dem Einwanderungsland und seiner Gesellschaft.[452] Soziale Integration eines Zuwanderers kann sich im Einwanderungsland mindestens auf zwei unterschiedliche Kontexte beziehen: die eigene Kultur bzw. Ethnie oder die Mehrheitsgesellschaft. Von daher kann sie entweder erfolgreich verlaufen oder scheitern. Je nachdem, wie dieser Prozess in der Aufnahmegesellschaft verläuft, lassen sich vier Typen unterscheiden:[453]

Typ 1: *Mehrfachintegration* stellt eine Idealform der Integration dar, die in den multikulturellen Gesellschaften zwar angestrebt wird, aber nach *Esser* ein theoretisch „kaum realistischer und auch empirisch sehr seltener Fall ist“[454]. Mehrfach integriert ist, wer sich in zwei oder mehreren Kulturen gleichzeitig wohl fühlt und sich mit ihnen identifiziert. Die Voraussetzungen dafür sind die Mehrsprachigkeit, die Mischung der sozialen Verkehrskreise, eine „doppelte“ oder mehrfache Identifikation oder „Identität“. „Sie erfordert ein Ausmaß an Lern- und Interaktionsaktivitäten und, vor allem, an Gelegenheiten dazu, das den meisten Menschen

450 Vgl. *Peters*, Die Integration moderner Gesellschaften, 1993, S. 356 ff.

451 *Münch*, Elemente einer Theorie der Integration moderner Gesellschaften. Eine Bestandsaufnahme, in: Berliner Journal für Soziologie, 5. Jg, 1995, S. 5–24 (5).

452 *Löffler*, Integration in Deutschland, 2011, S. 68; *Esser*, Integration und ethnische Schichtung/Arbeitspapiere – Mannheimer Zentrum für Europäische Sozialforschung, Nr. 40, 2001, S. 8.

453 Vgl. *Esser*, Integration und ethnische Schichtung/Arbeitspapiere – Mannheimer Zentrum für Europäische Sozialforschung, Nr. 40, 2001.

454 *Esser*, Integration und ethnische Schichtung/Arbeitspapiere – Mannheimer Zentrum für Europäische Sozialforschung, Nr. 40, 2001, S. 20.

verschlossen ist [...].“[455] In der Regel könnte dieser Fall für Intellektuelle und Elitenkinder in Frage kommen, in deren Familien die verschiedenen Kulturen tatsächlich auch im Alltag ausgeübt werden. Für einen erfolgreichen Integrationsprozess ist jedoch die Anstrengung von Zuwanderern maßgeblich. Auch die Aufnahmegesellschaft steht vor vielfältigen Anforderungen.

Typ 2: Es wird von der *ethnischen Segmentation* oder *Schichtung* gesprochen, wenn Zuwanderer in die eigene ethnische Gruppe gut integriert, in der Aufnahmegesellschaft aber sozial und kulturell ghettoisiert sind.[456] Nach *Esser* übernehmen die ethnischen Gemeinden eine wichtige sozialintegrative Funktion für die erste Generation, da gerade in dieser Phase keine Sozialintegration in die Aufnahmegesellschaft stattfindet. Sie bieten, vor allem wenn sie eine gewisse Größe und Vielfalt erreichen, auch für spätere Generationen eine dauerhafte Alternative der Lebensgestaltung. Sie können daher der Ausgangspunkt auch für eine dauerhafte Segmentation der ethnischen Gruppen werden.[457]

Typ 3: *Marginalität* liegt gerade für die Zuwanderer der ersten Generation vor. Marginalisiert ist, wer sich sowohl in der Aufnahmegesellschaft als auch in der Herkunftsgesellschaft fremd fühlt: Die alte Heimat ist verlassen und eine neue gibt es (noch) nicht. Die Marginalität äußert sich bspw. darin, dass die Personen von Dauerarbeitslosigkeit betroffen sind, die Sprache des Aufnahmelandes nicht richtig beherrschen, keine sozialen Beziehungen unterhalten und sich weder mit der Herkunfts- noch mit der Aufnahmegesellschaft identifizieren. Die marginale Person ist ein ausgestoßener, einsamer und heimatloser Fremder, wohin auch immer sie geht. In der Regel ist sie vor allem in Bezug auf die Aufnahmegesellschaft marginalisiert.[458]

Typ 4: *Assimilation* bedeutet nach *Esser* die Angleichung der verschiedenen Gruppen in bestimmten Eigenschaften. Es handelt sich um die Auflösung systematischer Unterschiede in der Verteilung sozialer Merkmale zwischen den verschiedenen Gruppen, allerdings nicht um die Gleichheit der Individuen in allen Belangen. *Essers* Definition zufolge liegt Assimilation auf dem Arbeitsmarkt vor, wenn die Zuwanderer im gleichen Muster und im gleichen Verhältnis wie die Einheimischen auf die verschiedenen Branchen der Wirtschaft verteilt sind.[459] Das Gleiche gilt für Bildung, Einkommen und Vermögensverhältnisse: „Einheimische und Migranten partizipieren [...] in gleicher Weise an den Rechten und Ressourcen

---

455 *Esser*, Integration und ethnische Schichtung/Arbeitspapiere – Mannheimer Zentrum für Europäische Sozialforschung, Nr. 40, 2001, S. 21.

456 Vgl. *Löffler*, Integration in Deutschland, 2011, S. 69.

457 Vgl. *Esser*, Integration und ethnische Schichtung/Arbeitspapiere – Mannheimer Zentrum für Europäische Sozialforschung, Nr. 40, 2001, S. 21.

458 Vgl. *Löffler*, Integration in Deutschland, 2011, S. 69; *Esser*, Integration und ethnische Schichtung/Arbeitspapiere – Mannheimer Zentrum für Europäische Sozialforschung, Nr. 40, 2001, S. 20.

459 Vgl. *Esser*, Integration und ethnische Schichtung/Arbeitspapiere – Mannheimer Zentrum für Europäische Sozialforschung, Nr. 40, 2001, S. 21.

einer Gesellschaft."[460] Allerdings beseitigt Assimilation keine sozialen Ungleichheiten. So wird gerade von *Esser* ein ganz eigener Assimilationsbegriff verwendet, der dem üblichen Gebrauch dieses Begriffes hinsichtlich kultureller Anpassung widerspricht: Dieser sieht keine Aufgabe der Herkunftskultur von Einwanderern und Aneignung von Kultur der Aufnahmegesellschaft vor, so dass die Zuwanderer im Verhältnis zur Aufnahmegesellschaft auch keine Loyalität und kein Zugehörigkeitsgefühl entwickeln müssen. Zwar unterscheidet sein Terminus strukturelle, soziale und kulturelle Assimilation, meint aber damit einen Zustand, der im Modell von *Löffler* als strukturell-funktionale Integration verstanden wird.[461]

Ferner unterscheidet *Esser* vier Dimensionen der Sozialintegration: *(Ak)Kulturation, Platzierung, Interaktion und Identifikation*, die er als kulturelle, strukturelle, soziale und identifikative Assimilation bezeichnet.[462] Zwischen diesen Dimensionen sieht er einen wechselseitigen Zusammenhang: Kulturelle und strukturelle Assimilation bedingen und verstärken sich wechselseitig. Die emotionale/identifikative Assimilation folgt den drei anderen Arten, vor allem der sozialen Assimilation. Ein Mindestmaß an kultureller und struktureller Assimilation bildet die Grundbedingung für die soziale Assimilation, also für interethnische Kontakte zwischen Zuwanderern und Einheimischen. Die Aneignung der kulturellen Fertigkeiten der Aufnahmegesellschaft in Form von Sprachbeherrschung, Normenkenntnis, Wissen und Kompetenzen (kulturelle Assimilation), eine Besetzung gesellschaftlicher Positionen aufgrund von Rechten und Fähigkeiten, uneingeschränkter Zugang zum Bildungs- und Arbeitsbereich, zu beruflichen Positionen und Sozialprestige (strukturelle Assimilation), die interethnischen Kontakte und die Angleichung in sozialer Akzeptanz, im Partizipationsverhalten und im Heirats- und demographischen Verhalten (sog. soziale Assimilation) bilden hingegen Voraussetzungen für die identifikative Assimilation.[463] Die Identifikation des Einwanderers mit einem sozialen System ist seine „besondere Einstellung [...], in der er sich und das soziale Gebilde als eine Einheit sieht und mit ihm ‚identisch' wird"[464]. Nach *Essers* Modell tritt sie in drei Formen auf:

- als Identifikation mit dem sozialen System (Werteintegration – Nation, Kollektiv, Gruppe oder Organisation),
- als Bürgersinn – dabei geht es um die Sicherung der Verfassung, die gemeinschaftliches Handeln individuellen Entscheidungen überlässt,

460 *Esser*, Integration und ethnische Schichtung/Arbeitspapiere – Mannheimer Zentrum für Europäische Sozialforschung, Nr. 40, 2001, S. 22.

461 Vgl. *Löffler*, Integration in Deutschland, 2011, S. 86 ff.; *Esser*, Integration und ethnische Schichtung/Arbeitspapiere – Mannheimer Zentrum für Europäische Sozialforschung, Nr. 40, 2001, S. 22.

462 Vgl. *Esser*, Integration und ethnische Schichtung/Arbeitspapiere – Mannheimer Zentrum für Europäische Sozialforschung, Nr. 40, 2001, S. 22.

463 Vgl. *Esser*, Integration und ethnische Schichtung/Arbeitspapiere – Mannheimer Zentrum für Europäische Sozialforschung, Nr. 40, 2001, S. 22 ff.

464 *Esser*, Integration und ethnische Schichtung/Arbeitspapiere – Mannheimer Zentrum für Europäische Sozialforschung, Nr. 40, 2001, S. 12.

- und als weitere Form nennt *Esser* die Sozialintegration durch Hinnahme, die in zwei Arten auftreten kann.[465]

Die erste Form – sog. Verkettungsintegration – liegt vor, wenn Zuwanderer erfolgreich sind und von der Integration profitieren. Die zweite Form – sog. Deferenzintegration – bildet die schwächste Form der sozialen Integration.[466] Sie ist die Integration erfolgloser und ausgegrenzter Einwanderer durch erlebte oder wahrgenommene Aussichtlosigkeit des Änderungsversuchs. Die Identifikation mit der Aufnahmegesellschaft stellt die letzte Stufe der Integration nach der kulturellen, sozialen und strukturellen Sozialintegration dar.[467]

(2) Integration der Zuwanderer in die Struktur und Kultur der Gesellschaft
In Anlehnung an *Parsons*[468] hat der Soziologe *Hoffmann-Nowotny* ein Konzept der strukturell-funktionalen Systemtheorie herausgearbeitet (s. die Abbildung dieses Konzeptes[469]), wonach er den strukturellen Aspekt, also den gesellschaftlichen Aspekt, vom kulturellen Aspekt eines Sozialsystems unterscheidet.[470] Gesellschaft ist dann gleichbedeutend mit Struktur (Interaktionsmuster, sozio-ökonomisches Statussystem, Organisation). Kultur bedeutet dagegen: „die grundlegenden Werte, Normen und Institutionen sowie generell das ‚Wissen' einer Gesellschaft, wie es

---

465 Vgl. *Esser*, Integration und ethnische Schichtung/Arbeitspapiere – Mannheimer Zentrum für Europäische Sozialforschung, Nr. 40, 2001, S. 12 ff.

466 Vgl. *Esser*, Integration und ethnische Schichtung/Arbeitspapiere – Mannheimer Zentrum für Europäische Sozialforschung, Nr. 40, 2001, S. 14.

467 Vgl. *Esser*, Integration und ethnische Schichtung/Arbeitspapiere – Mannheimer Zentrum für Europäische Sozialforschung, Nr. 40, 2001, S. 12 ff.

468 In der strukturell-funktionalen Systemtheorie von *Talcott Parsons* wird das Verhältnis von Kultur und Gesellschaft als ein Verhältnis von Gesellschaftsstruktur/Interaktion und Wertesystem festgelegt. Er versteht multikulturelle Gesellschaft nur im Sinne unterschiedlicher Teil- und Subkulturen einer (Gesamt-)Kultur. Auf der höchsten gesellschaftlichen Ebene ist keine Mehr-Kulturen-Gesellschaft vorhanden. Multikulturalität bedeutet eine kulturelle Ausdifferenziertheit einer Kultur (bzw. eines gesellschaftlichen Gesamtsystems) in kulturelle Subsysteme wie Religion, Wissenschaft, Kunst und Recht. Obwohl die ausdifferenzierten Teil- und Subkulturen über unterschiedliche eigene, relativ autonome Wertmuster und Normen verfügen, bleiben sie jedoch holistisch auf eine oberste Gesamtkultur, auf eine höchste „allgemeine Kultur-Ebene" bezogen. Der normative Polyzentrismus, der durch die ausdifferenzierten Teil- und Subkulturen einer modernen Gesellschaft gegeben ist, wird durch das den „Kern eines Gesellschaftssystems" bildende allgemein verbindliche Kultursystem zu einer Gesamtkultur integriert.

469 Die Abbildung des Konzeptes stammt aus *Mintzel*, Multikulturelle Gesellschaften in Europa und Nordamerika. Konzepte – Streitfragen – Analysen – Befunde, 1997, S. 301.

470 Vgl. *Hoffmann-Nowotny*, Soziologische Aspekte der Multikulturalität, in: Bade (Hrsg.), Migration – Ethnizität – Konflikt: Systemfragen und Fallstudien, 1996, S. 103 (103).

als wissenschaftliches und Alltagswissen, in Mythen und Ideologien zum Ausdruck kommt“[471]. „Kultur“ meint die sinnstiftenden (legitimierten) und regulativen Aspekte der individuellen und sozialen Existenz. Menschen bedienen sich ihrer bei der symbolischen „Konstruktion von Welten“[472]. Zudem erstellt *Hoffmann-Nowotny* in systemtheoretischer Perspektive ein Mehr-Bereiche-Schema des sozialen Systems. Das interdependente Struktur-Kultur-Verhältnis ist in den verschiedenen Bereichen eines ausdifferenzierten sozialen Systems zu finden: im Bereich des politisch-administrativen (Entscheidungs-)Systems (Politik, Staat und politische Kultur), der Wirtschaft (ökonomische Struktur und ökonomische Kultur) und der „Gemeinschaften“ (Verbändestruktur, gesellschaftliche Organisationen, Verbändepluralismus und „Gemeinschaftskulturen“). Nach seiner Formulierung sind „Kultur“ und „Struktur“ einer Gesellschaft voneinander abhängig und miteinander verknüpft, und der Strukturaspekt – der auf den Sachverhalt „soziale Ungleichheit“ verweist – ist gerade im Zusammenhang mit den Konsequenzen der Einwanderung von größter Bedeutung.[473]

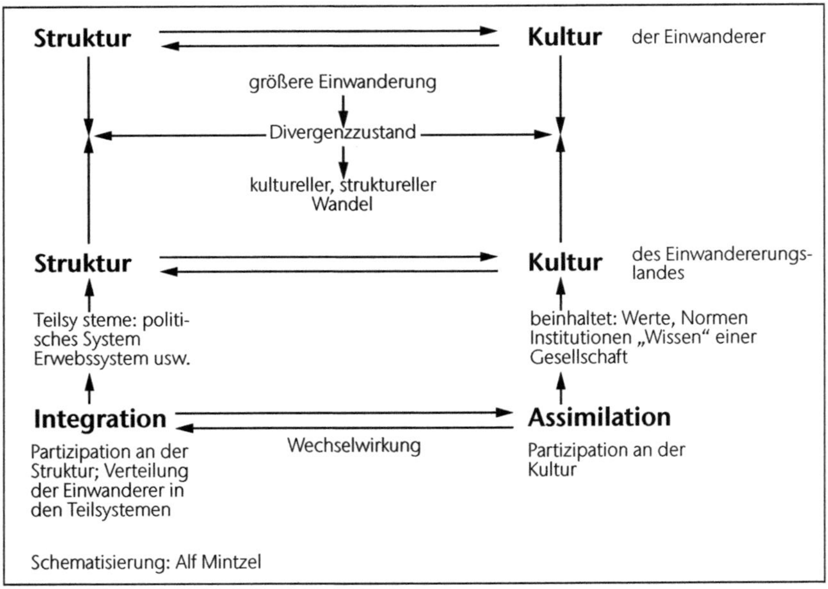

471 *Hoffmann-Nowotny*, Chancen und Risiken multikultureller Einwanderungsgesellschaften, Schweizerischer Wissenschaftsrat, Nr. 119, 1992, S. 10.

472 *Hoffmann-Nowotny*, Chancen und Risiken multikultureller Einwanderungsgesellschaften, Schweizerischer Wissenschaftsrat, Nr. 119, 1992, S. 10.

473 Vgl. *Hoffmann-Nowotny*, Soziologie des Fremdarbeiterproblems. Eine theoretische und empirische Analyse am Beispiel der Schweiz, 1973, zit. nach *Mintzel*, Multikulturelle Gesellschaften in Europa und Nordamerika. Konzepte – Streitfragen – Analysen – Befunde, 1997, S. 301.

Mit einer Einwanderung ist ein struktureller und kultureller Wandel im Einwanderungsland vorprogrammiert. Nach seiner Aussage impliziert dieser Wandel sowohl die „Chance“ funktionaler als auch das „Risiko“ dysfunktionaler Veränderungen.[474] Da Struktur und Kultur einer Gesellschaft voneinander abhängig sind, befinden sich auch die strukturelle Integration und die kulturelle Integration (Assimilation) in einem Wechselverhältnis. Das Wechselverhältnis hat zur Folge, dass eine mangelnde strukturelle Integration den Prozess der kulturellen Integration behindert und mangelnde kulturelle Integration den Prozess der strukturellen Integration beeinträchtigt.[475] Für beide gilt, dass eine teilweise Integration oder Assimilation in den Subsystemen möglich ist. Integrieren sich fremdkulturelle Einwanderer auf Dauer nicht in die Struktur der Aufnahmegesellschaft, so kommt es (bei der gegebenen und zu erwartenden Einwanderungsstruktur) zu einer Unterschichtung der Gesellschaft und/oder kleinräumiger Segregation, z. B. in Form von Ghettobildung in deutschen Großstädten.[476] Assimilieren sich fremdkulturelle Einwanderer auf Dauer nicht an die Kultur der Einwanderungsgesellschaft, so handelt es sich um eine multikulturelle Gesellschaft. Kulturelle Absonderung bedeutet dann die Schaffung von Minderheiten, strukturelle Segregation das Entstehen einer fremdethnischen Unterschicht. Kommt beides zusammen, so verstärken sich in einer Gesellschaft die Minderheits- und Klassenprobleme.[477]

bb) Kritische Analyse des Multikulturalismusmodells

Aus soziologisch-theoretischer Sicht stellt sich allerdings die Frage, ob es überhaupt sinnvoll ist, von einer multikulturellen Gesellschaft zu sprechen. Im Mittelpunkt des multikulturalistischen Konzeptes steht die Anerkennung der Gleichwertigkeit der unterschiedlichen Kulturen in einer Gesellschaft, d. h., dass alle Kulturen, unabhängig von ihrer Verschiedenheit, zu achten und zu respektieren sind. Die Anerkennung

---

474 Vgl. *Hoffmann-Nowotny*, Soziologie des Fremdarbeiterproblems. Eine theoretische und empirische Analyse am Beispiel der Schweiz, 1973, zit. nach *Mintzel*, Multikulturelle Gesellschaften in Europa und Nordamerika. Konzepte – Streitfragen – Analysen – Befunde, 1997, S. 301.

475 Vgl. *Hoffmann-Nowotny*, Chancen und Risiken multikultureller Einwanderungsgesellschaften, Schweizerischer Wissenschaftsrat, Nr. 119, 1992, S. 12; *Hoffmann-Nowotny*, Weltmigration und multikulturelle Gesellschaft. Begriffliche, theoretische und praktische Überlegungen, in: Robertson-Wensauer (Hrsg.), Multikulturalität – Interkulturalität? Probleme und Perspektiven der multikulturellen Gesellschaft. 2. Aufl. (2000), S. 71 (83).

476 Vgl. *Hoffmann-Nowotny/Hondrich* (Hrsg.), Ausländer in der Bundesrepublik Deutschland und in der Schweiz – Segregation und Integration. Eine vergleichende Untersuchung, 1982, S. 569 ff.

477 *Hoffmann-Nowotny*, Weltmigration und multikulturelle Gesellschaft. Begriffliche, theoretische und praktische Überlegungen, in: Robertson-Wensauer (Hrsg.), Multikulturalität – Interkulturalität? Probleme und Perspektiven der multikulturellen Gesellschaft. 2. Aufl. (2000), S. 71 (82 ff.).

der Gleichwertigkeit bedeutet einen „Ausdruck des elementaren Bedürfnisses der Menschen, vorbehaltlos angenommen zu werden“[478]. Zu diesem Gefühl gehört bspw. die Anerkennung der kulturellen Identität der Individuen. Die Menschen sollen nicht nur unabhängig von ihrer Rasse und ihrer Kultur gleiche Bürgerrechte und gleiches Wahlrecht besitzen, sondern auch das Gefühl vermittelt bekommen, dass ihre traditionelle Kultur für wertvoll gehalten wird. Das Prinzip der Anerkennung der kulturellen Identität ergänzt den universalistischen Grundsatz von der Anerkennung der unveräußerlichen Menschenwürde.[479] Nach *Taylor* haben die Kulturen sogar dann unsere „Bewunderung und Respekt“ verdient, wenn sie Elemente enthalten, die „wir verabscheuen und ablehnen müssen“[480]. Gerade diese Forderung scheint der wunde Punkt des multikulturalistischen Konzeptes zu sein.

Zudem gibt es das Problem der Begriffsverwirrung im Rahmen des multikulturalistischen Diskurses: Als Synonym verwendete Begriffe wie Multikulturalität, kultureller Pluralismus, Multikulturalismus und multikulturelle Gesellschaften weisen sehr unterschiedliche Bedeutungen auf. Auch „multikulturell“ wird häufig mit „multinational“ verwechselt.[481] Kritiker des Multikulturalismuskonzeptes meinen jedenfalls, dass es eine multikulturelle Gesellschaft definitionsgemäß nicht geben könne. Im Gegenteil könne eine Gesellschaft nur eine Kultur haben. Eine multikulturelle Gesellschaft bestehe dann aus mehreren verschiedenen Gesellschaften, die auf dem Territorium eines Staates nebeneinander leben.[482] Wie bereits erläutert, sind Kultur und Struktur einer Gesellschaft aufeinander abgestimmt und entsprechen einander mehr oder weniger. Dadurch wird das Problem deutlich, vor dem der Staat mit kulturell unterschiedlichen Teilbevölkerungen steht. Zwischen Kultur und Struktur besteht ein Interdependenzverhältnis, d. h., kultureller Wandel verursacht gleichzeitig auch strukturelle Veränderung. Deswegen ist Multikulturalität ohne „Multistrukturalität“ unvorstellbar. Die Frage, wie viel kulturellen und strukturellen Pluralismus die hochentwickelte Gesellschaft vertragen kann, ohne ihren Zusammenhalt und ihre Funktionsfähigkeit zu gefährden, bleibt „das Preisrätsel der Soziologie der Moderne“[483].

Jeder Staat ist auf eine bestimmte Art strukturiert und dieser Struktur entspricht auch immer eine bestimmte Kultur. Ebenso gibt es unterhalb dieser Superstruktur und Superkultur des Staates eine Vielzahl von Subkulturen und Substrukturen, die zur übergreifenden Kultur im Interdependenzverhältnis stehen und von ihr in

---

478 Vgl. *Löffler*, Integration in Deutschland, 2011, S. 129.

479 Vgl. *Taylor*, Multikulturalismus und die Politik der Anerkennung, 1993, S. 65 ff.

480 *Taylor*, Die Politik der Anerkennung, 1993, S. 65.

481 Vgl. *Löffler*, Integration in Deutschland, 2011, S. 129.

482 *Schmid*, in: Deutsche Bevölkerungsfrage und politisches Handeln. Eine argumentative Analyse, 1990, S. 62, zit. nach: *Langenfeld*, Integration und kulturelle Identität zugewanderter Minderheiten, 2001, S. 268.

483 *Schmid*, in: Deutsche Bevölkerungsfrage und politisches Handeln. Eine argumentative Analyse, 1990, S. 62, zit. nach: *Langenfeld*, Integration und kulturelle Identität zugewanderter Minderheiten, 2001, S. 268 ff.

erheblichem Maße beeinflusst werden. In besonderer Weise trifft dies für den modernen Nationalstaat mit seinen sehr umfangreichen und weitreichenden Staatsstrukturen zu, in denen grundlegende Wertvorstellungen ihren Ausdruck finden.[484] Im Wesentlichen gelten sie unterschiedslos für alle Mitglieder der nationalstaatlichen Gemeinschaft, also auch für Ausländer. Im modernen Staat kann generell im öffentlichen Bereich kein Nebeneinander der Kulturen existieren. So behaupten auch viele Multikulturalisten, etwa *Rex*: „Multiculturalism in the modern world involves on the one hand the acceptance of a single culture and a single set of individual rights governing the public domain and a variety of folk cultures in the private domestic and communal domains [...] as long as these do not interfere with the functioning of the main political, economic and legal institutions of society."[485] Ähnliches meint auch *Geißler*, wenn er sagt, dass multikulturelle Gesellschaft bedeute, den Einwanderern ihre kulturelle Identität, wenn sie es wollen, zu lassen, „aber gleichzeitig von ihnen zu verlangen, dass sie universelle Menschenrechte und die Grundwerte der Republik, wie z.B. die Gleichberechtigung der Frau und die Glaubens- und Gewissensfreiheit achten und die deutsche Sprache beherrschen"[486]. In diesen Aussagen ist jedoch eine „drastische Reduktion" der multikulturalistischen Postulate zu bemerken. Multikulturalität bedeute dann die Existenz von Subkulturen im privaten Bereich und dies auch nur insoweit, als nicht die öffentliche Werte und Normen, für die universelle Geltung beansprucht wird, betroffen werden. Die universelle Verbindlichkeit staatlich-öffentlicher Kultur bei gleichzeitiger Variabilität, allerdings keineswegs völliger Beliebigkeit der gemeinschaftlichen und privaten Kultur, stellt somit einen der fundamentalen Grundsätze der Moderne dar.[487] Ein solches Multikulturalitätskonzept enthält jedoch einen Widerspruch: Zum einen, dürfen die Einwanderer die Elemente der hergebrachten Kultur im privaten und gemeinschaftlichen Raum weiterführen. Zum anderen müssen sie auf der staatlichen Ebene, etwa in den Bereichen Politik, Wirtschaft und Bildung, die institutionellen Vorgaben des Einwanderungslandes nicht nur formell akzeptieren, sondern sich darin ebenso assimilieren, auch wenn sie den eigenen Vorstellungen entgegenstehen. Die Assimilation geschehe also auch ohne entsprechende Absicht des Einwanderungslandes.[488] In diesem Zusammenhang bestehe, nach *Prisching*,

484 *Hoffmann-Nowotny*, Soziologische Aspekte der Multikulturalität, in: Bade, Migration – Ethnizität – Konflikt, 1996, S. 107.

485 *John Rex*, The Concept of a Multi-Cultural Society, 1985, S. 4 ff., zit. nach: *Hoffmann-Nowotny*, Soziologische Aspekte der Multikulturalität, in: Bade, Migration – Ethnizität – Konflikt, 1996, S. 108.

486 *Geißler*, Zugluft – Politik in stürmischer Zeit, 1990, S. 193, zit. nach: *Langenfeld*, Integration und kulturelle Identität zugewanderter Minderheiten, 2001, S. 269.

487 *Hoffmann-Nowotny*, Soziologische Aspekte der Multikulturalität, in: Bade, Migration – Ethnizität – Konflikt, 1996, S. 108; Vgl. *Langenfeld*, Integration und kulturelle Identität zugewanderter Minderheiten, 2001, S. 270.

488 Vgl. *Hoffmann-Nowotny*, Soziologische Aspekte der Multikulturalität, in: Bade, Migration – Ethnizität – Konflikt, 1996, S. 109.

eine „künstliche Unterscheidung“ zwischen dem Verfassungsrahmen und der freien Alltagskultur, denn es geht praktisch um „tief greifende Eingriffe in die Alltagskultur, um einen weitgehenden Assimilationsdruck, der von der Wahrung unverzichtbarer abendländischer Kulturbestände ausgeht“[489].

Hoffmann-Nowotny schlägt demnach vor, nicht mehr von „Multikulturalität“ zu sprechen, weil dieser Terminus viel mehr verspreche, als er zu erfüllen imstande sei, sondern nach den Bedingungen der Möglichkeit subkultureller und substruktureller Differenzierung unterhalb des staatlich-öffentlichen Sektors zu fragen.[490] Aus soziologischer Sicht umfasst „Subkulturalität“ wohl nicht einen Gesellschaftszustand, in dem es zwischen Subkulturen nicht einmal zumindest teilweise einen gemeinsamen Wissensvorrat gibt. Freilich handelt es sich dabei um eine verfassungstheoretische Kategorie, also um eine Verfassung, die den Zusammenhalt des Ganzen gewährleistet.[491]

2. Multikulturalismusdebatte in der Bundesrepublik Deutschland

Im Unterschied zu den klassischen Einwanderungsländern ist das Thema „Multikulturalismus“ in Deutschland erst Anfang der 1980er Jahre entdeckt worden und blieb vorerst ohne große Resonanz. Verbreitet waren die Begriffe „multi-ethnische Gesellschaft“, „race relations“, „ethnic relations“ und „minority group relations“. Erst Anfang der 90er Jahre begann die sozialwissenschaftliche „Themenkarriere“: Der Soziologe *Esser* eröffnete mit seinem Beitrag über „Multikulturelle Gesellschaft als Alternative zu Isolation und Assimilation“ die sozialwissenschaftliche Diskussion über multikulturelle Gesellschaften in Deutschland. Seitdem werden in der Bundesrepublik unterschiedliche Positionen sichtbar, die Ähnlichkeiten und Differenzen aufweisen. Die multikulturelle Gesellschaft wird angesehen als „ideologisches Konstrukt“, „Bedrohungspotenzial“, „Chance für die Demokratisierung der Gesellschaft“, „Toleranzmodell“, „postmoderne Ethnofolklore“, „Kulturkampf“ oder einfach als eine „Alltagsnormalität einer globalisierten Weltgesellschaft“[492].

---

489 *Prisching*, Die Krisen des 21. Jahrhunderts – Zehn Modelle für verwirrende Zeitläufe, in: Wirtschaft und Gesellschaft 20, 1994, S. 125 (126), zit. nach: *Langenfeld*, Integration und kulturelle Identität zugewanderter Minderheiten, 2001, S. 270.

490 Vgl. *Hoffmann-Nowotny*, Soziologische Aspekte der Multikulturalität, in: Bade, Migration – Ethnizität – Konflikt, 1996, S. 110.

491 *Langenfeld*, Integration und kulturelle Identität zugewanderter Minderheiten, 2001, S. 271.

492 Vgl. *Georgi*, Zur Vielfalt multikultureller Gesellschaftsentwürfe, in: Kiesel/Messerschmidt/Scherr(Hrsg.), Die Erfindung der Fremdheit. Zur Kontroverse um Gleichheit und Differenz im Sozialstaat, 1. Aufl. (1999), S. 123 (124); *Neubert/Roth/Yildiz*, Multikulturalismus – ein umstrittenes Konzept, in: Multikulturalität in der Diskussion. Neuere Beiträge zu einem umstrittenen Konzept, 2. Aufl. (2008), S. 20; *Schulte*, Multikulturelle Gesellschaft: Chancen, Ideologie oder Bedrohung? in: Aus Politik und Zeitgeschichte. Beilage zur Wochenzeitung Das Parlament, B 23–24, 1.06.1990, S. 3–15.

a) Die politisch-philosophischen Grundlagen des deutschen Multikulturalismus

Festzustellen ist, dass die theoretischen Begründungsversuche für eine multikulturelle Gesellschaft bis heute unvollständig sind und der deutsche Multikulturalismus zur Entwicklung einer multikulturalistischen Theorie nur einen geringen Beitrag geleistet hat. Im Wesentlichen verfügt er über keine durchkonstruierte politisch-philosophische Grundlegung und über kein einheitliches, allgemein gültiges Programm. Seine philosophische Grundlegung richtet sich nach der amerikanischen Art aus. Im deutschen Multikulturalismusdiskurs sind die theoretischen Ansätze von *Habermas* von zentraler Bedeutung, obwohl er über eine nur modifizierende Adaption des Ansatzes des amerikanischen Wissenschaftlers *Taylor* nicht hinauskommt. Der von *Habermas* verfasste Beitrag „Anerkennungskämpfe im demokratischen Rechtsstaat"[493] kann, worauf ein Teil der Literatur zu Recht hinweist, als „intellektuelles Gründungsdokument des bundesdeutschen Multikulturalismus, als seine politisch-philosophische Grundlegung"[494] angesehen werden.

Nach seiner Auffassung beschäftigen sich die modernen Gesellschaften mit Emanzipationsbewegungen verschiedener Art und Herkunft, vor allem mit ethnischen und kulturellen Emanzipationsbewegungen. Er meint, dass sich Staaten, deren „nationales Selbstverständnis an die Integration fremder Kulturen erst angepasst werden muss", mit dieser Aufgabe besonders schwer tun.[495] Diese Herausforderung werde umso größer sein, je tiefer die religiösen, rassischen und ethnischen Unterschiede oder die historisch-kulturellen Ungleichzeitigkeiten reichen, die überbrückt werden müssen. Sie werde umso schmerzlicher ausfallen, je mehr die Anstrengungen der Einwanderer, sich als ethnische Minderheit zu behaupten, einen fundamentalistisch-abgrenzenden Charakter annehmen.[496] Das Problem bestehe in „der rechtlichen Gleichstellung und gleichen Anerkennung von kulturell definierten Gruppen [...] und deren Angehörigen [, die] sich um der Erhaltung und Entfaltung ihrer Identität willen von allen übrigen Kollektiven unterscheiden *wollen*"[497]. Die Problemlösung sieht Habermas in vier Schwerpunkten: dem Herausfinden seiner eigenen Position zwischen klassischem Liberalismus (L1) und liberalem Multikulturalismus (L2) sowie in der Behauptung, dass in den subjektiven Grundrechten der Schutz der eigenen Kultur bereits enthalten ist (1), der Auseinandersetzung mit dem inneren Zusammenhalt der multikulturellen Gesellschaft als Grundproblem dieses Gesellschaftstyps (2), der Auseinandersetzung mit der Frage nach der

---

493 *Habermas*, Anerkennungskämpfe im demokratischen Rechtsstaat, in: Taylor, Multikulturalismus und die Politik der Anerkennung, 1993, S. 147–196.

494 *Löffler*, Integration in Deutschland, 2011, S. 196.

495 *Habermas*, Anerkennungskämpfe im demokratischen Rechtsstaat, in: Taylor, Multikulturalismus und die Politik der Anerkennung, 1993, S. 147 (160).

496 Vgl. *Habermas*, Anerkennungskämpfe im demokratischen Rechtsstaat, in: Taylor, Multikulturalismus und die Politik der Anerkennung, 1993, S. 147 (160).

497 *Habermas*, Anerkennungskämpfe im demokratischen Rechtsstaat, in: Taylor, Multikulturalismus und die Politik der Anerkennung, 1993, S. 147 (164).

Gewährleistung der gleichberechtigten Koexistenz verschiedener ethnischer Gruppen, Kulturen und Lebensformen in der multikulturellen Gesellschaft (3) und der Frage, ob die Aufnahmegesellschaft das Recht hat, die historisch gewachsene kulturelle Identität der eigenen Nation (durch Assimilation) zu sichern (4).[498]

Im Wesentlichen lassen sich im deutschen Multikulturalismus-Diskurs sieben Positionen unterscheiden:[499]

Erstens: *Der liberale oder tolerant-pluralistische Multikulturalismus*: In dieser Position wird Multikulturalität als Chance, als Bereicherung der eigenen Kultur betrachtet: „Kulturelle Vielfalt statt nationaler Einheit“[500]. Das bedeutet, dass die Einwanderer in der multikulturellen Gesellschaft ihre kulturelle Identität und Traditionen nicht aufzugeben brauchen, so dass ein Nebeneinander deutscher und nichtdeutscher kultureller Traditionen und Identitäten möglich ist. Unter diesen Bedingungen soll Toleranz erste Bürgerpflicht sein und die Voraussetzungen für ein friedliches Zusammenleben zwischen Menschen unterschiedlicher Herkunft und Einheimischen schaffen. Die kulturelle Vielfalt erweitere die Pluralität der Gesellschaft um neue Lebensstilvarianten sowie Normen und Werte, die die Einwanderer aus ihren Herkunftsländern mitbringen. So ist die kulturelle Verschiedenheit nur eine unter vielen anderen Aspekten in der pluralistischen Gesellschaft. Dabei ist umstritten, ob die ethnische Vielfalt als Übergangsphänomen oder als Dauerzustand zu verstehen ist.

Zweitens: *Der naive Multikulturalismus* ist eng verwandt mit dem liberalen Multikulturalismus und unterscheidet sich von anderen Varianten durch seinen Voluntarismus, seinen unkritischen Kult der Vielfalt und die Bewertung der Vorstellung vom permanenten Austausch sowie durch wechselseitige Annäherung und Bereicherung zwischen Einwanderern und Einheimischen. Kennzeichnend für den naiven Multikulturalismus ist, dass die Welt als Wunschvorstellung angenommen wird und die problematischen Aspekte weitgehend ignoriert werden. Eine gemeinsame Grundlage für ein friedliches Zusammenleben bestehe nicht in Herrschafts- und Dominanzansprüchen der einen Kultur über die anderen, nicht in Selbstbehauptung und Machtansprüchen, sondern im kooperativen Miteinander.[501]

Drittens: Bei dem *radikalen Multikulturalismus* handelt es sich um die sog. aggressive Variante des naiven Multikulturalismus, die nicht nur die ethnokulturellen, sondern alle unterprivilegierten und marginalisierten gesellschaftlichen

498 Im Folgenden soll nicht auf die einzelne Problemlösung eingegangen werden, demnach wird auf den bereits genannten Beitrag von *Jürgen Habermas* hingewiesen.

499 Im Folgenden bezieht sich die Autorin auf die Ausführungen von *Berthold Löffler*, Integration in Deutschland (2011), *Viola Georgi*, Zur Vielfalt multikultureller Gesellschaftsentwürfe (1999) und von *Stefan Neubert/Hans-Joachim Roth/Erol Yildiz*, Multikulturalismus – ein umstrittenes Konzept (2008).

500 *Neubert/Roth/Yildiz*, Multikulturalismus – ein umstrittenes Konzept, in: Neubert/Roth/Yildiz, Multikulturalität in der Diskussion, 2. Aufl. (2008), S. 20.

501 Vgl. *Löffler*, Integration in Deutschland, 2011, S. 215.

Gruppen umfasst. Das charakteristische Merkmal aller Schattierungen dieser Position zeigt sich darin, kulturelle Gruppenrechte über die Grundrechte des Individuums und über die Interessen der gesamten Gesellschaft zu stellen.[502] Radikaler Kulturrelativismus und totale Toleranz gegenüber kultureller Verschiedenheit ergeben weitere Unterscheidungsmerkmale des radikalen Multikulturalismus: Alle Kulturen sind als gleichwertig anerkannt, die eigene Kultur wird aber sehr gering geschätzt. Deshalb wird dies als „ein Symptom kollektiver Selbstverachtung und Selbstverleugnung“[503] kritisiert. In Deutschland wurde eine spezifische Art des radikalen Multikulturalismus entwickelt, die ihre Motivation aus der moralischen Katastrophe des Nationalsozialismus bezieht.

Viertens: *Der Multikulturalismus als Chance zur Demokratisierung*: Diese Position bindet kulturelle Fragestellungen auf politische zurück und betreibt „eine kritische, auf Demokratisierung ausgerichtete Transformation der Gesellschaft auf der Grundlage von Multikulturalität“[504]. Danach soll auf der politischen Ebene Ausländerpolitik durch Minderheitenpolitik ersetzt werden, „um einen realistischen Umgang mit Einwanderern zu ermöglichen und um von der Kunstfigur des Ausländers Abschied zu nehmen“[505]. Auf der sozialen Ebene sollen Ungleichheiten und Diskriminierungen abgeschafft werden und auf der kulturellen Ebene werden autonome Entfaltungsmöglichkeiten eingewanderter Minderheiten unterstützt.[506] Es wird eine plurale Integration der Eingewanderten gefordert: die Anerkennung und Förderung von Einwanderergemeinschaften durch die politischen, sozialen und kulturellen Institutionen des Aufnahmelandes sowie eine interkulturelle Ausrichtung von gesellschaftlichen Teilsystemen. In Deutschland wird diese Position vor allem von dem Politologen *Schulte* eingenommen.[507]

Fünftens: *Der radikal universalistische Multikulturalismus*, der insbesondere vom deutschen Soziologen und Multikulturalismuskritiker *Radtke* vertreten wird, verteidigt das Projekt der Aufklärung und lehnt Kultur als Beschreibungskategorie der Gesellschaft ab.[508] Allerdings wird ein universalistisches

---

502 Vgl. *Münch*, Soziologische Theorie, Band 3: Gesellschaftstheorie, 2004, S. 149.

503 *Löffler*, Integration in Deutschland, 2011, S. 217 ff.

504 *Neubert/Roth/Yildiz*, Multikulturalismus – ein umstrittenes Konzept, in: Neubert/Roth/Yildiz, Multikulturalität in der Diskussion, 2. Aufl. (2008), S. 20.

505 *Neubert/Roth/Yildiz*, Multikulturalismus – ein umstrittenes Konzept, in: Neubert/Roth/Yildiz, Multikulturalität in der Diskussion, 2. Aufl. (2008), S. 21.

506 *Neubert/Roth/Yildiz*, Multikulturalismus – ein umstrittenes Konzept, in: Neubert/Roth/Yildiz, Multikulturalität in der Diskussion, 2. Aufl. (2008), S. 21.

507 Vgl. *Schulte*, Demokratie als Leitbild einer multikulturellen Gesellschaft, in: Butterwegge/Gudrun/Fatma (Hrsg.), Medien und multikulturelle Gesellschaft, 1999, S. 187–206.

508 Eine teilweise analoge Kritik wird auch in der französischen Diskussion um Multikulturalismus von *Alain Finkielkraut* vertreten. Vgl. dazu: *Roth*, Dämmerung der Aufklärung?, in: Neubert/Roth/Yildiz, Multikulturalität in der Diskussion. 2. Aufl. (2008), S. 101 (105).

Multikulturalismuskonzept anerkannt, indem „das egalitäre Prinzip prägend für den politischen und sozioökonomischen Status sein soll. Ohne diese universelle Rückbindung stehe der Multikulturalismus in der Gefahr, einer Ethnisierung gesellschaftlicher Konflikte Vorschub zu leisten."[509] Das bedeutet, dass ursprünglich und eigentlich soziale Kontakte oder Konflikte um Macht oder knappe Güter in der Form ethnischer Konflikte entschieden werden. Dieses Modell sieht vor, dass die Gesellschaft nicht aus Gruppen, sondern aus Individuen besteht, die sich durch ihre Lebensstile und kulturellen Vorlieben unterscheiden.[510]

Sechstens: *Der kritische Multikulturalismus* sieht in der ethnischen Zugehörigkeit eine wichtige Rolle, relativiert aber ihre Bedeutung. Es soll jedem Einzelnen selbst überlassen bleiben, ob und inwiefern er sich einer Kultur zugehörig fühle oder nicht (das Prinzip der Selbstinterpretation). Es geht nicht nur um die gleichberechtigte Teilhabe aller, sondern auch um die kritische Überprüfung aller kulturellen Besitzstände und Regelungen, vor allem die der Mehrheitsgesellschaft. Es genügt nicht, den Minderheiten kulturelle Rechte zuzugestehen, „der kritische Multikulturalismus will eine Kulturrevolution"[511], z. B. bei der Feiertagsregelung.

Siebtens: Darüber hinaus werden in der Literatur neuere Tendenzen des Multikulturalismus unterschieden. Eine davon ist *das Konzept des Transnationalismus*, der auch unter dem Begriff der „postnationalen Staatsbürgerschaft" diskutiert wird.[512] Der Transnationalismus betrachtet die zunehmende kulturelle Vielfalt aus dem Blickwinkel der Globalisierung und geht von multiplen Zugehörigkeiten der Individuen in einer Gesellschaft aus. Die Zugehörigkeit zu einem Nationalstaat wird von einer grenzübergreifenden Zugehörigkeit zu mehreren Staaten, sozialen Netzwerken und Lebenswelten abgelöst. Migranten identifizieren sich gleichzeitig mit mehreren Nationen, pendeln dauerhaft zwischen ihnen und mischen kulturelle Elemente aus den unterschiedlichen Kulturen.[513] Der Philosoph *Welsch* kritisiert das Multikulturalismus- und Interkulturalitätskonzept und befürwortet Transkulturalität als kulturübergreifende Identität, die bei der Begegnung unterschiedlicher oder gar gegensätzlicher Kulturen die kulturellen Grenzen verwischt oder sogar aufhebt. Die kulturelle Hybridisierung sei ein gegenwärtiges Phänomen, wobei

---

509 *Neubert/Roth/Yildiz*, Multikulturalismus – ein umstrittenes Konzept, in: Neubert/Roth/Yildiz, Multikulturalität in der Diskussion, 2. Aufl. (2008), S. 21.

510 Vgl. *Radtke*, Multikulturalismus: Ein postmoderner Nachfahre des Nationalismus, in: Ostendorf (Hrsg.), Multikulturelle Gesellschaft. Modell Amerika, 1994, S. 229–235; *Radtke*, Lob der Gleich-Gültigkeit. Die Konstruktion des Fremden im Diskurs des Multikulturalismus, in: Bielefeld (Hrsg.), Das Eigene und das Fremde. Neuer Rassismus in der Alten Welt?, 1991, S. 79–96.

511 *Löffler*, Integration in Deutschland, 2011, S. 223.

512 *Georgi*, Zur Vielfalt multikultureller Gesellschaftsentwürfe, in: Kiesel/Messerschmidt/Scherr (Hrsg.), Die Erfindung der Fremdheit, 1. Aufl. (1999), S. 123 (142); *Steiner-Khamsi*, Transkulturalität und kulturelle Staatsbürgerschaft, in: Jahrbuch für Pädagogik 1996, 1996, S. 263 ff.

513 *Löffler*, Integration in Deutschland, 2011, S. 224.

die Transkulturalität dieser Entwicklung am besten Rechnung trüge.[514] Eine klare Definition von Transkulturalität gibt *Ates*: Das ist eine Gesellschaft, in der Zuwanderer in mindestens zwei Kulturen zu Hause sind: in ihrer Herkunftskultur, gleichzeitig aber auch in der Kultur ihrer Aufnahmegesellschaft.[515]

Gleichgültig, ob die multikulturelle Gesellschaft abgelehnt, begrüßt oder als tragfähiges Zukunftsmodell gefördert wird, fallen in Deutschland insbesondere zwei spezielle Aspekte auf: Einerseits werden die Begriffe „Multikulturalität", „Ethnizität" oder „kulturelle Identität" oft vorrangig im Migrationskonzept und im Zusammenhang mit der Debatte um die „Einwanderungsgesellschaft" diskutiert. Andererseits werden sie dabei oft nur punktuell angeführt und teilweise für politische Zwecke instrumentalisiert und ideologisiert. Mit Multikulturalismus wird dabei häufig eine auf Gruppeninteressen verengte Sicht der „Wirklichkeit" und Politik oder ein vager Pluralismus ohne kritische Reflexion des komplexen gesamten Gesellschaftszusammenhangs verbunden.[516] Schließlich geht es beim deutschen Multikulturalismusdiskurs nicht um eine rein trockene Diskussion in „ideologisch festgefahrenen Bahnen", sondern um eine lebendige und auf verschiedenen Ebenen geführte Debatte. Allerdings ist umstritten, ob das Konzept der multikulturellen Gesellschaft in Deutschland in der Tat gescheitert ist oder als Erfolgsmodell künftig akzeptiert werden kann.

b) Die Diskussion um die deutsche Leitkultur

Im Rahmen der deutschen Integrationsdiskussion wird ferner eine heftige Debatte um die sogenannte „deutsche Leitkultur" geführt, die die „spezifisch deutschen Voraussetzungen und Bedingungen"[517] der Frage behandelt: Wie, auf welcher Grundlage und mit welchem Ziel sollen die Einwanderer in die deutsche Gesellschaft integriert werden? Kultur spielt dabei eine wesentliche Rolle nicht nur für Individuen, sondern auch für die Gesamtgesellschaft.

Der Begriff „Leitkultur" wurde vom Göttinger Politologen *Tibi* im Rahmen der Darstellung der Risiken und Auswirkungen fehlender oder mangelhafter Integrationskonzepte vor dem Hintergrund der islamischen Masseneinwanderung nach Europa bereits 1996 erfunden.[518] Er gab ein Integrationsmodell wieder, das auch für muslimische Zuwanderer erfolgreich sein kann, und nannte es „Leitkultur". Danach wird Leitkultur „als ein gemeinsamer verbindlicher Normen- und Wertekatalog" und als „ein an der demokratischen, laizistischen sowie zivilisatorischen Identität Europas orientierter Wertekonsens" verstanden, der „das friedliche

514 *Welsch*, zit. nach Löffler, Integration in Deutschland, 2011, S. 225.

515 Zitiert nach *Löffler*, Integration in Deutschland, 2011, S. 225.

516 Vgl. *Neubert/Roth/Yildiz*, Multikulturalismus – ein umstrittenes Konzept, in: Multikulturalität in der Diskussion. Neuere Beiträge zu einem umstrittenen Konzept, 2. Aufl. (2008), S. 22.

517 *Löffler*, Integration in Deutschland, 2011, S. 277.

518 Vgl. *Tibi*, Europa ohne Identität? 1. Aufl. (1998), S. 28.

Zusammenleben von Menschen mit unterschiedlichen ‚zivilisatorischen Weltanschauungen' sichert und gewissermaßen eine wertintegrative Identität aller Gesellschaftsmitglieder schafft"[519]. Diese Leitkultur meint die Werte der kulturellen Moderne Europas und bedeutet den „Primat der Vernunft vor religiöser Offenbarung, d. h. vor der Geltung absoluter religiöser Wahrheiten, individuelle Menschenrechte (also nicht Gruppenrechte), säkulare, auf der Trennung von Religion und Politik basierende Demokratie, allseitig anerkannter Pluralismus sowie ebenso gegenseitig zu geltende säkulare Toleranz. Die Geltung dieser Werte macht allein die Substanz einer Zivilgesellschaft aus."[520] Aus dieser Definition entwickelte sich zunächst keine größere Debatte. Allerdings änderte sich dies, als im Oktober 2000 der damalige CDU/CSU-Fraktionsvorsitzende *Friedrich Merz* mit dem Schlagwort der „freiheitlich-demokratischen, deutschen Leitkultur" in die Auseinandersetzungen über den Reformbedarf der Einwanderungs- und Integrationspolitik Deutschlands eingriff. *Merz* forderte nachdrücklich, dass sich Zuwanderer, die in Deutschland leben wollen, notwendigerweise der „deutschen Leitkultur" anpassen müssten. Das Grundgesetz sei der wichtigste Ausdruck der deutschen Werteordnung und somit auch ein Teil der deutschen kulturellen Identität, welche den Maßstab für ein Leben in der Bundesrepublik abgebe. Davon abweichende Wertvorstellungen von unzureichend integrierten Zugewanderten dürften nicht geduldet werden.[521] Seitdem ist die „Leitkultur" ein politisches Reizwort geworden[522] und hat eine heftige Kontroverse eröffnet: angefangen mit den Diskussionen zum EU-Beitritt der Türkei, der Kopftuch-Debatte oder Auseinandersetzungen um Ehrenmorde und Parallelgesellschaften bis zur Zwangsgermanisierung in Deutschland. Obwohl die Debatte kontrovers und vielseitig geführt wird, soll festgestellt werden, dass der Begriff selbst an der Schwäche seiner „Unbestimmtheit und Unbestimmbarkeit"[523] leidet, so dass er zu einer Zielscheibe politischer Gegner geworden ist. Hinzuweisen ist auch darauf, dass Tibis Konzept überparteiisch angelegt worden ist, indem es ein Mindestmaß an Bereitschaft zu nüchterner, sachlicher Diskussion erfordert, die fern ab von wahlpolitischen Interessen geführt wird, was aber auf scharfe Kritik gestoßen ist. Allerdings ist nachvollziehbar, dass jede Gesellschaft ein Mindestmaß an gemeinsamen Überzeugungen und Orientierungen braucht, da sie ohne Regeln und gesetzlichen Rahmenbedingungen auf Dauer nicht funktionieren kann.[524]

In der deutschen Leitkulturdebatte lassen sich somit insgesamt drei Gesichtspunkte unterscheiden:

---

519 *Tibi*, Europa ohne Identität? 1. Aufl. (1998), S. 49.

520 *Tibi*, Europa ohne Identität? 1. Aufl. (1998), S. 56.

521 Zit. nach *Löffler*, Integration in Deutschland, 2011, S. 291.

522 Zu der ausführlichen Darstellung der politischen Diskussionen um deutsche Leitkultur siehe *Löffler*, Integration in Deutschland, 2011, S. 291 ff.

523 *Löffler*, Integration in Deutschland, 2011, S. 278.

524 Vgl. *Lammert* (CDU), Bundestagspräsident, Auch die EU braucht ein ideelles Fundament, in: Die Welt, v. 13.12.2005.

Den ersten Gesichtspunkt bilden die Folgen der rasant fortschreitenden Globalisierung, also die Ausdehnung internationaler Migration. Dabei werden zwei gegenläufige Tendenzen festgestellt: einerseits die Tendenzen zur kulturellen Entgrenzung im Zuge der Globalisierung, andererseits das Bedürfnis nach kultureller Identität. So scheint es unmöglich, dass ein Zusammenleben unterschiedlicher Kulturen in der gleichen Gesellschaft unbegrenzt existieren kann. Deshalb spiegeln sich diese Tendenzen auch in der gesellschaftspolitischen Debatte über Identität und Leitkultur in der Bundesrepublik wider.[525]

Hierbei handelt es sich zweitens um die Suche nach der angemessenen Art und Weise der kulturellen Integration von Zuwanderern in Deutschland: Das Ob und das Wie sowie Reichweite und Grenzen der Aufnahmefähigkeit von Einwanderern durch die deutsche Gesellschaft spielen im Leitkulturdiskurs eine wichtige Rolle. Die Leitkulturgegner gehen davon aus, dass unter den kulturell verschiedenen Staatsbürgern mit unterschiedlichen Wertvorstellungen kein inhaltlicher Konsens bestehen kann. Deshalb fordern sie gemeinsame, menschenrechtlich verbesserte demokratische Spielregeln, die ihnen helfen sollen, die gesellschaftlich, sozial und kulturell bedingten Interessenkonflikte unter Kontrolle zu halten. Gemeinsame Spielregeln seien einziges gesellschaftliches Bindemittel der multikulturellen Gesellschaft. Manchmal wird auf das Erfordernis eines solchen Konsenses hingewiesen, gelegentlich wird dieses abgelehnt.[526] Allerdings lässt sich feststellen, dass die politischen und sozialwissenschaftlichen Positionen in den meisten Fällen vom Bedürfnis einer gemeinsamen Wertegrundlage in den modernen Gesellschaften ausgehen. Diese Einigkeit löst jedoch kein Integrationsproblem, weil Inhalt und Ausmaß dieses Konsenses noch nicht festgelegt sind. Die Positionen unterscheiden sich ferner in der Reichweite der Forderung nach sozialer und kultureller Anpassung von Zuwanderern. Auch die Erwartungen weichen voneinander ab: von minimalen Anforderungen, wie etwa dem Erlernen der deutschen Sprache oder dem Erwerb von Grundkenntnissen deutscher Kultur und Geschichte bis zur Übernahme der Lebensweise und des Lebensstils der Aufnahmegesellschaft und der Übernahme von Verantwortung für die Gesellschaft.[527]

Im Mittelpunkt der Debatte steht drittens die Frage, auf welcher Grundlage die Zuwanderer mit den Einheimischen zusammenleben und die Gesellschaft gestalten können. Allerdings ist umstritten, was die Grundlage dieses Zusammenlebens sein kann. Diese Grundlage könnte die Zugehörigkeit zur deutschen Nation bilden, es wird aber der deutschen Mehrheitsgesellschaft eine kollektive Identitätskrise „zugeschrieben“: Sie leide unter einer Verunsicherung ihrer nationalen Identität. Der dritte Gesichtspunkt bezieht sich somit auf den sog. Selbstverständnis- und Normalisierungsdiskurs angesichts der nationalsozialistischen Vergangenheit

525 Vgl. *Löffler*, Integration in Deutschland, 2011, S. 279.

526 *Beck*, Was ist Globalisierung?, 1998; *Luhmann*, Die Gesellschaft der Gesellschaft, 1997, Band 1, zit. nach *Löffler*, Integration in Deutschland, 2011, S. 337.

527 Vgl. *Löffler*, Integration in Deutschland, 2011, S. 337.

Deutschlands,[528] worauf in der vorliegenden Untersuchung nicht eingegangen werden soll.

Abschließend lässt sich feststellen, dass die Unterschiede in den Pro- und Contra-Positionen zum Modell der Leitkultur nicht immer klar erkennbar sind. In bestimmten Varianten sind sie sogar einem multikulturellen Integrationsverständnis sehr ähnlich oder gleich. Das Problem dieser Debatten liegt in der Zurückhaltung oder Angst, anderen die eigene Kultur anzubieten. In so einem Einwanderungsland wie Deutschland kann keine Multikulti-Gesellschaft funktionieren, die, wie bereits festgestellt wurde, in der Tat zu Parallelgesellschaften führt. Davor, dass in einer multikulturellen Gesellschaft kein Miteinander, sondern ein Nebeneinander der einzelnen Kulturen existiert, was zu einer Sinnkrise Europas und zu fehlender eigener Identität führt, hat bereits *Tibi* gewarnt.[529] Es bleibt daher ein gemeinsamer Weg zu finden – das Leitkulturmodell ist ein solcher. In jeder funktionierenden Gesellschaft können nur auf der Grundlage einer gemeinsamen Kultur Zusammengehörigkeitsgefühl und Loyalität gegenüber einem Land entstehen. Als solche Kultur kann lediglich die Kultur der Aufnahmegesellschaft dienen, die in diesem Sinne auch als Leitkultur bezeichnet werden kann. Trotz aller Kritik gegen diese neue Erfindung im Rahmen der Integrationspolitik wird der Leitkulturdiskurs von einigen Autoren[530] als „Versuch" bewertet, die ungeklärten Probleme der Integration der Zugewanderten aufzulösen. Dieses Konzept muss aber vollständig herausgearbeitet und als Zukunftsmodell für die Integration der Einwanderer festgelegt sowie in die Praxis umgesetzt werden.

II. Darstellung des kulturellen Integrationsprozesses bei den Zuwanderern

An dieser Stelle werden die Fragen erläutert, welche Voraussetzungen eine kulturelle Integration hat und welche Veränderungen sich beim Prozess der (kulturellen) Integration der Einwanderer ergeben. Aus der Literatur folgt, dass unterschiedliche Formen kultureller Integration bestehen, nämlich Gaststatus, Assimilation, Akkulturation, Melting-Pot-Idee und Multikulturalismus. Von großer Bedeutung für die vorliegende Untersuchung sind vor allem die Assimilation und Akkulturation.

1. Integration und Desintegration in den multikulturellen Gesellschaften

In Bezug auf (soziale) Integration und Desintegration stellen sich im Wesentlichen folgende Schlüsselfragen: Wann wird der Zustand gesellschaftlicher Integration

528 Mehr dazu: *Löffler*, Integration in Deutschland, 2011, S. 319 ff.
529 Siehe *Tibi*, Europa ohne Identität? 1. Aufl. (1998).
530 Vgl. *Löffler*, Integration in Deutschland, 2011.

in einen der Desintegration umgewandelt? Sind die modernen (ethnisch-kulturell vielfältigen) Gesellschaften überhaupt noch integrierbar?

Wie bereits ausgeführt, wird die „soziale Integration" als Erfolgsbegriff verstanden: Integration kann gelingen – und zwar in höherem oder geringem Maß – oder sie kann scheitern.[531] Der natürliche Gegenbegriff zu Integration ist Desintegration, die einen unerwünschten, möglichst zu vermeidenden Zustand bezeichnet und mit Reibungs- und Funktionsverlusten, mit Bestandsbedrohungen, Verfall oder Zerfall, Orientierungslosigkeit, Identitätsstörungen und Entfremdung assoziiert wird.[532]

Heitmeyer hat ein Modell sozialer Desintegration der modernen Gesellschaften entwickelt, indem er den von *Peters* genannten drei Dimensionen von Integration negative Entsprechungen zugeordnet hat: *Strukturkrise* (die funktionale Koordination, die die ökonomische Ebene betrifft), *Regulationskrise* (die moralische Integrität, die die soziale Ebene umfasst) und *Kohäsionskrise* (die expressive Gesellschaft, die die kulturelle Ebene betrifft).[533]

Die *Strukturkrise* wird bei den Einwanderern an der ethnischen Unterschichtung, am Fehlen von Ausbildungsplätzen, an Bildungsdefiziten und an der höheren Arbeitslosigkeit erkennbar. Im ökonomischen Bereich zeigen sich deshalb anomische Spannungen, weil Erfolge bei der Durchsetzung der rechtlichen Gleichheit den Misserfolgen gegenüberstehen. Eine zunehmende rechtliche Gleichheit wird durch steigende berufliche Ungleichheit und Ausgrenzung konterkariert. Gerade daraus ergibt sich ein Nebeneinander von Integration im sozialen und rechtlichen Bereich und Desintegration auf dem Arbeitsmarkt. Das Konfliktpotential ist umso höher, je erfolgreicher die partielle Integration verläuft.[534]

Die *Regulationskrise* zeigt sich darin, dass die zunehmende Pluralisierung der Werte und Normen in der Gesellschaft die Individuen eine Orientierungslosigkeits- und Beliebigkeitserfahrung machen lässt. Das Zusammenwirken von Struktur- und Regulationskrise ergibt die klassische anomietheoretische Figur: „Eine steigende Anzahl von Menschen unterliegt der Zerreißprobe zwischen zunehmenden soziokulturellen Optionen und abnehmenden sozioökonomischen Realisierungschancen, die aufgrund der Strukturkrisen auch künftig immer weniger über sozialstaatliche Transferleistungen ausgeglichen werden (können), um eine

531 Vgl. *Peters*, Die Integration moderner Gesellschaften, in: Imbusch/Heitmeyer (Hrsg.), Integration – Desintegration, 1. Aufl. (2008), S. 75 (75).

532 *Imbusch*, Konzeptionen sozialer Integration (3), Einführung, in: Imbusch/Heitmeyer (Hrsg.), Integration – Desintegration, 1. Aufl. (2008), S. 121 (124).

533 Vgl. *Heitmeyer*, Was treibt die Gesellschaft auseinander?, Bd. 1, 2004, S. 632; *Heitmeyer*, Gesellschaftliche Integration, Anomie und ethnisch-kulturelle Konflikte, in: Imbusch/Heitmeyer (Hrsg.), Integration – Desintegration, 1. Aufl. (2008), S. 571 (574).

534 Vgl. *Heitmeyer*, Was treibt die Gesellschaft auseinander?, Bd. 1, 2004, S. 641; *Heitmeyer*, Gesellschaftliche Integration, Anomie und ethnisch-kulturelle Konflikte, in: Imbusch/Heitmeyer (Hrsg.), Integration – Desintegration, 1. Aufl. (2008), S. 571 (575).

als befriedigend erlebte soziale Integration zu gewährleisten."[535] Es wird die zunehmende Spannung von „westlichen" und islamischen Welt- und Normvorstellungen festgestellt. Zum einen entstehen scharfe Wert- und Normdifferenzen zwischen Deutschen und Muslimen in Deutschland. Die politische Position des organisierten Islams ist auch wegen der großen Zahl islamischer Zuwanderer relativ stark. Zum anderen säkularisiert sich die Mehrheitsgesellschaft weiter und pluralisiert sich religiös, weltanschaulich und ethnisch, während sich die islamische Gemeinschaft, die sich teilweise in eine islamistisch-fundamentalistische Ideologisierung hineinbewegt, zu homogenisieren scheint. Diese Tendenzen erschweren die Integration der islamischen Einwanderer.[536]

Mit der *Kohäsionskrise* sind jene Phänomene gemeint, die soziale Anerkennung, Bindung und Zugehörigkeiten umfassen. „Während in der Mehrheitsgesellschaft der soziale Zusammenhalt verlorengeht, werden die nationalen Bindemittel reaktiviert, die die ‚eigene' Desintegration zumindest symbolisch rückgängig machen sollen, aber diese Re-Integration nur durch den Ausschluss anderer bewirken können."[537] Insofern ist die Tendenz der Selbstethnisierung als Rückzug zu beobachten. Im Falle türkischer Einwanderer bedeutet diese die verstärkte Orientierung auf das Heimatland und zunehmenden Nationalismus. Nach *Heitmeyer* ergeben Selbstethnisierung und ethnische Interessenpolitik den legitimen Versuch, auf der Strukturebene das Gewicht zugunsten der eigenen ethnischen Gruppeninteressen zu verändern und auf der Regulationsebene die öffentliche und rechtliche Anerkennung eigener Werte- und Normvorstellungen durchzusetzen. Auf der Kohäsionsebene werden die ethnische Bindung und die ethnische Abgrenzung verstärkt, um damit eine bessere Interessenpolitik und ein höheres Mobilisierungspotential aufbauen zu können.[538] Die Ethnisierung führt aber dazu, dass die teilbaren Konflikte unteilbar werden.[539]

Heitmeyer kommt zu dem Ergebnis, dass die Internationalisierung und Globalisierung mit ihrem hohen Entwicklungstempo die Integrationskraft moderner Gesellschaften weiter schwächen und die desintegrierenden Kräfte verstärken werden, und warnt vor den zunehmenden ethnisch-kulturellen Konflikten. Die zentralen Ursachen dafür sind, dass durch das bereits vorgestellte Modell die zentralen Voraussetzungen für eine befriedigende System- und Sozialintegration abnehmen.[540]

---

535 *Heitmeyer*, Was treibt die Gesellschaft auseinander?, Bd. 1, 2004, S. 635.

536 Vgl. *Heitmeyer*, Was treibt die Gesellschaft auseinander?, Bd. 1, 2004, S. 635, 641; *Löffler*, Integration in Deutschland, 2008, S. 76.

537 *Heitmeyer*, Was treibt die Gesellschaft auseinander?, Bd. 1, 2004, S. 641.

538 *Heitmeyer*, Was treibt die Gesellschaft auseinander?, Bd. 1, 2004, S. 641, 643.

539 Vgl. *Heitmeyer*, Was treibt die Gesellschaft auseinander?, Bd. 1, 2004, S. 643.

540 Vgl. *Heitmeyer*, Gesellschaftliche Integration, Anomie und ethnisch-kulturelle Konflikte, in: Imbusch/Heitmeyer (Hrsg.), Integration – Desintegration, 1. Aufl. (2008), S. 571 (589).

2. *Grundlegende Integrationsmodelle: Akkulturation und Assimilierung*[541]

Unter Akkulturation werden „die durch Kulturkontakte hervorgerufenen Veränderungen von Werten, Normen und Einstellungen bei Personen, der Erwerb von Kenntnissen, Fähigkeiten und Qualifikationen (Sprache, arbeitsbezogene Qualifikation, gesellschaftlich-kulturelles Wissen u. a.) sowie Veränderungen von Verhaltensweisen und ‚Lebensstilen' (z. B. in Bezug auf Arbeit, Wohnen, Konsum, Freizeitverhalten, Kommunikationsformen, Heiratsmuster)"[542] verstanden. Akkulturation kann als einseitige und gegenseitige kulturelle Angleichung erscheinen: Während in der einseitigen Angleichung Individuen oder kulturelle Gemeinschaften die wesentlichen Elemente einer fremden Kultur erwerben, übernehmen sie bei der wechselseitigen Akkulturation bestimmte Elemente einer anderen Kultur.[543]

Unterschieden werden, je nach Intensität des Kontakts zwischen verschiedenen Kulturen, unterschiedliche Grade der Akkulturation. Einfache Grade bestehen regelmäßig in der Übernahme von Elementen der materiellen Kultur, ohne die jeweils eigene Kultur aufzugeben. Höhere Grade der Akkulturation sind im bereits von *Heckmann* erfassten Begriff beschrieben. Kennzeichnend für diesen Prozess ist es, dass er ebenso zu Veränderungen der Selbstidentität führt. Neben Veränderungen von Personen werden auch Gruppen, ihre Strukturen und Institutionen verändert. Akkulturation setzt den interethnischen Kulturkontakt voraus, weil sie die Annäherung der Minderheit an die Mehrheit hervorruft, die aber auch bestimmte Elemente der Minderheitenkultur aufnehmen kann. Akkulturation ist ferner „ein unterschiedlich weit gehender Annäherungs- oder Angleichungsprozess"[544], der die betroffenen Individuen und Gruppen in einer separaten kulturellen Existenz belässt. Dabei bleiben ethnische und kulturelle Unterschiede und ethnische Grenzziehungen bestehen.[545]

Falls Akkulturation in diesen Zustand übergeht, wird von Assimilierung (weitgehender Anpassung) an die andere oder fremde Kultur gesprochen. „Assimilierung ist, auf der Ebene von Einzelpersonen wie von Gruppen, die ‚vollständige' Übernahme der Kultur der Mehrheitsgruppe durch die bisherige ethnische Minderheit; diese Übernahme schließt die Aufgabe der ethnischen Minderheitenkultur ein und

541 Die Untersuchung folgt hier in weiten Teilen den Ausführungen von *Heckmann*, der grundlegende Konzepte der Akkulturation neu entwickelt hat. S. *Heckmann*, Ethnische Minderheiten, Volk und Nation, Soziologie inter-ethnischer Beziehungen, 1992, S. 168 ff.

542 *Heckmann*, Ethnische Minderheiten, Volk und Nation, Soziologie inter-ethnischer Beziehungen, 1992, S. 168.

543 Vgl. *Mintzel*, Multikulturelle Gesellschaften in Europa und Nordamerika, Konzepte, Streitfragen, Analysen, Befunde, 1997, S. 178.

544 *Heckmann*, Ethnische Minderheiten, Volk und Nation, Soziologie inter-ethnischer Beziehungen, 1992, S. 169.

545 Vgl. *Heckmann*, Ethnische Minderheiten, Volk und Nation, Soziologie inter-ethnischer Beziehungen, 1992, S. 169.

bedeutet das Verschwinden zuvor existierender ethnischer Grenzziehungen."[546] Dabei werden eine eigenständige ethnische Identität der Minderheitengruppe und ethnisch fundierte Organisationen aufgelöst.[547] Bei höheren Graden der Akkulturation verlieren beide Begriffe an Trennschärfe: Deshalb ist fraglich, wann Ähnlich- und Gleichwerden zum Gleichsein wird. Da der Begriff der Assimilierung einen fortschreitenden Prozess der Annäherung ausdrückt, ist er, nach *Heckmann*, geeigneter als der Begriff der Assimilation, der einen Endzustand bezeichnet.[548] Einfach ausgedrückt: Assimilierung ist ein Prozess der Angleichung oder Ähnlichmachung von Menschen. Integrationstheoretisch betrachtet soll sie eine vollständige Integration darstellen. Der Assimilierungsbegriff wird in zwei Varianten verwendet: In empirischer Hinsicht stellt Assimilierung eine Beschreibung sozialer oder kultureller einseitiger Anpassung dar. In normativer Hinsicht wird eine bestimmte Idealform der Integration von Einwanderern in die aufnehmende Gesellschaft als Assimilation angesehen. Allerdings geht es in beiden Varianten um die „Anpassung einer ethnisch-kulturellen Gruppe an eine andere, meistens einer Minderheit an eine Mehrheit"[549]. Am Ende dieses Prozesses soll die kulturell relativ homogene Gesellschaft herausgebildet werden.

Der Prozess der Assimilierung kann sich über verschiedene Phasen und mehrere Generationen vollziehen. Das klassische Drei-Generationen-Modell, das Mitte der 20er Jahre in den USA verbreitet war, ging davon aus, dass in der ersten Einwanderergeneration die Akkulturation gering sei. „Akkomodationsprozesse an Teilbereiche des gesellschaftlichen Lebens, aber insgesamt ‚Leben in der ethnischen Kolonie' und geringe ‚intermarriage' seien kennzeichnend für die erste Generation. Die zweite Generation habe den Konflikt der Kulturen zwischen Aus- und Einwanderungsland ‚in sich' auszutragen. Druck vom Elternhaus, seinen Werten zu folgen und Anpassungserwartungen in der Schule und im Arbeitsprozess konfrontieren diese Generation. In der dritten Generation würde die Herkunftskultur verschwinden und der Akkulturationsprozess mit der Assimilierung der eingewanderten Gruppe enden."[550] Diesem Modell widerspricht aber die Tatsache, dass heute nach zahlreichen Untersuchungen gerade bei der dritten Generation

546 *Heckmann*, Ethnische Minderheiten, Volk und Nation, Soziologie inter-ethnischer Beziehungen, 1992, S. 169.

547 Vgl. *Heckmann*, Ethnische Minderheiten, Volk und Nation, Soziologie inter-ethnischer Beziehungen, 1992, S. 170.

548 Vgl. *Heckmann*, Ethnische Minderheiten, Volk und Nation, Soziologie inter-ethnischer Beziehungen, 1992, S. 170.

549 Die Einwanderer müssen sich also assimilieren wollen, dagegen müssen die Einheimischen ihre kulturelle Anpassung wünschen und durch Offenheit der Aufnahmegesellschaft ermöglichen. Darin sieht *Löffler* den doppelten Charakter von Assimilierung: einen transitiven und intransitiven. Mehr dazu: *Löffler*, Integration in Deutschland, 2011, S. 90.

550 *Heckmann*, Ethnische Minderheiten, Volk und Nation, Soziologie inter-ethnischer Beziehungen, 1992, S. 172.

eine Wiederbelebung ethnischer Kultur und ethnischen Erbes zu beobachten ist.[551] Dagegen sprechen auch die Untersuchungsergebnisse, die eine hohe intergenerationale Konstanz des ethnischen Heiratsverhaltens und der ethnisch geprägten Religionsausübung zeigen. Vor allem gilt dies für die Jugendlichen und jungen Erwachsenen türkischer Herkunft. An dieser Stelle wird deutlich, dass es wenig sinnvoll ist, universalistische Aussagen über Generationserfolge und Akkulturation zu treffen, weil Akkulturation und Assimilierung offensichtlich mit anderen Variablen variieren, die hinsichtlich der einzelnen Einwanderergruppen sehr unterschiedlich sein können: z.B. mit der Offenheit oder Geschlossenheit der Mehrheitsgesellschaft oder mit dem Typus ethnischer Minderheit.

Einen weiteren „klassischen" Ansatz zur Analyse von Akkulturation hat *Eisenstadt* vorgelegt, indem er den Gesamtprozess der Eingliederung von Einwanderern der ersten Generation in drei Phasen eingeteilt hat: (1) die Wanderungsmotivation, (2) den eigentlichen Wanderungsvorgang und (3) die Absorption als Abschluss des Eingliederungsvorgangs.[552] Nach *Heckmanns* Zusammenfassung dieser Theorie bestimmen die Art und Intensität der Wanderungsmotive die grundlegende Bereitschaft, die Kultur der neuen Gesellschaft zu erlernen. Dabei soll die Analyse der Transformation der Primärgruppen (Familie, Verwandtschaft, lokale Gruppen und religiöse Gemeinschaften) den Schlüssel zum Verständnis des Akkulturationsprozesses ergeben. Als Grundbedingung für die Gesamtheit des Akkulturations- und Absorptionsvorgangs wird die prinzipielle Offenheit der Aufnahmegesellschaft gegenüber den Zuwanderern angesehen.[553] Hinzuweisen ist darauf, dass *Eisenstadts* Theorie bezüglich der Einwanderer entwickelt wurde, die einen dauerhaften Verbleib im Einwanderungsland anstrebten. Hinsichtlich der ersten Generation von Einwanderern, also „Gastarbeitern", in Deutschland ist diese nicht anwendbar, weil deren Aufenthalt von Anfang an nur als vorübergehend angesehen wurde. Die Realität sah jedoch anders aus: Viele „Gastarbeiter" haben ihren Lebensmittelpunkt nach Deutschland verlegt. Allerdings kann diese Theorie auf die zweite und dritte Generation von Einwanderern angewendet werden.

Der US-amerikanische Soziologe *Gordon*[554] entwickelt zwei idealtypische Modelle des Assimilierungsprozesses: den Idealtypus der völlig einseitigen (a) und der

---

551 Vgl. *Esser*, Nur eine Frage der Zeit? Zur Eingliederung von Migranten im Generationen-Zyklus und zu einer Möglichkeit, Unterschiede hierin zu erklären, in: Esser/Friedrichs (Hrsg.), Generation und Identität: Theoretische und empirische Beiträge zur Migrationssoziologie, 1990, S. 73.

552 Vgl. *Eisenstadt*, The Absorption of Immigrants, 1954, S. 1; zit. nach *Heckmann*. Vgl. ausführlich zur Theorie Eisenstadts *Heckmann*, Ethnische Minderheiten, Volk und Nation, Soziologie inter-ethnischer Beziehungen, 1992, S. 174.

553 *Heckmann*, Ethnische Minderheiten, Volk und Nation, Soziologie inter-ethnischer Beziehungen, 1992, S. 175.

554 *Gordon*, Assimilation in American Life: The Role of Race, Religion and National Origins, 1964, zit nach: nach Heckmann, Ethnische Minderheiten, Volk und Nation, Soziologie inter-ethnischer Beziehungen, 1992, S. 176.

gegenseitigen (b) Assimilierung, das sog. „Melting-pot-Modell“[555]. Er formuliert ein Mehr-Stufen-Modell der Assimilierung mit sieben Dimensionen: Akkulturation (nach *Gordon* ist sie ein Teilaspekt des Gesamtprozesses der (vollständigen) Assimilierung[556]), Eintreten und Akzeptanz in verschiedene Gruppen und Organisationen (strukturelle Assimilation), Akzeptanz als Heiratspartner (verwandtschaftliche Assimilation), Veränderung ethnischer Gruppenidentität (identifikatorische Assimilation), Verschwinden von Vorurteilen (Akzeptanz-Assimilation) und von Diskriminierungen („Gleichbehandlungs-Assimilation“) sowie Verschwinden von Wert- und Machtkonflikten (zivile Assimilation).[557] Entscheidend ist nach seiner Auffassung im Gesamtprozess der Assimilierung nicht Akkulturation, sondern die strukturelle Assimilierung. Wird diese erreicht, so werden die anderen Assimilierungsschritte automatisch folgen.[558]

Nicht zuletzt wird zwischen Gruppen- und Personen-Akkulturation bzw. -Assimilierung unterschieden. Unter Personen-Assimilierung wird ein Veränderungsprozess von Personen verstanden, der sich auf Handlungsmotive, das Erlernen neuer kultureller Fähigkeiten, Bildung und Veränderung von ethnokultureller Identität bezieht.[559] Bei der Gruppen-Assimilierung vollziehen sich Veränderungen sowohl kollektiver Werte und Normen als auch soziokultureller Strukturen in Vereinen, Verbänden, religiösen Gemeinschaften und Medien. Es handelt sich um den Wandel kollektiver Gruppenidentität oder ethnischer Grenzziehungen, um Veränderungen der Werte und Normen des Familienlebens, der Formen der Interessenvertretung, des religiösen und kulturellen Lebens und um Neugründung von Organisationen.[560]

555 Ziel dieses Verschmelzungsprozesses sollte die Auflösung der kulturellen und ethnischen Eigenständigkeit zugunsten einer neuen amerikanischen Kultur (-gemeinschaft), die Schaffung einer neuen Nation sein. Damit wurde ein Modell gesellschaftlicher Homogenität verfolgt.

556 Zit. nach *Heckmann*, Ethnische Minderheiten, Volk und Nation, Soziologie interethnischer Beziehungen, 1992, S. 176.

557 Vgl. *Heckmann*, Ethnische Minderheiten, Volk und Nation, Soziologie inter-ethnischer Beziehungen, 1992, S. 176; Vgl. *Mintzel*, Multikulturelle Gesellschaften in Europa und Nordamerika, 1997, S. 189.

558 Vgl. *Heckmann*, Ethnische Minderheiten, Volk und Nation, Soziologie inter-ethnischer Beziehungen, 1992, S. 177. Die sog. Marginalitätstheorie, die einen weiteren „klassischen“ Ansatz der Akkulturationsforschung darstellt, soll an dieser Stelle nicht ausgeführt werden.

559 Vgl. *Heckmann*, Ethnische Minderheiten, Volk und Nation, Soziologie interethnischer Beziehungen, 1992, S. 182.

560 Vgl. *Heckmann*, Ethnische Minderheiten, Volk und Nation, Soziologie interethnischer Beziehungen, 1992, S. 182, 191, 204 ff.; Vgl. *Löffler*, Integration in Deutschland, 2011, S. 91.

3. *Im Speziellen: Zur Bedeutung der Muttersprache und kultureller Identität bei den Zuwanderern*

Wegen des besonderen Stellenwertes der kulturellen oder ethnischen Identität, ihrer Bedeutung für den Einzelnen, insbesondere im Prozess der Akkulturation, soll im Folgenden die Frage nach der Bedeutung der kulturellen Identität der Zuwanderer vor allem in Bezug auf die Muttersprache untersucht werden, weil Akkulturationsprozesse einen „Einfluss auf die Identität betroffener Personen"[561] ausüben. *Heckmann* weist überdies darauf hin, dass bei Assimilierung als „vollständiger" Akkulturation sogar ein ethnischer Identitätswandel stattfinden kann.[562] Mit Identität werden in der Soziologie das Selbstverständnis (Selbstgewissheit) angesichts eigener Individualität (wer bin ich?), die Lebenssituation und soziale Zugehörigkeit bezeichnet, die mit unterschiedlichen Graden der Bewusstheit und Gefühlsgeladenheit verbunden ist.[563] Sie ist nicht angeboren, sondern entwickelt sich im Verlaufe der Sozialisation und Enkulturation des Menschen durch Interaktionen mit anderen und durch das Lernen von sozialen Rollen. Während bei der Sozialisation der Einzelne als ein aktiv handelndes Subjekt erscheint, erlernt ein Mensch von Geburt an – über den Prozess der Enkulturation – die kulturellen Überlieferungen der Gesellschaft. Dazu gehört z.B. das Erlernen der Sprache.[564] Es ist zwar notwendig, Identität auszubilden, ihre Form ist aber gesellschaftlich geprägt. Vor allem gilt dies für die kulturelle oder ethnische Identität.[565] Die ethnische Identität einer Person ist, nach *Agocs*, ein Teil der individuellen und kollektiven Identität: Zum einen bedeutet sie die Identifikation mit einer bestimmten Gruppe oder Ethnie, zum anderen ist die ethnische Identität Teil des Selbstkonzeptes des Individuums und wird durch die Sozialisation innerhalb der ethnischen Gruppe erworben.[566] Die Person identifiziert sich mit einer ethnischen Gruppe, wenn sie sich aufgrund bestimmter Merkmale, nämlich aufgrund von Abstammung, Erziehung und persönlichem Kontakt in einem sozialen Umfeld, das allgemeine Vorstellungen einer gemeinsamen Herkunft, gemeinsamer geschichtlicher und aktueller Erfahrungen sowie gemeinsamer Kultur, etwa Sprache, vermittelt, zusammengehörig

---

561 *Heckmann*, Ethnische Minderheiten, Volk und Nation, Soziologie inter-ethnischer Beziehungen, 1992, S. 196.

562 *Heckmann*, Ethnische Minderheiten, Volk und Nation, Soziologie inter-ethnischer Beziehungen, 1992, S. 196.

563 Vgl. *Mintzel*, Multikulturelle Gesellschaften in Europa und Nordamerika, Konzepte, Streitfragen, Analysen, Befunde, 1. Aufl. (1997), S. 117; *Taylor*, Multikulturalismus und die Politik der Anerkennung, 1993, S. 23.

564 Vgl. *Hurrelmann*, Einführung in die Sozialisationstheorie, 8. Aufl. (2002), S. 18.

565 Ein hervorragendes Beispiel dafür sind die Hugenotten in Deutschland.

566 Vgl. *Agocs*, Introduction to Sociology – a Canadian Focus, 1986, S. 192, zit. nach *Mintzel*, Multikulturelle Gesellschaften in Europa und Nordamerika, Konzepte, Streitfragen, Analysen, Befunde, 1. Aufl. (1997), S. 119.

fühlt.[567] Die Werte, Fähigkeiten und Gewohnheiten, die die Zuwanderer in die Aufnahmegesellschaft mitgebracht haben und von denen sie sich schwerlich trennen können, weswegen sie diese meist im häuslichen Bereich weiterpflegen, unterscheiden sich von denen der Mehrheitsbevölkerung. Bei einigen Zuwanderergruppen erscheinen diese in hohem Maße, bei anderen weniger. Dieser Grad variiert, je nachdem, von welcher Gruppe von Zuwanderern gesprochen wird. Festzustellen ist nur, dass auf die ethnische Kultur, Tradition und Religion (in den meisten Fällen sogar nur darauf) in den muslimischen Familien ein außergewöhnlich hoher Wert gelegt wird. Den Beweis dafür liefert bspw. das Heiratsverhalten oder das Kopftuchtragen, die inzwischen kontroverse Debatten im Rahmen der Migrations- und Integrationspolitik in Deutschland hervorgerufen haben. Sowohl das Konzept der multikulturellen Gesellschaft als auch das Konzept der Leitkultur erlauben den Zuwanderern, ihre eigene ethnische Kultur zu bewahren und weiterzupflegen, obwohl diese in der Realität zu den kulturellen Konflikten und/oder zu kulturellen Segmentationen[568] führen kann. Bereits *Esser* hat gezeigt, dass die kulturelle Segmentation, also der treue Verbleib von Zuwanderern in der Kultur ihrer Herkunftsgesellschaft, vor allem in Bezug auf das Sprachverhalten, die alltäglichen Gewohnheiten und Interaktionen und die emotionale Identifikation, Assimilation/ Integration der Zuwanderer erschweren kann. Er führte aus, dass die Folgen der kulturellen Segmentationen eine weitere Behinderung der strukturellen Assimilation und das Entstehen einer wechselseitigen Verstärkung von kultureller und struktureller Segmentation bilden.[569] Besonders betroffen sind davon die Einwanderer der ersten Generation, vor allem solche aus unterentwickelten Herkunftsländern, mit einem hohen Einreisealter, mit geringer Bildung und beruflichen Qualifikationen sowie mit einer hohen kulturellen Distanz zur Aufnahmegesellschaft.

---

567 Vgl. *Mintzel*, Multikulturelle Gesellschaften in Europa und Nordamerika, Konzepte, Streitfragen, Analysen, Befunde, 1. Aufl. (1997), S. 119; *Rautz*, Das Zusammenleben in einem mehrsprachigen Gebiet am Beispiel Südtirol, in: Marko/Burkert-Dottolo (Hrsg.), Multikulturelle Gesellschaft und Demokratie, 1. Aufl. (2000), S. 69 (69); *Heckmann*, Ethnische Minderheiten, Volk und Nation, Soziologie interethnischer Beziehungen, 1992, S. 30; *Böhm*, Sprachenwechsel, Akkulturation und Mehrsprachigkeit der Brandenburger Hugenotten vom 17. bis 19. Jh., 2010, S. 69.

568 Mehr über die ethnischen Konflikte und Segmentationen: *Esser*, Ethnische Konflikte und Integration, in: Robertson-Wensauer (Hrsg.), Multikulturalität – Interkulturalität? Probleme und Perspektive der multikulturellen Gesellschaft, 2. Aufl. (2000), S. 37–70; *Esser*, Integration und ethnische Schichtung, Arbeitspapiere – Mannheimer Zentrum für Europäische Sozialforschung, Nr. 40, 2001, S. 39 ff.

569 Vgl. *Esser*, Ethnische Konflikte und Integration, in: Robertson-Wensauer (Hrsg.), Multikulturalität – Interkulturalität? Probleme und Perspektive der multikulturellen Gesellschaft, 2. Aufl. (2000), S. 37 (62); *Esser*, Integration und ethnische Schichtung, Arbeitspapiere – Mannheimer Zentrum für Europäische Sozialforschung, Nr. 40, 2001, S. 39 ff.

In diesem Zusammenhang ist zu fragen, inwieweit die Zuwanderer in der Aufnahmegesellschaft ihre ethnische Kultur weiterpflegen dürfen bzw. können und welche Bedeutung dieser – vor allem der Muttersprache – für die Identität von Zuwanderern zukommt. Bei der Untersuchung dieser Frage ist auch zu klären, in welcher Weise sich die Pflege der Muttersprache im außerhäuslichen Bereich (im Kindergarten, in der Schule und im Umgang) auswirkt. Vor allem ist diese für die Identitätsentwicklung der Zuwanderer zweiter und weiterer Generationen relevant, denn sie leben unter dem Einfluss von zwei (häufig sehr unterschiedlichen) Kulturen. Erwähnenswert ist, dass die traditionellen Minderheiten über Generationen hinweg in der Lage waren, mit der Gleichzeitigkeit der Kulturen und Sprachen umzugehen, während der Umgang mit zwei Kulturen und Mehrsprachigkeit für Zuwanderer häufig eine große Belastung darstellt. In der Regel sprechen die Zuwandererkinder bis zum Schulbeginn kein oder schlechtes Deutsch und verwenden die Muttersprache als Kommunikationsmittel bzw. als Instrument zum Denken. Die Muttersprache ist für viele Zuwanderer das vorherrschende familiäre und wichtigste soziale Kommunikationsmedium, während Deutsch einen instrumentellen Wert aufweist, also die Sprache darstellt, die in der Schule, am Arbeitsplatz oder im Umgang mit den Einheimischen gebraucht wird.

Bei der Untersuchung der Frage, welche Bedeutung die Muttersprache für die Identitätsentwicklung der Zuwandererkinder zeigt, sind bereits vorhandene wissenschaftliche Untersuchungen einzubeziehen. In Bezug auf die in Deutschland lebenden Einwanderer existieren Forschungen vor allem hinsichtlich des Einbezuges der Muttersprache von Zuwandererkindern an den deutschen Schulen sowie der Qualität des Muttersprachenerwerbs. Wenige Untersuchungen beziehen sich auf die bilingual-bikulturelle Identitätsentwicklung des Kindes.[570] Umstritten ist auch ein bilinguales Unterrichtsmodell für Migrantenkinder: Eine erste Meinung führt aus, dass die Muttersprache negative Auswirkungen auf den Erwerb

570 Vgl. *I. Gogolin/U. Neumann*, Streitfall Zweisprachigkeit – The Bilingualism Controversy, 2009; U. *Neumann/H. Reich* (Hsrg.), Erwerb des Türkischen in einsprachigen und mehrsprachigen Situationen, 2009; *A. Slawek*, Migranten und Muttersprache: Konzepte und Möglichkeiten gelungener Integration und Schulbildung, 2007; *Maas*, Sprache und Sprachen in der Migrationsgesellschaft. Die schriftkulturelle Dimension, in: IMIS-Schriften, 2008, 15; *Esser*, Ethnische Ressourcen. Das Beispiel der Bilingualität, in: Berliner Journal für Soziologie, 2006, 16, S. 89–104; *Altmann* (Hrsg.), Bilingualer Unterricht in Spanien und Deutschland, 2004; *Gugenberger*, Einflussfaktoren auf Migrantensprachen. Bausteine für ein migrationslinguistisches Modell, in: Erfurt/Budach/Hofmann, Mehrsprachigkeit und Migration. Ressourcen sozialer Identifikation, 2003, S. 37–62; *Oksaar*, Zweitsprachenerwerb, 2003; *R. Keck*, Schule in der Fremde – Fremde in der Schule: Heterogenität, Bilingualität – kulturelle Identität und Integration, 2002; *U. Schoen*, Bi-Identität: Zweisprachigkeit, Bi-Religiosität, doppelte Staatsbürgerschaft, 1996; *Schwenk*, Das Sprachvermögen zweisprachiger türkischer Schüler, 1988.

der Zweitsprache und die Schulleistung hat, und lehnt die Bilingualität ab. Befürchtet wird primär, dass „ein Unterricht in der Muttersprache nur auf Kosten des Zweitspracherwerbs möglich ist und letztlich gleichen Bildungschancen entgegensteht“[571]. Eine andere Meinung begrüßt die Zweisprachigkeit: Die frühzeitige Förderung der sprachlichen Kompetenzen führe auch zu sekundären Erfolgen, etwa Kreativität, Flexibilität oder einem erweiterten Wissenshorizont der Kinder, auch vertiefe sie das Verständnis hinsichtlich anderer Kulturen (Mittlerrolle). Bilingual unterrichtete Kinder seien besonders geeignet, weitere Sprachen zu erlernen.[572] Im Allgemeinen richten sich Pro- und Contra-Positionen stark auf linguistische, erziehungswissenschaftliche und soziologische Theorien oder sogar auf gesellschaftspolitische Ziele. Die meisten einschlägigen Studien wurden in den USA – vor allem in Hinblick auf die spanisch-englischen Unterrichtsmodelle – durchgeführt.[573]

Auf die Darstellung der bilingualen Unterrichtmodelle, die seit neuestem auch in Deutschland in Schulversuchen erprobt werden, und auf ihre Analyse soll hier jedoch verzichtet werden. Stattdessen wird an dieser Stelle ein in der Fachliteratur angeführter Überblick über allgemeine Befunde zur Muttersprache von Zuwandererkindern gegeben. So wies Fthenakis darauf hin, dass die Muttersprachenförderung bei Minoritäten auf das Selbstbild eine positive Auswirkung

---

571 *Söhn*, Zweisprachiger Schulunterricht für Migrantenkinder, Ergebnisse der Evalutionsforschung zu seinen Auswirkungen auf Zweitsprachenerwerb und Schulerfolg, AKI-Forschungsbilanz 2, 2005, S. 3; *Hopf*, Zweisprachigkeit und Schulleistung bei Migrantenkindern, in: Zeitschrift für Pädagogik, 51(2), 2005, S. 236 (241f.); kritisch hierzu *Reich*, Die Gegner des Herkunftssprachen-Unterrichts und ihre Argumente, in: Deutsch lernen, 25 (2), 2000, S. 112 (113); *Rossell*, The effectiviness of educational alternatives for limited – Englishproficient children, in: G. Imhoff (Hrsg.), Learning in two languages, 1990, S. 71 (80); *Brumlik*, Wann ist muttersprachlicher Unterricht sinnvoll?, in: Erziehung und Wissenschaft, 2000, April, 21; *Zimmer*, Lieber gleich ins kalte Wasser, in: Die Zeit, 1998, Nr. 48.

572 Vgl. *Altmann* (Hrsg.), Bilingualer Unterricht in Spanien und Deutschland, 2004, S. 15.

573 Vgl. *Niño-Murcia/Rothman*, Bilingualism and Identity, Spanish at the crossroads with other languages, 2008; *Ramirez, J. David, Sandra D. Yuen* und *Dena R. Ramey*, Longitudinal study of structured English immersion strategy, early-exit and late-exit transitional bilingual education programs for language – minority children. Final report – Executive summary, 1991a; *Huzar H.*, The effects of an English-Spanish primary grade reading program on second and third grade students, Rutgers University, 1973; *Alvarez, J.*, Comparison of academic aspirations and achievement in bilingual versus monolingual classrooms. Austin, TX, University of Texas at Austin, 1975; *Thomas, W./V. Collier*, School effectiveness for language minority Students. Washington: National Clearinghouse for Bilingual Education, 1997; *Thomas, W./V. Collier*, A national study of school effectiveness for language minority students. Long-term academic achievement, 2002.

hat.[574] Die Muttersprache sei deshalb nicht nur das optimale Unterrichtsmedium an sich, sondern „Unterricht in der Muttersprache trage auch zur Stärkung des Selbstkonzeptes (aufgrund Anerkennung und Wertschätzung durch das staatliche Schulsystem – A.) und einer positiven Selbsteinschätzung des kulturellen Ursprungs bei“[575]. Nur das Individuum mit gefestigter (ethnischer, also sozialer und personaler) Identität sei imstande, unter den widersprüchlichen Anforderungen einer neuen Umwelt seinen Platz zu finden und erfolgreich zu sein. Als erster Schritt dazu werden die Stärkung und Erhaltung der ursprünglichen ethnischen Identität der Zuwanderer angesehen. Die Förderung der Muttersprache ist ein unverzichtbares Instrument dafür. Danach folgen der gleichrangige Erwerb der Zweitsprache und die wesentlichen Aspekte der Fremdkultur mit dem Ziel, dem Individuum die freie Wahl zwischen den beiden sprachlichen und kulturellen Ausdrucksformen zu ermöglichen.[576] Durch die Muttersprachenförderung werden auch die positiven Selbstbildveränderungen im Verhaltensbereich festgestellt: Bilinguale Schüler zeigen sich als aktiv und selbstbehauptend.[577] Als wichtiges Argument zugunsten bilingualer Erziehung wird ferner der ökonomische Nutzen kompetenter Zweisprachigkeit genannt: In einem zusammenwachsenden Europa und einer globalisierten Wirtschaft ist die Förderung von Mehrsprachigkeit eine wichtige Investition.[578] Kritisch angesehen wird hingegen die schulische Segregation, *z.B. in Berliner Schulen,* die eine Gefahr für eine Gesellschaft darstellt. In einer pluralistischen Gesellschaft „government should foster the similarities that unite us rather than the differences that separate us“[579].

574 *Fthenakis*, Bilingual-bikulturelle Entwicklung des Kindes, 1985, S. 102 ff., zit. nach: Langenfeld, Integration und kulturelle Identität zugewanderter Minderheiten, 2001, S. 295.

575 *Langenfeld*, Integration und kulturelle Identität zugewanderter Minderheiten, 2001, S. 295; vgl. *Baker*, Foundations of bilingual education and bilingualism, 2001, S. 240.

576 Vgl. *Langenfeld*, Integration und kulturelle Identität zugewanderter Minderheiten, 2001, S. 295.

577 *Fthenakis*, Bilingual-bikulturelle Entwicklung des Kindes, 1985, S. 98, zit. nach: Langenfeld, Integration und kulturelle Identität zugewanderter Minderheiten, 2001, S. 295.

578 Vgl. *Kleff*, Modelle bilingualer Erziehung in Berlin, in: Landesgemeinschaft der Ausländerbehörde NRW (Hrsg.), Aus vielen Quellen schöpfen: Mehrsprachigkeit, religiöse und kulturelle Identität; eine Bereicherung für diese Gesellschaft, 1998, S. 65 (68); *Thomas/Collier*, A national study of school effectiveness for language minority students. Long-term academic achievement, 2002, S. 119.

579 *Imhoff*, The position of U.S. English on bilingual education, in: The Anhals of the American Academy of Political and Social Science, Nr. 508, 1990, S. 48 (49), zit. nach: *Söhn*, Zweisprachiger Schulunterricht für Migrantenkinder, Ergebnisse der Evalutionsforschung zu seinen Auswirkungen auf Zweitsprachenerwerb und Schulerfolg, AKI-Forschungsbilanz 2, 2005, S. 20. Diese Meinung wird von *Reich* (vgl. *Reich*, Die Gegner des Herkunftssprachen-Unterrichts und ihre Argumente, in: Deutsch lernen, 25 (2), 2000, S. 112) vertreten.

Wie die Forschung zeigt, ist die Muttersprache aufgrund innerfamiliärer Kommunikationsmöglichkeiten nicht nur für den Schulerfolg des Kindes,[580] sondern auch für die Eltern-Kind-Beziehung von großer Bedeutung, d. h., solange die Zuwanderereltern keine Deutschkenntnisse besitzen, ist es wichtig, dass ihre Kinder immer noch die Herkunftssprache sprechen. Im familiären Zusammenhang hat sie ferner nicht nur kommunikative, sondern auch psychologische Bedeutung. Über die Muttersprache wird in der Regel auch die Kultur des Herkunftslandes vermittelt.[581] Als ein Bestandteil der Identität bildet die Muttersprache „die Grundlage von allem Sozialen und die wichtigste Äußerung der menschlichen ‚Geselligkeit', des ‚Miteinander-Seins', das eine wesentliche Dimension des Menschseins ist."[582] So zeigen die affektiven Bindungen an die Herkunftssprache deutlich, dass die Muttersprache eine wichtige Rolle bei der (kulturellen) Identitätsbildung spielt.

III. Schlussfolgerungen

In der wissenschaftlichen Literatur zur Migrations- und Integrationspolitik in der Bundesrepublik Deutschland sind verschiedene Typen von Integrationsmodellen sichtbar. Bedeutsam sind das Assimilationsmodell, das Multikulturalitätsmodell und das Konzept der Leitkultur. Bis zur Entwicklung der neuen Konzepte wurde die von *Esser* entwickelte Assimilationstheorie als das einzige Modell in Deutschland angesehen. Danach mussten die Einwanderer in die Kultur und Struktur der Aufnahmegesellschaft assimiliert werden. Die Wiederherstellung einer gemeinsamen Einheitskultur durch Assimilierung ethnischer Minderheiten hat sich als unmöglich erwiesen. Das Rezept der Integration sowohl in den multikulturellen Gesellschaften als auch im Rahmen des Leitkulturprogramms heißt allerdings „Integration ohne Assimilation" oder „kulturautonome Integration". Dies bedeutet, dass die Einwanderer zwar in die Strukturen des Einwanderungslandes integriert werden sollen, aber gleichzeitig in kultureller Distanz zur Kultur des Aufnahmelandes verbleiben dürfen, denn Multikulturalität versteht vom Begriff her das Nebeneinander-Bestehen unterschiedlicher Kulturen oder auch kultureller Milieus innerhalb einer Gesellschaft. Freilich bringen die Einwanderer eigene Wertvorstellungen in die neuen Gesellschaften mit, die von den Werten und Normen der Aufnahmegesellschaft abweichen, weil sie aus unterschiedlichen Ländern

---

580 Vgl. *Mouw, T/Y. Xie*, Bilingualism and the academic achievement of first- and secondgeneration Asian Americans: Accommodation with or without assimilation?, in: American Sociological Review, 64 (2), 1999, S. 232–252, zit. nach: *Söhn*, Zweisprachiger Schulunterricht für Migrantenkinder, Ergebnisse der Evalutionsforschung zu seinen Auswirkungen auf Zweitsprachenerwerb und Schulerfolg, AKI – Forschungsbilanz 2, 2005, S. 10.

581 Vgl. *Böhm*, Sprachenwechsel, Akkulturation und Mehrsprachigkeit der Brandenburger Hugenotten vom 17. bis 19. Jahrhundert, 2010, S. 69.

582 *Coseriu*, 1988, zit. nach: *Weiss*, Schule und ethnische Identitäten in den Anden Perus, Eine soziolinguistische Studie, 2003, S. 23.

und Kulturkreisen stammen. Die mitgebrachten Wertvorstellungen sind umso unterschiedlicher, je größer die kulturelle Distanz zwischen der Kultur des Aufnahme- und der des Herkunftslandes ist. Dies ist vor allem bei Einwanderern aus nichteuropäischen Kulturkreisen feststellbar. Dass das Nebeneinander-Bestehen unterschiedlicher Kulturen nicht als ein Erfolgsrezept für praktische Integration der Zugewanderten gelten kann, ist bereits bestätigt worden: Für das Modell der Multikulturalität in Deutschland wurde ein Scheitern festgestellt. Die unterschiedlichen ethnokulturellen Gemeinschaften von Zuwanderern haben einen Anspruch auf öffentliche Anerkennung ihrer kulturellen Verschiedenheiten, so dass eine gemeinsame nationale Kultur unter den Bedingungen der multikulturellen Einwanderungsgesellschaft unmöglich ist. Von wichtiger Bedeutung für die Stabilisierung der Individuen und der Gesellschaft ist demnach die kollektive nationale Identität, die aus einer gemeinsamen Kultur besteht. So setzt eine Mehrheitsgesellschaft ihre Kultur als gemeinsame Kultur mit den Mitteln einer Integrationspolitik durch. Dieses erfolgversprechende Modell für die praktische Integration der Einwanderer in den modernen Gesellschaften heißt die Leitkultur, die allerdings auch bislang kein allgemeingültiges Konzept aufweist. Das Zusammenleben im Kollektiv ist zweifelsohne generell und speziell nur dann möglich, wenn die Mitglieder einer Gemeinschaft gemeinsame Werte haben und berechenbare Verhaltensweisen teilen, die mit kulturspezifischer Bedeutung behaftet sind. Naturgemäß kann die Gesellschaft, vor allem im öffentlichen Raum, keine großen Abweichungen tolerieren. Nur dann kann von einer tatsächlichen Integration gesprochen werden, wenn die Einwanderer strukturell und kulturell in die Aufnahmegesellschaft integriert werden. Die Integrationserfolge der Zuwanderer sind freilich auch von der Aufnahmebereitschaft der einheimischen Bevölkerung abhängig.

E. Die nationale Integrationsaufgabe des demokratischen Staates

Im Vorangegangenen ging es um die soziologischen Grundlagen für den Umgang mit Zuwanderern in der Aufnahmegesellschaft. Die Untersuchung hat aufgezeigt, dass von der Zuwanderung nicht nur die modernen Gesellschaften betroffen sind. Auch die Nationalstaaten stehen derzeit vor einer neuen Aufgabe: der Integrationsaufgabe. In Deutschland stellt die Integration von Zuwanderern eine gemeinsame Schlüsselaufgabe für Staat und Gesellschaft dar. Sie ist „eine Aufgabe von nationaler Bedeutung“[583] geworden.

---

583 Vgl. Der Nationale Integrationsplan, Neue Wege – Neue Chancen, 2007, S. 7 und 12; *Klein*, Integration in Freiheit – Chancen und Hindernisse. Eine Einführung, in: Bitburger Gespräche, Jahrbuch 2010/I, S. 12.

I. Integration als Aufgabe der Gesellschaft und des Staates

1. Integration als Aufgabe der Gesellschaft

In der staatlichen Einheit spielt die Gesellschaft eine große Rolle, so dass die Konsensfindung unter dem Grundgesetz vorrangig Sache der Bürger ist. Die Gesellschaft, die einerseits aus der Summe der Staatsangehörigen und andererseits der ausländischen Wohnbevölkerung besteht, entscheidet, ob sie den kulturell fundierten Verfassungskonsens befördert und durch gemeinwohlgemäßen Grundrechtsgebrauch die kulturell beeinflusste tatsächliche Verfassung annimmt oder nicht. Im freiheitlichen Verfassungsstaat soll die Integration vor allem eine „gesellschaftliche Selbstintegration“[584] sein. Der Verfassungsstaat legt daher die Integration als Bedingung seines Bestandes vorrangig in die Hände der Gesellschaftsmitglieder: „Er baut mit ‚kulturellem Optimismus‘ auf deren Bereitschaft und Fähigkeit zur Einheitsstiftung“[585]. Obgleich das Gelingen der Integration die unverzichtbare Grundlage für seinen dauerhaften Bestand ist, insbesondere im Zuge der Zuwanderung, verzichtet er hierbei in weitem Maße darauf, sie „mit den Instrumenten des Rechtszwanges und des sanktionierenden Gebotes herbeizuführen, um nicht durch eine unverhältnismäßige Freiheitsbeschränkung Gefahr zu laufen, die freiheitliche Verfassungsordnung aufzuheben“[586]. Die Mitglieder der Gesellschaft beteiligen sich bei der Integration freiwillig und nach ihrer autonomen Entscheidung, allerdings nur im Rahmen der Rechtsordnung.[587]

2. Integration als Staatsaufgabe

Der Staat hat eine integrationsunterstützende Funktion: Seine Aufgaben umfassen die „Förderung des staatstragenden Konsenses, die Stärkung integrationsaffirmativer Potenzen und die integrationsunterstützende Ausrichtung des Rechts“[588]. Hiermit werden Bedingungen seines dauerhaften Bestandes gepflegt, um im freiheitlichen Verfassungsstaat langfristig die Freiheit zu sichern. Hierzu ist er seiner Funktion nach verpflichtet: Durch seine Unterstützung der gesellschaftlichen Integrationsleistungen in freiheitsgerechter Weise gibt er der

---

584 *Uhle*, Innere Integration, in: Isensee/Kirchhof (Hrsg.), HStR, Bd. IV, 3. Aufl. (2006), § 82, Rn. 42.

585 *Kirchhof*, Die kulturellen Voraussetzungen der Freiheit, 1995, S. 1, zit. nach: *Uhle*, Innere Integration, in: Isensee/Kirchhof (Hrsg.), HStR, Bd. IV, 3. Aufl. (2006), § 82, Rn. 43.

586 *Uhle*, Innere Integration, in: Isensee/Kirchhof (Hrsg.), HStR, Bd. IV, 3. Aufl. (2006), § 82, Rn. 43.

587 Vgl. *Uhle*, Innere Integration, in: Isensee/Kirchhof (Hrsg.), HStR, Bd. IV, 3. Aufl. (2006), § 82, Rn. 43.

588 *Uhle*, Innere Integration, in: Isensee/Kirchhof (Hrsg.), HStR, Bd. IV, 3. Aufl. (2006), § 82, Rn. 44.

verfassungsrechtlichen Ordnung der Freiheit eine Zukunft und folgt seiner eigentlichen Berufung. Soll die menschenwürdegerechte und daher freiheitliche Verfassungsordnung ein Dauerzustand sein, so ist die „Konsensstiftung und -erhaltung für den freiheitlichen Verfassungsstaat eine verpflichtende Aufgabe“.[589] Die Integration liegt dann im Kernbereich sowohl staatlicher Tätigkeit als auch staatlicher Verantwortung.[590] Diese Konsenserhaltung soll selbst durch die Zuwanderung der Minderheiten, die der gesetzlichen Verfassungsordnung aus kulturell unterschiedlichen, etwa aus religiösen und weltanschaulichen Gründen, fern stehen, nicht gehindert werden. Die Integrationsbemühungen des Staates zielen nicht nur auf die Staatsangehörigen, sondern auch auf die Ausländer, die sich dauerhaft in der Bundesrepublik aufhalten und sich in ihrem Verantwortungsbereich befinden. Der Staat hat die Aufgabe, um „der Freiheitlichkeit willen die kulturelle Identität [...] zu pflegen und zu schützen“[591]. Allerdings übernimmt er für das Gelingen der Integration nur die letzte Verantwortung. Die eigentliche Leistung für die Integration soll allerdings der Einzelne selbst erbringen und sich anstrengen, sich in die deutsche Gesellschaft einzugliedern. Nur dann und dort darf der Staat sich als Mittler einschalten, wo der selbstregulative Integrationsprozess scheitert. Der Staat hat eine Intervention vor den Grundrechten, in die er eingreift, somit auch vor dem Subsidiaritätsprinzip zu rechtfertigen. Hierbei handelt es sich um eine „konkurrierende“, subsidiäre Aufgabe des Staates,[592] also um solche Tätigkeiten, „mit welchen er nur ordnend, unterstützend, fördernd oder abwehrend zu individuellen und sozialen Lebensäußerungen hinzutritt“[593]. Integration ist daher im freiheitlichen Verfassungsstaat „keine exklusive Aufgabe des Staates, sondern eine gleichsam kondominiale Aufgabe von Gesellschaft und Staat“[594]. Sie bildet aber keine gleichartige Aufgabe, obgleich sie eine gemeinsame Aufgabe von Gesellschaft und Staat ist: „Denn die Gesellschaft erbringt ihre Integrationsleistungen prinzipiell in grundrechtlicher Freiheit, wohingegen der freiheitsverpflichtete

589 *Uhle*, Innere Integration, in: Isensee/Kirchhof (Hrsg.), HStR, Bd. IV, 3. Aufl. (2006), § 82, Rn. 44.

590 Vgl. *Uhle*, Innere Integration, in: Isensee/Kirchhof (Hrsg.), HStR, Bd. IV, 3. Aufl. (2006), § 82, Rn. 44.

591 *Uhle*, Innere Integration, in: Isensee/Kirchhof (Hrsg.), HStR, Bd. IV, 3. Aufl. (2006), § 82, Rn. 45.

592 *Isensee*, Integration mit Migrationshintergrund, in: JZ 7/2010, S. 318; *Isensee*, Staatsaufgaben, in: Isensee/Kirchhof (Hrsg.), HStR, Bd. IV, 3. Aufl. (2006), § 73, Rn. 27, 65 ff.

593 *Jellinek*, Allgemeine Staatslehre, 1914, 255 ff., zit. nach *Isensee*, Staatsaufgaben, in: Isensee/Kirchhof (Hrsg.), HStR, Bd. IV, 3. Aufl. (2006), § 73, Rn. 27, 65 ff. Konkurrierende Staatsaufgabe gelten für die staatlichen Bildungs-, Kultur- und Wirtschaftsförderung, für den Schulwesen wie auch für die Daseinsvorsorge.

594 *Uhle*, Innere Integration, in: Isensee/Kirchhof (Hrsg.), HStR, Bd. IV, 3. Aufl. (2006), § 82, Rn. 46.

Verfassungsstaat um der Dauerhaftigkeit der freiheitlichen Verfassungsordnung willen zur inneren Integration verpflichtet ist."[595] Somit sollen die Mitglieder der Gesellschaft im Rahmen der Rechtsordnung in die Aufnahmegesellschaft freiwillig integriert sein, während der Staat eine bindende Aufgabe hat. Er verpflichtet sich zur dauerhaften Freiheitsgewähr.

3. *Die Integration des Zuwanderers als verfassungsrechtliche Pflichtaufgabe*

Unter der Geltung des Grundgesetzes hat die Integrationspflicht des Staates Verfassungskraft. Wenn das Grundgesetz auch über keine ausdrücklichen Bestimmungen dazu verfügt, geht eine Staatspflicht zur freiheitsgerechten Integration aus dem Sinnganzen der Verfassung hervor. Ihre Leitideen sind die Achtung der Menschenwürde, ein Anspruch des Einzelnen auf Leben, Selbstbestimmung, Gesundheit und auf anderweitigen Grundrechtsschutz, eine freie Meinungsäußerung, ein demokratischer politischer Prozess, Gleichheit, Sozialstaatlichkeit und Rechtsstaatlichkeit. Diese Grundsätze bilden die „Identitätsstrukturen der Verfassungsordnung und der in ihr verfassten Gemeinschaft"[596]. Als normative Grundlage der staatlichen Pflicht zu einer freiheitsgerechten Integration dient somit das Ziel, das im deutschen Grundgesetz enthalten ist und dessen Realisierungsinstrumente dort ausdrücklich und partiell geregelt sind: „das Staatsziel der Vitalität und Dauerhaftigkeit des freiheitlichen deutschen Staates".[597]

a) Der grundrechtliche Freiheitsaspekt zur Integration

Die Integration der Zuwanderer unterscheidet sich kaum von der Integration der Inländer in die Gesellschaft, vorausgesetzt ist allerdings, dass der Ausländer über einen gesicherten Aufenthaltstatus verfügt. Beide sind verpflichtet, die Gesetze zu beachten. Sowohl die Zuwanderer als auch die Inländer genießen deren Schutz und gleiche Freiheitsgewährleistung. Somit gilt das Grundgesetz in vollem Umfang seiner Gewährleistungen auch für Ausländer, soweit es diese selbst in den Kreis seiner Garantien einbezieht.[598]

Ein freiheitlicher Verfassungsstaat wie die BRD gründet wesentlich darin, dass die Bürger durch die Ausübung der individuellen Freiheitsrechte das bonum commune herstellen: „Die Grundrechte bilden die Ermächtigung der Bürger, an der Herstellung des Gemeinwohls mitzuwirken, in den verschiedenen

---

595 *Uhle*, Innere Integration, in: Isensee/Kirchhof (Hrsg.), HStR, Bd. IV, 3. Aufl. (2006), § 82, Rn. 46.

596 *Langenfeld*, Integration und kulturelle Identität zugewanderter Minderheiten, 2001, S. 319.

597 Mehr dazu: *Uhle*, Innere Integration, in: Isensee/Kirchhof (Hrsg.), HStR, Bd. IV, 3. Aufl. (2006), § 82, Rn. 48.

598 Vgl. auch *Robbers*, Ausländer im Verfassungsrecht, in: Benda, HVerfR, 2. Aufl. (1994), § 11, Rn. 2.

Wirkungsfeldern, welche sie ihren Inhabern offenhalten: Familie, Beruf, Wirtschaft, Kultur, öffentliche Meinung, politische Willensbildung, Wissenschaft, Religion und Weltanschauung."[599] Eine solche Schaffung des Gemeinwohls durch Grundrechtsgebrauch setzt gleichermaßen allgemeine Freiheitsbereitschaft wie Freiheitsfähigkeit des Einzelnen voraus: die Bereitschaft, die Grundrechte tatsächlich mit Leben zu erfüllen einerseits, und die Fähigkeit, diese Grundrechtswahrnehmung gemeinwohladäquat auszugestalten andererseits.[600] Es wird also erwartet, dass nicht nur die Inländer, sondern auch die Ausländer fähig und willens sind, diese Freiheit selbstverantwortlich zu gebrauchen. Aufgrund dieser Freiheit bestimmt jeder Mensch für sich selbst die Art und Weise seines Privatlebens, die Teilnahme am gesellschaftlichen Leben, Anpassung an die Mehrheitsgesellschaft, Familiengestaltung, Berufsausübung und Religionsausübung etc. Grundrechtlich gesehen ist Integration zum einen eine freie Entscheidung des Einzelnen. Die Allmählichkeit dieses Prozesses lässt und verlangt somit Raum für Anpassung und Eingliederung. Zum anderen besteht die grundrechtliche Freiheit zur Integration auch im selbstbestimmten Handeln: „Kein Grundrechtsträger kann dem anderen seinen Willen aufzwingen, ihn zum Vertragsschluss nötigen und von ihm verlangen, seinen Lebensstil zu übernehmen, seine religiöse Überzeugungen zu teilen und sich seinen sozialen und kulturellen Bedürfnisse anzupassen, denn dem Anderen kommt die gleiche grundrechtliche Freiheit zu."[601] Demnach ist Integration nicht allein eine Frage des guten Willens des Einzelnen. Sie ist zugleich das Anliegen der Mehrheitsgesellschaft und der zugewanderten Minderheiten, denn der Eingliederungserfolg in die neue Gesellschaft hängt von zahlreichen Faktoren ab. In diesem Zusammenhang setzt Integration, mit den Worten des *BVerfG* gesagt, nicht nur voraus, dass „die Mehrheit der Bevölkerung religiöse oder weltanschauliche Minderheiten nicht ausgrenzt, sie verlangt vielmehr auch, dass diese sich nicht selbst abgrenzen und sich einem Dialog mit Andersdenkenden und -gläubigen nicht verschließen"[602]. Prinzipiell erwartet die Verfassung, dass die Integration aller sich im deutschen Staatsgebiet aufhaltenden Personen, also mit oder ohne Migrationshintergrund, Inländer oder Ausländer, in der Freiheit durch die Bürger

599 *Isensee*, Gemeinwohl im Verfassungsstaat, in: Isensee/Kirchhof (Hrsg.), HStR, Bd. IV, 3. Aufl. (2006), § 71, Rn. 114 ff.

600 Mehr dazu: *Uhle*, Innere Integration, in: Isensee/Kirchhof (Hrsg.), HStR, Bd. IV, 3. Aufl. (2006), § 82, Rn. 7, 27.

601 *Isensee*, Integration mit Migrationshintergrund, in: JZ, 7/2010, S. 317 (318). Dies ergibt sich bereits aus der Definition der Freiheit: Freiheit ist das Recht zu selbstbestimmtem Verhalten, zu Eigenem unabhängig von anderen, verschließt sich grundsätzlich dem Vergleich von Ähnlichkeit und Verschiedenheit mit anderen; auch das Recht zum Individuellen, Besonderen, Unkonventionellen, Außergewöhnlichen, Einzigartigen und Unüblichen. Vgl. *Kirchhof*, Allgemeiner Gleichheitssatz, in: Isensee/Kirchhof (Hrsg.), HStR VIII, 3. Aufl. (2010), § 181, Rn. 60.

602 *BVerfGK* 1, 141 (143), zit. nach Isensee, Integration mit Migrationshintergrund, in: JZ, 7/2010, S. 317 (318).

realisiert wird. Jeder soll daher in diesem Bereich seinen eigenen Beitrag freiwillig leisten. Niemand darf zur Integration in das Gemeinwesen gezwungen werden. Zur grundgesetzlich garantierten Freiheit gehört es auch, sich von der Gesellschaft fernzuhalten.

b) Integration als Voraussetzung für die Chancengleichheit und Funktionsfähigkeit des Staates

Die Integration des Zuwanderers ist Voraussetzung für die Chancengleichheit in der BRD und für die Funktionsfähigkeit des demokratischen Staates. Die Zuwanderer sollen im Rahmen der gegebenen gesellschaftlichen und wirtschaftlichen Verhältnisse gleiche Chancen wie die Inländer für die Selbstverwirklichung bzw. Selbstrealisierung haben: Sie sollen gleiche Chancen für den Zugang zum Arbeitsmarkt und zur Ausbildungsstätte, gleiche Lebenschancen, Rechtschutzgleichheit und die gleiche Garantie der Freiheitsrechte besitzen. Die Gleichheit aller Menschen, unter anderen auch der Ausländer, vor dem Gesetz entspricht kraft Art. 3 Abs. 1 GG auch der deutschen Verfassung. Das bedeutet, dass die „Gleichheit eine verfassungsrechtliche ist, die vor dem Gesetz gilt, das sich nach ihr richten muss“[603]. Sie steht mit der grundrechtlichen Freiheit im Einklang. Freiheit und Gleichheit gehören zur Natur der Menschen: Es handelt sich hierbei um die rechtliche Gleichheit und um die Abschaffung der künstlichen Unterscheidungen, die aus einer diskriminierenden Gesetzgebung hervorgehen. Die rechtliche Gleichstellung[604] der Einzelnen ist demnach die Voraussetzung ihrer Freiheit. Bei der faktischen Gleichheit der Menschen werden hingegen staatlichen Leistungen vorausgesetzt: Der Staat muss sie erst herstellen. Die Gleichheit in diesem Sinne ist ein Staatsziel.[605]

In der Praxis des Ausländerrechts haben die gleichheitsrechtlichen Anforderungen im Wesentlichen nur eine geringe Bedeutung erlangt.[606] Gewährleistet werden die Chancengleichheit und die soziale Durchlässigkeit vom deutschen Grundgesetz durch Art. 3 Abs. 3 GG, der einen Katalog von ausgeschlossenen Unterscheidungsmerkmalen enthält, vor allem durch die Nennung von sog. „persönlichkeitsbedingten Eigenheiten“ wie Abstammung, Rasse, Sprache, Heimat

603 *Starck*, in: v. Mangoldt/Klein/Starck, GG-Komm., Bd. I, 6. Aufl. (2010), § 3, Rn. 3.

604 Jedoch bedeute die Gleichheitsgarantie nicht, dass gar keine Differenzierungen bestehen sollen, etwa im Rechtsverkehr, in der strafrechtlichen Verantwortlichkeit und in den politischen Rechten oder Differenzierungen zwischen Deutschen und Ausländern (Deutschengrundrechte). Hinzuweisen ist auch darauf, dass es zahlreiche Gründe für die Rechtfertigung der Ungleichbehandlung von Deutschen und Ausländern gibt: Auslieferung von Ausländern, besondere Einreiseerlaubnisse, freiwillige Staatsleistungen an Deutsche etc.

605 Vgl. *Starck*, in: v. Mangoldt/Klein/Starck, GG-Komm., Bd. I, 6. Aufl. (2010), § 3, Rn. 3 ff.

606 Mehr dazu: *Sachs*, Das Recht zum Aufenthalt im Staatsgebiet, in: Stern, Das Staatsrecht der BRD, Bd. IV/1, § 102, S. 790.

und Herkunft. Als Menschenrecht kommt er in vollem Umfang auch Ausländern zugute. Allerdings wird diese Norm wegen einer sehr weiten Interpretation des Diskriminierungsverbots und daher der Möglichkeit zur Erlangung einer fast vollständigen verfassungsrechtlichen Gleichstellung von In- und Ausländern in der Literatur als irrelevante Norm angesehen und auf ihre Einzelprüfung hingewiesen.[607]

Im Übrigen ist der im Art. 3 Abs. 1 GG verankerte Gedanke der tatsächlichen und rechtlichen Gleichberechtigung und Gleichbehandlung der Zuwanderer als einer der tragenden Grundsätze für die Eingliederung zu betrachten. So gesehen, ist jeder Zuwanderer im Rahmen der Gesellschaftsordnung der BRD, ohne „Wenn" und „Aber" ein gleichberechtigtes Mitglied der Gesellschaft, weil diese Regelung auch für Ausländer gilt. Der Gesetzgeber hätte den allgemeinen Gleichheitssatz verletzt, wenn er eine Gruppe von Normadressaten im Vergleich mit anderen anders behandelt, obgleich zwischen beiden Gruppen keine Gründe oder Rechtfertigungen für die Ungleichbehandlung bestehen. Auch für das gesellschaftliche Miteinander gilt der Grundsatz der Gleichheit, wobei die im Art. 3 Abs. 3 S. 1 GG ausgeführten Eigenarten „per se keinen Grund darstellen, Menschen ungleich zu behandeln oder gar auszugrenzen, vor allem durch diese Merkmale die Identität der Person als solche betroffen wäre"[608]. Eine weitere Konkretisierung des verfassungsrechtlichen und gesellschaftsethischen Gleichheitssatzes ist dem Allgemeinen Gleichbehandlungsgesetz (AGG) zu entnehmen, das ein Diskriminierungsverbot wegen der Rasse, der ethnischen Herkunft, des Geschlechts, der Religion oder Weltanschauung zum Ziel hat.

Die Integration von Zuwanderern ist, wie bereits betont, eine verfassungsrechtliche Pflichtaufgabe.[609] Die staatlichen Institutionen, etwa die Kindertagesbetreuungseinrichtung und die Schule, die umfassender staatlicher Aufsicht und Gestaltung unterstehen, sind zur Umsetzung dieses Auftrages im Rahmen des ihnen zugewiesenen Aufgabenbereichs verpflichtet.[610] In diesem Zusammenhang bedeutet die Integration nicht nur die bloße Eingliederung des Zuwanderers in die Aufnahmegesellschaft, sie ist Voraussetzung für die Herstellung der gesamtgesellschaftlichen Einheit, ohne die ein Zusammenleben in einem freiheitlichen demokratischen Verfassungsstaat nicht funktionieren kann.[611] So gesehen liegt die Integration des Zuwanderers auch im Interesse des Gesamtstaates.

607 Vgl. *Rüfner*, Grundrechtsträger, in: Isensee/Kirchhof (Hrsg.), HStR V, 2. Aufl. (2000), § 116, Rn. 8.

608 *Wilk*, Die politische Idee der Integration, 2011, S. 98.

609 Vgl. *Langenfeld*, Integration und kulturelle Identität zugewanderter Minderheiten, 2001, S. 370; *Robbers*, Ausländer im Verfassungsrecht, in: Benda (Hrsg.), HVerfR, 2. Aufl. (1994), § 11, Rn. 20.

610 Vgl. *Langenfeld*, Integration und kulturelle Identität zugewanderter Minderheiten, 2001, S. 370.

611 Vgl. *Langenfeld*, Integration und kulturelle Identität zugewanderter Minderheiten, 2001, S. 370.

Gesamtgesellschaftliche Integration und Herstellung von Chancengleichheit für den Zuwanderer sind auf das Engste miteinander verknüpft. Ihre Eingliederung in das Gemeinwesen ergibt eine nicht nur soziologische, sondern auch verfassungsrechtliche Notwendigkeit. Sie soll daher sowohl im gesamtgesellschaftlichen Interesse als auch im Interesse des Staates durch sein Handeln liegen. Den Staat trifft eine entsprechende Verantwortung zur Fürsorgepflicht: In diesem Sinne hat sich der Staat um die Eröffnung von Lebenschancen auch für die Zuwanderer zu bemühen, weil „beachtliche Teile der Zuwanderer auf Dauer nicht von der Teilhabe an den gesellschaftlichen Gütern ausgeschlossen bleiben können. Insofern verschränkt sich der Integrationsauftrag mit dem in Art. 20 Abs. 1 GG niedergelegten Sozialstaatsprinzip“[612].

Die Funktionsfähigkeit der Demokratie setzt allerdings ein gewisses Maß an sozialer und politischer Einheit voraus: Der demokratische Prozess der Meinungs- und Willensbildung sowohl auf der nationalen als auch auf der europäischen Ebene kann daher dann nicht stattfinden, wenn durch ethnische Segregationen eine kommunikative Abschottung innerhalb einer Gesellschaft entstanden ist. Der dauerhafte Ausschluss von Bevölkerungsteilen aus der Wirtschafts- und Wohlstandsentwicklung kann mit der Herstellung des „Wir-Gefühls“ nicht übereinstimmen. Dies kann beim Zuwanderer zur Bildung eines ethnischen Zusammengehörigkeitsgefühls und einer Unterschichtung führen.[613]

Die Integrationsbemühungen des demokratischen und freiheitlichen Staates müssen sich hingegen auf die Integration des Zuwanderers in das Ganze, also in die Gesamtheit des Gemeinwesens, richten: In diesem Sinne verlangt die Integration von den Zuwanderern keine Assimilation, d. h. die vollständige Aufgabe der eigenen Herkunftskultur und innere Hinwendung zur Mehrheitskultur, wohl aber die Eingliederung in die äußeren Lebensverhältnisse und die Entwicklung eines Zugehörigkeitsbewusstseins. Sie ist, mit anderen Worten, „das Gegenteil von selbstgewählter oder aufgedrängter Exklusion“[614].

c) Die Sprache als Integrationsfaktor für den Staat

aa) Der Zusammenhang von Menschenwürde und Sprache

Die Sprache ist „ein konstitutiver Bestandteil der Menschenwürde“[615]. Diese wird von der Verfassungsordnung in vielerlei Hinsicht berücksichtigt. Zahlreiche Grundrechte, ihrerseits Ausprägungen der Menschenwürde, umfassen in ihrem

---

612 *Langenfeld*, Integration und kulturelle Identität zugewanderter Minderheiten, 2001, S. 371.

613 Siehe Kap. 2 D.

614 *Klein*, Integration in Freiheit – Chancen und Hindernisse. Eine Einführung, in: Stiftung Gesellschaft für Rechtspolitik (Hrsg.), Bitburger Gespräche, Jahrbuch 2010/I, S. 14.

615 *Kahl*, Sprache als Kultur- und Rechtsgut, in: VVDStRL, Bd. 65: Kultur und Wissenschaft, 2006, S. 395.

Schutzbereich das gesprochene und geschriebene Wort: vor allem die Meinungsfreiheit, die Presse- und Rundfunkfreiheit, die Freiheit von Kunst, Wissenschaft, Lehre und Forschung und die Religions- und Versammlungsfreiheit.[616] Jeder Mensch hat eine „unveräußerliche" Würde und einen Rechtsanspruch auf ihre Beachtung durch die staatliche Gewalt unabhängig von seiner Staatsangehörigkeit und von den kulturellen Unterschieden: Denn Art. 1 Abs. 1 GG lautet: „Die Würde des Menschen ist unantastbar." Menschenwürde ist „Ausdruck der Unvertretbarkeit und Einzigartigkeit eines jeden Menschen, seiner geistigen und moralischen Identität"[617]: „Wird der Mensch in seinem Person-Sein, seiner Identität missachtet, wird er als Objekt, als vertretbare Größe behandelt, dann ist er in seiner Menschenwürde getroffen."[618] Für den Einzelnen ist die Sprache unmittelbar identitätsprägend: „Sie ist ein entscheidendes Vehikel für die Identitätsfindung und Identitätswahrung. Sie lässt den Menschen sich selbst und die anderen finden."[619] Mit dem Mittel der Sprache erfasst der Mensch seine Welt und macht sich diese Welt bewusst. Sprache ist das natürliche Symbol oder Kennzeichnen unserer öffentlichen und privaten Identität, denn sie zeigt die „Dazugehörigkeit" mehr als alles andere. Mittels Sprache kommuniziert der Mensch und macht seine Gedanken und Ideen für sich und für andere fassbar.[620] Eine identitätsstiftende Rolle spielt dabei die Muttersprache. Sie bildet einen Kern der vertrauten Umwelt, in die der Einzelne hineingeboren wird: „Die Muttersprache formt den Einzelnen in seinem sprachbedingten Denken, Wollen und Empfinden, verbindet ihn mit der ihn umgebenden Sprachgemeinschaft, öffnet ihm die Erfahrungen, Perspektiven und Erwartungen seiner Nachbarn."[621] Das Recht, sich der Muttersprache oder einer anderen Sprachen seiner Wahl zu bedienen, ist als Grundsatz der Sprachenfreiheit verfassungsrechtlich geschützt. Das Grundgesetz enthält somit eine Reihe von Normen, die den Sprachenschutz der Nichtdeutschen im deutschen Sprachgebiet gewährleisten, vgl. Art. 1 Abs.1 i. V. m. Artt. 2 Abs. 1 und 3 Abs. 3 GG.

---

616 Vgl. *Langenfeld*, Integration und kulturelle Identität zugewanderter Minderheiten, 2001, S. 336.

617 *Kant*, Metaphysik der Sitten, Tugendlehre, 1793, § 11, zit. nach *Klein*, Menschenwürde und Sprache, in: Grözinger (Hrsg.), Sprache und Identität im Judentum, 1998, S. 59 und *Wilk*, Die politische Idee der Integration, 2011, 72 ff.

618 *Klein*, Menschenwürde und Sprache, in: Grözinger (Hrsg.), Sprache und Identität im Judentum, 1998, S. 59; *Kirchhof*, Allgemeiner Gleichheitssatz, in: Isensee/Kirchhof (Hrsg.), HStR VIII, 3. Aufl. (2010), § 181, Rn. 51.

619 *Klein*, Menschenwürde und Sprache, in: Grözinger (Hrsg.), Sprache und Identität im Judentum, 1998, S. 59.

620 *Kirchhof*, Deutsche Sprache, in: Isensee/Kirchhof (Hrsg.), HStR II, 3. Aufl. (2004), § 20, Rn. 10 und 19.

621 *Kirchhof*, Deutsche Sprache, in: Isensee/Kirchhof (Hrsg.), HStR II, 3. Aufl. (2004), § 20, Rn. 81.

bb) Die deutsche Sprache als Integrationselement

Die BRD gehört zu den europäischen Staaten mit einer einheitlichen, gemeinsamen Sprache. Die deutsche Sprache gestaltet die Grundlage der rechtlichen Handlungsfähigkeit und ist Voraussetzung gemeinsamer Kultur und Geistesentwicklung. Sie vermittelt einen gemeinschaftsbildenden Bestand an kultureller Überlieferung, stärkt den inneren Zusammenhalt, fördert und sichert die Geschlossenheit einer Gemeinschaft. Als identitätsstiftendes Element ist sie ein wirksamer und unverzichtbarer Integrationsfaktor: „Die Sprache ist eine die Rechtsgemeinschaft mitgestaltende Macht, die den Zusammenhalt, die Methoden und Verfahren friedlicher Willensbildung und Abstimmung, die Einbindung des Einzelnen in die Gesamtheit [...] herstellt."[622] Sie vermittelt Gemeinsamkeit, weil „sie gemeinsame Ideen, Erlebnisse und Traditionen ausdrückt und festhält"[623], so dass die Sprache „ein staatsbildendes und staatstragendes Element"[624] ist. Die sprachliche Homogenität konstituiert das deutsche Staatsvolk, obgleich die Sprache nicht das einzige Mittel zur Nationenbildung darstellt. Deutsch ist ein Fundament für die Staatlichkeit der Bundesrepublik, zugleich aber auch Verständigungs- und Verstehensmittel in der Begegnung mit den Nachbarn. Fraglich ist jedoch, ob im Zuge der europäischen Integration auch die Europäische Union auf die Sprache als Integrationsfaktor zurückgreifen kann. Dies ist aber aufgrund des Anknüpfungsbedarfs an „die den in der EU zusammengeschlossenen Staaten gemeinsamen Ideen und Konzeptionen, an die Idee von der Freiheit des Einzelnen, an die Vorstellung von rechtsstaatlicher und demokratischer Ordnung, an die gemeinsame kulturelle Überlieferung und [...] die Erkenntnis in die Notwendigkeit der europäischen Integration für die innere und äußere Stabilität, für wirtschaftliches Wohlergehen und soziale Einheit"[625] zu verneinen. Die Fragen

---

622 *Kirchhof*, Deutsche Sprache, in: Isensee/Kirchhof (Hrsg.), HStR II, 3. Aufl. (2004), § 20, Rn. 81.

623 *Klein*, Menschenwürde und Sprache, in: Grözinger (Hrsg.), Sprache und Identität im Judentum, 1998, S. 60.

624 *Klein*, Menschenwürde und Sprache, in: Grözinger (Hrsg.), Sprache und Identität im Judentum, 1998, S. 60.

625 *Langenfeld*, Integration und kulturelle Identität zugewanderter Minderheiten, 2001, S. 338; *Klein*, Menschenwürde und Sprache, in: Grözinger (Hrsg.), Sprache und Identität im Judentum, 1998, S. 61; *Kahl*, Sprache als Kultur- und Rechtsgut, in: VVDStRL, Bd. 65: Kultur und Wissenschaft, 2006, S. 439 ff. Hinzuweisen ist dabei darauf, dass die nationalen Identitäten mit ihren Kulturen und Sprachen die Bausteine des Hauses Europa sind. Nach Art. 4 Abs. 2 EUV ist die EU verpflichtet, die nationale Identität der Mitgliedstaaten zu achten, die in ihren grundlegenden politischen und verfassungsmäßigen Strukturen der Mitgliedstaaten zum Ausdruck kommt. Die Präambel des EUV fordert auch die Achtung der Geschichte, Kultur und der Traditionen ihrer Völker, so dass die EU generell den Reichtum der kulturellen und sprachlichen Vielfalt wahrt. Für die Sprache wird dies explizit durch Art. 167 Abs. 1 AEUV („Wahrung der nationalen und regionalen Kulturvielfalt") und Art. 22 GrCh („achtet die Vielfalt der Kulturen, Religionen und

nach dem Umgang mit Mehrsprachigkeit und nach der Bedeutung der deutschen Sprache als Integrationsfaktor in einer Gesellschaft, in der von zahlreichen Menschen Deutsch nicht als Muttersprache gesprochen wird, sind nicht nur in der EU, sondern auch innerhalb der Bundesrepublik selbst von großer Bedeutung. Daher ist die Existenz einer gemeinsamen Sprache unverzichtbar. Als solche Sprache dient in Deutschland die deutsche Sprache. Sie ist grundsätzlich alleinige Staatssprache bzw. Amtssprache (§ 23 Abs. 1 VwVfG), die den Einzelnen in die Rechtsgemeinschaft der BRD einbindet. In der Bundesrepublik ist die deutsche Sprache auch die Gerichtssprache (§ 184 GVG), Parlaments- und Rechtssprache[626] sowie Schulsprache.[627] Zwar kennt das Grundgesetz keine ausdrückliche Bestimmung über die Staats- und Gesetzessprache,[628] es ist allerdings allgemein anerkannt, dass sich die Organe des Staates im Verkehr untereinander und gegenüber dem Bürger der deutschen Sprache bedienen. Zweifelsohne folgt der Grundsatz der Deutschsprachigkeit unmittelbar aus dem Grundgesetz, kommt jedoch in den einfachen Gesetzen ausdrücklich zur Geltung (vgl. § 23 Abs. 1 VwVfG und § 184 GVG). Die deutschen Behörden und Gerichte sind daher verpflichtet, „alle amtlichen Äußerungen gegenüber Bürgern und anderen Hoheitsträgern in deutscher Sprache vorzunehmen; rechtliches Gehör ist prinzipiell in deutscher Sprache zu gewähren“[629]. Sie sind grundsätzlich berechtigt zu verlangen, dass

Sprachen“) ausgedrückt. Daraus ergibt sich, dass gerade die Vielfalt die größte Stärke Europas darstellt und die EU die Sprachen ihrer Mitgliedstaaten als Teil des kulturellen Erbes bewahren, fördern und verbreiten muss.

626 Vgl. Art. 38 Abs. 1 GG, § 15 Abs. 1 S. 1 BWahlG, woraus sich ergibt, dass Deutsch die ausschließliche Verhandlungs- und Geschäftssprache des Bundestages und des Bundesrates ist. Ebenfalls darf der Gesetzgeber Gesetze grundsätzlich nur in der deutschen Sprache erlassen und verkünden.

627 Die deutsche Sprache ist auch Unterrichtssprache, die in den Ausbildungsstätten, etwa Vorschule, Schule und Universität, verwendet wird. Zwar enthalten die meisten Schulgesetze keine explizite Regelung über die Schulsprache, setzen jedoch Deutsch als Bestandteil des allgemeinen Bildungsauftrages voraus. Dem Schulwesen kommt daher eine Schlüsselfunktion für die sprachliche Pflege, Erhaltung und Integration zu.

628 Anders die österreichische und schweizerische Verfassung, wo diesbezügliche Vorschriften enthalten sind. Vgl. Art. 8 I ÖsterrBVerfG und Art. 4 SchweizBVerf (Stand: 01.01.2011). Im deutschen Grundgesetz ist die Deutschsprachigkeit inzident und implizit geregelt, indem sich das GG durch das „Deutsche Volk“ legitimiert, die BRD statuiert, die deutsche Staatsangehörigkeit sichert, besondere Deutschen-Grundrechte vorsieht, alle Bestimmungen in deutscher Sprache erfasst, den Staat und seine Institutionen deutsch definiert, sich an Deutschsprachige wendet und deutschsprachige Rechtsetzungen und -anwendungen veranlasst. Ferner ist das GG selbst in deutscher Sprache abgefasst und beinhaltet eine deutschsprachig gewachsene und geprägte Rechtsgemeinschaft.

629 *Kahl*, Sprache als Kultur- und Rechtsgut, in: VVDStRL, Bd. 65: Kultur und Wissenschaft, 2006, S. 424.

Bürger mit ihnen nur die Amtsprache sprechen. Dies verstößt nicht gegen die Sprachenfreiheit des Fremdsprachigen und gegen Art. 3 Abs. 3 S. 1 GG, so dass keine Diskriminierung wegen der Sprache vorliegt. Außerdem haben die Ausländer einen Anspruch auf Bereitstellung eines Dolmetschers.

Obwohl in Deutschland die Amts- und Gerichtssprache grundsätzlich Deutsch ist, gibt es allerdings ausdrückliche Ausnahmegarantien zugunsten der in Deutschland sesshaften Minderheiten der Sorben, die im Einigungsvertrag v. 31. August 1990 festgeschrieben sind.[630] In Bezug auf die Verwendung der sorbischen Sprache sind auch weitere Regelungen im Verwaltungsverfahren Brandenburgs und Sachsens vorgesehen.[631] Im sorbischen Siedlungsgebiet haben die Bürger gem. § 9 Abs. 1 S. 1 des Sorbengesetzes das Recht auf die Verwendung der sorbischen Sprache im Verkehr mit Gerichten und Behörden. Hieraus dürfen jedoch keine Kostenbelastung oder sonstige Nachteile entstehen.[632] Anwendbar ist das Recht auf die Minderheitensprache in der Staatenpraxis jedoch territorial auf Gebiete mit einer erheblichen Konzentration der Minderheitenbevölkerung.[633] Nach h. M. in der Literatur und nach dem Völkerrecht fallen die Zuwanderer nicht unter den traditionellen Minderheitenschutz, weil sie keine nationalen und kulturellen Minderheiten im staats- und völkerrechtlichen Sinne wie die Dänen und Sorben in Deutschland oder die Deutschen in Italien und Polen bilden, die sich von der Mehrheit der Bevölkerung nicht nur in sprachlicher Hinsicht, sondern auch in ethnischen und religiösen Aspekten unterscheiden.[634]

---

630 BGBl. 1990 II, S. 889. In Anlage I, Kap. III, Abschn. III lit. R heißt es: „Das Recht der Sorben, in den Heimatkreisen der sorbischen Bevölkerung vor Gericht Sorbisch zu sprechen, wird durch § 184 (des Gerichtsverfassungsgesetzes. – A.) nicht berührt."

631 In § 4 Verwaltungsverfahrensgesetzes für das Land Brandenburg (VwVfGBbg) v. 07.07.2009 (GVBl. I/09, [Nr. 12], S. 262, 264) ist unter dem Titel „Sorbische Beteiligte" wie folgt geregelt: „§ 23 Abs. 2 bis 4 des Verwaltungsverfahrensgesetzes gilt innerhalb des Siedlungsgebietes der Sorben mit der Maßgabe, dass von sorbischen Verfahrensbeteiligten Kosten für Dolmetscher oder Übersetzer im Verwaltungsverfahren nicht erhoben werden. Abweichend von § 23 Abs. 3 des Verwaltungsverfahrensgesetzes beginnt der Lauf einer Frist auch dann, wenn innerhalb des Siedlungsgebietes der Sorben eine Anzeige, ein Antrag oder eine Willenserklärung in sorbischer Sprache bei Behörde eingeht."

632 Gesetz über die Rechte der Sorben im Freistaat Sachsen (Sächsisches Sorbengesetz) v. 31.03.1999 (SächsGVBl. S. 161), zul. geändert am 29.01.2008 (SächsGVBl. S. 102), Verkündungsstand: 26.05.2011. Gem. § 8 SächsSorbG werden die Anwendung der sorbischen Sprache in Wort und Schrift im öffentlichen Leben und die Ermutigung dazu geschützt und gefördert.

633 Vgl. *Langenfeld*, Integration und kulturelle Identität zugewanderter Minderheiten, 2001, S. 342 ff. m. w. N.

634 Vgl. *Isensee*, Integration mit Migrationshintergrund, in: JZ, 7/2010, S. 317 (320); *Langenfeld*, Integration und kulturelle Identität zugewanderter Minderheiten, 2001, S. 343; *Murswiek*, Schutz der Minderheiten in Deutschland, in: HStR,

cc) *Die Ausländer im deutschen Sprachgebiet – Spannungsfeld zwischen Sprachenfreiheit und Territorialprinzip*

Die Grundlage einer sprachlichen Einheit bildet das sprachliche Territorialprinzip oder Sprachgebietsprinzip: Auf der Grundlage dieses Prinzips gestattet und sichert der Staat im Rahmen seiner Territorialhoheit und im Sinne der Sicherung der Integration des Gemeinwesens und seiner Funktionsfähigkeit eine bestimmte Sprache oder mehrere Sprachen als Grundlage der Verständigung und bringt sie als Amts-, Rechts- und Schulsprache zur Wirkung.[635] Demnach ist der Staat in seinem Territorialgebiet jedem nicht nur zur Gewährleistung des Rechts zum Erlernen der gemeinsamen Sprache verpflichtet, sondern auch zur Vermittlung oder Vertiefung dieser Sprachkenntnisse in den staatlichen Bildungs- und Erziehungseinrichtungen und zu ihrer Förderung.[636]

In Bezug auf den Anderssprachigen im deutschen Sprachgebiet muss man sich allerdings mit verschiedenen Problemen auseinandersetzen. Zum einen geraten das Territorialprinzip und das Prinzip der Sprachenfreiheit und Sprachenvielfalt in eine Kollision. Die verfassungsrechtlich geschützte Sprachenfreiheit berechtigt einerseits den Anderssprachigen zum Gebrauch der Muttersprache oder einer anderen Sprache eigener Wahl und umfasst das Recht eines jeden Einzelnen auf ein die Sprache betreffendes freies Verhalten im gesellschaftlichen Verkehr. So darf jeder Mensch seine Sprache selbst verwenden, an seine Nachkommen weiterreichen und sie daher am Leben erhalten. Andererseits bleibt das Recht auf die Bedienung und Weitergabe seiner Sprache für die Anderssprachigen auf den privaten Bereich beschränkt und trifft auf die Grenze der Rechte anderer und einer verfassten Gemeinschaftsordnung, die Deutsch als öffentliche Sprache zur Geltung bringt. Dabei muss der Staat vor allem im staatlichen Erziehungs- und Ausbildungsbereich die

---

Bd. X, 3. Aufl. (2012), § 213, Rn. 33; *Hailbronner/Kau*, Der Staat und der Einzelne als Völkerrechtssubjekte, in: Graf Vitzthum (Hrsg.), Völkerrecht, 6. Aufl. (2013), Rn. 35. Eine andere Haltung nimmt allerdings der UN-Menschenrechtsauschuss ein und fordert, Minderheitenrechte allen im jeweiligen Staatsterritorium lebenden Minderheiten, unabhängig von ihrer Staatsangehörigkeit, einzuräumen. Siehe auch *Schulze*, Minderheitenschutz und Minderheitenrechte in der BRD, in: Breuer/Epiney/Haratsch (Hrsg.), Der Staat im Recht, 2013, S. 349.

635 *Kirchhof*, Deutsche Sprache, in: Isensee/Kirchhof (Hrsg.), HStR II, 3. Aufl. (2004), § 20, Rn. 119; *Langenfeld*, Integration und kulturelle Identität zugewanderter Minderheiten, 2001, S. 344; mehr zum Territorialprinzip im Einzelnen: Graf Vitzthum, Staatsgebiet, in: Isensee/Kirchhof (Hrsg.), HStR I, 2. Aufl. (1995), § 16, Rn. 5; *Thürer/Burri*, Zum Sprachenrecht der Schweiz, 2006, S. 4; *Thürer*, Zur Bedeutung des sprachenrechtlichen Territorialprinzips für die Sprachenlage im Kanton Graubünden, in: Schweizerische Zentralblatt für Staats- und Gemeindeverwaltung, 1984, S. 241, 246 ff.

636 Vgl. *Kirchhof*, Deutsche Sprache, in: Isensee/Kirchhof (Hrsg.), HStR II, 3. Aufl. (2004), § 20, Rn. 119.

sprachliche Homogenität und Individualität aufeinander abstimmen.[637] Zum anderen kommt die Fragestellung nach der Anpassungspflicht und Gewährung von Anpassungshilfen in Betracht. Die Anderssprachigen sind verpflichtet, die für den jeweiligen Staat bestimmende Sprache als Teil ihres Wohnsitzes oder Berufsortes anzuerkennen und diese Sprache zu beherrschen. Diese Personen trifft eine sog. Anpassungspflicht oder Integrationspflicht: Es besteht kein Anspruch darauf, dass sich die Einheimischen auf ihre Fremdsprachigkeit einstellen, vielmehr müssen die Anderssprachigen sich selbst nach ihrer neuen Umgebung richten.

Da die Beherrschung der deutschen Sprache eine wesentliche Voraussetzung für eine erfolgreiche Integration darstellt, werden durch den Staat Anpassungshilfen gewährt, etwa durch das Angebot deutscher Sprachkurse für Anderssprachige, die Einrichtung eines Sonderunterrichts für fremdsprachige Kinder etc., die noch im Rahmen des vorliegenden Kapitels zu erläutern sind.

II. Die staatlichen Mittel und die deutsche Integrationspolitik

Zunächst soll berücksichtigt werden, dass in den letzten Jahren innerhalb der gesamten Europäischen Union eine stärkere Zusammenarbeit im Bereich der Integration geleistet wird.[638] Das Ergebnis der gemeinsamen Arbeit stellt – „Gemeinsame Grundprinzipien für eine Integrationspolitik für Einwanderer“[639]

637 *Langenfeld*, Integration und kulturelle Identität zugewanderter Minderheiten, 2001, S. 344.

638 Wichtige integrationspolitische Entscheidungen sind in den Schlussfolgerungen des Rates von Tampere 1999 und Thessaloniki 2003 wie auch im Haager Programm 2004 zu finden.

639 Vom Rat für Justiz und Inneres wurden im November 2004 elf gemeinsame Grundprinzipien verabschiedet. Sie bilden das Fundament der EU-Initiativen im Bereich der Integration:
„1. Die Eingliederung ist ein dynamischer, in beide Richtungen gehender Prozess des gegenseitigen Entgegenkommens aller Einwanderer und aller in den Mitgliedstaaten ansässigen Personen.
2. Die Eingliederung erfordert die Achtung der Grundwerte der Europäischen Union.
3. Die Beschäftigung ist eine wesentliche Komponente des Eingliederungsprozesses und ist für die Teilhabe von Einwanderern, für ihren Beitrag zur Gestaltung der Aufnahmegesellschaft und für die Verdeutlichung dieses Beitrags von zentraler Bedeutung.
4. Grundkenntnisse der Sprache, Geschichte und Institutionen der Aufnahmegesellschaft sind eine notwendige Voraussetzung für die Eingliederung; Einwanderer können nur dann erfolgreich integriert werden, wenn sie die Möglichkeit erhalten, diese Grundkenntnisse zu erwerben.
5. Im Bildungswesen müssen Anstrengungen unternommen werden, um Einwanderer und vor allem auch deren Nachkommen zu einer erfolgreicheren und aktiveren Teilhabe an der Gesellschaft zu befähigen.

und „Gemeinsame Integrationsagenda – einen Rahmen für die Integration von Drittstaatsangehörigen in die EU“[640] dar. In der Integrationsagenda wurden die Rahmen für die Umsetzung der gemeinsamen Grundprinzipien herausgearbeitet. Diese Grundprinzipien sollen den Mitgliedstaaten bei der Formulierung ihrer Integrationspolitik behilflich sein. Zusätzlich wurde Pläne für eine Reihe unterstützender EU-Mechanismen und Instrumente entworfen, um die Integration auf EU- und auf nationaler Ebene zu fördern und den Austausch zwischen Integrationsakteuren zu erleichtern (z. B. nationale Kontaktstellen für Integrationsfragen einrichten, Integrationshandbücher veröffentlichen und Webseiten zur Integrationsthematik erstellen).[641] Die Mitgliedstaaten wurden aufgefordert, nationale Strategien im Bereich der Integration herauszuarbeiten. Im Rahmen des Programms „Solidarität und Steuerung der Migrationsströme“ wurde auch für den Zeitraum 2007–2013 europäische Fonds für die Integration von Drittstaatsangehörigen (EIF) eingerichtet. Als Ziel hat die EIF die Unterstützung und Durchführung nützlicher Aufnahmeverfahren, die Zusammenarbeit zwischen Mitgliedstaaten, die Entwicklung und Umsetzung nicht nur von Konzepten und Maßnahmen zur Integration, sondern auch von Integrationsprozessen

---

6. Entscheidende Voraussetzung für eine bessere Integration ist, dass Einwanderer zu denselben Bedingungen wie Einheimische gleichberechtigt Zugang zu den Institutionen sowie zu öffentlichen und privaten Gütern und Dienstleistungen erhalten.
7. Ein wichtiger Integrationsmechanismus sind häufige Begegnungen zwischen Einwanderern und Bürgern der Mitgliedstaaten. Diese können durch gemeinsame Foren, durch interkulturellen Dialog, durch Aufklärung über die Einwanderer und ihre Kultur sowie durch integrationsfreundliche Lebensbedingungen in den Städten gefördert werden.
8. Die Europäische GR-Charta garantiert die Achtung der Vielfalt der Kulturen und das Recht auf freie Religionsausübung, sofern dem nicht andere unverletzliche europäische Rechte oder einzelstaatliches Recht entgegenstehen.
9. Durch die Beteiligung von Einwanderern am demokratischen Prozess und an der Konzipierung integrationspolitischer Maßnahmen, insbesondere auf lokaler Ebene, wird ihre Integration unterstützt.
10. Die Einbeziehung von Integrationsmaßnahmen in alle wichtigen politischen Ressorts und auf allen Ebenen der öffentlichen Verwaltung und der öffentlichen Dienste ist ein wichtiger Gesichtspunkt bei der Gestaltung und der Durchführung der jeweiligen Politik.
11. Es bedarf klarer Ziele, Indikatoren und Evaluierungsmechanismen, damit die Maßnahmen angepasst, die Integrationsfortschritte bewertet und die Informationsflüsse effizienter gestaltet werden können.“

640 Eine gemeinsame Integrationsagenda – Ein Rahmen für die Integration von Drittstaatsangehörigen in die Europäische Union – KOM/2005/0389 v. 01.09.2005. Als pdf-Format abrufbar unter: http://eur-lex.europa.eu (abgerufen am 04.06.2013).

641 Mehr dazu: KOM (2005) 389.

neu zugewanderter Drittstaatsangehöriger vorausgesetzt.[642] Außerdem präsentierte die EU im Juli 2011 eine europäische Agenda für die Integration von Drittstaatsangehörigen,[643] deren Schwerpunkt auf Maßnahmen zur Steigerung der ökonomischen, sozialen, kulturellen und politischen Partizipation von Zuwanderern lag. Im Wesentlichen findet die europäische Zusammenarbeit im Bereich der Integration im Wege eines Informations- und Erfahrungsaustausches statt.[644] Wie erfolgreich dieser Prozess umgesetzt werden kann, bleibt jedoch abzuwarten.

Auf der nationalen Ebene wurde mit dem gesetzlich geregelten Integrationsprogramm (vgl. § 45 S. 2) erstmals eine sog. Grundstruktur für ein Integrationskonzept geschaffen. Nach dem Wortlaut des Gesetzgebers wurde auch ein „Mindeststandard der erfolgreichen Integration von Zuwanderern festgelegt"[645]. Ob dies tatsächlich einen Mindeststandard gelungener Integration darstellt, ist allerdings zu bestreiten.[646]

Als unverzichtbares und wirksames Mittel zur Eingliederung von Ausländern dient – wie bereits erläutert – die staatliche Sprachförderung für Zuwanderer. Denn die Sprache verkörpert als Teil der nationalen Identität eines Staates ein rationales, vor allem ein emotionales einheitsbildendes Verbindungs- und Integrationselement ersten Ranges. Sie ist nicht nur ein Fundament für die Staatlichkeit Deutschlands, sondern auch ein Instrument der (politischen) Einflussnahme. Dieses Instrument ist von zahlreichen europäischen Ländern zu Recht anerkannt und wird daher als bedeutendes staatliches Mittel zur Ausländerintegration betrachtet.[647]

In Deutschland wird dieses Instrument seit dem Inkrafttreten des neuen Zuwanderungsgesetzes 2005 mittels Integrationskursen eingesetzt. Nach § 43 Abs. 3 AufenthG i. V. m. § 10 ff. IntV umfasst der Integrationskurs Sprach- und

642 Links zu dem europäischen Fond zur Integration von Drittstaatsangehörigen abrufbar unter: http://www.bamf.de (abgerufen am 04.06.2013).

643 Europäische Agenda für die Integration von Drittstaatsangehörigen – KOM (2011) 455 v: 20.07.2011, abrufbar unter: http://ec.europa.eu/home-affairs/news/intro/docs/110720/1_DE_ACT_part1_v3.pdf (abgerufen am 05.06.2013).

644 Mehr zur gemeinsamen Zusammenarbeit s. unter: http://ec.europa.eu/ewsi/de/EU_actions_integration.cfm (abgerufen am 05.06.2013).

645 Gesetzesbegründung, BT-Drucks. 15/420, S. 86.

646 Dazu siehe Kap. 2 C.

647 In Schweden wurden bereits in den 70er Jahren kostenlose Sprachkurse für Ausländer eingeführt, in derzeitiger Form jedoch seit 2001. In Dänemark wird diese Anpassungshilfe vom Staat seit 1999 gefördert, in der aktuellen Form werden die Integrationskurse seit 2006 auch in Österreich und seit 2007 in den Niederlanden für Anderssprachige zur Verfügung gestellt. Mehr dazu: *BMI* (Hrsg.), Evaluation der Integrationskurse nach dem Zuwanderungsgesetz. Abschlussbericht und Gutachten über Verbesserungspotenziale bei der Umsetzung der Integrationskurse, 2006, S. 142–151.

Orientierungskurse.[648] So wurden im Zeitraum v. 1. Januar 2005 bis zum 31. Dezember 2012 bundesweit 67.100 Integrationskurse durchgeführt. An entsprechenden Integrationskursen haben im Bundesgebiet seit 2005 insgesamt 879.880 Zugewanderte teilgenommen. Davon haben 663.551 Personen (75,4 %) einen allgemeinen Integrationskurs, 98.280 Personen (11,2 %) einen Eltern- und Frauenintegrationskurs, 9.510 Zuwanderer (1,1 %) einen Förderkurs, 1.386 Personen (0,2 %) einen Intensivkurs, 89.367 Personen (10,2 %) einen Alphabetisierungskurs und 12.764 Personen (1,5 %) einen Jugendintegrationskurs abgeschlossen. Teilnehmer des sonstigen speziellen Integrationskurses waren in diesem Zeitraum 5.022 Personen oder 0,6 %. Wiederholt haben den Integrationskurs 111.924 Personen. Im Jahr 2012 beteiligten sich daran 11.064 Türken, 6.008 Deutsche (u. a. Spätaussiedler), 2.687 Iraker und 3.568 Russen.[649] Zweifelsohne nimmt der Integrationskurs im Allgemeinen einen hervorragenden Stellenwert für den Einzelnen ein. Er weist eine große Bedeutung für die erfolgreiche Integration von Zugewanderten auf. Die Beherrschung der deutschen Sprache bildet den Schlüssel für den schulischen und beruflichen Erfolg sowie für die politisch-demokratische Verständigungs- und Partizipationsfähigkeit. Die Sprache ist ein unauffälliger Integrationsfaktor, der die Chancengleichheit von Zuwanderern in der Bundesrepublik erhöhen kann. Begrüßenswert ist es demnach, wenn die Bundesregierung die Sprachenvielfalt, insbesondere die Rolle der deutschen Sprache, betont. Allerdings stellen die Integrationskurse keine abschließenden Angebote des Staates dar. Sie werden durch weitere Integrationsangebote des Bundes und der Länder, insbesondere sozialpädagogische und migrationsspezifische Beratungsangebote, ergänzt (vgl. § 45 S. 1 AufenthG).

Einen wesentlichen Bestandteil des Integrationsangebotes bilden auch Integrationsprojekte, die die gesellschaftliche und soziale Integration von Spätaussiedlern und Ausländern verbessern und Integrationshindernisse beseitigen sollen. Daher werden im Bundesgebiet unter Federführung des BAMF zahlreiche Integrationsprojekte durchgeführt. Zielgruppe der Projekte sind Zuwanderer (Spätaussiedler, ausländische Zuwanderer mit Bleiberecht, jüdische Zuwanderer), Erwachsene (Eltern, Familien, Frauen, Männer), junge Zuwanderer (12–27 Jahre) und Neuzuwanderer sowie bereits länger in Deutschland lebende Zuwanderer (nachholende Integration) und die Aufnahmegesellschaft. Im Jahr 2009 wurden über 400 bundesgeförderte Integrationsprojekte in Zusammenarbeit mit zahlreichen Verbänden, Vereinen, Migrantenorganisationen, Stiftungen, Initiativen sowie Behörden

648 Zu Inhalt und Einzelheiten des Integrationskurses ist auf das Kapitel 2 A I hinzuweisen.

649 Die letzten Zahlen beziehen sich auf das Jahr 2012. *BAMF* (Hrsg.), Bericht zur Integrationskursgeschäftsstatistik für das Jahr 2012. Abfragestand: 01.04.2013, abrufbar unter: http://www.bamf.de/SharedDocs/Anlagen/DE/Downloads/Infothek/Integrationskurse/Kurstraeger /Statistiken/2012-quartal4_integrationskursgeschaeftsstatistik_bund.pdf (abgerufen am 06.06.2013).

auf Bundes-, Landes- und kommunaler Ebene durchgeführt.[650] Dafür stellte das BAMF Mittel in Höhe von 14 Mio. Euro und das Bundesministerium für Familie in Höhe von 7,2 Mio. Euro zur Verfügung. Die Durchführung solcher Projekte ist positiv zu bewerten, vor allem diejenigen, die in den Kommunen realisiert werden, denn Integration findet vor Ort statt. Problematisch ist jedoch, dass sie wegen des mangelhaften Austauschs zwischen Migranten und anderen Akteuren in den meisten Fällen unklar bleiben. Bezüglich der Einbeziehung einzelner Zuwanderer in entsprechende Integrationsangebote sollte die Arbeit von nichtstaatlichen Akteuren verbessert bzw. umgestaltet werden. Begrüßenswert sind ferner die Durchführung von Islamkonferenzen und die Erarbeitung einer Vielzahl von Integrationsprogrammen, denn sie haben, wenn man so sagen darf, ein Fundament für die Integrationsarbeit geschaffen. Die Erträge werden allerdings erst in der Zukunft zu erkennen sein.

Als „Meilenstein" in der Geschichte der Integrationspolitik in Deutschland dient der Nationale Integrationsplan,[651] der nach dem ersten nationalen Integrationsgipfel am 14. Juli 2006 entstanden ist. Mit dem Nationalen Integrationsplan wurde die deutsche Integrationspolitik auf eine neue Grundlage gestellt: Alle staatlichen Ebenen – Bund, Länder und Kommunen – sowie Vertreter der Bürgergesellschaft und Migranten haben sich über eine nachhaltige Integrationspolitik geeinigt. Der Nationale Integrationsplan, auch als „eine Strategie in neuer Form"[652] bezeichnet, umfasst im Wesentlichen zehn Themenfelder, nämlich Verbesserung von Integrationskursen, frühkindliche Sprachförderung, Sicherung von Bildung und Ausbildung sowie Erhöhung der Arbeitsmarktchancen, Integrationsunterstützung vor Ort, Kultur und Integration, Verbesserung der Lebenschancen von Frauen und Mädchen und Verwirklichung der Gleichberechtigung, Integration durch Sport und bürgergesellschaftliches Engagement sowie gleichberechtigte Teilhabe, Stärkung der Attraktivität und Internationalität der Wissenschaft in Deutschland. Sein Ziel ist es, gleiche Chancen auf Bildung, Entwicklung und Wohlstand für alle in Deutschland lebenden Menschen zu schaffen. Daher sind hier die politischen Ziele und Aufgaben der Integrationspolitik im Allgemeinen[653] und der kulturellen

---

650 Einzelheiten zu den Integrationsprojekten abrufbar unter: http://www.integr ation-in-deutschland.de (abgerufen am 22.07.2011) und *BAMF* (Hrsg.), Projektjahrbuch 2009. Potenzialen nutzen – Integration fördern, Stand: 30.03.2010, 2010.

651 Vgl. *Bundesregierung* (Hrsg.), Der Nationale Integrationsplan. Neue Wege – Neue Chancen, Stand Juli 2007.

652 *Bundesregierung* (Hrsg.), Der Nationale Integrationsplan. Neue Wege – Neue Chancen, Stand Juli 2007, S. 10.

653 So lautet es im Nationalen Integrationsplan (S. 12 ff.): „Integration ist daher eine Aufgabe nationaler Bedeutung. Grundlage ist neben unseren Wertvorstellungen und unserem kulturellen Selbstverständnis unsere freiheitliche und demokratische Ordnung, wie sie sich aus der deutschen und europäischen Geschichte entwickelt hat und im GG ihre verfassungsrechtliche Ausprägung findet. Maßgebend ist die Bereitschaft der Zuwandernden, sich auf ein Leben in unserer Gesellschaft

Integration der Zuwanderer[654] zusammengefasst. Allerdings ist es so, dass das eigentliche Integrationsziel, also „die gesellschaftliche Integrationsidee, die in der Herstellung gesellschaftlicher Einheit durch *Integrierung in das Gesellschaftsganze als Wertganzes* besteht“[655], die der nationale Integrationsplan verfolgt, einer Präzisierung bedarf. Ein Widerspruch zeigt sich überdies in der Aussage zur „*Einbindung* in das gesellschaftliche, wirtschaftliche, *geistig-kulturelle* und rechtliche Gefüge des Aufnahmelandes, *ohne Aufgabe der eigenen kulturellen Identität*“[656]. Sie erschwert gerade die gesellschaftliche Integration und zwar vor allem dort, wo es sich um Zuwanderer mit anderen (widersprüchlichen) Glaubens- und Kulturvorstellungen handelt (z.B. Muslime). Denn die gesellschaftliche Integration umfasst viel mehr als individuelle Bräuche, Kulturtraditionen und Lebensstile. Zur Integration gehören auch zwischenmenschliche, ethische Verhaltensweisen und Gesinnungen, d. h. das Verständnis und die Beachtung von demokratischen Werten, ethisch-religiöse Selbstbestimmtheit und Freiheit.

Natürlich erklärt die Bundesregierung die Integration zu ihrem Arbeitsschwerpunkt: Denn bereits im Koalitionsvertrag von CDU/CSU und FDP v. 26. Oktober 2009 wurde vereinbart, die Integration von Zuwanderern zu unterstützen und den Nationalen Integrationsplan zu einem Aktionsplan mit klar definierten und zu überprüfenden Zielen weiterzuentwickeln.[657] Zudem erkennt sie das Erfordernis der nachhaltigen Integrationspolitik und ihre Transparenz und erklärt, dass die Bundesrepublik angesichts des demokratischen Wandels und des wachsenden weltweiten Wettbewerbs um die besten Köpfe auch zukünftig Zuwanderung gezielt für die wirtschaftlichen und gesellschaftlichen Interessen des Landes nutzen muss, obgleich in der Praxis diese Leitlinie immerhin unauffällig bleibt. Auf dem 5. Integrationsgipfel am 31. Januar 2012 wurde der o. g. Nationale Aktionsplan

---

einzulassen, unser GG und unsere Rechtsordnung *vorbehaltlos* (kursiv – A.) zu akzeptieren und insbesondere durch das Erlernen der deutschen Sprache ein sichtbares Zeichnen der Zugehörigkeit in Deutschland zu setzen [...]“.

654 „Die deutsche Gesellschaft steht vor einer Integrationsaufgabe, die die Kultur umfasst. [...] Bei der kulturellen Integration von Zuwanderern handelt es sich um einen wechselseitigen Prozess, alle Teile der Gesellschaft sind gefordert, größere Bereitschaft zu kultureller Offenheit zu entwickeln. Voraussetzung dafür ist ein klares gesellschaftliches Leitbild, das die Bereitschaft zur Integration, Selbstvergewisserung über die eigene kulturelle Identität, aber auch Respekt vor kultureller Vielfalt verankert. Integration im freiheitlich-demokratischen Rechtsstaat setzt *die Identifikation mit der Wertordnung* voraus.“ Der Nationale Integrationsplan, 2007, S. 127.

655 *Bundesregierung* (Hrsg.), Der Nationale Integrationsplan, 2007, S. 126.

656 *Bundesregierung* (Hrsg.), Der Nationale Integrationsplan, 2007, S. 127.

657 Koalitionsvereinbarung CDU/CSU-FDP v. 26.10.2009, III. 5. Integration und Zuwanderung: Integration fördern, Chancen nutzen, abrufbar unter: http://www.cdu.de/portal2009/29145.html, zit. nach Klein, Integration in Freiheit – Chancen und Hindernisse. Eine Einführung, in: Bitburger Gespräche, Jahrbuch 2010/I, S. 12.

Integration vorgestellt. Im Vergleich zu den im Nationalen Integrationsplan genannten Bereichen erfasst dieser Aktionsplan auch neue Schwerpunkte, nämlich die Weiterbildung von Migranten, ihre Anstellung im öffentlichen Dienst sowie ihre Gesundheit und Pflege.[658] Im Grunde genommen sieht der Nationale Aktionsplan elf Dialogforen vor. Bislang fanden in Deutschland sechs Integrationsgipfel statt. Der letzte Integrationsgipfel v. 28. Mai 2013 befasste sich insbesondere mit dem Zugang von Zuwanderern zum Arbeitsmarkt. Es wurde unter anderem auch die Anstellung von Zuwanderern im öffentlichen Dienst thematisiert. Fraglich ist jedoch, ob die in dem Aktionsplan geförderte Einstellung qualifizierter Zuwanderer lediglich auf den einfachen Dienst beschränkt bleibt oder für Zuwanderer auch die Chance eröffnet, im gehobenen und höheren Dienst tätig zu sein. Außerdem wurde auf dem Integrationsgipfel eine Zwischenbilanz zum „Nationalen Aktionsplan Integration" gezogen, der laut Bundesregierung positiv ausfällt. Den Teilnehmern zufolge, entsprachen – ebenfalls wie frühere Integrationsgipfel – die tatsächlich erreichten Ergebnisse aber nicht den Erwartungen der Zuwanderer. Daraus resultierten auch wenig konkrete Gesetzesvorschläge.[659]

Abschließend ist zu betonen, dass zwecks Gestaltung des Zusammenlebens und der gleichberechtigten Teilhabe an der Aufnahmegesellschaft konkrete Rahmenbedingungen bereitgestellt werden müssen. Dazu ist der Staat auch kraft Gesetzes verpflichtet. Entsprechende Mindestrahmen für Integrationsangebote könnte wohl das bereits zur Diskussion gestellte Integrationsgesetz umfassen. Ähnliche Schritte wurden bereits in einigen europäischen Ländern wie Österreich und den Niederlanden vorgenommen. Allerdings sollte sich die Reichweite des Integrationsgesetzes nicht auf die Sprachförderung beschränken. Es sollten alle für die Integration der Zuwanderer erforderlichen Mittel, klare Vorstellungen und konkrete Ziele sowie der Zweck der Integration, der Mindestrahmen der Eingliederung und die rechtlichen Begrifflichkeiten gesetzlich festgelegt werden. Als Hilfsmittel könnte auch die Einführung von Integrationsverträgen zwischen Staat und Zugewanderten dienen, die helfen würde, eine Übersichtlichkeit zu gewinnen und Integrationshindernisse festzustellen, um diese nachfolgend zu beseitigen. In entsprechenden Verträgen sind die Rechte und Pflichten der beiden Vertragsparteien zu regeln, nicht nur die Sprachkurse und Integrationsangebote betreffend, sondern auch hinsichtlich der Integrationsbereitschaft, der Gleichberechtigung von Frau und Mann in allen Zuwandererfamilien, der Akzeptanz demokratischer Werte und kultureller Traditionen usw.

658 Abrufbar unter: http://www.bundesregierung.de/Webs/Breg/DE/Bundesregierung/BeauftragtefuerIntegration /nap/nationaler-aktionsplan/_node.html (abgerufen am 07.06.2013).

659 Vgl. Integrationsgipfel zu oberflächlich? in: Deutsche Welle v. 28.05.2013, abrufbar unter: http://www.dw.de/integrationsgipfel-zu-oberflachlich/a-16839540 (abgerufen am 07.06.2013).

Auf rechtspolitischer Ebene sind für hochqualifizierte Zuwanderer und ausländische Studierende gem. § 16 AufenthG in Deutschland bessere Voraussetzungen für die Einreise in die Bundesrepublik und die Eingliederung in die Gesellschaft zu schaffen. Im neuen Gesetz sollten diesbezüglich günstigere Bestimmungen geregelt werden, weil sie bereits in Deutschland ausgebildet und integriert sind. Sie beziehen keine sozialen oder sonstigen Staatsleistungen und sind auf die Finanzierung des eigenes Aufenthaltes in Deutschland angewiesen. Im Übrigen verfügen sie über hervorragende Deutschkenntnisse, obwohl sie keine vom Staat angebotenen Integrationskurse besuchten, weil sie dazu weder verpflichtet noch berechtigt sind. Da im deutschen Bildungsprogramm die Beherrschung mehrerer Sprachen verlangt wird, sind sie im Besitz von wenigstens drei Sprachen, so dass diese Gruppe für jedes Land ein Humankapital bildet.

III. Im Besonderen: Grundlegende Probleme bei der Durchführung der Integrationspolitik

Die Integration kann nur dann gelingen, wenn die Ausländer selbst integrationsbereit und integrationswillig sind. Erklären sich alle Zuwanderer, unter anderem auch muslimische, bereit und willig zur eigenen Eingliederung in die Mehrheitsgesellschaft, die demokratische Wertvorstellungen und Rechtsordnungen aufweist? Wie ist mit der Religionsfreiheit, ihrer Einschränkung und Toleranz umzugehen? Die grundlegenden Probleme, die die Integration der Zuwanderer hemmen, sind nicht nur der Sprachmangel, die Bildungsdefizite und kulturellen Unterschiede von Zugewanderten, sondern auch das Verhältnis des Islams zum säkularen Staat, die Gleichberechtigung von Frauen und Integrationsverweigerung bzw. Integrationsunwilligkeit. Fraglich ist nur, inwieweit diese im kulturpluralistischen Staat effektiv zu lösen sind.

Das Hauptproblem der Ausländerintegration besteht darin, dass die Gesellschaftskultur von Zuwanderern nicht immer dem westlichen Wertesystem in seiner Ganzheit entspricht oder sogar im Widerspruch dazu steht. Vor allem tritt dieses Problem bei den im Bundesgebiet lebenden 4. Mio. muslimischen Zuwanderern auf, insofern sie die Scharia als Verankerungspunkt ihrer Wertvorstellungen verstehen. Unter Scharia sind das islamische Recht und die religiöse Pflichtenlehre des Islams zu verstehen, die die kulturellen Pflichten und ethischen Normen sowie die Rechtsgrundsätze für alle Lebensbereiche (Ehe, Erbschaft, Vermögen, innere und äußere Sicherheit der Gemeinschaft) umfassen.[660] Nach ihren Grundsätzen sind Zwangsverheiratung, Ehrenmorde, Intoleranz und Unterdrückung der Frau erlaubt, welche den Wertvorstellungen des westlichen Gesellschaftssystems widersprechen und gegen das deutsche Grundgesetz verstoßen. Weitere vom Islam ausgehende Gefahren für die westlichen Staaten bilden der islamistische Terror, die Genitalverstümmelung, die Konflikte um das Schächten vs. Tierschutz, der

660 Vgl. Meyers Enzyklopädisches Lexikon, Bd. 20, 1977, S. 832.

Moscheenbau, die Bestattungen und das islamische Kopftuch. Problematisch ist in diesem Zusammenhang nicht allein die Akzeptanz unterschiedlicher Einzelwerte als solche, sondern auch die Akzeptanz der ethischen Rangordnung der Werte, nämlich des Vorrangs von Menschenwürde und Menschenrechten, Demokratie und Religionsfreiheit sowie Gleichheit von Mann und Frau im deutschen Grundgesetz, weil hierdurch die ethischen und gesellschaftlichen Wertentscheidungen in der Gesellschaft geprägt sind.[661] Für den Islam – der eine Fülle unterschiedlicher Ansätze aufweist – existiert nur eine einseitige Interpretation der Religionsfreiheit: Er versteht diese Freiheit nur für sich selbst, d. h. dass es lediglich eine Freiheit zum Islam gibt, nicht dagegen eine Freiheit vom Islam. Das zeigen auch die eherechtlichen Regelungen deutlich, die den Ehegatten zur Bekehrung zum Islam verpflichten, demnach die Ausübung grundrechtlicher Religionsfreiheit der Einzelnen verletzen. Niemand ist befugt, dem anderen seine eigenen religiösen Überzeugungen und Gewohnheiten aufzuzwingen sowie Selbstbestimmung und Individualität der anderen zu bedrohen. Bei jungen Muslimen ist nach einer Studie sogar eine stärkere religiöse Identifikation mit der Ablehnung Andersgläubiger und der Bejahung religiös motivierter Gewalt festzustellen. Daraus ergibt sich, dass der Islam in der Tat bisher „kein überzeugendes Konzept der Toleranz" entwickelt hat, worin eines der größten Integrationshemmnisse liegt.[662] Ferner fehlt in Deutschland die bedeutsame Unterscheidung von Religionsausübung am Arbeitsplatz (Beten, Fasten, Feiertage), in den öffentlichen Institutionen (Kopftuchproblem) und in der Freizeit, die zu zahlreichen Konflikten führt.

Die die Ausländerintegration behindernden weiteren Problemfelder sind Sprachmängel und Bildungsdefizite, die die Zuwanderer lebenslang begleiten und ihrer Chancengleichheit entgegenstehen.[663] Während die Spätaussiedler und Zuwanderer aus Südeuropa sowie aus Asien über einen guten Bildungsstand verfügen, sind die größten Integrationsdefizite bei Türken, Bürgerkriegsflüchtlingen aus Ex-Jugoslawien und bei Afrikanern festzustellen. Begrüßenswert sind demnach vom Staat angebotene Integrationskurse, die vor allem die Sprachfähigkeiten von Zugewanderten entwickeln sollen, und die Einführung des obligatorischen Sprachtestes vor der Einreise, der für den Familiennachzug und andere zuziehende Gruppen vorgesehen ist. Im Allgemeinen haben diese auf den neuen Zuzug von integrationsunwilligen Ausländern positiv gewirkt, obwohl der Sprachtest bei Familiennachzug auf scharfe Kritik gestoßen ist.

Zweifellos stellen zudem die Integrationsverweigerung oder Integrationsunwilligkeit eine große Gefahr für die Integration dar, denn ohne den Selbstwillen der Zugewanderten bleiben alle staatlichen Mittel und Instrumente für die Integrierung der Zuwanderer in die Mehrheitsgesellschaft kraftlos. In diesem Fall könnte allerdings der Staat andere Mittel, nämlich Sanktionsmittel, einsetzen. Wird die

661 Vgl. *Wilk*, Die politische Idee der Integration, 2011, S. 105.
662 *Huber*, Verschieden und doch gleich, in: FAZ v. 22.01.2011, S. 8.
663 Die Einzelheiten werden im 3. Kapitel erläutert.

Integration der Zugewanderten im juristischen Sinne als ein Vertrag betrachtet, handelt es sich um zwei Vertragsparteien, wobei beide die Vertragsbestimmungen einhalten müssen. Bei der Nichteinhaltung treten Sanktionsmaßnahmen ein. Integrationskurse sind bereits mit Sanktionsmaßnahmen versehen, die allerdings umstrittene Fragen aufwerfen. Bei anderen Integrationsangeboten, etwa zielgerichteten Projekten, sind vielmehr Eigeninitiativen von Zuwanderern gefragt. Selbstinitiative reicht allerdings nicht aus: In diesem Bereich ist mit den Zuwanderern intensiver zusammenzuarbeiten und zu fordern, dass sie an den Projekten aktiv teilnehmen. Zum anderen kann der Staat bessere Bedingungen und Mindestrahmen für die Eingliederung schaffen, die rechtlichen Grundlagen für die Integration bereitstellen und Integration fördern, er kann aber Integration nicht verordnen. Jedoch obliegt es dem Staat, wenn es notwendig ist – vor allem bei Integrationsunwilligkeit oder Integrationsverweigerung – sie auch mit rechtlichem Nachdruck einzufordern. Für eine entsprechende Vorgehensweise bedarf es der durchdachten und fundierten Integrationspolitik des Staates, die beide Seiten der Medaille beachten soll.

F. Zusammenfassung des 2. Kapitels

1. Mit dem Inkrafttreten des Zuwanderungsgesetzes am 1. Januar 2005 wurden erstmalig die Förderung der Integration gesetzlich festgelegt und die diesbezüglichen Rechte und Pflichten von Staat und Zuwanderern ausgestaltet. Die konkreten Rahmenbedingungen zur Integration von Zuwanderern sind im 3. Kapitel des AufenthG erfasst. Laut Gesetz wird die Integration durch ein staatliches Grundangebot – Integrationskurs – i. S. d. § 43 Abs. 2 S. 1 AufenthG gewährleistet. Das Ziel des Integrationskurses liegt in der Erlangung ausreichender deutscher Sprachkenntnisse. Zuwanderer, die in Deutschland leben, sind zur Teilnahme an einem Sprachkurs berechtigt oder verpflichtet. Der Integrationskurs wird nach § 45 ff. AufenthG durch weitere Integrationsangebote des Bundes und der Länder ergänzt. Außerdem finden sich die Regelungen hinsichtlich der Integration in der Integrationskursverordnung, im Bundesvertriebenengesetz und im SGB II, die die Teilnahme des Ausländers an dem Integrationskurs voraussetzen.
2. Der Gesetzgeber definiert den Begriff der Integration nicht. Es existiert daher eine Fülle an Definitionen der Integration. Ebenfalls werden für die Integration unterschiedliche Ziele gesetzt. Das Ziel der Integration von Zuwanderern besteht jedoch darin, eine umfassende, gleichberechtigte und ihrer individuellen Voraussetzung und Bereitschaft entsprechende Teilhabe am gesellschaftlichen, wirtschaftlichen, kulturellen und politischen Leben zu ermöglichen.
3. Die Untersuchung der soziologischen Aspekte der Integrationsprozesse und der Multikulturalität hat gezeigt, dass es in der deutschen Migrations- und Integrationsforschung unterschiedliche Typen von Integrationsmodellen gibt: das Assimilations-, Multikulturalitäts- und Leitkulturmodell. Das gegenwärtige

Modell der Integration ist das Leitkulturkonzept, d. h., dass sich die Zuwanderer in Deutschland freiwillig an die gemeinsame – deutsche – Kultur anpassen müssen. Gleichzeitig dürfen sie ihre kulturelle Identität bewahren. Aus soziologischer Sicht setzt daher die Eingliederung von Zuwanderern in den modernen Gesellschaften ihre strukturelle, kulturelle, soziale und Systemintegration voraus.

4. Die Integration der Zuwanderer bildet eine gemeinsame Aufgabe der Gesellschaft und des Staates. Sie ist Voraussetzung für die Herstellung der gesellschaftlichen Einheit, ohne die ein Zusammenleben in einem freiheitlichen demokratischen Staat nicht funktionieren kann. Als wichtiger Integrationsfaktor gilt die deutsche Sprache, die einerseits einen konstitutiven Bestandteil der Menschenwürde darstellt. Andererseits erweist sich Deutsch als ein Fundament für die Staatlichkeit der Bundesrepublik Deutschland und die Partizipationsmöglichkeiten der Zuwanderer in der deutschen Gesellschaft.

3. Kapitel: Aktuelle Probleme der Ausländerintegration unter Berücksichtigung der Rechtsprechung

In den ersten beiden Kapiteln wurden die Einreise und Integration von Ausländern in der Bundesrepublik Deutschland aus rechtlicher und soziologischer Perspektive ausführlich behandelt. Gerade im Hinblick auf die Eingliederung von Zuwanderern in Deutschland sind noch erhebliche Integrationsdefizite erkennbar. Im Mittelpunkt dieses Kapitels steht daher die Auseinandersetzung mit drei aktuellen Problemen der Ausländerintegration: Zugang zur Bildung, zum Arbeitsmarkt und zur politischen Partizipation. Einen weiteren Aspekt des Integrationsprozesses bildet die Einbürgerung der Zuwanderer, die nachfolgend dargestellt werden soll.

A. Zugang zu den Bildungseinrichtungen: Schule und berufsbildende Schulen

I. Der staatliche Bildungs- und Erziehungsauftrag im freiheitlichen Verfassungsstaat gem. Art. 7 Abs. 1 GG

1. Grundlagen eines staatlichen Bildungs- und Erziehungsauftrags in der Schule

Das Grundgesetz enthält nur wenige Bestimmungen, die sich ausdrücklich auf das Bildungswesen beziehen, seien es Grundrechtsnormen, institutionelle Garantien und organisatorische Regelungen, sei es die Zuweisung von Bundeszuständigkeiten im Bildungsbereich. Die Zurückhaltung des Grundgesetzes im Bildungs- und Erziehungsbereich hat weniger inhaltliche als entstehungsgeschichtliche und kompetenzielle Gründe: Denn im Zeitpunkt der Beratungen des Parlamentarischen Rates waren die wesentlichen bildungspolitischen Entscheidungen – einschließlich der Definition schulischer Erziehungsziele – bereits auf der Ebene der Länderverfassungen gefallen. Darüber hinaus stellte es weithin eine übereinstimmende Auffassung dar, dass das Bildungswesen als Vorbehaltsgut der Bundesländer und als tragendes Element ihrer Eigenstaatlichkeit anerkannt und gesichert werden sollte.[664] Das Grundgesetz bildete somit nicht den richtigen Ort, klare gesamtstaatliche Vorgaben für den Erziehungsauftrag und die Erziehungsziele der Schule zu

664 Vgl. *Dittmann*, Erziehungsauftrag und Erziehungsmaßstab der Schule im freiheitlichen Verfassungsstaat, in: VVDStRL 54 (1995), S. 53 ff, *Langenfeld*, Integration und kulturelle Identität zugewanderter Minderheiten, 2001, S. 212.

treffen. Allerdings ist nach dem Willen des Gesetzgebers auch der freiheitliche Verfassungsstaat „erziehungsberechtigt“: Er kann einen maßgeblichen Einfluss auf die Erziehung der Schüler nehmen. Für die außerschulische Erziehung der Jugend ist dies mit dem „Wächteramt der staatlichen Gemeinschaft“ im Sinne eines subsidiären Miterziehungsrechtes ausdrücklich angesprochen.[665]

Als zentrale Norm des deutschen Grundgesetzes für die schulische Erziehung gilt Art. 7 Abs. 1 GG, der dem Staat die Aufsicht „über das gesamte Schulwesen“ zuweist. Nach allgemeiner Auffassung liegt hierin „die bundesverfassungsrechtliche Grundlage für den Bildungs- und Erziehungsauftrag der Schule“.[666] Das Rechtsinstitut der Staatsaufsicht über das Gesamtschulwesen ist „der Inbegriff der staatlichen Herrschaftsrechte über die Schule, die Gesamtheit der staatlichen Aufgaben und Befugnisse zur Organisation, Planung, Leitung und Beaufsichtigung des Schulwesens“[667]. Zur staatlichen Schulgestaltungsmacht gem. Art. 7 Abs. 1 GG gehören nach der Rechtsprechung des *BVerfG* die „Befugnisse zur Planung und Organisation des Schulwesens mit dem Ziel, ein Schulsystem zu gewährleisten, das allen jungen Bürgern gemäß ihren Fähigkeiten die dem heutigen gesellschaftlichen Leben entsprechenden Bildungsmöglichkeiten eröffnet“[668]. Diese Schulgestaltungsmacht des Staates erfasst nicht nur die Organisation der einzelnen öffentlichen Schulen, sondern auch die inhaltliche Festlegung der Ausbildungsgänge und Unterrichtsziele.[669]

Die Schule hat daher „einen zweifachen Auftrag“, nämlich die (Aus)Bildung (einschließlich die zweckhaft orientierte Vermittlung von beruflich mittelbar oder unmittelbar verwertbarem Wissen) und die Erziehung der Schüler, die Förderung ihrer geistigen und sozialen Entwicklung.[670] In den Verfassungen der meisten Bundesländer, denen der Kompetenzbereich Bildung grundgesetzlich zugewiesen ist, wird dieser grundlegende Schulauftrag wiederholt und näher formuliert (vgl. Art. 11 BWVerf, Artt. 27–30 BbgVerf). Dabei spricht die Bildung mehr den geistigen Bereich an, während die Erziehung stärker auf die allgemeinmenschliche

---

665 Zum „Wächteramt“ des Staates näher *Höfling*, Elternrecht, in: Isensee/Kirchhof (Hrsg.), HStR, Bd. VII, 3. Aufl. (2009), § 155, Rn. 52–53; *Miehe*, Erziehung unter dem Grundgesetz, in: Mußgnug (Hrsg.), Rechtsentwicklung unter dem Bonner Grundgesetz, 1990, S. 249 ff; *Badura*, in: Maunz/Dürig (Hrsg.), GG-Komm., Bd. II, Lfg. 70, 2013, Art. 6, Rn. 24.

666 *Dittmann*, Erziehungsauftrag und Erziehungsmaßstab der Schule im freiheitlichen Verfassungsstaat, in: VVDStRL 54 (1995), S. 49.

667 *Badura*, in: Maunz/Dürig (Hrsg.), GG-Komm., Bd. II, Lfg. 47, 2006, Art. 7, Rn. 4.

668 *BVerfGE* 47, 46 (48) – „Sexualerziehung“.

669 Vgl. *Oppermann*, Schule und berufliche Ausbildung, in: Isensee/Kirchhof, HStR, Bd. VI, 2. Aufl. (2001), § 135, Rn. 12; *Badura*, in: Maunz/Dürig, GG-Komm., Bd. II, Lfg. 47, 2006, Art. 7, Rn. 4; *Rux*, Aktiv mit dem Schulrecht umgehen. Erziehen und Unterrichten in der Schule, 2008, S. 35.

670 *Langenfeld*, Integration und kulturelle Identität zugewanderter Minderheiten, 2001, S. 213.

Entwicklung abzielt. Beide Bereiche stehen jedoch in vielfältiger Beziehung zueinander.[671] Innerhalb der beiden Bereiche ist aber zu beachten, dass zwar die Wissensvermittlung weithin der Schule obliegt, die Pflege und Erziehung der Kinder aber „zuvörderst" eine den Eltern obliegende Pflicht darstellt (vgl. Art. 6 Abs. 2 GG). Sie haben den Bildungsweg ihrer Kinder zu bestimmen und den „Gesamtplan" für ihre Erziehung aufzustellen. Das Erziehungsrecht der Eltern ist somit das „Fundament der Erziehung"[672], das die Schule respektieren muss. Allerdings hat der öffentliche Bildungsauftrag der Schule noch weitere Grenzen: Es besteht kein Auftrag der Schule zur Vermittlung eines bestimmten politischen Weltbildes oder gar zu einer „Erziehung zum Widerstand"[673]. Die Reichweite der Schulaufsicht ergibt sich darüber hinaus insbesondere aus der Privatschulfreiheit, der besonderen Ausgestaltung des Religionsunterrichts an öffentlichen Schulen, aus der Elternverantwortung (Art. 6 Abs. 2 GG) und aus den Grundrechten der Schüler. Der einzelne Schüler soll nach dem Menschenbild des Grundgesetzes[674] zur eigenverantwortlichen Persönlichkeit heranreifen, die sich innerhalb der sozialen Gemeinschaft frei entfaltet. Er soll nicht ein bloßes Objekt staatlicher Erziehungsmaßnahmen sein.

2. Erziehungsmaßstäbe des GG: das Entfaltungsrecht des Kindes aus Art. 2 Abs. 1 i. V. m. Art. 1 Abs. 1 GG

Aus Art. 7 Abs. 1 GG lassen sich keine inhaltlichen Vorgaben im Sinne von Erziehungsmaßstäben und Erziehungszielen der öffentlichen oder privaten Schule entnehmen. Das Grundgesetz enthält insofern keine ausdrückliche Festlegung. Das Verhältnis von Erziehungsrecht des Staates und dem der Eltern im Bildungswesen ist grundgesetzlich nicht eindeutig geklärt. Die Einflusssphären von Staat und Religionsgemeinschaften sind jedoch bei der Gestaltung des Religionsunterrichts durch Art. 7 Abs. 2 GG präzise festgelegt. Die gemeinsame Erziehungsaufgabe von Eltern und Schule verlangt nach Ansicht des *BVerfG* ein sinnvoll aufeinander bezogenes Zusammenwirken der beiden Erziehungsträger.[675]

Als Grundsatznorm für die genauere Bestimmung des schulischen Erziehungsauftrages gilt das Grundrecht der freien Entfaltung der Persönlichkeit i. S. v. Art. 2 Abs. 1 i. V. m. Art. 1 Abs. 1 GG, das nach *Ekkehard Stein* die Selbstentfaltung des Kindes

671 Vgl. *Oppermann*, Schule und berufliche Ausbildung, in: Isensee/Kirchhof, HStR, Bd. VI, 2. Aufl. (2001), § 135, Rn. 4.

672 *Dittmann*, Erziehungsauftrag und Erziehungsmaßstab der Schule im freiheitlichen Verfassungsstaat, in: VVDStRL, Bd. 54 (1995), S. 53.

673 *Oppermann*, Schule und berufliche Ausbildung, in: Isensee/Kirchhof, HStR, Bd. VI, 2. Aufl. (2001), § 135, Rn. 4.

674 Dazu mehr: *Oppermann*, Schule und berufliche Ausbildung, in: Isensee/Kirchhof, HStR, Bd. VI, 2. Aufl. (2001), § 135, Rn. 35.

675 Vgl. *BVerfGE* 34, 165 (182); 47, 46 (74).

einschließt.[676] Hierbei kann als verfassungsrechtlich vorgegebene Orientierungslinie das grundgesetzliche Menschenbild von der eigenverantwortlichen Persönlichkeit zur freien Entfaltung innerhalb der sozialen Gemeinschaft dienen. Hieraus ergibt sich die Pflicht des Staates, seine Bildungs- und Erziehungsinhalte so zu gestalten, dass die Jugendlichen die Möglichkeit erhalten, zur kritischen und selbstbestimmten Person heranzuwachsen.[677] Die individuelle Entfaltung zur Selbstbestimmung in Freiheit in einer entwickelten Gesellschaft wie derjenigen der Bundesrepublik setzt die bewusste und gezielte Förderung der individuellen Gaben und Fähigkeiten des Kindes im Bildungs- und Erziehungsprozess voraus. Der Einzelne soll daher in der Lage sein, sich mit den „in einer freiheitlichen Gesellschaft verfügbaren geistigen Lebensentwürfen auseinanderzusetzen" und für die Gestaltung seines privaten, beruflichen und politischen Lebens den ihm angemessenen auszuwählen.[678] Diese Befähigung zur Selbstbestimmung, die sich aus Art. 2 Abs. 1 i. V. m. Art. 1 Abs. 1 GG ergibt und als das Bildungsziel dient, schlägt die verfassungsrechtliche Brücke zu pädagogischen Grundvorstellungen eines Pestalozzi und Humboldt, die Bildung als einen Teil der Menschwerdung des einzelnen Menschen begreifen.[679]

Allerdings ist der freiheitliche Verfassungsstaat in seinem schulischen Erziehungsauftrag durch das Grundgesetz nicht einseitig auf diese das Elternrecht ergänzende und dienende Funktion festgelegt. Auch eine Erziehung zu Demokratie und zu umweltbewusster Lebensweise, die Orientierung schulischer Erziehungsziele am Beschäftigungssystem und an den Anforderungen der Industriegesellschaft sind grundgesetzlich nicht untersagt. Mit einer Erziehung zur Leistungsfähigkeit und zu sozialem Verhalten unterstützt die Schule hingegen die Persönlichkeitsentfaltung des Schülers und erweitert dessen individuellen Entfaltungsraum i. S. d. Art. 2 Abs. 1 i. V. m. Art. 1 Abs. 1 GG.[680] Außerdem findet die Einordnung der freien Persönlichkeit des Schülers in die Gesellschaft ihre Ausprägung im Toleranzgebot des Grundgesetzes, das den Normen des Art. 2 Abs. 1 GG i. V. m. Art. 4 Abs. 1, Art. 5, Art. 6 Abs. 2 und Art. 7 Abs. 2–5 GG zu entnehmen ist. Gerade im Zusammenhang mit der Zuwanderung nimmt das Toleranzgebot eine besondere Stellung ein, denn diese Normen begründen eine tolerante Schule, in der die Schüler mit

676 Vgl. *Stein,* Das Recht des Kindes auf Selbstentfaltung in der Schule, 1967, zit. nach *Dittmann,* Erziehungsauftrag und Erziehungsmaßstab der Schule im freiheitlichen Verfassungsstaat, in: VVDStRL, 54 (1995), S. 57, vgl. auch *Langenfeld,* Integration und kulturelle Identität zugewanderter Minderheiten, 2001, S. 215.

677 *Oppermann,* Schule und berufliche Ausbildung, in: Isensee/Kirchhof, HStR, Bd. VI, 2. Aufl. (2001), § 135, Rn. 35.

678 *Langenfeld,* Integration und kulturelle Identität zugewanderter Minderheiten, 2001, S. 215.

679 Mehr dazu *Blankertz,* Die Geschichte der Pädagogik. Von der Aufklärung bis zur Gegenwart, 1982, S. 101 ff.

680 Vgl. *Dittmann,* Erziehungsauftrag und Erziehungsmaßstab der Schule im freiheitlichen Verfassungsstaat, in: VVDStRL, 54 (1995), S. 58.

unterschiedlichen Überzeugungen und Wertvorstellungen zusammentreffen. So stehen auch die deutschen Schulen vor neuartigen und erheblichen Problemen, die nachfolgend dargestellt werden sollen.[681]

3. *Das Recht auf chancengleiche Bildung und Ausbildung (Art. 2 Abs. 1, Art. 3 Abs. 1 und Art. 20 Abs. 1 GG)*

Ein explizites „Recht auf Bildung", wie es in den völkerrechtlichen Texten gegeben ist, oder ein Recht auf Ausbildung formuliert das Grundgesetz weder in Art. 7 GG noch an anderer Stelle. Umstritten ist demnach, ob sich aus Art. 7 GG ein Recht auf Bildung und Erziehung ergibt.[682] Die ganz h. M. lehnt diese Auffassung ab.[683] Ein Recht auf gleichen Zugang zu den schulischen Bildungseinrichtungen ist jedoch mindestens aus Art. 3 Abs. 1 i. V. m. Art. 2 Abs. 1 GG für allgemeinbildende und aus Art. 3 Abs. 1 i. V. m. Art. 12 Abs. 1 GG für weiterführende und berufsbildende Schulen anzunehmen.[684] Demgegenüber gewährleisten die Verfassungen einiger Bundesländer in weitem Umfang ein Recht auf Bildung, z.B. Art. 11 Abs. 1 BW-Verf.[685] Das Recht auf Bildung ist die „als soziales Grundrecht stilisierte Aufgabe" des Staates zur Gewährleistung einer chancengleichen Bildung und Ausbildung.[686] Wie oben dargelegt, besteht ein solcher Anspruch bereits bundesverfassungsrechtlich, allerdings insoweit, als der Staat das Schulwesen seiner Aufsicht unterstellt.[687] Die (Aus)Bildung und Erziehung gehören zu den natürlichen Bedürfnissen des

---

681 Eine umfangreiche Untersuchung in diesem Gebiet erfolgte durch *Langenfeld*, Integration und kulturelle Identität zugewanderter Minderheiten, Eine Untersuchung am Beispiel des allgemeinbildenden Schulwesens in der Bundesrepublik Deutschland, 2001.

682 *Pieroth*, DVBl 1994, 957 – jedoch aus Art. 2 Abs.1; *Ramm*, Stein-FS, 240; *Jarass*, DÖV 1995, 674 – Art. 7 i. V. m. Art. 2 GG; *Brosius-Gersdorf*, in: Dreier (Hrsg.), GG-Komm., Bd. I, 3. Aufl. (2013), Art. 7 Rn 20 („Art. 7 I GG ist kein Grundrecht, sondern eine Organisations- und Aufgabennorm").

683 Vgl. *Scholz*, in: Maunz/Dürig, GG-Komm., Bd. II, Lfg. 47, 2006, Art. 12, Rn. 126; *Glotz/Faber*, Grundgesetz und Bildungswesen, in: HVerfR, 2. Aufl. (1994), § 28, Rn. 7; *Langenfeld*, Integration und kulturelle Identität zugewanderter Minderheiten, 2001, S. 222; *Brosius-Gersdorf*, in: Dreier (Hrsg.), GG-Komm., Bd. I, 3. Aufl. (2013), Art. 7 Rn 20.

684 Vgl. *Robbers*, in: v. Mangoldt/Klein/Starck, GG-Komm., Bd. I, 6. Aufl. (2010), Art. 7, Rn. 31.

685 Siehe unter Kap. 3 A II. Art. 11 Abs. 1 und 2 BWVerf lautet bspw.: „*Jeder junge Mensch hat* ohne Rücksicht auf Herkunft oder wirtschaftliche Lage *das Recht auf eine* seiner Begabungen entsprechende *Erziehung und Ausbildung*. Das öffentliche Schulwesen ist nach diesem Grundsatz zu gestalten."

686 *Oppermann*, Schule und berufliche Ausbildung, in: Isensee/Kirchhof, HStR, Bd. VI, 2. Aufl. (2001), § 135, Rn. 83.

687 Vgl. *Oppermann*, Schule und berufliche Ausbildung, in: Isensee/Kirchhof, HStR, Bd. VI, 2. Aufl. (2001), § 135, Rn. 83.

Kindes, ihre Gewährleistung ist daher ein Teil der elterlichen Pflichten und Rechte. Erklärt sich der Staat für diesen Lebensbereich verantwortlich, muss er darin bestehende Bedürfnisse nach bestem Vermögen erfüllen, weil er die Betroffenen daran hindert, ihre entsprechenden Lebensbedürfnisse anderweitig zu erfüllen.[688] Art. 2 Abs. 1 GG i. V. m. Art. 3 Abs. 1 GG und dem Sozialstaatsprinzip aus Art. 20 Abs. 1 GG garantiert über Abwehrfunktionen hinaus ein Recht auf gleiche Chancen zur Persönlichkeitsentwicklung im öffentlichen Bildungswesen. Sofern der Staat die Bildungsangebote unterbreitet, hat er dabei auch beim Zugang zu den Bildungseinrichtungen den Gleichheitssatz zu beachten, vor allem auch das besondere Differenzierungsverbot nach sozialer, schichtenspezifischer Herkunft (Art. 3 Abs. 3 GG).

Besteht ein staatliches Monopol für bestimmte Bildungsgänge, gewährleistet Art. 2 Abs. 1 GG wie Art. 12 Abs. 1 i. V. m. Art. 3 Abs. 1 GG und Art. 20 Abs. 1 GG ein Teilhaberecht.[689] Chancengleichheit in diesem Sinne bedeutet, dass jeder Schüler grundsätzlich die gleiche, vor allem hinsichtlich seiner sozialen Herkunft i. S. d. Art. 3 Abs. 3 GG unabhängige Möglichkeit erhält, seine über Art. 2 Abs. 1 GG geschützte Persönlichkeit zu entfalten. Den Grundrechten aus Art. 2 Abs. 1 GG entspricht die auch auf Art. 7 Abs. 1 GG i. V. m. dem Sozialstaatsprinzip beruhende „Aufgabe des Staates", „gleiche Bildungschancen herzustellen"[690]. Dabei ist die Schule „nicht notwendig nur eine Anstalt zur Erschließung und Förderung von Begabungen, sie soll auch zur Persönlichkeitsentwicklung des Kindes und zu seiner Eingliederung in die Gesellschaft beitragen"[691]. Die Staatsaufgabe, gleiche Bildungschancen zu sichern, ist nicht bereits dadurch erfüllt, dass an alle Schüler formal gleiche Leistungsanforderungen gestellt werden. Die Pflicht des Bildungswesens, vor allem der Schule, besteht auch darin, die Unterschiede in der sozialen Ausgangslage und in den Entwicklungsrichtungen zu berücksichtigen. Die Schule ist „nicht nur für den Einzelnen, sondern für alle Schüler verantwortlich"[692]. Zu dem vom Staat im Rahmen seiner in Art. 7 Abs. 1 GG verankerten Staatsverantwortung zu gewährleistenden „Minimumstandard" gehört ein „Minimumgrundrecht" im Bildungswesen gem. Art. 2 Abs. 1 GG i. V. m. dem Gleichheitssatz und dem Sozialstaatsprinzip, das allerdings „nur insoweit anzuerkennen ist, als sich die objektivrechtlichen Aufgaben des Kultur- und Sozialstaates im Einzelfall zu einer staatlichen Schutzpflicht und so zu einem subjektiven Komplementärrecht des Einzelnen konkretisiert haben".[693]

688 Vgl. *Robbers*, in: v. Mangoldt/Klein/Starck, GG-Komm., Bd. I, 6. Aufl. (2010), Art. 7 Rn. 31.

689 Vgl. *Glotz/Faber*, Grundgesetz und Bildungswesen, in: HVerfR, 2. Aufl. (1994), § 28, Rn. 11.

690 *Glotz/Faber*, Grundgesetz und Bildungswesen, in: HVerfR, 2. Aufl. (1994), § 28, Rn. 11.

691 *BVerfGE* 34, 165 (189).

692 *BVerfGE* 34, 165 (189).

693 *Glotz/Faber*, Grundgesetz und Bildungswesen, in: HVerfR, 2. Aufl. (1994), § 28, Rn. 13; *Langenfeld*, Integration und kulturelle Identität zugewanderter Minderheiten, 2001, S. 224.

4. *Ausbildungsfreiheit für Ausländer?*

Elemente eines Rechts auf Bildung enthält das Grundgesetz auch in Art. 12 Abs. 1 S. 1 GG – dem Grundrecht auf freie Wahl der Ausbildungsstätte. Die freie Wahl der Ausbildungsstätte nach Art. 12 Abs. 1 S. 1 GG garantiert die chancengleiche Teilhabe an Einrichtungen der berufsbezogenen Ausbildung.[694] Eine Ausbildungsstätte wird definiert als eine private oder öffentliche Einrichtung, in der berufliche Kenntnisse oder Fähigkeiten vermittelt werden. Hierzu zählen vor allem Berufsschulen, Universitäten, pädagogische Akademien, Fachhochschulen, Einrichtungen betrieblicher und überbetrieblicher Ausbildungslehrgänge sowie staatliche Vorbereitungsdienste.[695] Das *BVerwG* versteht darunter solche Einrichtungen, die „ein Bewerber durchlaufen haben muss, um nach Ablegung der Prüfung den gelernten Beruf ergreifen zu können."[696] Keine Ausbildungsstätte sind Grundschulen.

Grundrechtsberechtigt nach Art. 12 Abs. 1 S. 1 GG sind nur Deutsche i. S. d. Art 116 GG. Die Ausbildungs- und Berufsfreiheit knüpft also an die deutsche Staatsangehörigkeit an. Den Ausländern und Staatenlosen steht sie grundsätzlich nicht zu. Ihre Berufs- und Ausbildungsfreiheit fällt allein unter den Schutz des Art. 2 Abs. 1 GG.[697] Im Rahmen des allgemeinen Handlungsfreiheit aus Art. 2 Abs. 1 GG soll demnach den Ausländern „eine grundrechtliche Rechtsstellung zuwachsen, die zwar tatbestandlich in Art. 2 Abs. 1 GG wurzelt, sich inhaltlich aber immer stärker dem Art. 12 GG annähert."[698] Diese Auffassung wird insb. vom *BVerfG* vertreten mit dem Hinweis darauf, „dass der Nichtdeutsche (d. h. Drittstaatsangehörige – Aut.), dem die Berufung auf die Berufsfreiheit verwehrt ist, nicht denselben Schutz über Art. 2 Abs. 1 GG beanspruchen könne"[699]. Anderer Ansicht ist *Scholz*, der meint, dass eine solche Interpretation des *BVerfG* „mit dem Spezialitätsverhältnis von Art. 12 zu Art. 2 Abs. 1 GG nicht vereinbar ist", weil „die ausdrückliche verfassungsrechtliche Entscheidung des Art. 12, die Berufsfreiheit nur den deutschen Staatsbürgern grundrechtlich zu gewährleisten, unterlaufen wird".[700] Andererseits sei nach *Scholz* der einfache Gesetzgeber berechtigt, auch

---

694 Vgl. *BVerfGE* 33, 303 (329 ff.); 59, 1 (25); 85, 36 (54).

695 Vgl. *Manssen*, in: v. Mangoldt/Klein/Starck, GG-Komm., Bd. I, 6. Aufl. (2010), Art. 12, Rn. 61; *Jarass*, in: Jarass/Pieroth, GG-Komm., 13. Aufl. (2014), Art. 12, Rn. 94; *Nolte*, in: Stern/Becker, GRe-Komm., 2010, Art. 12, Rn. 29.

696 *BVerwGE* 47, 330 (332).

697 Vgl. *Manssen*, in: v. Mangoldt/Klein/Starck, GG-Komm., Bd. I, 6. Aufl. (2010), Art. 12, Rn. 266; *Breuer*, Freiheit des Berufs, in: Isensee/Kirchhof, HStR, Band VIII, 3. Aufl. (2010), § 170, Rn. 43; *Sachs*, Ausländerrechte im Schutzbereich von Deutschengrundrechte, in: BayVBl. 1990, 385 ff.; *Uber*, Freiheit des Berufs, S. 88; a. A.: Scholz, in: Maunz/Dürig, GG-Komm., Bd. II, Lfg. 47, 2006, Art. 12, Rn. 104.

698 *Scholz*, in: Maunz/Dürig, GG-Komm., Bd. II, Lfg. 47, 2006, Art. 12, Rn. 104 m. w. N.; siehe auch Kap. 1 V.

699 *BVerfGE* 78, 179 (196); 104, 337 (346); dazu kritisch *Doehring*, Die staatsrechtliche Stellung der Ausländer in der BRD, in: VVDStRL 32 (1974), S. 38.

700 *Scholz*, in: Maunz/Dürig, GG-Komm., Bd. II, Lfg. 47, 2006, Art. 12, Rn. 104 und 122.

den Drittstaatsausländern Berufs- und Ausbildungsfreiheitsrechte einzuräumen: „Dies aber nicht von Verfassungs, sondern ausschließlich von Gesetzes wegen“.[701] Die Erwerbstätigkeit von Drittstaatsangehörigen in Deutschland kann allerdings unter Erlaubnisvorbehalt gestellt und durch einfachgesetzliche Regelungen – etwa Aufenthaltsgesetz, Asylbewerberleistungsgesetz – eingeschränkt werden.[702] EU-Ausländer sind gem. Art. 18 AEUV (Diskriminierungsverbot) und gem. den besonderen Grundfreiheiten der Arbeitnehmerfreizügigkeit (Art. 45 AEUV), der Niederlassungs- und Dienstleistungsfreiheit (Artt. 49, 56 AEUV) hinsichtlich der Berufsfreiheit des Art. 12 Abs. 1 GG den Deutschen gleichgestellt.[703]

Zu beachten ist auch die berufsgrundrechtliche Gleichstellungsregelung türkischer Arbeitnehmer und ihrer Familienangehörigen aufgrund des Assoziationsabkommens und der Assoziationsbeschlüsse zwischen der EG und Türkei. Allerdings ist hierbei ein Diskriminierungsverbot wegen der Staatsangehörigkeit nur in Bezug auf das Arbeitsentgelt und die Arbeitsbedingungen vorgesehen (Art. 37 ZPA, Art. 10 AssB 1/80), so dass eine unterschiedliche Behandlung bezüglich der vom Schutzbereich des Art. 12 GG erfassten beruflichen Bildungsrechte zulässig ist. Allerdings sind nach Art. 9 AssB 1/80 türkische Kinder in gleicher Weise wie die deutschen zur allgemeinen und beruflichen Bildung, einschließlich der Lehrlingsausbildung, zugelassen. Das Recht auf gleichen Zugang zu deutschen Bildungseinrichtungen folgt für diesen Personenkreis unmittelbar aus dem Gemeinschaftsrecht.[704]

II. Landesverfassungsrechtliche Bildungsgarantie

Die Zuständigkeiten des Bundes auf dem Bildungs- und Ausbildungsgebiet sind allerdings begrenzt. Der Bund hat auf diesem Gebiet weder eine Gesetzgebungsbefugnis noch eine Verwaltungshoheit, Artt. 30 und 70 ff. GG. Das Schulwesen als Ort der (Aus)Bildung und Erziehung gehört zur Zuständigkeit der Bundesländer. Aus der Gesetzgebungsbefugnis der Bundesländer im Bildungsbereich ergibt sich ihre weitgehende eigenständige Gestaltungsfreiheit (gesetzgeberisches Ermessen) bei schulrechtlichen Regelungen.[705] Das unter Aufsicht des Staates, nämlich der

---

701 *Scholz*, in: Maunz/Dürig, GG-Komm., Bd. II, Lfg. 47, 2006, Art. 12, Rn. 104.

702 Z. B. §§ 9, 18 ff., 39 AufenthG, § 5 AsylbLG. Vgl. *Scholz*, in: Maunz/Dürig, GG-Komm., Bd. II, Lfg. 47, 2006, Art. 12, Rn. 104; *Schneider*, Berufsfreieheit, in: Merten/Papier (Hrsg.), Handbuch der Grundrechte, Band V, 2013, § 113, Rn. 47.

703 Siehe unter Kapiteln 1B V und 3 B I 1.3. Anderer Ansicht ist *Scholz*: „Art. 12 ist dessen ungeachtet auch auf Unionsbürger **nicht** anwendbar“. *Scholz*, in: Maunz/Dürig, GG-Komm., Bd. II, Lfg. 47, 2006, Art. 12, Rn. 105.

704 Vgl. *EuGH*, Slg. 1990, S. 3461 ff. (Sevince), Vgl. *Hirsch*, Die Rechtsprechung des Europäischen Gerichtshofs zu Assoziierungssabkommen, BayVBl. 1997, S. 449; *Langenfeld*, Integration und kulturelle Identität zugewanderter Minderheiten, 2001, S. 231 ff.

705 Vgl. *BVerfGE*, in: NVwZ 1984, 89; *Hemmrich*, in: von Münch/Kunig (Hrsg.), 6. Aufl. (2012), Art. 7 Rn. 1.

Länder, stehende „gesamte Schulwesen" umfasst sowohl öffentliche und private als auch allgemeinbildende und berufsbildende Schulen.[706] Die Länder sind kraft der grundgesetzlichen Normen der Artt. 7, 30 und 70 ff. GG die „ausschließlichen Träger der Kulturhoheit, die für den Bereich der bekenntnismäßigen Gestaltung des Schulwesens nur durch die Bestimmungen der Artt. 7, 141 GG begrenzt sind"[707]. Allerdings ist im deutschen Grundgesetz als gemeinsame Aufgabe ausdrücklich die Möglichkeit vorgesehen, dass Bund und Länder aufgrund von Vereinbarungen, die auch die Kostenaufteilung regeln können, bei der Bildungsplanung zusammenwirken (vgl. Art. 91 b GG). Mit der Ständigen Konferenz der Kultusminister der Länder in der BRD (KMK)[708] und einer Vielzahl von Verwaltungsabkommen der Länder[709] haben sich die Länder ein Instrument der Zusammenarbeit und Kooperation im Bereich der Bildungspolitik, vor allem in der Schulpolitik, geschaffen. KMK-Beschlüsse sind teilweise unverbindliche Empfehlungen an die Länder oder selbstübernommene Bindungen der Länder, die allerdings je nach ihrem Inhalt und nach der Regelung in der betreffenden Landesverwaltung noch der Zustimmung der Landesregierung und ggf. der Umsetzung durch Landesgesetz bedürfen. Für sich allein verfügen sie daher über keine normative Kraft.[710]

Der staatliche Auftrag zur Gewährleistung von Bildung und Ausbildung ist durch das primär zuständige Landesverfassungsrecht vielfach detaillierter gestaltet. So erklären die meisten Landesverfassungen nach dem Vorbild der Weimarer Reichsverfassung[711] die Bildungs- und Erziehungsziele und gewährleisten auch das Recht auf freien und gleichen Zugang zu den öffentlichen Bildungseinrichtungen.[712] Die meisten Landesverfassungen enthalten eigene Abschnitte über kulturstaatliche Aufgaben, Lebensordnungen und Garantien, einschließlich Grundvorschriften über Bildung, Erziehung und Schule. Während die Bayerische Verfassung bspw. fordert, dass die Schule nicht nur Wissen und Können vermitteln

---

706 Vgl. *Badura*, in: Maunz/Dürig, GG-Komm., Bd. II, Lfg. 47, 2006, Art. 7, Rn. 26.

707 *Badura*, in: Maunz/Dürig, GG-Komm., Bd. II, Lfg. 47, 2006, Art. 7, Rn. 26.

708 Vgl. zu diesem Gremium ausführlich *Oppermann*, Kulturverwaltungsrecht, Bildung – Wissenschaft – Kunst, 1969, S. 565.

709 Die Beschlüsse der KMK, in: Ständige Konferenz der Kultusminister der Länder, Sammlung der Beschlüsse der Ständigen Konferenz der Kultusminister der Länder in der BRD, Loseblattsammlung, 1963 ff., Bd.1–5. Zu den ersten Beschlüssen der KMK zur Beschulung von Kindern und Jugendlichen ausländischer Herkunft ausführlich *Langenfeld*, Integration und kulturelle Identität zugewanderter Minderheiten, 2001, S. 28–44.

710 Vgl. *Badura*, in: Maunz/Dürig, GG-Komm., Bd. II, Lfg. 47, 2006, Art. 7, Rn. 26.

711 In dem Abschnitt „Bildung und Schule" in Art. 142 bis 150 der WRV wurden besonders eingehend die Leitgrundsätze und Programmsätze für das Schul- und Bildungswesen festgelegt.

712 Art. 12, 21 BWVerf, Art. 28, 29 Abs. 3 und 131 BbgVerf, Art. 26 BremVerf, Art. 56 HessVerf, Art. 26 Abs. 1 und 30 SaarVerf, Art. 27 Abs.1 VerfLSA, Art. 22 ThürVerf.

soll, sondern auch Herz und Charakter,[713] erklärt Art. 22 Abs. 1 der ThLVerf. die umfassende Aufgabe der Erziehung und Bildung. Eine ausdrückliche Garantie des Rechts auf Bildung ist insgesamt in elf Landesverfassungen gegeben: in Art. 11 Abs. 1 BWVerf, in Art. 29 Abs. 1 BbgVerf, in Art. 20 Abs. 1 VerfB, in Art. 27 BremVerf, in Art. 4 Abs. 1 NdsVerf, in Art. 25 Abs. 1 VerfLSA, in Art. 102 SächsVerf, in Art. 20 ThLVerf, in Art. 27 Abs. 6 SaarVerf, in Art. 8 Abs. 1 NRWVerf und in Art. 8 MVVerf. Dagegen enthält die Hamburger Landesverfassung keinen Artikel zum Bereich Bildung und Erziehung.

Im Allgemeinen bedienen die Verfassungen der Bundesländer ein recht weites schulrechtliches Themenspektrum: Die landesverfassungsrechtlichen Schulbestimmungen betreffen auch die Schulbesuchspflicht, die Unentgeltlichkeit des Unterrichts oder der Lernmittel, die staatliche Schulaufsicht, die Pflege der deutschen Sprache, die Schularten, die Regelung des Schulzugangs, die Ausbildungsmöglichkeiten und das Regime des Religionsunterrichts sowie der Privatschule.[714] Allerdings darf das jeweilige landesverfassungsgesetzlich festgesetzte Schulregime wegen des Homogenitätsgebots nach Art. 28 Abs. 1 S. 1 GG den – auch schulunspezifischen – Vorgaben des Bundesverfassungsrechts nicht widersprechen.[715]

III. Völkerrechtliche Gewährleistung eines Rechts auf Bildung

Ein „Recht auf Bildung“ ist unter anderem in zahlreichen von der BRD ratifizierten völkerrechtlichen Verträgen niedergelegt. Ein Recht auf Bildung wird durch Art. 13 des IPwskR[716] und der Artt. 28 und 29 des Übereinkommens über die Rechte des

---

713 Art. 131 BayVerf lautet in diesem Sinne: „Oberste Bildungsziele sind Ehrfurcht vor Gott, Achtung vor religiöser Überzeugung und vor der Würde des Menschen, Selbstbeherrschung, Verantwortungsgefühl und Verantwortungsfreudigkeit, Hilfsbereitschaft, Aufgeschlossenheit für alles Wahre, Gute und Schöne und Verantwortungsbewusstsein für Natur und Umwelt. Die Schüler sind im Geiste der Demokratie, in der Liebe zur bayerischen Heimat und zum deutschen Volk und im Sinne der Völkerversöhnung zu erziehen.“

714 Dem 5. Staatenbericht der BRD zum IPwskR (ICESCR) ist zu entnehmen, dass die Lehrmittelfreiheit nicht mehr in allen Bundesländern besteht. In der Regel werden die Schulbücher ausgeliehen, teilweise wird eine Selbstbeteiligung von den Eltern verlangt. S. 5. Staatenbericht der BRD nach Artt. 16 und 17 des IPwskR, 2008, S. 96, abrufbar unter: http://www.institut-fuer-menschenrechte.de (abgerufen am 25.05.2013).

715 Vgl. *Jestaedt*, Schule und außerschulische Erziehung, in: Isensee/Kirchhof (Hrsg.), HStR, Bd. VII, 3. Aufl. (2009), § 156, Rn. 33.

716 Art. 13 des Paktes v. 19.12.1966 (BGBl. 1973 II, S. 1570) lautet: „Die Vertragsstaaten erkennen das Recht eines jeden auf Bildung an.[…] Die Vertragsstaaten erkennen an, dass im Hinblick auf die volle Verwirklichung dieses Rechts a) der Grundschulunterricht für jedermann Pflicht und allen unentgeltlich zugänglich sein muss: b) die verschiedenen Formen des höheren Schulwesens einschl. des höheren Fach- und Berufsschulwesens auf jede geeignete Weise, insbesondere

Kindes[717] garantiert. Daraus ergibt sich vor allem eine Gewährleistung einer unentgeltlichen und obligatorischen Grundschulausbildung. Auch die weiterführenden Schulen allgemeinbildender und berufsbildender Art sollen allen Kindern gleichermaßen verfügbar und zugänglich sein. Art. 2 des ersten Zusatzprotokolls zur EMRK verbürgt das Bildungsrecht vor allem in der Elementarbildung, nicht dagegen in demselben Umfang bei der höheren Ausbildung, obwohl der Wortlaut des Art. 2 dies nicht ausdrücklich besagt.[718] Darüber hinaus verpflichten sich die Staaten gem. Art. 5 i. V. m. Art. 7 des Internationalen Übereinkommens zur Beseitigung jeder Form von Rassendiskriminierung[719] zum Verbot von Rassendiskriminierungen jeder Art und zur Garantierung des Rechts auf Erziehung und Ausbildung für jeden Einzelnen. Über Diskriminierungsverbote hinausgehende Bildungsrechte enthält auch das Übereinkommen gegen Diskriminierung im Unterrichtswesen (vgl. Artt. 4 und 5).[720]

Auf der europäischen Ebene ist das Recht auf Bildung in Art. 14 GRCh verankert.[721] In diesem Sinne ist das Recht auf Bildung sowohl als ein eigenständiges Menschenrecht als auch als ein zentrales Instrument zu verstehen, das die Verwirklichung anderer Menschenrechte fördert. In diesem Zusammenhang

---

durch allmähliche Einführung der Unentgeltlichkeit, allgemein verfügbar und jedermann zugänglich gemacht werden müssen.[...]."

717 Nach Art. 28 des Übereinkommens v. 20.11.1989 (BGBl. 1992 II, S. 122) „Die Vertragsstaaten erkennen das Recht des Kindes auf Bildung an; um die Verwirklichung dieses Rechts auf der Grundlage der Chancengleichheit fortschreitend zu erreichen, werden sie insbesondere a) den Besuch der Grundschule für alle zur Pflicht und unentgeltlich machen; b) die Entwicklung verschiedener Formen der weiterführenden Schulen allgemeinbildender und berufsbildender Art fördern, sie allen Kindern verfügbar und zugänglich machen und geeignete Maßnahmen wie die Einführung der Unentgeltlichkeit und die Bereitstellung finanzieller Unterstützung bei Bedürftigkeit treffen; c) allen entsprechend ihren Fähigkeiten den Zugang zu den Hochschulen mit allen geeigneten Mitteln ermöglichen.[...]." Art 29 des Übereinkommens regelt die Bildungsziele, worauf die Bildung des Kindes gerichtet sein muss.

718 Art. 2 des 1. Zusatzprotokolls zur EMRK v. 20.03.1952 (BGBl. 2002 II, S. 1072) lautet: Das Recht auf Bildung darf niemandem verwehrt werden. Der Staat hat bei Ausübung der von ihm auf dem Gebiet der Erziehung und des Unterrichts übernommenen Aufgaben das Recht der Eltern zu achten, die Erziehung und den Unterricht entsprechend ihnen eigenen religiösen und weltanschaulichen Überzeugungen sicherzustellen." Vgl. auch Art. 14 der GR-Charta der EU v. 30.03.2010, ABl. EU C 83/389, S.1.

719 V. 07.03.1966, BGBl. 1969 II, S. 962.

720 Übereinkommen gegen Diskriminierung im Unterrichtswesen v. 14.12.1960. In der BRD ist dies seit 17.10.1968 in Kraft (BGBl. II, 1968, S. 385).

721 Art. 14 Abs. 1 und 2 Charta der Grundrechte der Europäischen Union v. 18.12.2000 (ABl. EG 2000/C 364/01, geändert durch ABl. EU 2010/C 83/389) lautet: „Jede Person hat das Recht auf Bildung sowie auf Zugang zur beruflichen Ausbildung und Weiterbildung. Dieses Recht umfasst die Möglichkeit, unentgeltlich am Pflichtschulunterricht teilzunehmen."

ergeben sich aus den o. g. Normen hinsichtlich des Rechts auf Bildung für die Bundesrepublik völkervertragsrechtliche Verpflichtungen gem. Art. 59 Abs. 2 GG. Dagegen handelt es sich bei Art. 26 AEMR – die Norm gewährleistet jedem das Recht auf Bildung – nicht um einen völkerrechtlichen Vertrag, sondern um sog. „soft law“, aus dem sich unmittelbar keine Rechtspflichten ergeben.

IV. Staatliche Schulaufsicht und religiös-kulturelle Bezüge in der Schule

1. *Religionsunterricht als „ordentliches Lehrfach“ (Art. 7 Abs. 3 GG)*

Gem. Art. 7 Abs. 3 S. 1 GG ist der Religionsunterricht in den öffentlichen Schulen ordentliches Lehrfach,[722] das den anderen ordentlichen Lehrfächern gleichsteht und wie diese in den Unterrichtsplan einzubeziehen ist.[723] Den Staat trifft die Verpflichtung, die erforderlichen sachlichen und personellen Voraussetzungen dafür zu schaffen: „Er ist Auftraggeber des Religionsunterrichts, nicht die Religionsgemeinschaften.“[724] Der katholische oder evangelische Religionsunterricht, der aufgrund der Zugehörigkeit der Mehrzahl von deutschen Schülern zum Christentum in den öffentlichen Schulen Deutschlands erteilt wird, gehört zum staatlichen Bildungs- und Erziehungsauftrag i. S. v. Art. 7 Abs.1 GG.[725] Die Qualifizierung als ordentliches Lehrfach bedeutet, dass der Staat unter Übernahme der

722 Grundsätzlich regelt die Norm nicht allein den christlichen Religionsunterricht. Obwohl die Beratungen des späteren Art. 7 Abs. 3 GG im Parlamentarischen Rat zwar, ohne dies ausdrücklich zu thematisieren, den traditionellen Religionsunterricht in den Bekenntnissen der christlichen Großkirchen zum Gegenstand hatten, reicht aber der Begriff des Religionsunterrichts mit der Anknüpfung an die Religion und demnach an den weiten Schutzbereich des Art. 4 GG über das Christentum hinaus und umfasst den Unterricht in den Grundsätzen jeder Religionsgemeinschaft. Das *BVerfG* (E 74, 244 (251 ff.) = NJW 1987, 1873) hat hinsichtlich der Bedeutung des Art. 7 Abs. 3 S. 1 GG wie folgt ausgeführt: „Die Erklärung des Religionsunterrichts zum ordentlichen Lehrfach [...] stellt klar, dass seine Erteilung staatliche Aufgabe und Angelegenheit ist; er ist staatlichem Schulrecht und staatlicher Aufsicht unterworfen. Seine Einrichtung als Pflichtfach ist für den Schulträger obligatorisch; der Staat muss gewährleisten, dass er ein Unterrichtsfach mit derselben Stellung und Behandlung wie andere ordentliche Lehrfächer ist. Sein Pflichtfachcharakter entfällt nicht dadurch, dass Art. 7 Abs. 2 GG ein Recht zur Abmeldung einräumt.“

723 Vgl. *BVerfGE* 74, 244 (251).

724 *BVerfGE* 74, 244 (251); *Schmitt-Kammler/Thiel*, in: Sachs, GG-Komm., 6. Aufl. (2011), Art. 7, Rn. 46; *Brosius-Gersdorf*, in: Dreier (Hrsg.), GG-Komm., 3. Aufl. (2013), Bd. I, Art. 7 Rn. 91.

725 Vgl. *Robbers*, in: v. Mangoldt/Klein/Starck, GG-Komm., 6. Aufl. (2010), Bd. I, Art. 7, Rn. 130; *Link*, HStKR II, S. 463; kritisch *Schmitt-Kammler/Thiel*, in: Sachs, GG-Komm., 6. Aufl. (2011), Art. 7, Rn. 41.

Kosten „nicht nur zur Bereitstellung der erforderlichen sachlichen und personellen Voraussetzungen verpflichtet ist, sondern der Religionsunterricht als selbstständige Pflichtlehrveranstaltung mit einer angemessenen Wochenstundenzahl in die Lehrpläne" eingestellt werden muss. Auch darf er nicht diskriminierend an den Rand des Stundenplanes gelegt werden.[726] Dieser Unterricht ist durch entsprechend ausgebildete Lehrkräfte des öffentlichen Dienstes zu erteilen. Für die Lehrerausbildung soll der Staat die geeigneten Ausbildungsstätten schaffen. Er hat auch dafür Sorge zu tragen, dass der Religionsunterricht an den einzelnen Schulen tatsächlich erteilt wird. Art. 7 Abs. 3 GG garantiert den Religionsunterricht zunächst als institutionelle Gewährleistung,[727] die im Dienste der Rechte und Interessen der Eltern und Schüler sowie der zuständigen Religionsgemeinschaften steht.

Darüber hinaus wird der Norm ein subjektives Recht des ausgeführten Personenkreises auf Einrichtung von Religionsunterricht als ordentliches Lehrfach durch das jeweilige Bundesland entnommen.[728] Die Gewährleistung des Religionsunterrichts in Art. 7 Abs. 3 GG enthält allerdings eine Ausnahmevorschrift in Art. 7 Abs. 3 S. 1 GG für bekenntnisfreie Schulen (Regel-Fall) und in Art. 141 WRV, die vor allem für Bremen von Bedeutung ist (sog. „Bremer Klausel").[729] Die „Bremer Klausel" gilt auch in Brandenburg. Somit steht die Garantie des Religionsunterrichts in den öffentlichen Schulen in innerem Zusammenhang mit der schul- und bildungspolitischen Grundentscheidung, die das gesamte Schulwesen der staatlichen Aufsicht unterstellt (Art. 7 Abs. 1) und die ihrerseits nicht zuletzt auf dem staatskirchenrechtlichen Grundsatz der religiös-weltanschaulichen Neutralität des Staates beruht.[730]

2. *Recht der Erziehungsberechtigten aus Art. 7 Abs. 2 GG*

Über die Teilnahme des Kindes am Religionsunterricht bestimmen die Erziehungsberechtigten i. S. d. Art. 7 Abs. 2 GG. Die Vorschrift ist somit lex specialis zu Art. 6 Abs. 2 GG. Erziehungsberechtigt sind die Eltern des Kindes, wenn ihnen die elterliche Sorge nicht entzogen worden ist, sowie Vormünder und Pflegeeltern.[731] Das

---

726 *Langenfeld*, Integration und kulturelle Identität zugewanderter Minderheiten, 2001, S. 497; *Schmitt-Kammler*, in: Sachs, GG-Komm., 5. Aufl. (2009), Art. 7, Rn. 408.

727 Vgl. *Link*, HStKR II, S. 469; *Robbers*, in: v. Mangoldt/Klein/Starck, GG-Komm., 6. Aufl. (2010), Bd. I, Art. 7, Rn. 119.

728 Vgl. *Langenfeld*, Integration und kulturelle Identität zugewanderter Minderheiten, 2001, S. 498; *Brosius-Gersdorf*, in: Dreier (Hrsg.), GG-Komm., 3. Aufl. (2013), Bd. I, Art. 7 Rn. 495 m. w. N.

729 Art. 141 WRV lautet: „Art. 7 Abs. 3 S. 1 findet keine Anwendung in einem Lande, in dem am 01.01.1949 eine andere landesrechtliche Regelung bestand." Nach der Bremer Klausel sind demnach bekenntnisfreie Schulen von der Einrichtungspflicht des Religionsunterrichts ausgenommen. Diese Norm gilt auch für Berlin, die Rechtslage in den fünf neuen Ländern ist dagegen umstritten.

730 Vgl. *Badura*, in: Maunz/Dürig, GG-Komm., Bd. II, Lfg. 47, 2006, Art. 7, Rn. 66.

731 Vgl. *Robbers*, in: v. Mangoldt/Klein/Starck, GG-Komm., Bd. I, 6. Aufl. (2010), Art. 7, Rn. 130.

Bestimmungsrecht besteht allerdings nur bis zum Erreichen der Religionsmündigkeit des Kindes, also bis zur Vollendung des 14. Lebensjahres.[732] Das Recht der Erziehungsberechtigten aus Art. 7 Abs. 2 GG ist vor allem ein Ausdruck der Elternverantwortung aus Art. 6 Abs. 2 und eine Ausprägung der in Art. 4 Abs. 1 und 2 GG garantierten Religionsfreiheit. Art. 7 Abs. 2 GG stellt auch eine Ausprägung der staatlichen Neutralität in Religions- und Weltanschauungsfragen dar und enthält neben Art. 7 Abs. 3 und 5 GG weiterhin Grundsätze für die bekenntnismäßige Ausgestaltung der Schulen. Allerdings folgt aus Art. 7 Abs. 2 GG nicht die freie Wahl des Religionsunterrichts; er ist vielmehr ein Pflichtfach mit Abmeldemöglichkeit, d. h. Art. 7 Abs. 2 GG gewährleistet den andersgläubigen Eltern das Recht, ihr Kind vom Religionsunterricht abzumelden. Die Abmeldung soll jedoch zu keiner Diskriminierung in der Schule führen.[733] Die Norm garantiert auch i. V. m. Art. 4 Abs.1 und 2 GG kein Recht des Schülers, über die Gestaltung dieses Unterrichts zu bestimmen oder in dem Religionsunterricht nach seiner freien Wahl zugelassen zu werden. Gleiches gilt für das Elternrecht aus Art. 7 Abs. 2 i. V. m. Art. 6 Abs. 2 GG.[734] Verfassungsrechtlich zulässig ist es, einen Ethikunterricht für diejenigen Schüler vorzusehen, die nicht am Religionsunterricht teilnehmen: Das liegt grundsätzlich im Rahmen der allgemeinen Schulgestaltungsfreiheit der Bundesländer.[735] In einigen Bundesländern ist demnach der Ethikunterricht als Ersatzfach eingeführt oder es gelten Ethik- und Religionsunterricht als ordentliche Pflichtfächer im alternativen Wahlpflichtverhältnis, was allerdings die Frage nach der Verfassungsmäßigkeit aufgeworfen hat.[736] In

---

732 Das ergibt sich aus dem § 5 S. 1 RelKiErzG: „Nach der Vollendung des 14. Lebensjahres steht dem Kinde die Entscheidung darüber zu, zu welchem religiösen Bekenntnis es sich halten will." Das Gesetz über die religiöse Kindererziehung (RelKErzG) v. 15.07.1921(RGBl. I, S. 939), zul. geändert am 17.12.2008 (BGBl. I, S. 2586) regelt bundeseinheitlich das Bestimmungsrecht der Eltern in Bezug auf die religiöse Erziehung von Kindern in einem religiösen Glauben oder einer nicht-religiösen Weltanschauung.

733 Vgl. *BVerfGE 52*, 223 (252).

734 Vgl. *Robbers*, in: v. Mangoldt/Klein/Starck, GG-Komm., Bd. I, 6. Aufl. (2010), Art. 7, Rn. 111.

735 Vgl. *BVerfGE-K*, in: NVwZ 2008, 72; *BVerwGE* 107, 75 (80); *BVerwGE*, 42, 346, in: NJW 1973, 1817; *Pieroth*, in: Jarass/Pieroth, GG-Komm., 13. Aufl. (2014), Art. 7, Rn. 16; *Robbers*, in: v. Mangoldt/Klein/Starck, GG-Komm., Bd. I, 6. Aufl. (2010), Art. 7, Rn. 137.

736 Gem. § 137 BayVerf. ist bspw. für Schüler, die nicht am Religionsunterricht teilnehmen, ein Unterricht über die allgemein anerkannten Grundsätze der Sittlichkeit einzurichten. Der Ethikunterricht gem. Art. 47 Abs. 1 BayEUG ist für verfassungsmäßig erklärt worden (*BayVGH*, BayVBl. 1996, 405). Eine Verfassungsbeschwerde gg. den Beschluss des *BayObLG* wurde nicht zur Entscheidung angenommen (*BVerfG*, Beschl. v. 17.02.1999–1 BvR 2488/95). Nach § 128 des NdsSchulG ist, wer nicht am Religionsunterricht teilnimmt, stattdessen zur Teilnahme am Unterricht Werte und Normen verpflichtet, wenn die Schule diesen Unterricht eingerichtet hat. Das *VG Hannover* hat mit Beschluss v. 20.08.1997 die Entscheidung des *BVerfG* über die Vereinbarkeit des § 128 Abs.1 NdsSchulG

Brandenburg wird gem. §§ 9, 11 BbgSchulG seit 1996 als ein ordentliches Lehrfach das Fach „Lebensgestaltung – Ethik – Religionskunde" (LER) angeboten, das weder ein Ersatzfach für den Religionsunterricht darstellt noch mit „Ethik" identisch ist. Die Einführung von LER durch das brandenburgische Schulgesetz hat damals zu einem Verfassungsstreit geführt.[737] Gem. § 11 Abs. 2 S. 2 BbgSchulG dient der LER-Unterricht der Vermittlung von Grundlagen für eine wertorientierte Lebensgestaltung, von Wissen über Traditionen philosophischer Ethik und Grundsätze ethischer Urteilsbildung sowie über Religionen und Weltanschauungen.

3. *Die spezielle Problematik in Bezug auf die anderen Religionen*

a) Einführung des islamischen Religionsunterrichts als ordentliches Lehrfach gem. Art. 7 Abs. 3 S. 1 GG

Islamischer Unterricht i. S. v. Art. 7 Abs. 3 GG fand bislang nicht statt.[738] Seit langer Zeit wird aber die Frage nach der Zulässigkeit und der Einführung eines islamischen

---

mit dem Grundgesetz, v. a. mit Art. 3 Abs. 3 GG, eingeholt (NVwZ 1998, 316). Die Vorlage war unzulässig (*BVerfGE*, in: NVwZ 1999, 756). In Hamburger Schulen wird den Schülern gem. § 7 Abs. 4 HambSchulG eine Wahlpflicht-Alternative zum Religionsunterricht in Ethik und Philosophie angeboten.

737 *BVerfG*, Urteil v. 11.12.2001–1 BvF 1/96, 1BvR 1697/96 u.a.; *BVerfG*, Beschluss v. 23.04.2002–1 BvR 1412/97 u. a. Die Frage, ob das Land Brandenburg das Schulfach LER zurecht einführt und den Religionsunterricht nach Art. 7 GG unter Anwendung der sog. „Bremer Klausel" (Art. 141 GG) als ordentliches Unterrichtsfach an staatlichen Schulen nicht etabliert, ist offen geblieben. Nach einer Novellierung des Schulgesetzes wurde der Verfassungsstreit ohne Sachentscheidung beendet. Mehr dazu: *de Wall*, Zum Verfassungsstreit um den Religionsunterricht in Brandenburg, in: ZevKR 42, 1997, S. 353; *Heckel*, Religionsunterricht in Brandenburg, 1998; *ders.*, Religionskunde im Lichte der Religionsfreiheit. Zur Verfassungsmäßigkeit des LER-Unterrichts in Brandenburg, in: ZevKR 44, 1999, S. 147; *Starck*, Religionsunterricht in Brandenburg, in: FS für Joseph Listl, 1999, S. 391; *Link*, „LER", Religionsunterricht und das deutsche Staatskirchenrecht, in: Bohnert/Gramm/Kindhäuser/Rodders (Hrsg.), Verfassung – Philosophie – Kirche. FS für Alexander Hollerbach, 2001, S. 747 ff.; *Isensee*, Die Garantie des Religionsunterrichts im Grundgesetz, in: Bitter (Hrsg.), Religionsunterricht hat Zukunft, 2000, S. 35; *Badura*, in: Maunz/Dürig, GG-Komm., Bd. II, Lfg. 47, 2006, Art. 7 Rn. 80–82.

738 In mehreren Bundesländern besteht orthodoxer (in Bayern – russisch-orthodoxer, in Niedersachsen – orthodoxer und in NRW – griechisch- und syrisch-orthodoxer), sonstiger christlicher (in Bayern – altkatholische und neuapostolische Kirche) sowie jüdischer Religionsunterricht. Die umstrittene Frage in Bezug auf den islamischen Religionsunterricht an deutschen Schulen ist vom *BVerwG* nur für Berlin entschieden worden, allerdings nicht nach dem Regelfall des Art. 7 Abs. 3 S. 1 GG, sondern nach der Ausnahmevorschrift des Art. 141 WRV. *BVerwGE* 110, 326 (331 ff.): Aus der für (ganz) Berlin geltenden Regelung des Art. 141 GG folgt, dass der Begriff „Religionsgemeinschaft" im Ausnahmefall der Nichtanwendbarkeit des Art. 7 Abs. 3 S. 1 GG weit ausgelegt werden darf.

Religionsunterrichts in der öffentlichen Schule der BRD intensiv diskutiert,[739] jedoch entspricht diese Diskussion weder den muslimischen Vorstellungen noch den verfassungsrechtlichen Vorgaben. Die praktische Realisierung steht vor allem vor rechtlichen Schwierigkeiten. Als „Surrogat" angebotene Formen einer islamischen „Religionskunde" oder „Unterweisung" in den Bundesländern sind in ihrer Verfassungsmäßigkeit umstritten: Praktiziert wurde vorerst neben Modellversuchen in Baden-Württemberg und Bayern die „Islamische Unterweisung" in Form eines Ergänzungsunterrichts durch meist türkische Lehrer oder auch die Einführung vorgeblich „neutraler" Islamkunde als ordentliches Unterrichtsfach.[740]

Ein zentrales Problem in diesem Bereich findet sich in einer fehlenden Kooperationsarbeit: Es mangelt dem Staat an einem Kooperationspartner seitens muslimischer Religionsgemeinschaften für alle Muslime in Deutschland. Dies ist aber notwendig, weil der Religionsunterricht „ein Zusammenwirken von Staat und Religionsgemeinschaften" verlangt. Die „Übereinstimmung" i. S. d. Art. 7 Abs. 3 S. 2 GG bedeutet, dass „zwei mitzureden haben"[741]. Das Fundament der staatlichen Verantwortlichkeit liegt insbesondere im organisatorischen Bereich, die Befugnisse der Religionsgemeinschaften aber beziehen sich auf den Inhalt des Religionsunterrichts. Der neutrale Staat allein kann die Inhalte des Religionsunterrichts nicht festlegen. Der Staat hat auch keine Befugnis zur Benennung des Lehrpersonals und ist nicht berechtigt, den Religionsunterricht im Namen der Religionsgemeinschaft zu erteilen.[742] In Bezug auf die mangelnde Verfasstheit islamischer Gemeinschaften in

---

739 Vgl. *Heckel*, Religionsunterricht für Muslime?, in: Heckel, Gesammelte Schriften, Bd. V, 2004, S. 579; *Heckel*, Unterricht in Islam an deutschen Schulen, in: RdJB 2004, S. 39; *Anger*, Islam in der Schule, 2003, S. 350; *Hollerbach*, Freiheit kirchlichen Wirkens, in: HStR, Bd.VI, 2001, § 140, Rn. 41; *Bock*, Islamischer Religionsunterricht? 2006.

740 Vgl. *Bock*, Islam. Religionsunterricht? Rechtsfragen, Länderberichte, Hintergründe, 2. Aufl. (2007); *Schmitt-Kammler/Thiel*, in: Sachs (Hrsg.), GG-Komm, 6. Aufl. (2011), Art. 7, Rn. 42 m. w. N. Außerdem wird in einigen Bundesländern, etwa Baden-Württemberg, Saarland und Schleswig-Holstein, das Modell des sog. Konsulatsunterrichts praktiziert: Unterrichtet werden türkische Kinder von Lehrern im Auftrag des türkischen Generalkonsulats in Kultur und Religion. Inhalt und Lehrpersonal dafür werden vom türkischen Staat über seine Konsulate überlassen. Auf dem Unterrichtsplan, dessen Grundlage ein Abkommen der türkischen Regierung mit den deutschen Behörden bildet, stehen die verschiedenen Themen. Das Angebot wird eher als türkisch-laizistisch denn als islamisch ausgerichtet angesehen.

741 *Korioth*, Islamischer Religionsunterricht und Art. 7 Abs. 3 GG, in: NVwZ, 1997, 1041 (1044).

742 Vgl. *Langenfeld*, Religiöse Freiheit – Gefahr oder Hilfe für die Integration?, in: Stiftung Gesellschaft für Rechtspolitik (Trier)/Institut für Rechtspolitik an der Universität Trier (Hrsg.), Bitburger Gespräche, Jahrbuch 2010/I, S. 83 ff.; *Korioth*, Islamischer Religionsunterricht und Art. 7 Abs. 3 GG, in: NVwZ, 1997, 1041 (1043 ff.); *Mückl*, Freiheit kirchlichen Wirkens, in: Isensee/Kirchhof (Hrsg.), HStR, Bd. VII,

Deutschland hat das *BVerwG* bereits in Gestalt einer „Dachverbandslösung" einen rechtlichen Weg aufgezeigt: Demzufolge kann auch ein aus mehreren juristischen Personen bestehender Dachverband eine Religionsgemeinschaft i. S. v. Art. 7 Abs. 3 GG darstellen, soweit dieser seinerseits auf natürliche Personen zurückführbar ist und dergestalt über eine personelle Grundlage verfügt.[743] Voraussetzung ist jedoch, dass dieser Dachverband auch materiell eine Religionsgemeinschaft ist und kein religiöser Verein oder keine Interessenplattform mit diversen (kulturellen, politischen und religiösen) Zielen.[744] Auch der muslimische Religionsunterricht soll kein Unterricht zur Verfolgung solcher Ziele sein. Als ordentliches Lehrfach unterliegt er der staatlichen Schulaufsicht gem. Art. 7 Abs. 1 GG, d. h., den Staat trifft grundsätzlich eine Verantwortung für dessen Inhalte und für die Bestimmung der für den Unterricht maßgeblichen inhaltlichen Reichweite. Der Staat ist als „Träger" des Religionsunterrichts befugt und verpflichtet zu verlangen, dass die Bildungs- und Erziehungsziele auch im Religionsunterricht beachtet werden. Selbstverständlich darf ein solcher Unterricht nur in deutscher Sprache und neutral durchgeführt werden.

Zusammengefasst: Nach einer organisatorischen Verfestigung in Richtung einer vertretungsberechtigten, zur verbindlichen Festlegung religiöser „Grundsätze" befugten Instanz und vorbehaltlich notwendiger inhaltlicher Abklärungen sowie der Lösung des Lehrkräfteproblems kann ein islamischer Religionsunterricht in deutscher Sprache an den staatlichen Schulen eingeführt werden.[745] Bereits heute gibt es in einzelnen Bundesländern – etwa Hessen und NRW – Modellversuche für einen islamischen Religionsunterricht. In der Zukunft kann daher zumindest in den westdeutschen Bundesländern der islamische Religionsunterricht flächendeckend eingeführt werden. Die Einführung des islamischen Religionsunterrichts in die öffentlichen Schule Deutschlands liegt im Übrigen im Integrationsinteresse des freiheitlich-demokratischen Staates,[746] obgleich bisherige Versuche gerichtlicher Erstreitung mehrfach gescheitert sind.[747] Ob der Islamunterricht in den deutschen

---

3. Aufl. (2009), § 161, Rn. 36; *Schmitt-Kammler/Thiel*, in: Sachs (Hrsg.), GG-Komm, 6. Aufl. (2011), Art. 7, Rn. 42.

743 Vgl. *BVerwGE* 123, 49.

744 Vgl. *Mückl*, Freiheit kirchlichen Wirkens, in: Isensee/Kirchhof (Hrsg.), HStR, Bd. VII, 3. Aufl. (2009), § 161, Rn. 36.

745 Vgl. *Schmitt-Kammler/Thiel*, in: Sachs (Hrsg.), GG-Komm., 6. Aufl. (2011), Art. 7, Rn. 42; *Stock*, NWVBl. 2005, 285 (288), *Langenfeld*, AöR 1998, 375 (401), *dies.*, Religiöse Freiheit – Gefahr oder Hilfe für die Integration?, in: in: Stiftung Gesellschaft für Rechtspolitik (Trier)/Institut für Rechtspolitik an der Universität Trier (Hrsg.), Bitburger Gespräche, Jahrbuch 2010/I, 2010, S. 83 ff.; *Spriewald*, S. 279; *Muckel*, JZ 2001, 58 (60); *Rennert*, DVBl. 2001, 504 (513)

746 Vgl. *Korioth*, in: NVwZ 1997, 1041 (1043); *Schmitt-Kammler/Thiel*, in: Sachs (Hrsg.), GG-Komm, 6. Aufl. (2011), Art. 7, Rn. 42; zurückhaltend *Heimann*, in: Haratsch (Hrsg.), Religion und Weltanschauung im säkularen Staat, 2001, S. 100.

747 Vgl. *VG Düsseldorf* NVwZ-RR 2000, 789; *OVG Nordrhein-Westf.* NVwZ-RR 2004, 492; *BVerwGE* 123, 49 mit Schwerpunkt auf der „Dachverbandsproblematik".

Schulen zukünftig die Aufspaltung der Schülerschaft im Bereich religiöser, ethischer und praktisch-philosophischer Bildung schafft und die muslimische Schüler segregiert oder die Zuwandererkinder integriert, hängt stark von der Gestaltung des Islamunterrichts ab: neutral oder traditionell-islamisch.[748]

b) Die Kultursymbole in der öffentlichen Schule

Ein langjähriger Streit besteht auch im Hinblick auf die Kultursymbole und religiösen Elemente in der öffentlichen Schule Deutschlands. Spezielle Berührungspunkte zwischen staatlicher Schulaufsicht i. S. v. Art. 7 Abs.1 GG und der Religionsfreiheit gem. Art. 4 GG ergeben sich vor allem bei Schulgebeten außerhalb des Religionsunterrichts, bei einer Befreiung vom Schulunterricht an Samstagen und Feiertagen, beim Anbringen von Kreuzen und Kruzifixen sowie bei der Frage nach dem Kopftuchtragen.

Schulgebete außerhalb des Religionsunterrichts sind von der Rechtsprechung als verfassungsrechtlich unbedenklich anerkannt.[749] Durch das Grundgesetz, vor allem die weltanschaulich-religiöse Neutralität des Staates, sind die Länder nicht gehindert, an einer nicht bekenntnisfreien Gemeinschaftsschule ein freiwilliges, überkonfessionelles Schulgebet zuzulassen. Das Schulgebet ist auch bei Widerspruch eines Schülers oder seiner Eltern zulässig und verletzt nicht deren Grundrecht aus Art. 4 Abs. 1 GG, wenn sie frei und ohne Zwang über die Teilnahme am Gebet entscheiden können.[750] Die negative Bekenntnisfreiheit gewährt ihnen kein Recht, das Schulgebet der anderen Schüler zu verhindern. Die Zulassung von Gebeten in der Schule bedeutet, dass die Schule dafür auch die Räume einrichten muss, um die Bekenntnisfreiheit der Einzelnen zu gewährleisten. Allerdings scheint dies aus objektiver Sicht nicht möglich zu sein. Aus der öffentlichen Schule eine Art „Moschee“ zu machen, ist wohl keine Bildungs- und Erziehungsaufgabe des Staates. Die öffentliche Schule kann nicht sämtliche Wünsche aller Schüler und Eltern erfüllen, vor allem in Bezug auf das Privatleben. So kann sich der muslimische Schüler nicht auf seine Religionsfreiheit mitten im Unterricht durch Verrichtung seiner rituellen Gebete berufen; er kann auch von der Schule keine Einrichtung des Unterrichtsplans nach seinen besonderen religiösen Bedürfnissen und die Bereitstellung eines separaten

---

Dazu auch *Viellechner*, in: JURA 2007, 298; *Badura*, in: Maunz/Dürig, GG-Komm., Bd. II, Lfg. 47, 2006, Art. 7 Rn. 88; *Mückl*, in: RdJB 2005, 513; *HessVGH* ZAR 2005, 378: „Islam. Religionsgemeinschaft Hessen kein verlässlicher Partner“.

748 Zu solchen Überlegungen und Rechtsunsicherheiten siehe *Kreß*, Islamischer Religionsunterricht zwischen Grundsatzproblemen und neuen Rechtsunsicherheiten, in: ZRP 2010, S. 14 (14).

749 Vgl. *BVerfGE* 52, 223 (238); *BVerwGE* 44, 196 (198), gegen *HessStGH*, NJW 1966, 31.

750 Vgl. *BVerfGE* 52, 233, *BVerwGE* 44, 196; *Badura*, in: Maunz/Dürig, GG-Komm., Bd. II, Lfg. 47, 2006, Art. 7 Rn. 18; *Böckenförde*, Vorläufige Bilanz im Streit um das Schulgebet, in: DÖV 1974, S. 253; *ders.*, Zum Ende des Schulgebetstreits, in: DÖV 1980, S. 323; *BVerfGE-K* (Tischgebet in kommunalem Kindergarten), in: NJW 2003, 3468; *Lorenz*, Schulgebet und Toleranz, in: JuS, 1974, S. 436.

Gebetsraums verlangen.[751] Insofern ist die subjektive Religionsfreiheit des Einzelnen durch die objektiven Erfordernisse der öffentlichen Schule verfassungsimmanent eingeschränkt.[752] Die Schule kann jedoch für die Aufrechterhaltung des Schulfriedens und des geordneten Schulbetriebs in der Wahrnehmung ihrer staatlichen Schulverantwortung solche Gebete von Schülern oder Lehrern untersagen.[753] Anders sah dies aber das *VG Berlin*.[754] Im Wege einer einstweiligen Anordnung hat das Gericht zunächst entschieden, dass ein 16-jähriger muslimischer Schüler des Diesterweg-Gymnasiums in Berlin-Wedding berechtigt ist, einmal täglich außerhalb der Unterrichtszeit ein islamisches Gebet in der Schule zu verrichten. Das Gericht verpflichtete die Schule, dies vorläufig zu gestatten. Das *VG Berlin* führte aus, dass die Religionsausübung des muslimischen Schülers in der Schule „das Gebot weltanschaulich-religiöser Neutralität des Staates, die negative Bekenntnisfreiheit der anderen Schüler und der Eltern (Art. 4 Abs. 1 GG) sowie das elterliche Erziehungsrecht (Art. 6 Abs. 2 GG), den Bildungs- und Erziehungsauftrag des Staates gem. Art. 7 Abs. 1 GG und die Wahrung des Schulfriedens berührt. Diese Verfassungsgüter stehen dem Recht, während des Schulbesuchs und außerhalb der Unterrichtszeiten ein Gebet verrichten zu dürfen, jedoch nicht entgegen."[755] Nach diesem Urteil wurde dem Schüler in der Schule ein Raum zugewiesen. Das *OVG Berlin-Brandenburg*[756] sah die Sache jedoch anders und urteilte, dass die Schule den muslimischen Schülern ihr rituelles Gebet verbieten darf. Diese Auffassung wurde auch durch das *BVerwG*[757] bestätigt: Der Gymnasiast müsse die Einschränkung seiner Glaubensfreiheit hinnehmen, weil durch die öffentlichen Ritualgebete der Schulfrieden gestört werde. Nach dem *BVerwG* ist der Staat berechtigt, im Bereich der Schule Maßnahmen zu ergreifen, um den Schulfrieden sicherzustellen und religiös motivierte Konflikte zwischen den Schülern zu vermeiden, die der Verwirklichung des staatlichen Bildungs- und Erziehungsauftrags und dem ordnungsgemäßen Unterrichtsablauf entgegenstehen. Es gehört zu den Aufgaben der Schulverwaltung, diesen Frieden umfassend zu gewährleisten.[758]

---

751 Vgl. *Isensee*, Integration mit Migrationshintergrund, in: JZ 2010, S. 317 (324).

752 *Isensee*, Integration mit Migrationshintergrund, in: JZ 2010, S. 317(324); *Jestaedt*, Schule und außerschulische Erziehung, in: HStR, Bd. VII (2009), § 156, Rn. 42.

753 Vgl. *Jestaedt*, Schule und außerschulische Erziehung, in: HStR, Bd. VII (2009), § 156, Rn. 73.

754 Vgl. *VG Berlin*, Beschluss v. 10.03.2008–3 A 983.07, in: juris.

755 *VG Berlin*, Beschluss v. 29.09.2009 – 3 A 984.07, in: juris, Rn. 29.

756 *OVG Berlin-Brandenburg*, Beschluss v. 27.05.2010 – 3 B 29.09, in: juris.

757 Vgl. *BVerwG*, Beschluss v. 30.11.2011 – 6 C 20.10, in: juris. Der Leitsatz des BVerwG lautet: „Die Glaubensfreiheit des Schülers aus Art. 4 Abs. 1 und 2 GG berechtigt ihn grundsätzlich, während des Besuchs der Schule außerhalb der Unterrichtszeit ein Gebet zu verrichten. Diese Berechtigung findet ihre Schranke in der Wahrung des Schulfriedens."

758 Vgl. *BVerwG*, Beschluss v. 30.11.2011–6 C 20.10, in: juris, Rn. 30.

Entsprechendes gilt auch für das Tragen eines islamischen Kopftuchs einer Lehrerin: Die öffentliche Schule kann es dulden, muss es aber nicht. Das *BVerfG* hat in Bezug auf das Kopftuch einer Lehrerin in der Schule entschieden, dass das „Einbringen religiöser oder weltanschaulicher Bezüge in Schule und Unterricht den in Neutralität zu erfüllenden staatlichen Erziehungsauftrag, das elterliche Erziehungsrecht und die negative Glaubensfreiheit der Schüler beeinträchtigen kann“[759]. Ein Verbot bedarf aber, nach seiner Ansicht, eine formell-gesetzliche Lage, die den Ländern überlassen werden kann.[760] Nach diesem Streit wurde bspw. in Berlin das Weltanschauungssymbolegesetz v. 27. Januar 2005[761] erlassen, wonach in den öffentlichen Schulen des Landes das Tragen sichtbarer religiöser oder weltanschaulicher Symbole und Kleidungsstücke für Lehrkräfte und andere Beschäftigte mit pädagogischem Auftrag innerhalb des Dienstes verboten ist (vgl. § 2 WASymbG).

Auch die Anbringung eines Kreuzes oder Kruzifixes in Unterrichtsräumen hat in der Öffentlichkeit und im Schrifttum heftige Diskussionen ausgelöst. Das *BVerfG* hat im Jahre 1995 in einem Fall der bayerischen Schule im „Kruzifix“-Urteil[762] entschieden, dass die Kruzifixe im Klassenzimmer nicht hängen dürfen, weil darin ein Widerspruch zur grundgesetzlich garantierten Religionsfreiheit aus Art. 4 GG vorliegt. Das Urteil blieb jedoch weitgehend ohne praktische Folgen. Nach dem Willen der bayerischen Regierung wurde das Kreuz weiterhin im Klassenzimmer gelassen. Nur in speziell begründeten „atypischen Ausnahmefällen“ sollte es auf einzelne Klagen hin abgehängt werden.[763] Nachdem § 13 Abs. 1 der SchulO vom Gericht für nichtig erklärt wurde, hat die bayerische Regierung ein neues Schulgesetz – BayEUG – erlassen, wonach gem. Art. 7 Abs. 3 S. 1 „angesichts der geschichtlichen und kulturellen Prägung Bayerns in jedem

759 *BVerfGE* 108, 282 (302), in: NJW 2003, 3111; *BVerwGE*, Urt. v. 24.06.2004–2 C 45/03(*VGH Mannheim*), in: NJW 2004, 3581.

760 Vgl. *BVerfGE* 108, 282 (309), in: JZ 2003, 1164. In Fortsetzung des baden-württembergischen Kopftuch-Streits hat das *BVerwG* entschieden, dass aufgrund des durch Gesetz v. 01.04.2004 geänderten Landesschulgesetzes die Einstellung als Lehrerin in der Schule im Beamtenverhältnis abgelehnt werden darf, wenn die Bewerberin nicht bereit ist, im Unterricht auf das Tragen eines „muslimischen Kopftuchs“ zu verzichten. *BVerwGE*, in: JZ 2004, 1178. In der Rechtsprechung gibt es außerdem zahlreiche Fälle, die sich mit dem muslimischen Kopftuch beschäftigen: *BVerwGE* 116, 359 = NJW 2002, 3344; *OVG Bremen*, Beschl. v. 26.08.2005–2 B 158/05; *VGH Mannheim* = NJW 2001, 2899 usw. Allgemein zum Kopftuch als Rechtsproblem in der Schule wird verwiesen auf *Langenfeld*, Integration und kulturelle Identität zugewanderter Minderheiten, 2001, S. 527.

761 Gesetz zu Art. 29 der Verfassung von Berlin v. 27.01.2005 (GVBl. S. 92).

762 Vgl. *BVerfGE* 93, 1 (20) – „Kruzifix“.

763 Der *VerwGH Bayern* hat der Klage eines Lehrers stattgegeben und Bayern verpflichtet, in den Klassenzimmern der öffentlichen Schule, in denen der Lehrer unterrichtet, das Kreuz abnehmen zu lassen (*VerwGH v. Bayern*, Beschluss v. 02.01. 2002–3 B 98.563). Das Gericht bewertete diesen Fall als „atypischen Einzelfall“.

Klassenraum ein Kreuz angebracht wird“[764]. Das aktuellste Kruzifix-Urteil des *EGMR* v. 18. März 2011[765] beendete den Kruzifix-Streit endgültig. Der *EGMR* urteilte, dass es nicht beweisbar ist, dass ein Kruzifix an der Wand Einfluss auf die Schüler habe. Ein an der Wand angebrachtes Kruzifix müsse als „ein seinem Wesen nach passives Symbol“ betrachtet werden. So ist es den Staaten erlaubt, in den öffentlichen und privaten Schulen das christliche Symbol des Kreuzes aufzuhängen.

Ferner wird durch die aus religiösen Gründen für die Kinder jüdischen Glaubens und von 7-Tags-Adventisten vorgesehene Befreiung vom Schulbesuch an Samstagen, die das *BVerwG*[766] für verfassungsrechtlich zulässig erklärt hat, oder durch Befreiung vom bestimmten Fachunterricht (z.B. koedukativer Sportunterricht, Schwimmunterricht, Sexualkunde- und Biologieunterricht oder Klassenfahrt) für muslimische Schüler aus Gewissensgründen der staatliche Bildungs- und Erziehungsauftrag allenfalls am Rande berührt.[767]

Generell gilt: Bildungseinrichtungen wird das Recht eingeräumt, das Tragen religiöser Symbole im Interesse der religiösen Neutralität staatlicher Schulen zu beschränken, um ein friedliches Zusammenleben in der öffentlichen Schule zu gewährleisten. Denn die Schule ist vor allem ein Ort der Bildung und Erziehung wie auch der Vermittlung kultureller Identität in der verfassten Gemeinschaft.

---

764 Mehr dazu: *BVerfGE* 93, 1 (20); *Link*, Stat Crux? Die „Kruzifix“-Entscheidung des BVerfG, in: NJW 1995, S. 3353; *Zuck*, Kreuz-Züge, in: NJW 1995, S. 2903; *Flume*, Das „Kruzifixurteil“ und seine Berichtigung, in: NJW 1995, S. 2904; *Czermak*, Der Kruzifix-Beschluss des BVerfG, seine Ursachen und seine Bedeutung, in: NJW 1995, S. 3348; *Redecker*, „Der moderne Fluch der Versuchung zur Totalität“, in: NJW 1995, S.3369; *Pofalla*, Kopftuch ja – Kruzifix nein? – Zu den Widersprüchen der Rechtsprechung des BVerfG, in: NJW 2004, S. 1218; *Hemmrich*, in: GG-Komm., 5. Aufl. (2000); *Badura*, in: Maunz/Dürig, GG-Komm., Bd. II, Lfg. 47, 2006, Art. 7 Rn. 21 m. w. N.

765 Vgl. *EGMR*, Beschluss v. 18.03.2011 – AZ: 30814/06. Abrufbar unter: http://hudoc.echr.coe.int (abgerufen am 29.05.2013). Der *EGMR* in Straßburg entschied in letzter Instanz, dass Kruzifixe in italienischen Schulen hängen dürfen und nicht aus Rücksicht auf nicht christliche Schüler oder deren Eltern entfernt werden müssen. Zwei Jahre davor hatte die Kleine Kammer des *EGMR* genau entgegengesetzt geurteilt, dass Kruzifixe in Klassenzimmern gegen die Religionsfreiheit der Schüler und das Erziehungsrecht der Eltern verstießen.

766 Vgl. *BVerwGE*, Urt. v. 24.06.2004–2 C 45/03 (*VGH Mannheim*), in: NJW 2004, 3581.

767 Vgl. *VG Hamburg*, Beschluss v. 14.04.2005 – 11 E 1044/05; *VG Düsseldorf*, Urteil v. 30.05.2005 – 18 K 74/05; *VG Minden*, Beschluss v. 06.06.2003 – 2 L 537/03; *BVerfG*, Beschluss v. 29.04.2003 – 1 BvR 435/03; *BVerfG*, Beschluss v. 21.07.2009–1 BvR 1358/09; *BVerwG*, Urteil v. 25.08.1993–6 C 8/91, jeweils zitiert nach juris.

V. Die öffentliche Schule als institutioneller Integrationsfaktor

Die staatliche Schulverantwortung umfasst nicht nur die schulische Bildungs- und Erziehungsaufgabe des Staates, sondern auch die staatliche Integrationsaufgabe,[768] sei es, dass Art. 7 Abs. 1 GG dieses voraussetzt, sei es, dass Art. 7 Abs. 1 GG dieses als Teil der „Schulaufsicht“ selbst gewährleistet.[769] Anders gewendet: Die öffentliche Schule ist ein wichtiger und effektiver institutioneller Integrationsfaktor. Die schulische Erziehung unterscheidet sich in vielen Bereichen von der elterlichen Erziehung: Im Allgemeinen weckt und stärkt sie zum einen die soziale Kompetenz der einzelnen Schüler. Zum anderen ist sie auf „die Heranbildung verantwortlicher Staatsbürger fokussiert, die gleichberechtigt und verantwortungsbewusst an den demokratischen Prozessen in einer pluralistischen Gesellschaft teilhaben“[770]. Die in der Schulgemeinschaft stattfindende schulische Erziehung zielt – wohl auch nicht weniger als die schulische Bildung – darauf, dem einzelnen jungen Menschen sowohl die soziale als auch die kulturelle Integration in das freiheitlich-demokratische Gemeinwesen des Grundgesetzes zu ermöglichen und sie erheblich zu erleichtern. Neben dem Erlernen der grundlegenden Kulturtechniken und der Entfaltung der vorhandenen kognitiven und intellektuellen Fähigkeiten ist sie darauf gerichtet, „die emotionalen und affektiven Anlagen der Schüler zur Entfaltung zu bringen“[771]. Das Schulgeschehen soll demnach darauf angelegt sein, die Persönlichkeitsentfaltung junger Menschen umfassend zu fördern, und vor allem auch darauf, ihr soziales Verhalten zu beeinflussen.[772] Wie *Jestaedt* zu Recht ausführt, avanciert sie zur „Keimzelle des demokratischen Gemeinwesens“, indem sie „durch ihr Bildungs- und Erziehungsprogramm sowie durch die Art und Weise der Kollektivunterrichtung auf eine soziale wie kulturelle (Mindest-)Integration im Sinne der freiheitlichen demokratischen Leitkultur zielt und die ‚Spielregeln‘ des grundgesetzlichen Gemeinwesens einübt“[773]. Nicht zuletzt kann der freiheitlich demokratische Staat kraft seines Bildungs- und Erziehungsauftrages in der öffentlichen Schule grundsätzlich unabhängig von den Eltern eigene Erziehungsziele

768 Vgl. *Pieroth* bezeichnet dies als „Bildungs-, Erziehungs- und Integrationsmandat des Staates“, *Pieroth,* Erziehungsauftrag und Erziehungsmaßstab der Schule im freiheitlichen Verfassungsstaat, in: DVBl. 1994, S. 949, zit. nach *Jestaedt,* Schule und außerschulische Erziehung, in: Isensee/Kirchhof (Hrsg.), HStR Bd. VII, 3. Aufl. (2009), § 156, Rn. 43.

769 Vgl. *BVerfGE* 93, 1 (23); *Jestaedt,* Schule und außerschulische Erziehung, in: Isensee/Kirchhof (Hrsg.), HStR Bd. VII, 3. Aufl. (2009), § 156, Rn. 43.

770 *BVerfGE-K* 8, 151 (155).

771 *Jestaedt,* Schule und außerschulische Erziehung, in: Isensee/Kirchhof (Hrsg.), HStR Bd. VII, 3. Aufl. (2009), § 156, Rn. 43; *BVerfG* 93, 1 (20).

772 Vgl. *BVerfGE* 93, 1 (20).

773 *Jestaedt,* Schule und außerschulische Erziehung, in: Isensee/Kirchhof (Hrsg.), HStR Bd. VII, 3. Aufl. (2009), § 156, Rn. 44.

durchsetzen. Daher ist die Bedeutung der öffentlichen Schule für die Integration der Zuwanderer kaum zu überschätzen.

VI. Die Rechtslage und Praxis zur Beschulung der Zuwanderer in der Bundesrepublik Deutschland – dargestellt am Beispiel des Bundeslandes Nordrhein–Westfalen

Im Folgenden sollen die rechtlichen Grundlagen und die Praxis zur Beschulung von Zuwandererkindern in der BRD untersucht werden. Es ist nicht beabsichtigt, an dieser Stelle die Analyse der schulischen Praxis aller Bundesländer im Einzelnen umfassend zu erörtern.[774] Dies wäre in einer Dissertationsarbeit mit unterschiedlichen Fragestellungen wie diese aufgrund der Forschungskapazität auch nicht erfassbar. Demnach beschränkt sich die vorliegende Untersuchung auf die Darstellung der Schulpraxis eines der alten Bundesländer: Nordrhein-Westfalen. Diese Wahl hat vor allem folgende Gründe: *Zum einen* konzentriert sich die Verteilung ausländischer Schüler auf die verschiedenen Bundesländer in Deutschland insbesondere auf vier Bundesländer, nämlich Nordrhein-Westfalen, Baden-Württemberg, Bayern und Hessen. Ein Drittel der gesamten Schülerschaft des Landes bilden die ausländischen und ausgesiedelten Schüler. Das ist auch mit dem großen Ausländeranteil im Land Nordrhein-Westfalen zu begründen, der zurzeit ca. 1,74 Mio. beträgt. Blickt man auf die Schulabschlüsse ausländischer Schüler, zeigt sich eine positive Entwicklung im Bildungsbereich vor allem in den nordrhein-westfälischen Schulen. *Zum anderen* rückt Nordrhein-Westfalen – wie sich bereits aus der Forschung ergibt – in vielen Fragen, die die Zuwanderung und die Integration angehen, als erstes Bundesland in vielerlei Hinsicht in den Blick. Als weiterer Grund des Forschungsanreizes ist auf die neue Bildungsreform des Bundeslandes hinzuweisen, die allerdings bislang noch nicht erforscht ist. Am Beispiel des Bundeslandes Nordrhein-Westfalen sollen daher die Probleme bei der Beschulung der Zuwandererkinder in der BRD erläutert werden.

1. *Zur allgemeinen Schulpflicht in Deutschland*

Bevor der Rechtslage und der Praxis zur Beschulung der Zuwanderer in NRW im Einzelnen nachgegangen wird, sind zunächst die allgemeine Schulpflicht und ihre verfassungsrechtliche Verankerung in der Bundesrepublik darzustellen, die wiederum die Grundlage für die nachfolgenden Betrachtungen bilden. Aus dem Vorangegangenen folgt, dass die allgemeine Schulpflicht,[775] die in einer Reihe von

---

774 Eine solche lässt sich jedoch aus der bereits vorhandenen Arbeit von *Langenfeld*, Integration und kulturelle Identität zugewanderter Minderheiten, 2001 entnehmen.

775 Aus der historischen Entwicklung der Schulbesuchspflicht ergibt sich, dass die Schulpflicht in Deutschland mit der zunehmenden Verstaatlichung der Schule eingeführt wurde. Die ersten rechtlichen Bestimmungen zur Schulpflicht auf dem heutigen Territorium Deutschlands sind in Sachsen-Weimar (1619),

Landesverfassungen ausdrücklich angeordnet ist, ein „Kernstück" des Rechts auf Bildung ist. Sie ist „die erste und elementare Verwirklichung einer auf Volksbildung und Chancengleichheit abstellenden Bildungspolitik"[776]. Die in Art. 145 S. 1 WRV ausgestaltete „allgemeine Schulpflicht" i. S. einer Schulbesuchspflicht[777] wurde ins deutsche Grundgesetz nicht ausdrücklich übernommen. Dass das Grundgesetz aber von einer für alle gemeinsamen öffentlichen Grundschule ausgeht, ergibt sich aus Art. 7 Abs. 5 GG und Art. 7 Abs. 4 S. 3 GG sowie dem Bestreben des Verfassungsgebers, eine Sonderung der Schüler nach den Besitzverhältnissen der Eltern zu vermeiden, sowie aus der Ausnahmeregelung des Art. 7 Abs: 2 GG.[778] An privaten Schulen kann die Schulpflicht grundsätzlich nur erfüllt werden, wenn es sich um eine zumindest staatlich genehmigte Ersatzschule handelt. Im Allgemeinen wird in der Rechtsprechung[779] und Lehre[780] die Schulbesuchspflicht als unproblematisch dargestellt und ihre verfassungsrechtliche Zulässigkeit bejaht. Sie ist nach Maßgabe der Landesgesetze zu erfüllen.[781]

Sachsen-Gotha (1640) und Württemberg (1649) erlassen worden. Zu verdanken ist dies dem lutherischen Gedanken, „dass man Kinder zur Schule halten solle", weil es „des weltlichen Regiments Ehre" sei, „dass es aus wilden Tieren Menschen macht"; könne die Obrigkeit „die Untertanen zwingen, die dazu taugen, dass sie Spieße und Büchsen tragen [...], wie viel mehr kann und soll sie hier die Untertanen zwingen, dass sie ihre Kinder zur Schule schicken." *M. Luther*, Ausgewählte Schriften V, hrsg. v. K. Bornkamm/G. Ebeling, 2. Aufl. (1983), S. 138, zit. nach *Gröschner*, in: Dreier (Hrsg.), GG-Komm., Bd. I, 1996, Art. 7, Rn. 9. Nach dem Landrecht bestand eine generelle Unterrichtspflicht, sie könnte auch durch häuslichen Unterricht ersetzt werden. *Gröschner*, in: Dreier (Hrsg.), GG-Komm., Bd. I, 1996, Art. 7, Rn. 9; *Rux*, Aktiv mit dem Schulrecht umgehen. Erziehen und Unterrichten in der Schule, 2008, S. 36.

776 *Badura*, in: Maunz/Dürig, GG-Komm., Bd. II, Lfg. 47, 2006, Art. 7, Rn. 5.

777 Art. 145 S. 1 WRV lautete: „Es besteht eine allgemeine Schulpflicht".

778 Vgl. *Schmitt-Kammler/Thiel*, in: Sachs, GG-Komm., 6. Aufl. (2011), Art. 7, Rn. 12.

779 Vgl. *BVerwGE*, Beschluss v. 09.04.1975, in: DVBl. 1975, 429; *BVerfGE*, in: FamRZ 1986, 1079; *VGH München*, Urteil v. 06.05.1987, in: NVwZ 1987, 706; *BVerwGE*, in: NVwZ 1992, 370; *BayVfGH*, in: BayVBl. 2003, 236; *VG Berlin* v. 17.01.2005 (3 A 1210.04).

780 Vgl. *Hufen*, Privatschulgarantie als verfassungsrechtliche Konkretisierung von Elternrechten, in: JuS 1993, S. 156 (157): „erledigtes Thema"; ders., Staatsrecht II, § 22 Rn. 47; § 32 Rn. 37; *Theuersbacher*, Die Entwicklung des Schulrechts in den Jahren 1991 und 1992, in: NVwZ 1993, S. 631 (633): „seit jeher als verfassungsgemäß anerkannt"; *ders.*, Die Entwicklung des Schulrechts von 1988 bis 1990, in: NVwZ 1991, S. 125 (127); *Duttge*, in: Siekmann/Duttge, Rn. 393 : in Art. 7 Abs. 1 GG „stillschweigend vorausgesetzt", *Thurn/Reimer*, Homeschooling als Option?, in: NVwZ 2008, S. 718 m. w. N.; a. A. *Bärmeier*, Das Verfassungsprinzip der Verhältnismäßigkeit und die Unverhältnismäßigkeit staatlichen Schulehaltens, in: RdJB 1993, S. 80.

781 Vgl. *BVerfGE* 34, 165 (187); *Schmitt-Kammler/Thiel*, in: Sachs, GG-Komm., 6. Aufl. (2011), Art. 7, Rn. 12.

Die allgemeine Schulpflicht beginnt für alle Kinder in Deutschland mit dem sechsten Lebensjahr und dauert in der Regel 11 bis 12 Jahre, wovon mindestens 9 Jahre auf die allgemeinbildenden Schulen entfallen müssen.[782] Schulpflichtig sind laut den Schulgesetzen der Bundesländer die Kinder und Jugendlichen, die in einem Bundesland ihre Wohnung oder ihren gewöhnlichen Aufenthalt oder ihre Ausbildungs- oder Arbeitsstätte haben.[783] Die allgemeine Schulpflicht erfasst auch die ausländischen Kinder,[784] die sich rechtmäßig in Deutschland aufhalten, somit auch die Gastarbeiterkinder und die Kinder von Bürgerkriegsflüchtlingen und anerkannten Asylbewerbern.[785] Problematisch ist allerdings die Anerkennung der Schulpflicht für die Kinder von Asylbewerbern und Flüchtlingen mit nur einer kurzen, vorübergehenden Aufenthaltsdauer.[786] Bis zum Jahre 2005 ist in sieben Bundesländern, so in Baden-Württemberg, Hessen, Rheinland-Pfalz, Saarland, Sachsen, Sachsen-Anhalt und Thüringen, die Schulpflicht eines Ausländers mit einem solchen aufenthaltsrechtlichen Status verneint worden.[787] In einigen Schulgesetzen ist jedoch eine ausdrückliche Regelung zur Schulpflicht auch in Bezug auf die ausländischen jungen Menschen getroffen worden, denen auf Grund eines Asylantrags der Aufenthalt im jeweiligen Bundesland gestattet ist oder die dort geduldet werden.[788] Das gleiche Problem besteht in Hinblick auf die Schulbesuchspflicht von Kindern mit illegalem Aufenthaltsstatus.[789]

---

782 In Berlin, Brandenburg und Bremen gibt es 10 Vollzeitschuljahre, in NRWam Gymnasium 9 und an anderen weiterführenden allgemeinbildenden Schulen 10 Vollzeitschuljahre.

783 § 72 I SchulG BWürtt.; § 41 I SchulG Berlin; § 63 I NSchG; § 56 I HSchG; § 36 I 2 BrangSchG etc.

784 In der Rechtsprechung ist geklärt, dass auch die ausländischen Kinder prinzipiell der deutschen Schulpflicht unterliegen. *BVerwG*, Beschl. v. 15.11.1991–6 B 16/91 (Münster), in: NVwZ 1991, 370 (370); *Theuersbacher*, Die Entwicklung des Schulrechts von 1988 bis 1990, in: NVwZ 1991, S. 125 (127) m. w. N.

785 Zu den Ausländergruppen sowie zu den Daten und Fakten ist auf das Kapitel 1 B hinzuweisen.

786 Vgl. *Niehues/Rux*, Schul- und Prüfungsrecht, Bd. 1, 5. Aufl. (2013), Rn. 211.

787 Vgl. Terre des hommes Deutschland e. V. (Hrsg.), Wir bleiben draußen, Schulpflicht und Schulrecht von Flüchtlingskindern in Deutschland, 2005, S. 11.

788 Vgl. § 36 Abs. 2 BrandSchG, § 41 Abs. 2 SchGBerlin, § 34 Abs. 6 NRW-SchG, § 1 Abs. 1 SaarSchPflG und Art. 35 Abs. 1 S. 2 BayEUG.

789 In einigen Bundesländern (z.B. in Hessen) sind die Schulen zur Erfassung des Aufenthaltsstatus und zur Meldung illegaler Kinder an die Ausländerbehörde verpflichtet. Nach Auffassung des Hessischen Kultusministeriums gilt die Schulpflicht für Illegale nicht. In München hingegen gilt die Regelung: „Das Schulreferat wird gebeten, allen Schulleitungen mitzuteilen, dass Kinder mit illegalem Aufenthaltsstatus grundsätzlich schulpflichtig sind“. Schätzungen zufolge leben mit hoher Wahrscheinlichkeit einige 10.000 Kinder und Jugendliche illegal in Deutschland, von denen nur wenige eine Schule besuchen. A-K. *Eckardt*, Deutschlands vergessene Kinder, in: Süddeutsche Zeitung v. 21.10.2008, online verfügbar in: http://www.sueddeutsche.de (abgerufen am 26.08.2011).

Für die Dauer der Schulpflicht muss ausländischen Kindern, die sich vorübergehend im Bundesgebiet aufhalten, Unterricht in ihrer Muttersprache angeboten werden.[790] Damit sollen diese Kinder unterstützt werden, in der Muttersprache aufzuwachsen, um ihnen eine spätere Rückkehr in ihre Heimat zu ermöglichen. Dennoch können ausländische Kinder zwecks Integration verpflichtet werden, in der Schule Deutsch zu lernen.[791] Sie sind sogar nach einigen Schulgesetzen verpflichtet, zu Beginn des der Einschulung vorangehenden Schuljahres an einer Sprachstandsfeststellung teilzunehmen (vgl. § 37 BrandSchG). Die Schulpflicht erstreckt sich auf den regelmäßigen Besuch des Unterrichts und der übrigen verbindlichen Veranstaltungen der Schule, die den Bildungs- und Erziehungszielen der Schule dienen, sowie auf Schulausflüge oder Aufenthalte und die Einhaltung der Schulordnung. Soweit in den einschlägigen Normen der Bundesländer eine Möglichkeit der Befreiung bzw. Beurlaubung aus religiösen Gründen geregelt ist, handelt es sich nicht um eine generelle Befreiung von der Schulpflicht.

2. Ausländerspezifische Daten

Das Bundesland NRW ist ein Land mit großem Ausländeranteil: Insgesamt leben hier ca. 1,74 Mio. Ausländer. Zum 31.12.2013 lebten in NRW nach statistischen Angaben 1.739.882 Ausländer, während die Gesamtbevölkerungszahl 17.571.856 Personen umfasste. Darunter stammen 520.573 Personen aus der Türkei, 47.099 Personen aus der RF, und 47.347 Personen aus dem Kosovo.[792] Zu diesem Zeitpunkt waren rund 6,2 % der ausländischen Bevölkerung unter sechzehn Jahre alt, also noch schulpflichtig, und 93,8 % der Ausländer sechzehn und mehr als sechzehn Jahre alt.[793] Im Jahr 2013 wurde im Land ein deutlicher Einbürgerungsanstieg verzeichnet.[794] Damit stieg die Zahl der Einbürgerungen von 26.355 (2009) auf 29.629. Vor allem ließen sich, wie auch in den Jahren zuvor, die Türkischstämmigen

---

790 Vgl. *Starck*, in: v. Mangoldt/Klein/Starck, GG-Komm., Bd. I, 6. Aufl. (2010), Art. 3, Rn. 382.

791 Vgl. *Langenfeld*, Integration und kulturelle Identität zugewanderter Minderheiten, 2001, S. 446: Es geht dabei um den Unterricht Deutsch als Fremdsprache.

792 Zentraler Statistischer Auskunftsdienst, Stand: 19.11.2014. Hinzuweisen ist darauf, dass die Bestandszahlen über Ausländer aus dem AZR und aus der Bevölkerungsfortschreibung infolge unterschiedlicher Abgrenzungen voneinander abweichen. Die Ausländerzahlen aus dem AZR sind niedriger als diejenigen aus der Bevölkerungsfortschreibung, weil das AZR nur diejenigen Ausländer erfasst, die sich länger als drei Monate in Deutschland aufhalten, eine Aufenthaltsgenehmigung oder Asyl beantragt haben oder von einer ausländerrechtlichen Maßnahme betroffen sind.

793 Zu der Schulstatistik siehe Abschnitt „Die Beschulung der zugewanderten Kinder in der Schulpraxis“.

794 Zum Vergleich: Die höchste Zahl an Einbürgerungen wurde in NRW mit der Staatsangehörigkeitsrechtsreform 2000 erreicht. Damals wurden rund 66.000 Personen eingebürgert.

einbürgern (10.165 Einbürgerungen). Es folgten Staatsangehörige aus Marokko (1.244), aus dem Irak (1.038) und den Iran (680). 12.003 aller Eingebürgerten lebten zwischen 8 und 15 Jahren in Deutschland und 8.854 Personen sogar mehr als 15 Jahre.[795]

Nach statistischen Angaben verfügten im Jahr 2010[796] Eingebürgerte und Ausländer in NRW über folgende Bildungsabschlüsse: Hauptschulabschlüsse besitzen 36,5 % der Eingebürgerten und 39,4 % der Ausländer sowie 37,0 % der Nichtzugewanderten, also der Deutschen.[797] Fachoberschulreife haben 19,9 % der Eingebürgerten und 13,5 % der Ausländer, dagegen 27,0 % der Deutschen. Über die Fachhochschulreife verfügen 30,2 % der Eingebürgerten und 22,5 % der Ausländer sowie 33,6 % der Einheimischen. Während 13,4 % der Eingebürgerten ohne allgemeinbildenden Abschluss sind, liegt dieser Wert bei Ausländern mit 24,6 % nahezu doppelt so hoch. Lediglich 2,4 % der Deutschen sind ohne allgemeinbildenden Abschluss. Was die berufsbildenden Abschlüsse betrifft, haben die Eingebürgerten wesentlich öfter eine Lehre oder einen vergleichbaren Bildungsgang abgeschlossen (38,4 %) als ausländische Staatsangehörige (25,9 %). Auch die Erwerbsbeteiligung der Eingebürgerten liegt mit 63,9 % deutlich höher als die der ausländischen Zugewanderten mit 52,0 %, während sie bei den Deutschen mit 69,4 % allerdings wesentlich höher ausfällt. Erwerbslos sind schließlich 12,9 % der Eingebürgerten und 16,9 % der ausländischen Erwerbspersonen, so dass die Erwerbslosenquote der ausländischen Bevölkerung doppelt so hoch wie bei Deutschen ist.[798]

3. *Gesetzliche Regelungen zur Schulpflicht in Nordrhein-Westfalen*

Nach Art. 8 Abs. 2 der nordrhein-westfälischen Landesverfassung besteht eine allgemeine Schulpflicht. Sie erstreckt sich gem. § 34 Abs. 1 SchulG NRW[799] auf alle Kinder und Jugendlichen, die in NRW ihren Wohnsitz oder ihren Aufenthalt oder ihre Ausbildungs- oder Arbeitsstätte haben. Auch ausländische Kinder unterliegen der allgemeinen Schulpflicht, wenn sie die Voraussetzungen dafür erfüllen. Von der Schulpflicht erfasst sind auch die Kinder von Asylbewerbern

795 Statistische Berichte: Einbürgerungen in NRW 2013, S. 16, Stand: April 2014.

796 Die neue Statistik umfasst keine Angaben zu den Bildungsabschlüssen und Erwerbstätigkeiten von Eingebürgerten, demnach beziehen sich diese Zahlen auf statistischen Angaben aus dem Jahr 2010. Quelle: Statistisches Jahrbuch NRW – 2010, S. 92.

797 In der Statistik nicht erfasst sind die Personen, die sich in dieser Zeit in schulischer oder beruflicher Ausbildung befanden.

798 Vgl. Statistik kompakt – Integration von Zugewanderten in Nordrhein-Westfalen, Eingebürgerte und ausländische Bevölkerung im Vergleich – 2011, S. 2. Abrufbar als pdf-Format unter: www.it.nrw.de (abgerufen am 04.10.2011).

799 Schulgesetz für das Land NRW (Schulgesetz NRW – SchulG) v. 15.02.2005 (GV. NRW S. 102), zul. geändert am 17.06.2014 (GV. NRW S. 336).

und alleinstehende Kinder und Jugendliche, die einen Asylantrag gestellt haben, sobald sie einer Gemeinde zugewiesen wurden und solange ihr Aufenthalt gestattet ist (vgl. § 34 Abs. 6 S. 1 SchulG NRW). Für ausreisepflichtige ausländische Kinder und Jugendliche besteht die Schulpflicht allerdings nur bis zur Erfüllung ihrer Ausreisepflicht.

Die Schulpflicht ist durch den Besuch einer öffentlichen Schule oder Ersatzschule zu erfüllen. Mit der Genehmigung der oberen Schulaufsichtsbehörde kann sie auch durch den Besuch einer anerkannten Ergänzungsschule erfüllt werden, soweit an ihr zumindest das Bildungsziel erreicht werden kann. Grundsätzlich ist die Schulpflicht durch den Besuch einer deutschen Schule zu erfüllen, vgl. § 34 Abs. 5 S. 1 SchulG. Bei Vorliegen eines wichtigen Grundes ist allerdings ausnahmsweise eine Abweichung von dieser Regelung möglich, insbesondere dann, wenn der Schüler sich nur vorübergehend in Deutschland aufhält (a) und eine ausländische oder internationale Ergänzungsschule besucht (b). Über diese Ausnahmen entscheidet die Schulaufsichtsbehörde oder der Schulträger.

Das Schulgesetz erfasst auch ausdrücklich Regelungen hinsichtlich der Unterrichtsbefreiung und Beurlaubung. Gem. § 43 Abs. 3 SchulG kann dem Schüler auf Antrag der Eltern aus wichtigem Grund die Befreiung von einzelnen Fächern oder einzelnen Schulveranstaltungen zeitlich begrenzt erteilt werden. Rechtfertigende wichtige Gründe für eine Befreiung liegen dann vor, wenn die Teilnahme am Unterricht oder an einer sonstigen Schulveranstaltung dem Schüler aus gesundheitlichen, aus Gewissens- oder aus finanziellen Gründen nicht zugemutet werden kann.[800] Ein besonderer Ausnahmefall ist jedenfalls dann anzunehmen, wenn die Durchsetzung der Pflicht zur Teilnahme an einem bestimmten Unterrichtsfach oder einer bestimmten schulischen Veranstaltung eine grundrechtlich geschützte Position des Kindes und/oder seiner Eltern verletzen würde.[801]

Schließlich darf eine Beurlaubung vom Unterricht gem. § 43 Abs. 3 S. 1 SchulG nur in Ausnahmefällen erfolgen, etwa bei persönlichen oder familiären Anlässen, Auslandsaufenthalten oder Schüleraustausch, Erholungsmaßnahmen aus gesundheitlichen Gründen oder bei der Teilnahme an bestimmten Veranstaltungen, die für den Einzelnen eine besondere Bedeutung haben, z.B. religiöse, kulturelle oder sportliche Veranstaltungen.[802] Längerfristige Beurlaubungen oder Befreiungen bedürfen der Zustimmung der Schulaufsichtsbehörde (vgl. § 43 Abs. 3 SchulG).

---

800 Vgl. *Oeynhausen*, Rechtshandbuch Schule Nordrhein-Westfalen, 1994, Rn. 368.

801 Vgl. *OVG NRW*, Urteil v. 12.07.1991–19 A 1706/90–21, in: NWVBl. 1992, S. 35; *VG Düsseldorf* v. 30.05.2005–18 K 74/05, in: juris.

802 Vgl. *Langenfeld*, Integration und kulturelle Identität zugewanderter Minderheiten, 2001, S. 68.

a) Schulformen und Schülerstatistik

Im Schuljahr 2013/14 betrug die gesamte Schülerzahl in NRW 2.583.286 – in allgemein bildenden Schulen wurden insgesamt 1.998.511 Schüler beschult, in beruflichen Schulen (Berufskolleg und Förderschule im Bildungsbereich Berufskolleg) lediglich 584.775. Darunter sind in allen Schulformen 220.720 ausländische und 44.701 ausgesiedelte Schüler beschult worden.[803] Während im Schuljahr 2013/14 7 % der ausländischen und 3 % der ausgesiedelten Schüler Grundschüler waren, besuchten 90 % der deutschen Schüler eine Grundschule. Bemerkenswert ist die Tatsache, dass in den öffentlichen und privaten Schulen des Landes ca. 95 % der deutschen Schüler (ohne Spätaussiedler) und nur 4 % der ausländischen Schüler das Gymnasium besuchten. Die ausländischen und ausgesiedelten Schüler werden vor allem in der Hauptschule und Gesamtschule beschult, ihr Anteil beträgt hier 24 % und 12 %. Nur 76 % der Schüler mit deutschem Pass waren Hauptschüler. Im Gegensatz dazu besuchten die Realschule 90 % der deutschen Schüler, wobei der Anteil an ausländischen und ausgesiedelten Schülern hier 10 % beträgt.[804] Aus der angegebenen Statistik ergibt sich, dass die ausländischen Schüler an den Haupt- und Sonderschulen überrepräsentiert und an den Realschulen und Gymnasien entsprechend unterrepräsentiert sind. Auch nationalitätenspezifisch betrachtet, zeigen sich unter den Gruppen ausländischer Schüler deutliche Unterschiede bei der Verteilung auf die Schulformen. Auch bundesweit betrachtet stammt der Hauptanteil ausländischer Schüler aus den ehemaligen Anwerbeländern, insbesondere aus der Türkei. Mehr als die Hälfte der türkischen Schüler besuchten in NRW die Gesamtschule. Die Hauptschule besuchten 3,1 % der Spätaussiedler, 3 % der albanischen und 5 % der serbischen Schüler sowie 1,8 % der russischen Schüler, während der Anteil an Schülern mit russischem Pass im Gymnasium 4,6 %, der der ukrainischen Schüler 3,4 % und der türkischen Schüler 32,5 % beträgt.[805]

Ohne Hauptschulabschluss haben 8.331 deutsche Schüler im Schuljahr 2013/14 die allgemein bildenden Schulen verlassen, also 2,9 % der Schüler, hingegen verfügen 2.827 ausländische und ausgesiedelte Schüler oder 7,3 % über keinen

803 Das Schulwesen in NRW aus quantitativer Sicht 2013/14. Statistische Übersicht Nr. 386–4. Aufl., November 2014, S. 153. Hinzuweisen ist darauf, dass bundesweit lediglich NRW die Aussiedlerkinder gesondert ausweist, während andere Schulstatistiken sie zu den deutschen Schülern zählen. Seit 2007/08 wird in NRW auch die Schülerzahl mit Zuwanderungsgeschichte erhoben, jedoch erfolgte die Erhebung im Schuljahr 2013/14 nicht in allen Schulformen.

804 Vgl. Das Schulwesen in NRW aus quantitativer Sicht 2013/14. Statistische Übersicht Nr. 386–4. Aufl., November 2014, S. 138.

805 Vgl. Das Schulwesen in NRW aus quantitativer Sicht 2013/14. Statistische Übersicht Nr. 386–4. Aufl., November 2014, S. 142.

Hauptschulabschluss.[806] Zweifelsohne erschwert ist die Erlangung einer Lehrstelle ohne Schulabschluss; ohne Lehrstelle ist in Deutschland kein Ausbildungsplatz zu bekommen, ohne Ausbildung ist demnach keinen Job zu erlangen. Vor den Jugendlichen, die gerade für ihr Leben selbstverantwortlich geworden sind, steht also eine Kette ungelöster Probleme.[807] Andererseits prägt dieses Abschneiden in der Schulbildung auch das zukünftige Bildungs- und Lebensniveau der Gesamtbevölkerung. Daraus resultiert auf Dauer in der deutschen Wirtschaft ein Fachkräftemangel, der zweifellos negative Auswirkungen auf die wirtschaftliche Produktivität hat.[808] Ferner führt dies, wie bereits erläutert, zu sozialen Ungleichheiten und ethnischen Unterschichten.[809] Dass von den Übergangsschwierigkeiten in eine berufliche Ausbildung und in einen Beruf vor allem zugewanderte Kinder betroffen sind, ist längst erwiesen. Selbst bei gleichen Schulnoten und Schulabschlüssen haben sie geringere Ausbildungschancen als die Deutschen. Da der Anteil der ausländischen und ausgesiedelten Kinder ohne Hauptschulabschluss immer noch zu hoch liegt, ist es erforderlich, an dieser Stelle die Beschulung zugewanderter Kinder in den öffentlichen Schulen in NRW zu untersuchen, um die Ursachen des erfolglosen Schulabschlusses dieser Schülergruppe zu erkennen.

b) Inhalt der Beschulung zugewanderter Kinder

dd) Die Bedeutung der KMK-Beschlüsse bei der Beschulung zugewanderter Kinder

Wie bereits dargelegt wurde, hat sich die KMK Deutschlands bereits frühzeitig mit der Situation der zugewanderten Kinder in den öffentlichen Schulen befasst. Die ersten KMK-Beschlüsse, die explizit auf die Zuwanderung von Gastarbeitern und deren Kindern in den 50er und 60er Jahren fokussiert waren, sind in den Jahren 1964[810] und 1971[811] erlassen worden. Sie haben eine bildungspolitische Grundlage dafür geschaffen, eine gemeinsame (nicht mehr separate, wie früher)

806 Vgl. Das Schulwesen in NRW aus quantitativer Sicht 2013/14. Statistische Übersicht Nr. 386–4. Aufl., November 2014, S. 159.

807 Dazu mehr: *Beicht/Granato*, Geringere Chancen und schwierige Wege für junge Menschen mit Migrationshintergrund, in: FES (Hrsg.), Übergänge in eine berufliche Ausbildung, WISO Diskurs, 2009; *Reißig*, Der Übergang von der Schule in den Beruf – eine (zu) hohe Hürde?, in: FES (Hrsg.), Wege in den Arbeitsmarkt für Jugendliche mit schlechteren Startchancen, S. 7–10.

808 Ausführlich zu den Arbeitsmarktproblemen s. u., Kapitel 3 B.

809 Siehe Kapitel 2 D II.

810 Beschluss der KMK v. 14.05.1964 zum „Unterricht für Kinder von Ausländern", in: KMK AL 106, Sammlung der Beschlüsse der Ständigen Konferenz der Kultusminister der Länder in der BRD, Loseblattsammlung, 1963 ff. Bd. 4.

811 Beschluss der KMK v. 03.12.1971 zum „Unterricht für Kinder ausländischer Arbeitnehmer", abgedr. in: Ständige Konferenz der Kultusminister der Länder, Sammlung der Beschlüsse der Ständigen Konferenz der Kultusminister der Länder in der BRD, Loseblattsammlung, 1963 ff. Bd. 1–6.

Beschulung in- und ausländischer Schüler in den deutschen Schulen und eine Integration ausländischer Schüler in den deutschen Klassenverbund zu ermöglichen.[812] Im Beschluss von 1964 sind wesentliche Grundsätze verankert, die bis heute als Kernelemente der Ausländer- und Integrationspolitik in Deutschland fortwirken, nämlich die Festschreibung der Schulpflicht und die Verbesserung der Deutschkenntnisse von ausländischen Kindern durch zusätzlichen Unterricht sowie die Erteilung muttersprachlichen Unterrichts in den deutschen Schulen durch Lehrkräfte, die durch die diplomatischen Vertretungen der Heimatländer vermittelt wurden.[813] Die als Defizite der Beschulung der ausländischen Kinder bezeichnete „mangelnde Erfüllung der Schulpflicht, schlechte bzw. fehlende Schulabschlüsse, unzureichende Integration in den Regelunterricht, mangelnde Versorgung im Vorschulbereich“ und weitere Grundsätze haben dazu veranlasst, im Beschluss von 1971 aussagekräftige Empfehlungen bezüglich der Eingliederung und Gleichstellung in- und ausländischer Schüler vorzunehmen. Die ausländischen Schüler mit mangelnden Sprachkenntnissen sollten eine Vorbereitungsklasse besuchen. Es wurden Maßnahmen für die Verbesserung der Unterrichtsleistungen in Form einer Hausaufgabenhilfe und der Mitwirkungsrechte der Eltern in der Elternvertretung getroffen. Ebenso wurde die Förderung der deutschen Sprache und der jeweiligen Muttersprache in der Schule geregelt.[814] Im Wesentlichen wurde in diesem Beschluss die doppelte Zielsetzung der Beschulung von zugewanderten Kindern deutlich: die Eingliederung in die deutsche Schule und der Erhalt und die Förderung ihrer kulturellen und sprachlichen Identität, wobei die erste Aufgabe im Mittelpunkt stand.[815] Der Beschluss von 1971 wird vielfach auch als „Meilenstein in der Geschichte der Beschulung ausländischer Kinder gesehen“[816]. In den 70er, 80er und 90er Jahren folgten weitere KMK-Beschlüsse, die allerdings den Kerngehalt der genannten Leitlinien nicht mehr fundamental veränderten. Hinzuweisen ist jedoch auf den Beschluss zum „Unterricht für Kinder ausländischer Arbeitnehmer“ von 1976, der im Jahr 1979 den Gleichbehandlungsgrundsatz in der Bildungspolitik von

812 Die folgende Darstellung stützt sich teilweise auf Ute *Hunger* (1999), *Langenfeld* (2001) und *Krüger-Potratz* (1999), Bildungspolitik und Migration. Texte und Dokumente zur Beschulung ausländischer und ausgesiedelter Kinder und Jugendlicher 1950 bis 1999, 2 Bände, Interkulturelle Studien 31.

813 Abs. 1, 2 und 3 des KMK-Beschlusses.

814 Beschluss der KMK v. 03.12.1971 zum „Unterricht für Kinder ausländischer Arbeitnehmer“, abgedr. in: Ständige Konferenz der Kultusminister der Länder, Sammlung der Beschlüsse der Ständigen Konferenz der Kultusminister der Länder in der Bundesrepublik Deutschland, Loseblattsammlung, 1963 ff. Bd. 1–6; *Hunger*, Schulerfolg und bildungspolitische Integrationsmodelle im Vergleich der Zuwanderungsnationalitäten und Bundesländer, 1999, S. 24.

815 Vgl. *Langenfeld*, Integration und kulturelle Identität zugewanderter Minderheiten, 2001, S. 34.

816 *Hunger*, Schulerfolg und bildungspolitische Integrationsmodelle im Vergleich der Zuwanderungsnationalitäten und Bundesländer, 1999, S. 25.

Zuwanderern erheblich erweiterte und bis Mai 2000 eine gültige Grundlage für die Beschulung ausländischer Kinder in den Bundesländern darstellte.[817] Eine Erleichterung bestand auch in Hinblick auf die Muttersprache, die von den ausländischen Schülern anstatt der Pflichtfremdsprache gewählt werden durfte. Die Beibehaltung und Förderung des muttersprachlichen Unterrichts hatte die Unterstützung der „Rückkehrfähigkeit" der Migrantenkinder zum Ziel.

Als Fazit lässt sich festhalten, dass die KMK-Beschlüsse Anfang der 70er Jahre auf der Länderebene konkret umgesetzt wurden. Bei der Beschulung zugewanderter Kinder stützten sich die Bundesländer insbesondere auf die Vereinbarungen von 1976 und 1979. Durch die KMK wurde den Ländern ein immer größerer Handlungsspielraum auf der bildungspolitischen Ebene eingeräumt.

ee) Praktische Darstellung der gegenwärtigen Beschulung

Im Gefolge der KMK-Beschlüsse wurden auch in NRW die Grundlagen für die Beschulung zugewanderter Kinder geschaffen. Gem. § 1 Abs. 1 SchulG NRW hat jeder junge Mensch ohne Rücksicht auf seine wirtschaftliche Lage und *Herkunft* und sein Geschlecht ein Recht auf Schulbildung, Erziehung und individuelle Förderung, d. h. dass die allgemeinen schulrechtlichen Regelungen auch auf die ausländischen und ausgesiedelten Kinder anzuwenden sind. § 2 Abs. 10 SchulG legt fest, dass die Schule die Integration von Schülern, deren Muttersprache nicht Deutsch ist, durch Angebote zum Erwerb der deutschen Sprache fördert. Die zugewanderten Kinder werden in NRW bereits vor dem Schuleintritt sprachlich gefördert. Um die Sprachprobleme möglichst früh zu erkennen und Bildungsdefizite von Migranten zu vermeiden, wurde ins Schulgesetz NRW im Jahre 2006 eine wichtige Klausel für die vorschulische Beratung und Förderung sowie die Feststellung des Sprachstandes der eingeschulten Kinder eingeführt. Der Kern dieser Vorschrift liegt in der vorschulischen Sprachförderung, die zu gleichen Chancen der Kinder bei Schulbeginn führen soll.[818] So sind gem. § 36 SchulG vom Schulamt die Beratung, die Fördermöglichkeiten und die Sprachentwicklungsfeststellung zwei Jahre vor der Einschulung des Kindes durchzuführen. Beherrscht das Kind die deutsche Sprache nicht hinreichend und wird es nicht in einer Tageseinrichtung für Kinder sprachlich gefördert, soll das Schulamt nach § 36 Abs. 2 S. 2 SchulG das Kind verpflichten, an einem vorschulischen Sprachförderkurs teilzunehmen. Dadurch soll gewährleistet werden, dass jedes Kind bereits vom Beginn des Schulbesuchs an dem Schulunterricht folgen und sich daran beteiligen kann, vgl. § 36 Abs. 2 S. 3 SchulG. Eine Sprachstandsfeststellung findet auch bei der Anmeldung zur Grundschule statt, die die frühzeitige Behebung der Sprachdefizite im Deutschen bei zugewanderten Kindern ermöglichen soll, vgl. § 36 Abs. 3 SchulG.

---

817 Vgl. *Langenfeld*, Integration und kulturelle Identität zugewanderter Minderheiten, 2001, S. 35 ff.

818 Vgl. *Jülich*, Das neue Schulgesetz NRW v. 15.02.2005, 3. Aufl. (2009), § 36, Rn. 1.

Laut § 2 Abs. 10 S. 3 SchulG NRW werden ausländische Schüler in den nordrhein-westfälischen Schulen, wie auch in anderen Bundesländern, gemeinsam mit anderen Schülern unterrichtet bzw. sie besuchen grundsätzlich Regelklassen in ihrer Schule und werden zu den gleichen Abschlüssen geführt. Bereits in den 70er Jahren verzichtete NRW auf das Prinzip der separaten Beschulung und der Nationalklassenbildung und setzte die in den KMK-Beschlüssen formulierten Grundsätze um: In einem Erlass des nordrhein-westfälischen Kultusministeriums aus dem Jahr 1971 wird daher explizit auf die Gefahr segregierender Effekte der Übergangsklassen hingewiesen.[819] Diese schulpraktische Umsetzung unterscheidet NRW von vielen Bundesländern in Deutschland, die den Integrationsgrundsatz lediglich in ihren einschlägigen Erlassen niedergelegt haben. Eine gemeinsame Beschulung von ausländischen und deutschen Schülern wird im Erlass von 2009 hervorgehoben und festgestellt, dass eine solche Form den Vorrang vor jeder getrennten Form hat, weil sie ein gegenseitiges Verständnis schafft und einen besonderen Beitrag für die schulische und gesellschaftliche Integration der zugewanderten Schüler leistet.[820] In diesem Erlass sind die wesentlichen Bestimmungen bezüglich der Beschulung der zugewanderten Schüler[821] zusammengefasst. Bei Bedarf erhalten Kinder mit mangelnden Sprachkenntnissen zusätzlich Förderunterricht in Deutsch und sie werden individuell gefördert. Allerdings soll die Bildung von Regelklassen mit ausschließlich ausländischen Schülern vermieden werden. Zur Förderung der zugewanderten Kinder, deren Deutschkenntnisse die Teilnahme am Unterricht einer Regelklasse noch nicht möglich machen, werden bei Bedarf Vorbereitungsklassen an allen Schulformen eingerichtet. Ziel der Vorbereitungsklassen ist die schnellstmögliche Eingliederung der zugewanderten Schüler in die ihrem Alter oder ihrer Leistungsfähigkeit entsprechende Regelklasse.[822] In der Regel dauert die Vorbereitungsklasse zwei Jahre. Unterrichtssprache ist Deutsch. Der Deutschunterricht umfasst hier zehn bis zwölf Wochenstunden. Die Entscheidung für den Übergang in die der Leistungsfähigkeit der Schüler entsprechende Regelklasse trifft die Klassenkonferenz der Vorbereitungsklasse. Auf die Vermittlung der deutschen Sprache wird somit ein besonderer Wert gelegt – gleich, ob dies noch vor dem Schuleintritt oder während der Schulphase geschieht.

Gleichzeitig formuliert das Schulgesetz in § 2 Abs. 1 S. 2 als weitere Grundsätze der Realisierung des Bildungs- und Erziehungsauftrages der Schule, dass die Schule die ethnische, kulturelle und sprachliche Identität (Muttersprache)

---

819 Vgl. auch *Hunger*, Schulerfolg und bildungspolitische Integrationsmodelle im Vergleich der Zuwanderungsnationalitäten und Bundesländer, 1999, S. 27 ff.

820 Vgl. Erlass v. 21.12.2009 zum „Unterricht für Schülerinnen und Schüler mit Zuwanderungsgeschichte, insbesondere im Bereich der Sprachen".

821 Im Erlass v. 21.12.2009 zum „Unterricht für Schülerinnen und Schüler mit Zuwanderungsgeschichte, insbesondere im Bereich der Sprachen" wird der Terminus „Schülerinnen und Schüler mit Zuwanderungsgeschichte" verwendet.

822 Vgl. Erlass v. 21.12.2009 zum „Unterricht für Schülerinnen und Schüler mit Zuwanderungsgeschichte, insbesondere im Bereich der Sprachen", Nr. 2.1 Abs. 2.

dieser Schüler achten und fördern soll.[823] In allgemeinbildenden Schulen des Landes wird daher Unterricht in den am meisten gesprochenen Herkunftssprachen angeboten, nämlich Russisch, Spanisch, Niederländisch, Italienisch, Griechisch, Hebräisch, Japanisch, Chinesisch, Türkisch und Portugiesisch. An den Schulen der Sekundarstufe I kann nach Maßgabe des § 5 APO-S I[824] dieser Unterricht anstelle einer zweiten oder dritten Pflichtfremdsprache erteilt werden, sofern die personellen, organisatorischen und curricularen Voraussetzungen gegeben sind. In der gymnasialen Oberstufe gilt § 7 Abs. 6 APO-GOSt.[825] Seit dem Schuljahr 2009/2010 wird gem. § 25 Abs. 1 SchulG in einem Schulversuch Unterricht in der Herkunftssprache als zweite Fremdsprache auch an Hauptschulen angeboten.[826] Außerdem wird in der Primär- und Sekundärstufe I zusätzlich ein sog. muttersprachlicher Unterricht i. S. v. § 2 Abs. 10 SchulG, § 3 Abs. 4 AO-GS[827] i. V. m. § 5 APO-S I angeboten. Dieser Unterricht ist allerdings nicht mit dem Unterricht in der Herkunftssprache zu verwechseln, der an die Stelle einer Fremdsprache tritt, obwohl er in der Sekundarstufe I sukzessive in ein Fremdsprachenangebot umgewandelt wird. Der Umfang des muttersprachlichen Unterrichts beträgt in der Regel fünf Wochenstunden. Er wird eingerichtet, wenn sich mindestens fünfzehn Schüler gleicher Muttersprache für den Unterricht angemeldet haben. Die Aufgabe dieses Unterrichts besteht in der Förderung der Mehrsprachigkeit und der interkulturellen Kompetenzen. Es handelt sich also um keine Rückkehrförderung mehr in das Herkunftsland. Laut dem Erlass werden muttersprachlicher und herkunftssprachlicher Unterricht anstelle einer Pflichtfremdsprache grundsätzlich von den Lehrkräften erteilt, die über eine entsprechende Befähigung für ein Lehramt nach deutschem Recht bzw. über eine vergleichbare Lehramtsprüfung ihres Heimatlandes verfügen. Sie haben deutsche Sprachkenntnisse nachzuweisen. In bestimmten Fällen kann ein sog. Konsulatsunterricht eingerichtet werden, in dem die ausländischen Konsulate den zugewanderten Schülern außerschulischen Sprachunterricht anbieten können.

ff) Im Besonderen: bildungsbezogene Probleme der Zuwandererkinder

Trotz des vielfältigen Angebotes der Schule zum Erlernen der deutschen Sprache und zur Verbesserung der Bildungschancen der zugewanderten Kinder lassen sich

823 Vgl. Schulgesetz NRW v. 15.02.2005, zul. geändert am 17.06.2014 (GV. NRW S. 336), § 2 ff.

824 Vgl. Verordnung über die Ausbildung und die Abschlussprüfungen in der Sekundarstufe I (APO-S I) v. 29.04.2005, zul. geändert am 26.03.2014 (SGV. NRW. 233).

825 Verordnung über den Bildungsgang und die Abiturprüfung in der gymnasialen Oberstufe (APO-GOSt) v. 05.10.1998, zul. geändert am 02.11.2012 (SGV. NRW. 223).

826 Vgl. Runderlass des Ministeriums für Schule und Weiterbildung v. 13.05.2009, BASS 13–21 Nr. 7.

827 Vgl. Verordnung über den Bildungsgang in der Grundschule (AO-GS) v. 23.03.2005, zul. geändert am 26.03.2014 (SGV. NRW. 223).

nach wie vor Bildungsdefizite der Zuwandererkinder feststellen. Sie wurden bereits in zahlreichen empirischen Studien und internationalen Vergleichsstudien – PISA und IGLU – nachgewiesen. Im Vergleich zu anderen Einwanderungsländern werden die Disparitäten zwischen zugewanderten und deutschen Schülern – trotz der Verbesserungen seit PISA 2000 – in der Bundesrepublik als besonders groß eingeschätzt.[828] Laut den Ergebnissen einer Plenarsitzung der KMK liegt bspw. der Unterschied in der Lesekompetenz zwischen einheimischen und zugewanderten Schülern zweiter Generation bei 57 Punkten, was einem Lernfortschritt von mehr als einem Schuljahr entspricht.[829] Das verdeutlicht den gravierenden Unterschied im Bildungsbereich zwischen beiden Gruppen. Hierbei wird eine Fehlentwicklung der deutschen Bildungspolitik beim Umgang mit zugewanderten Kindern aus Gastarbeiterfamilien deutlich: Die schulische Bildung der zugewanderten Kinder wurde in den frühen Jahren der Einwanderung wenig beachtet, weil die Arbeitsmigranten und ihre Kinder nach den Vorstellungen Deutschlands ursprünglich in ihre Herkunftsländer zurückkehren sollten. Im Übrigen sind erhebliche Bildungsungleichheiten zwischen Zuwanderergruppen festzustellen. Aus den soziologischen Untersuchungen und den PISA-Ergebnissen ergibt sich, dass die Zuwanderer türkischer Herkunft oftmals das höchste Risiko für eine ethnische Unterschichtung im Bildungssystem aufweisen.[830] Die Lesekompetenz von Schülern türkischer

---

828 Vgl. *Söhn*, Rechtsstatus und Bildungschancen: Die staatliche Ungleichbehandlung von Migrantengruppen und ihre Konsequenzen, 2011, S. 15; *Herwartz-Emden*, Migrant/-innen im deutschen Bildungssystem, in: Bildungsministerium für Bildung und Forschung (Hrsg.), Bildungsreform, Bd. 14, 2007, S. 7–24; *Walter/Taskinen*, Kompetenzen und bildungsrelevante Einstellungen von Jugendlichen mit Migrationshintergrund in Deutschland: Ein Vergleich mit ausgewählten OESD-Staaten, in: PISA-Konsortium Deutschland (Hrsg.), PISA 2006, Die Ergebnisse der dritten internationalen Vergleichsstudie, 2007, S. 337–366; *Ramm*, Soziokulturelle Herkunft: Migration, in: PISA-Konsortium Deutschland (Hrsg.), PISA 2003, Der Bildungsstand der Jugendlichen in Deutschland – Ergebnisse des zweiten internationalen Vergleichs, 2004, S. 254–272; *Schwippert*, Heterogenität und Chancengleichheit am Ende der vierten Jahrgangsstufe im internationalen Vergleich, in: Bos/Lankes/Prenzel (Hrsg.), Erste Ergebnisse aus IGLU, Schülerleistung am Ende der vierten Jahrgangsstufe im internationalen Vergleich, 2003, S. 265–302. Erheblich erkennbar ist dieser Zusammenhang bereits in der Grundschule. Die deutschen Grundschulen gehören nach IGLU zu der Ländergruppe, die die höchste Leistungsdifferenz zwischen beiden Gruppen aufweist.

829 Ergebnisse der 334. Plenarsitzung der KMK am 09/10.06.2011 in Hannover, abrufbar unter: http://www.kmk.org (abgerufen am 21.10.2011).

830 Vgl. *Becker/Beck*, Migration, Sprachförderung und soziale Integration. Eine Evaluation der Sprachförderung von Berliner Schulkindern mit Migrationshintergrund anhand von ELEMENT-Panel-Daten, in: Becker (Hrsg.), Integration durch Bildung. Bildungserwerb von jungen Migranten in Deutschland, 1. Aufl. (2011), S. 121.

Herkunft wurde im letzten PISA-Ergebnis als „leicht", die von Schülern, deren Eltern aus der ehemaligen UdSSR stammen, als „deutlich" verbessert eingeschätzt.[831]

Das Problem der Bildungsbenachteiligung zugewanderter Kinder besteht nicht nur darin, dass sie eine schlechte Sprachkompetenz und eine niedrige Lesekompetenz aufweisen, sondern resultiert auch aus der Struktur des deutschen Bildungssystems, vor allem aus der früheren Selektionsentscheidung. Dies wurde bereits Ende der 90er Jahre am Beispiel der Länder NRW und Hessen erkannt, in denen weiterführende Schulabschlüsse anbietende Gesamtschulen für viele ausländische Schüler Erfolg versprachen, während in Bayern bspw. dieser Schultypus fehlte. Ein dreigliedriges Schulsystem wirkt auf Zuwanderer immer nachteilig. Nach einer Studie fallen die Chancen zugewanderter Grundschüler, für das Gymnasium vorgeschlagen zu werden, um das Fünffache geringer aus als die ihrer deutschen Mitschüler.[832] Hier wird auch von der besonders ausgeprägten sozialen und ethnischen Selektivität des deutschen Schulsystems gesprochen, die als wichtige Ursache der Aussonderung vor allem beim Übergang vom Primar- zum Sekundarbereich hervortritt. Ferner bietet die deutsche Halbtagsschule zeitlich begrenzte schulische Lernmöglichkeiten und überlässt den Schülern mehr Zeit zum Selbstlernen. Für die Lernentwicklung des Kindes ist daher eine außerschulische Unterstützung erforderlich, da diejenigen Eltern, die kein Deutsch beherrschen oder aus niedrigen sozialen Schichten stammen, ihre Kinder nicht unterstützen können. Dafür geplante Ganztagsschulen sind allerdings in vielen Bundesländern noch nicht eingerichtet. Zudem bedarf es einer Neugestaltung der Lehrpläne und Curricula, der kooperativen Arbeit aller im Bildungsprozess Beteiligten, vor allem einer engen und zielgerichteten Zusammenarbeit mit zugewanderten Eltern, und weiterhin einer bildungsbegleitenden Sprachförderung. Es sollen auch die Sprachprobleme der zugewanderten Eltern und die Auskunftsprobleme zum deutschen Bildungssystem behoben werden, weil sie in der Regel markante Nachteile für ihre Kinder bei den Schulleistungen, Zensuren, Bildungsempfehlungen und -übergängen sowie bei den Bildungsabschlüssen mit sich bringen.

Obwohl die Unterrichtung der zugewanderten Kinder in ihrer Muttersprache an der Schule umstritten bleibt, ist die Bilingualität, wie bereits im zweiten Kapitel gezeigt wurde, als eine besonders wünschenswerte Form der sozialen Integration der Zugewanderten hervorzuheben. In NRW wird diese sogar schulgesetzlich geregelt und kraft Erlasses hervorgehoben sowie in der Schulpraxis realisiert. Die gleichzeitige Beherrschung der Sprache des Aufnahmelandes und der Muttersprache ist nicht nur ein individuelles Kapital der Einwanderer, sondern auch ein gesellschaftliches Kapital bzw. eine wertvolle Ressource der Aufnahmeländer.

---

831 Zu den Intergruppenunterschiede ist auf die Untersuchung von *Söhn*, Rechtsstatus und Bildungschancen: Die staatliche Ungleichbehandlung von Migrantengruppen und ihre Konsequenzen, 2011 hinzuweisen.

832 Vgl. Migration und soziale Ungleichheit: Integrationschancen zwischen Institution und Biographie, Universität Bremen, 2007, S. 8.

Gerade in der globalisierten und transnationalisierten Welt stellt sie einerseits sowohl eine kommunikative und kulturelle Bereicherung des Aufnahmelandes als auch einen ökonomisch bedeutsamen Vorteil dar.[833] Der Unterricht in der Muttersprache an der öffentlichen Schule zeigt daher keine nachteilige Wirkung, sondern ist ein Bestandteil der kulturellen Identität des Kindes. Bezüglich des Erwerbs der deutschen Sprache ist zu betonen, dass eine möglichst frühzeitige Beherrschung der deutschen Sprache erforderlich ist. Wie die neueren sprachpsychologischen Forschungen feststellen, soll ein früher Zweitspracherwerb, also im Alter bis sechs Jahren, problemlos geschehen.[834]

Die deutschen Schulen befinden sich somit gegenwärtig auf der Suche nach einem erfolgsversprechenden Modell für die Verbesserung der Bildungserfolge der Schüler. Ein Beispiel dafür ist das Land NRW, das als Modellversuch die Bildungsreform gestartet hat, die nachfolgend dargestellt wird.

5. Modellversuche in Richtung Gemeinschaftsschule

Im Vergleich zu anderen europäischen Ländern existiert in Deutschland eine Vielzahl von Schulformen, nämlich Grundschule, Hauptschule, Realschule, Gymnasium, Gesamtschule, Oberschule (Brandenburg), Regionale Schule (Mecklenburg-Vorpommern), Realschule plus (Rheinland-Pfalz), Erweiterte Realschule (Saarland), Mittelschule (Sachsen), Sekundarschule (Sachsen-Anhalt), Regionalschule (Schleswig-Holstein) und Regelschule (Thüringen). Zudem werden auch berufsbildende Schulen[835] – Beruf-, Berufsfach- und Fachschule sowie Förderschule (Sonderschule) – und die Schulen des Zweiten Bildungswegs für Berufstätige unterschieden.[836] Bevor der Frage des Modellversuchs in NRW nachgegangen wird, ist zunächst ein kurzer Überblick der Schulformen im Land zu geben.

Das Schulsystem des Landes NRW lässt sich strukturell in drei Schulstufen (Primar-, Sekundarstufe I und II) und in die Schulformen und -arten einteilen. Laut Schulgesetz des Landes sind folgende Typen von Schule vorhanden: Grundschule (Primarstufe), Hauptschule, Realschule und Gesamtschule bis Klasse 10, das

833 Vgl. auch *Esser*, Spracherwerb und Einreisealter: Die schwierigen Bedingungen der Bilingualität, in: Kalter (Hrsg.), Migration und Integration, Kölner Zeitschrift für Soziologie und Sozialpsychologie. Sonderheft 48, 2008, S. 202 (203); *Keim/Tracy*, Mehrsprachigkeit und Migration, in: Die Bürger im Staat 56, 2006, S. 222.

834 Vgl. *Keim/Tracy*, Mehrsprachigkeit und Migration, in: Die Bürger im Staat 56, 2006, S. 225.

835 Berufsbildende Schulen sind die Berufsschule als Teilzeitschule und die verschiedenen nach Fachrichtungen aufgegliederten Arten der berufsbildenden Vollzeitschulen. Sie zielen auf eine qualifizierte fachliche Ausbildung und auf die weitere Vermittlung der Allgemeinbildung. Avenarius, Schulrecht-Handbuch, 8. Aufl. (2010), S. 59.

836 Vgl. *Avenarius*, Schulrecht, Ein Handbuch für Praxis, Rechtsprechung und Wissenschaft, 8. Aufl. (2010), S. 59.

Gymnasium bis Klasse 9, in der Aufbauform bis Klasse 10 (Sekundarstufe I). Die Sekundarstufe II umfasst das Berufskolleg, das Berufskolleg als Förderschule und die gymnasiale Oberstufe des Gymnasiums und der Gesamtschule. Die Gliederung in Schulstufen wird in § 10 SchulG festgelegt.

Mit rund 625.354 Schülern (davon 617.860 Schüler aus den öffentlichen Schulen) an 2.944 Schulen bildet die Grundschule die bei weitem größte Schulform in NRW.[837] Die Grundschule legt die Grundlagen für die weitere Schullaufbahn. Sie ergibt den gemeinsamen Unterbau des gesamten Schulwesens.[838] Gem. § 11 Abs. 1 S. 1 SchulG umfasst sie die Klassen eins bis vier. Die Einzelheiten sind § 11 SchulG und der Ausbildungsordnung Grundschule (AO-GS)[839] zu entnehmen. Nach § 11 Abs. 4 S. 1 SchulG erstellt die Grundschule mit dem Halbjahreszeugnis der vierten Klasse auf der Grundlage des Leistungsstandes, der Lernentwicklung und der Fähigkeiten des Schülers eine begründete Empfehlung für die Schulform, die für die weitere schulische Förderung geeignet erscheint. Gerade hier tritt das Problem des deutschen Bildungssystems deutlich hervor, und zwar dass die Schule eine Instanz für Schülerselektion darstellt. Allerdings ist die Schulformempfehlung kein Verwaltungsakt: Der Gesetzgeber überlässt den Eltern auch eine freie Wahl der Schulform. In der Praxis scheint dies jedoch schwach geregelt zu sein. Nach der Grundschule beginnt der Sekundarbereich I, der zum Haupt- oder Realschulabschluss oder zur Versetzung in die gymnasiale Oberstufe führt. Die Hauptschule in NRW umfasst die Jahrgangsstufen fünf bis zehn. Der Hauptschulabschluss berechtigt zum Eintritt in die Berufsausbildung des dualen Systems und zum Besuch der Berufsfachschule. Zurzeit werden in NRW an den 535 Hauptschulen, davon acht in privater Trägerschaft, rund 139.347 Schüler beschult.[840] Bei Nachweis besonderer Leistungen kann ein qualifizierender Hauptschulabschluss erworben werden, der zum Besuch der 10. Klasse der Realschule berechtigt. Der freiwillige Besuch eines 10. Hauptschuljahres ermöglicht einen Erwerb des Realschulabschlusses.[841]

Als Schulform der Sekundarstufe I umfasst die Realschule die Klassen fünf bis zehn, in der Aufbauform die Klassen sieben bis zehn, vgl. § 15 Abs. 2 SchulG. Von den zurzeit an den 566 Realschulen beschulten 281.947 Schülern sind 29.149 ausländische Schüler. Laut Schulgesetz wird an der Realschule der mittlere Schulabschluss (Fachoberschulreife) erreicht. Der mittlere Schulabschluss eröffnet den

---

837 Das Schulwesen in NRW aus quantitativer Sicht 2013/14. Statistische Übersicht Nr. 386–4. Auflage, November 2014, S. 11.

838 *Rux/Niehues*, Schulrecht, 5. Aufl. (2013), Rn. 939; *Avenarius*, Schulrecht, Ein Handbuch für Praxis, Rechtsprechung und Wissenschaft, 8. Aufl. (2010), S. 64.

839 Verordnung über den Bildungsgang in der Grundschule v. 23.03.2005, zul. geändert durch VO v. 10.07.2011, SGV. NRW. 223.

840 Das Schulwesen in NRW aus quantitativer Sicht 2013/14. Statistische Übersicht Nr. 386–4. Auflage, November 2014, S. 11. Die Zahlen beruhen auf den Daten des Schuljahres 2013/14.

841 Vgl. *Avenarius*, Schulrecht, Ein Handbuch für Praxis, Rechtsprechung und Wissenschaft, 8. Aufl. (2010), S. 66.

Zugang zur betrieblichen Berufsausbildung mit gleichzeitigem Berufsschulbesuch, zur Laufbahn des mittleren öffentlichen Dienstes mit gleichzeitigem Berufsschulbesuch und zu Schulen der Sekundarstufe II (Berufsfachschule, Fachoberschule, bei besonders guten Leistungen zur gymnasialen Oberstufe). Allerdings eröffnet der Realschulabschluss keinen Zugang zum Studium.

Zur Hochschulreife (Abitur) führt das Gymnasium. Gegenwärtig werden an den 627 nordrhein-westfälischen Gymnasien rund 547.331 Schüler beschult. Das Gymnasium bildet eine schulstufenübergreifende Schulform, die die Sekundarstufe I und Sekundarstufe II umfasst. Die Einzelheiten hinsichtlich des Unterrichtsinhalts, der Prüfungen und Abschlüsse sind dem Schulgesetz NRW, APO S I[842] sowie APO GOSt[843] zu entnehmen.

In NRW existieren auch 281 Gesamtschulen, an denen 254.636 Schüler beschult werden. Die Gesamtschule gehört zu den Schularten mit mehreren Bildungsgängen sowie mit mehreren Schulartvarianten, in der die nichtgymnasialen Bildungsgänge pädagogisch und organisatorisch zusammengefasst sind. Die in den meisten Ländern vorhandene Gesamtschule existiert entweder neben dem Gymnasium und einer die Bildungsgänge der Hauptschule und der Realschule zusammenfassenden Schulform, oder sie ist die einzige Alternative zum Gymnasium, wie in Berlin, Bremen und Hamburg.[844] Die Gesamtschule des Landes NRW erweitert das traditionelle dreigliedrige Schulsystem und ergibt eine eigene Schulform wie auch Grund-, Haupt-, Realschule und Gymnasium.[845] Sie umfasst die Klassen fünf bis zehn (Sekundarstufe I) und die gymnasiale Oberstufe (Sekundarstufe II). Gem. § 17 Abs. 4 SchulG werden in der Sekundarstufe I der Hauptschulabschluss, Hauptschulabschluss nach Klasse zehn und der mittlere Schulabschluss (Fachoberschulreife) erteilt. Die Sekundarstufe II der Gesamtschule entspricht hier derjenigen des Gymnasiums.[846]

Außerdem gibt es in NRW verschiedene Förderschulen, nämlich freie Waldorfschule, Weiterbildungskolleg und Berufskolleg, die die weitere Ausbildung der Schüler ermöglichen. Personen mit ausländischen Vorbildungsnachweisen und Aussiedler können das Studienkolleg an Hochschulen oder das Kolleg für Aussiedler in Anspruch nehmen, vgl. § 24 SchulG.

---

842 Verordnung über die Ausbildung und die Abschlussprüfungen in der Sekundarstufe I v. 29.04.2005, zul. geändert am 26.03.2014 (SGV NRW 226).

843 Verordnung über den Bildungsgang und die Abiturprüfung in der gymnasialen Oberstufe (APO-GOSt) v. 05.10.1998, zul. geändert am 02.11.2012 (SGV NRW 223).

844 Vgl. *Avenarius*, Schulrecht, Ein Handbuch für Praxis, Rechtsprechung und Wissenschaft, 8. Aufl. (2010), S. 69. Diese Art der Schule wird in verschiedenen Ländern unterschiedlich bezeichnet: in Bremen ist sie Oberschule, in Berlin – Integrierte Sekundarschule, in Hamburg – Stadtteilschule und in Schleswig-Holstein – Gemeinschaftsschule.

845 Vgl. *Birnbaum*, in: Oeynhausen/Birnbaum, Schulrecht NRW, Handbuch für die Praxis mit Datenschutzrecht und Lehrerdienstrecht, 2. Aufl. (2005), S. 229.

846 Vgl. *Birnbaum*, in: Oeynhausen/Birnbaum, Schulrecht NRW, Handbuch für die Praxis mit Datenschutzrecht und Lehrerdienstrecht, 2. Aufl. (2005), S. 229.

Das – wie auch bundesweit – differenzierte Schulstruktursystem in NRW erlaubt den Erwerb einer Vielzahl unterschiedlicher Abschlüsse, die regelmäßig aufeinander aufbauen. Schüler, die die Schule erfolglos durchlaufen, also sog. Schulabbrecher, beenden die Schule ohne jeglichen Schulabschluss. In Deutschland leben über 2,7 Mio. Menschen über 15 Jahre ohne Schulabschluss. Rund eine halbe Mio. von ihnen sind arbeitslos gemeldet. Unter den durchschnittlichen Abbrechern sind auch Kinder mit Migrationshintergrund zu finden.[847] Seit 2005 verlassen jährlich mehr als 6 % aller Schüler (das sind insgesamt ca. 13.852 Schüler) in NRW die Schule ohne Hauptschulabschluss.[848] Daraus ergeben sich zukünftig sowohl große ökonomische als auch soziale Probleme: das Fehlen qualifizierter und unqualifizierter Arbeiter, mangelhaftes Sozialsystem etc.

Als Fortschritt zu begrüßen ist deshalb, dass das Land NRW Gemeinschaftsschulen[849] einrichten wird. Die Minderheitsregierung der Parteien SPD und Bündnis 90/Die Grünen hat im Koalitionsvertrag v. 6. Juli 2010 eine Vereinbarung getroffen, ein längeres gemeinsames Lernen in Gemeinschaftsschulen schulgesetzlich zu verankern.[850] Danach soll bis 2015 rund ein Drittel der weiterführenden Schulen in der Sekundarstufe I in Gemeinschaftsschulen umgewandelt werden. Die Gemeinschaftsschule soll eine Ganztagsschule sein, die gymnasiale Standards mit einschließt. In den Klassen fünf und sechs soll allen Schülern ein gemeinsamer Unterricht erteilt werden. Wie es ab Klasse sieben weitergehen soll, entscheiden Schule, Schulträger und Eltern: entweder mit integriertem oder nach Bildungsgängen differenziertem Unterricht. Das Modellvorhaben wurde im Schuljahr 2011/12 begonnen und weist eine Laufzeit von sechs Jahren auf. Es wird auf der Grundlage des § 25 SchulG NRW durchgeführt und hat zum Ziel, für mehr Chancengerechtigkeit zu sorgen, mehr Schüler zu besseren Abschlüssen zu führen und wegen der demographischen Entwicklung ein Schulsterben im Land zu verhindern. Nach Ansicht der Landesregierung ist es gerade in ländlichen Regionen von großer Bedeutung, eine Schule zur Verfügung zu haben, die alle Bildungsangebote in sich vereint.[851]

In der Gemeinschaftsschule werden sämtliche Schüler mit unterschiedlichen Begabungen und Biografien gemeinsam beschult. Gemeinsame Unterrichtung ist

---

847 Ohne Ticket in die Zukunft, in: Focus, 02.01.2010.

848 Im Jahr 2005 betrug diese Zahl 14.691, im Jahr 2006: 14.383, 2007: 14.516, 2008: 14.254, 2009: 13.339 und im Jahre 2010 ist ein deutlicher Rückgang mit 11.929 Schülern festzustellen. Das Schulwesen in NRW aus quantitativer Sicht 2010/11. Statistische Übersicht 373–2. Aufl. (April 2011), S. 201.

849 Mit dem Begriff „Gemeinschaftsschule" wurden traditionell solche Schulen bezeichnet, in denen die Schüler aller Bekenntnisse gemeinsam unterrichtet wurden. Mehr zu Gemeinschaftsschulen s. *Rux/Niehues*, Schulrecht, 5. Aufl. (2013), Rn. 942–946.

850 Koalitionsvertrag zwischen der NRW SPD und Bündnis 90/Die Grünen NRW v. 06.07.2010, S. 5, als pdf-Format abrufbar unter: http://bildungsklick.de/datei-archiv/md/147/koalitionsvertrag-2010-2015-6.7.2010.pdf (abgerufen am 26.09.2011).

851 Abrufbar unter: http://www.schulministerium.nrw.de (abgerufen am 20.09.2014).

als vorteilhaft anzusehen, da alle Kinder – unabhängig von der sozialen oder ethnischen Herkunft – gleiche Bildungschancen erhalten. Vor allem hat der einzelne Schüler die Chance, die Schule mit besseren Abschlüssen abzuschließen und in eine berufliche Ausbildung überzugehen. Von der Verwirklichung der Chancengleichheit im Bildungssystem ist Deutschland bedauerlicherweise noch weit entfernt. Benachteiligt sind vor allem, wie bereits erwähnt, Kinder und Jugendliche aus zugewanderten Familien. Allerdings ist auch die mögliche nachteilige Auswirkung dieser Art der Schule für bessere Schüler zu vermuten, die in den gleichen Klassen mit schwachen Schülern unterrichtet werden. Gerade diese Frage beschäftigt gegenwärtig die Diskussion der Eltern über die Bildungsreform. Als Problemlösungen können hierbei eine umfangreiche Planung des Unterrichts oder reformierte Lehrinhalte vorgeschlagen werden, die sich sowohl an den Lehrplänen aller Schulformen, vor allem auch des Gymnasiums, orientieren als auch die Lehrer-Schüler-Beziehungen in der Schule verbessern sollen.

Nach dem Vorhaben soll in der Gemeinschaftsschule bei entsprechender Qualifikation nach neun Jahren das Abitur erworben werden. Am Ende der zehnten Klasse werden alle Abschlüsse der Sekundarstufe I (Hauptschulabschluss, mittlerer Schulabschluss) auf die gleiche Weise wie in den anderen Schulformen vergeben. Im Schuljahr 2011/12 starteten im Land Gemeinschaftsschulen an folgenden Standorten: Ascheberg, Billerbeck, Bochum, Burbach, Kalletal, Köln (Ferdinandstraße), Köln (Wuppertaler Straße), Langenberg, Lippetal, Morsbach, Neuenrade und Rheinberg. Eine entsprechende Schule in Finnentrop wurde wegen der fehlenden Rechtsgrundlage vom OVG Münster gestoppt.[852] Ebenfalls wird vom Gericht zurzeit die angefochtene Genehmigung für die Gemeinschaftsschule Blankenheim/Nettersheim geprüft. Im Wesentlichen ist diese Schulart positiv zu bewerten und weist große Zukunftschancen auf. Sie gibt es bereits in einigen Bundesländern und ist als Modellvorhaben auch für die übrigen Schulen Deutschlands vorzuschlagen. Vor allem kann sich diese Schule für zugewanderte Kinder als effektiv erweisen.

6. Religionsunterricht als ordentliches Lehrfach

Art. 14 der LVerf. NRW gewährleistet den Religionsunterricht in den öffentlichen Schulen – mit Ausnahme der Weltanschauungsschulen (bekenntnisfreien Schulen) – als ordentliches Lehrfach. Der Religionsunterricht ist damit zu einem Bestandteil der staatlichen Schulorganisation und der Unterrichtsarbeit geworden. Danach haben die Eltern, Schüler und Religionsgemeinschaften einen Anspruch auf die Erteilung von Religionsunterricht in der Schule. Das gilt auch für den nichtchristlichen, bspw. den islamischen Religionsunterricht. Art. 14 LVerf. NRW kann jedoch keine Verpflichtung des Staates entnommen werden, Schulen bestimmter religiöser oder weltanschaulicher Prägung einzurichten. Nähere Ausführungen

---

852 Vgl. *OVG* Münster, Beschlüssen v. 09.06.2011 – Az.: 19 B 478/11, 19 B 479/11.

zum Religionsunterricht finden sich im Schulgesetz NRW.[853] Gem. § 31 Abs. 3 S. 2 SchulG wird der Religionsunterricht durch staatlich ausgebildete Lehrkräfte oder Geistliche, kirchliche oder von der Religionsgemeinschaft beauftragte Lehrkräfte oder von ausgebildeten Katecheten erteilt. Die Einzelheiten zur Verwendung kirchlicher Amtsträger als Lehrkräfte für den katholischen und evangelischen Religionsunterricht sind den Vereinbarungen und Verträgen mit den Kirchen zu entnehmen.[854] Beim Vorliegen einer schriftlichen Willenserklärung der Erziehungsberechtigten oder des religionsmündigen Schülers kann die Befreiung vom Religionsunterricht gem. Art. 14 Abs. 4 LVerf. NRW i. V. m. § 31 Abs. 6 SchulG erfolgen.

Der Religionsunterricht wird erteilt, wenn an einer einzelnen öffentlichen Schule mindestens zwölf Schüler dem entsprechenden Bekenntnis angehören, § 31 Abs. 1 S. 3 SchulG. Aus der Schulpraxis in NRW ergibt sich, dass gegenwärtig an den öffentlichen Schulen des Landes außer dem evangelischen und katholischen Religionsunterricht auch jüdischer, griechisch- und syrisch-orthodoxer Religionsunterricht als ordentliches Lehrfach eingerichtet ist.[855] Bereits im Schuljahr 1985/86 hat NRW als erstes Bundesland in den Schulen den griechisch-orthodoxen Religionsunterricht eingeführt. Als Lehrkräfte für die Erteilung dieses Unterrichts sind im Landesdienst beschäftigte Lehrer vorgesehen, die allerdings über eine förmliche Bevollmächtigung durch die Griechisch-Orthodoxe Metropolie von Deutschland verfügen. Kraft Runderlasses des Kultusministeriums wird er auf der Grundlage von mit der Griechisch-Orthodoxen Metropolie abgestimmten Lehrplänen erteilt.[856] Er kann auch in Verbindung mit muttersprachlichem Ergänzungsunterricht umgesetzt werden, wobei für den Religionsunterricht eine gesonderte Note festzusetzen ist. Seit 2009 heißt der griechisch-orthodoxe Religionsunterricht orthodoxe Religionslehre, weil er sich an alle Schüler mit orthodoxer Religionszugehörigkeit, also mit griechischer-, russischer- oder serbisch-orthodoxer Zugehörigkeit, richtet.

853 Schulgesetz für das Land NRW(Schulgesetz NRW – SchulG) v. 15.02.2005 (GV. NRW S. 102), zul. geändert am 17.06.2014 (GV. NRW S. 336).

854 Vertrag zwischen der Evangelischen Kirche im Rheinland, der Evangelischen Kirche von Westfalen und der Lippischen Landeskirche und dem Land NRW v. 29.03.1984; Vereinbarung über die kirchliche Lehrerfortbildung mit den Evangelischen Landeskirchen v. 22.01.1985, Vereinbarung über die Erteilung des Evangelischen Religionsunterrichtes durch kirchliche Lehrkräfte v. 22./29.12.1969 i. d. F. der Bekanntmachung v. 17.01.1974 und Vereinbarung mit der katholischen Kirche über die Erteilung des staatlichen Unterrichtsauftrages, die Verwendung von Katecheten und die kirchliche Einsichtnahme in den Religionsunterricht v. 18.02.1958.

855 Vgl. *Runderlass des Ministeriums für Schule, Jugend und Kinder v. 20.06.2003 (ABl. NRW. S. 232).*

856 Vgl. Runderlass des Kultusministeriums über die Einführung des griechisch-orthodoxen Religionsunterrichts in NRW v. 28.06.1985 (GABl. NW, S. 468).

Wie auch in anderen Bundesländern fand in NRW bis zum Schuljahr 2012/13 kein islamischer Religionsunterricht i. S. d. Art. 7 GG statt. Früher wurde hier im Rahmen eines Modellversuchs islamische Unterweisung in deutscher Sprache praktiziert.[857] Die „Islamkunde in deutscher Sprache" wurde als Schulversuch an 143 westfälischen Schulen unterrichtet, die mehr als 8.000 Schüler besuchten. Ende Februar 2011 erfolgte zwischen dem Schulministerium NRW und den vom Koordinationsrat der Muslime vertretenen muslimischen Gemeinschaften eine Einigung über den Weg zu einem bekenntnisorientierten Islamunterricht in NRW.[858] Am 21. Dezember 2011 ist dann das „Gesetz zur Einführung von islamischem Religionsunterricht als ordentliches Lehrfach" (7. SchulGÄndG)[859] verabschiedet worden. Damit wurde § 132 SchulG NRW geändert und eine neue Vorschrift eingefügt – § 132a – sog. Übergangsvorschrift zur Einführung von islamischem Religionsunterricht. So heißt es im § 132a Abs.1 S. 1 SchulG: *„Besteht [...] der Bedarf, islamischen Religionsunterricht i. S. v. § 31 einzuführen, aber noch keine entsprechende Religionsgemeinschaft i. S. v. Art. 14 und 19 LVerf und Art. 7 Abs. 3 GG, kann das Ministerium* ***übergangsweise*** *bei der Einführung und Durchführung mit einer Organisation oder mehreren Organisationen zusammenarbeiten, die Aufgaben wahrnehmen, die für die religiöse Identität ihrer Mitglieder oder Unterorganisationen wesentlich sind oder die von diesen für die Durchführung des Religionsunterrichts bestimmt worden sind."* Im Gesetz wurde auch geregelt, dass islamische Religionsgemeinschaften bei der Veranstaltung des Religionsunterrichts als Ansprechpartner zur Verfügung stehen müssen. Um die Interessen dieser Organisationen in diesem Bereich vertreten zu können, bildet das Ministerium laut Gesetz einen Beirat. Die Zusammensetzung des Beirates ist im § 132a Abs. 5 geregelt.

Im Ergebnis hat NRW im Schuljahr 2012/2013 als erstes Bundesland flächendeckend den islamischen Religionsunterricht als ordentliches Lehrfach eingeführt. Das Fach wurde zunächst in den 44 Grundschulen unterrichtet. So war damals ein regulärer Religionsunterricht für ca. 2500 von 320.000 muslimischen Schülern im Land möglich. Ab dem Schuljahr 2013/2014 wird der bekenntnisorientierte „Islamischer Religionsunterricht" auch in der Sekundarstufe I angeboten. Er wird zunächst in Duisburg und Köln für vier Jahre erprobt. Bei Erfolg soll das Modell auch auf andere Städte ausgeweitet werden.[860] Allerdings fehlen für das neue Fach die

---

857 Vgl. Runderlass v. 28.05.1999 über Islamische Unterweisung, ABl. NRW 1999, S. 96. Zur Geschichte, inhaltliche Struktur und Ziele der islamischen Unterweisung: *Spriewald*, Rechtsfragen im Zusammenhang mit der Einführung von islamischen Religionsunterricht als ordentliches Lehrfach an deutschen Schulen, 2003, S. 235–240.

858 Abrufbar unter: www.schulministerium.nrw.de (abgerufen am 18.11.2014).

859 Gesetz zur Einführung von islamischem Religionsunterricht als ordentliches Lehrfach (7. SchulGÄndG) v. 22.12.2011 (GV. NRW. S. 728).

860 Auch in anderen Bundesländern wird in Versuchsform das Fach „Islamischer Religionsunterricht" erprobt. In Niedersachsen gibt es z.B. über 20 Schulen und in Bayern, wo gleich zwei Schulversuche durchgeführt werden, sind insgesamt

Lehrkräfte: Für die Realisierung des Projektes müssen insgesamt 800 islamische Religionslehrer ausgebildet werden.[861] Dabei gewinnt der seit WS 2004/2005 in NRW bundesweit erste geschaffene Lehrstuhl für Islamwissenschaften am „Zentrum für Religiöse Studien" der Westfälischen Wilhelms-Universität in Münster große Bedeutung. Gem. § 29 i. V. m. § 31 Abs. 2 SchulG (BASS 1–1) wurde vom Ministerium für Schule und Weiterbildung des Landes NRW zum 1. Dezember 2013 der erste Lehrplan für den islamischen Religionsunterricht an den Grundschulen vorgelegt. An der Entwicklung des Lehrplanes hat sich die bis zum Jahr 2019 geltende „Ersatzreligionsgemeinschaft" beteiligt. Die Unterrichtsinhalte zielen – laut Lehrplan – darauf ab, den Schülern „Angebote zur Identitätsbildung und Werteentwicklung zu bieten."[862] Da der Islamunterricht noch im Aufbau ist, gibt es zahlreiche praktische Probleme. Kritiker werfen der Landesregierung vor, dass der Staat nun quasi an der Gestaltung des Religionsunterrichts mitwirkt, was dem Grundgesetz widerspricht. Zudem sei das neue Schulfach nichts anderes als eine Umetikettierung des Islamkunde-Unterrichts ist. Sichtbar sind auch unterschiedliche Meinungen selbst von muslimischer Seite. Die Bedenken der Muslime sind mit dem staatlichen Einfluss auf den Unterrichtsinhalt, der mangelnden Beachtung „muslimischer Sensibilitäten" bei der Erteilung des Islamunterrichts und mit der Durchsetzung weiterer nachteiliger Ausnahmeregelungen verbunden.[863] Im Übrigen soll ein ordentlicher islamischer Religionsunterricht, der aus rechts- und integrationspolitischen Gründen nur in deutscher Sprache erteilt wird, ein Lockmittel oder Schlüssel zur Integration der Muslime in Deutschland sein. Die Schüler, die nicht am islamischen Religionsunterricht teilnehmen, besuchen kraft Gesetzes das Fach Praktische Philosophie oder Philosophie (in der gymnasialen Oberstufe), vgl. § 32 SchulG.

7. *Zusammenfassung*

In NRW leben derzeit insgesamt ca. 1,74 Mio. Ausländer. Das Land weist im Vergleich mit anderen Bundesländern einen hohen Ausländeranteil auf. Zum Ende des Jahres 2013 waren hier rund 6,2 % der ausländischen Bevölkerung unter sechzehn Jahre alt, also noch schulpflichtig, und 93,8 % der Ausländer sechzehn und mehr

22 Schulen daran beteiligt. Am Pilotprojekt „Religiöse Unterweisung türkischer Schülerinnen und Schüler" nehmen derzeit 21 Schulen teil. Hamburg hat einen gemeinsamen Religionsunterricht für alle – katholische, evangelische, jüdische und muslimische – Konfessionen.

861 Nach Schätzungen des BMBF werden für eine flächendeckende Einführung des Islamunterrichts in Deutschland rund 2.000 Lehrkräfte benötigt.

862 Lehrplan für die Grundschule, Islamischer Religionsunterricht. Auszug aus dem Amtsbl. des Ministeriums für Schule und Weiterbildung des Landes NRW Nr. 12/13, 2014, S. 9.

863 Vgl. *Bilgü*, Wieder der islamische Religionsunterricht, in: Das islamische Portal, v. 01.04.2011, abrufbar unter: http://www.igmg.de (abgerufen am 18.11.2014).

als sechzehn Jahre alt. Die zugewanderten Kinder und Jugendlichen in Nordrhein-Westfalen unterliegen so wie in ganz Deutschland prinzipiell der allgemeinen Schulpflicht, vgl. Art. 8 Abs. 2 LVerf. NRW. Gem. § 34 Abs. 1 SchulG NRW[864] sind schulpflichtig alle Kinder und Jugendliche, die in NRW ihren Wohnsitz oder ihren Aufenthalt oder ihre Ausbildungs- oder Arbeitsstätte haben, so auch ausländische Kinder, soweit sie die Voraussetzungen dafür erfüllen. Von der Schulpflicht erfasst sind auch die Kinder von Asylbewerbern und alleinstehende Kinder und Jugendliche, die einen Asylantrag gestellt haben, sobald sie einer Gemeinde zugewiesen sind und solange ihr Aufenthalt gestattet ist (vgl. § 34 Abs. 6 S. 1 SchulG NRW). Allerdings ist die Anerkennung der Schulpflicht für Kinder von Asylbewerbern und Flüchtlingen mit einer nur kurzen und vorübergehenden Aufenthaltsdauer in der Schulpraxis der verschiedenen Länder unterschiedlich geregelt. Schulpflichtig sind die ausreisepflichtigen ausländischen Kinder und Jugendlichen in NRW nur bis zur Erfüllung ihrer Ausreisepflicht. Die Schulpflicht wird durch den Besuch einer öffentlichen Schule oder Ersatzschule erfüllt.

Deutschland verfügt über ein dreigliedriges Bildungssystem. Die Gesamtschülerzahl aller Schulformen des Landes NRW im Schuljahr 2013/14 betrug 2.583.286, darunter wurden insgesamt 1.998.511 Schüler in allgemeinbildenden Schulen beschult. In allen Schulformen sind 220.720 ausländische und 44.701 ausgesiedelte Schüler beschult worden. Auffällig ist, dass die ausländischen und ausgesiedelten Schüler vor allem die Hauptschule und Gesamtschule besuchen. An den Realschulen und Gymnasien sind sie entsprechend unterrepräsentiert. Bei der Verteilung auf die Schulformen zeigen sich auch – nationalitätenspezifisch – betrachtet deutliche Unterschiede. Im Schuljahr 2010/11 haben 7,3 % der ausländischen und ausgesiedelten Schüler die allgemeinbildenden Schulen ohne Hauptschulabschluss verlassen.

Nach § 2 Abs. 10 S. 3 SchulG NRW werden die ausländischen Schüler in den nordrhein-westfälischen Schulen – wie auch in den anderen Bundesländern – gemeinsam mit anderen Schülern unterrichtet bzw. besuchen grundsätzlich Regelklassen in ihrer Schule und werden zu den gleichen Abschlüssen geführt. Bereits in den 70er Jahren hat NRW das Prinzip der separaten Beschulung und der Nationalklassenbildung abgelehnt und die KMK-Grundsätze umgesetzt, um eine Eingliederung zugewanderter Kinder in den deutschen Schulen zu gewährleisten. Für die Verbesserung der Schulerfolge und das Erkennen der Sprachprobleme zugewanderter Kinder wird hier auf die vorschulische und bildungsbegleitende Sprachförderung besonderer Wert gelegt. Seit 2006 enthält das Schulgesetz NRW eine wichtige Klausel – § 36 SchulG – für die vorschulische Beratung und Förderung sowie das Feststellen des Sprachstandes der eingeschulten Kinder. Den Kern dieser Vorschrift bildet die vorschulische Sprachförderung, die zu gleichen Chancen der Kinder bei Schulbeginn führen soll. Gleichzeitig wird gem. § 2 Abs. 1

864 Vgl. Schulgesetz für das Land NRW(Schulgesetz NRW – SchulG) v. 15.02.2005 (GV. NRW S. 102), zul. geändert am 17.06.2014 (GV. NRW S. 336).

S. 2 SchulG NRW in der Schule die ethnische, kulturelle und sprachliche Identität (Muttersprache) der Schüler beachtet und durch Einrichtung des muttersprachlichen Unterrichts gefördert. Die Bilingualität des Kindes wird daher als besonders wünschenswerte Form der sozialen Integration der Zugewanderten angesehen. Die schulpraktische Umsetzung der KMK-Beschlüsse unterscheidet NRW von vielen Bundesländern in Deutschland, die den Integrationsgrundsatz lediglich in ihren einschlägigen Erlassen niedergelegt haben. Im Wesentlichen sind die grundlegenden Bestimmungen bezüglich der Beschulung der zugewanderten Schüler in einem Erlass von 2009 zusammengefasst.[865]

In NRW existieren auch 281 Gesamtschulen, an denen 254.636 Schüler beschult werden. Die Gesamtschule des Landes NRW erweitert das traditionelle dreigliedrige Schulsystem und ergibt eine eigene Schulform, so wie Grund-, Haupt-, Realschule und Gymnasium. Darüber hinaus ist sie eine der meistbesuchten Schulformen ausländischer Schüler. Das – so wie bundesweit vorgegeben – differenzierte Schulstruktursystem in NRW erlaubt den Erwerb einer Vielzahl unterschiedlicher Abschlüsse, die regelmäßig aufeinander aufbauen. Allerdings verlassen seit 2005 jährlich mehr als 6 % aller Schüler (das sind insgesamt ca. 13.852 Schüler) in NRW die Schule ohne Hauptschulabschluss. Für die Chancengleichheit und Verbesserung der Bildungsabschlüsse aller Schüler sowie für die Verhinderung eines Schulsterbens aufgrund der demographischen Entwicklung hat das Land NRW im Schuljahr 2011/12 als Modellversuch die Bildungsreform gestartet, die die Einrichtung von Gemeinschaftsschulen einschließt. Laut Vereinbarung der Minderheitsregierung soll bis zum Jahr 2015 rund ein Drittel der weiterführenden Schulen in der Sekundarstufe I in Gemeinschaftsschulen umgewandelt werden. Die Gemeinschaftsschule soll eine Ganztagsschule darstellen, die gymnasiale Standards mit einschließt und ein längeres und gemeinsames Lernen gewährleistet. Gemeinsame Unterrichtung ist als vorteilhaft anzusehen, weil alle Kinder – unabhängig von der sozialen oder ethnischen Herkunft – gleiche Bildungschancen haben werden. Nach Ansicht der Autorin hat diese Schulart große Zukunftschancen vor allem für zugewanderte Kinder. Ähnliches gibt es bereits in einigen Bundesländern. Das Modellvorhaben ist auch für die übrigen Schulen Deutschlands zu empfehlen, denn es kann die Bildungschancen einzelner Schüler explizit erweitern. Um die Effektivität zu erhöhen, sollten allerdings die Unterrichtsplanung oder die reformierten Lehrinhalte neu gestaltet werden. Diese sollten sich sowohl an den Lehrplänen aller Schulformen, vor allem auch des Gymnasiums, orientieren als auch die Lehrer-Schüler-Beziehungen in der Schule verbessern.

865 Im Erlass v. 21.12.2009 zum „Unterricht für Schülerinnen und Schüler mit Zuwanderungsgeschichte, insbesondere im Bereich der Sprachen“ wird der Terminus „Schülerinnen und Schüler mit Zuwanderungsgeschichte“ verwendet.

B. Verfassungs- und völkerrechtliche Gewährleistungen eines Rechts auf Berufsfreiheit – Zugang zu dem Arbeitsmarkt

I. Verfassungs- und völkerrechtliche Grundlagen für die Gewährleistung eines Rechts auf Arbeit und Berufsfreiheit

1. Das Grundrecht der Arbeits- und Berufsfreiheit im deutschen Grundgesetz

Art. 12 GG gewährleistet allen Deutschen das Recht, Beruf, Arbeitsplatz und Ausbildungsstätte frei zu wählen. Es handelt sich dabei um ein einheitliches Grundrecht der Berufsfreiheit.[866] Nach Ansicht des *BVerfG* ist der Regelungsvorbehalt des Art. 12 Abs. 1 GG nicht nur auf die Berufsausübung, sondern auch auf die Berufsausbildung und die Berufswahl zu beziehen, mithin auf das Grundrecht der Berufsfreiheit.[867] Die Norm gewährleistet dem Einzelnen „das Recht, jede Tätigkeit, für die er sich geeignet glaubt, als ‚Beruf' zu ergreifen"[868]. Art. 12 Abs. 1 GG ist eine besondere Ausprägung des umfassenderen, in Art. 2 Abs. 1 GG verbürgten Rechts auf freie Entfaltung der Persönlichkeit.[869] Geschützt ist gem. Art. 12 GG vor allem die Berufsfreiheit, die sich in die Freiheit der Berufswahl und der Berufsausübung gliedert. Berufswahl liegt vor, wenn der Grundrechtsträger selbstständig und unbeeinflusst von fremdem Willen eine Entscheidung getroffen hat, überhaupt einen Beruf auszuwählen oder darauf zu verzichten.[870] Unter dem Schutzbereich der Ausübung des Berufs fällt die gesamte berufliche Tätigkeit, insbesondere Form, Mittel und Umfang sowie gegenständliche Ausgestaltung der Betätigung.[871]

Der Schutzbereich des Art. 12 GG umfasst auch den Schutz der Wahl der Ausbildungsstätte und des Arbeitsplatzes sowie die Freiheit von Arbeitszwang und Zwangsarbeit.[872] Ein Ausbildungsplatz liegt nur dann vor, wenn es sich um eine berufliche Ausbildung handelt.[873] Auch ein Arbeitsplatz setzt voraus, dass an der

---

866 Vgl. *Bleckmann*, Staatsrecht II – Die Grundrechte, 4. Aufl. (1997), § 33 Rn. 1.

867 *BVerfGE* 7, 377 – Apotheken-Urteil.

868 *Hofmann*, in: Schmidt-Bleibtreu/Hofmann/Hopfauf, GG-Komm., 12. Aufl. (2011), Art. 12, Rn. 4; *Jarass*, in: Jarass/Pieroth, GG-Komm., 13. Aufl. (2014), Art. 12, Rn. 5. Zu den Landesverfassungen siehe unten.

869 Vgl. *BVerfGE* 13, 181.

870 Vgl. *BVerfGE* 68, 256 (267), vgl. *Jarass*, in: Jarass/Pieroth, GG-Komm., 13. Aufl. (2014), Art. 12, Rn. 10; *Manssen*, in: v. Mangoldt/Klein/Starck, GG-Komm., Bd. I, 6. Aufl. (2010), Art. 12, Rn. 51; a. A.: *Scholz*, in: Maunz/Dürig, GG-Komm., Bd. II, Lfg. 47, 2006, Art. 12, Rn. 7.

871 Vgl. *Jarass*, in: Jarass/Pieroth, GG-Komm., 13. Aufl. (2014), Art. 12, Rn. 10 m. w. N.

872 *Scholz*, in: Maunz-Dürig, GG-Komm., Bd. II, Lfg. 47, 2006, Art. 12, Rn. 1.

873 Die Frage nach der Ausbildungsfreiheit bezüglich der ausländischen Kinder und Jugendlichen wurde bereits bei der Frage der Bildung erläutert, deshalb

entsprechenden Stelle ein Beruf ausgeübt wird.[874] Somit ist Art. 12 Abs. 1 GG dann tatbestandlich einschlägig, wenn es sich um eine berufliche Tätigkeit handelt.

a) Beruf als zentrales Tatbestandsmerkmal

In der Literatur und Rechtsprechung wird der Begriff des Berufs dahingehend definiert, dass es sich um eine auf Dauer angelegte Tätigkeit zur Schaffung und Erhaltung einer Lebensgrundlage handelt.[875] „Beruf ist danach nicht nur die auf Grund einer persönlichen ‚Berufung' ausgewählte und aufgenommene Tätigkeit, sondern jede auf Erwerb gerichtete Beschäftigung, die sich nicht in einem einmaligen Erwerbsakt erschöpft."[876] Nach den objektiven Umständen muss also erwartet werden können, dass der Grundrechtsträger mit solcher Tätigkeit ein *wirtschaftliches* Einkommen erzielt.[877] Unerheblich ist, ob die Tätigkeit von ihm selbstständig oder unselbstständig ausgeübt wird.[878] Die Berufsfreiheit ist auch das Recht, mehrere Berufe zu wählen und gleichzeitig nebeneinander auszuüben (Zweitberufe, Nebentätigkeiten, und Ferienjobs).[879] Generell ist der Begriff des Berufs i. S. v. Art. 12 Abs. 1 GG weit auszulegen und umfasst jede sinnvolle und erlaubte Tätigkeit.[880]

b) Grundrechtsberechtigte

Aus dem Wortlaut des Art. 12 Abs. 1 GG ergibt sich, dass das Grundrecht der Berufsfreiheit „allen Deutschen" i. S. d. Art. 116 GG zusteht. Grundrechtsdogmatisch gesehen handelt es sich hierbei um ein sog. „Deutschen-Grundrecht", während Gewährleistungen des Art. 12 Abs. 2 und 3 GG wiederum zu den sog. „Jedermann-Gewährleistungen" zählen.[881] Grundrechtsberechtigt sind alle natürlichen Personen deutscher Staatsangehörigkeit, mithin auch Minderjährige sowie nicht oder nur

---

kann an dieser Stelle auf eine Wiederholung verzichtet werden. S. Kap. 3 A unter I Nr. 4.

874 Vgl. *Manssen*, in: v. Mangoldt/Klein/Starck, GG-Komm., Bd. I, 6. Aufl. (2010), Art. 12, Rn. 37.

875 Vgl. *BVerfGE* 7, 377 (397); 54, 301 (313); *BVerwGE* 1, 54 (54); 1, 92 (93); *Schneider*, Art. 12 GG – Freiheit des Berufs und Grundrecht auf Arbeit, in: VVDStRL Bd. 43 (1985), S. 25.

876 *BVerfGE* 97, 228 (253).

877 Vgl. *Manssen*, in: v. Mangoldt/Klein/Starck, GG-Komm., Bd. I, 6. Aufl. (2010), Art. 12, Rn. 38.

878 Vgl. *Jarass*, in: Jarass/Pieroth, GG-Komm., 13. Aufl. (2014), Art. 12, Rn. 5.

879 Vgl. *BVerfGE* 110, 141 (156); 9, 48; vgl. *Manssen*, in: v. Mangoldt/Klein/Starck, GG-Komm., Bd. I, 6. Aufl. (2010), Art. 12, Rn. 38; *Hofmann*, in: Schmidt-Bleibtreu/Hofmann/Hopfauf, GG-Komm., 12. Aufl. (2011), Art. 12, Rn. 25.

880 Vgl. *BVerfGE* 68, 272 (281), *BVerfGE* 13, 97 (106).

881 Zur Terminologie *Stern*, Das Staatsrecht der BRD, Bd. III/1, 1988, § 70, II 6c, S. 1027.

beschränkt geschäftsfähige Personen.[882] Zwar ist wegen seiner individualrechtlich-personalen Prägung („alle Deutschen") die Anwendung des Art. 12 Abs. 1 GG auf inländische juristische Personen umstritten, ist aber nach h. M. aufgrund des Art. 19 Abs. 3 GG jedenfalls zu bejahen.[883] Dies ist dann anzunehmen, wenn eine bestimmte Erwerbstätigkeit ihrem Wesen und ihrer Art nach in gleicher Weise von einer juristischen wie von einer natürlichen Person ausgeübt werden kann.[884] Von einer solchen Grundrechtsberechtigung ist nach Auslegung des Art. 19 Abs. 3 GG dort auszugehen, wo deren Bildung und Betätigung „Ausdruck der freien Entfaltung der privaten, natürlichen Personen ist, wenn insbesondere der Durchgriff auf die hinter den juristischen Personen stehenden Menschen es als sinnvoll und erforderlich erscheinen lässt"[885]. Die Berufsfreiheit kommt auch den Personenvereinigungen des Privatrechts und deutschen Tochtergesellschaften ausländischer Unternehmen zugute. Soweit ein inländischer Verein mehrheitlich aus Ausländern besteht, darf nach h. L. Art. 12 Abs.1 GG nicht angewendet sein.[886] Fraglich ist jedoch, ob sich auch ausländische juristische Personen auf Art. 12 Abs. 1 GG berufen können. In der bisherigen Rechtsprechung und Literatur wurde dies verneint, so dass ausländische juristische Personen und Personenvereinigungen auch gem.

---

882 Grundrechtsfähig i. S. v. Art. 19 GG sind grundsätzlich alle natürlichen Personen, unabhängig von ihrem Alter und ihren Fähigkeiten, insbesondere auch Kinder und Jugendliche, vgl. *BVerfGE* 57, 361 (382); *Jarass*, in: Jarass/Pieroth, GG-Komm., 13. Aufl. (2014), Art. 19, Rn. 10.

883 Vgl. *BVerfGE* 21, 261 (266); 30, 292 (312); 50, 290 (363); 65, 196 (210); 74, 129(148); *BVerwG* 75, 109 (114); 97, 22 (22f.); BGHZ 124, 224 (225); *Hofmann*, in: Schmidt-Bleibtreu/Hofmann/Hopfauf, GG-Komm., 12. Aufl. (2011), Art. 12, Rn. 7 (*bei Tätigkeiten im Erwerbsbereich*); *Scholz*, in: Maunz/Dürig, GG-Komm., Bd. II, Lfg. 47, 2006, Art. 12, Rn. 98; *Mann*, in: Sachs, GG-Komm., 6. Aufl. (2011), Art. 12, Rn. 37; *Gubelt*, in: v. Münch/Kunig, GG-Komm., Bd. I, 6. Aufl. (2012), Art. 12, Rn. 6; *Manssen*, in: v. Mangoldt/Klein/Starck, GG-Komm., Bd. I, 6. Aufl. (2010), Art. 12, Rn. 268; *Nolte*, in: Stern/Becker, GRe-Komm., 2010, Art. 12, Rn. 60; *Stern/Dietlein*, Staatliche Eingriffe in Bankenbeteiligungen, 1997, S. 22; *Franz*, Der Abschluss eines Aufhebungsvertrags – Schutz des Arbeitnehmer-Verbrauchers und seine Grenzen, 2006, S. 19.

884 Vgl. *Hofmann*, in: Schmidt-Bleibtreu/Hofmann/Hopfauf, GG-Komm., 12. Aufl. (2011), Art. 19, Rn. 25. Nach a. A. ist die juristische Person als bloßes „Organisationsmittel" ihrem Wesen nach prinzipiell ungeeignet, Grundrechtsträger der Berufsfreiheit zu sein, so z.B. *Rittstieg*, in: Denninger/Hoffmann-Riem/Schneider/Stein (Hrsg.), Alternativkommentar, 2002, Art. 12, Rn. 158.

885 *Dietlein*, Berufs-, Arbeitsplatz- und Ausbildungsfreiheit, in: Stern, Das Staatsrecht der BRD, Bd. IV/1, 2006, § 111, S. 1832 m. w. N.

886 Vgl. *Manssen*, in: v. Mangoldt/Klein/Starck, GG-Komm., Bd. I, 6. Aufl. (2010), Art. 12, Rn. 270; *Hofmann*, in: Schmidt-Bleibtreu/Hofmann/Hopfauf, GG-Komm., 12. Aufl. (2011), Art. 19, Rn. 20; Jarass, in: Jarass/Pieroth, GG-Komm., 13. Aufl. (2014), Art. 12, Rn. 13; a. A.: *Mann*, in: Sachs, GG-Komm., 6. Aufl. (2011), Art. 12, Rn. 38; *Nolte*, in: Stern/Becker, GRe-Komm., 2010, Art. 12, Rn. 61.

Art. 19 Abs. 3 GG nicht als Grundrechtsträger eingestuft worden sind.[887] Neuere Kammerbeschlüsse haben hingegen offen gelassen, ob diese Rechtsprechung auch auf juristische Personen aus Mitgliedstaaten der EU anzuwenden ist.[888] Vor kurzem hat sich das *BVerfG*[889] mit dieser spezielleren Frage näher befasst und ausführlich begründet, dass sich ausländische juristische Personen mit Sitz in der EU auf Grundrechte des Grundgesetzes berufen können. Die Beschränkung des persönlichen Schutzbereichs nur auf inländische juristische Personen in Art. 19 Abs. 3 GG sei mit dem Verbot der Diskriminierung aus Gründen der Staatsangehörigkeit (Art. 18 S. 1 AEUV) unvereinbar.[890] Hingegen können sich juristische Personen des öffentlichen Rechts grundsätzlich nicht auf Art. 12 Abs. 1 GG berufen, weil sie als Träger hoheitlicher Gewalt nicht grundrechtsfähig sind.[891]

c) Erweiterung der Berufsfreiheit für Ausländer

Wegen des eindeutigen Wortlautes der Verfassungsnorm („alle Deutschen") ist in der Tat fraglich, ob auch Ausländer und Staatenlose durch Art. 12 Abs. 1 GG geschützt sind. Zu unterscheiden sind hierbei zwei Gruppen der Ausländer im deutschen Staatsgebiet: EU-Ausländer und sonstige Ausländer, weil sie unterschiedliche Rechtspositionen haben. Aufgrund der Beschränkung des Personenkreises auf Nicht-Unionsbürger handelt es sich hierbei um die sonstigen Ausländer oder Drittstaatsangehörige.[892] Nach einer Auffassung soll sich

---

887 Vgl. *BVerfGE* 21, 207 (208); *BVerfGE* 23, 229 (236); 100, 313 (364); *BFH*, Beschluss v. 24.01.2001 – I R 81/99, in: DStR 2001, 616; *BVerfGE*, Beschl. v. 27.04.2010–2 BvR 1848/07, in: GRUR 2010, 1031; *Krebs*, in: v. Münch/Kunig, GG-Komm., Bd. I, 6. Aufl. (2012), Art. 19, Rn. 33; *Mann*, in: Sachs, GG-Komm., 6. Aufl. (2011), Art. 12, Rn. 38; *Jarass*, in: Jarass/Pieroth, GG-Komm., 13. Aufl. (2014), Art. 12, Rn. 13 und Art. 19 Rn. 21.

888 Vgl. *Beschlüsse der 2. Kammer des Ersten Senats*, in: NJW 2004, 3031; *EuGH*, Urteil v. 20.10.1993 – verb. Rs. C-92/92 und C-326/92 – Phil Collins, Slg. 1993, I-5145, Rn. 30.

889 Vgl. *BVerfGE* v. 19.07.2011–1 BvR 1916/09, in: ZUM, 2011, 825, s. auch *Dörre*, Anmerkung zu BVerfGE: BGH-Urteil „Le Corbusier" ist verfassungskonform, in: GRUR-Prax 2011, 454.

890 Vgl. *BVerfGE* v. 19.07.2011–1 BvR 1916/09, in: ZUM, 2011, 825.

891 Nach *BVerfGE* (21, 362) dienen die Grundrechte der Abgrenzung zwischen Bürger und Staat, nicht aber der Abgrenzung zwischen den einzelnen Staatsgewalten. Dies gilt auch für die erwerbswirtschaftliche Tätigkeit der öffentlichen Hand, so dass kommunalrechtliche Regelungen wirtschaftlicher Betätigung von Gemeinden aus der Sicht des Art. 12 Abs. 1 GG unbedenklich sind. Vgl. *Jarass*, in: Jarass/Pieroth, GG-Komm., 13. Aufl. (2014), Art. 12, Rn. 13; *Mann*, in: Sachs, GG-Komm., 6. Aufl. (2011), Art. 12, Rn. 40; *Nolte*, in: Stern/Becker, GRe-Komm., 2010, Art. 12, Rn. 62; *Hofmann*, in: Schmidt-Bleibtreu/Hofmann/Hopfauf, GG-Komm., 12. Aufl. (2011), Art. 12, Rn. 8.

892 Im Hinblick auf Art. 18 AEUV (Diskriminierungsverbot wegen der Staatsangehörigkeit) sind die EU-Ausländer hinsichtlich des grundrechtlichen Schutzes

der Grundrechtsschutz von Ausländern und Staatenlosen mit zunehmender Dauer ihres Aufenthalts in der Bundesrepublik sukzessive der Schutzdimension des Art. 12 Abs. 1 GG annähern, soweit der Menschenwürdegehalt in Rede steht.[893] Diese Ansicht widerspricht jedoch dem Wortlaut des Art. 12 Abs. 1 GG – wie bereits oben ausgeführt – und führt insoweit zu inakzeptablen Unsicherheiten, nämlich zur undeutlichen Differenzierung zwischen Menschen- und Bürgerrechten,[894] so dass sie abzulehnen ist. Auch nach Auffassung des *BVerfG* ist die Anwendung des Art. 12 Abs. 1 GG auf Drittstaatsausländer – trotz der Ansicht, dass die Bürgerrechte über ihren Menschenrechtskern auch für Ausländer gelten[895] – zu verneinen, weil ansonsten „die ausdrückliche Entscheidung des Grundgesetzes, die Berufsfreiheit nur deutschen Staatsangehörigen zu ge-

---

aus der Berufsfreiheit den Deutschen gleichgestellt. Das ergibt sich sowohl aus der EuGH-Entscheidung, die die Berufsfreiheit als einen allgemeinen Grundsatz des Gemeinschaftsrechts und als europäisches Grundrecht anerkannt hat (Vgl. *EuGH*, Rs. 29/69, Slg. 1969, S. 419 (425, Rn. 7) – Stauder; *EuGH*, Rs. 11/70, Slg. 1970, S. 1125 (1135, Rn. 4) – Internationale Handelsgesellschaft; statt vieler: *Breuer*, Freiheit des Berufs, in: HStR, Bd. VIII, 3. Aufl. (2010), § 170, Rn. 43 m. w. N.) als auch aus den auf europarechtlicher Ebene verstärkten Grundfreiheiten der Arbeitnehmerfreizügigkeit (Art. 45 AEUV), der Niederlassungsfreiheit (Art. 49 AEUV) und der Dienstleistungsfreiheit (Art. 56 AEUV) sowie aus dem Grundsatz des Diskriminierungsverbotes gem. Art. 18 AEUV. Auf EU-Bürger ist daher Art. 18 Abs. 1 AEUV unmittelbar anwendbar, sofern der Anwendungsbereich des Gemeinschaftsrechts betroffen ist und im konkreten Fall durch die Ungleichbehandlung Grundrechte oder das allgemeine Diskriminierungsverbot verletzt sind. Umstritten ist allerdings die dogmatische Verortung dieser Freiheit. Hierbei werden in der Literatur verschiedene Meinungen vertreten: von der umfassenden Auslegung des Art. 12 Abs.1 GG mit Anerkennung dieser Ausländergruppe als Deutsche bis zur Verfassungsänderung. Den Anforderungen des Europarechts ist durch den Schutzbereich des Art. 2 Abs. 1 GG zu entsprechen. Art. 2 Abs. 1 GG ist „gemeinschaftsrechtskonform" so auszulegen, dass EU-Bürgern einen gegenüber sonstigen Ausländern verstärkten „qualifizierten" Schutz gewährt werden kann. Vgl. *Manssen*, in: v. Mangoldt/Klein/Starck, GG-Komm., Bd. I, 6. Aufl. (2010), Art. 12, Rn. 267; *Epping*, Grundrechte, 5. Aufl. (2012), S. 253; *Mann*, in: Sachs, GG-Komm., 6. Aufl. (2011), Art. 12, Rn. 34; *Breuer*, Freiheit des Berufs, in: HStR, Bd. VIII, 3. Aufl. (2010), § 170, Rn. 43; *Dietlein*, Berufs-, Arbeitsplatz- und Ausbildungsfreiheit, § 111, S. 1831.

893 Vgl. *Ruppel*, Der Grundrechtsschutz der Ausländer im deutschen Verfassungsrecht, 1968, S. 57; *Bachof*, Freiheit des Berufs, in: Bettermann/Nipperdey/Scheuner, Die Grundrechte, Bd. III/1, 1958, S. 177; *Bleckmann*, Staatsrecht II – Die Grundrechte, 4. Aufl. (1997), § 9, Rn. 114; *Rittstieg*, in: AK-GG, Art. 12 Rn. 155 m. w. N.

894 *Nolte*, in: Stern/Becker, Gre-Komm., 2010, Art. 12, Rn. 56; *Mann*, in. Sachs, GG-Komm., 6. Aufl. (2011), Art. 12, Rn. 33. Abgelehnt wird diese Meinung auch von *Jarass*, in: Jarass/Pieroth, GG-Komm., 13. Aufl. (2014), Art. 2, Rn. 7.

895 Vgl. *Bleckmann*, Staatsrecht II, Die Grundrechte, 4. Aufl. (1997), S. 1024 m. w. N.

währen, unterlaufen werde".[896] Fraglich ist allerdings, ob und wie den Ausländern und Staatenlosen anderweitiger Zugang zum Arbeitsmarkt gewährleistet werden kann. Die h. M. geht davon aus, dass ein grundrechtlicher Schutz der beruflichen Betätigung von Ausländern und Staatenlosen aus der Garantie der allgemeinen Handlungsfreiheit i. S. d. Art. 2 Abs. 1 GG herzuleiten ist.[897] Nach Auffassung des *BVerfG* darf dies allerdings nicht so verstanden werden, dass der Ausländer, dem die Berufung auf die Berufsfreiheit verwehrt ist, denselben Schutz über Art. 2 Abs. 1 GG beanspruchen könnte. Diese ließe das Spezialitätsverhältnis zwischen Art. 12 Abs. 1 und Art. 2 Abs. 1 GG außer acht. Das allgemeine Freiheitsrecht ist daher nur insoweit anwendbar, als es im Rahmen der in ihm geregelten Schranken die Handlungsfreiheit gewährleistet. Das bedeutet, dass Art. 2 Abs. 1 GG daher diesem Personenkreis Schutz bieten soll, allerdings nur vor Eingriffen, die von seinen Schranken nicht mehr gedeckt sind und nicht vom speziellen Regelungsbereich des Art. 12 Abs. 1 GG erfasst werden.[898] Den Ausländern wird also in diesem Bereich von Verfassung wegen etwas geringerer Schutz als Deutschen gewährt.[899] Allerdings ist die häufig vertretene Auffassung abzulehnen, dass „der Schutz aus Art. 2 Abs. 1 GG im Einzelfall weitgehender sein könne als der des speziellen Freiheitsrechts, was im Ergebnis zur Besserstellung der Ausländer führt, weil auch für Ausländer der Gesetzesvorbehalt gilt und beide Normen eingegriffen haben können".[900] Im Wesentlichen wird der Grundrechtsschutz von Ausländern im Bereich der Deutschengrundrechte in der Literatur immer noch als ein „ernst zunehmendes Problem" gesehen.[901] Ergänzt wird dieses Grundrecht durch die einfachgesetzlichen Vorschriften, die auch für sonstige Ausländer eine berufliche Betätigung zulassen ggf. beschränken. Zahlreichen Ausländern kommt ferner ein besonderer „privilegierter" Rechtsstatus

896 Vgl. *BVerfGE* 78, 179 (196).

897 Vgl. *BVerfGE* 78, 179 (196); 104, 337 (346); *BVerwGE* 59, 284 (294); *Bleckmann*, Staatsrecht II, Die Grundrechte, 4. Aufl. (1997), S. 1024; *Hailbronner*, Freizügigkeit, in: HStR Bd. VII, § 152, Rn. 73; *Berg*, Grundrechtskonkurrenzen, in: Merten/Papier (Hrsg.), Handbuch der Grundrechte, Bd. III, 2009, § 71, Rn. 21; *Manssen*, in: v. Mangoldt/Klein/Starck, GG-Komm., Bd. I, 6. Aufl. (2010), Art. 12, Rn. 266; *Hofmann*, in: Schmidt-Bleibtreu/Hofmann/Hopfauf, GG-Komm., 12. Aufl. (2011), Art. 12, Rn. 6 („soweit Art. 2 Abs. 1 GG die wirtschaftliche Handlungsfreiheit gewährleistet"); *Mann*, in: Sachs, GG-Komm., 6. Aufl. (2011), Art. 12, Rn. 33; *Nolte*, in: Stern/Becker, GRe-Komm., 2010, Art. 12, Rn. 56 (Die Berufsfreiheit fällt allein unter den Schutz von Art. 2 Abs. 1 GG).

898 Vgl. *BVerfGE* 78, 179 (196); 35, 382 (399).

899 *BVerfGE* 78, 179 (196); *Jarass*, in: Jarass/Pieroth, GG-Komm., 13. Aufl. (2014), Art. 2, Rn. 7; a. A.: *Scholz*, in: Maunz/Dürig, GG-Komm., Bd. II, Lfg. 47, 2006, Art. 12, Rn. 127 („nicht in gleicher Weise").

900 *Epping*, Grundrechte, 5. Aufl. (2012), S. 252.

901 *Berg*, Grundrechtskonkurrenzen, in: Merten/Papier (Hrsg.), Handbuch der Grundrechte, Bd. III, 2009, § 71, Rn. 21; *Siekmann/Duttge*, Staatsrecht I, Grundrechte, 2000, S. 456.

zu, der ihnen in Bezug auf ihre Berufsfreiheit einen den Deutschen vergleichbaren Status verleiht. Zu erwähnen sind vor allem solche Ausländer, die aufgrund völkerrechtlicher Verträge einen besonderen Rechtsstatus genießen.

2. *Das Recht auf Arbeit und Berufsfreiheit in den Landesverfassungen*

Eine Erörterung des Grundrechtsschutzes der Berufsfreiheit von Ausländern wäre unvollständig, wenn sie sich lediglich auf die grundgesetzlichen Gewährleistungen der Berufsfreiheit beschränken würde. Auch die Verfassungen der Länder gewährleisten den Ausländern die Freiheit des Berufes. Einige Landesverfassungen enthalten sogar ausdrückliche Garantien des Rechts auf Arbeit, die aber das Grundgesetz nicht kennt, oder gleichzeitig beide o. g. Rechte. Ein Beispiel dazu sind die Verfassungen der Länder Brandenburg und Berlin. Während Art. 17 HS. 3 und 4 BerlVerf die freie Wahl des Berufes und des Arbeitsplatzes gewährleistet, gewährt Art. 18 S. 1 BerlVerf allen das Recht auf Arbeit.[902] Auch die Verfassung des Landes Brandenburg[903] garantiert jedem Einzelnen sowohl das Recht auf Arbeit (Art. 48 Abs. 1 HS 1)[904] als auch die Berufsfreiheit (Art. 49 Abs. 1).[905] Der grundrechtliche Schutz der Berufsfreiheit wird durch die Landesverfassungen überdies erweitert, indem dieses Recht nicht nur den EU-Bürgern und Deutschen gewährleistet wird, sondern auch den Ausländern, die in Deutschland ansässig sind.[906] Demnach wird es nach dem Wortlaut der Landesverfassungen jedermann erteilt.[907] Jeder hat nach

902 Verfassung des Landes Berlin v. 23.11.1995, zul. geändert am 07.02.2014.

903 Verfassung des Landes Brandenburg v. 20.08.1992, zul. geändert am 05. 12.2013.

904 Art. 48 Abs. 1 BdbLVerf. lautet: „Das Land ist verpflichtet, ***im Rahmen seiner Kräfte*** durch eine Politik der Vollbeschäftigung und Arbeitsförderung für die Verwirklichung *des Rechts auf Arbeit* zu sorgen, welches das Recht jedes Einzelnen umfasst, seinen Lebensunterhalt durch freigewählte Arbeit zu verdienen." (Hervorhebung durch Aut.)

905 Gem. Art 49 Abs.1 S.1 BdbLVerf. hat jeder das Recht, seinen Beruf frei zu wählen und auszuüben.

906 Allerdings werden in der Literatur landesverfassungsrechtliche Bestimmungen, die im Schutzbereich von Art. 12 Abs.1 GG eine Gleichstellung von Deutschen und Ausländern aussprechen (sog. Jedermann-Gewährleistung), aufgrund Art. 31 GG („Bundesrecht bricht Landesrecht") als nichtig angesehen. Vgl. *HessVGH*, in: NVwZ 1987, 387 (387); *Manssen*, in: v. Mangoldt/Klein/Starck, GG-Komm., 6. Aufl. (2010), Bd. 1, Art. 12, Rn. 266.

907 Festzustellen ist, dass die Unterscheidung zwischen Jedermann- und Deutschengrundrechte allgemein etw. weniger als die Hälfte der Landesverfassungen enthalten. Nicht selten werden die Deutschengrundrechte des Grundgesetzes in den Landesverfassungen als Jedermanngrundrechte gestaltet, z.B. die Berufsfreiheit oder Versammlungsfreiheit etc. Vor allem ist diese in den neueren Landesverfassungen zu sehen. Am weitesten geht im Übrigen die Verfassung des Landes Brandenburg, die nicht nur die einzelnen Grundrechte durchweg als Jedermanngrundrechte formuliert, sondern auch nach Art. 3 Abs. 3 Angehörige

Art. 24 Abs.1 S. 3 NRWVerf ein Recht auf Arbeit und nach Art. 6 Abs. 3 NRW-Verf eine „umfassende Möglichkeit zur Berufsausbildung und Berufsausübung“[908]. Gem. Art. 28 Abs. 2 HessVerf hat jeder „nach seinen Fähigkeiten ein Recht auf Arbeit und, unbeschadet seiner persönlichen Freiheit, die sittliche Pflicht zur Arbeit“[909]. Ein Jedermann-Recht ist das Recht auf Arbeit darüber hinaus in Art. 36 S. 1 ThLVerf,[910] Art. 116 Art. 45 SLVerf,[911] Art. 166 Abs. 2 BayVerf[912] und Art. 6a NdsVerf.[913] Hingegen gewährt Art. 35 Abs. 1 ThLVerf[914] und Art. 58 RhPfVerf[915] , Art. 28 Abs.1 SächsVerf[916] die Berufsfreiheit nur allen Staatsbürgern.

Im Wesentlichen regeln die Verfassungen der Länder die Berufsfreiheit unterschiedlich: In ihren umfassenden Grundrechtskatalogen enthalten sie einerseits die Garantien der Berufs- und Gewerbefreiheit und andererseits die Schutzbestimmungen bezüglich der Arbeit und Arbeitskraft. Auffällig ist dabei jedoch die Bayerische Landesverfassung, die sich mehrfach mit der Arbeit oder Berufsfreiheit befasst, insbesondere in Art. 151 Abs. 2 S. 3 (Gewährleistung der „wirtschaftlichen Freiheit des Einzelnen“), Art. 166 Abs. 1 (stellt die Arbeit unter den besonderen Schutz des Staates), Art. 166 Abs. 2 (Jedermann-Gewährleistung des Rechts, sich durch Arbeit eine auskömmliche Existenz zu schaffen), Art. 166 Abs. 3 und Art. 167.

---

anderer Staaten und Staatenlose mit Wohnsitz im Land den Deutschen gleichstellt. Vgl. auch *Lange*, Grundrechtliche Besonderheiten in den Landesverfassungen, in: Merten/Papier (Hrsg.), Handbuch der Grundrechte, Bd. III, 2009, § 83, Rn. 36.

908 Verfassung für das Land NRW v. 28.06.1950 (GS. NW. S. 127), zul. geändert am 25.10.2011 (GV. NRW. S. 499).

909 Verfassung des Landes Hessen v. 01.12.1946 (GVBl. I S. 229, berichtigt GVBl. 1947, S. 106), zul. geändert am 29.04.2011 (GVBl I S. 182).

910 Vgl. Verfassung des Freistaats Thüringen v. 25.10.1993 (GVBl. S. 625), zul. geändert am 11.10.2004 (GVBl. S. 745).

911 Vgl. Verfassung des Saarlandes v. 15.12.1947 (ABl. S. 1077), zul. geändert am 15.05.2013 (ABl. I S. 178).

912 Vgl. Bayerische Verfassung v. 01.12.1946, i. d. F. v. 15.12.1998 (GVBl. S. 991), zul. geändert am 11.11.2013 (GVBl. S. 642).

913 Vgl. Niedersächsische Verfassung v. 19. 05.1993 (Nds. GVBl. 1993, S. 107), zul. geändert am 30.06.2011 (Nds. GVBl. S. 210).

914 Vgl. dazu Art. 35 Abs. 1 ThLVerf, der wie folgt lautet: „Jeder Bürger hat das Recht, Beruf, Arbeitsplatz und Ausbildungsstätte frei zu wählen“.

915 Vgl. Verfassung des Landes Rheinland-Pfalz v. 18.05.1947, zul. geändert am 23.12.2010 (GVBl. S. 547). Diese Freiheit wurde allerdings durch Gesetzesänderung v. 15.03.1991 nur Deutschen gewährleistet, zuvor war sie „jeden“ garantiert.

916 Art. 28 Abs. 1 SächsVerf (Berufs- und Gewerbefreiheit) lautet: „Beruf und Arbeitsplatz können frei gewählt werden, soweit das Bundesrecht nicht entgegensteht.“ Vgl. Verfassung des Freistaates Sachsen v. 27.05.1992, zul. geändert am 11.07.2013 (GVBl. S. 502).

3. *Berufsbezogene Freiheitsgewährleistungen im europäischen und internationalen Recht*

Zahlreiche Vorschriften zur beruflichen Freiheit finden sich auch im internationalen und europäischen Recht, die aber bezüglich ihres Regelungsgehalts und ihrer Verbindlichkeit von sehr unterschiedlicher Qualität sind. Einschlägige Bestimmungen sind im internationalen Recht vor allem folgenden völkerrechtlichen Vereinbarungen und Erklärungen zu entnehmen. Art. 23 Abs. 1 und 2 der AEMR statuiert ein Recht auf Arbeit, freie Berufswahl, angemessene und befriedigende Arbeitsbedingungen sowie ein Recht auf Schutz vor Arbeitslosigkeit.[917] Zudem gewährleistet dieser Artikel auch jedem ein Recht auf gleichen Lohn für gleiche Arbeit und auf gerechte und befriedigende Entlohnung. Allerdings ist trotz der großen moralischen Autorität der AEMR ihre rechtliche Bindungswirkung bislang umstritten.[918] Völkerrechtliche Bindungswirkung für Deutschland hat hingegen der bereits ratifizierte IPwskR v. 19. Dezember 1966,[919] der für jedermann ein Recht auf Arbeit und freie Berufswahl (Art. 6 Abs. 1) sowie ein Recht auf gerechte und günstige Arbeitsbedingungen, darunter auch Arbeitsentgelt und gleiche Möglichkeiten im Berufswesen (Art. 7) garantiert. Auch diese Regelungen vermitteln keine unmittelbar einklagbaren Rechte des Einzelnen.[920] Jedoch verpflichtet sich der jeweilige Vertragsstaat gem. Art. 2 Abs. 1, „die in diesem Pakt anerkannten Rechte zu achten und sie allen in seinem Gebiet befindlichen und seiner Herrschaftsgewalt unterworfenen Personen [...] zu gewährleisten"[921].

Hingegen kennt die EMRK[922] keine Berufsfreiheit. In Art. 4 ist lediglich das Verbot der Sklaverei und der Zwangsarbeit verankert, das auch für Ausländer und Staatenlose gilt („niemand"). Der EGMR hat zudem hervorgehoben, dass zumindest das Recht, Verträge zu schließen, und unter bestimmten Voraussetzungen ein Unternehmen zu betreiben, über Art. 1 des 1. Zusatzprotokolls zur EMRK geschützt sind.[923] Die Arbeitnehmerrechte schützen auch Art. 5(e) der Antirassismuskonvention,[924]

917 Vgl. Allgemeine Erklärung der Menschenrechte der Generalversammlung der Vereinten Nationen v. 10.12.1948, in: Tomuschat (Hrsg.), Völkerrecht. Textsammlung. 5. Aufl. (2012), Nr. 10.

918 Vgl. auch *Hailbronner/Kau*, Der Staat und der Einzelne als Völkerrechtssubjekte, in: Vitzthum (Hrsg.), Völkerrecht, 5. Aufl. (2010), 3. Abschn., Rn. 232.

919 Vgl. Internationaler Pakt über wirtschaftliche, soziale und kulturelle Rechte v. 19.12.1966, BGBl. 1973 II S. 1570.

920 Vgl. *Mann*, in: Sachs, GG-Komm., 6. Aufl. (2011), Art. 12, Rn. 8.

921 Art. 2 Abs.1 IPwskR.

922 Konvention zum Schutze der Menschenrechte und Grundfreiheiten v. 04.11.1950 (EMRK), in: Tomuschat (Hrsg.), Völkerrecht. Textsammlung. 5. Aufl. (2012), Nr. 12.

923 Vgl. *EGMR*, Urt. v. 25.03.1999, Appl. Nr. 31 107/96 – "Iatridis".

924 Internationales Übereinkommen zur Beseitigung jeder Form von Rassendiskriminierung v. 21.12.1965.

Art. 11 der Frauenkonvention,[925] Art. 27 der Behindertenrechtskonvention,[926] die Wanderarbeitnehmer-[927] und die sog. ILO-Konventionen.[928]

Als besonders hervorgehobene Rechte sind berufsbezogene Gewährleistungen auch in der Europäischen Sozialcharta[929] statuiert. Verbürgt sind vor allem ein Recht auf Arbeit (Art. 1), ein Recht auf gerechte, sichere und gesunde Arbeitsbedingungen (Artt. 2–3), ein Recht auf gerechtes Arbeitsentgelt (Art. 4), die Garantien der beruflichen Ausbildung (Art. 10) und Berufsausübungsfreiheit in anderen Vertragsstaaten (Art. 18) sowie ein Recht der Wanderarbeitnehmer mit Familienangehörigen auf Schutz (Art. 19). Allerdings gewähren die einzelnen Verpflichtungen keine subjektiven Rechte, sondern nehmen die jeweilige Staatsgewalt lediglich „objektiv in die Pflicht“[930].

Die wichtigsten Regelungen zum Recht der Berufsfreiheit finden sich darüber hinaus auf europäischer Ebene in den bereits erwähnten Vorschriften des Art. 45 AEUV[931] (Arbeitnehmerfreizügigkeit), Art. 49 AEUV (Niederlassungsfreiheit), Art. 56 AEUV (Dienstleistungsfreiheit) und Art. 18 AEUV (Diskriminierungsverbot), die unmittelbare Wirkung entfalten, sowie in Artt. 5, 15, 16, 27–32 der Europäischen Grundrechtscharta.[932] Gem. Art. 15 Abs. 3 Europäischen Grundrechtscharta haben auch die Drittstaatsangehörige, die in einem Hoheitsgebiet der Mitgliedstaaten arbeiten dürfen, einen Anspruch auf Arbeitsbedingungen, die denen der Unionsbürger entsprechen. Die Gewährleistung der Berufsfreiheit ergibt sich schließlich aus zahlreichen *EuGH*-Entscheidungen,[933] worauf hier aber nicht eingegangen werden soll.

---

925 Übereinkommen über die Beseitigung jeder Form von Diskriminierung der Frau v. 18.12.1979.

926 Konvention zum Schutz der Rechte von Menschen mit Behinderungen v. 13.12.2006.

927 Internationale Konvention zum Schutz der Rechte aller Wanderarbeitnehmer und ihrer Familienangehörigen v. 18.12.1990. Jedoch ist die BRD bislang weder Signatar noch Vertragsstaat dieser Konvention.

928 Diese Konventionen wurden im Rahmen der Internationalen Arbeitsorganisation ausgehandelt. Acht davon garantieren die Prinzipien des Verbots der Zwangsarbeit, der Abschaffung der Kinderarbeit und das Verbot der Diskriminierung. Alle 183 ILO-Mitgliedstaaten sind gem. der ILO-Erklärung völkerrechtlich an die acht Übereinkommen gebunden, selbst wenn sie sie nicht ratifiziert haben.

929 Europäische Sozialcharta (ESC) v. 18.10.1961, BGBl. 1964 II, S. 1262. Für die BRD ist außer Art. 4 Abs. 4 seit 26.02.1965 in Kraft. Vgl. dazu *Bleckmann*, Grundrechte, S. 64; *Stein/v. Buttlar*, Völkerrecht, 13. Aufl. (2012), S. 380; *Hailbronner/Kau*, in: Vitzthum (Hrsg.), Völkerrecht, 5. Aufl. (2010), 3 Abschn., Rn. 237.

930 Vgl. *Dietlein*, Berufs-, Arbeitsplatz- und Ausbildungsfreiheit, in: Stern, Das Staatsrecht der BRD, Bd. IV/1, 2006, § 111, S. 1934.

931 Vgl. Vertrag über die Arbeitsweise der Europäischen Union v. 25.03.1957 (BGBl. II S. 766), zul. geändert durch den Vertrag von Lissabon, in Kraft getreten ist am 01.12.2009.

932 Charta der Grundrechte der Europäischen Union v. 12.12.2007 (ABl. Nr. C 303 S. 1).

933 Vgl. *EuGH*, Slg. 1984, 2971 (2989), Rn. 17 – „Klopp“; *EuGH*, Slg. 1986, 2519

4. *Zwischenergebnis: Arbeitsmarktzugang von Drittstaatsangehörigen*[934]

Aus dem Vorangegangenen ergibt sich, dass ausländische Drittsstaatsangehörigen und Staatenlose im deutschen Hoheitsgebiet keine unmittelbar verfassungsrechtlich garantierte Berufsfreiheit genießen. Allerdings ist für diesen Personenkreis der Zugang zum Arbeitsmarkt durch die allgemeine Handlungsfreiheit des Art. 2 Abs. 1 GG möglich. Außerdem gewährleisten zahlreiche Landesverfassungen die Berufsfreiheit und Arbeit für Ausländer. Kraft rechtlicher Bindungswirkung der vielfältigen völker- und europarechtlichen Verträge, in denen sich eine Reihe von Vorschriften zur beruflichen Freiheit finden, ist Deutschland verpflichtet, auch für Nicht-Staatsbürger die Berufsausübung einzuräumen. Für Unionsbürger stellt dies kein Problem dar, wie bereits aufgezeigt wurde. Hinsichtlich des Zugangs zum Arbeitsmarkt gibt es mithin im Bundesgebiet zwei verschiedene Ausländergruppen mit unterschiedlichen Rechtspositionen, nämlich EU-Bürger und sonstige Ausländer bzw. Drittstaatsangehörige. Nachfolgend soll auf die verfahrensrechtlichen Grundlagen für den Zugang zum Arbeitsmarkt für Drittstaatsangehörige und auf die damit zusammenhängenden materiell-rechtlichen Fragen eingegangen werden.

a) Rechtliche Grundlagen

Die gesetzliche Regelung des berufs-, arbeits- und wirtschaftlichen Bereiches liegt in der Bundeskompetenz (vgl. Artt. 73 Abs. 1 (5) GG und 74 Abs. 1 (12–13, 16) GG). Auf der Bundesebene ist daher eine Reihe von einfachgesetzlichen Vorschriften vorhanden, nämlich das Aufenthaltsgesetz, die Beschäftigungsverfahrensverordnung,[935] die Beschäftigungsverordnung,[936] die Arbeitsgenehmigungsverordnung,[937]

(2545), Rn. 27 – "Kommission/Deutschland"; *EuGH*, Slg. 1991, I-3617 (3637), R. 13 – „Neu"; *EuGH*, Slg. 1996, II-1707 (1730), Rn. 62 – „Atlanta"; *EuGH*, Beschluss v. 02.12.2005 – Az. Rs C-117/05 und *EuGH*, 08.09.2010 – C 316/07; C-358/07; C-359/07, C-360/07; C 409/07; C-410/07 – „Niederlassungsfreiheit" etc.

934 Als Drittstaatsangehöriger ist jede Person zu verstehen, die nicht Unionsbürger i. S. d. Art. 17 Abs. 1 des Unionsvertrages ist (vgl. Art. 2 lit. a) Hochqualifizierten-RL).

935 Verordnung über das Verfahren und die Zulassung von im Inland lebenden Ausländern zur Ausübung einer Beschäftigung (Beschäftigungsverfahrensverordnung – BeschVerfV) v. 22.11.2004 (BGBl. I S. 2934), zul. geändert am 06.06.2013 (BGBl. I S. 1499).

936 Verordnung über die Zulassung von neueinreisenden Ausländern zur Ausübung einer Beschäftigung (Beschäftigungsverordnung – BeschV) v. 22.11.2004 (BGBl. I 2004 Nr. 62, S. 2937), zul. geändert am 06.06.2013 (BGBl. I S. 1499).

937 Verordnung über die Arbeitsgenehmigung für ausländische Arbeitnehmer (Arbeitsgenehmigungsverordnung – ArGV) v. 17.09.1998 (BGBl. I S. 2899), zul. geändert am 17.06.2013 (BGBl. I S. 1555).

SGB III,[938] AGG[939] sowie zwischenstaatliche Vereinbarungen, z. B. das Abkommen EWG/Türkei, die die berufliche Betätigung von Ausländern regeln.

Die Bestimmungen über das Arbeitserlaubnisrecht von Ausländern sind heute im neuen Aufenthaltsgesetz verankert. Dabei ist das Gesetz in systematischer Hinsicht auch nach Aufenthaltszwecken „Ausbildung" und „Erwerbstätigkeit" gegliedert, was bereits aufgezeigt wurde.[940] Kraft Gesetzes besitzt die zuständige Ausländerbehörde einen kombinierten Entscheidungsspielraum für die Erteilung eines Aufenthaltstitels und einer Erlaubnis. Gem. § 4 Abs. 3 S. 1 AufenthG dürfen die Ausländer eine selbstständige oder nichtselbstständige Erwerbstätigkeit nur dann ausüben, wenn sie kraft ihres Aufenthaltstitels dazu berechtigt sind. Ein Aufenthaltstitel berechtigt zur Ausübung einer Erwerbstätigkeit, sofern es nach dem Aufenthaltsgesetz bestimmt ist oder der Aufenthaltstitel die Ausübung einer Erwerbstätigkeit ausdrücklich erlaubt (vgl. § 4 Abs. 2 S. 1 AufenthG). Die rechtlichen Grundlagen für die Erteilung des entsprechenden Aufenthaltstitels ergeben sich vor allem aus den §§ 18–21 AufenthG,[941] der BeschV und der BeschVerfV sowie aus zwischenstaatlichen Vereinbarungen. Allerdings darf die Ausländerbehörde nach § 39 Abs. 1 S. 1 AufenthG grundsätzlich nur dann eine solche „Nebenbestimmung im weiteren Sinne"[942] anordnen, wenn die Bundesagentur für Arbeit in einem behördeninternen Verfahren die Erteilung eines Aufenthaltstitels einem Ausländer zur Ausübung einer Beschäftigung zustimmt.[943] Jedoch handelt sie nur insoweit, als durch die Rechtsverordnung nicht etwas anderes bestimmt ist. Die Zustimmung[944] kann gem. § 39 Abs. 1 S. 2 AufenthG erteilt werden, soweit dies in

938 Sozialgesetzbuch (SGB) Drittes Buch (III) – Arbeitsförderung – (SGB III) v. 24.03.1997 (BGBl. I S. 594), zul. geändert am 11.08.2014 (BGBl. I S. 1348).

939 Allgemeines Gleichbehandlungsgesetz (AGG) v. 14.08.2006 (BGBl. I S. 1897), zul. geändert am 03.04.2013 (BGBl. I S. 610).

940 Siehe Kapitel I.

941 Die Einzelheiten siehe unter Kapitel 1.

942 Zum Begriff der Nebenbestimmung i. w. S. in § 84 Abs. 1 Nr. 3 AufenthG; *VGH Mannheim*, Beschl. v. 12.10.2005–11 S. 1011/05, in: Entscheidungssammlung zum Zuwanderungs-, Asyl- und Freizügigkeitsrecht, NF 83, Nr. 3.

943 Vgl. auch *Bünte/Knödler*, Recht der Arbeitsmigration – die nicht selbstständige Beschäftigung ausländischer Arbeitnehmer nach dem Zuwanderungsgesetz, in: NZA 2008/13, S. 743 (744) m. w. N.

944 Allerdings ist diese behördeninterne Zustimmung der Bundesagentur für Arbeit zur Beschäftigung, die von der Ausländerbehörde von Amts wegen nachgefragt wird, kein Verwaltungsakt i. S. d. § 35 VwVfG. Trotzdem kann sie aus in § 41 AufenthG genannten Gründen widerrufen werden, nämlich dann, wenn ein Ausländer zu ungünstigeren Arbeitsbedingungen als vergleichbare deutsche Arbeitnehmer beschäftigt wird (vgl. § 39 Abs. 1 S.1) oder aus Versagungsgründen i. S. d. § 40 Abs. 1 und 2 AufenthG (Leih- und Schwarzarbeit, unerlaubte Arbeitsermittlung und sonstige Gründe). Mehr dazu: *Bünte/Knödler*, Recht der Arbeitsmigration – die nicht selbstständige Beschäftigung ausländischer Arbeitnehmer nach dem Zuwanderungsgesetz, in: NZA 2008/13, S. 743 (745).

zwischenstaatlichen Vereinbarungen, durch ein Gesetz oder durch Rechtsverordnung bestimmt ist. Gemeint ist als solche Rechtsverordnung die BeschV, die einen Katalog von zustimmungsfreien und zustimmungsbedürftigen Tätigkeiten enthält, die eine oder keine qualifizierte Berufsausbildung voraussetzen oder aufgrund der zwischenstaatlichen Vereinbarungen zugelassen werden können oder sonstige Beschäftigungen. Keiner Zustimmung der Bundesagentur für Arbeit bedarf die Erteilung eines Aufenthaltstitels kraft BeschV an Absolventen deutscher Auslandsschulen für Aus- und Weiterbildungen, an Hochschulqualifizierte, Führungskräfte und an wissenschaftliches Personal von Hochschulen und Forschungseinrichtungen in der Forschung und Lehre, an Gastwissenschaftler, Ingenieure und an Lehrkräfte öffentlicher Schulen, Journalisten und Berufssportler sowie an Personen im kaufmännischen Bereich (vgl. §§ 2–8 BeschV). Nicht zustimmungsbedürftig ist darüber hinaus die Erteilung eines Aufenthaltstitels an Personen, die ausdrücklich in den §§ 9 bis 15 BeschV i. V. m. § 42 AufenthG genannt sind. In der Praxis bedeutet dies, dass über die Erteilung einer Beschäftigungserlaubnis an einen Ausländer in dem Fall, der unter Abschnitt 1 der BeschV fällt, allein die Ausländerbehörde entscheidet. Dadurch privilegiert sind vor allem die Arbeitnehmer, an deren Tätigkeit Deutschland aufgrund ihrer Qualifikation und Führungsverantwortung ein besonderes Interesse hat oder diejenigen Tätigkeiten, die geringe Auswirkungen auf den deutschen Arbeitsmarkt erwarten lassen.[945] Keine Zustimmungsfreiheit besteht hingegen für in anderen Abschnitten des BeschV genannte Beschäftigungen, nämlich für Fachkräfte, Sozialarbeiter, Pflegekräfte, Haushaltshilfen, leitende Angestellte und Spezialisten (vgl. §§ 17–41 BeschV).

b) Zulassung der Ausländer zur Beschäftigung

Die Entscheidungen über die Zulassung zu einer Erwerbstätigkeit stehen im Ermessen der Ausländerbehörde und/oder der Bundesagentur für Arbeit. Trotz der Erfüllung aller Voraussetzungen für eine Beschäftigung hat der Ausländer keinen Anspruch auf die Erteilung einer Arbeitserlaubnis. Selbst bei der Anfechtung negativer Entscheidungen ist eine ungerechtfertigte Ungleichbehandlung zu beweisen, in anderen Fällen hat der Antragsteller keinen Erfolg.[946]

Bedarf die Beschäftigung der Zustimmung, kann die Bundesagentur für Arbeit eine Arbeitsmarktprüfung im nach § 39 Abs. 2 AufenthG geregelten Umfang durchführen. Dabei sind zwei wesentliche Elemente der Arbeitsprüfung zu beachten: die sog. Vorrangprüfung nach § 39 Abs. 2 S. 1 lit. b AufenthG und die Prüfung der Beschäftigungsbedingungen nach § 39 Abs. 2 AufenthG.

---

945 Vgl. *Bünte/Knödler*, Recht der Arbeitsmigration – die nicht selbstständige Beschäftigung ausländischer Arbeitnehmer nach dem Zuwanderungsgesetz, in: NZA 2008/13, S. 743 (747)

946 Vgl. *Groß*, Die Verwaltung der Migration nach der Verabschiedung des Zuwanderungsgesetzes, in: Migrationsreport 2006, Fakten – Analysen – Perspektiven, 2006, S. 31 (37).

Im Rahmen der Vorrangprüfung gem. § 39 Abs. 2 S. 1 lit. b AufenthG wird geprüft, ob für die konkrete Beschäftigung bereits deutsche Arbeitnehmer oder Ausländer, die diesen im Arbeitsmarktbereich gleichgestellt sind, oder andere Ausländer, die nach europäischem Recht einen Anspruch auf vorrangigen Zugang zum Arbeitsmarkt haben, zur Verfügung stehen. Nur dann, wenn solche Personen nicht zur Verfügung stehen, kommen Drittstaatsangehörige in Betracht. Diese Vorrangprüfung stellt in vielen Fällen eine hohe Hürde dar. Erheblich ist hierbei die konkrete Arbeitsstelle, die durch den Ausländer besetzt werden soll (vgl. § 18 Abs. 5 AufenthG). Daher hat der Gesetzgeber gem. § 39 Abs. 1 S. 3 AufenthG den Arbeitgeber zur Auskunftspflicht über Arbeitsentgelt, Arbeitszeiten und sonstige Arbeitsbedingungen verpflichtet.

Für die Erteilung einer Arbeitserlaubnis soll die Bundesagentur für Arbeit weiterhin prüfen, ob der Ausländer zu ungünstigeren Arbeitsbedingungen als vergleichbare deutsche Arbeitnehmer beschäftigt wird (vgl. § 39 Abs. 2 S. 1 AufenthG). Bei dieser Prüfung orientieren sich die Agenturen für Arbeit in der Praxis an den tarifvertraglichen Regelungen oder ortsüblichen Bedingungen für vergleichbare Arbeitsverhältnisse.[947]

Allerdings ist die Zustimmung der Bundesagentur für Arbeit nach § 39 AufenthG zu versagen, wenn im konkreten Fall zwingende Versagungsgründe des § 40 Abs. 1 AufenthG vorliegen. Gem. § 40 Abs. 2 AufenthG kann die Zustimmung auch in den genannten Fällen versagt werden.[948] Im Ermessen der Bundesagentur für Arbeit steht auch – abweichend von § 4 Abs. 3 AufenthG – die Zulassung eines Asylsuchenden, der sich seit einem Jahr gestattet im Bundesgebiet aufhält, zur Ausübung einer Beschäftigung (vgl. § 61 Abs. 2 S. 1 AsylVerfG). Nach dem Wortlaut des Abs. 2 S. 2 AsylVerfG wird auf die Wartezeit ein geduldeter oder rechtmäßiger Voraufenthalt angerechnet. Ein absolutes Verbot der Erwerbstätigkeit bis zur Dauer eines Jahres gilt hingegen gem. § 61 Abs. 1 AsylVerfG für Asylsuchende, die der Wohnpflicht nach § 47 Abs. 1 S. 1 AsylVerfG unterliegen.[949]

Zwar lässt sich seit Inkrafttreten des Zuwanderungsgesetzes mit zuletzt geänderten Regelungen und den darauf folgenden Gesetzes- und Verordnungsänderungen ein deutlich erleichterter Zugang zum Arbeitsmarkt für Ausländer feststellen, der aber trotzdem mit zahlreichen Problemen behaftet ist, worauf nachfolgend einzugehen ist.

---

947 Vgl. *Bünte/Knödler*, Recht der Arbeitsmigration – die nicht selbstständige Beschäftigung ausländischer Arbeitnehmer nach dem Zuwanderungsgesetz, in: NZA 2008/13, S. 743 (748).

948 Bislang existiert keine öffentliche Statistik zu den Versagungszahlen.

949 Mehr dazu *Marx*, Kommentar zum Asylverfahrensgesetz, 7. Aufl. (2009), § 61, Rn. 17 ff.

II. Die Nicht-Anerkennung ausländischer Bildungs- und Berufsabschlüsse als ein Verstoß gegen das Diskriminierungsverbot

Eines der großen Probleme ist nach wie vor die Nicht-Anerkennung ausländischer Bildungs- und Berufsabschlüsse[950] in Deutschland. Wie sozialwissenschaftliche Studien belegen, haben qualifizierte oder hochqualifizierte Ausländer, insbesondere die Drittstaatsangehörigen sehr häufig Arbeitsstellen mit keinem oder geringem Qualifikationsanspruch. Sie arbeiten oft in risikoreichen Bereichen und in schlecht bezahlten, körperlich anstrengenden Jobs. Trotz ihres Qualifikationsniveaus sind sie in den EU-Ländern sozial deklassiert.[951] Die im Ausland erworbenen Bildungsabschlüsse und beruflichen Qualifikationen sind in den Aufnahmeländern nicht anerkannt. Trotz der Tatsache, dass im Bundesgebiet für alle die Generalklausel der allgemeinen Gleichheit (Art. 3 GG), die Bestimmungen des AGG und zahlreiche völkerrechtliche Ungleichbehandlungsgrundsätze gelten, ist der Zugang zum Arbeitsmarkt in der Praxis für diesen Personenkreis sehr erschwert. Nach o. g. Vorschriften sollen sämtliche Benachteiligungen aus Gründen der Rasse oder wegen der ethnischen Herkunft, der Religion oder Weltanschauung verhindert oder beseitigt werden. Auf europäischer Ebene wurde bereits eine Rechtsgrundlage zur Nichtdiskriminierung[952] der EU-Ausländer geschaffen, wonach sie bei der Erwerbstätigkeit und der Berufsfreiheit den Deutschen gleichgestellt sind. Auch für die Anerkennung der Bildungsabschlüsse gibt es eine rechtliche Grundlage, wonach das Recht des EU-Bürgers, seine beruflichen Kenntnisse in jedem Mitgliedstaat zu nutzen, rechtlich gesichert ist.[953] Als entsprechende Gesetzesregelung

---

950 Gem. Art. 1 Lissabonner Anerkennungsübereinkommen wird Anerkennung definiert als eine von einer zuständigen Behörde erteilte förmliche Bestätigung des Wertes einer ausländischen Bildungsqualifikation für den Zugang zu Bildung und/oder zur Erwerbstätigkeit. Vgl. Übereinkommen über die Anerkennung von Qualifikationen im Hochschulbereich in der europäischen Region v. 11.04.1997, BGBl. III Nr. 71/1999. In Deutschland ist die Konvention seit 01.10.2007 in Kraft.

951 Vgl. *Waste*, Die Anerkennung von ausländischen Qualifikationen in Deutschland, 2007, S. 16 ff. Dazu siehe auch Kapitel 2 D.

952 Im Allgemeinen existieren bereits seit den 70er Jahren auf der europäischen Ebene zahlreiche Richtlinien die Diskriminierungsverbote betreffend, in unterschiedlichen Bereichen: Geschlechterdiskriminierung, Diskriminierung wegen der Staatsangehörigkeit, der Rasse, der ethnischen Herkunft, der Religion oder Weltanschauung, der Behinderung oder des Alters. Es ist also eine rasche Entwicklung des Antidiskriminierungsrechts festzustellen.

953 Vgl. RL 2005/36/EG des Europäischen Parlaments und des Rates v. 07.09.2005 über die Anerkennung von Berufsqualifikationen, geändert am 24.06.2011; RL 89/48/EWG des Rates über die allgemeine Regelung zur Anerkennung der Hochschuldiplome, die eine mindestens dreijährige Berufsausbildung abschließen v. 21.12.1988 (ABl. 1989 Nr. L 19 S. 16). Die EU-Berufsanerkennungsrichtlinie (2005/36/EG) regelt (i. V. m. der RL 2006/100/EG) die berufliche Anerkennung im Bereich der reglementierten Berufe.

hinsichtlich der Anerkennung von Bildungsabschlüssen für alle Ausländer – auch für Drittstaatsangehörige – gilt die Lissaboner Anerkennungskonvention.[954] In Deutschland ist sie seit dem 1. Oktober 2007 in Kraft. Die Konvention sieht die erleichterte Anerkennung von ausländischen Studienleistungen und -abschlüssen vor und zielt einerseits auf die Anerkennung zum Zweck des Hochschulzugangs und andererseits auf die Bewertung von Hochschulqualifikationen zum Zweck des Zugangs zum deutschen Arbeitsmarkt. Bis zum Inkrafttreten des Anerkennungsgesetzes[955] fokussierte die Anerkennungsgesetzgebung auf der nationalen Ebene vor allem auf die Zuwanderer und deren Berufsgruppen. Während es für die anerkannten Spätaussiedler einen Rechtsanspruch auf ein Anerkennungsverfahren in allen Berufen gab, konnten Drittstaatsangehörige nur für im Gesetz reglementierte Berufe[956] einen Antrag auf Anerkennung stellen. Anerkannte Flüchtlinge haben die gleiche Möglichkeit, eine Anerkennung zu erhalten wie die Drittstaatsangehörigen. Wegen eines fehlenden einheitlichen Gesetzes oder eines einheitlichen Amtes stellte das Anerkennungsverfahren ein bürokratisches Labyrinth dar, was für Drittstaatsangehörige häufig zu negativen Ergebnissen führt.[957] Für Angelegenheiten der Bewertung und Einstufung ausländischer Bildungsnachweise in der Bundesrepublik war und ist die Zentralstelle für ausländisches Bildungswesen der Kultusministerkonferenz zuständig. Die Anerkennung ausländischer Abschlüsse lag somit in der Kompetenz der Bundesländer, die je nach Land über unterschiedliche Anerkennungsgesetzgebungen und -verfahren verfügten.

Seit April 2012 gilt kraft Anerkennungsgesetzes des Bundes eine bundeseinheitliche Anerkennungsregelung ausländischer Berufsqualifikationen, die Teil- oder Vollanerkennung aussprechen. Begrüßenswert sind damit die erweiterten und verbesserten Verfahren und Kriterien zur Bewertung ausländischer Berufsqualifikationen für die bundesrechtlich geregelten Berufe. Dies ist ein wichtiger Schritt hin zu verbesserten Integrationschancen in Gesellschaft und Arbeitsmarkt

954 Übereinkommen über die Anerkennung von Qualifikationen im Hochschulbereich in der europäischen Region v. 11.04.1997, BGBl. III Nr. 71/1999.

955 Gesetz zur Verbesserung der Feststellung und Anerkennung im Ausland erworbener Berufsqualifikationen v. 04.11.2011 (Berufsqualifikationsfeststellungsgesetz – BQFG), BGBl I Nr. 63 (12.12.2011). Das Gesetz ist am 01.04.2012 in Kraft getreten.

956 Reglementierte Berufe sind berufliche Tätigkeiten, deren Aufnahme oder Ausübung durch Rechts- oder Verwaltungsvorschriften an den Besitz bestimmter Berufsqualifikationen gebunden ist, z. B. Psychotherapeuten, Ärzte, Krankenpfleger, Rechtsanwälte, Lehrer. In Deutschland gibt es ca. 81 bundesrechtlich und 18 auf Länderebene reglementierte Berufe. Eine Liste der reglementierten Berufe ist zu finden unter: http://ec.europa.eu/internal_market/qualifications/regprof/index.cfm?action=regprofs (abgerufen am 20.01.2013).

957 Vgl. *Waste*, Die Anerkennung von ausländischen Qualifikationen in Deutschland, 2007, S. 34–47.

für viele Zuwanderer. Das Anerkennungsgesetz ist ein sog. Artikelgesetz,[958] das aus dem Berufsqualifikationsfeststellungsgesetz (Zuständigkeit des BMBF) und Änderungen bzw. Anpassungen in den berufsrechtlichen Fachgesetzen und Verordnungen (Zuständigkeiten der Fachressorts) besteht.[959] Ein Meilenstein für die Bewertungspraxis ist die Einführung eines allgemeinen Anspruchs auf ein Bewertungsverfahren für die rund 350 Ausbildungsberufe im dualen System.[960] Damit haben alle Zuwanderer – unabhängig von ihrer Staatsangehörigkeit – erstmalig kraft BQFG einen Rechtsanspruch auf eine individuelle Gleichwertigkeitsprüfung ihrer Abschlüsse mit inländischen Berufsqualifikationen.[961] Entsprechendes gab es bislang nur für Spätaussiedler. Die Prüfung über die Anerkennung wird nach einheitlichen Kriterien und in einem einheitlich geregelten Verfahren innerhalb von drei Monaten durchgeführt. Dies schafft Transparenz für Antragssteller, Arbeitgeber und zuständige Stellen. Die neue Rechtslage hat einige Erleichterungen für Spätaussiedler: Sie haben in den nicht-reglementierten Berufen die Wahl, für berufliche Abschlüsse, die sie oder ihre Familienangehörigen in den Herkunftsländern erworben haben, wie bisher das Verfahren nach § 10 BVFG[962] oder das Gleichwertigkeitsverfahren nach dem BQFG anzustreben. Weitere Vorteile des Gesetzes bestehen darin, dass damit die Berufsausübung und der Zugang zu den entsprechenden Anerkennungsverfahren nicht mehr an die Staatsangehörigkeit oder Herkunft des Ausländers geknüpft sind.[963] Dies soll in der Praxis für Zuwanderer in Deutschland eine Möglichkeit eröffnen, in ihrem erlernten Beruf zu arbeiten, d. h. auch ein russischer Arzt kann bei Vorliegen der fachlichen Voraussetzungen eine Approbation erhalten, was bisher nicht möglich war. Ob die anerkannten Qualifikationsabschlüsse für Zuwanderer *in der Praxis* gleiche Chancen wie für die

958 Artikelgesetz (auch Mantelgesetz genannt) bedeutet, dass das Gesetz aus mehreren Artikeln besteht, die jeweils die Änderung eines Gesetzes oder die Einführung neuer sog. Stammgesetze enthalten.

959 Vgl. *BMBF* (Hrsg.), Erläuterungen zum Anerkennungsgesetz des Bundes, Stand: 15.03.2012, in pdf-Format abrufbar unter: http://www.anerkennung-in-deutschland.de/html/de/73.php (abgerufen am 20.01.2013).

960 Vgl. *BMBF* (Hrsg.), Anerkennung ausländischer Berufsqualifikationen, in: http://www.bmbf.de (abgerufen am 20.01.2013).

961 Laut Institut der deutschen Wirtschaft leben heute 2,9 Mio. Zuwanderer mit qualifizierten Abschlüssen in Deutschland. Vgl. *IW Köln* (Hrsg.), Deutschland in Zahlen 2011, S. 120.

962 Gem. § 10 BVFG werden Prüfungen und Befähigungsnachweise von Spätaussiedlern anerkannt, wenn sie dem entsprechenden deutschen Abschluss gleichwertig sind.

963 Nach Angaben des *BMBF* wurden bis Mitte Oktober 2012 in den IHK-Berufen ca. 1600 Anträge gestellt und 270 Anerkennungsbescheide ausgestellt. Der weitaus größere Teil der Anträge ist aber in den reglementierten Berufen zu verzeichnen, in denen von den Bundesländern bestimmte Stellen für Anerkennungsverfahren zuständig sind. Vgl. *BMBF*, Anerkennung ausländischer Berufsqualifikationen, in: http://www.bmbf.de (abgerufen am 20.01.2013).

Inländer eröffnen und die Zuwanderer – trotz der gegebenen Rechtslage – von den Arbeitgebern nicht benachteiligt werden, bleibt noch abzuwarten.

Wie bereits dargelegt, sind vom Anerkennungsgesetz nur Berufe im Zuständigkeitsbereich des Bundes umfasst. Nicht umfasst sind Berufe, die in Länderzuständigkeit geregelt sind, insbesondere Lehrer, Erzieher und Ingenieure; Hochschulabschlüsse, die nicht zu reglementierten Berufen hinführen und schulische Berufsausbildungsabschlüsse. Diese Berufe werden durch die Länder geregelt, die ihrerseits derzeit gesetzliche Neuregelungen vorbereiten.[964] Allerdings bleiben für einige Berufe in Deutschland nach wie vor weitere Einschränkungen zur Anerkennung der Berufsabschlüsse bestehen. Dies gilt insbesondere für juristische Berufe und Beamtenberufe – also, für solche Berufe, die mit den Kenntnissen der Rechtslage verbunden sind. Einerseits ist die Zurückhaltung des Gesetzgebers in diesem Bereich zu verstehen. Andererseits könnten die Zuwanderer mit entsprechenden Berufsabschlüssen und -erfahrungen im Bereich von zwei unterschiedlichen Rechtssystemen ihren spezifischen Beitrag leisten. Daher muss es Aufgabe des Gesetzgebers sein, die Rechtslage für die Anerkennung der Berufsabschlüsse zukünftig auch für andere Berufe zu erweitern. Dies lässt sich, z.B. durch Weiterqualifizierungs- oder Weiterbildungsmodelle realisieren.[965]

III. Im Besonderen: Die „Blue Card" als ein Mittel zur Überwindung des Arbeitskräftemangels in der deutschen Wirtschaft

1. *Ziel der Hochqualifizierten–Richtlinie und ihr Anwendungsbereich*

Der Europäische Rat legte im Jahre 2000 auf einer Tagung in Lissabon das Ziel fest, die Europäische Gemeinschaft bis zum Jahr 2010 zum „wettbewerbsfähigsten und dynamischsten wissensbasierten Wirtschaftsraum der Welt" zu machen.[966] Darauf aufbauend wurde eine gemeinsame Regelung zur Wirtschaftsmigration in der EU – sog. Blue Card-RL[967] oder Hochqualifizierten–RL – geschaffen. Sie soll

---

964 Bislang sind in 5 Bundesländern die entsprechenden Gesetze verabschiedet worden: Hamburg (In Kraft seit 01.08.2012), Saarland (seit 01.12.2012), Niedersachsen (seit 19.12.2012) Hessen (seit 21.12.2012) und Mecklenburg-Vorpommern (seit 29.12.2012).

965 Allerdings erlangen Drittstaatsangehörige, die über ein europäisches rechtswissenschaftliches Universitätsdiplom verfügen, nach neuer Gesetzeslage die Zulassung zum juristischen Vorbereitungsdienst (Referendariat) über § 112 DRiG und beim Besitz der geforderten europäischen Berufsqualifikation i. S. d. EuRAG eine Zulassung als niedergelassener europäischer Rechtsanwalt. Entsprechendes gilt auch für Patentanwälte (vgl. Art. 8–18 BQFG). Bislang war dies nur EU/EWR-Staatsangehörigen und Schweizer Staatsangehörigen möglich.

966 Vgl. Erwägungsgrund Nr. 3 der Richtlinie 2009/50/EG.

967 RL 2009/50/EG des Rates v. 25.05.2009 über die Bedingungen für die Einreise und den Aufenthalt von Drittstaatsangehörigen zur Ausübung einer hochqualifizierten Beschäftigung (ABl. S. 17).

einen erleichterten Zugang und ein verbessertes Aufenthaltsrecht für Fachkräfte aus Drittstaaten ermöglichen. Zur Erreichung dieser Ziele der „Lissabon-Strategie" und zur Bewältigung des Fachkräftemangels in der EU in den nächsten zwanzig Jahren soll die Hochqualifizierten-RL einen Beitrag leisten, indem die Zulassung und Mobilität von Drittstaatsangehörigen zum Zweck der Ausübung einer hochqualifizierten Beschäftigung von mehr als drei Monaten gefördert wird und ihnen in mehreren Bereichen die gleichen sozialen und ökonomischen Rechte wie den Staatsangehörigen des Aufnahmelandes gewährt wird.[968] Die RL eröffnet für die betroffenen Drittstaatsangehörigen die Möglichkeit, eine Blaue Karte EU (Art. 7 RL) oder einen einzelstaatlichen Aufenthaltstitel zu beantragen. Gem. Art. 2 lit. c RL 2009/50/EG wird die Blaue Karte EU definiert als „die von einem Mitgliedstaat erteilte Aufenthalts- und Arbeitserlaubnis mit der Bezeichnung ‚Blaue Karte EU', die ihren Inhaber berechtigt, sich im Hoheitsgebiet dieses Mitgliedstaates aufzuhalten und eine Erwerbstätigkeit im Sinne dieser Richtlinie auszuüben"[969]. Sie ist eine sog. europäische „Green Card" nach amerikanischem Modell.

2. *Gesetzliche Anforderungen für den Erwerb der Blauen Karte EU*

Zu den Mindestanforderungen einer Blue Card gehört ein Hochschulabschluss oder eine mind. fünfjährige einschlägige Berufserfahrung, deren Niveau mit einem Hochschulabschluss vergleichbar ist und die für den im Arbeitsvertrag oder verbindlichen Arbeitsplatzangebot des genannten Berufs oder der Branche erforderlich ist.[970] Die Blaue Karte EU wird erteilt, wenn die Voraussetzungen des Art. 5 RL 2009/50/EG vorliegen und die zuständigen Behörden eine positive Entscheidung getroffen haben (Art. 7 Abs. 1), insbesondere:

- das Vorliegen eines gültigen Arbeitsvertrages oder eines verbindlichen Arbeitsplatzangebotes für eine hochqualifizierte Beschäftigung für mindestens ein Jahr,
- das Vorliegen eines dokumentarischen Nachweises über die Erfüllung der nach nationalem Recht für Unionsbürger geltenden Voraussetzungen für die Ausübung des reglementierten Berufes,
- im Falle nichtreglementierter Berufe das Vorliegen des Nachweises für den höheren beruflichen Bildungsabschluss,
- Besitz eines gültigen Reisedokuments nach nationalem Recht,
- Nachweis über eine Krankenversicherung,

968 Vgl. Erwägungsgrund Nr. 7 der Hochqualifizierten–RL.
969 Art. 2 lit. c RL 2009/50/EG.
970 Die fünfjährige Berufserfahrung kommt jedoch nur zum Tragen, sofern sie im innerstaatlichen Recht vorgesehen ist. Vgl. auch *Kuczynski/Solka*, Die Hochqualifiziertenrichtlinie, in: ZAR 2009, 219 (223).

- Ausschluss einer Bedrohung für die öffentliche Ordnung, Sicherheit oder Gesundheit,
- ein Gehalt von mind. dem 1,5-fachen (in Ausnahmefällen auch 1,2-fachen) des durchschnittlichen Bruttojahresgehalts.

Ob der Antrag auf Erteilung der Blauen Karte EU von dem Drittstaatsangehörigen und/oder seinem Arbeitgeber zu stellen ist, liegt im Ermessen der Mitgliedstaaten (vgl. Art. 10 Abs. 1 RL). Dem Antragsteller ist aber innerhalb von 90 Tagen nach Eingang seines Antrags schriftlich mitzuteilen, wie beschieden wurde (Art. 11 Abs. 1). In den in Art. 8 RL genannten Fällen ist die Erteilung einer solchen Karte abzulehnen. Auch eine einmal erteilte Blaue Karte EU kann gem. Art. 9 RL wieder entzogen oder nicht weiter verlängert werden, wenn bestimmte Voraussetzungen gegeben sind. Der Arbeitsmarktzugang beschränkt sich im Allgemeinen auf die Ausübung einer unselbstständigen Erwerbstätigkeit und ist in Art. 12 RL ausführlich geregelt. Die Bedingungen für die Weiterwanderung des Inhabers der Blauen Karte EU und seiner Familienangehörigen sind im Kapitel V festgelegt. Allerdings haben die Mitgliedstaaten bei der Richtlinienumsetzung einen weit reichenden nationalen Gestaltungsspielraum, der von der Festsetzung der Zulassungsquoten für Drittstaatsangehörige, die in ihr Hoheitsgebiet einreisen, bis zur Festsetzung der Quoten in einzelnen Bereichen oder Regionen reicht (vgl. Art. 6 RL). Deshalb hängt die Attraktivität für Hochqualifizierte maßgeblich vom jeweiligen Mitgliedstaat ab.

3. Richtlinienumsetzung in Deutschland

Im Zuge der Richtlinienumsetzung v. 1. Juli 2012[971] wurde in Deutschland das Aufenthaltsgesetz modifiziert. Kernvorschrift für einen neuen Aufenthaltstitel – Blaue Karte EU – ist § 19a AufenthG. Danach sind anspruchsberechtigt für die Erteilung der Blue Card EU Hochschulabsolventen und Hochqualifizierte. Ihnen wird die Blaue Karte EU für Deutschland erteilt, wenn sie einen Arbeitsvertrag mit einem Bruttojahresgehalt in Höhe von mindestens 44.800 € (3733 €/ monatlich), in sog. Mangelberufen, wie Naturwissenschaftler, Mathematiker, Ingenieure, Ärzte und IT-Fachkräfte, in Höhe von 34.944 € (2912 €/ monatlich) vorzeigen können.[972] Zudem müssen auch allgemeine Voraussetzungen für die Erteilung eines Aufenthaltstitels i. S. d. § 5 Abs. 1 AufenthG vorliegen (s. o.). Begrüßenswert ist allerdings, dass bei der Erteilung auf eine Vorrangprüfung und eine Prüfung vergleichbarer Arbeitsbedingungen verzichtet wird, wenn die Gehaltsgrenzen erreicht sind. In der Praxis führt dies zu einem schnellen Verfahren.

971 Nach Art. 23 Abs. 1 RL 2009/50/EG war Deutschland verpflichtet, spätestens bis zum 19.06.2011 diese Richtlinie umzusetzen. Dies wurde nach einer kontroversen Diskussion erst nach einem Jahr umgesetzt. Die geänderte Rechtslage wurde an dieser Stelle berücksichtigt.

972 Online unter: http://www.bamf.de/DE/DasBAMF/Aufgaben/BlaueKarte/blauekarte-node.htm l (abgerufen am 22.01.2013).

Wird ein Gehalt in Höhe von mind. 34.944 € nachgewiesen, ist eine Vorrangprüfung für Nicht-Mangelberufe erforderlich, damit eine Blue Card erteilt werden kann. Eine weitere Erleichterung betrifft den Ehegattennachzug: Gem. § 30 Abs. 1 S. 2 AufenthG sind die Ehegatten nicht verpflichtet, den Nachweis deutscher Sprachkenntnisse oder die Teilnahme an anderen Integrationsmaßnahmen vorzulegen. Selbst einfache Deutschkenntnisse sind für den Ehegatten nicht erforderlich, obwohl sie ohne Wartezeit uneingeschränkt in Deutschland arbeiten dürfen. Zweifelsohne bedarf es für den Gewinn von Fachkräften der Großzügigkeit des Gesetzgebers. Allerdings ist dies keine optimale Lösung. Man sollte von den Ehegatten für die Einreise nach Deutschland wenigstens einfache Grundkenntnisse der deutschen Sprache verlangen, wenn Hochqualifizierte die Absicht haben, mit ihrer Familie in Deutschland zu arbeiten und zu wohnen. Auch die Teilnahme an den Integrationskursen sollte nach der Einreise innerhalb von mindestens zwei Jahren abgeschlossen werden. Bei der Verlängerung des Aufenthaltstitels sollte das als Voraussetzung gelten. Anderenfalls ist dies für Deutschland perspektivisch betrachtet nachteilig, weil sich das negativ auf die Integration der Familie in die deutsche Gesellschaft auswirken kann.

Inhaber einer Blauen Karte EU haben nach achtzehn Monaten Aufenthalt in Deutschland das Recht, in einen anderen EU-Staat weiterzuwandern. Weiterwanderung ist in fast alle EU-Länder visumsfrei. Bei der erstmaligen Erteilung wird die Blaue Karte EU auf höchstens vier Jahre befristet bzw. für die Dauer des vorgelegten Arbeitsvertrages zzgl. drei Monate ausgestellt. Ihnen ist aber gem. § 19a Abs. 6 AufenthG eine Niederlassungserlaubnis zu erteilen, wenn ihr Arbeitsverhältnis fortbesteht und sie mindestens 33 Monate eine Tätigkeit nach Abs. 1 ausgeübt haben, für diesen Zeitraum Pflichtbeiträge geleistet haben und die Voraussetzungen des § 9 Abs. 2 S. 1 Nr. 2 und 4 bis 9 vorliegen. Beim Nachweis deutscher Sprachkenntnisse der Stufe B1 verkürzt sich jedoch die Frist auf 21 Monate. Im Vergleich zur früheren deutschen Green Card ist dieser Aufenthaltstitel wesentlich besser gestaltet. Im Jahr 2013 wurde zur Ausübung einer Beschäftigung nach § 19a AufenthG an Drittstaatler 4.651 Blaue Karte EU erteilt. Die meisten Blauen Karten erhielten Staatsangehörige aus Indien (1.019), Russland (447), den USA (317), China (243) und der Ukraine (242). Laut Angaben waren am 31.Dezember 2013 insgesamt 13.551 Inhaber einer Blauen Karte EU in Deutschland.[973]

Mit der Einführung der Green Card hat Deutschland in der Vergangenheit negative Erfahrungen gemacht:[974] Viele angeworbene IT-Spezialisten, an denen es der deutschen Wirtschaft mangelte, sind in ihre Heimat zurückgekehrt.[975] Der

---

973 *BAMF* (Hrsg.), Das Bundesamt in Zahlen 2013: Asyl, Migration und Integration, 2014, S. 83.

974 Zu den Zahlen bzgl. der Green Card in den Jahren 2000–2004 wird auf Kapitel 1 hingewiesen.

975 Als erster deutscher Green-Card-Besitzer hielt sich der IT-Spezialist Harianto Wijaya aus Indonesien insgesamt fünf Jahre in Deutschland auf. Als Gründe für die Rückkehr der Fachkräfte nannte er in einem Interview die Bürokratie und

aufenthaltsrechtliche Fehler dieses Titels waren seine Befristung auf nur fünf Jahre (keine langfristige Perspektive), eine sehr genau definierte Zielgruppe aus der IT-Branche mit entsprechendem Bildungsabschluss oder Gehalt von mind. 50.000 € sowie die Begrenzung der Zahl der Greencards auf 10.000 (nach einem Jahr – auf 20.000).[976] Die vom Zuwanderungsgesetz 2005 eingeführte Hochqualifiziertenklausel des § 19 AufenthG wurde auch wegen der sehr hohen Anforderungen den Erwartungen der Wirtschaft nicht gerecht.[977] Zum Vergleich: Im Jahr 2005 sind nur 71 Personen nach § 19 AufenthG zugewandert, während nach der Herabsetzung der jährlichen Einkommensgrenze von 84.600 € (monatlich also 7.050 €) auf 66.000 € erhielten in den Jahren 2011 370, 2012 244 und 2013 insgesamt 27 hochqualifizierte Zuwanderer eine Niederlassungserlaubnis. Bis zum Ende 2013 besaßen insgesamt 3.182 Drittstaatsangehörige eine Niederlassungserlaubnis nach § 19 AufenthG.[978] Die größte Gruppe bilden die Zuwanderer aus den USA und der RF. Während die Zuwanderer aus den USA als Spezialisten und leitende Angestellte in Großunternehmen tätig sind, kommen dagegen aus der RF und anderen osteuropäischen Ländern überwiegend Akademiker: Physiker, Mathematiker, Ingenieurwissenschaftler, Chemiker, Informatiker, Architekten, Biowissenschaftler und Mediziner (ISCO 21 und 22). Allerdings ist auch im europäischen Vergleich die Zahl bisherigen hochqualifizierten Zuwanderer in Deutschland kaum nachweisbar.[979] Der Grund dafür ist eine nicht am Wirtschaftsbedarf orientierte zu hohe Einkommensgrenze.[980] In der Realität verdienen nur ca. 6 % der Beschäftigten in Deutschland jährlich mehr als 54.000 €. Wesentlich niedriger – als vom Gesetzgeber gedacht – sind die Einstiegsgehälter für Ingenieure und Studienabsolventen. Unterschiedlich ist das Einkommen zwischen Ost- und Westdeutschland und zwischen Frauen und

---

die Befristung der Arbeitserlaubnis und betonte die Attraktivität der deutschen Ingenieurskunst für ausländische Spezialisten. Vgl. FAZ v. 21.09.2010: „Ingenieurskunst lockt, Papierkram vertreibt".

976 Vgl. *Kolb*, Pragmatische Routine und symbolische Inszenierung – zum Ende der Green Card, in: Zeitschrift für Ausländerrecht und Ausländerpolitik, Ausgabe 7, 2003, S. 231 (234).

977 Vgl. *Pasenow/Strunden*, Fachkräfte gesucht! – Ausländerrecht fit?, in: ZAR 2011/4, S. 121(122).

978 Vgl. *BAMF* (Hrsg.), Das Bundesamt in Zahlen 2013: Asyl, Migration und Integration, 2014, S. 84.

979 Aus den europäischen Ländern profitieren von den Hochschulqualifizierten am meisten Belgien mit 0,53 % und Spanien mit 0,30 %.

980 Im Übrigen hat Österreich eine hochqualifiziertenfreundliche Regelung der Rot-Weiß-Rot-Karte (RWR) eingeführt. Danach dürfen Ausländer unter bestimmten Kriterien auch ohne Nachweis eines Arbeitsvertrages für sechs Monate zur Arbeitssuche ins Land einreisen. Hervorzuheben ist dabei der festgesetzte Mindestlohn, der sich von der in Deutschland eingesetzten Einkommensgrenze deutlich unterscheidet und altersgemäß festgelegt ist. Außerdem hat Österreich mit dem neuen § 42 NAG die Blaue Karte EU eingeführt. Vgl. §§ 41–42 NAG, in: jusline Österreich (abgerufen am 22.11.2011).

Männern,[981] was dabei auch nicht beachtet wurde. Von den hochqualifizierten Ausländern werden also trotz nicht entsprechender Wirtschaftsbedingungen irreale Einkommenshöhen erwartet. Aufgrund dieser Regelungen konnten – wie bereits die Statistik gezeigt hat – nicht genügend Fachkräfte angeworben werden. Die Vorschrift bedurfte daher der Änderung.[982] Mit der Einführung der Blauen Karte EU wurde dieser Mangel teilweise korrigiert, indem die verlangte Bruttojahresgehaltshöhe wesentlich niedriger festgelegt wurde. Diese Lücke schließt teilweise auch die sog. Forscherregelung (§ 20 AufenthG). Gem. § 20 AufenthG sind 2013 ca. 444 Forscher (mehr als im Jahr zuvor, 2012: 366 Personen) nach Deutschland eingereist. Sie kamen aus China (89), Indien (61), USA (55), Japan (26) und Korea (20). Bis zum Ende 2013 hielten sich in Deutschland 1.016 Forscher aus Drittstaaten mit einer Aufenthaltserlaubnis gem. § 20 auf, am meisten davon in drei Bundesländern: Nordrhein-Westfalen, Baden-Württenberg und Bayern.[983] Zweifelsohne bedarf es für den Gewinn von Fachkräften der Großzügigkeit des Gesetzgebers. Zweifel am Bedarf an ausländischen Fachkräften bestehen kaum. Bereits aus demografischer Sicht und wegen der wirtschaftlichen Konjunktur ist Deutschland darauf angewiesen.[984] Allerdings kommen die von Deutschland gesuchten gut ausgebildeten Fachkräfte meist gar nicht nach Deutschland, sondern wandern in die USA oder nach

---

981 Vgl. *Statistisches Bundesamt* (Hrsg.), Datenreport 2008 und Datenreport 2011 – Ein Sozialbericht für die BRD, S. 147 ff.; *Pasenow/Strunden*, Fachkräfte gesucht! – Ausländerrecht fit?, in: ZAR 2011/4, S. 121(122) m. w. N. Nach Angaben des Statistischen Bundesamtes belief sich das durchschnittliche monatliche Bruttoeinkommen der Privathaushalte in Deutschland 2008 auf 3.707 €. Während in Westdeutschland das monatliche Bruttoeinkommen durchschnittlich 3.899 € betrug, verdienten man in den neuen Bundesländern monatlich 2.867 €. Die höchsten Monatsnettoeinkommen erzielten 2008 die Haushalte von Beamten mit durchschnittlich 4.366 €. Knapp darunter lagen die Haushalte von Selbstständigen mit 4.181 €, S. 132 ff.

982 Im Hinblick auf die Hochqualifizierten wurden teilweise neue Vorschriften geschaffen. Ein am 01.01.2009 in Kraft getretenes Gesetz zur arbeitsmarktadäquaten Steuerung der Zuwanderung Hochschulqualifizierter (Arbeitsmigrationssteuerungsgesetz – BGBl. I, S. 2846) ist ein Beweis dafür. Das Gesetz hat die Stärkung der Position Deutschlands im internationalen Wettbewerb um hochqualifizierte Fachkräfte zum Ziel. Damit soll der Zuzug und Verbleib von Fachkräften durch das Schaffen und Erweitern aufenthaltsrechtlicher Perspektiven gefördert (BT-Drucks. 16/10 2888, S. 1) und die Rechtsstellung von in Deutschland geduldeten Ausländern für den Zugang zum Arbeitsmarkt verbessert werden.

983 *BAMF* (Hrsg.), Das Bundesamt in Zahlen 2013: Asyl, Migration und Integration, 2014, S. 85.

984 Nach Angaben von Industrie- und Handelskammern suchen fast drei Viertel der deutschen Unternehmen nach qualifiziertem Personal. 70 % der Firmen hätten Probleme, Fachkräfte zu finden. Im Krisenjahr 2009 waren durchschnittlich 20.000 Stellen nicht besetzt. Vgl. FAZ v. 01.03.2010.

Kanada, in die Schweiz oder nach Großbritannien, Irland und Schweden aus.[985] Um sie zu gewinnen, bedarf es daher einer besseren Einwanderungspolitik.

C. Gesellschaftspolitische Aspekte als wichtiger Integrationsfaktor

Im Nationalen Integrationsplan wird die Integration von Zuwanderern über die Partizipation definiert: Sie wird als ein gesamtgesellschaftlicher Prozess verstanden, „der sich auf Partizipation und Teilhabe aller in Deutschland richtet“[986]. Unter Partizipation wird die Beteiligung von Personen oder Gruppen an sie betreffende Entscheidungen verstanden. Darunter fällt die Teilnahme an bestimmten (konstituierenden) Prozessen, vor allem an Wahlen und anderen Formen demokratischer Willensbildung, aber auch die Möglichkeit, einen wirksamen und dauerhaften Einfluss auf die verschiedenen Phasen eines Entscheidungsprozesses auszuüben. Es handelt sich somit um ein instrumentelles und ein normatives Verständnis politischer Partizipation.[987] Partizipation ist eine Erweiterung von Teilhaberechten an Entscheidungen im gesellschaftspolitischen und wirtschaftlichen Raum, die eine direktere und materiell fundierte Beteiligung von Einzelnen oder Gruppen ermöglicht.[988] Sie bezieht sich im Wesentlichen auf fast alle Lebensbereiche einer Gesellschaft, in denen eine gestaltende Integrationspolitik angesetzt werden soll, nämlich auf Politik, Bildung, Arbeit, Wirtschaft, Soziales, Recht, Kultur, Religion, Gesundheit und Wohnen. In diesem Zusammenhang lassen sich zwei Formen der Partizipation unterscheiden: gesellschaftliche und politische Partizipation, die höchst unterschiedliche Anforderungen an den Bürger stellen. Partizipieren heißt daher, an der Gestaltung des Gemeinwesens individuell teilzuhaben und teilzunehmen. Ausschlaggebend ist dabei das soziale Kapital der Zuwanderergruppe.[989]

---

985 Umfangreich dazu: *Markus*, Zuwanderung von Hochqualifizierten nach Deutschland und in die USA, 2011.

986 *Bundesregierung.*(Hrsg.), Der Nationale Integrationsplan, 2007, S. 173.

987 Vgl. *Schultze*, in: Nohlen/ Schultze (Hrsg.), Lexikon der Politikwissenschaft. Theorien, Methoden, Begriffe, Bd. 2, 3. Aufl. (2005), S. 675 ff.

988 Vgl. *von Alemann* (Hrsg.), Partizipation – Demokratisierung – Mitbestimmung, 1975, S. 13, zit. nach *Schultze*, in: Nohlen/ Schultze (Hrsg.), Lexikon der Politikwissenschaft. Theorien, Methoden, Begriffe, Bd. 2, 3. Aufl. (2005), S. 675 ff.

989 Nach *Bourdieu* ist „das Sozialkapital die Gesamtheit der aktuellen und potentiellen Ressourcen, die mit dem Besitz eines dauerhaften Netzes von mehr oder weniger institutionalisierten Beziehungen gegenseitigen Kennens oder Anerkennens verbunden sind; [...] es handelt sich dabei um Ressourcen, die auf der Zugehörigkeit zu einer Gruppe beruhen.“ *Bourdieu*, Ökonomisches Kapital, kulturelles Kapital, soziales Kapital, in: Kreckel (Hrsg.), Soziale Ungleichheiten, 1983, S. 183 (191). Innerhalb dieser Gruppen werden Werte und Fertigkeiten vermittelt, die sowohl die Gruppe an sich stärken, als auch die Integration in das Gemeinwesen fördern. Vgl. *Bourdieu*, Ökonomisches Kapital, kulturelles

Zweifellos lebt die moderne Demokratie von der Partizipation und dem offenen Meinungsaustausch aller Bürger und gesellschaftlichen Gruppen. Die Partizipation und die Integration sind daher eng miteinander verknüpft: Denn jede Demokratie hat ein ureigenes Interesse daran, sowohl Individuen als auch gesellschaftliche Gruppen in die Gesellschaft einzugliedern, indem ihnen Möglichkeiten der sozialen und politischen Partizipation angeboten werden. Die Bundesrepublik hat ihre nationale Aufgabe in diesem Bereich bereits im Nationalen Integrationsplan ausgedrückt: interkulturelle Öffnung und Verstärkung der Öffentlichkeitsarbeit der Organisationen, Stärkung der gleichberechtigten Teilhabe und Eigenverantwortung von Frauen und Männern im Integrationsprozess, öffentliche Verantwortungsteilung durch Vernetzung deutscher Verbände und Migrantenorganisationen, Stärkung des Engagements gegen Fremdenfeindlichkeit und Entwicklung einer Anerkennungskultur.[990] Laut dem Nationalen Integrationsplan verpflichten sich sowohl die Bundesregierung als auch Länder, Kommunen und traditionelle Vereine, Verbände, Kirchen und Religionsgemeinschaften sowie Migrantenorganisationen, ihre Förderpolitik auf die gleichberechtigte Teilhabe der Zuwanderer auszurichten. Gesellschaftspolitische Partizipation beruht daher auf der freiwilligen Selbstverpflichtung und öffentlichen Übernahme der Verantwortung und Vernetzung. Integration kann nur dann gelingen, wenn die Freiwilligkeit zur Partizipation seitens der Zugewanderten und aller Bürger besteht, denn das Engagement fordert die gegenseitige Akzeptanz und den gesellschaftlichen Zusammenhalt.

Aus dem ersten Fortschrittsbericht zum Nationalen Integrationsplan der Bundesregierung geht hervor, dass vor allem die Länder ihre Bedeutung bei der Integrierung der Zugewanderten gewürdigt haben.[991] Festzustellen ist, dass in diesem Bereich einige Fortschritte erreicht wurden: Den Beweis dafür bilden die im Bericht ausgeführten integrationspolitischen Aktivitäten der 16 Länder. Jedes Bundesland hat allerdings einen eigenen Akzent in diesem Bereich gesetzt: Einige Länder interessieren sich mehr für die gesellschaftliche Partizipation der Zuwanderer, während für andere Länder die politische Mitwirkung von Zuwanderern einen besonderen Stellenwert einnimmt. In fast allen Bundesländern sind Ausländer- oder Integrationsbeiräte eingerichtet. Diese ermöglichen es, die Beteiligung von Zuwanderern an politischen Prozessen in der Gemeinde zu unterstützen. Vor allem dienen die Ausländer- und Integrationsbeiräte der Interessenvertretung und der politischen Repräsentanz der Zuwanderer. Damit sind sie wichtige Akteure der Ausländerintegration vor Ort.[992]

Kapital, soziales Kapital, in: Kreckel (Hrsg.), Soziale Ungleichheiten, 1983, S. 183 (191).

990 Vgl. *Bundesregierung* (Hrsg.), Der Nationale Integrationsplan, 2007, S. 174.

991 Vgl. *Bundesregierung* (Hrsg.), Nationaler Integrationsplan. Erster Fortschrittsbericht, Oktober 2008, S. 177–184.

992 Vgl. *Bundesregierung* (Hrsg.), Nationaler Integrationsplan. Erster Fortschrittsbericht, Oktober 2008, S. 178 ff.

Im Jahre 2008 sind bspw. im Saarland Integrationsräte geschaffen worden, die zu zwei Dritteln aus ausländischer Bevölkerung bestehen. Dadurch erhöht sich die politische Einflussnahme der Ausländer auf kommunalpolitische Entscheidungen. Außerdem führen die Länder zahlreiche zielgerichtete Projekte ein, um ein freiwilliges bürgerschaftliches Engagement der Zuwanderer zu stärken.[993] Hervorzuheben ist hierbei ein gemeinsames dreijähriges Projekt zur Qualifizierung von Migrantenorganisationen zu Trägern des freiwilligen sozialen und des ökologischen Jahres. Dieses Projekt wird seit Ende August 2008 vom Land Berlin und vom Bundesministerium für Familie, Senioren, Frauen und Jugend gefördert. Die Freiwilligendienste werden als besonders geeignete Form für die Förderung der sozialen und beruflichen Integration von Freiwilligen anerkannt, die vor allem Jugendliche einbeziehen können. Seit 2006 veranstaltet NRW jährlich einen sog. Integrationskongress, der die gesellschaftliche Teilnahme zahlreicher Akteure vor Ort und ihre Motivationsentwicklungen zur Partizipation zum Ziel hat. Ein im Zuge dieses Kongresses entstandenes Projekt ist die „Integrationsidee 2009", die zur Verbesserung der Integration von Zuwanderern einen Beitrag geleistet hat. Viele Jugendverbände in Schleswig-Holstein beschäftigen sich mit der Qualifizierung jugendlicher Migranten für ein ehrenamtliches Engagement im Bereich der Jugendarbeit. Bremen und Baden-Württemberg hingegen stellen projektweise ehrenamtliche Mentoren als Integrationshilfe ein.[994]

Im Allgemeinen gibt es zahlreiche Möglichkeiten für Zuwanderer und Einheimische am gesellschaftlichen Leben zu partizipieren: von der eher passiven Inanspruchnahme von Beratungen und soziokulturellen Dienstleistungen über das Engagement in zeitlich begrenzten Projekten bis hin zur Teilnahme an Bewohnergremien auf Stadtteilebene (Quartiersrat). Außerdem besteht die Möglichkeit, sich kontinuierlich in Vereinen, Organisationen, Initiativen, Gewerkschaften sowie in der Jugendarbeit und in der Nachbarschaft zu engagieren. Überall dort, wo Menschen zusammenkommen und gemeinsame Interessen verfolgen, sind die Voraussetzungen für ein gemeinsames Miteinander gegeben. Wie hoch ist dabei die Teilnahme von Zuwanderern am gesellschaftlichen Leben in Deutschland?

In der Praxis sind – wie dies eine im Jahr 2008 durchgeführte Studie gezeigt hat – die Zuwanderer, insbesondere die Jugendlichen, bei den klassischen Engagementformen (Freiwillige Feuerwehr, Sanitäts- und Rettungsdienste) deutlich unterrepräsentiert. Die Engagementbeteiligung bei jungen Zuwanderern

993 Diese Projekte sind sowohl im Fortschrittsbericht des Nationalen Integrationsplanes als auch auf dem Internetportal der Länder in Bezug auf Integration zu finden.

994 Die weiteren Beispiele sind dem ersten Forschrittsbericht zum Nationalen Integrationsplan und der Internetseite der Integrationsinstitutionen der Länder zu entnehmen.

fällt deutlich geringer aus als bei ihren Altersgenossen ohne Migrationshintergrund: Der Freiwilligensurvey 2004 nennt hier z.B. Werte von 22 % gegenüber 38 %.[995] In einer analog aufgebauten Untersuchung für die Gruppe der türkischstämmigen Jugendlichen kommt das Zentrum für Türkeistudien ferner lediglich zu einer Engagementbeteiligung von 5 %.[996] Die De-facto-Engagementquote der jungen Zuwanderer liegt daher weit unterhalb von 22 %. Als zentrale Faktoren für die geringere gesellschaftliche Beteiligung von Zuwanderern werden sozioökonomische und ethnisch-kulturelle Ursachen angeführt. Das heißt, die Ursachen liegen vor allem in dem weitaus geringeren Bildungs- und Sozialstatus junger Zuwanderer und deren Eltern, in einem anderen Engagementverständnis und in einer fehlenden Information bzgl. der Partizipationsmöglichkeiten.[997] Daher kam die Studie zu dem Ergebnis, dass die Partizipationsmöglichkeiten junger Migranten zu erhöhen sind. Das sollte mit unterschiedlichen Projekten, die in der Bundesrepublik bereits abgeschlossen sind oder noch fortdauern, unter Einbeziehung der jungen Zuwanderer geschehen. Die Verbesserung des bürgerschaftlichen Engagements der Zuwanderer soll sich jedoch nicht allein auf die Durchführung von Projekten beschränken. Maßgebend sind auch die vielseitigen Netzwerkverbindungen, die verbesserte Zusammenarbeit mit den Migrantenorganisationen, die Erreichung junger Zuwanderer in Schulen, Hochschulen und in den wissenschaftlichen Einrichtungen sowie ihre enge Einbeziehung in die freiwillige Tätigkeit. Vor allem die Schule könnte eine große Leistung in diesem Bereich erbringen, denn gerade in den Schulzeiten zeigen die Jugendlichen mehr Interesse und Zeit für die Selbsthilfe und Hilfe Anderer. Um die gesellschaftliche Partizipation von Kindern und Eltern zu ermöglichen, ist die enge Zusammenarbeit mit den Eltern in den Kindergärten oder Kindertagesstätten und in den Schulen erforderlich.

Der unmittelbare Akt politischer Teilhabe erfolgt mit der Teilnahme an Wahlen und Abstimmungen. Wie bereits ausgeführt, ist die Teilnahme an den Wahlen zum Deutschen Bundestag, zu den Landtagen und an den Kommunalwahlen für Zuwanderer, die in Deutschland leben, ausgeschlossen.[998] Die kontroversen Diskussionen zur Einführung eines kommunalen Wahlrechtes für alle Ausländer werden fortgeführt. Auch angesichts der demografischen Entwicklung ist es notwendig, dass das Kommunalwahlrecht für Drittstaatsangehörige in Deutschland eingeführt

---

995 Vgl. *Sauter*, Engagementförderung bei Jugendlichen mit Migrationshintergrund – Grundlagen, Praxiserfahrungen, Empfehlungen, in: Newsletter Wegweiser Bürgergesellschaft, 23/2008, v. 21.11.2008, S. 1, abrufbar unter: http://www.buergergesellschaft.de/fileadmin/pdf/gastbeitrag_sauter_081121_01.pdf (abgerufen am 26.07.2011).

996 Ebenda, S. 2.

997 Vgl. *Sauter*, Integration und Engagement bei jugendlichen Migranten – Rahmenbedingungen und Handlungs-empfehlungen, in: vhw, FM, 4/08–09, 2008, S. 199 (200).

998 Siehe 1. Kapitel, V, 2.

wird. Dies nimmt gewiss auch einen unmittelbaren Einfluss auf politische Veränderungen im Bundesgebiet.[999] Dennoch stellt das allgemeine Wahlrecht nicht die einzige Form der gesellschaftspolitischen Beteiligung in der Bundesrepublik dar. Ausländer dürfen sich im Rahmen der allgemeinen Rechtsvorschriften politisch betätigen, vgl. § 47 AufenthG. Das Recht auf politische Betätigung in anderer Weise ist verfassungsrechtlich und einfachgesetzlich gewährleistet. So besitzen alle Ausländer die substantiellen Mitwirkungsrechte, die sie in vielen Bereichen des gesellschaftlichen Lebens ausüben können. Wie *Bürklin* ausführt, lebt eine Demokratie davon, dass möglichst viele gesellschaftliche Gruppen ihre Sichtweisen und Interessen in den politischen Diskurs einbringen. Hierzu gibt es zahlreiche Wege, z. B. die Mitgliedschaft und aktive Teilnahme in politischen Parteien, Wählervereinigungen oder sonstigen Interessensvertretungen. Zudem bestehen auch Mitwirkungsrechte in den Gewerkschaften, bei den Sozialwahlen, den Wahlen zur Selbstverwaltung der berufsständischen Körperschaften und der Hochschulen.[1000]

Erwähnenswert sind auch der Charakter der Beteiligung und die Gruppen der Zuwanderer. Zu unterscheiden sind in diesem Zusammenhang vor allem das Wollen und Können. Die Zuwanderer mit höherem Bildungsniveau, bspw. mit höherem sozialem Status und finanziellen und zeitlichen Ressourcen – die für eine politische Betätigung maßgebend sind – beteiligen sich am stärksten an der politischen Willensbildung.[1001] Hoch motiviert sind vor allem die Bürger, die von ihrer eigenen Kompetenz überzeugt sind. Sie nehmen die Politiker als offen und reaktionsbereit wahr.[1002] Die Wahlbeteiligung von Zuwanderern ist allerdings bisher kaum untersucht worden. Aus den vorhandenen Forschungen ergibt sich aber, dass sich die Eingebürgerten bei den Bundestagswahlen am stärksten beteiligen. Da diese Zuwanderergruppe bereits einen weiteren Schritt zur Integration in das Aufnahmeland vollzogen hat, unterscheidet sich die Wahlbeteiligung kaum von der Wahlbeteiligung der Einheimischen. Die Wahlbeteiligung von Zuwanderern steigt mit dem Bildungsgrad, dem Einkommen und dem Alter des Zuwanderers. Eine entscheidende Bedeutung kommt dabei auch der Aufenthaltsdauer zu. Je länger sich ein Zuwanderer beruflich oder gesellschaftlich eingegliedert hat,

999 Zu Einzelheiten und Problemlösungsvorschlägen *Syuzyukina*, Das kommunale Ausländerwahlrecht für Drittstaatsangehörige in Deutschland, in: Schulze (Hrsg.), Aktuelle Probleme des Öffentlichen Rechts in Deutschland und Russland, 2011, S. 121–136.

1000 Vgl. *Bürklin*, Integration durch Partizipation, in: Stiftung Gesellschaft für Rechtspolitik/Institut für Rechtspolitik an der Universität Trier (Hrsg.), Bitburger Gespräche, Jahrbuch 2010/I, 2010, S. 43 (46).

1001 Ebenda.

1002 Vgl. *Bürklin*, Die Potsdamer Parteienmitgliederstudie 1998. Ein empirischer Test des Rational-Choice-Modells innerparteilicher Partizipation, in: U. Alemann (Hrsg.), Parteien ohne Mitglieder, 2010. Vgl.

umso höher ist seine Bereitschaft zur politischen Partizipation.[1003] Hinsichtlich der parteipolitischen Orientierungen von Zuwanderern wird auf den Spiegel der deutschen Migrationsgeschichte hingewiesen: Die Zuwanderer der ersten Welle stehen mehr der SPD nahe, der traditionellen Partei der Arbeiter und unteren Sozialschichten, während die Spätaussiedler und Asylbewerber häufiger die CDU/CSU bevorzugen.[1004]

Wegen der großen Bedeutung der Teilhabe einer Person am gesellschaftlichen Entscheidungs- und Gestaltungsprozess, sollten die Partizipationsmöglichkeiten für alle Zuwanderer sowohl auf der gesellschaftlichen als auch politischen Ebene verbessert werden. Das zukünftige Ziel der deutschen Integrationspolitik sollte sich daher auf die verstärkte Förderung der gesellschaftspolitischen Partizipation von Zuwanderern konzentrieren: Denn die politische und gesellschaftliche Partizipation stellen Mittel zur Integration von Zuwanderern dar. Die gleichberechtigte politische Partizipation sollte in der Tat „die Krönung des Integrationsprozesses"[1005] sein. Das Recht darauf gehört außerdem zu einem universalen Menschenrecht. Dieses Menschenrecht ermöglicht es, an staatlichen Entscheidungen teilzunehmen. Es verpflichtet aber die Staaten auch nicht, diese Rechte an alle zu gewähren. Das Völkerrecht steht also in diesem Bereich nicht im Wege und die Staaten können selbst entscheiden, ob sie die politischen Rechte allen Menschen oder nur den Staatsangehörigen gewähren.

D. Einbürgerung als ein weiterer Aspekt des Integrationsprozesses

Einen der entscheidendsten Aspekte des Integrationsprozesses bildet die Einbürgerung. Sowohl in der Literatur als auch in den politischen Diskussionen wird sie unterschiedlich definiert. Teilweise wird sie als eigentliches Ziel der Integration, als ein Anzeichen für gelungene – menschenrechtliche – Integration, teilweise als Mittel zur erfolgreichen Integration verstanden.[1006] Die Frage, ob die Einbürgerung von Zuwanderern eine erfolgreich abgeschlossene Integration darstellt oder allein ein Instrument hierzu ist, ist heftig umstritten. Die Aufgabe dieses Abschnittes

---

1003 *Bürklin*, Integration durch Partizipation, in: Stiftung Gesellschaft für Rechtspolitik/Institut für Rechtspolitik an der Universität Trier (Hrsg.), Bitburger Gespräche, Jahrbuch 2010/I, 2010, S. 43 (48).

1004 Vgl. *Wüst*, Politische Integration fördert die Akkulturation. Wahlverhalten und politische Repräsentation von Migranten, in: Der Bürger im Staat, Heft 4, 2006, S. 228 (232).

1005 Vgl. *Bürklin*, Integration durch Partizipation, in: Stiftung Gesellschaft für Rechtspolitik/Institut für Rechtspolitik an der Universität Trier (Hrsg.), Bitburger Gespräche, Jahrbuch 2010/I, 2010, S. 43 (44).

1006 Vgl. *Hailbronner*, Integration und Staatsangehörigkeit, in: Stiftung Gesellschaft für Rechtspolitik/Institut für Rechtspolitik an der Universität Trier (Hrsg.), Bitburger Gespräche. Jahrbuch 2010/I, 2010, S. 55 (59).

besteht darin, den Zusammenhang zwischen der Einbürgerung und den weiteren Aspekten des Integrationsprozesses zu untersuchen.

I. Die Einbürgerungsgesetzgebung und Staatsangehörigkeitsreform 2007

Die Einbürgerungsgesetzgebung in Deutschland stand lange Zeit im Spannungsfeld zwischen einem ethno-nationalen Staatsangehörigkeitsverständnis und einem relativ hohen Bevölkerungsanteil von „Nichtdeutschen" im rechtlichen Sinne: Das deutsche Staatsangehörigkeitsrecht basierte bis zur Staatsangehörigkeitsreform 2000 zunächst ohne jegliche Beschränkung – mit Ausnahme der Findelkinder – auf dem Abstammungsprinzip, dem sog. *„ius-sanguinis"* – Blutsrecht – und wurde als „deutscher Sonderweg" gewertet.[1007] Das Reichs- und Staatsangehörigkeitsgesetz von 1916 und die Einbürgerungsrichtlinien betrachteten Integrationsleistungen als Voraussetzung für eine Einbürgerung. Darunter fallen Sprachkenntnisse, das Bekenntnis zur freiheitlich-demokratischen Verfassungsordnung, eine Mindestaufenthaltsdauer und eine weitgehende Straffreiheit. Es gab keine ethnischen Ausschlusskriterien.[1008] Seit Anfang der 1990er Jahre wurden die Einbürgerungen erheblich erleichtert. Mit dem Ausländergesetz 1990 wurden Rechtsansprüche auf Einbürgerung und Miteinbürgerung ausländischer Familienangehörigen eingeführt. Für eine bestimmte Zeit wurden sogar die Prüfung von Deutschkenntnissen und andere Integrationsindizien vollständig abgeschafft. Nach der deutschen Wiedervereinigung wurde das Staatsangehörigkeitsrecht mit dem Gesetz zur Reform des Staatsangehörigkeitsrechts vom 15. Juli 1999 grundlegend reformiert. Diese Reform hatte eine erleichterte Integration der in Deutschland lebenden Ausländer zum Ziel.[1009] So wurde das Abstammungsprinzip durch das Territorialprinzip ergänzt: In das deutsche Staatsangehörigkeitsrecht wurden sog. *ius-soli-Elemente* eingefügt. Danach erwirbt ein im Bundesgebiet geborenes Kind ausländischer Eltern die deutsche Staatsangehörigkeit durch einen gesetzlichen Fristaufenthalt der Eltern.

Mit dem Inkrafttreten des Zuwanderungsgesetzes vom 30. Juli 2004 und im Zuge der EU-Richtlinienumsetzung im Jahre 2007 wurden ebenfalls weitere Änderungen vorgenommen. Sie betreffen teilweise die Koordination von Staatsangehörigkeitsrecht und Integrationsrecht. Eine wesentliche Änderung liegt in einer Verkürzung

---

1007 Vgl. *Luft*, Staat und Integration – Zur Steuerbarkeit von Integrationsprozessen, in: soFid: Migration und ethnische Minderheiten 2008/1, S. 11 (21); *Diehl/ Blohm*, Die Entscheidung zur Einbürgerung, in: Kalter (Hrsg.), Migration und Integration, 2008, S. 439.

1008 *Hagedorn*, Wer darf Mitglied werden? Einbürgerungen in Deutschland und Frankreich im Vergleich, 2001, S. 51 ff.

1009 Vgl. Maaßen, Ausländerrecht, Gesetze und Verordnungen mit erläuternder Einführung, 12. Aufl. (2007), S. 37.

der Einbürgerungsfristen.[1010] Bei erfolgreicher Teilnahme am Integrationskurs wird die Einbürgerungsfrist von acht auf sieben Jahre verkürzt. Außerdem erfolgte die Änderung einer Reihe von Einbürgerungsvorschriften. Es wurde ein neuer Erwerbstatbestand geschaffen, nämlich die langjährige Behandlung als deutscher Staatsangehöriger. Es wurden die Rechtsgrundlagen für die Einbürgerungskurse und -tests eingeführt. Die weiteren Änderungen betrafen die feierliche Bekenntniserklärung und die Ausgestaltung bereichsspezifischer datenschutzrechtlicher Regelungen. Die wesentlichen Änderungen des Staatsangehörigkeitsgesetzes im Jahr 2009 sind der Verlust der deutschen Staatsangehörigkeit (§ 17) und die Einführung einer neuen Regelung über die Rücknahme einer rechtswidrigen Einbürgerung (§ 35).[1011] Schließlich hat das Staatsangehörigkeitsrecht für Optionskinder die doppelte Staatsbürgerschaft rechtlich anerkannt.

II. Die deutsche Staatsangehörigkeit: Status, Erwerb und Verlust

1. Das Rechtsinstitut der Staatsangehörigkeit

Jeder Staat hat das Recht, die mit der Staatsangehörigkeit und der Einbürgerung verbundenen Fragen im Rahmen völkerrechtlicher Verträge selbstständig zu regeln. Die Staatsangehörigkeit wird im Schrifttum als Status oder als rechtliche Eigenschaft oder als Rechtsverhältnis angesehen[1012] und vom *BVerfG* definiert als „rechtliche Voraussetzung für den gleichen staatsbürgerlichen Status, der einerseits gleiche Pflichten, zum anderen und insbesondere aber auch die Rechte begründet, durch deren Ausübung die Staatsgewalt in der Demokratie ihre Legitimation erfährt“[1013]. Sie ist die Zuordnung von Person und Staat, die von Rechts wegen staatliche Personalhoheit und individuelle Verbandsmitgliedschaft verbindet.[1014] Die Staatsangehörigkeit beinhaltet für den Staat und die Angehörigen verbindende grundlegende Rechts- und Pflichtpositionen. Sie bringt die „Grundbeziehung der mitgliedschaftlichen Verbindung und rechtlichen Zugehörigkeit zur staatlichen Gemeinschaft“[1015] zum Ausdruck. Sie ist ein Rechtsverhältnis und wirkt als solches unmittelbar, umfassend, beständig und ausschließlich und begründet zudem eine wechselseitige Beziehung.[1016]

1010 Hailbronner, in: Hailbronner/Renner/Maaßen, Staatsangehörigkeitsrecht – Komm., 5. Aufl. (2010), Rn. 42.

1011 Hailbronner, in: Hailbronner/Renner/Maaßen, Staatsangehörigkeitsrecht – Komm., 5. Aufl. (2010), Rn. 61.

1012 Vgl. *Makarov*, Allgemeine Lehren des Staatsangehörigkeitsrechts, 1962, S. 19 ff.

1013 *BVerfG* 83, 37 (51).

1014 Vgl. *Grawert*, Staatsvolk und Staatsangehörigkeit, in: Isensee/Kirchhof, HStR, Bd. II, 3. Aufl. (2004), § 16, Rn. 42.

1015 *Grawert*, Staatsvolk und Staatsangehörigkeit, in: Isensee/Kirchhof, HStR, Bd. II, 3. Aufl. (2004), § 16, Rn. 42.

1016 Ebenda.

2. *Erwerb der deutschen Staatsangehörigkeit*

Die zentrale Rechtsgrundlage des deutschen Staatsangehörigkeitsrechts ist das Staatsangehörigkeitsgesetz (StAG).[1017] Die deutsche Staatsangehörigkeit kann gem. § 3 Abs. 1 StAG wie folgt erworben werden:

- durch Geburt i. S. d. § 4 StAG,
- durch Erklärung nach § 5 StAG,
- durch Annahme als Kind gem. § 6 StAG,
- durch Ausstellung der Bescheinigung i. S. v. § 15 Abs. 1 und 2 BVFG (§ 7 StAG),
- durch Überleitung als Deutscher ohne deutsche Staatsangehörigkeit, § 40a StAG und
- durch Einbürgerung nach §§ 8–16 und 40 b, c StAG.

Außerdem ist auf die folgenden Erwerbstatbestände hinzuweisen: Erwerb durch Vertrauensschutz gem. § 3 Abs. 2 StAG und Erwerbsgründe außerhalb des Staatsangehörigkeitsgesetzes.[1018] Allerdings zielt die vorliegende Untersuchung nicht auf eine umfassende Auseinandersetzung mit den Erwerbstatbeständen ab. Die Einbürgerung soll vielmehr als ein weiterer Integrationsaspekt betrachtet werden. Auf diesem Grund ist an dieser Stelle auf den Erwerb der deutschen Staatsangehörigkeit durch Einbürgerung gem. §§ 8 bis 16 StAG einzugehen.

a) Einbürgerung nach § 8 bis 16 StAG

In Bezug auf die Einbürgerung von Ausländern sieht das deutsche Staatsangehörigkeitsrecht eine Einbürgerung als Anspruch gem. § 10 StAG und eine Einbürgerung nach Ermessen der Einbürgerungsbehörde i. S. v. § 8 StAG vor.

aa) Einbürgerungsanspruch nach § 10 StAG

Gem. § 10 StAG hat der Ausländer einen Anspruch auf Einbürgerung, wenn die in Abs. 1 aufgezählten Voraussetzungen vorliegen und keine Ausschlussgründe des § 11 StAG bestehen. Die Einbürgerung erfolgt nur auf einen schriftlichen Antrag des Ausländers. Auch ein Minderjähriger, der das 16. Lebensjahr vollendet hat, darf einen wirksamen Antrag auf Einbürgerung stellen.

(1) Voraussetzungen des Einbürgerungsanspruchs (§ 10 StAG)

Der Einbürgerungsanspruch nach § 10 StAG setzt voraus:

- *Bekenntnis- und Loyalitätserklärung zur freiheitlich-demokratischen Grundordnung des Grundgesetzes (§ 10 Abs. 1 S. 1 Nr. 1)*: Gem. § 10 Abs. 1 S. 1 Nr. 1 muss sich der Ausländer zur freiheitlich-demokratischen Grundordnung des

1017 Staatsangehörigkeitsgesetz v. 22.07.2013 (RGBl. I S. 583), zul. geändert am 13.11.2014 (BGBl. I S. 1714).

1018 Umfassend dazu: *Renner/Maaßen*, in: Hailbronner/Renner/Maaßen, Staatsangehörigkeitsrecht-Kommentar, 5. Aufl. (2010), § 3 Rn. 6–17.

Grundgesetzes für die BRD bekennen und erklären, dass er keine Bestrebungen, die gegen die freiheitliche demokratische Grundordnung, den Bestand oder die Sicherheit des Bundes oder eines Landes gerichtet sind, verfolgt oder unterstützt oder in der Vergangenheit auch nicht verfolgt oder unterstützt hat. In der Regel wird das Bekenntnis zur Verfassungstreue bei der Beantragung der Einbürgerung, spätestens aber vor der Aushändigung der Einbürgerungsurkunde abgegeben.

- *Gewöhnlicher rechtmäßiger Aufenthalt im Inland und unbefristetes Aufenthaltsrecht (§ 10 Abs. 1 S. 1 Nr. 2 und Abs. 4)*: Grundsätzlich muss sich der Ausländer mindestens acht Jahre rechtmäßig im Bundesgebiet aufhalten, sofern der Bewerber nicht zu einer privilegierten Gruppe gem. § 10 Abs. 3 StAG gehört. Letzteres ist der Fall, wenn der Ausländer erfolgreich am Integrationskurs teilgenommen hat oder besondere Integrationsleistungen vorliegen. In diesen Fällen wird die Frist auf sieben oder sechs Jahre verkürzt. Der Einbürgerungsbewerber muss nach § 10 Abs. 1 S. 1 Nr. 2 ein unbefristetes Aufenthaltsrecht haben oder zu einem im Gesetz genannten Personenkreis gehören. Ausreichend ist auch eine andere Aufenthaltserlaubnis, sofern sie nicht für die in den §§ 16, 17, 20, 22, 23 Abs. 1, §§ 23a, 24 und 25 Abs. 3–5 AufenthG geregelten Aufenthaltszwecken erteilt sind.[1019]
- *Unterhaltsfähigkeit (§ 10 Abs. 1 S. 1 Nr. 4)* liegt vor, wenn der Antragssteller den Lebensunterhalt für sich und seine unterhaltsberechtigten Familienangehörigen ohne Inanspruchnahme von Leistungen nach dem SGB II oder dem SGB XII bestreiten kann und er dies auch durch sein Handeln oder Unterlassen nicht zu vertreten hat.[1020] Das Erfordernis der eigenständigen Sicherung des Lebensunterhalts ist zukunftsorientiert. Wichtig ist daher, dass der Lebensunterhalt nicht nur aktuell gesichert ist.[1021]
- *Verlust oder Aufgabe der bisherigen Staatsangehörigkeit (§ 10 Abs. 1 S. 1 Nr. 4)*: Die Einbürgerung setzt voraus, dass der Ausländer seine bisherige Staatsangehörigkeit aufgibt oder verliert. Der Sinn und Zweck der Vorschrift liegt darin, eine Mehrstaatigkeit zu verhindern. Die Beibehaltung der alten Staatsangehörigkeit ist bis heute heftig umstritten. Besitzt ein Einbürgerungsbewerber mehrere Staatsangehörigkeiten, ist er nach der aktuellen Rechtslage zu Aufgabe oder Verlust all dieser Staatsangehörigkeiten verpflichtet.[1022] Davon abweichende Regeln sind allerdings im § 12 StAG zu finden, wonach in wenigen Ausnahmefällen eine Mehrstaatigkeit zugelassen werden kann.

1019 Vgl. *Hailbronner*, in: Hailbronner/Renner/Maaßen, Komm.-StAngRecht, 5. Aufl. (2010), § 10 StAG, Rn. 14.

1020 Vgl. *VGH Mannheim*, Urteil v. 12.03.2008–13 S 1487/06, in: NVwZ-RR 2008, S. 839 (839).

1021 Vgl. *Hailbronner*, in: Hailbronner/Renner/Maaßen, Komm.-StAngRecht, 5. Aufl. (2010), § 10 StAG, Rn. 14–47; *Oberhäuser*, in: Hoffmann (Hrsg.), HK-AuslR, 1. Aufl. (2008), § 10 StAG, Rn. 4–18.

1022 *OVG NRW* v. 05.03.2009, in: DÖV 2009, S. 546.

- *Straffreiheit (§ 10 Abs. 1 S. 1 Nr. 5)*: Voraussetzung ist, dass der Einbürgerungsbewerber nicht durch ein Gericht zu einer Strafe oder Maßregel der Besserung und Sicherung verurteilt worden ist. Als Straftat in diesem Sinne ist jedes mit Strafe bedrohte Handeln oder Unterlassen anzusehen. Gemeint sind hier nur Taten, die straf- oder bußgeldbedroht sind. Auch Verurteilungen zu Strafen im Ausland gelten als Straftaten i. S. d. § 10 Abs. 1 S. 1 Nr. 5.
- *Sprachkenntnisse (§ 10 Abs. 1 S. 1 Nr. 6 und Abs. 4)*: Ausreichende Kenntnisse der deutschen Sprache des Bewerbers liegen vor, wenn die in § 10 Abs. 1 Nr. 6 i. V. m. Abs. 4 StAG genannten Voraussetzungen gegeben sind und der Ausländer über ein Sprachniveau verfügt, das dem Zertifikat Deutsch (B1 des Gemeinsamen Europäischen Referenzrahmens) in schriftlicher und mündlicher Form entspricht. Der Einbürgerungsbewerber muss entsprechende Sprachkenntnisse besitzen. Ausreichende Deutschkenntnisse sind mit einer Bescheinigung über die erfolgreiche Teilnahme an einem Integrationskurs, einem erfolgreichen vierjährigen Schulbesuch oder einem dem Hauptschulabschluss gleichwertigen Schulabschluss oder durch einen weiteren Ausbildungs-, Hochschul- oder Fachhochschulabschluss nachzuweisen.
- *Kenntnisse der Rechts- und Gesellschaftsordnung und der Lebensverhältnisse in Deutschland (§ 10 Abs. 1 S. 1 Nr. 7 und Abs. 5)*: Schließlich muss der Ausländer für die Einbürgerung über ausreichende Kenntnisse der Rechts- und Gesellschaftsordnung und der Lebensverhältnisse in Deutschland verfügen. Nach § 10 Abs. 5 werden diese Kenntnisse in der Regel durch einen erfolgreichen – seit 2006 bundesweit einheitlichen – Einbürgerungstest[1023] nachgewiesen, worauf sich der Einbürgerungsbewerber in den Einbürgerungskursen vorbereiten kann. Die Teilnahme an entsprechenden Kursen ist aber nicht verpflichtend. In der VO zu Einbürgerungstest und Einbürgerungskurs ist geregelt, dass ein bundeseinheitlicher Test mittels Fragebogen durchgeführt wird, bei denen jeweils aus vier möglichen Amtworten die richtige gewählt werden muss. Der Einbürgerungstest ist bestanden, wenn mind. 17 der 33 Fragen eines Fragebogens richtig beantwortet sind. Nach der Prüfung wird eine Bescheinigung ausgestellt.

(2) Ausnahmen (§ 10 Abs. 1 S. 2 und Abs. 6 StAG)

Die Loyalitätserklärung und der Nachweis über Kenntnisse der Rechts- und Gesellschaftsordnung sowie der Lebensverhältnisse in Deutschland müssen Minderjährige und Ausländer, die an einer körperlichen, geistigen und seelischen

1023 Die Prüfungs- und Nachweismodalitäten des Einbürgerungstestes wie auch die Grundstruktur und Lerninhalte des Einbürgerungskurses nach § 10 Abs. 5 sollen durch das BMI geregelt werden (vgl. § 10 Abs. 7 StAG). Dies basiert auf den kontroversen Auseinandersetzungen im Jahr 2006 um den Einbürgerungstest in Baden –Württemberg. Folglich wurden für den Einbürgerungstest ein einheintlicher Standard und Vorbereitungskurse mit Abschlussprüfungen geschaffen.

Krankeit oder Behinderung leiden, oder diese Voraussetzungen altersbedingt nicht erfüllen können, nicht erbringen. Beschränkungen des Einbürgerungsanspruchs finden sich in § 11 StAG. Danach ist der Anspruch auf Einbürgerung ausgeschlossen, wenn „tatsächliche Anhaltspunkte für die Verfolgung oder Unterstützung verfassungsfeindlicher Bestrebungen oder sonstiger gegen die Sicherheit der BRD gerichteter Handlungen i.S.d. § 11 S. 1 Nr. 1 StAG oder Ausweisungsgründe nach § 54 Nr. 5 und 5a AufenthG vorliegen."[1024]

bb) Einbürgerung auf Ermessen nach § 8 StAG

Nach § 8 Abs. 1 StAG kann ein Ausländer, der rechtmäßig seinen gewöhnlichen Aufenthalt im Inland hat, bei Erfüllung der gesetzlichen Voraussetzungen nach Ermessen der Einbürgerungsbehörde eingebürgert werden, wenn im Einzelfall ein öffentliches Interesse daran besteht.[1025] Mit dieser Vorschrift wird die Möglichkeit eröffnet, eine Einbürgerung auch dann vorzunehmen, wenn noch nicht alle Voraussetzungen der §§ 10 ff. erfüllt sind. Hierfür sollen die in § 8 StAG aufgeführten zwingenden Voraussetzungen – also Mindestvoraussetzungen – vorliegen. Sind diese Mindestvoraussetzungen nach den allgemeinen Verwaltungsvorschriften zum StAG sowie etwaigen länderspezifischen Ergänzungen erfüllt, ist das Einbürgerungsermessen grundsätzlich auf Null reduziert.[1026] Fehlt es an diesen Voraussetzungen, wird der Ausländer nicht eingebürgert. Die Einbürgerung ist nur auf einen schriftlichen Antrag des Ausländers möglich.

(1) Gesetzliche Voraussetzungen (§ 8 StAG)

Die Ermessenseinbürgerung nach § 8 StAG setzt Folgendes voraus:

- *Handlungsfähigkeit oder gesetzliche Vertretung (§ 8 Abs. 1 Nr. 1)*: Fähig ist zur Antragsstellung und Vornahme der sonstigen Verfahrenshandlungen im Einbürgerungsverfahren ein Ausländer, der das 16. Lebensjahr vollendet hat, sofern er nicht nach BGB geschäftsunfähig oder im Fall seiner Volljährigkeit in dieser Angelegenheit zu betreuen und einem Einwilligungsvorbehalt zu unterstellen wäre (vgl. § 80 Abs. 1 AufenthG).
- *Straffreiheit (§ 8 Abs. 1 Nr. 2)*: Diese Voraussetzung entspricht § 10 Abs. 1 S. 1 Nr. 5 StAG bei der Einbürgerungsanspruch. Daher wird auf o. g. Prüfung verwiesen.
- *Wohnung oder Unterkommen*: § 8 Abs. 1 Nr. 3 StAG setzt voraus, dass der Ausländer eine „eigene Wohnung oder ein Unterkommen" gefunden hat. D. h., dass der Antragsteller eine konkrete räumliche Unterkunft besitzt. Eine Wohnung ist eine Unterkunft, die „die Führung eines Haushalts erlaubt, wozu auch ein

1024 *Hailbronner*, in: Hailbronner/Renner/Maaßen, StAngRecht – Komm., 5. Aufl. (2010), § 10 StAG, Rn. 69.

1025 Vgl. Nr. 8.0. VAH-StAG 2009 zu § 8 StAG, in: Hailbronner/Renner/Maaßen, Komm.-StAngRecht, 5. Aufl. (2010), Anhang A, S. 1111.

1026 *Oberhäuser*, in: Hoffmann (Hrsg.), HK-AuslR, 1. Aufl. (2008), § 8 StAG, Rn. 66.

Untermietverhältnis genügt, und nicht nur provisorischen Charakter hat".[1027] Als Unterkommen ist eine gleichartige Unterkunft zu verstehen, die einem ständigen Aufenthalt zu Wohnzwecken dient, z. b. ein Wohnheim.[1028]

- *Unterhaltsfähigkeit (§ 8 Abs. 1 Nr. 4 StAG)*: Schließlich muss der Einbürgerungsbewerber imstande sein, sich und seine Familienangehörige zu ernähren. Im Wesentlichen entspricht diese Voraussetzung § 10 Abs. 1 S. 1 Nr. 4 StAG.

(2) Ausnahmen des § 8 Abs. 2 StAG

Allerdings sieht § 8 Abs. 2 StAG eine Ermessensregelung vor, die „aus Gründen des öffentlichen Interesses oder zur Vermeidung einer besonderen Härte" den Einbürgerungsbehörden ein Absehen von der Voraussetzung der Straffreiheit und Unterhaltsfähigkeit erlaubt. Das Vorliegen der besonderen Härte bei § 8 Abs. 1 Nr. 4 bildet aber einen Ausnahmefall. Eine besondere Härte bei Unterhaltsfähigkeit liegt vor, wenn „jemand aufgrund einer zur Durchführung des Entlassungsverfahrens erteilten Einbürgerungszusicherung aus seiner bisherigen Staatsangehörigkeit ausgeschieden und staatenlos geworden ist, und nun unverschuldet der Einbürgerung mangelnde Unterhaltsfähigkeit entgegenstünde, die auf zwischenzeitlichen Verlust des eigenen oder des Arbeitsplatzes des Ehegatten oder eingetragenen Lebenspartners oder ähnlichen Umständen beruht."[1029]

cc) Einbürgerungserleichterung für privilegierte Personen

Nach § 10 Abs. 2 StAG können Ehegatten und minderjährige Kinder im Ermessenswege zusammen mit dem Antragsteller eingebürgert werden, wenn sie keine zeitlichen Voraussetzungen erfüllen. Die Miteinbürgerung dieser Personen kommt auch dann in Betracht, wenn sie einen eigenen Einbürgerungsanspruch haben. Allerdings ist das Vorliegen ausreichender Kenntnisse der deutschen Sprache erforderlich. Die Entscheidung über die Miteinbürgerung steht im Unterschied zu Abs. 1 allein im Ermessen der Behörde, vgl. § 8 StAG. Im Rahmen dieser Entscheidung ist das öffentliche Interesse an einer einheitlichen Staatsangehörigkeit aller Familienmitglieder zu berücksichtigen.[1030] Privilegiert sind zudem bei der Ermesseneinbürgerung nach § 8 StAG folgende Personengruppen: staatsangehörigkeitsrechtliche Schutzbedürftige (Flüchtlinge, Staatenlose), Fälle der staatsangehörigkeitsrechtlichen Wiedergutmachung nationalsozialistischen Unrechts, heimatlose Ausländer, ehemalige Deutsche und deren Abkömmlinge, deutschsprachige Einbürgerungsbewerber aus den Anrainerstaaten, ältere

---

1027 *Hailbronner*, in: Hailbronner/Renner/Maaßen, Komm.-StAngRecht, 5. Aufl. (2010), § 8 StAG, Rn. 35, vgl. auch Nr. 8.1.1.3 VAH-StAG 2009 zu § 8 StAG.

1028 Ebenda.

1029 Nr. 8.2 VAH-StAG 2009 zu § 8 StAG.

1030 *BVerwG*, Beschluss v. 29.07.1985–1 B 78/85 (Berlin), in: NJW 1985, S. 2908; *Hailbronner*, in: Hailbronner/Renner/Maaßen, Komm.-StAngRecht, 5. Aufl. (2010), § 10 StAG, Rn. 71.

Personen. Eine Dispensmöglichkeit tritt auch ein, wenn ein besonderes nationales Interesse an der Einbürgerung besteht, vor allem bei Tätigkeiten im Bereich der Wissenschaft, Forschung, Wirtschaft, Kunst, Kultur, Medien, des Sports oder des öffentlichen Dienstes. In diesen Fällen genügt eine Mindestaufenthaltsdauer von drei Jahren.[1031]

dd) Rechtsfolge

Sind sämtliche Voraussetzungen für die Einbürgerung erfüllt, so erlangt der Ausländer die deutsche Staatsangehörigkeit. Nach § 16 Abs. 1 StAG wird die Einbürgerung mit der Aushändigung der Einbürgerungsurkunde wirksam. Für die Einbürgerung werden gem. § 38 Abs. 2 StAG und der StAGebV Gebühren erhoben. Gegenwärtig sind diese Gebühren auf 255 € begrenzt.[1032] Beim Nichtvorliegen der Einbürgerungsvoraussetzungen erfolgt eine Ablehnung der Einbürgerung. In diesem Fall kann der Ausländer die Rechtsbehelfe der VwGO in Betracht ziehen, vgl. §§ 68, 42 VwGO. Bei einer fehlerhaften Einbürgerung (Nichtigkeit, Rechtswidrigkeit) kann diese nach § 35 StAG zurückgenommen werden.

Nach § 8 Abs. 1 StAG kann ein Ausländer, der rechtmäßig seinen gewöhnlichen Aufenthalt im Inland hat, auf seinen Antrag hin eingebürgert werden. Dafür müssen im Einzelfall die Voraussetzungen für eine Einbürgerung vorliegen und ein öffentliches Interesse an der Einbürgerung bestehen.[1033] Mit dieser Vorschrift wird die Möglichkeit eröffnet, eine Einbürgerung auch dann vorzunehmen, wenn noch nicht alle Voraussetzungen der §§ 10 ff. vorliegen. Die in § 8 aufgeführten zwingenden Voraussetzungen bilden lediglich die Mindestvoraussetzungen für eine Einbürgerung. Es soll daher geprüft werden, ob die Tatbestandsvoraussetzungen und allgemeine Einbürgerungsvoraussetzungen vorliegen.

3. Verlust der deutschen Staatsangehörigkeit

Nach dem Katalog des § 17 StAG geht die deutsche Staatsangehörigkeit in folgenden Fällen verloren: durch Entlassung auf Antrag, durch den Erwerb einer ausländischen Staatsangehörigkeit, durch Verzicht, durch Annahme als Kind durch einen Ausländer, durch den Eintritt in die Streitkräfte oder einen vergleichbar bewaffneten Verband eines ausländischen Staates, durch Erklärung gem. § 29 StAG oder durch Rücknahme eines rechtswidrigen Verwaltungsaktes (§ 35 StAG). Der Verlust der deutschen Staatsangehörigkeit kann auch Auswirkungen auf die staatsangehörigkeitsrechtliche Stellung von Familienangehörigen haben. Das gilt vor allem dann, wenn die Staatsangehörigkeit rückwirkend wegfällt und ihr

---

1031 Vgl. Nr. 8.1.3.1–8.1.3.9.2 VAH-StAG 2009 zu § 8 StAG.

1032 Vgl. *Hailbronner*, in: Hailbronner/Renner/Maaßen, Komm.-StAngRecht, 5. Aufl. (2010), § 8 StAG, Rn. 134.

1033 Vgl. Nr. 8.0 VAH-StAG 2009 zu § 8 StAG.

wirksames Bestehen für Dritte von Bedeutung ist.[1034] Das ist der Fall, wenn die Staatsangehörigkeit des ehemaligen Deutschen die Grundlage für den Staatsangehörigkeitserwerb von Dritten gebildet hat. § 17 Abs. 2 und 3 StAG gewährleistet die Beibehaltung der deutschen Staatsangehörigkeit in bestimmten Fällen. Mit dem Verlust der deutschen Staatsangehörigkeit verfügt der ehemalige Deutsche über einen Ausländerstatus. Er ist verpflichtet, die in seinem Besitz befindlichen und an Deutsche ausgestellten Unterlagen (Personalausweis, Pass und Staatsangehörigkeitsurkunde) zurückzugeben.

III. Rechtliche Vor- und Nachteile der Einbürgerung

Die Einbürgerung stellt einen staatsrechtlichen Hoheitsakt dar, durch den einem Ausländer die Staatsangehörigkeit des jeweiligen Staates verliehen wird. Nach dem Erwerb der deutschen Staatsangehörigkeit ist der ehemalige „Ausländer" im rechtlichen Sinne nicht mehr als Ausländer zu betrachten. Er besitzt eine rechtliche Gleichstellung mit den Inländern oder Staatsbürgern. Er ist im Besitz der staatsbürgerlichen Rechte und Pflichten, etwa des Wahlrechts und des Ämterzugangs, sowie der Deutschenrechte gem. Artt. 8, 9 Abs. 1, 11, 12 Abs. 1 und Art. 16 Abs. 2 S. 1 GG. Der ehemalige „Ausländer" genießt also den umfassenden Schutz des Art. 16 GG (Schutz vor Ausbürgerung und Auslieferung), die Freizügigkeit in der EU, den EWR-Staaten und in der Schweiz sowie die Berufsfreiheit. Die kollektive politische Willensbildung ist wie auch die Staatswillensbildung den Deutschen vorbehalten. Die Einbürgerung eröffnet bessere Nutzungsmöglichkeiten individueller Humankapital- oder sozialer Ressourcen. Mit dem Erwerb der deutschen Staatsangehörigkeit werden somit die Rechte und Pflichten des ehemaligen „Ausländers" in Deutschland erweitert und nicht eingeschränkt. Außer dem Verlust der ausländischen Staatsangehörigkeit und dem Entstehen der Einbürgerungs-, sozialen und emotionalen Kosten bestehen für ihn keine wesentlichen Nachteile. Allerdings weist der Passbesitz des Aufnahmelandes nur eine begrenzte Bedeutung für die konkreten Lebenschancen von Zuwanderern auf. Die rechtliche Gleichstellung mit den deutschen Bürgern bildet keine Garantie gegen soziale und ökonomische Marginalisierung.[1035]

IV. Einbürgerungszahlen und nationalitätenspezifische Unterschiede

Aus der jährlichen Einbürgerungsstatistik des Statistischen Bundesamtes geht hervor, dass sich die Einbürgerungszahlen im Zeitraum von 1997 bis 2013 sehr unterschiedlich entwickelt haben. Während im Jahr 1997 82.913 Personen in der Bundesrepublik eingebürgert wurden (ohne Aussiedlereinbürgerungen), wuchs

---

1034 Vgl. *BVerfG*, Kammerbeschluss v. 24.10.2006, AZ.: 2 BvR 696/04, in: ZAR 2007, 150 (151).

1035 Vgl. *Diehl/Blohm*, in: Kalter, Migration und Integration, 2008, S. 437 (437 ff.).

die Einbürgerungszahl im Jahr 2000 auf 186.688. Seitdem ist ein deutlicher Rückgang festzustellen: Im Jahr 2006 haben sich bundesweit 124.566 Personen für eine deutsche Staatsangehörigkeit entschieden. Im Jahr 2007 betrug diese Zahl 113.030, 2008: 94.470, 2009: 96.122, 2010: 101.570, 2011: 106.897 und 2012: 112.348. Im Jahr 2013 wurden 112.353 Personen eingebürgert.[1036] Anzumerken ist auch der länderspezifische Unterschied. Von den 16 Bundesländern Deutschlands sind vor allem vier Länder fortgeschritten: NRW (29.629 Einbürgerungen im Jahr 2013), Baden-Württemberg (16.063), Hessen (13.540) und Bayern (13.276).[1037] Wie die Einbürgerungszahlen zeigen, verhielten sich Ausländer in den letzten Jahren zurückhaltend mit Einbürgerungsanträgen. Wodurch wurde der Rückgang bei Einbürgerungen verursacht? Im Hinblick darauf, ist zunächst auf die im Zuge der Staatsangehörigkeitsrechtsreform vorgenommenen Änderungen hinzuweisen. Nach der Einführung von *ius-soli*-Elementen erwerben die in Deutschland geborenen Kinder von ausländischen Eltern seit 2000 bereits mit ihrer Geburt im Inland die deutsche Staatsangehörigkeit, wenn gem. § 4 Abs. 3 StAG ein Elternteil des geborenen Kindes mind. acht Jahren rechtmäßig seinen gewöhnlichen Aufenthalt in Deutschland hat und ein unbefristetes Aufenthaltsrecht besitzt oder Staatsangehöriger der Schweiz oder dessen Familienangehöriger ist. Daher kam für diese Personen eine Einbürgerung nicht mehr in Betracht. Bis Ende 2011 erwarben rund 475.142 Kinder durch die Optionsregelung die deutsche Staatsangehörigkeit. Auch die Einführung von Integrationsvoraussetzungen, wie etwa des Einbürgerungstests und der Sprachkenntnisse, zeigte eine nachteilige Auswirkung auf die Einbürgerungen. Weitere Ursachen liegen in der Verwaltungspraxis.[1038]

Interessant sind auch die nationalitätenspezifischen Unterschiede bei der Einbürgerung. Insgesamt haben sich bspw. innerhalb des Zeitraums von 1995 bis 2006 pro Jahr durchschnittlich rd. 2,5 bis 3 % der Türken, 1 % der Einwanderer aus dem Gebiet des ehemaligen Jugoslawiens und weniger als 0,5 % der in Deutschland lebenden EU-Einwanderer einbürgern lassen.[1039] Im Jahr 2013 wurden 27.970 Personen aus der Türkei, 5.095 Personen aus dem ehemaligen Serbien und Montenegro, 4.539 Personen aus der Ukraine und 2.784 Personen aus Russland eingebürgert[1040]. Auffallend ist, dass die türkischen und muslimischen Zuwanderer eine ungewöhnliche Sonderstellung innehaben. Die höchste jährliche Einbürgerungsquote für Türken wird seit 1995 festgestellt. Obwohl

1036 *Statistisches Bundesamt* (Hrsg.), Bevölkerung und Erwerbstätigkeit, Fachserie 1 Reihe 2.1: Einbürgerungen, 2014, S. 16, in: https://www.destatis.de (abgerufen am 22.11.2014).

1037 Ebenda, S. 18.

1038 Vgl. *Lämmermann*, Einbürgerung – Aktuelle Entwicklungen und Perspektiven, in: ZAR 2009/09, S. 289 ff.

1039 Vgl. *Diehl/Blohm*, in: Kalter, Migration und Integration, 2008, S. 437 (440).

1040 *Statistisches Bundesamt* (Hrsg.), Bevölkerung und Erwerbstätigkeit, Fachserie 1 Reihe 2.1: Einbürgerungen, 2014, S. 14, in: https://www.destatis.de (abgerufen am 22.11.2014).

ihre Integration in die deutsche Gesellschaft im Vergleich zu anderen Zuwanderergruppen langsamer vorangeht, lassen sich Türken häufiger einbürgern als andere Zuwanderergruppen. Aus den existierenden Befunden geht hervor, dass für die Einbürgerungsneigung dieser Gruppe vor allem die rechtlichen Einbürgerungsanreize sprechen. So ist die Bleibeabsicht bei höher gebildeten Personen mit höherem beruflichem Status und größerem politischem Interesse stärker ausgeprägt.[1041]

V. Ist die Einbürgerung Zeichen einer gelungenen Integration?

Wenn der Erwerb der deutschen Staatsangehörigkeit den Abschluss eines Integrationprozesses von Zuwanderern darstellt, ist zu fragen, warum die bereits integrierten Zuwanderer die vom Staat angebotenen Integrationsangebote in Anspruch nehmen? Steht die Einbürgerung am Ende oder am Anfang einer gelungenen Integration? Inwieweit hängt sie mit den weiteren Aspekten des Integrationsprozesses zusammen? Zweifellos ist die Einbürgerung – wie bereits ausgeführt – für die Verfassungsordnung der Bundesrepublik von größter Bedeutung. Dies eröffnet dem Zuwanderer nicht nur die Möglichkeit, an den Wahlen teilzunehmen, sondern es erhöht sich auch die Chancengleichheit des Zuwanderers in verschiedenen Bereichen. Für viele Ausländer bedeutet der Erwerb der deutschen Staatsangehörigkeit viel mehr als nur die Chance, politische Rechte ausüben zu dürfen. Der Besitz des deutschen Passes heißt, als deutscher Staatsbürger „ernst genommen" und „im Umgang mit Behörden anerkannt zu werden".[1042] Das sind nur einige psychologische und symbolische Aspekte des Erwerbs der deutschen Staatsangehörigkeit, die jedoch nicht unterschätzt werden sollten.[1043] Wie ausgeführt, ist die Einbürgerung stets eng mit weiteren Aspekten des Integrationsprozesses – bspw. mit der politischen Partizipation – verbunden. Allerdings kann der Pass allein über den Erfolg der Integration nicht entscheiden und die Zuwanderer, die jahrelang in Deutschland leben und aus verschiedenen Gründen die Integration verweigern, nicht integrieren. Maßgebend sind vielmehr die Integrationsbereitschaft und der Bildungsstand der Zuwanderer sowie ihre kulturellen, sozialen und wirtschaftlichen Verhältnisse. In diesem Sinne führt Renner zu Recht aus, dass „eine großzügigere Ausgestaltung und Handhabung des Staatsangehörigkeitsrechts *allein* ... nicht die ethnischen, kulturellen und vor allem sprachlichen Unterschiede einebnen [kann], die Einheimische von Zugezogenen trennen. Die hieraus entstehenden sozialen und politischen Spannungen kann man nicht durch die Erteilung eines anderen Passes

1041 Vgl. *Diehl/Blohm*, in: Kalter, Migration und Integration, 2008, S. 437 (441 ff.).

1042 *Hailbronner*, Integration und Staatsangehörigkeit, in: Stiftung Gesellschaft für Rechtspolitik/Institut für Rechtspolitik an der Universität Trier (Hrsg.), Bitburger Gespräche, Jahrbuch 2010/I, 2010, S. 53 (63).

1043 Ebenda.

beseitigen."[1044] Allerdings ist es möglich, durch die Einbürgerung eine Voraussetzung für die Eingliederung in die Gesellschaft zu schaffen. Die Einbürgerungsförderung soll somit „nicht nur ein Aspekt der Integrationspolitik, sondern [...] ihr Schlüsselinstrument"[1045] sein.

Auf der staatlichen Ebene sind die rechtlichen Grundlagen zu schaffen und es ist eine effektive Integrationspolitik zu gestalten. Die Einbürgerungspolitik muss menschenrechtlichen Prinzipien entsprechen. Vor allem sind diese Prinzipien bei der Gestaltung der Einbürgerungskriterien oder -voraussetzungen und der Einbürgerungstestfragen zu beachten. Das Ziel der Einbürgerungspolitik richtet sich nicht auf die zwangsläufige Assimilation der Zuwanderer, sondern auf die freiwillige Eingliederung jedes Zuwanderers unter gleichzeitiger Anerkennung seiner kulturellen Identität.[1046] Als wichtiges Instrument zur politischen Integration stellt die Einbürgerung nicht nur einen wichtigen Akt für die Betroffenen dar, denn sie verleiht die volle Rechtsgleichheit und rechtliche Integration in das politische Gemeinwesen. Sie bringt eine *abgeschlossene rechtliche Integration* zum Ausdruck, nicht aber eine insgesamt erfolgreich gelungene Integration. D. h., die Einbürgerung steht nicht ganz am Ende des Integrationsprozesses, weil die Einbürgerungsvoraussetzungen einerseits die Integration des Zuwanderers verlangen, andererseits zeigt sich, dass auch die eingebürgerten Zuwanderergruppen (Türken, Aussiedler etc.) nach wie vor zahlreiche Integrationsmängel aufweisen (s. o.). Für die Integration in die neue Gesellschaftsordnung bedarf es daher einer gewissen Anstrengung des eingebürgerten Zuwanderers. Aufgrund dieser Bemühungen kann der Staat von ihm weitere Integrationsschritte verlangen.

Die Einbürgerung der Zuwanderer steht auch nicht ganz am Anfang des Integrationsprozesses, deswegen verlangt jeder Staat bestimmte Voraussetzungen für den Erwerb der jeweiligen Staatsangehörigkeit. Es ist nicht die Aufgabe des Staates, jedem Zuwanderer zuerst die Staatsangehörigkeit zu verleihen und ihn dann in seine Gemeinschaft zu integrieren. Als Beispiel sind die Aussiedler zu nennen, die gleich nach der Einreise in die Bundesrepublik die deutsche Staatsangehörigkeit bekamen, aber bislang noch nicht integriert sind.

Zusammengefasst steht die Einbürgerung des Zuwanderers weder am Anfang noch am Ende der Integration. Sie kann aber ein „Sprungbrett" zur weiteren Integration des Zuwanderers sein und in gewissem Maße seine Integration in die Aufnahmegesellschaft unterstützen. Die Verleihung der Staatsangehörigkeit gehört daher zu der Integration des Zuwanderers und weist eine herausragende

---

1044 *Renner*, Asyl- und Einwanderungsgesetzgebung, in: Fritsch-Oppermann (Hrsg.), Auf dem Weg in die interkulturelle Gesellschaft, Loccumer Protokolle 13/93, 1994, S. 155 (161). Kursive Hervorhebung durch die Autorin.

1045 *Sen*, F., Einbürgerung ist der Schlüssel zur Integration, in: FAZ v. 28.09.2004, S. 7.

1046 Vgl. *Langenfeld*, Integration und kulturelle Identität zugewanderter Minderheiten, 2001, S. 379.

Bedeutung für die Gesellschaft im Ganzen auf. Darüber hinaus spiegelt sich in der Einbürgerungspolitik das Selbstverständnis der Gesellschaft wider: ihre Weltoffenheit, ihr Umgang mit der kulturellen Differenz, das Ernstnehmen der eigenen Verfassungsprinzipien und die Bindung an menschenrechtliche Normen.[1047]

E. Zusammenfassung des 3. Kapitels

1. Die Untersuchung der aktuellen Problematik der Ausländerintegration in der BRD hat gezeigt, dass es erhebliche Unterschiede zwischen Deutschen und Ausländern gibt, die sich insbesondere im Bildungswesen, im Arbeitsmarktbereich und in der politischen Partizipation zeigen.
2. Sowohl deutsche Kinder als auch die Zuwandererkinder haben einen gleichen Zugang zu den Bildungseinrichtungen. Das Recht auf gleichen Zugang zu den schulischen Bildungseinrichtungen ergibt sich aus Art. 3 Abs. 1 i. V. m. Art. 2 Abs. 1 GG für allgemeinbildende und aus Art. 3 Abs. 1 i. V. m. Art. 12 Abs. 1 GG für weiterführende und berufsbildende Schulen. Als zentrale Norm für die schulische Erziehung und Bildung gilt Art. 7 Abs. 1 GG, der dem Staat die Aufsicht über das gesamte Schulwesen zuweist. Die Schule hat einen zweifachen Staatsauftrag – die (Aus)Bildung und Erziehung der Schüler, die Förderung ihrer geistigen und sozialen Entwicklung.
3. Außerdem spielt die öffentliche Schule bei der Integration der Zuwanderer eine große Rolle. Die schulische Erziehung zielt darauf, dem einzelnen jungen Menschen die soziale und kulturelle Integration in das freiheitlich-demokratische Gemeinwesen des Grundgesetzes zu ermöglichen und sie erheblich zu erleichtern.
4. Die allgemeine Schulpflicht beginnt für alle – auch für ausländische – Kinder in Deutschland mit dem 6. Lebensjahr und dauert in der Regel 11– 12 Jahre. Schulpflichtig sind laut den Schulgesetzen der Bundesländer die Kinder und Jugendlichen, die in einem Bundesland eine Wohnung oder ihren gewöhnlichen Aufenthalt oder eine Ausbildungs- oder Arbeitsstätte haben.
5. Nach Art. 7 Abs. 3 S. 1 GG ist der katholische und evangelische Religionsunterricht in den öffentlichen Schulen ein ordentliches Lehrfach. Islamischer Unterricht i. S. v. Art. 7 Abs. 3 GG findet bislang nicht statt. Seine Einführung wird jedoch intensiv diskutiert. Ein zentrales Problem in diesem Bereich ist eine fehlende Kooperationsarbeit seitens muslimischer Religionsgemeinschaften. Nach der Lösung zahlreicher Probleme kann ein islamischer Religionsunterricht in den öffentlichen Schulen Deutschlands eingeführt werden. Im Übrigen liegt er im Integrationsinteresse des freiheitlich-demokratischen Staates.

1047 Vgl. *Bielefeldt*, Einbürgerungspolitik in Deutschland. Zur Diskussion über Leitkultur und Staatsbürgerschaftstests, 2006, S. 4.

6. Ein langjähriger Streit besteht hinsichtlich der Kultursymbole und der religiösen Elemente. Öffentlichen Bildungseinrichtungen wird jedoch das Recht eingeräumt, das Tragen religiöser Symbole im Interesse der religiösen Neutralität staatlicher Schulen zu beschränken. Das soll ein friedliches Zusammenleben in der öffentlichen Schule gewährleisten.
7. Die vorliegende Untersuchung zeigt, dass das Land NRW mit einem Ausländeranteil von ca. 1,85 Mio. für die Beschulung der Zuwanderer in der BRD aus unterschiedlichen Gründen Modellcharakter haben kann. Das Land hat im Schuljahr 2011/12 als Modellversuch die Bildungsreform gestartet, die die Einrichtung von Gemeinschaftsschulen einschließt. Bis zum Jahr 2015 werden rund ein Drittel der weiterführenden Schulen in der Sekundarstufe I in Gemeinschaftsschulen umgewandelt.
8. Nach dem Wortlaut des Art. 12 Abs. 1 S. 1 GG wird die Berufs- und Ausbildungsfreiheit nur Deutschen i. S. d. Art. 116 GG gewährleistet. Drittstaatsausländer können sich aber im Rahmen des allgemeinen Persönlichkeitsrechts aus Art. 2 Abs. 1 GG darauf berufen.
9. Der Zugang zum Arbeitsmarkt ist für Drittstaatsangehörige erschwert. Eines der großen Probleme ist nach wie vor die Nichtanerkennung ausländischer Bildungs- und Berufsabschlüsse. Seit April 2012 gilt kraft Anerkennungsgesetzes des Bundes eine bundeseinheitliche Anerkennungsregelung ausländischer Berufsqualifikationen, die Teil- und Vollanerkennungen ausspricht.
10. Im Zuge der Umsetzung der Hochqualifizierten-Richtlinien wurde im deutschen Aufenthaltsgesetz § 19a AufenthG – die Kernvorschrift für die Erteilung der Blue Card EU an Hochschulabsolventen und Hochqualifizierte – geschaffen. Die Blue Card EU soll einen erleichterten Zugang und ein verbessertes Aufenthaltsrecht für Fachkräfte aus Drittstaaten ermöglichen.
11. Die Einbürgerung bildet den Abschluss der rechtlichen Integration von Zuwanderern dar. Mit dem Erwerb der Staatsangehörigkeit ist aber die tatsächliche (gesellschaftliche) Integration nicht abgeschlossen und das eigentliche Ziel der Integration nicht erreicht. Allerdings ist Einbürgerung für die politische Integration von großer Bedeutung. Sie ist vielmehr das Instrument oder der Schlüssel zur erfolgreichen Integration.
12. Als ein wichtiger Integrationsfaktor dient die gesellschaftspolitische Partizipation von Zuwanderern. Sie ist eine Erweiterung von Teilhaberechten an Entscheidungen im gesellschaftspolitischen und wirtschaftlichen Raum. Das Ziel der deutschen Integrationspolitik muss sich daher an der verstärkten Förderung der gesellschaftspolitischen Partizipation von Zuwanderern orientieren.

4. Kapitel: Die Ausländerintegration in der Russischen Föderation

Das Kapitel 4 befasst sich mit der Zuwanderung und Integration von Ausländern und Staatenlosen in der RF. Um den angemessenen Vergleich zwischen zwei unterschiedlichen Rechtsordnungen zu gewährleisten, werden in diesem Forschungsteil drei wesentliche Probleme der Ausländerintegration in der RF behandelt: Zugang zu (Aus)Bildung, Zugang zum Arbeitsmarkt und gesellschaftspolitische Partizipation der Zuwanderer. Nachdem als Vorfrage die gesetzliche Regelung der Zuwanderung in der RF geklärt wird (A), die als wissenschaftliche Grundlage für das Verständnis der Besonderheiten der Zuwanderungsprozesse und ihrer Regelung in Russland dienen soll, werden Daten und Fakten zur Situation von Einwanderern (B) und die Migrations- und Integrationspolitik sowie aktuelle rechtliche Probleme der Ausländerintegration in der RF (C) untersucht.

A. Der rechtliche Rahmen der Zuwanderung in der Russischen Föderation

I. Zum Begriff der Zuwanderung

In der russischen Rechtswissenschaft existiert kein Begriff der „Zuwanderung" oder „Einwanderung". Anstelle dieser Termini wird der Terminus „Migration" verwendet. Den Begriff "Migration" legen verschiedene Forscher im vielfältigsten Sinn aus, so dass die Zahl der Definitionen genauso groß ist, wie die Anzahl der Autoren. In den 90er Jahren wurden von *Ionzev* ca. 36 unterschiedliche Definitionen in den russischen wissenschaftlichen Publikationen festgestellt.[1048] Ein besonderer Akzent wird auf die verschiedenen Aspekte der sozioökonomischen Erscheinungen gelegt. An dieser Stelle soll sich mit den wesentlichen Begriffsbestimmungen befasst werden.

Im neu entwickelten Rechtsgebiet – im russischen Migrationsrecht – wird versucht diesen Begriff wie folgt zu definieren: „Migration ist eine aus unterschiedlichen Gründen verursachte Wanderung der Menschen über die Grenze eines oder mehrerer Gebietskörperschaften zwecks eines dauerhaften oder zeitweiligen Wechsels des Wohnortes."[1049] In dieser Definition weist *Tozkiy* auf die Existenz

1048 Vgl. *Ionzev*, Internationale Migration der Bevölkerung: Forschungstheorie und -geschichte, 1999, S. 19; *Jurin*, Migrationsprozesse in EU-Ländern und Möglichkeiten zu ihrer Regulierung, Diss. 2011, S. 10.

1049 *Tozkiy*, Einführung in das Migrationsrecht. Migrationsrecht als Teilgebiet des Verfassungsrechts der RF. Rechtsvorschriften, die Rechtsverhältnisse mit der Teilnahme von Zuwanderer-Regeln, 1999, S. 12.

von Ursachen oder Motiven für die Wanderung oder Verlegung des tatsächlichen Wohnsitzes, die für die Migration charakteristisch sind, sowie auf die verschiedenen Formen der Migration[1050] hin. Dabei erläutert *Tozkiy* aber wesentliche Fragen zum Rechtsstatus der Zuwanderer nicht. Selbst die Formulierung ist eher sozialwissenschaftlich angelegt. Nach *Dochunaeva* bildet die Migration (Wanderung, Einwanderung oder Auswanderung) eine Wanderung von Menschen, die regelmäßig mit einem Wohnortswechsel verbunden ist und verschiedene Formen und Ursachen aufweist.[1051] Sie trennt dabei ökonomische Gründe der Migration (die Wirtschaftskrise, die demographische Krise, den normalen Entwicklungsmangel von Wissenschaft und Technik) von der Arbeitsmigration. Migration stellt auch eine naturgemäße Ausprägung der Mobilität des Menschen dar, die mit der Bemühung zur Verbesserung ihrer Existenz begründet werden kann. Danach ist das Wesen der Migration als eine gesellschaftliche Erscheinung zu charakterisieren, als „räumliche Aktivität (Wanderung) des Individuums, die auf die Beherrschung von Ressourcen der neuen Territorien gerichtet und mit dem Wohnortswechsel verbunden ist“[1052]. Allerdings kann nicht jeder Wohnortswechsel unter diesen Begriff fallen, sonst wäre die Anwendung des Begriffs im Gesetzestext wesentlich erschwert.[1053] Der russische Wissenschaftler *Rybakovskiy* unterscheidet Migration im engeren und weiteren Sinne und betont, dass Wanderung und Auswanderung nicht synonym sind. Migration i. e. S. ist „eine abgeschlossene Form der territorialen Wanderung, die mit dem ständigen Wohnortswechsel endet“[1054]. Dahingegen wird unter Migration i. w. S. „eine territoriale Wanderung zwischen unterschiedlichen Orten eines oder mehrerer territorialer Verwaltungseinheiten, unabhängig von der Dauer, Regularität und Zweckgebundenheit der Wanderung“[1055] verstanden. Außerdem hat er die sog. Migrationsstufentheorie entwickelt, wonach der Migrationsprozess aus drei Stufen besteht:

1050 Im Allgemeinen werden in der Literatur zahlreiche Formen und Ursachen der Migrationsprozesse dargestellt. Vor allem werden folgende grundlegende Migrationsformen unterschieden: episodische, pendelartige, saisonale und permanente Migration. Darüber hinaus unterscheiden einige Autoren einzelne Formen und Arten der Migration nach diesen Kriterien: nach Dauer – temporäre, dauerhafte und permanente; nach geographischen Faktoren – regionale, pendelartige, grenzüberschreitende Migration und Transitmigration; nach verwaltungsrechtlicher Regulierung – freiwillige, legale und illegale Migration sowie Ausweisung, Deportation, Auswanderung und Rückwanderung.

1051 Vgl. *Dochunaeva*, Bevölkerungsmigration, in: Arbeitsrecht, 2006, Nr. 7, S. 15.

1052 *Sibagatulina,* Gesetzliche Regelung der Migrationsprozesse in der Geschichte der gegenwärtigen Gesetzgebung, in: Migrationsrecht, 2010, Nr. 3, S. 10; auch *Bondyreva/Kolesov*, Migration (Wesen und Erscheinung), 2007, S. 39.

1053 Vgl. *Khabriyeva*, Migrationsrecht der RF: Theorie und Praxis, 2008, S. 80.

1054 *Rybakovskiy*, Bevölkerungswanderung, Bd. 5, Die Phasen des Migrationsprozesses, 2001, S. 18.

1055 *Rybakovskiy*, Bevölkerungswanderung, Bd. 5, Die Phasen des Migrationsprozesses, 2001, S. 19.

- dem Ausgangs- oder Vorbereitungsstadium,
- dem Hauptstadium oder der eigentlichen Übersiedlung der Menschen und
- dem abschließenden oder beendenden Stadium.[1056]

Tyurkin definiert Migration als „die Gesamtheit der Rechtsverhältnisse bei der Gestaltung und räumlichen Wanderung des Menschen, bedingt durch staatliche Regulierung, der Realisierung der persönlichen, öffentlichen und staatlichen Interessen und hat in der Regel den Erwerb des neuen Rechtsstatus zur Folge“[1057]. Er legt ihre Betonung auf juristische und prozessuale Aspekte, auf ihren Zusammenhang mit den Interessen des Staates und der Gesellschaft, wie auch auf persönliche Interessen der Migranten.

Zusammenfassend lässt sich feststellen, dass das Vorhandensein unterschiedlicher Definitionen des Rechtsbegriffes „Migration“ zum einen mit der Vielfältigkeit der Problematik verbunden ist. Zum anderen wählen aber die Fachleute als grundlegende Kriterien den Übergang der territorialen Grenzen von Migranten, ihre Aufenthaltsdauer im neuen Gebiet und das Vorliegen oder Fehlen von Ursachen bzw. Wanderungszielen. Allerdings existiert bislang in der russischen Rechtswissenschaft ebenso wie auf internationaler Ebene keine rechtswissenschaftliche Definition des Begriffs „Migration“.[1058] Ein Grund dafür liegt in der Komplexität der Definition einer derartig umfassenden gesellschaftlichen Erscheinung wie Migration und in der freien, also nicht festgelegten, Interpretation dieses Begriffs in der russischen Gesetzgebung. Aus juristischer Sicht ist jedoch nicht jede räumliche Bevölkerungswanderung von Interesse, sondern nur solche, bei denen die Migrationsverhältnisse eine Rechtsform und Rechtsfolge aufweisen.

II. Historische Entwicklung der Zuwanderung in der UdSSR und der Russischen Föderation

Bevor die Zuwanderungsgeschichte in der sowjetischen und postsowjetischen Periode analysiert wird, ist es angebracht, einen kurzen historischen Überblick der Migrationsprozesse auf dem Territorium der gegenwärtigen RF zu geben. Bereits die jahrhundertelange Geschichte Russlands kann als historische Entwicklung der Migrationsprozesse betrachtet werden. Die Migrationsprozesse waren äußerst vielseitig und haben in der Geschichte des Landes eine besondere Rolle

1056 Vgl. *Rybakovskiy*, Bevölkerungsmigration: Prognosen, Faktoren und Politik, 1987, S. 34; *Metelev*, Internationale Arbeitsmigration und illegale Migration in Russland, 2006, S. 6.

1057 *Tyurkin*, Migrationssystem der RF: Monographie, 2005, S. 129 und 133.

1058 Man könnte vermuten, dass eine einheitliche Definition des Begriffs „Migration“ im internationalen Recht vorhanden ist. Allerdings hat der Migrationsbegriff in keiner völkerrechtlichen Norm eine rechtliche Verankerung gefunden. Es wird häufig ein sinnverwandter Terminus, etwa „Aufenthalt“, „Einreise“, „Massenwanderung“, „Umzug, Übergang“ und „Wiederkehr/Rückkehr in die Heimat“, verwendet.

gespielt. Als Beispiel wird meist die Einladung Rjuriks nach Russland, bezogen auf die Unterbrechung der internen Kriege der slawischen Stämme, genannt. Weitere Beispiele bilden der Anfang der diplomatischen Migration von den Eliten der angrenzenden Staaten, die dynastischen Ehen der russischen Fürsten, die Reformen von Zar Peter dem Großen, die Migration der Fachkräfte und der Militärs nach Russland.[1059] Die Reformen von Zar Peter dem Großen führten dazu, dass sich Tausende gut ausgebildeter Immigranten, etwa Wissenschaftler, Professoren, Offiziere, Ingenieure, Architekten und Geschäftsleute, in Russland niederließen.

Eine große Einwanderungswelle hat jedoch das Manifest der russischen Zarin Katharina II.[1060] v. 22. Juli 1763 verursacht, in dem sie allen Ausländern gestattete, sich im Russischen Reich niederzulassen. Dieses Einladungsmanifest enthielt eine Reihe von Privilegien für ausländische Siedler, vor allem persönliche Freiheit, Freizügigkeit (§§ 1 und 4), Religionsfreiheit, Befreiung vom Militärdienst, finanzielle Starthilfe, Übernahme von Reise- und Transportkosten, Selbstverwaltung auf lokaler Ebene mit Deutsch als Amtsprache und 30 Jahre Steuerfreiheit.[1061] Laut historischen Quellen zogen bis zum Jahre 1774 rund 30.000 Siedler nach Russland. Den bedeutendsten Anteil der Einwanderer bildeten die Deutschen. Im russischen Zarenreich lebten zum Ende des 19. Jh. insgesamt ca. 1,8 Mio. Deutsche und eine kleinere Anzahl von Franzosen, Schweden und Niederländern.[1062] In dieser Zeit beginnt auch die Emigration der russischen Adligen. Laut historischen Angaben umfasste die Gesamtzahl der Emigranten in den Jahren von 1897 bis 1916 ca. 865.000 Menschen.[1063] Maßgebend sind für die vorliegende Untersuchung allerdings Migrationsprozesse des 20. und 21. Jh. Darauf beziehend werden in folgendem Abschnitt der Forschungsarbeit die historische Entwicklung der Migrationsprozesse in der UdSSR und der gegenwärtigen RF analysiert.

1059 Vgl. *Tozkiy,* Rechtsstaatliche Regelung der Migrationsprozesse, Dissertation, 2010, S. 29.

1060 Die deutschstämmige Katharina II. (1762–1796) vertrat wie Friedrich II. in Preußen einen aufgeklärten Absolutismus und förderte die Kolonisation von innerstaatlichen, kaum oder unbewohnten Gebieten, um so ein erhöhtes Bevölkerungswachstum zu erreichen. Dadurch erhoffte man sich Macht und Reichtum für den Staat. Hinzu kam, dass in Russland einige Gebiete vor nomadisierenden Stämmen gesichert werden sollten. Im Land reichte die Zahl der freien russischen Bauern nicht aus, weil viele Bauern Leibeigene der adligen Herren waren.

1061 Manifest der Zarin Katharina II. v. 22.07.1763. Online-Version ist zu finden unter: http://www.russlanddeutschegeschichte.de (abgerufen am 20.03.2013).

1062 Manifest der Zarin Katharina II. v. 22.07.1763. Online-Version ist zu finden unter: http://www.russlanddeutschegeschichte.de (abgerufen am 20.03.2013).

1063 Zit. nach *Metelev,* Internationale Arbeitsmigration und illegale Migration in Russland, 2006, S. 50. Nach anderen Angaben emigrierten in diesem Zeitraum 2,4 Mio. Menschen in die USA. Darunter sind 41 % Juden, 29 % Polen, 9 % Litauer und Lettländer, 7 % Finnen und Estländer sowie 7 % Russen und 6 % Deutsche. In Deutschland arbeiteten jährlich rund 300.000 russische Arbeitsmigranten in der Landwirtschaft, also ca. 70 % aller ausländischen Arbeitnehmer.

1. *Die sowjetische Zeit (1917–1991)*

In der ersten Hälfte des 20. Jh. war Russland ein Auswanderungsland.[1064] Die Ereignisse des ersten Weltkrieges (1914–1918) und des Bürgerkrieges (1917–1922) haben dazu geführt, dass mehr als 4,5 Mio. Menschen zwischen 1917 und 1925 Russland verlassen mussten. Ein Großteil der Auswanderer emigrierte in den Westen, in die USA und andere Länder des fernen Auslands. Die Emigranten aus dem ehemaligen Zarenreich wurden über die ganze Welt verstreut, der größte Teil aber hielt sich zunächst in Polen, den Balkanländern, in Deutschland und Frankreich auf. Starke Flüchtlingskolonien gab es aber auch in den chinesischen Städten Charbin und Shanghai. Laut Angaben des amerikanischen Roten Kreuz befanden sich in Europa zu diesem Zeitpunkt rund 2 Mio. russische Flüchtlinge. Nur in Polen lag ihre Zahl mit ca. 1 Mio. über der in Deutschland. Frankreich hatte rund 175.000 Russen aufgenommen, die Türkei und Österreich jeweils 50.000, Finnland 25.000, Jugoslawien und Italien jeweils 20.000.[1065] In Deutschland bildeten die russischen Emigranten bzw. Flüchtlinge eine große Gruppe im Nachkriegseuropa: Während im Jahr 1917 erst wenige Menschen Russland verlassen mussten, darunter sehr viele hohe Adelige, Intellektuelle und Unternehmer, entwickelte sich die Fluchtbewegung im Zuge des russischen Bürgerkriegs zur Massenerscheinung.[1066] Vor allem gab es eine starke Zunahme der Flüchtlingszahlen von 1920 bis 1923: Die schwere Hungersnot in der UdSSR 1921/22, von der mehr als 22 Mio. Menschen betroffen waren, trug erheblich zum Anstieg der Zahl der Flüchtlinge bei.[1067] Hinzu kamen auch zahlreiche Ausweisungen aus der UdSSR, die 1922 ihren Höhepunkt erreichten. Allerdings war damit die Emigration noch nicht abgeschlossen: Nach einigen Schätzungen haben im Zeitraum von 1926 bis 1938 ca. 250.000 Menschen das Land verlassen.[1068] 10 % der in den Jahren 1917–1939 emigrierten Russen sind später in die Heimat zurückgekehrt.

1064 Die Migrationsgeschichte dieser Periode lässt sich in folgende Phasen aufteilen: erste Phase – zwischen den 20er und 30er Jahren, zweite – zwischen den 30er und 50er Jahren und die dritte Phase liegt zwischen den 50-er und -60er Jahren und Anfang der 90er Jahre. Nach 1917 fand eine massenhafte Emigration statt, sog. „weiße" und politische Emigration.

1065 Vgl. *Drahn*, Russische Emigration. Eine kulturstatistische Studie, in: Zeitschrift für die gesamte Staatswissenschaft, 89. 1930, S. 124 (125f.).

1066 Vgl. *Oltmer*, Flucht, Vertreibung und Asyl im 19. und 20. Jh., in: Bade (Hrsg.), Migration in der europäischen Geschichte seit dem späten Mittelalter, IMIS-Beiträge, Heft 20/ 2002, S. 107 (128 f.); *Metelev*, Internationale Arbeitsmigration und illegale Migration in Russland, 2006, S. 51.

1067 Vgl. *Altrichter*, „Offene Großbaustelle Russland". Reflexionen über das „Schwarzbuch des Kommunismus", in: Vierteljahrshefte für Zeitgeschichte, 47. 1999, Heft 3, S. 321 (351 f.).

1068 Zit. nach *Metelev*, Internationale Arbeitsmigration und illegale Migration in Russland, 2006, S. 50 f.
Vgl. *Metelev*, Internationale Arbeitsmigration und illegale Migration in Russland, 2006, S. 51.

Die nächste große Emigrationswelle wurde durch den Zweiten Weltkrieg ausgelöst, so dass 4,2 Mio. Sowjetbürger, darunter 2,7 Mio. Zivilpersonen und 1,5 Mio. Wehrdienstleistende, im Ausland bleiben mussten. Von ihnen kamen 620.000 Menschen nicht mehr in die UdSSR zurück.[1069] In den 70er Jahren begann die nächste Emigrationswelle der Juden und der politisch Verfolgten, auch „dissidente Emigration" genannt.

Es lässt sich feststellen, dass die Migrationsprozesse innerhalb der UdSSR einen ganz anderen Charakter trugen, da sie die Binnenmigration (innere Kolonisation) betrafen.[1070] In der Sowjetunion existierten zwei gegensätzliche Faktoren, die die Migration beeinflussten: zum einen die Einschränkung der Bewegungsfreiheit durch die Einführung von Aufenthaltsgenehmigungen (sog. propiska)[1071] und zum anderen freiwillige bzw. erzwungene massive Wanderungsbewegungen durch die ganze UdSSR.[1072] Die internationale Migration war allerdings stark eingeschränkt. Sie war durch einen administrativen Aspekt gekennzeichnet: Es wurde ein kommando-administratives Verwaltungssystem für die Regulierung der politischen,

---

1069 Vgl. *Metelev*, Internationale Arbeitsmigration und illegale Migration in Russland, 2006, S. 51; auch *Inyshin*, Russische Emigration, in: Online-Zeitung „Polarstern" v. 26.01.2005, abrufbar unter: www.zwezda.ru (abgerufen am 10.03.2012). Hinzuweisen ist auch darauf, dass die Zahl der russischen Emigranten kurz vor dem Zweiten Weltkrieg in allen Ländern gesunken ist. Als Gründe dafür werden Todesfälle und Einbürgerung genannt. So ist bspw. in Frankreich im Vergleich zu dem Jahr 1920 die Zahl der Russen 8-mal gesunken und liegt nun bei ca. 50.000, während sie in Bulgarien 30.000 ausmacht, ebenso im ehem. Jugoslawien.

1070 In der sowjetischen Ära zogen die Menschen vom zentraleuropäischen Teil Russlands in die nördlichen Regionen, nach Sibirien und in den Fernen Osten, um diese Orte zu beleben. Um die industrielle Entwicklung im ganzen Land voranzutreiben, wurde ein spezielles Rekrutierungssystem von Arbeitskräften ausgearbeitet. So siedelten in den 1930er Jahren um die 28,7 Mio. Menschen quer durch die UdSSR um. Danach wurden andere Systeme, etwa zur „Verteilung von Hochschulabsolventen", eingeführt. In diesem Zusammenhang ist auch erwähnenswert, dass große Teile der russischen Bevölkerung in der UdSSR teils freiwillig, teils gezwungenermaßen auf die freien Territorien im Osten des Landes bzw. in die ehemaligen Sowjetrepubliken umsiedelten.

1071 Die Aufenthaltsgenehmigung (propiska) wurde 1932 eingeführt und „durch einen Stempel im „Inlandspass" vermerkt, der von einer Dienststelle des Innenministeriums ausgestellt wurde. Jede Person wurde unter einer bestimmten Adresse registriert. Diese Registrierung ermöglichte ihm den Zugang zum Arbeitsmarkt, zur Bildung und Gesundheitsversorgung sowie zu den anderen Sozialleistungen". *Ivakhnyuk*, The Russian Migration Policy and its Impact on Human Development: The Historical Perspective, in: Human Development Research Paper 2009/14, S. 2.

1072 Vgl. *Ivakhnyuk*, The Russian Migration Policy and its Impact on Human Development: The Historical Perspective, in: Human Development Research Paper 2009/14, S. 6 f.; auch *Nozhenko*, Historische Entwicklung und aktuelle Trends, in: Bundeszentrale für politische Bildung, Heft 20, abrufbar unter: http://www.bpb.de/themen (abgerufen am 24.03.2012).

sozioökonomischen, demographischen und gesellschaftlichen Prozesse errichtet. Für die Ausreise benötigten Sowjetbürger ein Ausreisevisum, das jedoch nur sehr eingeschränkt erteilt wurde. Vor allem war die Bewegungsfreiheit während des Kalten Krieges zwischen Ländern des Ostblocks und Westeuropa sowie Nordamerika erschwert. Durch hochentwickelte Sicherheitssysteme und strenge Grenzkontrollen sollte illegale Migration vermieden werden.[1073] Trotz verschärfter internationaler Migrationskontrolle bestand auch eine staatlich initiierte internationale Zusammenarbeit. Einigen Experten zufolge arbeiteten in den Jahren 1970–1980 jährlich rund 300.000 Menschen aus der Sowjetunion außerhalb der UdSSR in den sozialistischen Ländern und in den Entwicklungsländern. In die Sowjetunion kamen die Arbeitsimmigranten aus den Ländern des RGW[1074] oder andere Ausländer im Zusammenhang mit politisch bedeutsamen Projekten oder zu Studienzwecken. Im Jahre 1990 hielten sich ca. 200.000 Bürger aus sozialistischen Ländern in der Sowjetunion auf. Diese waren in verschiedenen Industriebereichen tätig.[1075]

2. *Die Migration im gegenwärtigen Russland (seit 1992)*

Im ersten Jahrzehnt der postsowjetischen Ära hatte Russland einen sehr hohen relativen Migrationsindex und lag von 1989 bis 2002 weltweit auf dem dritten Platz.[1076] Nach den Angaben der World Bank bildete die RF von 2003 bis 2006 das zweitgrößte Einwanderungsland der Welt nach den USA.[1077] Einigen Angaben zufolge sind in den Jahren 1989–2002 ca. 5,9 Mio. Menschen in das postsowjetische Russland eingewandert[1078] und in den Jahren von 2003 bis 2007 weitere 730.000 Menschen. Diese Menschen verteilten sich allerdings ungleichmäßig auf die verschiedenen Regionen Russlands.[1079] Eine andere Statistik besagt hingegen, dass

1073 Vgl. *Tjurkin*, Das Migrationssystem der RF, 2005, S. 21 f.

1074 RGW – Rat für gegenseitige Wirtschaftshilfe (auf russisch Совет экономической взаимопомощи – СЭВ, SEW) der wirtschaftliche Zusammenschluss der sozialistischen Staaten unter Führung der Sowjetunion, der in den Jahren von 1949 bis zum 1991existierte. Der RGW wurde neben der Sowjetunion von Polen, Rumänien, Bulgarien, Ungarn und die Tschechoslowakei gegründet.

1075 Vgl. *Metelev*, Internationale Arbeitsmigration und illegale Migration in Russland, 2006, S. 51; *Nozhenko*, Historische Entwicklung und aktuelle Trends, in: Bundeszentrale für politische Bildung, Heft 20, abrufbar unter: http://www.bpb.de/themen (abgerufen am 24.03.2012).

1076 Vgl. *Nozhenko*, RF, in: focus Migration, 2010, Nr. 20, S. 1, als pdf-Format abrufbar unter: www.focus-migration.de (abgerufen am 24.03.2012).

1077 Vgl. *Mansoor/ Quillin*, Migration and remittances: Eastern Europe and the Former Soviet Union, 2006, p. 3.

1078 In diesem Zeitraum haben 0,8 Mio. Menschen gleichzeitig Russland verlassen. S. *Perevedenzev*, Aus dem neuen Ausland nach Russland, in: Mensch und Arbeit, 2001, Heft 9, S. 32.

1079 Goskomstat RF – Statistisches Amt der RF, Stand: 29.04.2010. Seit Jahren ist Russland auch von der illegalen Migration stark geprägt. So schätzt die Weltbank den

Russland innerhalb der ersten zehn Jahre 8,6 Mio. Einwanderer aufgenommen hat.[1080]

Im Wesentlichen verliefen die Migrationsprozesse in den 90er Jahren kompliziert und chaotisch. Die besonders relevanten Faktoren, welche die Migrationsprozesse in der postsowjetischen Zeit erheblich erschwerten, waren:

- der Zusammenbruch der Sowjetunion und die Herausbildung der postsowjetischen unabhängigen Staaten,
- das Fehlen einer Staatsgrenze der RF mit den postsowjetischen Staaten und einer geregelten Migrationskontrolle,
- erhöhte Migrationswanderungen zwischen Russland und den ehemaligen Staaten der UdSSR sowie den anderen Staaten des fernen Auslandes,
- die starke Binnenmigration und
- die Zuspitzung der politischen, sozialen, wirtschaftlichen und ethnonationalen Konflikte innerhalb der RF und innerhalb einiger angrenzender Länder.

Der Zusammenbruch der Sowjetunion Ende der 80er Jahre führte dazu, dass ca. 55–65 Mio. Menschen auf diesem Territorium zu Ausländern wurden, weil sie außerhalb der Gebietseinheit ihrer Nationalitäten angesiedelt waren. Einigen Angaben zufolge, befanden sich darunter allein 34 Mio. Slawen, d. h. Russen, Ukrainer, Weißrussen usw., die nach Umfragen eine Art Heimatlosigkeit empfanden. So lebten etwa 25 Mio. ethnische Russen nach der Auflösung der Sowjetunion in den nichtrussischen postsowjetischen Teilrepubliken. Mehr als 3 Mio. Russen siedelten zwischen 1991 und 1998 nach Russland über. Russland ist somit zu einer

---

Gesamtumfang der irregulären Migration in Russland auf 1,3 bis 1,5 Mio. Menschen, gefolgt von Kasachstan mit 300.000 und Weißrussland mit 150.000 Menschen sowie der Ukraine auf 1,6 Mio. Menschen. Sie stützt sich dabei auf einen Bericht der IOM aus dem Jahr 2001, dem zufolge sich fast alle Arbeitsmigranten in Tadschikistan, Kirgisistan, Russland und Weißrussland irregulär aufhalten. Die ILO geht sogar von 3,5 bis 5 Mio. irregulären Migranten in Russland aus. Nach russischen Angaben kommt die Mehrheit der illegalen Zuwanderer aus den Ländern des fernen Auslands, wie Afghanistan, Iran, Pakistan und aus den afrikanischen Ländern und GUS-Staaten (Tadschikistan, Usbekistan, Aserbaidschan, Kirgisien, Turkmenien und Kasachstan). Erst sind sie nach Russland gesetzmäßig eingereist. Danach sind sie wegen der komplizierten Regeln für den Erwerb von Aufenthaltserlaubnissen in Russland (s. u.) illegal geworden. S. *Prudnikova*, Die Migrationsprozesse und ihr Einfluss auf gesellschaftliche und nationale Sicherheit, Theoretisch-methodologische Aspekte, 2011, S. 18.

1080 Vgl. *Grafova*, Einwanderung: Katastrophe oder Rettung?, in: Mensch und Arbeit, 2002, Heft 7, S. 17. Es ist darauf hinzuweisen, dass es über die Einwanderung in den Umbruchzeiten von Russland keine vollständige und einheitliche Statistik gibt. Daher sind auch in der Literatur unterschiedliche Zahlen angegeben. So sind bspw. nach *Ivakhnyuk* nur zwischen 1992 und 2000 ca. 9 Mio. Bürger der ehemaligen UdSSR nach Russland eingewandert. S. *Ivakhnyuk*, New Answers to Irregular Migration Challenges in Russia, in: ZAR, 2008, S. 12 (12).

„Rettungsinsel" für viele Russen und russischsprachige Personen geworden, die in den ehemaligen Sowjetrepubliken unerwünscht waren. Im Wesentlichen waren im Zeitraum von 1998 bis 2007 zwei Drittel der Immigranten Russen, etwa 12 % gehörten anderen ethnischen Gruppen mit Ursprung in Russland an.[1081] Die Rücksiedlung ethnischer Russen und die Schwierigkeiten der wirtschaftlichen Übergangszeit in den meisten Unionsrepubliken bestimmten das Erscheinungsbild des Migrationstrends dieser Zeit.

Als weitere Besonderheit des Migrationstrends sind die Flüchtlingsströme nach Russland zu bezeichnen. Bereits im Jahre 1989 kamen die ersten Flüchtlinge nach Russland – 16.000 türkischsprachige Mescheten aus Usbekistan (Fergana)[1082] und mehr als 30.000 Armenier aus Aserbaidschan nach den ethnischen Konflikten in Sumgait.[1083] Im Januar 1990 nahm Russland innerhalb von zwei Wochen ca. 90.000 ethnische Russen und Armenier auf, von denen ca. 40.000 Immigranten in Moskau blieben.[1084] Nach Angaben des Ministeriums für Bundesangelegenheiten, nationale und Migrationspolitik haben in den Jahren 1992–2000 ca. 1,6 Mio. Personen den Status „Vertriebene" und „Flüchtlinge" bekommen. Anfang des Jahres 2001 betrug ihre Zahl mehr als 800.000 Personen, von denen mehr als 300.000 staatliche Förderungen erhielten. Hinzuweisen ist auch darauf, dass sich unter den Flüchtlingen nicht nur die Personen aus der ehemaligen Sowjetunion befanden, sondern auch aus dem Territorium Russlands selbst, nämlich aus den Republiken Tschetschenien und Inguschetien. Die Flüchtlingszahlen aus diesen Regionen wurden mit ca. 400.000 Personen angegeben.[1085]

Erwähnenswert ist auch die Einwanderungswelle in den 1990er Jahren aus China, die bis dato andauert. Die Einwanderung von Chinesen, vor allem Händlern, im Zusammenhang mit der Abwanderung russischer Bevölkerung aus Sibirien und dem Fernen Osten ließ und lässt offizielle Befürchtungen aufkommen, Russland könne sein Territorium „verlieren". Nach einer Meinungsumfrage unter

---

1081 Vgl. *Baden/Maßling/Schubert/Zellmer*, RF – eine migrationspolitische Herausforderung, 2002, S. 13; *Nozhenko*, RF: Historische Entwicklung und aktuelle Trends, in: Bundeszentrale für politische Bildung, Heft 20, 2010, S. 4.

1082 Im Frühjahr 1989 kam es im usbekischen Ferghanatal infolge des blutigen Grenzkrieges mit Kirgisien zu einem von der damaligen usbekischen Regierung gesteuerten Pogrom an dieser Volksgruppe. Dabei wurden 100 Turk-Mescheten grausam getötet. Ähnliche gewalttätige Auseinandersetzungen sind auch im Sommer 2010 aufgetreten.

1083 Das Pogrom in Sumgait (Sumqayıt) war ein erster Höhepunkt in dem damals aufflammenden Konflikt um Bergkarabach und ein Meilenstein in der Verschärfung der ethnischen Konflikte im Kaukasus, die auch in der späteren Zeit Migrationsströmungen verursachte.

1084 Vgl. *Tjurkin*, Die Migrationspolitik der RF, Entwicklungserfahrungen und Perspektiven, 2009, S. 20.

1085 Zit. nach *Tjurkin*, Die Migrationspolitik der RF, Entwicklungserfahrungen und Perspektiven, 2009, S. 32.

der Bevölkerung der Region Primorje vertraten 1998 fast 50 % der Befragten die Meinung, dass die chinesische Einwanderung eine große Gefahr für die RF im Osten darstelle. Die tatsächliche Anzahl der chinesischen Migranten ist allerdings wesentlich geringer als von den russischen Bürgern in den Meinungsumfragen angegeben wird. So machten sie in der Region Primorje zwischen 1996 und 1998 höchstens 1,1 % der Gesamtbevölkerung aus, während ihre Anzahl in Chabarovsk und Wladivostok nicht mehr als 10.000 Personen im Jahr 1999 betrug.[1086]

Als nächste Migrationswelle ist ein Zustrom von Einwanderern im Jahre 2008 zu verzeichnen. Dieser Zustrom erfolgte in bestimmte Subjekte[1087] der RF. Laut Angaben des Instituts für Demographie SU-HSE zeigte das Gebiet Moskau die höchste Zuwanderung, nämlich ca. 75.000 Menschen, unter denen 55.000 allein in Moskau blieben. Zu den wichtigsten Zuwanderungsregionen gehörten ebenfalls Sankt Petersburg und die Region Krasnodar sowie der Föderationskreis Ferner Osten.[1088]

Seit Jahren zählt zu den wichtigsten und großen Migrationsgründen die Arbeitsmigration nach Russland. Diese bietet vor allem einen Anreiz für Migranten aus den ehemaligen Sowjetrepubliken. Ein Grund dafür liegt in der wirtschaftlichen Entwicklung in Russland. Diese verläuft besser als in den anderen ehemaligen Sowjetrepubliken. Dadurch erhalten die Migranten bessere Chancen auf Beschäftigung und höheren Verdienst. Nach den Angaben des FMS waren im Jahr 2007 ca. 2,3 Mio. Migranten im legalen Arbeitsmarkt beschäftigt. Diese Zahlen sind dreimal höher als im Jahr 2005 und 17-mal höher als im Jahr 1994. Die Zahl der illegalen Arbeitsmigranten wird auf drei bis sechs Mio. geschätzt.[1089]

Im Allgemeinen ist die postsowjetische Ära dadurch gekennzeichnet, dass die RF hunderttausende Zuwanderer aus asiatischen und afrikanischen Staaten aufnahm, die ursprünglich in die EU oder andere hoch entwickelte Staaten gelangen und Russland als Durchreiseland nutzen wollten. Jedoch ist der überwiegende Teil aus verschiedenen Gründen in Russland geblieben. Demnach stellt das gegenwärtige Russland nach wie vor ein Aufnahmeland für Millionen von

---

1086 Vgl. *Alekseev*, Gefährdet die chinesische Einwanderung Russland?, in: Weltwirtschaft und internationale Beziehungen, 2006, Nr. 12, S. 99; *Vitkovskaya/Panarin* (Hrsg.), Russische Diaspora in Zentralasien und Sicherheit Russlands, 2000, S. 208; *Nozhenko*, Russische Föderation: Historische Entwicklung und aktuelle Trends, in: Bundeszentrale für politische Bildung, Heft 20, 2010, S. 4.

1087 Die Russische Föderation bilden derzeit 83 Subjekte der RF. Zu den Föderationssubjekten gehören: 21 Republiken, 1 Autonomes Oblast (Awtonomnaja Oblast; nur Jüdisches Autonomes Oblast), 4 Autonome Kreise (Awtonomny Okrug), 9 Regionen (Krai), 46 Gebiete (Oblast) und 2 Städte mit Subjektstatus (Moskau und Sankt Petersburg).

1088 Vgl. http//demoskope.ru/weekly/2009/0367/barom03.php (abgerufen am 20.02.2012). Allerdings können die inoffiziellen Zahlen von den angegebenen Zahlen abweichen.

1089 *FMS*, August 2007. Zu den weiteren Angaben bezüglich der Arbeitsmigration in Russland siehe unter der Frage C. Abschnitt III. 1 „Zugang zum Arbeitsmarkt".

Zuwanderern weltweit dar: von dauerhaften und vorübergehenden, freiwilligen und unfreiwilligen, legalen und illegalen Personen. Eine Besonderheit des Landes bildet das große Ausmaß illegaler Zuwanderung aus anderen früheren Sowjetrepubliken. Wegen der ständigen Migrationsbewegungen lässt sich die Einwanderung auch nur unter Schwierigkeiten den tatsächlichen Phasen zuordnen.

In den 90er Jahren erfolgte eine massenhafte Auswanderung aus dem Land. Nach Angaben des Statistischen Amtes sind in den Jahren 1991–2005 aus Russland ca. 773.000 Personen nach Deutschland, 188.000 Personen nach Israel, 120.000 in die USA und jeweils ca. 11.000 nach Griechenland und Kanada ausgewandert. Die russische Diaspora in Deutschland beinhaltet nach dieser Statistik neben Russen auch Juden, Armenier, Georgier, Aserbaidschaner und Aussiedler; die tatsächlichen Zahlen der Emigranten sind unbekannt.[1090] Die Emigration nach Deutschland, Israel und Griechenland fand überwiegend im Rahmen ethnischer Rücksiedlungsprogramme statt. Seinen Höhepunkt erreichte der Zuzug russischer Emigranten (Spätaussiedler) nach Deutschland 1995 (ca. 107.377). Eine große Anzahl russischer hochqualifizierter Emigranten wanderte nach dem Zerfall der Sowjetunion in die USA, nach Deutschland und Norwegen aus. Laut IOM befanden sich in Deutschland im Jahr 2002 ca. 50.000 russische IT-Spezialisten.[1091] Diese Abwanderung hochqualifizierter Arbeitskräfte ins Ausland (brain drain) hält bislang an. Schätzungen zufolge arbeiteten im Jahr 2005 an die 30.000 russische Wissenschaftler im Ausland. Gegenwärtig gelten Großbritannien, Deutschland, Griechenland, Niederlande und Zypern als bevorzugte Zielländer für hochqualifizierte Russen, die einen Arbeitsplatz im Ausland anstreben. Es wird vermutet, dass Russland bislang ca. 1,3 Mio. Wissenschaftler und IT-Spezialisten verlassen haben.[1092] Laut einer Umfrage sind weitere 28 % der Bevölkerung bereit, dem Land für immer den Rücken zuzukehren.[1093]

III. Die gesetzliche Regelung der Zuwanderung in Russland

Nach dem Zusammenbruch der UdSSR musste sich die RF mit einem neuen Problem auseinandersetzen. Russland verfügte zu dieser Zeit weder über eine entsprechende Gesetzgebung für die Regelung der internationalen (externen) Migration noch über ein dafür zuständiges Amt. Lediglich die interne Arbeitsmigration (Binnenmigration) wurde vom Staat bis zum Jahr 1990 streng geregelt.

1090 Demographisches Jahrbuch Russlands 2006, in: Rosstat, 2006, S. 471. Nach anderen Angaben kamen in den Jahren 1992–1998 rund 590.000–674.000 Zuwanderer aus Russland nach Deutschland, unter anderem 198.000 – 218.000 Russen. Siehe: *Denisenko*, Emigration aus der RF nach ausländischen Angaben, in: Russischer Archipelag, abrufbar unter: www.archipelag.ru (abgerufen am 24.05.2013).

1091 Migration Trends in Eastern Europe and Central Asia: 2001–2002 Rewiev, 2002, p. 119.

1092 Vgl. *Gudkov*, Das leere Land, in: Novaya Gazeta, Nr. 28 (1777), 12.07.2011.

1093 Vgl. *Gudkov*, Das leere Land, in: Novaya Gazeta, Nr. 28 (1777), 12.07.2011.

Aufgrund des geänderten Migrationscharakters, insbesondere wegen der großen Flüchtlingsströme seit 1989, wurden die ersten Schritte hinsichtlich der internationalen Migration[1094] in Russland vollzogen. So wurde im Dezember 1990 die republikanische Vereinigung für Flüchtlinge und Vertriebene beim Ministerium für Arbeit der RSFSR[1095] (danach beim Arbeitsamt der RF) gegründet.[1096] Im Jahre 1992 entstand zunächst der Migrationsausschuss, den etwas später der Föderale Migrationsdienst Russlands[1097] ablöste.

Es lässt sich feststellen, dass im Jahre 1992 zahlreiche Vereinbarungen getroffen und zwischenstaatliche Abkommen abgeschlossen wurden, die als Meilenstein für eine Regulierung der Einwanderung in der RF in der ersten Migrationsphase dienten. Unter anderem: Im März 1992 wurde zwischen der Regierung der RF und der Internationalen Organisation für Migration (IOM) eine Vereinbarung getroffen, die die Schaffung einer Filiale der IOM ermöglichte. Im Oktober 1992 wurde von der Regierung der RF und dem Hohen Flüchtlingskommissar der Vereinten Nationen (UNHCR)[1098] das Abkommen über die Gründung der Agentur von UNHCR für Flüchtlinge und andere schutzbedürftige Personen in Russland unterzeichnet. Im gleichen Jahr hat die RF die Konvention über den Status der Flüchtlinge von 1951 und das Protokoll von 1967 ratifiziert.[1099]

1094 In der weiteren Forschung wird anstatt des Begriffs „internationale Migration" Einwanderung bzw. Migration verwendet.

1095 Die Russische Sozialistische Föderative Sowjetrepublik endete im Dezember 1991 und wurde als Russische Föderation bzw. Russländische Föderation unter Wahrnehmung aller Rechte und Pflichten der UdSSR unabhängig.

1096 Vgl. *Tjurkin*, Die Migrationspolitik der RF, Entwicklungserfahrungen und Perspektiven, 2009, S. 20.

1097 FMS Russlands (Федеральная миграционная служба Российской Федерации) wurde aufgrund des Erlasses des Präsidenten der RF v. 14.06.1992 Nr. 626 „Über die Föderalen Migrationsdienst Russlands" (Gesetzessammlung vom Präsidenten und Regierung RF, 1992, Nr. 25, Art. 422) gegründet und kraft RVO v. 01.03.1993 Nr. 173 wurden allgemeine Bestimmungen hinsichtlich des Aufgabenbereiches des FMS getroffen bzw. ausdrücklich geregelt. Am Anfang hat das FMS mit UNHCR, IOM, IOA und mit den Migrationsämtern der Länder Deutschland, Finnland, Kanada, USA u. a. zusammengearbeitet. Seitdem wurde das FMS mehrmals Umstrukturierungen unterzogen: abgeschafft und nach einiger Zeit wieder neuerrichtet.

1098 Auf Russisch: Управление Верховного комиссара Организации Объединённых Наций по делам беженцев (УВКБ ООН).

1099 Diese Schritte Russlands werden unterschiedlich bewertet. Die Erfahrung hat gezeigt, dass Russland immer noch nicht in der Lage ist, Flüchtlingen die erforderlichen sozialen Leistungen zu gewährleisten. Das heißt, dass der Staat bei der Ratifizierung der o. g. Konvention seine finanziellen Möglichkeiten falsch eingeschätzt hat.

1. *Die zwischenstaatlichen Abkommen*

Die gesetzliche Regelung der Einwanderung in der RF lässt sich grob in mehrere Stufen unterteilen. Die erste Stufe beginnt gleich nach der Gründung der GUS im Dezember 1991.[1100] In dieser Zeit sind zahlreiche zwischenstaatliche Abkommen zwischen den ehemaligen Sowjetrepubliken geschlossen worden. Diese gelten mehrheitlich bis heute. Das Ziel bestand darin, die politischen, wirtschaftlichen und sozialen Bindungen zwischen den ehemaligen Teilen der Supermacht zu erhalten. Es wurde deutlich, dass sich strenge Grenzen zwischen diesen Staaten nicht durchsetzen ließen. So entstanden die ersten zwischenstaatlichen Übereinkünfte zur Migrationsregelung: das Abkommen über die visafreie Freizügigkeit der Bürger von GUS-Ländern v. 9. Oktober 1992 (sog. Bischkeker Abkommen)[1101] und das Abkommen über die gegenseitige Akzeptanz der Visa von den GUS-Ländern v. 13. November 1992 (sog. Moskauer Abkommen).[1102] Im Bischkeker Abkommen wurde vereinbart, dass „die Bürger der Vertragsparteien das Recht auf freie Einreise, Ausreise und Freizügigkeit auf dem territorialen Gebiet der Vertragsparteien besitzen, wenn sie ihre Identität und ihre Staatsangehörigkeit nachweisen können“[1103]. Visafreie Einreise, Ausreise und Bewegungsfreiheit auf dem Hoheitsgebiet der Mitgliedstaaten vom Bischkerer Abkommen erhielten auch die Bürger der Vertragsparteien, die auf dem Territorium der Drittstaaten lebten. Das Moskauer Abkommen ermöglichte die Anerkennung der Einreise-, Ausreise- und Transitvisa, die den Ausländern von den zuständigen Ämtern der Mitgliedstaaten erstellt wurden.[1104] Eine weitere Regelung im Bereich der Einwanderung stellt ein im April 1994 erlassenes Abkommen „Über die Zusammenarbeit im Bereich der

1100 Die Gemeinschaft Unabhängiger Staaten (kurz GUS; russisch Содружество Независимых Государств (СНГ)/ Sodruschestwo Nesawissimych Gossudarstw) ist eine regionale internationale Organisation, in der sich verschiedene Nachfolgestaaten der UdSSR zusammengeschlossen haben. Im Dezember 1991 wurde zwischen den ehemaligen Sowjetrepubliken – zunächst von drei, danach noch von zwölf Sowjetrepubliken – das Abkommen über die Zusammenarbeit unterzeichnet.

1101 Abkommen über die visafreien Freizügigkeit der Bürger aus den GUS-Ländern auf dem Territorium der unterzeichnenden Staaten v. 09.10.1992 (Bischkeker Abkommen), in: Bulletin der internationalen Verträge, 1993, Nr. 10, S. 34.

1102 Abkommen über die gegenseitigen Akzeptanz der Visa von den GUS-Ländern v. 13.11.1992 (Moskauer Abkommen), in: Bulletin der internationalen Verträge, 1992, Nr. 4, S. 16.

1103 Abkommen über die visafreie Freizügigkeit der Bürger aus den GUS-Ländern auf dem Territorium der unterzeichnenden Staaten v. 09.10.1992, in: Bulletin der internationalen Verträge, 1993, Nr. 10, S. 34.

1104 Kraft RVO v. 15.12.1999 Nr. 1393 hat die RF die Regelungen des Moskauer Abkommens, wonach Ausländer visafrei durch das Hoheitsgebiet durchreisen konnten, vorübergehend gestoppt, während die RF im Jahre 2000 aus dem Bischkeker Abkommen vollständig ausgeschieden ist.

Arbeitsmigration und des sozialen Schutzes der Wanderarbeiter" dar, das von allen GUS-Ländern unterzeichnet wurde. Diese Regelung trat jedoch in zwei Staaten, nämlich in Georgien und Turkmenistan, nicht in Kraft.[1105]

Die zweite Stufe bildet die Reduzierung der Migration durch eine enge multilaterale Zusammenarbeit der GUS-Länder, die auch in den weiteren Verträgen zum Ausdruck kommt. In dieser Phase wurde die Einwanderung in Russland aufgrund bilateraler Verträge zwischen den einzelnen Staaten geregelt. Russland schloss bilaterale Abkommen über die visafreie Freizügigkeit der Bürger mit folgenden Staaten ab: Ukraine,[1106] Aserbaidschan[1107] (beide 1997), Armenien[1108] und Republik Moldau[1109] (2000). Die Grundsätze dieser Abkommen umfassten die visafreie Ein-, Aus- und Durchreise mit der Einhaltung der Aufenthalts- und Registrierungsregeln, die Bewegung der Bürger durch die Kontrollpunkte usw. Für die Regulierung der steigenden Arbeitsmigration im Land hat Russland mit Armenien, Weißrussland, Republik Moldau, Ukraine und Kirgistan entsprechende Vereinbarungen getroffen. Außerdem sind derartige Vereinbarungen mit anderen Ländern, etwa Deutschland, Finnland, Polen, Schweiz, China und Vietnam, geschlossen worden.[1110]

In der dritten und vierten Stufe wurden von Russland weitere Regelungen auf den Weg gebracht. Mit diesen Regelungen sollen die Migrationsregulierung und

1105 Vgl. *Schulga/Topilin/Drogginova/Proskurjakova*, Arbeitsmarktzustand und Bevölkerungsmigration in GUS: analytischer Vortrag, in: Wirtschaft der GUS, Ausgabe 4, 2000, S. 105.

1106 Abkommen zwischen Regierung der RF und der Ukraine über die visafreie Freizügigkeit der Bürger der RF und der Ukraine v. 16.01.1997, in: Bulletin der internationalen Verträge, 1999, Nr. 2.

1107 Abkommen zwischen Regierung der RF und der Republik Aserbaidschan über die visafreie Freizügigkeit der Bürger der RF und der Republik Aserbaidschan v. 03.07.1997, in: Bulletin der internationalen Verträge, 1998, Nr. 10.

1108 Verordnung der Regierung der RF v. 25.09.2000, Nr. 721 „Über die Unterzeichnung des Abkommens zwischen Regierung der RF und der Republik Armenien über die gegenseitigen visafreien Reisen der Bürger der RF und der Republik Armenien", in: Gesetzessammlung der RF, 2000, Nr. 40, S. 3978.

1109 Verordnung der Regierung der RF v. 07.12.2000, № 935 „Über die Unterzeichnung des Abkommens zwischen Regierung der RF und der Republik Moldau über die gegenseitigen visafreien Reisen der Bürger der RF und der Republik Moldau", in: Gesetzessammlung der RF, 2000, Nr. 50, S. 4914.

1110 Siehe *Glazyrin*, Die Arbeit der Ausländer in Russland, 1997, S. 11; *Prokopieva*, Gesetzliche Regelung von Migrationsprozessen, Diplomarbeit, 2007, S. 43 f. (nicht veröffentlicht); *Rjasanzev*, Arbeitsmigration in den GUS-Ländern und im Baltikum: Tendenzen, Folgen und Regulierung, 2007, S. 503. Im Jahre 1998 wurde auch die gesetzliche Regelung bezüglich der illegalen Migration geschaffen. Das Abkommen über die Zusammenarbeit der GUS-Mitgliedstaaten im Kampf gegen die illegale Migration v. 06.03.1998 haben neun Länder, mit Ausnahme von Turkmenien, Georgien und Usbekistan, unterzeichnet.

die Arbeitsaufnahme für Zuwanderer aus Weißrussland,[1111] Kasachstan, Tadschikistan und Kirgistan erheblich erleichtert werden.[1112] Im Allgemeinen lässt sich feststellen, dass in den GUS-Staaten zahlreiche Vereinbarungen, die eine Zusammenarbeit im Bereich der Sozialpolitik sowie der Arbeitsmarkt- und Migrationspolitik ermöglichen, geschlossen wurden. Diese können wesentlich zur Verringerung der Migrationsprobleme in Russland beitragen.

2. Die grundsätzlichen Normativakte

In der RF sind in der letzten Zeit eine Vielzahl von Gesetzen, Erlassen oder Verordnungen auf dem Gebiet der Migrationsregelung geschaffen worden. Es existiert jedoch kein dem deutschen Zuwanderungsgesetz entsprechendes umfassendes Gesetz. Die Regelungen erweisen sich in den meisten Fällen sogar als unübersichtlich. Die grundsätzlichen Normativakte auf dem Gebiet der Migrationsregelung sind: das Föderale Gesetz Nr. 115-FZ v. 25. Juli 2002 „Über den Rechtsstatus ausländischer Bürger in der RF", der Erlass des Präsidenten der RF v. 16. Dezember 1993 Nr. 2146 „Über die Anwerbung und den Einsatz der ausländischen Arbeitskräfte", das Föderale Gesetz Nr. 62-FZ „Über die Staatsangehörigkeit der RF" v. 31. Mai 2002, das Föderale Gesetz Nr. 109-FZ v. 18. Juli 2006 „Über die Migrationsregistrierung ausländischer Bürger und Staatenloser in der RF", die Regierungsverordnung der RF Nr. 9 v. 15. Januar 2007 „Über die Abwicklung der Migrationsregistrierung ausländischer Bürger und Staatenloser" etc.

Als grundlegende Vorschrift im Bereich der Migrationsregelung in der RF gilt das Föderale Gesetz Nr. 115-FZ v. 25. Juli 2002 „Über den Rechtsstatus ausländischer Bürger in der RF" (nachfolgend „Ausländergesetz"). Die Verabschiedung dieses Gesetzes hat den Anstoß für die Entstehung einer neuen gesetzlichen Grundlage für die Rechtsstellung ausländischer Bürger gegeben und Voraussetzungen für die weitere Entwicklung der Gesetzgebung in diesem Bereich, insbesondere für die Regelung bestimmter praktischer Aspekte, geschaffen. Aufgrund dieses Gesetzes hat die Regierung der RF eine Reihe von Verordnungen erlassen, die vor allem die Quotenfestsetzung für die Erteilung von Einladungen zum Zweck der Arbeitsaufnahme, für die Erteilung von Erlaubnissen zum zeitweiligen Wohnsitz in Russland sowie Arbeitsgenehmigungen regeln.

In den Jahren 2009–2010 wurde die Gesetzgebung über die Rechtsstellung ausländischer Bürger geändert. Die angeführten Änderungen wurden sowohl in das Ausländergesetz selbst, als auch in sonstige Normativakte, insbesondere in das Föderale Gesetz Nr. 109-FZ „Über die Migrationsregistrierung ausländischer Bürger und Staatenloser in der RF" v. 18. Juli 2006, eingearbeitet. Zudem wurden die Verordnungen der Regierung der RF, Anordnungen und Verwaltungsverfahrensor-

---

1111 So bedarf es z. B. für die Bürger Weißrusslands und die Ukrainer keiner Registrierung innerhalb von 90 Tagen in Russland.

1112 Vgl. *Rjasanzev*, Arbeitsmigration in den GUS-Ländern und im Baltikum: Tendenzen, Folgen und Regulierung, 2007, S. 506 f.

dnungen des FMS hinsichtlich der Beantragung und Erteilung von Visa und der zeitweiligen Aufenthaltserlaubnisse neu gefasst. Besondere Aufmerksamkeit gilt auch den Änderungen, die mit dem Föderalen Gesetz Nr. 86-FZ „Über Änderungen des Föderalen Gesetzes „Über die Rechtsstellung von ausländischen Staatsbürgern in der RF“ und einzelner Gesetzgebungsakte der RF“ v. 19. Mai 2010 (nachfolgend „Föderales Gesetz Nr. 86-FZ“)[1113] vorgenommen wurden. Diese Änderungen, die am 1. Juli 2010 in Kraft getreten sind, betrafen vor allem Angelegenheiten im Zusammenhang mit der Einstellung von ausländischen Hochqualifizierten, ausländischen Staatsbürgern, die bei natürlichen Personen angestellt sind, sowie die Erwerbstätigkeit von Mitarbeitern der Repräsentanzen ausländischer juristischer Personen. Kraft Gesetzes haben ausländische Hochqualifizierte eine besondere Rechtsstellung erlangt. Für diesen Personenkreis gilt eine Reihe von Vorteilen im Bereich der Migrationsregelung, Einstellung und Besteuerung.

B. Daten und Fakten zur Situation von Einwanderern in der Russischen Föderation

I. Begriff des Ausländers nach russischem Recht

Der Begriff des Ausländers wird in der russischen Gesetzgebung in der Regel nicht verwendet. In der Lehre wird dieser Terminus durch „ausländische Bürger und Staatenlose“ ersetzt. Der Terminus „ausländische Bürger“ wird in mehreren föderalen Gesetzen legal definiert. Im Sinne des § 3 des Föderalen Gesetzes v. 31. Mai 2002 Nr. 62-FZ „Über die Staatsangehörigkeit der RF“ sind ausländische Bürger die Personen, die nicht Staatsbürger der RF sind und die Staatsangehörigkeit (Nationalität) von ausländischen Staaten besitzen.[1114] § 2 AuslG fügt zu der besagten Legaldefinition hinzu, dass diese natürlichen Personen noch einen entsprechenden Beweis vorbringen müssen.[1115] Als solcher Beweis gilt gem. § 10 AuslG der Reisepass eines ausländischen Staatsbürgers oder ein anderes Dokument, das im föderalen Gesetz geregelt und als solches in den internationalen Verträgen anerkannt ist. Ausländische Bürger sind auch Personen, die sich legal in Russland aufhalten und eine gültige Aufenthaltserlaubnis besitzen oder über die Erlaubnis zum

---

1113 Das föderale Gesetz Nr. 86-FZ „Über Änderungen des föderalen Gesetzes „Über die Rechtsstellung von ausländischen Staatsbürgern in der RF“ und einzelner Gesetzgebungsakte der RF“ v. 19.05.2010.

1114 Das föderale Gesetz Nr. 62-FZ „Über die Staatsangehörigkeit der RF“ v. 31.05.2002, zul. geändert am 28.06.2008, in: Das föderale Gesetz „Über die Staatsangehörigkeit der RF“, 2013.

1115 § 2 FG Nr. 115-FZ „Über den Rechtsstatus ausländischer Bürger in der RF“ v. 25.07.2002; *Ponomareva*, Besonderheiten der Arbeitsregulierung der ausländischen Bürger in der RF, in: Migrationsrecht, 2010, Nr. 1, S. 5; *Chirkov*, Zu der Frage nach dem Recht auf die russische Rente für ausländische Bürger und Staatenlose, in: Arbeitsrecht, 2009, Nr. 8, S. 45.

vorübergehenden Aufenthalt in Russland oder das Visum und die Migrationskarte oder andere Ausweise verfügen, die es dem Ausländer erlauben, sich in der RF aufzuhalten.[1116] Daraus ergibt sich, dass es für die RF maßgeblich ist, ob die Person die andere Staatsangehörigkeit mit entsprechenden Ausweisen beweisen kann oder nicht. Das wird zuallererst mit dem Schutz ihrer Rechte begründet. Demnach ist die Legaldefinition des Begriffs „ausländische Bürger" im Ausländergesetz im rechtlichen Sinne transparenter als im ersten Gesetz.

§ 3 FG Nr. 62-FZ definiert Staatenlose als Personen, die keine Bürger der RF sind und keinen Beweis über den Besitz der Staatsangehörigkeit anderer Staaten vorbringen können. Diese Personen werden in der russischen juristischen Literatur auch als Apatriden oder Apoliden bezeichnet.[1117] Allerdings sind die Begriffe „ausländische Bürger" und „Staatenlose" nicht identisch. Je nachdem, ob sie den Besitz der Staatsangehörigkeit anderer Staaten beweisen können oder nicht, haben sie einen anderen Rechtsstatus als Ausländer.

II. Die Gruppen der Ausländer

In der Literatur existiert eine Fülle an Klassifizierungen von Ausländergruppen, die wesentlich voneinander abweichen.[1118] Im Föderalen Migrationsprogramm, das kraft Erlasses der Regierung der RF v. 10. November 1997 Nr. 14/14 abgeschlossen wurde, sind die Subjekte der externen bzw. internationalen Migration ausdrücklich geregelt. Danach besteht diese Gruppe aus Emigranten, Transitemigranten, Einwanderern und Transit-Einwanderern. Unter den Begriff Einwanderer fallen Ausländer und Staatenlose, die außerhalb der RF wohnenden Bürger der ehemaligen Sowjetunion sowie Asylsuchende und Flüchtlinge. Transit-Einwanderer sind Ausländer und Staatenlose, die sich in der RF vorübergehend aufhalten, um in einen weiteren Staat auszuwandern.

Nach meiner Auffassung können Einwanderer/Migranten nach Russland vor allem in folgende Gruppen unterteilt werden:

1116 Vgl. *Belkovez*, Der Ausländer in der RF als Einzelunternehmer, in: Praxis und Verwaltung, 2010, Nr. 7, S. 10.

1117 Vgl. *Li*, Die Begriffe „Ausländer", „ausländisches Element", „ausländische Rechtsordnung" in der russischen Gesetzgebung und ihre Anwendung im familienrechtlichen Bereich, in: Amtsblatt der Chabarowsker staatlichen Akademie für Wirtschaft und Recht, 2010, Nr. 2 (47), S. 63; *Ovchinnikova/Malumov*, Neues in der Migrationsgesetzgebung: Von der Registrierung bis zur Einbürgerung in der RF, in: Delovoj dvor, 2009, Nr. 5, S. 4.

1118 Siehe *Zinchenko*, Internationales Migrationsrecht: Die Grundlagen der Theorie und Praxis, 2011, S. 45; *Prudnikova*, Die Migrationsprozesse und ihr Einfluss auf gesellschaftliche und nationale Sicherheit, Theoretisch-methodologische Aspekte, 2011, S. 14; *Khabriyeva*, Migrationsrecht der RF: Theorie und Praxis, 2008, S. 81.

- Arbeitsmigranten oder Gastarbeiter,
- Hochqualifizierte,
- Asylsuchende, Vertriebene und Flüchtlinge,
- Staatenlose,
- ausländische Studierende und
- Ehegatten und Familienangehörige, vor allem aus den GUS-Staaten.

Eine wesentliche Zuwanderungsgruppe nach Russland stellen die Arbeitsmigranten dar. Diese kommen insbesondere aus den GUS-Staaten, mit denen Russland kraft bilateraler Abkommen visafreie Verhältnisse hat, und aus anderen Ländern wie Deutschland, Finnland, Polen, Schweiz, China und Vietnam.[1119] Dabei geht es um die Arbeitsmigranten, die überwiegend im Bauwesen (40,8 %), im Einzel- und Großhandel, in der Auto-, Motor- und Haushaltsgeräteindustrie (26,7 %), in der Agrar- und Forstwirtschaft (7,2 %) sowie im Dienstleistungsbereich (Verkehrs- und Telekommunikationsbereich, 4,6 %) tätig sind.[1120] Zu nennen sind auch die ausländischen Hochqualifizierten, die allerdings nur einen sehr geringen Migrantenanteil in Russland darstellen.[1121] Die Zahl der ausländischen Studenten in Russland betrug in den Jahren 2009/10 ca. 113.823.[1122] Zurzeit studieren an den russischen Hochschulen insgesamt 200.337 Ausländer, also nur 3 % der Gesamtheit an ausländischen Studenten weltweit. Allerdings hat das FMS ein zunehmendes Interesse von Ausländern an der russischen Hochschulausbildung festgestellt. In einigen Regionen Russlands stellt diese Zuwanderungsgruppe eine wesentliche Gruppe dar, z. B. in der Republik Buryatia.[1123] Zu den Familienangehörigen von Migranten gehören kraft Art. 1 Nr. 3 Vereinbarung[1124] Ehegatten, Kinder und andere Personen, die entsprechend der Gesetzgebung des Aufnahmestaates als Familienangehörige anerkannt werden können. Die große Mehrheit dieser Gruppe stammt aus den GUS-Ländern.

1119 Siehe oben unter „A", Abschhnitt III, Frage 1.

1120 Vgl. *Khabriyeva*, Migrationsrecht der RF: Theorie und Praxis, 2008, S. 115.

1121 Dazu mehr unter Abschnitt „C" Frage IV. 1 „Der Zugang zum Arbeitsmarkt".

1122 Vgl. *Scherega/Arefyeva*, Die Zahl der studierenden Jugendlichen in den Bildungseinrichtungen der RF. Mittelfristige Prognose bis 2014 und Bewertung der Tendenz bis 2025, S. 573.

1123 Im Jahr 2008 studierten in der Republik Buryatia 533 ausländische Studenten, im Jahr 2009–850 und im Jahr 2010–750. Sie kamen aus der Mongolei, China, Korea, Schweiz, Deutschland, Frankreich, Japan, Polen und aus Rumänien. FMS, siehe unter: http://www.fms.gov.ru (abgerufen am 08.12.2012).

1124 Vereinbarung zwischen der RF, der Republiken Kasachstan und Weißrussland „Über den Rechtsstatus der Arbeitsmigranten und ihrer Familienangehörigen" v. 19.11.2010, ratifiziert am 11.06.2011. Diese umfasst die Rechte und Pflichten der Arbeitsmigranten und ihrer Familienangehörigen, u. a. das Recht auf Sozialleistungen (Art. 11), medizinische Versorgung (Art. 13), Ausbildung und Betreuung in den Kindertageseinrichtungen (Art. 12).

III. Zahlen und Fakten zu den in der Russischen Föderation lebenden Immigranten

Bereits seit den 1990er Jahren nimmt Russland Zuwanderer aus fast 140 Ländern auf. Ein starker und wachsender Zustrom ist insbesondere aus dem „nahen Ausland" zu verzeichnen, während der Anteil der Hauptentsendeländer aus dem „fernen Ausland", z.B. China, Türkei, Vietnam abnimmt.[1125] Laut Angaben des FMS bilden alle ehemaligen Sowjetrepubliken mit Ausnahme Weißrusslands die Herkunftsländer von Einwanderern. Hierbei stand die Republik Kasachstan mit etwa 1,9 Mio. Menschen für die Zeit von 1989 bis 2007 und für das Jahr 2010 mit 27.862 Personen an der Spitze. Ihr folgten dann die Länder Kirgistan, Tadschikistan, Turkmenistan, Usbekistan und die Ukraine. Die drittwichtigste Herkunftsregion der Einwanderer umfasst Armenien, Aserbeidschan und Georgien mit ca. 1,1 Mio. Menschen, die zwischen 1989 und 2007 nach Russland kamen.[1126]

Im Allgemeinen werden die Ausländer, vor allem die Flüchtlinge, in Russland seit Juli 1992 registriert. Anfang des Jahres 1998 wurde eine maximale Höhe erreicht – insgesamt wurden rund 1,2 Mio. Zuzüge verzeichnet. Vor allem ist die Flüchtlingszahl im Zeitraum von 1993 bis 1995 stark gestiegen, jährlich waren ca. 255.000–288.000 Zuzüge nach Russland zu verzeichnen. Danach lässt sich eine tendenziell rückläufige Entwicklung feststellen: Im Jahre 2000 waren 59.196 Personen, im Jahre 2001–41.958, im Jahre 2002–20.504, im Jahre 2003 sogar nur 4.726 Menschen zugezogen. In den Jahren 1992–2003 haben in Russland von mehr als 2 Mio. Menschen, die einen Antrag auf Asyl gestellt haben, insgesamt 1,6 Mio. Personen den Rechtsstatus der Vertriebenen und Flüchtlinge erhalten, darunter auch ca. 1,4 Mio. Menschen aus den GUS-Staaten und dem Baltikum.[1127]

1125 Hinzuweisen ist darauf, dass in der RF zwischen „nahem Ausland" und „fernem Ausland" unterschieden wird. Als „nahes Ausland" werden aus Sicht Russlands die Teilrepubliken der ehemaligen Sowjetunion verstanden, die die GUS-Staaten bilden. Von der EU wird es als „gemeinsame Nachbarschaft" bezeichnet. Die anderen Länder gehören daher zum „fernen Ausland".

1126 *FMS, Föderaler Dienst für staatliche Statistik (Rosstat)* und nach *Nozhenko*, RF: Historische Entwicklung und aktuelle Trends, in: Bundeszentrale für politische Bildung, Heft 20, 2010, S. 4. Allerdings ist anzumerken, dass aufgrund der nicht erfassten Migrationsbewegungen die tatsächlichen Migrantenzahlen in der RF höher liegen können als in der Literatur oder Statistik des FMS angegeben.

1127 Vgl. *Tjurkin*, Die Migrationspolitik der RF, Entwicklungserfahrungen und Perspektiven, 2009, S. 34 f. Darüber hinaus wurde die Zahl an Flüchtlingen und Vertriebenen innerhalb Russlands statistisch erfasst. In den Jahren 2000–2001 hat die Zahl der Binnenvertriebenen aus der Republik Tschetschenien und den angrenzenden Regionen in einigen Monaten 400.000 Personen überschritten. Anfang Juli 2004 wurden 251.200 Personen registriert. Davon kamen 41.600 Menschen nicht aus der Tschetschenischen Republik. Die Mehrheit der Vertriebenen ist freiwillig zurückgekehrt oder zurückgesandt worden. Laut Statistik betrug die Zahl der im Jahre 2010 aus der RF ausgewiesenen Ausländer 29.199 Personen. Die

Im Zeitraum von 2007 bis 2013 variiert die Zahl der ausländischen Bürger und Staatenlosen, die als Asylsuchende durch das FMS Russlands registriert wurden. Während im Jahr 2007 die Zahl der Asylsuchenden 1180 (2008: 1829, 2009: 3425, 2010: 3726, 2011: 3036, 2012: 2993) betrug, sind in den ersten drei Monaten von 2013 318 Menschen oder 250 Familien als Asylsuchende angemeldet. Nach Angaben des FMS haben im Jahre 2010 sogar 3726 Menschen oder 2873 Familien in Russland eine Asylgewährung beantragt. Im Zeitraum von 2007 bis 2012 haben insgesamt lediglich 961 Asylbewerber einen Flüchtlingsstatus erworben. An der Spitze steht Afghanistan mit 628 Personen. Werden die Migranten nach den jeweiligen Herkunftsländern betrachtet, lässt sich feststellen, dass sie in den Jahren 2012 – 2013 aus 79 Ländern stammten: An der Spitze steht Georgien mit 3996 Anträgen für Asyl, danach folgen Afghanistan (3365), Usbekistan (286) und Syrien (282).[1128]

Was die Arbeitsmigration betrifft, so lässt sich folgender Trend feststellen: 53 % der Arbeitsmigranten stammen aus den GUS-Staaten. Einige Länder – im Jahr 2007 waren es ca. 29 – exportieren dem Großteil ihrer Arbeitskräfte nach Russland. 80 % der Arbeitsmigranten stammen aus folgenden Ländern: Usbekistan – 17,5 %, China – 15,5 %, Tadschikistan – 13 %, Ukraine – 12 %, Türkei – 9 %, Vietnam, Kirgistan und Republik Moldau – je 5 %.[1129] Im 2010 wurden insgesamt mehr als 1,2 Mio. Genehmigungen zur Ausübung einer Beschäftigung an 1.170.017 ausländische Bürger erteilt.[1130] Für 2011 beträgt die Zahl 1, 2 Mio., für 2012 mehr als 1,3 Mio. und für 2013 ca. 1,3. Heute besitzen 1.044.499 Einwanderer eine Arbeitserlaubnis.[1131]

Nach den offiziellen Angaben des FMS hielten sich in den ersten zehn Monaten des Jahres 2014 in der RF insgesamt 11,6 Mio. ausländische Bürger vorübergehend auf, also wesentlich mehr als in den letzten drei Jahren (im Jahre 2013–10,9 Mio., 2012–10,1 Mio., 2011–10,9 Mio.). 2010 lebten hier rund 13,6 Mio. ausländische Bürger und 2009 ca. 12,8 Mio. Menschen.[1132] Die Ausländer wohnten insbesondere

---

Zahl der deportierten ausländischen Bürger und Staatenlosen ist im Vergleich zum Jahr 2009 um das 2,4-Fache gestiegen. Vgl. auch *FMS*, in: Die Arbeitsergebnisse des Jahres 2010, 2010, S. 11; *Prudnikova*, Die Migrationsprozesse und ihr Einfluss auf gesellschaftliche und nationale Sicherheit, Theoretisch-methodologische Aspekte, 2011, S. 5.

1128 Offizielle Statistik des *FMS*. Abrufbar unter: http://www.fms.gov.ru/about/statistics/data (abgerufen am 23.11.2014).

1129 Vgl. *Khabriyeva*, Migrationsrecht der RF: Theorie und Praxis, 2008, S. 115.

1130 Vgl. *Prudnikova*, Die Migrationsprozesse und ihr Einfluss auf gesellschaftliche und nationale Sicherheit, Theoretisch-methodologische Aspekte, 2011, S. 5.

1131 Die Zahlen für 2014 beziehen sich auf die ersten zehn Monate des Jahres. *FMS*, in: http://www.fms.gov.ru/about/statistics/data (abgerufen am 23.11.2014); auch Die gemeinsame Sitzung des Komitees des föderalen Rates zur Sozialpolitik und des FMS der RF am 21.02.2012, in: Presseausgabe des FMS v. 24.02.2012.

1132 *FMS*, in: Die Arbeitsergebnisse des Jahres 2010, 2010, S. 2 und unter: http://www.fms.gov.ru/about/statistics/data (abgerufen am 23.11.2014).

in den folgenden Subjekten der RF: Moskau und Moskauer Gebiet, Regionen Krasnodar und Primorye, Astrahaner, Belgoroder, Kursker, Orenburger und Rostover Gebiet sowie Chanty-Mansinsker und Jamalo-Nenezker autonomer Kreis – also in den Subjekten der RF, die ein hohes wirtschaftliches Potenzial besitzen, oder in den Regionen mit aktiver Energiemarktentwicklung.[1133]

IV. Die aufenthaltsrechtlichen Voraussetzungen für Ausländer

Das Ausländergesetz sieht folgende Aufenthaltstitel für Ausländer in Russland vor: das Visum mit einem entsprechenden Reisezweck gem. Art. 25.1 FG Nr. 114-FZ i. V. m. Art. 18 ff. RVO Nr. 335 (für den zeitweiligen Aufenthalt), die Erlaubnis zum zeitweiligen Wohnsitz gem. Artt. 6 und 6.1 AuslG (zeitweilige Aufenthaltsgenehmigung) und die Wohnerlaubnis zum ständigen Wohnsitz gem. Art. 8 AuslG (Niederlassungsbewilligung).[1134]

1. Zeitweiliger Aufenthalt, Art. 25.1 FG Nr. 114 FZ i.V.m. Art. 18 ff. RVO Nr. 335

a) Die Erteilung eines Aufenthaltstitels

Das Recht zum zeitweiligen Aufenthalt in Russland wird aufgrund eines Visums gewährt. Die Gültigkeitsdauer und Erteilung des Visums hängen vom jeweiligen Reisezweck ab. Mit Ablauf der Gültigkeitsdauer des Visums ist der Ausländer verpflichtet, Russland zu verlassen, wenn nicht die Gültigkeitsdauer des Visums oder die Dauer des zeitweiligen Aufenthalts am Tag des Ablaufs des Visums verlängert, ihm ein neues Visum, eine zeitweilige Aufenthaltsgenehmigung oder eine Niederlassungsbewilligung erteilt wurden. Abweichend von dieser Regelung sind die ausländischen Hochqualifizierten berechtigt, sich auch nach dem Ablauf des Visums für die Dauer der Ausstellung einer neuen Arbeitserlaubnis in Russland aufzuhalten. Kein Visum benötigen darüber hinaus die Staatsbürger derjenigen Staaten, mit denen die RF ein Abkommen über gegenseitige visafreie Reisen der Bürger geschlossen hat. Erforderlich ist lediglich eine ordnungsgemäß ausgestellte Migrationskarte. Allerdings darf ihre Aufenthaltsdauer in Russland in der Regel 90 Tage nicht überschreiten, es sei denn, dass ein solcher Ausländer einen Arbeitsvertrag oder einen zivilrechtlichen Vertrag über die Durchführung von Arbeiten (Erbringung von Dienstleistungen) abschließt. In diesem Fall verlängert sich die Dauer des zeitweiligen Aufenthalts um die Geltungsdauer des abgeschlossenen Vertrages, jedoch höchstens um ein Jahr. Die Regierung der RF ist dazu berechtigt, die zeitweilige Aufenthaltsdauer der im visafreien Verfahren eingereisten Ausländer zwecks Gewährleistung einer optimalen Verteilung der Arbeitsressourcen

---

1133 Vgl. *Prudnikova*, Die Migrationsprozesse und ihr Einfluss auf gesellschaftliche und nationale Sicherheit, Theoretisch-methodologische Aspekte, 2011, S. 17.

1134 Siehe Ausländergesetz.

im Land und der vorrangigen Unterstützung der Staatsbürger der RF bei der Arbeitsvermittlung zu verkürzen.

b) Allgemeine Voraussetzungen für die Erteilung eines Aufenthaltstitels

Die Regelungen zur Erteilung und Verlängerung eines Visums sind im Föderalen Gesetz Nr. 114-FZ „Über das Verfahren der Ausreise aus der RF und der Einreise in die RF" v. 15. August 1996[1135] (im Weiteren – FG Nr. 114-FZ) sowie in der Verordnung Nr. 335 der Regierung der RF „Über die Feststellung der Ordnung für die Festlegung der Form der Visa, des Verfahrens und der Voraussetzungen ihrer Beantragung und Erteilung, der Verlängerung ihrer Geltungsdauer, ihrer Wiederherstellung bei Verlust sowie des Verfahrens der Visumsannullierung" v. 9. Juni 2003 (im Weiteren – RVO Nr. 335) geregelt.

Gem. Art. 25.1 und 25.2 FG Nr. 114-FZ und gem. Art. 18 ff. der RVO Nr. 335 ist die Aufenthaltsdauer in verschiedene Kategorien und Arten aufgegliedert. Nach Reisezweck werden die Visa in folgende Kategorien unterteilt: Dienst- und Transitvisa, Visa für Personen mit zeitweiligem Wohnsitz sowie diplomatische und reguläre Visa (vgl. Art. 18 ff. RVO Nr. 335). Insgesamt gibt es sieben reguläre Visa: das reguläre Geschäfts- und Arbeitsvisum, Besucher- und Touristenvisum, Ausbildungsvisum und humanitäres Visum sowie das Einreisevisum zum Erhalt von Asyl.[1136]

aa) Erfüllung der Pass- und Visumspflicht

Nach Art. 6 FG Nr. 114-FZ sind die ausländischen Bürger und die Staatenlosen verpflichtet, bei der Einreise und Ausreise einen anerkannten und gültigen Pass oder Passersatz vorzuzeigen, wodurch ihre Identität, d.h. die Herstellung einer Gewissheit über die Person des Ausländers, geklärt werden soll. Weiterhin soll der Ausländer mit dem gültigen Visum in die RF eingereist sein und eine Visumpflicht erfüllen, soweit dies im vorliegenden Gesetz, in von Russland ratifizierten internationalen Verträgen und im Erlass des Präsidenten der RF nicht anderes geregelt ist.[1137] Kein Visum ist erforderlich, wenn der Ausländer vom Erfordernis eines Aufenthaltstitels befreit ist. Befreit sind bspw. die Bürger der GUS-Staaten, mit denen Russland kraft bilateralen Abkommen visumsfreie Verhältnisse unterhält.[1138]

bb) Sicherung des Lebensunterhalts

Eine weitere Voraussetzung für die Erteilung eines Aufenthaltstitels ist die Sicherung des Lebensunterhalts des Ausländers. Nach den allgemeinen Regeln soll der Ausländer nachweisen, dass er über die nötigen finanziellen Mittel für den

---

1135 FG Nr. 114-FZ „Über das Verfahren der Ausreise aus der RF und der Einreise in die RF" v. 15.08.1996, zul. geändert am 04.06.2014.

1136 Dazu mehr unter der Frage „Weitere Aufenthaltszwecke".

1137 S. FG Nr. 114-FZ.

1138 Siehe oben.

Aufenthalt in Russland und für die Ausreise verfügt.[1139] Dies muss er bereits bei der Beantragung des Visums für die Einreise gegenüber der diplomatischen Vertretung oder der Konsulareinrichtung der RF im Ausland nachweisen. Fraglich ist jedoch die erforderliche Höhe der finanziellen Mittel für die Lebensunterhaltssicherung, denn dies ist im Gesetz nicht ausdrücklich geregelt. Kein Nachweis über die Lebensunterhaltssicherung für den Aufenthalt in der RF ist vorzuzeigen, wenn der Ausländer eine Dienstreise in die diplomatische Vertretung oder eine offizielle Dienstreise in die RF vornimmt, zu einem in Russland arbeitenden Familienmitglied zieht oder als anerkannter Flüchtling in Russland einreist.

cc) Fehlende Ausweisungs- und Versagungsgründe

Für die Erteilung eines Aufenthaltstitels dürfen weiterhin keine Ausweisungsgründe i. S. d. Art. 25.10 Abs. 3 FG Nr. 114-FZ vorliegen. Insbesondere soll der Aufenthalt des ausländischen Bürgers keine echte Bedrohung für die Verteidigung, die nationale Sicherheit des Landes oder für die Rechtsordnung und keine Gefährdung der Gesundheit der Bevölkerung darstellen. Für den Schutz der Verfassungsordnung, insbesondere der Moral, der Rechte und der Rechtsinteressen anderer Personen im Land, kann in solchen Fällen von der Regierung der RF eine Entscheidung über die Ausweisung getroffen werden. Die Erteilung eines Aufenthaltstitels kann versagt werden, soweit die in Art. 26 FG Nr. 114-FZ festgelegte Gründe vorliegen. Eine generelle Versagung ist hingegen in Art. 27 FG Nr. 114-FZ geregelt.[1140]

dd) Besitz der Migrationskarte

Bei der Einreise in die RF ist der Ausländer verpflichtet, eine Migrationskarte auszufüllen.[1141] Die Migrationskarte und der Reisepass sind am Kontroll- und Zollpunkt der RF vorzulegen. Sie ist ein Dokument, in dem wichtige Angaben zur Person ausländischer Herkunft angegeben sind, die in die RF einreist, und dient den Kontrollmaßnahmen während ihres zeitweiligen Aufenthalts in Russland. Gem. Art. 25.9 S. 2 FG Nr. 114-FZ ist der Ausländer bei der Ausreise aus der RF verpflichtet, die Migrationskarte im Kontroll- und Zollpunkt abzugeben.[1142]

ee) Die Registrierung ausländischer Bürger

Weiterhin setzt die Erteilung eines Aufenthaltstitels voraus, dass der Ausländer in Russland i.S.d. Art. 2 Abs. 1.1 FG Nr. 109-FZ v. 18. Juli 2006 „Über die

---

1139 Vgl. *Trofimchuk*, Die staatliche Regulierung des Aufenthalts von ausländischen Bürgern in der RF, in: Migrationsrecht, 2009, Nr. 3, S. 3.

1140 Vgl. Art. 27 FG Nr. 114-FZ.

1141 Erlass der Regierung der RF v. 16.08.2004, N 413 „Über die Migrationskarte" (geändert am 06.05.2006, N 271), in: Gesetzessammlung der RF, 2004, N 34, S. 3553.

1142 FG Nr. 114-FZ; auch Trofimchuk, Die staatliche Regulierung des Aufenthalts von ausländischen Bürgern in der RF, in: Migrationsrecht, 2009, Nr. 3, S. 5.

Migrationsregistrierung ausländischer Bürger und Staatenloser in der RF" (nachfolgend „Migrationsgesetz")[1143] registriert ist. Gem. Artt. 14 und 20 MigrG und Art. 20 RVO Nr. 9 „Über das Verfahren der Vornahme der Migrationsregistrierung ausländischer Bürger und Staatenloser in der RF" v. 15. Januar 2007 erfolgt die Migrationsregistrierung der ausländischen Bürger im Rahmen eines dieser beiden Verfahren:

- Registrierung am Wohnort (für Bürger, die ständig oder zeitweilig an der angegebenen Adresse wohnhaft sind) oder
- Registrierung am Aufenthaltsort (für sich zeitweilig aufhaltende ausländische Staatsbürger sowie zeitweilig und ständig wohnende ausländische Staatsbürger im Falle ihres Aufenthalts außerhalb des Wohnorts).

Die Registrierung des Ausländers am Aufenthaltsort soll innerhalb von drei Werktagen nach seiner Ankunft erfolgen, während die Registrierungsfrist für ständig wohnende ausländische Staatsbürger sieben Tage nach der Ankunft am Aufenthaltsort beträgt. Laut Migrationsgesetz soll der Empfänger des Ausländers einen speziell ausgefüllten Ankunftsbenachrichtigungsbogen und die Kopie des Passes sowie der Migrationskarte des Ausländers durch Übergabe oder per Post bei der örtlichen Behörde des FMS vorlegen. Bei der Unterbringung des Ausländers in einem Hotel ist die Hotelverwaltung verpflichtet, innerhalb von 24 Stunden die örtliche Behörde des FMS über seine Ankunft zu benachrichtigen. Im anderen Fall ist der ausländische Bürger berechtigt, die für die Migrationsregistrierung zuständigen Behörden über seine Ankunft am Aufenthaltsort selbst zu benachrichtigen.

2. Zeitweiliger Wohnsitz, Artt. 6 ff. und 6.1 AuslG

a) Erteilung eines Aufenthaltstitels

Die Grundlage für den zeitweiligen Wohnsitz eines ausländischen Bürgers in Russland ist die Erlaubnis zum zeitweiligen Wohnsitz (Rasreschenie na vremennoje prozhivanie), die für drei Jahre erteilt wird. Nach der Legaldefinition des Art. 2 Abs. 1 (5) AuslG wird sie als Begründung des Rechts ausländischer Bürger oder Staatenloser auf zeitweiligen Wohnsitz in der RF bis zum Erhalt der Wohnerlaubnis verstanden. Sie wird in einem Identitätsnachweis (Pass oder Passersatz) des ausländischen Bürgers oder Staatenlosen oder in einem anderen Dokument vermerkt, die in der RF den Staatenlosen erteilt werden. Diese Erlaubnis kann nicht in elektronischer Form erteilt werden (vgl. Art. 2 Abs.1 (5) AuslG).

1143 Das Föderale Gesetz Nr. 109-FZ v. 18.07.2006 „Über die Migrationsregistrierung ausländischer Bürger und Staatenloser in der RF", zul. geändert am 28.12.2013 durch das FG Nr. 385-FZ (nachfolgend „Migrationsgesetz" – MigrG).

b) Voraussetzungen der Erlaubnis zum zeitweiligen Wohnsitz

aa) Die Festlegung der Quote

Die Erteilung der Erlaubnis zum zeitweiligen Wohnsitz setzt zunächst voraus, dass die Regierung der RF gem. Artt. 6 Abs. 1 und 6.1 Abs. 1 AuslG dafür eine bestimmte Quote erteilt hat. Die Regierung der RF erteilt diese für jedes Subjekt der RF. Die Quote für 2013 wurde durch die RVO Nr. 2127-r v. 19. November 2012 festgelegt und betrug bspw. insg. 105.000 Erlaubnisse, darunter 2.000 für Moskau, 7.000 für das Gebiet Moskau, 1.500 für Sankt Petersburg und jeweils 4.000 für das Kaliningrader und Novosibirsker Gebiet. Für das Jahr 2014 waren insgesamt 95.880 Arbeitserlaubnisse vorgesehen.[1144] Bei der Quotenfestlegung sind von der Regierung die demographische Situation im jeweiligen Subjekt der RF und die Möglichkeiten des Subjekts zur Arbeitsaufnahme des Ausländers zu berücksichtigen. Allerdings ist bislang in keiner Gesetzesregelung das Verfahren über die Erteilung der entsprechenden Quoten für die Erlaubnis zum zeitweiligen Wohnsitz festgelegt. Der Erhalt der entsprechenden Erlaubnisse stellt in der Praxis nach wie vor eine große Hürde dar und dient als Verdienstmöglichkeit für Betrüger, denn viele Ausländer sind bereit, in solchen Fällen das Schmiergeld zu zahlen, um rechtmäßig in der Quotenzahl berücksichtigt zu werden.

bb) Absehen von der Quotenfestlegung

Kraft des Gesetzes kann die Erlaubnis zum zeitweiligen Wohnsitz im Einzelfall auch ohne Berücksichtigung der festgelegten Quote erteilt werden. Vor allem dann, wenn der ausländische Bürger früher die sowjetische Staatsbürgerschaft hatte, er mit einem auf dem Territorium der RF lebenden russischen Staatsbürger verheiratet ist oder in Russland Investitionen in einer bestimmten Höhe getätigt hat. Von der Quotenfestlegung kann auch dann abgesehen werden, wenn der Ausländer ein minderjähriges bzw. geschäftsunfähiges Kind mit russischer Staatsangehörigkeit hat oder Teilnehmer am staatlichen Programm für die freiwillige Rückkehr in die RF ist und in anderen Fällen, die im Ausländergesetz geregelt sind (vgl. Art. 6 Abs. 3 AuslG).

cc) Besitz des Visums

Ein Ausländer, der kraft Quotenerteilung oder in Ausnahmefällen ohne solche Zustimmung zum Erhalt einer Erlaubnis zum zeitweiligen Wohnsitz berechtigt ist, erhält ein Visum „ВП" (VP) zur Einreise nach Russland. Es wird ihm ein Visum zur einmaligen Einreise für die Dauer bis zu vier Monaten zum Zweck des zeitweiligen Wohnsitzes erteilt (vgl. Art. 25.8 Abs. 1 FG Nr. 114-FZ). Ein aufgrund eines entsprechenden Visums eingereister Ausländer muss sich innerhalb von drei Tagen nach der Einreise oder der Erlangung der Benachrichtigung über seine Erlaubnis an die Behörde des FMS wenden. Im Gesetz sind jedoch keine Folgen einer Fristversäumnis geregelt.

1144 RVO Nr. 2127-r v. 19.11.2012, abrufbar unter: http://www.fmsmoscow.ru/docs/temp_residence/kvota2013.html (abgerufen am 24.11.2014); *Wilke*, Das Ausländerrecht in der Russischen Föderation, 2010, S. 5.

dd) Beantragung einer Erlaubnis zum zeitweiligen Wohnsitz

Die Erlaubnis zum zeitweiligen Wohnsitz wird vom Ausländer persönlich bei der örtlichen Behörde des FMS Russlands oder, wenn er sich in seiner Heimat aufhält, bei der örtlichen diplomatischen Vertretung der RF im Ausland beantragt (vgl. Art. 6 Abs. 4 AuslG). Gem. Art. 6 Abs. 4 AuslG beträgt die Bearbeitungsfrist des Antrags sechs Monate ab seiner Einreichung, während diese Frist für die Bürger aus den visumsfreien Ländern 60 Tage nicht überschreiten darf. Der Antrag kann auch in elektronischer Form eingereicht werden. Für die Antragstellung erforderliche Unterlagen sind in Art. 6 Abs. 5 AuslG festgelegt.[1145]

ee) Ausschluss des Freizügigkeitsrechts

Nach Art. 11 Abs. 2 AuslG haben Ausländer, die eine Erlaubnis zum zeitweiligen Wohnsitz in Russland besitzen, kein Recht auf Freizügigkeit (eigenständig ihren Wohnsitz zu wechseln).[1146] Sie können nur im Subjekt der RF arbeiten und wohnen, in welchem ihnen die entsprechende Erlaubnis erteilt wurde.

ff) Sicherung des Lebensunterhalts

Des Weiteren ist der Ausländer verpflichtet, innerhalb von zwei Monaten ab Ablauf des jeweils darauf folgenden Jahres seit dem Tag des Erwerbs des Aufenthaltstitels seine befristete Aufenthaltserlaubnis mit dem Dokument Nr. 21 zu bestätigen (vgl. Art. 6 Abs. 9 AuslG). Dazu muss er auch den Beweis über die Sicherung seines Lebensunterhalts und des Lebensunterhalts seiner Familienmitglieder erbringen. Laut Gesetzeswortlaut werden als solcher Beweis die Geldmittel in Höhe des bestehenden Existenzminimums in einem Subjekt der RF anerkannt.

3. Ständiger Wohnsitz, Art. 8 f. AuslG

a) Erteilung eines Aufenthaltstitels

Das Recht zum ständigen Wohnsitz in Russland wird mit einer Wohnerlaubnis (vid na zhitel'stvo) gewährt, deren max. Geltungsdauer fünf Jahre beträgt und die unbegrenzt oft verlängert werden kann (vgl. Art. 8 f. AuslG). Gem. Art. 2 Abs. 1

1145 Danach sind für den Antrag einer Erlaubnis zum zeitweiligen Wohnsitz folgende Unterlagen erforderlich: Personalausweis (der Reisepass, die Wohnerlaubnis oder ein sonstiger Titel), polizeiliches Führungszeugnis, Heiratsurkunde, Personalausweis und Geburtsurkunde des Kindes, Steuerbescheinigung, AIDS-Test und Attest darüber, dass der Ausländer weder drogenabhängig ist noch an einer ansteckenden Krankheit leidet usw. Ob er einen Nachweis über die Wirtschaftsverhältnisse bereits bei der Einreise vorlegen muss, ist im Gesetz nicht ausdrücklich geregelt. Allerdings ergibt sich aus der Visumspflicht, dass er bei der Beantragung des Visums einen entsprechenden Nachweis besitzen muss.

1146 Art. 11 Abs. 2 AuslG widerspricht allerdings der Regelung des Art. 27 Abs. 1 VerfRF, die besagt, dass „jeder, der sich rechtmäßig auf dem Territorium der RF aufhält, das Recht hat, sich frei zu bewegen und seinen Aufenthalts- und Wohnort zu wählen."

AuslG ist die Wohnerlaubnis ein Dokument, das den ausländischen Bürgern und Staatenlosen zur Begründung ihres Rechts auf einen ständigen Wohnsitz in der RF sowie ihres Rechts auf Freizügigkeit erteilt wird. Bei Staatenlosen dient sie gleichzeitig als Identitätsnachweis.

b) Voraussetzungen der Niederlassungsbewilligung

Die Erteilung einer Wohnerlaubnis setzt folgende Tatbestände voraus:

aa) Besitz der Erlaubnis zum zeitweiligen Wohnsitz

Gem. Art. 8 Abs. 2 AuslG muss der Ausländer seit mindestens einem Jahr eine Erlaubnis zum zeitweiligen Wohnsitz besitzen. Der erforderliche Antrag muss nach dem Wortlaut des Art. 8 Abs. 1 AuslG vom Ausländer persönlich spätestens sechs Monate vor Ablauf dieser Erlaubnis an die örtliche Behörde des FMS gestellt werden. Dieser kann auch in elektronischer Form erstellt werden.

bb) Nachweis des individuellen Wohnraums

Der ausländische Bürger muss den Nachweis darüber bringen, dass er über individuellen Wohnraum am Wohnort in der RF verfügt. Allerdings ist nicht geregelt, ob dieser Wohnraum für ihn und für seine Familienmitglieder ausreichend sein soll. Fraglich ist ebenfalls die Größe der Wohnung. Lediglich zu vermuten ist, dass diese sich in diesem Fall aus dem geltenden rechtlichen Minimalstandard für Russen ergeben kann, der zurzeit 9 bis 18 Quadratmeter pro Person beträgt.[1147]

cc) Einkommensnachweis

Für die Erteilung einer Wohnerlaubnis muss darüber hinaus ein Einkommensnachweis vorgelegt werden. Der Ausländer muss nachweisen, dass nicht nur sein Lebensunterhalt, sondern auch der Lebensunterhalt seiner Familienmitglieder gesichert ist.[1148]

dd) Besitz der gesundheitsbezogenen Nachweise

Die Erteilung einer Wohnerlaubnis setzt weiterhin voraus, dass der Ausländer einen Nachweis über einen AIDS-Test und ein Attest darüber erbringt, dass er

1147 Im Vergleich zum Wohnungsgesetzbuch 1983 ist im neuen Gesetzbuch kein allgemein anerkannter Minimalstandard pro Person für die Wohnverhältnisse festgelegt. Im Gesetzesentwurf betrug er 15 Quadratmeter pro Person, was die Wohnverhältnisse der russischen Bürger erheblich verbessern könnte. Gem. Art. 50 Abs. 4 und Abs. 5 Wohnungsgesetzbuches wird der Minimalstandard für Wohnverhältnisse von den kommunalen Selbstverwaltungen festgelegt. Zurzeit beträgt er z.B. in Sankt Petersburg – 9, in Moskau – 10 und in Tumensker Gebiet – 15 Quadratmeter.

1148 Zu der Sicherung des Lebensunterhalts siehe oben.

weder drogenabhängig ist noch an einer ansteckenden Krankheit leidet. Welche Krankheiten ansteckend sind, ist aus der durch die Regierung bestätigten Liste erkennbar.[1149]

ee) Ausschluss der Versagungsgründe oder Entziehung einer Wohnerlaubnis
In den Fällen, die in Art. 9 AuslG geregelt sind, kann dem Ausländer die Wohnerlaubnis versagt und ein früher erteilter Aufenthaltstitel annulliert werden. Dies liegt vor allem dann vor, wenn der Ausländer einen terroristischen (extremistischen) Akt finanziert, vorbereitet oder durchführt oder in anderer Weise die Interessen der RF beeinträchtigt oder gefährdet, aus der RF innerhalb der letzten fünf Jahre ausgewiesen oder deportiert wurde, mehrmals die verwaltungsrechtliche Ordnung verletzt hat, innerhalb von drei Jahren seit dem Aufenthalt in der RF keinen Wohnraum besitzt etc. (vgl. Art. 9 Abs. 1 AuslG). Außer in den Fällen, die in Art. 9 Abs. 1 AuslG festgelegt sind, kann die Erteilung einer Wohnerlaubnis gem. Art. 9 Abs. 2 AuslG auch dann versagt oder entzogen werden, wenn die Regierung der RF den Aufenthalt des Ausländers nicht wünscht.

c) Vor- und Nachteile der Erlangung einer Wohnerlaubnis

Im Vergleich zu anderen Aufenthaltstiteln ist die Erlangung einer Wohnerlaubnis in der RF für Ausländer mit zahlreichen rechtlichen Vorteilen verbunden. Vor allem eröffnet sich die Möglichkeit, ohne Arbeitserlaubnis auf dem ganzen Territorium der RF zu arbeiten. Die Ausländer erlangen auch das Recht auf Freizügigkeit in der RF und das Recht auf soziale Leistungen (v. a. Rentengewährleistung). Darüber hinaus können die Staatsbürger der Republik Belarus ohne Wartezeiten und mit Ermäßigung die Wohnerlaubnis in der RF erlangen. Für diesen Personenkreis ist die Wohnerlaubnis mit keinen Quoten verbunden. Das vereinfachte Sonderverfahren für die Erlangung der Wohnerlaubnis wurde auch für ausländische Hochqualifizierte in Russland eingeführt.[1150]

Allerdings sind ausländische Staatsbürger, die eine Wohnerlaubnis in Russland besitzen, nach wie vor jährlich zur Einreichung eines ausführlichen Berichtes über ihren Aufenthalt in Russland verpflichtet (vgl. Art. 8 Abs. 6 AuslG). Nach Art. 8 Abs. 6 S. 4 AuslG sollen in diesem Bericht neben den Angaben über die Person des Ausländers auch der Wohn- und Arbeitsort, die Tätigkeitsdauer des Ausländers und seine Aufenthaltsdauer im Ausland sowie sein Einkommensnachweis enthalten sein. Darüber hinaus ist diese Niederlassungsbewilligung lediglich auf fünf

1149 Siehe dazu RVO Nr. 188 v. 02.04.2004 „Über die Liste der Infektionskrankheiten, die eine Gefahr für andere Menschen darstellen und die Verweigerungs- oder Auflösungsgründe für die Erteilung einer Erlaubnis zum zeitweiligen Wohnsitz und zum ständigen Wohnsitz sowie einer Arbeitserlaubnis eines Ausländers in der RF sind“, in: Gesetzessammlung der RF, 2003, Nr. 7, S. 1286.

1150 Siehe Art. 13.2 Abs. 27 AuslG. Mehr dazu unter dem Abschnitt „Zugang zum Arbeitsmarkt“.

Jahre befristet, was sie von der deutschen Niederlassungserlaubnis wesentlich unterscheidet. Beim Nichtvorliegen der o. g. Voraussetzungen bei der Verlängerung kann die Niederlassungserlaubnis auch nicht erteilt werden.

4. Zwischenergebnis

Es ist festzustellen, dass der Ausländer für die Erlangung der Erlaubnis zum zeitweiligen oder ständigen Wohnsitz in Russland keiner russischen Sprachkenntnisse und Grundkenntnisse der Rechts- und Gesellschaftsordnung sowie der Lebensverhältnisse in RF bedarf. Das wird in keinem Gesetz geregelt und wird auch nicht praktiziert, so dass sich die Regelung von der in Deutschland stark unterscheidet.

5. Weitere Aufenthaltszwecke in der RF

Nach Art. 25.6 FG Nr. 114-FZ und der RVO Nr. 33 kann einem Ausländer zu unterschiedlichen Zwecken der Aufenthaltstitel erteilt werden, insbesondere:

a) Aufenthaltstitel zum Zweck der Erwerbstätigkeit

Der Aufenthaltstitel zum Zweck der Erwerbstätigkeit (sog. reguläres Arbeitsvisum „P“ (R)) wird zunächst mit einer Geltungsdauer bis zu drei Monaten erteilt (vgl. Art. 25.6 Teil 7 FG Nr. 114-FZ). Danach wird dieses Visum für die Dauer des Arbeitsvertrages, jedoch maximal bis zu einem Jahr verlängert. Der Aufenthaltstitel der ausländischen Hochqualifizierten wird hingegen nach Art. 25.6 Teil 7 S. 2 FG Nr. 114-FZ für die Geltungsdauer des mit ihm abgeschlossenen Arbeitsvertrages bzw. zivilrechtlichen Vertrages erteilt. Allerdings wird das Visum für maximal drei Jahre mit weiteren Verlängerungsmöglichkeiten für drei Jahre erteilt. Diese Regelung gilt auch für die Ehegatten ausländischer Hochqualifizierter. Es handelt sich hierbei um ein Mehrfachvisum für ausländische Hochqualifizierte in der RF.

b) Aufenthaltstitel zum Zweck der Ausbildung

Das Ausbildungsvisum „У“ (U) wird gem. Art. 25. Teil 6 FG Nr. 114-FZ dem Ausländer zum Zweck der Ausbildung in einer russischen Bildungseinrichtung erteilt. Seine Gültigkeitsdauer beträgt drei Monate. Nach der Einreise in Russland kann es allerdings für die Dauer der Ausbildung jeweils bis zu einem Jahr verlängert werden.

c) Reguläres humanitäres Visum

Nach Art. 25.6 Teil 7 FG Nr. 114-FZ wird es den Ausländern für die Einreise in die RF zum Zwecke der Entwicklung von wissenschaftlichen, kulturellen, gesellschaftlich-politischen, sportlichen oder religiösen Beziehungen und Pilgerschaften, der Wohltätigkeit oder der Erteilung humanitärer Hilfe erteilt. Es gilt bis zu drei Monaten oder bis zu einem Jahr als ein Mehrfachvisum. Die gesamte

Aufenthaltsdauer der Ausländer in Russland gemäß einem Mehrfachvisum wird bei der Visumserstellung durch die zuständige staatliche Behörde festgelegt, die jedoch innerhalb einer 180-Tage-Periode 90 Tage nicht überschreiten darf.

d) Aufenthaltstitel aus völkerrechtlichen und politischen Gründen

Im Unterschied zu Deutschland bedarf auch der Asylbewerber für die Einreise in die RF eines regulären Visums mit der Gültigkeitsdauer von zu drei Monaten (einfaches Visum). Es wird einem Ausländer bei Vorlage eines Beschlusses des FMS über seine Anerkennung als Flüchtling erteilt (vgl. Art. 25.6 Teil 8 FG Nr. 114-FZ). In einigen durch die RVO Nr. 33 geregelten Fällen kann die Gültigkeitsdauer des Visums verlängert werden, die allerdings durch die zuständige staatliche Behörde am Aufenthaltsort des Ausländers aufgrund seines schriftlichen Antrags und eines Gesuchs der ihn einladenden Organisation oder Person über die Visumsverlängerung erfolgt.

V. Rechtsstellung des Ausländers

Nach dem Wortlaut des Art. 3 AuslG basiert die Gesetzgebung über die Rechtsstellung der ausländischen Bürger in der RF auf der Verfassung der RF. Die grundlegenden Normen, die die Rechtsstellung der Ausländer auf dem Gesamtterritorium der RF regeln, sind das Ausländergesetz und das Migrationsgesetz. Außerdem wird die Rechtsstellung des Ausländers in der RF durch völkerrechtliche Verträge geregelt (vgl. Art. 3 S. 3 AuslG). Es besteht kein Zweifel daran, dass alle völkerrechtliche Verträge, denen die RF als Mitgliedstaat angehört, Bestandteil ihrer Rechtsordnung sind (vgl. Art. 15 Abs. 4 VerfRF). Als Zweck dieser Regelung dient Vervollkommnung der russischen Gesetzgebung und deren Vereinbarkeit mit den völkerrechtlichen Normen. Laut Art. 71 lit j) VerfRF gehört der Abschluss der völkerrechtlichen Verträge zur Kompetenz des Bundes. Art. 3 Abs. 1 FG über die internationalen Verträge der RF v. 15. Juli 1995 (sog. Vertragsgesetz) bestätigt dies noch einmal.[1151] In Russland gelten neben der Charta der Vereinten Nationen[1152] folgende universelle völkerrechtliche Verträge, die die RF ratifiziert hat: Internationaler Pakt über wirtschaftliche, soziale und kulturelle Rechte,[1153] UN-Pakt über bürgerliche und politische Rechte[1154] und Europäische Menschenrechtskonvention.[1155] Ferner gewährleisten die bilateralen Verträge, Abkommen und Konventionen, die zwischen der RF und den GUS-Staaten abgeschlossen worden sind, den Ausländern in Russland die Freiheitsrechte, so etwa das Abkommen über die visumsfreie Reise der

1151 *Hussner*, Die Umsetzung von Art. 6 Abs. 3 EMRK in der neuen Strafprozessordnung Russlands, 2008, S. 44.
1152 Der Text der Charta wurde in Russland offiziell nicht veröffentlicht.
1153 Bulletin des Obersten Sowjets der UdSSR, 1976, Nr. 17 (1831), S. 291.
1154 Bulletin des Obersten Sowjets der UdSSR, 1976, Nr. 17 (1831), S. 291.
1155 Gesetzessammlung der RF v. 08.01.2001, Nr. 2, S. 163.

Bürger der GUS-Staaten[1156] und die Konvention der GUS-Staaten über die Rechte und Grundfreiheiten der Menschen.[1157]

1. *Allgemeine Grundrechte der Ausländer*

Gem. Art. 62 Teil 3 Verfassung der RF (im Weiteren – VerfRF)[1158] stehen den ausländischen Bürgern und Staatenlosen in der RF die gleichen Rechte und Pflichten wie den Staatsbürgern der RF zu, außer in den Fällen, die in einem Föderalen Gesetz oder in internationalen Verträgen festgelegt sind, während Art. 4 AuslG den Ausländern den gleichen Rechtsstatus wie den russischen Staatsbürgern verbürgt, soweit im Föderalen Gesetz nicht anderes geregelt ist. Im Vergleich zum Ausländergesetz erweitert die verfassungsrechtliche Regelung wesentlich die rechtliche Stellung der Ausländer kraft der geltenden und verpflichtenden internationalen Verträge und Vereinbarungen der RF, denn die völkerrechtlichen Vereinbarungen und Verträge enthalten auch Normen bezüglich der Rechte und Pflichten der Ausländer. Laut Art. 17 Abs. 1 VerfRF[1159] werden in der RF „die Rechte und Freiheiten des Menschen und Bürgers entsprechend den allgemein anerkannten Prinzipien und Normen des Völkerrechts und in Übereinstimmung mit dieser Verfassung anerkannt und garantiert". Laut dieser sind die Grundrechte und -freiheiten des Menschen unveräußerlich und stehen jedem, d. h. auch Ausländern, von Geburt an zu (vgl. Art. 17 Abs. 1).

Vor allem werden allen Ausländern in Russland folgende Grundrechte gewährt: die Gleichheit der Rechte und Freiheiten (Art. 19 Abs. 2 und 3), das Recht auf Leben (Art. 20 Abs. 1), das Recht auf Freiheit und persönliche Unverletzlichkeit (Art. 22 Abs. 1), die Rechte der Privatsphäre (Art. 23, 24), das Freizügigkeitsrecht (Art. 27 Abs. 1), die Gewissens- und Glaubensbekenntnisfreiheit (Art. 28), die Meinungs- und Informationsfreiheit (Art. 29 ff.), die Vereinigungsfreiheit (Art. 30), die Berufsfreiheit (Art. 37) und der gerichtliche und rechtliche Schutz (Art. 46, 47 und 48). Diese Aufzählung ist jedoch unvollständig, denn die Verfassung der RF gewährt im Vergleich zum deutschen Grundgesetz auch Ausländern zahlreiche Grundrechte und Freiheiten. Diese sind in der russischen Verfassung mit den Worten „jeder", „alle" oder „niemand" bezeichnet: Allein im Kapitel 2 über die Rechte und Freiheiten des Menschen und Bürgers wird insgesamt 36-mal das Wort „jeder" und 10-mal „niemand" verwendet. Allerdings können gem. Art. 55 Abs. 3 die Rechte und Freiheiten des Ausländers durch Bundesgesetz in dem Maße eingeschränkt werden, wie „dies zum Schutz der Grundlagen der Verfassungsordnung, der Moral, der Gesundheit, der Rechte und gesetzlichen Interessen anderer sowie zur

1156 Bulletin internationaler Verträge, 1993, Nr. 10, S. 34.

1157 Gesetzessammlung der RF, 1999, Nr. 13, S. 1489.

1158 Verfassung der RF v. 31.12.1993, zul. geändert am 21.07.2014, in: www.pravo.gov.ru, Nr. 0001201407220002, am 22.07.2014 (abgerufen am 20.02.2015).

1159 Die unter den Fragen 1, 2 und 3 angegebenen Artikel sind folgende der Verfassung der RF.

Gewährleistung der Landesverteidigung und Staatssicherheit notwendig ist". So ist z. B. das Freizügigkeitsrecht des Ausländers, der sich in Russland zeitweilig aufhält, durch Art. 11 Abs. 2 AuslG eingeschränkt.[1160] Dieser Einschränkung unterliegen jedoch nicht die in den Artt. 20, 21, 23 Abs. 1, 24, 28, 34 Abs. 1, 40 Abs. 1, 46–54 VerfRF vorgesehenen Rechte und Freiheiten (vgl. Art. 56 III).

2. *Politische Rechte der Ausländer*

Die Verfassung der RF gewährt Ausländern generell nicht die Ausübung politischer Rechte. Das ergibt sich aus den Artt. 31, 32 und 33 VerfRF. Danach sind die politischen Rechte nur den Bürgern der RF gewährleistet. Gem. Art. 31 haben die Bürger der RF das Versammlungs- und Demonstrationsrecht. Nach Art. 32 Abs. 1 haben nur sie das Recht, an der Verwaltung von Angelegenheiten des Staates sowohl unmittelbar als auch durch ihre Vertreter teilzuhaben. Der gleiche Zugang zum Staatsdienst wird i. S. d. Art. 32 Abs. 3 nur den Bürgern der RF gewährleistet. Auch das Wahlrecht steht formalrechtlich nur den Bürgern der RF zu (vgl. Art. 32 Abs. 2).[1161] Allerdings wird diese Einschränkung teilweise durch eine einfachgesetzliche Regelung ergänzt, weil durch Art. 12 AuslG den Ausländern in der RF kein aktives und passives Wahlrecht gewährt wird. Sie dürfen weder die Föderalen Organe der Staatsgewalt und die Organe der örtlichen Selbstverwaltung der RF wählen noch in sie gewählt zu werden. Laut dieser Norm besitzen die Ausländer auch kein Teilnahmerecht an Referenden der RF und der Subjekte der RF. Gem. §§ 13–15 AuslG haben Ausländer keine Zugangsrechte zum öffentlichen Dienst und zur kommunalen Betätigung sowie zur Aufnahme einiger Tätigkeiten. Allerdings können die Ausländer, die in Russland einen ständigen Wohnsitz haben und eine Wohnerlaubnis besitzen, an den Kommunalwahlen aktiv und passiv teilnehmen, soweit in den Föderalen Gesetzen nicht anderes geregelt ist (vgl. § 12 Abs. 1 HS 1 AuslG). Ihnen steht gem. Art. 12 Abs. 1 HS 2 AuslG auch das Recht zu, an örtlichen Referenden teilzunehmen.[1162]

Politische Rechte sind Ausländern jedoch aufgrund völkerrechtlicher Verträge gewährleistet, die von Russland ratifiziert worden sind, etwa durch Artt. 10,

1160 Vgl. auch *Khabriyeva*, Migrationsrecht der Russischen Föderation: Theorie und Praxis, 2008, S. 84; *Delev*, Verfassungsrechtliche Grundlage der Einschränkung der Rechte und Pflichten der Ausländer in der RF, Diss. 2008. Außerdem ist in der Anlage Nr. 1 RVO Nr. 470 v. 04.07.1992 (zul. geändert. am 29.06.2011) die Liste der erlaubten Territorien Russlands für den Besuch durch ausländische Bürger geregelt, wonach Ausländer in ca. 20 Regionen des Landes im geregelten Umfang ein- und ausreisen können.

1161 Siehe auch *Khabriyeva*, Migrationsrecht der Russischen Föderation: Theorie und Praxis, 2008, S. 84.

1162 Siehe auch *Khabriyeva*, Migrationsrecht der Russischen Föderation: Theorie und Praxis, 2008, S. 84.

11 EMRK und Artt. 19, 21, 22 IPbpR, die aber das Wahlrecht nicht einschließen. Voraussetzung für die Anwendbarkeit von völkerrechtlichen Verträgen in der RF ist eine offizielle Bekanntmachung der Verträge: Nach Art. 15 Abs. 3 VerfRF i. V. m. Art. 5 Abs. 3 FG Nr. 101 FG „Über die internationalen Verträge der RF" v. 15. Juli 1995[1163] müssen daher „alle Gesetze amtlich veröffentlicht werden", ansonsten werden sie in Russland nicht angewendet.[1164]

3. *Soziale und wirtschaftliche Rechte*

Dem Wortlaut des Art. 7 Abs. 2 zufolge werden in der RF die Arbeit und Gesundheit der Menschen geschützt, ein garantierter Mindestlohn festgelegt, die staatliche Unterstützung von Familie, Mutterschaft, Vaterschaft und Kindern, Invaliden und älteren Bürgern gewährleistet, ein System sozialer Dienste entwickelt sowie staatliche Renten, Beihilfen und andere Garantien des sozialen Schutzes festgelegt. Art. 39 Abs. 1 garantiert jedem die soziale Sicherung im Alter, bei Krankheit, Invalidität und Verlust des Ernährers, für die Erziehung der Kinder und in anderen gesetzlich festgelegten Fällen. Nach Art. 41 Abs. 1 und 2 haben auch die Ausländer das Recht auf Schutz der Gesundheit und auf unentgeltliche medizinische Hilfe. Dieses ergibt sich daraus, dass bereits die Verfassung des Landes allen („Menschen") soziale Rechte gewährleistet, um „ein würdiges Leben und die freie Entwicklung des Menschen" gewähren zu können. Ausländer sind ebenso wie die Staatsbürger in Russland in ihren sozialen Rechten verfassungsrechtlich geschützt. Darüber hinaus haben die Arbeitsmigranten gem. Art. 10 des Arbeitsmigrantenabkommens[1165] und Art. 11 des Abkommens über den Rechtsstatus der Arbeitsmigranten[1166] Ansprüche auf Sozialversicherung und soziale Leistungen (außer Rentenansprüche) kraft Gesetzes, sofern nicht anders vereinbart ist. Ihre medizinischen Leistungen müssen vom Arbeitgeber gewährleistet werden, was allerdings nicht realisiert wird.

Ein Ausländer in Russland hat folglich gleiche Unternehmens- und Vermögensfreiheiten (Art. 34 und 35) und gleiches Recht auf Wohnung (Art. 40 Abs. 1) wie ein Inländer. Gem. Art. 37 Abs. 1 wird auch Ausländern das Recht auf Arbeit gewährleistet. Die Erwerbstätigkeit ausländischer Bürger in Russland wird nachfolgend dargestellt.

1163 FG v. 15.07.1995 Nr. 101 FG „Über die internationalen Verträge der RF", zul. geändert am 12.03.2014, in: http://www.consultant.ru/document/cons_doc_LAW_160092/ (abgerufen am 25.11.2014).

1164 http://www.consultant.ru/document/cons_doc_LAW_160092/, 2014 (abgerufen am 25.11.2014).

1165 Das Abkommen über die Zusammenarbeit im Bereich der Arbeitsmigration und sozialen Schutz der Arbeitsmigranten v. 15.04.1994, zul. geändert am 25.11.2005.

1166 Das Abkommen über den Rechtsstatus der Arbeitsmigranten und ihrer Familienangehörigen v. 19.11.2010, das zwischen der RF und den Republiken Belarus und Kasachstan abgeschlossen worden ist.

C. Migrations- und Integrationspolitik und aktuelle Rechtsprobleme der Ausländerintegration in der Russischen Föderation

I. Die Migrationspolitik in der Russischen Föderation

1. Besonderheiten, Ziele und aktuelle Probleme der Zuwanderungspolitik

Im Vergleich zur strengen und transparenten Migrationspolitik der sowjetischen Zeit, in der außerökonomische Methoden der Regulierung zugrunde gelegt wurden,[1167] verfolgt die RF in der Gegenwart eine liberale Einwanderungspolitik. Die Besonderheiten der Migrationspolitik in Russland bestehen darin, dass sie überwiegend auf die Arbeitsmigration und auf die Verhinderung der illegalen Migration fokussiert ist.

Seit den 1990er Jahren hat Russland erhebliche soziale und wirtschaftliche Probleme: die demographische Veränderung[1168] und der Arbeitskräftemangel sowohl an Hochqualifizierten als auch an unqualifizierten Arbeitern. Die entstehenden Probleme versuchte Russland bereits Mitte der 90er Jahre mittels bilateraler Abkommen über die Regulierung der freiwilligen Umsiedlung und den Rechtsschutz der Umsiedler aus den ehemaligen Sowjetrepubliken zu überwinden.[1169] Allerdings war dieser Versuch wegen der Unattraktivität der angebotenen Maßnahmen erfolglos. Die nächste Phase der Problemlösung ist mit der aktiven zielgerichteten (sozialen und ökonomischen) Unterstützung bei der Umsiedlung und territorialen Siedlung von Landsleuten verbunden, die die Grundlage des staatlichen Programms für die Förderung der freiwilligen Umsiedlung der Landsleute in die RF bilden, die ihren

1167 Die strenge Migrationspolitik der Sowjetzeit bestand darin, die Propiska (Registrierung) auf Großstädte zu beschränken, das Festhalten der Bevölkerung an einem Wohn- und Arbeitsort, die Ortsänderungskontrolle (aufgrund strengen Passkontrolle), die erzwungene Umsiedlung und die Anlockung der Bevölkerung in neue Wohngebiete. Es existierte auch eine ideologische Festsetzung der Migrationspolitik.

1168 Nach den statistischen Angaben ist die Bevölkerung des Landes in den letzten fünf Jahren um 3,5 Mio. Personen gesunken. Die jährliche durchschnittliche Zahl der Geburten beträgt 1,5 Mio. Personen, die Sterbezahl – 2,3 Mio. Personen. Jährlich sinkt die Bevölkerungszahl um 700.000 Menschen. Seit dem Jahr 2000 ist die Geburtenrate einer Frau 1,35. Das kann dazu führen, dass ab dem Jahr 2025 die Zahl der Bevölkerung in Russland bis auf 115–120 Mio. Menschen sinken kann. Nicht nur die Geburtenrate und die Sterbezahlen verursachten diese Krise, sondern auch die massenhafte Auswanderung aus Russland in und nach den 1990er Jahren.

1169 Entsprechende Abkommen wurden zwischen Russland und folgenden Staaten abgeschlossen, etwa Tadschikistan (1992), Turkmenistan (1993), Litauen (1993), Estland (1993), Georgien (1994), Kirgisien (1995), Weißrussland (1996), Armenien (1997), Aserbaidschan (1997), Kasachstan (1998) und Ukraine (2001). Jedoch gelten heutzutage nur einige davon, insbesondere: das Abkommen mit den Republiken Litauen, Kirgisien, Turkmenistan, Armenien und Aserbaidschan.

ständigen Wohnsitz im Ausland haben.[1170] Zurzeit versucht Russland den Arbeitskräftemangel im Land – der derzeitige Bedarf an Arbeitskräften ist mit den 70er Jahren in Deutschland vergleichbar – mit den Migranten aus den GUS-Staaten zu verringern. Es wird erwartet, dass sich dieser Bedarf zukünftig noch erheblich steigt, obgleich Russland im Vergleich zu anderen Einwanderungsländern für Immigranten, außer für Migranten aus den GUS-Staaten, wenig attraktiv erscheint. Während am Anfang keine Regelung in diesem Bereich vorhanden war, hat Russland vor einigen Jahren für Arbeitsmigranten eine Quote eingeführt, um eine geregelte Arbeitsmigration im Land zu gewährleisten.[1171]

Nach dem neuen Migrationskonzept v. 13. Juni 2012[1172] bilden Stabilisierung und Erhöhung der Bevölkerungszahl in Russland,[1173] Gewährleistung der Staatssicherheit und der Arbeitskräfte, Modernisierung, Innovationsentwicklung und Stärkung der Wettbewerbsfähigkeit die Ziele der gegenwärtigen Migrationspolitik in Russland. Der Aufgabenbereich umfasst die Unterstützung und Erweiterung des Reimmigrationsprogramms für die im Ausland wohnhaften Landsleute, die Entwicklung anspruchsvoller Mechanismen zur Gewinnung und Auswahl von Arbeitskräften, die Zuwanderungserweiterung zu Ausbildungs- und Weiterbildungszwecken, die Förderung der akademischen Mobilität und die soziale Integration der Ausländer.

2. *Die Staatsverwaltung der Migration: Ministerien und ihre Zuständigkeiten*

Aus der Verfassung der RF ergibt sich keine Kompetenzverteilung in Zuwanderungsfragen zwischen der Föderation und den Subjekten der RF. Dies bedeutet aber nicht, dass gem. Art. 73 VerfRF für die Zuwanderung nur Subjekte der RF zuständig sind.[1174] Die Zuständigkeitsverteilung ist einfachgesetzlich geregelt. Der

---

1170 Das staatliche Programm für die Förderung der freiwilligen Umsiedlung der Landsleute in die RF, die ihren ständigen Wohnsitz im Ausland haben, ist am 22.06.2006 durch Erlass des Präsidenten der RF Nr. 637 entstanden. Ausführlich dazu unter den Abschnitt „Das Rückkehrprogramm als Instrument der Integration?".

1171 Dazu mehr unter Frage III.1. dieses Kapitels.

1172 Das neue Migrationskonzept sieht konstruktive Maßnahmen bis zum Jahr 2025 vor und muss in drei Stufen realisiert werden. Während in der ersten Stufe (2012–2015) die Bedingungen für die Arbeitsmigranten geschaffen werden soll, ist die Aufgabe der weiteren Stufen die Bevölkerungsentwicklung in Sibirien und im Fernen Osten zu stabilisieren. Die Konzeption der staatlichen Migrationspolitik der RF für den Zeitraum bis zum Jahr 2025 v. 13.06.2012. Abrufbar unter: http://www.fms.gov.ru/law/865/details/52318 (abgerufen am 12.10.2012).

1173 Um dies zu gewährleisten, soll Russland nach eigenen Angaben im Jahr 2015 ins Land 800.000 Migranten aufnehmen. *Ilichev/Kolesnikov*, Wir müssen auf die Migrantenkinder hoffen, in: Nowaja gazeta, 22.10.2010.

1174 Art. 73 VerfRF lautet: „Außerhalb der Zuständigkeit der Russischen Föderation und der Befugnisse der Russischen Föderation im Bereich der gemeinsamen

Gesetzgeber hat allerdings versucht, diesen Bereich vor allem den Bundesvollzugsorganen zu übertragen, die primär eine Kontroll- und Überwachungskompetenz besitzen. So sind auf föderaler Ebene für die Zuwanderung der Präsident der RF, die Föderationsversammlung, die Regierung der RF und die Bundesvollzugsorgane zuständig. In der Praxis sind mehrere Organe der vollziehenden Gewalt für Migrationsfragen zuständig. Eine wesentliche Kompetenz kommt darunter dem Föderalen Migrationsdienst (weiterhin – FMS) zu. Nach den föderalen Gesetzen wird die Zuwanderungsverwaltung in der RF in der Regel durch den Bund und die Subjekte der RF sowie der kommunalen Selbstverwaltung erfüllt.[1175] Allerdings gehören laut russischer Verfassung Fragen der russischen Staatsangehörigkeit zu den ausschließlichen Kompetenzen der RF – d. h. weder die Organe der Staatsgewalt der Subjekte der RF noch die Organe der kommunalen Selbstverwaltung dürfen über die Einbürgerung der Ausländer und Staatenlosen entscheiden (Art. 71c). Gem. Art. 89a VerfRF entscheidet der Präsident der RF über die Fragen zur Staatsangehörigkeit der RF und die Gewährung politischen Asyls.

II. Die Integrationspolitik in der Russischen Föderation

1. Politische und wissenschaftliche Strategien der Integrationspolitik

Bevor auf diese Frage eingegangen wird, ist darauf hinzuweisen, dass sich die Integrationspolitik in der RF ebenso wie die Migrationspolitik wesentlich von der Migrations- und Integrationspolitik Deutschlands unterscheidet. Die gegenwärtige RF versteht unter der Integration von Ausländern vor allem die soziale und wirtschaftliche Unterstützung für die Umsiedlung in die RF, wie sich aus der Literatur ergibt.[1176] Es geht dabei nicht um die Ausländer, die die meistgesprochene Sprache des Landes – also die russische Sprache – nicht beherrschen und die die Traditionen, Bräuche oder die Kultur des Landes nicht kennen, sondern um diejenigen, die bereits Russisch sprechen und die Besonderheiten des Landes kennen. Die gegenwärtige Integrationspolitik in Russland ist auf sog. „integrierte" Ausländer gerichtet, die in die RF kommen. Vor allem werden zu diesem Personenkreis Landsleute oder Russen mit fremder Staatsangehörigkeit gezählt. In diesem

---

Zuständigkeit der Russischen Föderation und der Subjekte der Russischen Föderation verfügen die Subjekte der Russischen Föderation über die gesamte Fülle der Staatsgewalt."

1175 Föderale Gesetze setzen jedoch keine Zuständigkeitsgrenzen auf unterschiedlichen Ebenen fest. Das zeigen auch die Regelungen des § 5 und 7 Föderalen Gesetzes „Über Flüchtlinge und Vertriebene" deutlich, wonach sowohl die Bundesvollzugsorgane als auch die Vollzugsorgane der Subjekte der RF und Organe der örtlichen Selbstverwaltung dem Vertriebenen und seinen Familienangehörigen auf dem Territorium der RF Aufnahme gewähren müssen.

1176 Vgl. *Khabriyeva*, Migrationsrecht der Russischen Föderation: Theorie und Praxis, 2008, S. 88.

Fall bedarf es keiner staatlichen Sprachunterstützung oder Unterstützung bei der Integration in die Aufnahmegesellschaft. Das ist ein großer Unterschied zu der Integrationspolitik in Deutschland. Deshalb wird in Russland aktiv das Rückkehrprogramm als Instrument zur Integration genutzt und die Einbürgerung als abgeschlossene Integration der Ausländer angesehen.[1177] Allerdings sind in den letzten Jahren die Sprachprobleme der Migranten, die nach Russland zur Ausübung einer Erwerbstätigkeit oder mit dem Ziel der Erlangung ständigen Wohnsitzes kommen, erkannt worden.[1178] Auch die Migrantenkinder ohne Sprachkenntnisse sind eine Hürde für andere Mitschüler in den öffentlichen Schulen Russlands.[1179] Diese Frage wird jedoch in der Öffentlichkeit nicht thematisiert, deshalb bleibt sie bis jetzt Gegenstand einiger weniger Schulen und kirchlicher Gemeinden Russlands.

2. Das Rückkehrprogramm als Instrument der Integration?

Wie bereits erwähnt, sieht die RF als Mittel der Integration der Einwanderer im eigenen Land das Rückkehrprogramm vor, d. h. ein staatliches Programm für die Förderung der freiwilligen Umsiedlung der Landsleute[1180] zurück nach Russland,

---

1177 Ausführlich dazu – nachfolgend.

1178 Siehe auch unten.

1179 Vgl. *Mostozkij*, In Sankt Petersburg sind 50% der Erstklässler Migrantenkinder, in: http://www.contrtv.ru/print/1378; *Schkurenok*, In Sankt Petersburg wurde das erste Buch für Migrantenkinder veröffentlicht, in: Die Zeit der Nachrichten, 02.06.2010; *Kujbida*, Ministerium für Bildung und Wissenschaften will die Unterrichtsmethodik des Russischen für nationale Minderheiten ändern, in: Izvestija, 18.10.2011; Test auf Russischsprachkenntnisse wird den Arbeitsmigranten 2,5 Tausend Rubel kosten, 23.11.2011, abrufbar unter: http://www.rbc.ru (abgerufen am 15.12.2012); *Rozhkova*, Das Unterrichten der Migrantenkinder in russischer Sprache, 2011; *Trushkina*, Das Unterrichten der Migrantenkinder in russischer Sprache als ein Faktor der erfolgreichen sozial-psychologischen Adaption, 21.03.2012.

1180 Kraft des Föderalen Gesetzes v. 24.05.1999 Nr. 99-FZ „Über die staatliche Politik der RF betreffend ihrer Landsleute im Ausland" sind mit dem Begriff „Landsleute" solche Personen gemeint, die in einem Staat geboren sind, die dort leben oder lebten und eine gemeinsame Sprache und Religion, ein gemeinsames Kulturerbe, gemeinsame Traditionen und Bräuche haben sowie die Nachkommen dieser Personen in gerader Linie. Unter dem Begriff „Landsleute im Ausland" sind die Bürger der RF mit Niederlassungserlaubnis im Ausland gemeint; die Personen, die die Staatsangehörigkeit der UdSSR besaßen und in den ehemaligen Sowjetrepubliken wohnen sowie die Staatsangehörigkeit dieser neuen Länder erlangt haben oder die Staatenlose geworden sind; die Abkömmlinge des Russischen Reiches, der Russischen Republik, der RSFSR, der UdSSR und der Russischen Föderation, die die entsprechende Staatsangehörigkeit hatten und die Bürger eines fremden Staates geworden sind oder eine Aufenthaltserlaubnis besitzen oder Staatenlose geworden sind und die Nachkommen von Angehörigen der oben genannten Gruppen, mit Ausnahme der Nachfahren von Titularnationen ausländischer Staaten. Diese

die ihren Lebensmittelpunkt im Ausland haben. Es handelt sich hierbei um einen organisierten Umsiedlungsprozess auf staatlicher Ebene.[1181] Das Rückkehrprogramm ist darauf gerichtet, das Potenzial der im Ausland wohnenden Landsleute für die Bedürfnisse der Entwicklung der russischen Regionen zu nutzen. Das Programm enthält die Aufforderung zur Umsiedlung und die Organisation der freiwilligen Umsiedlung der Landsleute für den ständigen Wohnsitz in der RF. Damit soll der Bevölkerungsrückgang im gesamten Land und in den einzelnen Subjekten der RF kompensiert werden. Auch die Integration der eingewanderten Landsleute in die russische Gesellschaft – die Achtung der Sprache, Kultur, Religion, der Traditionen und Bräuche sowie der Lebensverhältnisse in Russland – gilt als Ziel des staatlichen Rückkehrprogramms.[1182] Im Rahmen des Rückkehrprogramms, das mit dem Einladungsmanifest der Ausländer von Katharina II v. 22. Juli 1763 vergleichbar ist,[1183] sind folgende Unterstützungsleistungen vorgesehen: Übernahme von Transport- und Reisekosten, Gebührenerstattung, einmalige finanzielle Starthilfe, monatliche Beihilfe bei fehlendem Einkommen (sechs Monate), ein befristetes soziales Paket für Ausbildung, medizinische und andere Leistungen, Steuerbegünstigungen und Gewährung einer günstigen Hypothek.[1184] Die aufnehmenden Subjekte der RF können diese Rechte erweitern. Allerdings haben die Teilnehmer an diesem Programm auch zusätzliche Pflichten gegenüber den Einheimischen: Sie müssen für zwei Jahre in dem Subjekt der RF, in dem sie sich niederlassen, bleiben. Anderenfalls sind sie verpflichtet, die empfangene Starthilfe zurückzuerstatten. Seit 2014 haben zahlreiche Subjekten der RF ihre Aufnahmeregelungen dahingehend geändert, dass der Rückkerender vor der Antragstellung mind. ein Jahr mit einer befristeten Aufenthaltserlaubnis auf dem Territorium dieses Subjektes wohnen und arbeiten muss. Am Ende des Jahres muss er eine Aufenthaltsbestätigung und einen Nachweis über die Einkommensverhältnisse vorlegen.

Definition ist weit auszulegen, sie umfasst fast alle Personen, die irgendwann auf dem Territorium der UdSSR lebten und eine Staatsangehörigkeit besaßen.

1181 Was die vom Staat nicht organisierte Umsiedlung anbelangt, ist anzumerken, dass in den letzten Jahrzehnten Russland eine erhebliche Zahl von Umsiedlern aufgenommen hat. Den Angaben der FMS zufolge sind in den Jahren 1975–1988 in die RSFSR insgesamt mehr als 13 Mio. Personen, in den Jahren 1989–2000 weitere 11 Mio. Personen in die RF umgesiedelt worden.

1182 Vgl. Das staatliche Programm für die Förderung der freiwilligen Umsiedlung der im Ausland wohnenden Landsleute in die RF, genehmigt durch Erlass des Präsidenten der RF Nr. 637 v. 22.06.2006, in: Gesetzessammlung der RF, 2006, Nr. 26, S. 2820; *Khabriyeva*, Migrationsrecht der Russischen Föderation: Theorie und Praxis, 2008, S. 88 ff.

1183 Siehe dazu oben, unter Kapitel 4 A. Abschnitt II.

1184 Das staatliche Programm für die Förderung der freiwilligen Umsiedlung der im Ausland wohnenden Landsleute in die RF v. 22.06.2006, in: Gesetzessammlung der RF, 2006, Nr. 26, S. 2820.

In der Praxis entstehen weitere Probleme hinsichtlich der Gewährleistung des rechtlichen Status der Rückkehrenden und bei der Versorgung mit Wohnraum. In einigen Subjekten sind auch die Fragen der zeitweiligen Wohnversorgung nicht gelöst. Außerdem nehmen am Programm nicht alle Subjekte der RF teil. Dies kann das Scheitern des Programms verursachen. Erforderlich ist daher eine verstärkte Kooperation zwischen Föderation und Subjekten.

Im Allgemeinen werden die aufnehmenden Regionen in drei Kategorien aufgeteilt: „A", „B" und „C". Während die Kategorie „A", die strategisch wichtigen Grenzterritorien umfasst, die den Remigranten die volle Unterstützung des Staates gewährleisten, werden in den Kategorien „B" und „C" nur teilweise Garantien und soziale Leistungen gewährt.[1185]

Festzustellen bleibt: Das Manifest von Katharina II. war viel attraktiver als das gegenwärtige Rückkehrprogramm. Das lässt sich auch – mit Ausnahme des letztes Jahres – aus der Statistik entnehmen. Laut statistischen Angaben sind in den ersten zehn Monaten des Jahres 2014 insgesamt 68.890 Personen in die Subjekte der RF gekommen, also zweimal mehr Remigranten als im Vorjahr. Die hohe Zahlen sind vermutlich mit dem Ukraine-Konflikt verbunden. Im Jahr 2013 kamen ca. 34.697 Personen nach Russland. Im Jahr 2012 sind 56.874 Programmteilnehmer nach Russland eingereist und im territorialen Migrationsdienst der RF registriert worden (2011: 29.462, 2010: 27.019 und 2009: 20.711).[1186] Die Gesamtteilnehmerzahl beträgt derzeit 252.423 Personen. Nach wie vor kamen die Remigranten aus Kasachstan (31 %), Usbekistan (19 %), Moldau (9,8 %), Kirgisien (9,1 %) der Ukraine (8,7 %) und Armenien (8,1 %). Außerdem nehmen am Rückkehrprogramm Bürger von Turkmenistan, Belarus, Litauen, Lettland, Estland, Deutschland, Polen, Portugal, USA und Israel teil. Die beliebtesten Zielorte für die Umsiedlung sind: der Föderale Zentrale Bezirk, Sibirien und der nordwestliche Föderale Bezirk.[1187]

3. *Die Einbürgerung als Teil des Integrationsprozesses*

a) Die Einbürgerungsgesetzgebung in der Russischen Föderation

Als grundlegende Vorschriften hinsichtlich der Staatsangehörigkeit der RF dienen das Föderale Gesetz Nr. 62-FZ v. 31. Mai 2002 „Über die Staatsangehörigkeit der RF" (nachfolgend – StAG-RF)[1188] und die „Verordnung über das Prüfungsverfahren der

---

1185 Vgl. Das staatliche Programm für die Förderung der freiwilligen Umsiedlung der im Ausland wohnenden Landsleute in die RF v. 22.06.2006, in: Gesetzessammlung der RF, 2006, Nr. 26, S. 2820; *Khabriyeva*, Migrationsrecht der Russischen Föderation: Theorie und Praxis, 2008, S. 97.

1186 Die offizielle Seite des FMS, abrufbar unter: http://www.fms.gov.ru/about/statistics/data (abgerufen am 24.11.2014).

1187 Vgl. Monitoring des FMS abrufbar unter http://www.fms.gov.ru/programs/fmsuds/monitoring/2011.pdf, S. 8 und 10 (abgerufen am 24.11.2014).

1188 Das Föderale Gesetz Nr. 62-FZ v. 31.05.2002 „Über die Staatsangehörigkeit der RF", zul. geändert am 14.10.2014 (FG Nr. 307-FG), in: Gesetzessammlung der RF,

Staatsangehörigkeit der RF“ Nr. 1325 v. 14. November 2002 (VO Nr. 1325).[1189] Während das Staatsangehörigkeitsgesetz-RF bereits am 1. Juli 2002 in Kraft trat, fand eine umfangreiche Rechtsanwendung erst nach einem Jahr statt. Das Staatsangehörigkeitsgesetz 1991 entstand im Zuge der Herausbildung der neuen russischen Staatlichkeit. Es berücksichtigte die Besonderheiten der Entwicklung der RF und ihres Rechtssystem ebenso wenig wie das Verhältnis zwischen der RF und den neuen souveränen Staaten. Darüber hinaus hat Russland die Europäische Konvention über die Staatsangehörigkeit v. 6. November 1997 unterschrieben, die es jedoch bis dato nicht ratifiziert hat.[1190] Einige Vorschriften des Gesetzes a. F. widersprachen der Verfassung der RF 1993, insbesondere den Bestimmungen über die Souveränität Russlands und das Rechtsstaatsprinzip, die Gleichheit der Subjekte der RF und die Kompetenzordnung für Fragen der Staatsangehörigkeit, so dass eine Reform im Jahr 2002 unentbehrlich war. Allerdings ist darauf hinzuweisen, dass einige Vorschriften des Gesetzes von 1991 – Artt. 18–20 und 41 StAG (a. F.) – immer noch gültig sind. Vor allem gilt dies für die Fälle, bei denen beim Erwerb und Verlust der russischen Staatsangehörigkeit im Vergleich zum neuen Gesetz eine günstigere Regelung galt und bei denen das Prüfungsverfahren von Staatsangehörigkeitsfragen bis zum Inkrafttreten des neuen Gesetzes begonnen ist. Seit 2002 wurde der Erwerb der russischen Staatsangehörigkeit wesentlich erleichtert. Wesentliche Erleichterungen wurden bspw. mit dem Erlass des Präsidenten der RF Nr. 755 v. 30. Mai 2012[1191] für Bürger ausländischer Staaten geschaffen, in denen Russisch als eine der Amtssprachen[1192] gilt. Letzte Erleichterungen betreffen Landsleute mit Russischkenntnissen. Sie erwerben die russische Staatsangehörigkeit nach einem einjährigen Aufenthalt in Russland, wenn sie nach Russland zum ständigen Wohnsitz umziehen und auf die ausländische Staatsangehörigkeit verzichten.[1193] Hingegen wurden im russischen Staatsangehörigkeitsrecht die Regelungen im Hinsicht auf die zweite Staatsbürgerschaft verstärkt. So müssen weiterhin die russischen

2002, Nr. 22, S. 2031; auch Russische Zeitung, 2002, Nr. 100; Parlamentarische Zeitung, 2002, Nr. 104.

1189 Russische Zeitung, 19.11.2002, Nr. 219 (3087); Gesetzessammlung der RF, 2008, Nr. 29 (Teil I), S. 3476.

1190 Siehe unter: http://conventions.coe.int (abgerufen am 19.06.2012).

1191 Erlass des Präsidenten Nr. 755 v. 30.05.2012 „Über die Änderungen der VO über das Prüfungsverfahren der Staatsangehörigkeit der RF Nr. 1325 v. 14.11.2002“, in: offizielle Rechtsdatenbank abrufbar unter: www.pravo.gov.ru (abgerufen am 19.06.2012).

1192 Zurzeit ist Russisch die Amtssprache in Russland, Weißrussland (zusammen mit Weißrussisch) und offizielle Sprache in Kasachstan (mit Kasachisch als Amtssprache), Kirgisistan (mit Kirgisisch als Amtssprache) und der zur Ukraine gehörenden Autonomen Republik Krim (zusammen mit Ukrainisch und Krimtatarisch).

1193 Am 02.05.2014 trat das föderale Gesetz Nr. 71 FZ „Über die Änderung des föderalen Gesetzes „Über die Staatsangehörigkeit der RF“ und andere Gesetze der RF“ in Kraft. S. unter: www.consultant.ru (abgerufen am 25.11.2014).

Bürger, die auch eine oder mehrere ausländische Staatsangehörigkeiten erwerben oder erworben haben, – mit Ausnahme der Bürger der RF, die ständig im Ausland wohnen, – darüber das FMS innerhalb von 60 Tagen schriftlich informieren. Wird dies unterlassen, wird ein Bußgeld in Höhe von bis zu 200.000 Rubel erhoben oder ist eine Pflichtarbeit in Höhe von 400 Stunden zu leisten.[1194]

b) Die russische Staatsangehörigkeit: Status, Erwerb und Verlust

aa) Das Rechtsinstitut der Staatsangehörigkeit

Nach Art. 6 VerfRF wird die Staatsangehörigkeit der RF aufgrund des Gesetzes über die Staatsangehörigkeit erworben und verloren. In der Verfassung der RF wird festgelegt, dass die Fragen über die russische Staatsangehörigkeit zu den ausschließlichen Kompetenzen der RF gehören, d. h. weder die Organe der Staatsgewalt von Subjekten der RF noch die Organe der kommunalen Selbstverwaltung dürfen über die Einbürgerung von Ausländern und Staatenlosen entscheiden.[1195] Darüber hinaus besteht gem. Art. 62 VerfRF die Möglichkeit für Staatsbürger, eine zweite Staatsangehörigkeit zu besitzen. Der Gesetzgeber definiert die Staatsangehörigkeit der RF als „eine stabile rechtliche Bindung des Individuums an die RF, die in der Gesamtheit ihrer gegenseitigen Rechte und Pflichten zum Ausdruck gebracht wird" (vgl. Art. 3 StAG-RF).

bb) Erwerb der russischen Staatsangehörigkeit

Die russische Staatsangehörigkeit wird nach Art. 11 StAG-RF wie folgt erworben: durch Geburt (Art. 12 StAG-RF), durch Einbürgerung (Artt. 13 und 14 StAG-RF), durch Wiederverleihung der Staatsangehörigkeit der RF (Art. 15 StAG-RF) und durch andere Gründe, die in diesem Gesetz oder in den internationalen Verträgen der RF geregelt sind. Hierzu gehören z.B. Optionsregelung des Art. 21 StAG-RF und Miteinbürgerung des Kindes. Bei der Optionsregelung können die im Zuge der Änderung des Staatsgebietes der RF auf dem neuen Territorium wohnhafte Bürger der RF entweder die russische Staatsbürgerschaft behalten oder sie ändern. An dieser Stelle ist auch daruf hinzuweisen, dass infolge der umstrittenen Aufnahme der Krim-Republik in die RF in Russland sich zwei weitere Subjekte herausgebildet haben (die Republik Krim und die Bundesstadt Sewastopol), die auch im Staatsangehörigkeitsrecht einen besonderen rechtlichen Status genießen. Gem. Art. 4 des Föderalen Gesetzes v. 21. März 2014 Nr. 6 FKZ (i. d. Fassung v. 27. Mai 2014) „Über die Aufnahme in die RF der Republik Krim und die Bildung in der RF neuer Subjekte – der Republik Krim und der Bundesstadt Sewastopol" werden die Bürger der Ukraine und Staatenlose mit ständigem Wohnsitz auf dem o. g. Territorium des Landes seit der Annahme der Republik Krim in die RF als Staatsbürger

1194 Diese Gesetzesänderung bzgl der doppelten Staatsangehörigkeit trat am 04.08.2014 in Kraft.

1195 *Ovchinnikova/Malumov*, Neues in der Migrationsgesetzgebung: von der Registrierung bis zur Einbürgerung, in: Delovoj dvor, 2009, S. 25.

der RF anerkannt. D. h. die Bevölkerung der Republik Krim und der Bundesstadt Sewastopol haben ihre Staatsangehörigkeit durch stillschweigende Zustimmung zum Erwerb der russischen Staatsangehörigkeit erworben. Nach dieser Regelung führt aber der Erwerb der russischen Staatsangehörigkeit nicht automatisch zum Verzicht oder Verlust der ausländischen Staatsangehörigkeit. In diesem Fall kann die doppelte Staatsangehörigkeit anerkannt werden, sofern die Bürger der Ukraine innerhalb eines Monats einen Antrag über die Beibehaltung der ukrainischen Staatsangehörigkeit einreichen.[1196]

(1) Einbürgerung nach Artt. 13 und 14 StAG-RF

Die Staatsangehörigkeit der RF kann durch zwei Wege erworben werden: durch allgemeine und durch einfache Regelungen, vgl. Artt. 13 und 14 StAG-RF. Sie unterscheiden sich voneinander durch die Voraussetzungen zum Erwerb der Staatsbürgerschaft, die gesetzliche Bearbeitungsfrist der Bewerberanträge und durch die Kompetenzteilung. Während nach der allgemeinen Regelung die Bearbeitung bis zu einem Jahr dauert und die Entscheidung vom Präsidenten der RF getroffen wird (vgl. Art. 35 Abs. 2 und Art. 29 i.V.m. Art. 35 Abs. 1), ist nach der einfachen Regelung innerhalb von sechs Monaten vom FMS oder seinen territorialen Organen und vom ausländischen Konsulat der RF die Entscheidung über die Einbürgerung zu treffen, vgl. Artt. 35 Abs. 4 und Art. 30e i. V. m. Artt. 31e, 35 Abs. 3 StAG-RF.

(a) Allgemeine Regelungen

Gem. Art. 13 StAG-RF kann ein Ausländer und Staatenloser, der das 18. Lebensjahr vollendet hat und handlungsfähig ist, auf seinen Antrag nach allgemeinen Regelungen eingebürgert werden, wenn er:

- sich in der RF seit dem Erwerb der Wohnerlaubnis und bis zur Antragstellung insgesamt fünf Jahre rechtmäßig aufhält, mit Ausnahme der Fälle, die in Art. 13 Abs. 2 StAG-RF geregelt sind (vgl. Art. 13 Abs. 1a StAG-RF),
- sich verpflichtet, die Verfassung der RF und die Gesetze der RF einzuhalten,
- imstande ist, sich selbst rechtmäßig auf Dauer zu ernähren,
- sich an die bevollmächtigten Organe eines ausländischen Staates mit dem Antrag auf den Verzicht der ausländischen Staatsbürgerschaft gewendet hat. Dies ist nicht erforderlich, soweit es in den internationalen Verträgen der RF oder im vorliegenden Gesetz anders geregelt ist oder wenn der Verzicht aus von ihm nicht zu vertretenden Gründen unmöglich ist.
- die russische Sprache beherrscht. Das Verfahren zur Ermittlung des Niveaus der Sprachkenntnisse ist in der VO Nr. 1325 festgelegt.

1196 *Zenin*, Institut der Bürgerschaft in der Entwicklung der Bundesbeziehungen in Russland, in: Belling (Hrsg.), Dritte Woche des Russischen Rechts, Potsdam, 13. – 17.10.2014, mit der Moskauer Staatlichen Juristischen O. E. Kutafin Universität, S. 17 (wird voraussichtlich 2015 veröffentlicht).

Weiter ist zu prüfen, ob Einbürgerungserleichterungen für privilegierte Personen vorliegen. Laut Gesetz sind die Personen mit besonderen Verdiensten in Wissenschaft, Technik und Kultur privilegiert und solche mit einer Qualifizierung oder einem Beruf von besonderem nationalen Interesse, Flüchtlinge, Vertriebene, Personen mit einem besonderen Verdienst für die RF und Bürger der ehemaligen UdSSR, die mehr als drei Jahre Wehrdienst in den russischen Streitkräften, in anderen Truppen oder Militäreinheiten geleistet haben (vgl. Art. 13 Abs. 2–4 StAG-RF).[1197] Für den privilegierten Personenkreis, der ausdrücklich in § 13 Abs. 2 StAG-RF genannt sind, wird die Aufenthaltsdauer für die Einbürgerung auf vier Jahre verkürzt.

(b) Einfache Regelungen

Nach Art. 14 StAG-RF können Ausländer und Staatenlose auch nach einfachen Regelungen, d. h. ohne Einhaltung der Regelungen des Art. 13 Abs. 1a StAG-RF, eingebürgert werden. Diese Regelungen betreffen Personen, die eine enge Bindung zur UdSSR oder RF haben. Welche Personen dazu gehören, ist in Art. 14 Abs. 1–7 StAG-RF ausdrücklich geregelt. Vor allem, wenn ein Elternteil die Staatsangehörigkeit der RF besitzt und in der RF wohnt, wenn sie die Staatsangehörigkeit der UdSSR hatten, in den ehemaligen Sowjetrepubliken wohnten und wohnen, keine Staatsangehörigkeit dieser Staaten erlangten und Staatenlose sind, wenn sie die Bürger von Staaten sind, die zu UdSSR gehörten und eine (Hochschul-)Ausbildung in den russischen Bildungseinrichtungen nach dem 1. Juli 2002 abgeschlossen haben (vgl. Art. 14 Abs. 1 StAG-RF). Gem. Art. 14 Abs. 7 StAG-RF haben auch

---

1197 Der Präsident der RF Wladimir Putin hat Anfang 2013 dem französischen Filmstar Gérard Depardieu per Erlass die russische Staatsangehörigkeit aus humanitären Gründen verliehen. Im Erlass steht Folgendes: „In Übereinstimmung mit Art. 89 (a) VerfRF ist der Antrag auf russische Staatsbürgerschaft von Gérard Xavier Depardieu, geboren 1948 in Frankreich, angenommen worden." Gérard Depardieu – der auch als erfolgreicher Unternehmer in Paris Restaurants betreibt, Weinberge besitzt und insgesamt mehr als 80 Menschen beschäftigt – will mit der Flucht nach Russland einer geplanten französischen Steuerreform entgehen. Diese Steuerreform sieht eine 75 %-ige Steuer auf Einkommen von über 1. Mio. Euro im Jahr vor (sog. Reichensteuer). In Russland liegt der derzeitige Einkommensteuersatz einheitlich bei 13 %. Im Dezember 2012 hatte der berühmte Schauspieler beschlossen, seinen Wohnsitz zunächst nach Belgien zu verlegen und die Staatsangehörigkeit Belgiens zu beantragen. Später hat er sich dann für die russische Staatsangehörigkeit entschieden. Trotz des Scheiterns der Steuerreform ist Depardieu nach Russland, in die Stadt Saransk umgezogen. Zwar ist die doppelte Staatsangehörigkeit in Frankreich seit 1973 gestattet, aber Gérard Depardieu hat laut Pressemitteilungen seinen französischen Pass abgegeben. Der Grund dafür war die Kritik des französischen Premierministers. Nach russischem Recht ist die doppelte Staatsangehörigkeit grundsätzlich nur in zwei Ausnahmefällen erlaubt (s. u.). Für den Fall Depardieu dürfte allerdings eine der Ausnahmen – Behalten der ausländischen Staatsangehörigkeit aus unterschiedlichen von der Person unabhängigen Gründen – greifen.

Ausländer, die nach Russland auf der Grundlage des Rückkehrprogramms zurückgekehrt sind, einen Anspruch auf erleichterte Einbürgerung.

cc) Verlust der russischen Staatsangehörigkeit

Nach Art. 18 StAG-RF kann die russische Staatsangehörigkeit in folgenden Fällen beendet werden: durch Entlassung auf Antrag und durch andere Gründe, die in diesem Gesetz oder den internationalen Verträgen der RF festgelegt sind (z.B. durch Änderung der Staatsangehörigkeit der Eltern und durch die Optionsregelung). Die Entlassung aus der Staatsbürgerschaft erfolgt auf einen freiwilligen Antrag der Person. Je nachdem, ob sie in der RF oder im Ausland wohnt, werden unterschiedliche Regelungen, also die allgemeine oder die einfache, angewendet, mit Ausnahme der Fälle, die in Art. 20 StAG-RF geregelt sind (vgl. Art. 19 Abs. 1 und 2 StAG-RF). Die Entlassung eines Kindes aus der Staatsangehörigkeit, wenn ein Elternteil die Staatsangehörigkeit der RF, der andere aber eine ausländische Staatsbürgerschaft besitzt oder nur ein Elternteil ausländischer Staatsbürger ist, erfolgt gem. Art. 19 Abs. 3 StAG-RF auf Antrag beider Eltern oder eines Elternteiles nach einfachen Regelungen.

c) Einbürgerungszahlen und nationalitätenspezifische Unterschiede

Nach Angaben des FMS sind in den ersten zehn Monaten des Jahres 2014 in der RF insgesamt 121.872 Personen eingebürgert worden. Im Jahr 2013 bekamen 135.788 Ausländer den russischen Pass. 2012 haben sich 95.737 Personen für eine russische Staatsangehörigkeit entschieden, darunter mehr als 36.628 Personen (im Jahr 2011–64.233) nach einfacher Regelung gem. Art. 14 i. V. m. Artt. 24 und 25 StAG-RF. Weitere 661 Personen (im Jahr 2011 waren 9.516 Personen) haben die russische Staatsangehörigkeit nach Art. 3 des Abkommens zwischen Republiken Belarus, Kasachstan, Kirgisien und der RF über den Erwerb der russischen Staatsangehörigkeit nach einfacher Regelung v. 26. Februar 1999 erlangt. Entsprechend des internationalen Abkommens sind im Jahr 2012 ca. 4.784 und im Jahr 2011 insgesamt 75.909 Ausländer eingebürgert worden. 2011 haben insgesamt 134.983 Personen die russische Staatsangehörigkeit erworben, darunter sind 41.198 Kinder unter 18 Jahren und 93.785 Erwachsene. Die Eingebürgerten kamen überwiegend aus der Republik Kirgisien (im Jahr 2012: 2.909 und 2011: 49.146 Personen), der Republik Kasachstan (2012: 1649 und 2011: 23.329 Personen) und der Republik Belarus mit 226 Personen im Jahr 2012 und 3.434 Personen im Jahr 2011.[1198] Darüber hinaus wurden 10.010 Teilnehmer des Rückkehrprogramms sowie ihre Familienangehörigen im Jahr 2012 eingebürgert. Im Jahr 2011 betrug diese Zahl 19.349. Außerdem haben ca. 5.791 Staatenlose (im Jahr 2011–15.144 Personen) den russischen Pass bekommen.[1199]

1198 Die statistischen Angaben sind allerdings unvollständig und umfassen keine anderen Nationalitäten.

1199 Siehe Statistik des FMS. Abrufbar unter: http://www.fms.gov.ru/about/statistics/data (abgerufen am 21.11.2014).

III. Die rechtliche Problematik der Ausländerintegration in Russland

1. Der Zugang zum Arbeitsmarkt

a) Verfassungsrechtliche Garantien der Arbeits- und Berufsfreiheit

Die Verfassung der RF gewährleistet – anders als das deutsche Grundgesetz – jedem das Recht, „frei über seine Arbeitsfähigkeiten zu verfügen und die Art seiner Tätigkeit und seines Berufes frei zu wählen" (vgl. Art. 37 Abs.1 S. 2 VerfRF). Grundrechtsberechtigt sind in erster Linie alle natürlichen Personen, somit auch die in der RF ansässigen Ausländer. Es wird hier also nicht zwischen Staatsbürger und Ausländer unterschieden. Art. 37 Abs. 1 S. 1 VerfRF garantiert zudem auch die Arbeitsfreiheit. Außerdem sind in Art. 37 VerfRF folgende weiteren Gewährleistungen verankert: das Zwangsarbeits- und Diskriminierungsverbot, die Garantie angemessener Arbeitsbedingungen und der Schutz vor Arbeitslosigkeit. Aufgrund des eindeutigen Wortlautes der Verfassungsnorm („jeder") sind dadurch ebenfalls Ausländer und Staatenlose geschützt. Auch Art. 13 Abs. 1 AuslG gewährleistet den Ausländern die Arbeits- und Berufsfreiheit, jedoch nur im Rahmen des föderalen Gesetzes. Allerdings ist der Zugang zum Arbeitsmarkt für ausländische Bürger mit einigen Einschränkungen verbunden, die nachfolgend betrachtet werden sollen.

b) Die Einstellung ausländischer Arbeitnehmer in Russland

Eine berufliche Betätigung von Ausländern ist durch die Regelungen der Artt. 13, 13.1, 13.2, 13.3 und Art. 18 AuslG, durch die Föderalen Gesetze,[1200] die RVO Nr. 681,[1201] die zwischenstaatlichen Abkommen und zahlreiche Verwaltungsvorschriften geregelt. Die Besonderheiten der Ausübung einer Berufstätigkeit durch ausländische Bürger sind in den Bestimmungen der Artt. 13.1, 13.2 und Art. 13.3 AuslG und in der angeführten RVO Nr. 681 festgelegt.

1200 Föderale Gesetze „Über die Organisierung und Durchführung der Olympischen Winterspiele XXII und Paraolympischen Winterspiele XI im Jahr 2014 in Sotchi, Entwicklung der Stadt Sotchi als eine bergklimatische Kurstadt und einige Gesetzesänderungen der RF"; „Über die Organisation des Treffens des Staatsoberhauptes und des Regierungsvertreters der Staaten, die an dem Forum „Asiatisch-pazifische wirtschaftliche Zusammenarbeit im Jahr 2012" teilnehmen, über die Entwicklung der Stadt Vladivostok als ein Zentrum für internationale Zusammenarbeit im asiatisch-pazifischen Raum und über einige Gesetzesänderungen der RF"; „Über das Innovativzentrum „Skolkovo"" usw.

1201 RVO Nr. 681 „Über das Verfahren der Erteilung der Genehmigungsunterlagen für die Ausübung einer zeitweiligen Arbeitstätigkeit in der RF durch die ausländischen Bürger" v. 15.11.2006.

Für die Ausübung einer Erwerbstätigkeit in Russland benötigen Ausländer grundsätzlich eine spezielle Erlaubnis (vgl. Art. 13 Abs. 4 S. 1 AuslG).[1202] Laut Ausländergesetz bedarf es einer Arbeitserlaubnis sowohl bei Beschäftigung aufgrund eines Arbeits- oder Dienstvertrages als auch bei einer selbstständigen Tätigkeit. Abweichend von dieser Regelung benötigen Ausländer, die ständig in der RF wohnen, die an einem Rückkehrprogramm teilnehmen, die in die RF als Lehrkräfte zwecks Durchführung von Unterricht an Bildungseinrichtungen eingeladen sind und Studierende aus dem Ausland keine Arbeitserlaubnis (Art. 13 Abs. 4 S. 2 AuslG).[1203] Keiner Arbeitserlaubnis bedürfen Ausländer, die in die RF visumsfrei eingereist sind und Hochqualifizierte, die im Rahmen des Art. 13.2 AuslG in der RF tätig sind sowie ihre Familienangehörigen (vgl. Art. 13 Abs. 4.5 AuslG). Im Wesentlichen existieren in Russland folgende Arten erlaubter Dokumente für die Aufnahme einer Erwerbstätigkeit durch Ausländer: das Patent, die Arbeitserlaubnis und die sog. Erlaubnis für Hochqualifizierte.

c) Quote für die Erteilung der Arbeitseinladung und -erlaubnis

Nach Ausländergesetz wird Ausländern, die zur Arbeitsaufnahme nach Russland einreisen, eine besondere Einladung und ein reguläres Arbeitsvisum erteilt. Dabei wird von der Regierung jährlich eine Quote für die Erteilung von Arbeitseinreiseeinladungen festgelegt. Im Jahr 2010 wurden insgesamt für ganz Russland 611.080 Einladungen zur Aufnahme einer Arbeit als Quote festgelegt, darunter 88.836 für Moskau, 19.175 für das Gebiet Moskau, 33.213 für Sankt Petersburg, 6.959 für das Gebiet Leningrad (im Vergleich zum Jahr 2009 wurde diese Quote wesentlich reduziert).[1204] Für das Jahr 2011 wurden ca. 499.650 entsprechende Einladungen erteilt.[1205]

Außerdem legt die Regierung der RF auch eine Quote für die Erteilung von Arbeitserlaubnissen an ausländische Bürger in der RF fest. Die angeführte Quote umfasst auch Erlaubnisse für Ausländer, die aufgrund des visafreien Verfahrens nach Russland eingereist sind. Die für das Jahr 2010 mit der RVO Nr. 962 v. 28. November 2009 bestimmte Quote beträgt insgesamt 1.944.356 Erlaubnisse, darunter 250.000 für Moskau, 85.600 für das Gebiet Moskau, und 210.066 für Sankt Petersburg und 18.367 für das Gebiet Leningrad,[1206] während im Jahr 2011 ca. 77 % der Quoten im

1202 S. auch Beschluss des 8. Berufungsschiedsgerichtes der RF v. 29.02.2012 Nr. A 46–10899/2011.

1203 Vgl. *Skachkova*, Die Arbeitsverhältnisse der Ausländer in Russland: gesetzliche Regelung, 2006, S. 68 ff.

1204 RVO Nr. 963 v. 28.11.2009.

1205 Erlass des Ministeriums für Gesundheit und soziale Entwicklung der RF Nr. 1081-N v. 08.12.2010 „Über die Verteilung der Quoten für ausländische Staatsbürger in den Regionen der RF im Jahr 2011“.

1206 *Pogodina*, Erwerbstätigkeit der Ausländer in Russland, in: Personalmanager, Arbeitsrecht für Personalleiter, 2011, Nr. 7, S. 3; *Wilke*, Ausländerrecht in der RF, 2010, S. 8.

Zentralen Föderalen Bezirk, 64 % im Nordwestlichen Föderalen Bezirk und 59 % im Föderalen Bezirk Ural ausgegeben wurden (insgesamt wurden 1.745.584 Arbeitserlaubnisse erteilt). Im Jahr 2012 wurde für ganz Russland eine Quote von 4605,10 festgelegt.[1207] Allerdings hat die von der Regierung festgelegte Quote einen formalen Charakter, weil die Quote und der tatsächliche Bedarf an Arbeitskräften voneinander deutlich abweichen. Dies ist darin begründet, dass bislang keine exakten Zahlen vom tatsächlichen Arbeitskräftebedarf in der RF existieren.

Jährlich wird vom Ministerium für Gesundheit und soziale Entwicklung der RF ein Verzeichnis der Berufe von Ausländern festgelegt, für welche die Quoten nicht gelten. Zu solchen Berufe gehörten im Jahr 2011 insgesamt 35 Berufe, u. a. Generaldirektor einer Aktiengesellschaft, einer Vereinigung oder eines Unternehmens, Direktor einer Repräsentanz, eines Departments, einer Filiale oder einer Firma und Ingenieure in verschiedenen Bereichen.[1208] Keine Quoten gelten auch in den von Art. 13.3 AuslG umfassten besonderen Fällen.

d) Besonderheiten der Berufstätigkeit

Nach Art. 13.3 AuslG dürfen die in die RF gemäß dem visafreien Verfahren eingereisten ausländischen Bürger bei natürlichen Personen ohne obengenannte Arbeitserlaubnis tätig sein. Hierbei geht es ausschließlich um die Arbeitstätigkeit aufgrund eines Arbeitsvertrags oder eines zivilrechtlichen Vertrags über die Erbringung von Leistungen (Dienstleistungen) für den persönlichen, Haushalts- oder sonstigen Bedarf, der nicht mit der Ausübung einer unternehmerischen Tätigkeit verbunden ist. Dafür ist der ausländische Staatsbürger berechtigt, sich an das territoriale Organ des FMS mit einem Antrag zu wenden, ihm ein für 1–3 Monate gültiges Patent zu erteilen. Im Zeitraum vom 1. Juli 2010 bis 31. Dezember 2011 wurden in Russland insgesamt 951.447 Patente erteilt (2012: 1.289.204 und 2013: 1.537.832). In den ersten zehn Monaten des Jahres 2014 haben insgesamt 2.062.804 Personen ein Patent erhalten. Unter den Patentinhabern sind überwiegend Migranten aus den Republiken Usbekistan (d. h. 50 % der Gesamtzahl der Ausländer, die ein Patent beantragten), Tadschikistan (22 %), Armenien und Kirgisien (jeweils 7 %).[1209]

Der Anteil der Migranten, der in Russland mit einem Patent gearbeitet haben, betrug im Jahr 2010 ca. 12 % der Gesamtzahl der Arbeitsmigranten in Russland. Die Inhaber des Patents sind fast in allen Subjekten der RF tätig. Der überwiegende Teil

---

1207 Erlass des Ministeriums für Gesundheit und soziale Entwicklung der RF Nr. 1435-N v. 30.11.2011 „Über die Verteilung der Quoten für die ausländische Staatsbürger in den Regionen der RF im Jahr 2012", in: Russische Zeitung, 2011, Nr. 285.

1208 Die Anlage zur Anordnung des Ministeriums für Gesundheit und soziale Entwicklung v. 24.01.2011 Nr. 22n „Die Liste der Berufe für ausländische hochqualifizierte Bürger, für welche die Quoten nicht gelten".

1209 Vgl. *Ryasantsev/Gorshkova/Akramov Sh./Akramov F.*, Die Praxis der Verwendung von Patenten für die Erwerbstätigkeit durch ausländische Bürger in der RF, 2012, S. 11.

arbeitet jedoch in den Großstädten und in näherer Umgebung.[1210] Gem. Art. 13.3 Abs. 5 AuslG kann das Patent mehrmals um drei Monate bis zu höchstens zwölf Monaten verlängert werden. Seine Geltungsdauer gilt um den Zeitraum verlängert, für den die Einkommensteuer für natürliche Personen in Form einer fixierten Vorauszahlung entrichtet wurde. Andernfalls endet die Geltungsdauer des Patents ab dem Tag, der auf den letzten Tag der Periode, für die die Steuer entrichtet wurde, folgt. Jedoch kann der Ausländer nach Verlauf der zwölf Monate ein neues Patent beantragen (vgl. Art. 13.3 Abs. 6 AuslG). Das Patent, ebenso wie die Arbeitserlaubnis gilt jeweils nur für ein Subjekt der RF.[1211]

Das System des Patents ist ein Meilenstein der russischen Migrationsgesetzgebung für die Regulierung der Arbeitsverhältnisse von Einwanderern und privaten Arbeitgebern. Dank des Patents wurde bis zum Anfang des Jahres 2012 aus der Schattenwirtschaft mehr als 1 Mio. illegale Migranten in die Legalität geholt.

Weitere Besonderheiten der Erwerbstätigkeit ausländischer Bürger, die aufgrund des visafreien Verfahrens nach Russland eingereist sind, legt Art. 13.1 AuslG fest. Danach beantragt der Ausländer die Arbeitserlaubnis entweder selbstständig oder über eine Jobvermittlung (aber nicht über den Arbeitgeber). Dabei ist er berechtigt, den bereits vorhandenen Arbeitsvertrag bzw. zivilrechtlichen Vertrag vorzulegen. Die Arbeitserlaubnis wird für die Laufzeit des Vertrags, max. aber für ein Jahr erteilt und dem Ausländer persönlich ausgehändigt.

Erwähnenswert sind auch weitere Besonderheiten der Arbeitstätigkeit: Gem. Art. 13 Abs. 4.2 i. V. m. Abs. 5 AuslG dürfen Ausländer, die sich in der RF zeitweilig aufhalten und eine Erlaubnis zum zeitweiligen Wohnsitz besitzen, nur in dem Subjekt der RF arbeiten, das ihnen eine entsprechende Erlaubnis zur Tätigkeit erteilt hat, soweit die Ausnahmeregeln des Art. 13 Abs. 6 AuslG nicht eintreten.

e) Hochqualifizierte ausländische Spezialisten

Im Zuge der Gesetzesänderung im Jahr 2010 wurde die besondere Kategorie ausländischer Hochqualifizierter eingeführt.[1212]

1210 Ebenda, S. 13.

1211 Mehr dazu: *Tichomirova*, Das Migrationspatent brachte den Regionen Russlands Milliarden Rubel, in: ITAR-TASS-Nachrichten, 2011.

1212 Als Hochqualifizierte werden kraft Gesetzes solche ausländischen Bürger angesehen, die eine Erwerbstätigkeit in der RF nach Arbeitsverträgen oder zivilrechtlichen Verträgen (Werkleistungsverträgen, Erbringung von Dienstleistungen) aufgenommen haben und die folgenden Anforderungen erfüllen:
- Vorhandensein von Arbeitserfahrungen, Fertigkeiten oder Erfolgen auf einem konkreten Tätigkeitsgebiet;
- die Höhe der Vergütung nach dem abgeschlossenen Arbeits- oder zivilrechtlichen Vertrag beträgt 2 Mio. Rubel (brutto) im Jahr und mehr (vgl. Art. 13.2 Abs. 1 AuslG). *Galiachmetova/ Suchareva-Krylova*, Das Prinzip der Auswahl

Der Gesetzgeber macht den Status der Hochqualifizierten von ihrem Jahresgehalt abhängig. Dabei obliegen die Überprüfung und Bewertung der Kompetenz und des Qualifikationsniveaus der ausländischen Hochqualifizierten dem Arbeitgeber – eigenständig auf eigene Rechnung und Gefahr, ohne dass eine Kontrolle durch staatliche Organe stattfindet (vgl. 13.2 Abs. 3 AuslG). Hochqualifizierte haben gem. Art. 13.2 i. V. m. Art. 13 Abs. 4.5 AuslG in der RF folgende zahlreiche Privilegien:

- Befreiung von der Quotenfestlegung für die Einreise und Erteilung der Arbeitserlaubnisse,
- die Erteilung einer Arbeitserlaubnis bis zu drei Jahren mit nachfolgender unbegrenzter Verlängerung,
- keine Begrenzung des zeitweiligen Aufenthaltes,
- die Möglichkeit der Erteilung einer Erlaubnis zum zeitweiligen Wohnsitz, u.a. auch für ihre Familienangehörigen, für die Dauer des Arbeitsvertrages und
- die Steuerbegünstigungen (Einkommensteuersatz in Höhe von 13 %).

Trotz der zahlreichen Erleichterungen ist die Zahl dieser Einwanderer relativ niedrig. In den ersten sechs Monaten nach dem Inkrafttreten der Gesetzesregelung (bis Dezember 2010) wurden 3105 Genehmigungen für hochqualifizierte Arbeitskräfte ausgestellt, darunter für 448 Fachleute aus Deutschland, für 253 aus den USA, für 267 aus Großbritannien, für 253 aus Frankreich, für 144 aus Italien und für 118 Fachleute aus der Ukraine. Interessant ist auch die Tatsache, dass 75 % der Hochqualifizierten in der Verwaltung tätig sind. 22 % der Fachleute bilden Spezialisten verschiedener Kategorien aus und ca. 3 % sind Sportler und Trainer.[1213] In den Jahren 2011 und 2012 wurden hingegen ca. 54.861 und 55.848 Arbeitserlaubnisse an ausländische Hochqualifizierte erteilt.[1214]

Laut Schätzungen sollen ins Land jährlich ca. 40.000–60.000 Hochqualifizierten angeworben werden.[1215] Bis 2013 blieb dies aus unterschiedlichen Gründen unerfüllt, darunter insbesondere fehlende Attraktivität des Landes und die fehlende

---

im verfassungsrechtlichen Regulierungssystem der Migration in der RF, in: Das moderne Recht, 2011, Nr. 8, S. 3 (5).

1213 Aus dem Vortrag von *Surkov* „Die Gesetzgebung im Migrationsbereich wird ständig novelliert", 24.05.2011, abrufbar unter: http://council.gov.ru/inf_ps/chronicle/2011/05/item16509.html (abgerufen am: 06.07.2012). Laut anderer Statistik wurden von Juli bis November 2010 lediglich ca. 1715 Arbeitserlaubnisse an Hochqualifizierte erteilt. Die Arbeitsmigration benötigt die Modernisierung der gesetzlichen Gewährleistung, in: Amtsblatt des Föderationsrates, 2011, Nr. 1–2, S. 15.

1214 Statistik des FMS, abrufbar unter: http://www.fms.gov.ru/about/statistics/data/details/38297 (abgerufen am 06.07.2012).

1215 *Levizkaja*, Über die Anwerbung von hochqualifizierten Spezialisten, die für die Modernisierung der russischen Wirtschaft maßgebend sind: Vortrag im Kollegium des FMS RF v. 29.01.2010, zit. nach *Galiachmetova/ Suchareva-Krylova*, Das Prinzip der Auswahl im verfassungsrechtlichen Regulierungssystem der Migration in der RF, in: Das moderne Recht, 2011, Nr. 8, S. 3 (5).

feste Aufenthalts- oder Niederlassungserlaubnis für Hochqualifizierte. Im Jahr 2013 kamen dreimal mehr Hochqualifizierten als im Vorjahr, also insgesamt 155.776 Personen. In den ersten zehn Monaten 2014 sind nach Russland 145.836 Hochqualifizierte und qualifizierte Spezialisten zur Berufsausübung eingereist. Zurzeit hängt die Gültigkeit des Aufenthaltstitels vom Arbeits- oder Zivilvertrag des Hochqualifizierten ab und hat keine langfristige Perspektive. Die Fachleute werden mithin vom russischen Gesetzgeber lediglich als zeitweilige Zuwanderer angesehen. Von Gedanken der sog. europäischen „Blue Card" oder amerikanischen „Green Card" ist die RF leider weit entfernt, obwohl die Einführung einer ähnlichen Karte ihr nicht schaden würde. In diesen Bereichen bedarf es daher einer Ergänzung des Ausländergesetzes.

f) Die Anerkennung ausländischer Bildungsabschlüsse in Russland

Für den Zugang zum Arbeitsmarkt in Russland ist, ebenso wie in Deutschland, eine Anerkennung der ausländischen Bildungsabschlüsse erforderlich, die jedoch im Vergleich zur Bundesrepublik wesentlich leichter gestaltet ist. Keiner Anerkennung von Bildungsabschlüssen bedarf es nur in wenigen Ausnahmefällen, nämlich dann, wenn das Unternehmen keine Nostrifizierung der beruflichen Qualifikation des Antragstellers verlangt, wenn die Bildungsabschlüsse in ehemaligen Sowjetrepubliken vor dem 15. Mai 1992 erteilt sind, wenn sie von einem Staat ausgestellt sind, mit dem Russland ein bilaterales Abkommen über die Anerkennung abgeschlossen hat oder aufgrund sonstiger internationaler Verträge. Entsprechende gegenseitige Vereinbarungen bestehen mit allen ehemaligen Sowjetrepubliken außer den baltischen Staaten, Georgien und Usbekistan. Darauf bezogen muss ein Ausländer aus den GUS-Staaten das Original des ordnungsgemäß legalisierten (durch Apostille, wenn der Staat die Haager Konvention von 1961 ratifiziert hat) Bildungszeugnisses vorlegen. Das wird durch das Abkommen zwischen den Regierungen der Republiken Belarus, Kasachstan, Tadschikistan, Kirgisien und der Regierung der Russischen Föderation über die gegenseitige Anerkennung und die Gleichwertigkeit der Bildungszeugnisse und Urkunden über Verleihung von akademischen Graden und Titeln geregelt.[1216]

In anderen Fällen erfolgt die Anerkennung ausländischer Bildungsabschlüsse in einem von sieben Nostrifikationszentren Russlands, die zum Föderalen Dienst für Bildungs- und Wissenschaftsaufsicht (Rosobrnadzor) gehören. In Moskau ist z.B. dafür die untergeordnete Organisation des Föderalen Dienstes für Bildungs- und

1216 Das Abkommen zwischen der Regierung der Republik Belarus, der Regierung der Republik Kasachstan, der Regierung der Kirgisischen Republik, der Regierung der RF und der Regierung der Republik Tadschikistan „Über die gegenseitige Anerkennung und die Gleichwertigkeit der Bildungszeugnisse und Urkunden zur Verleihung von akademischen Graden und Titeln" v. 24.11.1998, zul. geändert am 26.02.2002, in: Gesetzessammlung der RF, 2003, № 37, S. 3566.

Wissenschaftsaufsicht – sog. FGNU „Glavexpertzentr“ – zuständig.[1217] So kennt das russische Recht das Element einer Nostrifizierung – einer vollen Anerkennung eines ausländischen Studienabschlusses als gleichwertig mit dem Abschluss eines inländischen Bachelor-, Master-, Diplom- oder Promotionsstudiums. Die Anerkennung der ausländischen Bildungsabschlüsse beruht in diesem Fall auf einem Vergleich der Inhalte, des Umfangs und der Anforderungen mit dem des russischen Studiums, mit dessen Abschluss die Gleichwertigkeit beantragt wird. Abweichend von dieser Regelung können die Personen, die Medizin und Pharmazie im Ausland studierten, zur Aufnahme der Berufstätigkeit in Russland nur dann zugelassen werden, wenn Rosobrnadzor und Föderaler Überwachungsdienst im Bereich Gesundheitswesen und soziale Entwicklung der RF (sog. Roszdrawnadzor) die Gleichwertigkeit der Ausbildung anerkennen.[1218]

Die grundlegenden Vorschriften im Anerkennungsverfahren sind: FG v. 10. Juli 1992 Nr. 3266–1 „Über die Bildung“,[1219] FG v. 22. August 1996 Nr. 125- FZ „ Über die Hochschulausbildung und höhere Berufsausbildung“, FG v. 3. Dezember 2011 Nr. 385-FZ „Über die Änderungen der einzelnen Gesetzesregelungen der RF hinsichtlich der Verbesserung des Anerkennungsverfahrens der Bildungsabschlüsse und Urkunden über Verleihung von akademischen Graden und Titeln“, Verwaltungsverordnung des Bildungsministeriums der RF v. 14. April 2009 „Über die Anerkennung und Gleichwertigkeit ausländischer Bildungsabschlüsse in der RF“ und zahlreiche internationale Vereinbarungen.[1220]

Die Nostrifikation kann durchschnittlich von 38 Tagen bis zu vier Monate dauern. Bei positiver Entscheidung erlangt der Antragsteller eine Bescheinigung über die Anerkennung der berufsqualifizierenden Diplome, die ihm den gleichen Zugang zum Arbeitsmarkt in der RF erlauben.

1217 Offizielle Internetseite: http://www.glavex.ru.

1218 Verwaltungsordnung des Föderalen Überwachungsdiensts im Bereich Gesundheitswesen und soziale Entwicklung der RF v. 07.06.2010 „Über die Zulassungsordnung von Personen, die Medizin und Pharmazie im Ausland studierten, zur Ausübung der medizinischen und pharmazeutischen Tätigkeit in der RF“.

1219 Gesetzessammlung der RF, 2009, Nr. 46, S. 5419. Dieses Gesetz wird demnächst mit dem neuen Gesetz „Über die Bildung in der RF“ geändert, es liegt bereits der Entwurf des Gesetzes vor.

1220 Abkommen über die Gleichwertigkeit der Bildungsabschlüsse (unterschrieben von zahlreichen Ländern, etwa Angola, Pakistan und Republik Kuba – s. unter: http://russia.edu.ru/information/legal/law/inter/soglash); RL für die Anerkennung von Bildungsabschlüssen, die in anderen europäischen Ländern erworben wurden, in der RF, und die Anerkennung der russischen Bildungsabschlüsse in anderen europäischen Ländern (genehmigt durch die Tagung des ENIC-Netzwerk, Helsinki, 08–11.06.1997), Gemeinsame Erklärung über die gegenseitige akademische Anerkennung der Studienzeiten in Hochschulen, über Hochschulbildungsabschlüsse, akademische Grade und Qualifikationen, die in der BRD oder der RF erlangt wurden, v. 18.02.1999 etc., in: http://russia.edu.ru/information/legal/law/inter.

2. *Der Zugang zu den Bildungseinrichtungen in der Russischen Föderation*

a) Das Recht auf Bildung

Gem. Art. 43 Abs. 1 VerfRF hat jeder Mensch, der in der RF wohnt, das Recht auf Bildung. Nach dem Wortlaut der russischen Verfassung besitzen es auch die ausländischen Bürger, die sich rechtmäßig in der RF aufhalten. Bildung wird als der Prozess der Entwicklung, Selbstentwicklung und Erziehung des Einzelnen definiert, der mit der Beherrschung der sozial bedeutsamen menschlichen Erfahrungen in verschiedenen Tätigkeitsbereichen verbunden ist.[1221] Für die Bildung und Erziehung der einzelnen jungen Menschen ist die staatliche Schule verantwortlich – das ist nicht anders als in Deutschland. Sie hat auch die Pflichtaufgabe, zugewanderte Kinder in die öffentlichen Schulen zu integrieren und ihnen eine gleiche Chance zur (Aus-)Bildung zu ermöglichen. Ein Recht auf gleichen Zugang zu den schulischen Bildungseinrichtungen ergibt sich bereits aus der Grundnorm – aus Art. 43 Abs. 1 der Verfassung der RF. Auch die Verfassungen der Subjekte der RF gewährleisten jedem ein Recht auf Bildung. Art. 40 Abs. 1 und 2 der Verfassung der Tschuwaschischen Republik (nach dem Muster der Verfassung der RF) lautet: „Jeder hat das Recht auf Bildung. Die allgemeine Zugänglichkeit und die Unentgeltlichkeit der Vorschul-, der Allgemein-, der grundlegenden und der mittleren Berufsbildung in staatlichen oder kommunalen Bildungseinrichtungen und in Betrieben werden garantiert."[1222] Gem. Art. 72 Abs. 1 (f) gehören zur gemeinsamen Zuständigkeit der RF und ihrer Subjekte allgemeine Fragen der Erziehung, Bildung, Wissenschaft und Kultur. Anders als in Deutschland legt die RF bundeseinheitliche staatliche Bildungsstandards fest, die bereits in Art. 43 Abs. 5 VerfRF ausdrücklich genannt sind. Dabei unterstützt sie jedoch die unterschiedlichen Formen der Bildung und der Selbstbildung.

Nach Art. 43 Abs. 2 VerfRF wird in Russland die allgemeine Zugänglichkeit und die Unentgeltlichkeit der Vorschul-, der grundlegenden Allgemein- und der mittleren Berufsbildung in staatlichen oder kommunalen Bildungseinrichtungen und in Betrieben gewährleistet. Das Gesetz über die Bildung in der RF garantiert jeden Menschen neben dem Recht auf Bildung (Art. 5 Abs. 1 BiG) auch die allgemeine Zugänglichkeit und Unentgeltlichkeit sekundärer (voller) Bildung bis zur 11. Klasse und zur primären Berufsausbildung (Art. 5 Abs. 3 BiG). Dabei ist die zweite Hochschulausbildung nur kostenpflichtig zu erlangen. Art. 5 Abs. 2 BiG sichert das Bildungsrecht in Russland unabhängig von Geschlecht, Rasse, Nationalität,

1221 *Zorkin/ Lazareva* (Hrsg.), Kommentar der Verfassung der RF, 2010, Art. 43 Abs. 1 VerfRF; *Barchatova*, Kommentar der Verfassung der RF, 2010, Art. 43 Abs. 1 VerfRF.

1222 Statut der Tschuwaschischen Republik v. 30.11.2000, zul. geändert am 28.05.2010, in: Amtsblatt des Staatsrates der Republik Tschuwaschien, 2000, Nr. 38; 2001, Nr. 39 (auf Tschuwaschisch), Gesetzessammlung der Republik Tschuwaschien, 2000, Nr. 11–12, S. 442.

Sprache, Herkunft, Vermögensverhältnissen und Amtsstellung, sozialen Status, Wohnort, religiöser Einstellung, Überzeugungen, Zugehörigkeit zu gesellschaftlichen Vereinigungen oder von anderen Umständen.

Schließlich ist das Recht auf Bildung in den in der vorliegenden Untersuchung bereits erwähnten zahlreichen internationalen Rechtsakten verankert, die von der RF ratifiziert sind, etwa EMRK und IpwskR. Als kulturelles Menschenrecht umfasst das Bildungsrecht den Anspruch auf freien Zugang zur Bildung und Chancengleichheit.

b) Gesetzliche Regelung

Jahrelang wurde das Bildungswesen in Russland durch mehrere Gesetze geregelt: durch das Föderale Gesetz „Über die Bildung“[1223], das Bundesgesetz v. 22. August 1996 Nr. 125-FZ „Über Hochschul- und postgraduierte Ausbildung“[1224] und das Föderale Gesetz „Über das Innovationszentrum „Skolkovo“.[1225] Im Zuge der Bildungsreform ist nach langer und kontroverser Diskussion ein neues Gesetz „Über die Bildung in der RF“ v. 29. Dezember 2012[1226] (weiterhin – Bildungsgesetz) erlassen worden, das vor allem o. g. zwei grundlegende Vorschriften aus den Jahren 1992 und 1996 ersetzt hat.[1227] Das neue Gesetz trat laut Art. 111 BiG – mit Ausnahme der Regelungen von Art. 8 Abs. 1 Nrn. 3 und 6 sowie Art. Art. 108 Abs. 6 BiG[1228] – am 1. September 2013 in Kraft. So gilt heute das Gesetz über die Bildung als eine zentrale Rechtsgrundlage im russischen Bildungswesen. Hierin sind die grundlegende Struktur des Bildungssystems wie auch andere allgemeine und für alle Bildungsbereiche gültigen Aspekte geregelt.

Auf der Ebene der Subjekte der RF werden die Gesetze und normativen Rechtsakte über bestimmte Aspekte der Vorschul- und Grundschulbildung erlassen,

---

1223 Föderales Gesetz „Über die Bildung“ v. 10.07.1992 Nr. 3266–1, zul. geändert am 01.04.2012, in: Gesetzessammlung der RF, 1996, Nr. 3, S. 150.

1224 Föderales Gesetz v. 22.08.1996 Nr. 125-FZ „Über Hochschul- und postgraduale Ausbildung“, zul. geändert am 03.12.2011, in: Gesetzessammlung der RF, 1996, Nr. 35, S. 4135.

1225 Föderales Gesetz v. 28.09.2010 Nr. 224-FZ „Über das Innovationszentrum „Skolkovo“, zul. geändert am 10.07.2012, in: http://base.consultant.ru/cons. Art. 16 FG genehmigt den juristischen Personen für die Realisierung des Projektes auch ausländische Bürger ins Land einzuladen unter den Bedingungen, die im Ausländergesetz geregelt sind, und regelt die Besonderheiten der Beschäftigung ausländischer Bürger.

1226 Föderales Gesetz v. 29.12.2012 Nr. 273-FG „Über die Bildung in der RF“, zul. geändert am 01.01.2015, in: http://www.consultant.ru/document/cons_doc_LAW_166143/ (abgerufen am 25.11.2014).

1227 Mehr dazu auch: *Nasyrov*, Schmerzpunkte des neuen Gesetzesentwurfes über die Bildung, in: „Moskauer Nachrichten“, 25.10.2012, Nr. 394; *Schkel*, Abgeordnete haben daraus gelernt, in: „Rossiyskaya gazeta“, 18.10.2012, Nr. 5913.

1228 Diese traten am 01.01.2014 und am Tag der Verkündung des Gesetzes in Kraft.

die allerdings den föderalen Gesetzen nicht widersprechen dürfen (vgl. Art. 9 ff. BiG).[1229] Im Fall der Nichtübereinstimmung der Normen mit dem Bildungsgesetz im Bereich Bildungswesen, die in anderen Bundes- oder Landesgesetzen und Rechtsverordnungen geregelt sind, werden nach Art. 4 Abs. 5 BiG die Vorschriften des Bildungsgesetzes angewendet, sofern gesetzlich nicht anderes bestimmt ist. In einigen Subjekten der RF, z.B. in der Region Perm, im Tomsker Gebiet und in der Republik Tschetschenien erlassen die Bildungsminister ihre Vorschriften. Die Angelegenheiten kommunaler Vorschul- und Grundschulbildungseinrichtungen werden durch Beschlüsse der kommunalen Selbstverwaltung geregelt. Die Kompetenzteilung und –verantwortung der föderalen Staatsgewalt, der Staatsorgane der Subjekte der RF und der kommunalen Selbstverwaltung im Bildungsbereich sind in Art. 4 i.V.m. Artt. 6–9 BiG verankert.

Das neue Gesetz sieht Normen für alle Bildungsarten vor, einschließlich vorschulische, berufliche Bildung – also primäre, sekundäre Bildung und Hochschulausbildung sowie Zusatzbildung. Es ist widersprüchlich und verletzt nicht nur die Rechte der Migranten, sondern auch die Rechte der Bürger der RF – die Rechte von Eltern, Schülern und Studenten. Vor allem: Die sozialen Garantien wurden abgeschafft. Die Unentgeltlichkeit der Aus(Bildung) wird in Frage gestellt.

c) Allgemeine Schulpflicht in Russland

Die allgemeine Schulbesuchspflicht beginnt für Kinder in der RF mit dem Alter von sechs Jahren und sechs Monaten, soweit es aus gesundheitlichen Gründen möglich ist, jedoch nicht später als im Alter von acht Jahren (vgl. Art. 67 Abs. 1 S. 2 BiG). Kraft Gesetzes kann das Kind auf Antrag der Eltern oder des gesetzlichen Vertreters auch früher oder später in die Grundschule aufgenommen werden, Art. 67 Abs. 1 S. 3 BiG. Die allgemeine Schulpflicht dauert in der Regel elf Jahre. Auf die allgemeinbildende Schule kamen bis zum Jahr 2007 neun Jahre, danach haben die Schüler den allgemeinen Hauptschulabschluss erworben. Dieser Abschluss eröffnete die Möglichkeit einer Berufsausbildung an einem Technikum oder einer Berufsschule. Diese Regelung wurde im Zuge der Gesetzesänderung über die Bildung geändert. Seit 2007 gilt eine allgemeine Schulpflicht bis zur 11. Klasse, obgleich laut Verfassung der RF lediglich neun Klassenstufen der allgemeinen Schulpflicht unterliegen. Nicht obligatorisch ist hingegen die vorschulische Bildung in der RF. Sie ist auch keine Voraussetzung für die Aufnahme in die Grundschule. Schulpflichtig sind somit alle Kinder und Jugendlichen bis zum Erreichen des 18. Lebensjahres, soweit sie früher keine entsprechende Schulbildung erhielten. Kraft Gesetzes unterliegen auch verurteilte Personen, die jünger als 30 Jahre alt sind, der Schulpflicht (vgl. Art. 80 Abs. 4 BiG). Die allgemeine Schulpflicht umfasst auch ausländische Kinder, die sich rechtmäßig in Russland aufhalten, obwohl dies nicht

1229 Föderales Gesetz v. 29.12.2012 Nr. 273-FG „Über die Bildung in der RF“, zul. geändert am 01.01.2015, in: http://www.consultant.ru/document/cons_doc_LAW_166143/ (abgerufen am 25.11.2014).

ausdrücklich im Bildungsgesetz genannt ist. Dies ergibt sich insbesondere aus der russischen Verfassung, dem Bildungsgesetz und den internationalen Normativakten. Allerdings kann ein 15-jähriger Schüler mit Zustimmung der Eltern (gesetzlicher Vertreter), der Kommission für den Jugendschutz und den Schutz ihrer Rechte sowie mit Zustimmung der für das Bildungswesen zuständigen lokalen Selbstverwaltung die allgemeinbildende Schule früher verlassen. In diesem Fall muss innerhalb eines Monats eine Entscheidung über seine Unterrichtung in einer speziellen allgemeinbildenden Schule oder über seine Arbeitsaufnahme getroffen werden (vgl. Art. 66 Abs. 6 BiG). Nach Art. 63 Abs. 1 FamG i. V. m. Art. 44 BiG sind die Eltern verpflichtet, den Kindern die allgemeine Hauptschulbildung zu ermöglichen und die Bedingungen für die allgemeine (volle) Mittelschulbildung zu schaffen. Sie haben auch das Recht, den Kindern vorschulische Bildung, Bildung im Primär- und Sekundärbereich, allgemeine Mittelschulbildung und Bildung in der Familie oder Selbstbildung zu gewährleisten, vgl. Art. 44 Abs. 1 Nr. 2.

d) Das russische Schulsystem

Gem. Art. 43 Abs. 5 VerfRF i. V. m. Art. 10 Abs. 1 und Art. 11 Abs. 1 BiG werden in der RF bundeseinheitliche staatliche Bildungsstandards und Bildungs programme festgelegt, die eine Reihe von Anforderungen bei der Durchführung der allgemeinen Bildungsprogramme festlegen. Im ganzen Land existiert daher ein einheitliches Bildungssystem, d. h. in allen Subjekten der RF ist es möglich, eine zu einem gleichen Abschluss führende allgemeinbildende Schule zu besuchen. Es existiert demnach kein mehrgliedriges Schulsystem, wie das in Deutschland der Fall ist. Es gibt keine Hauptschule, keine Realschule und kein Gymnasium, sondern seit dem Inkraftreten des neuen Gesetzes nur die einheitlichen Schultypen – sog. Bildungseinrichtungen. Die Bezeichnungen etwa „Lyzeum", „Gymnasium", „Schule Nr. 1", „Schule mit Vertiefungsfach" (in Russland gibt es zahlreiche naturwissenschaftliche Schulen) bleiben in den Schulunterlagen als eine Besonderheit der Bildungseinrichtungen erhalten.[1230]

Im Wesentlichen sieht das russische Schulsystem folgende Stufen vor: die Grundschulbildung (Klasse 1–4), die Hauptschulbildung (5.–9. Klasse) und die Mittelschulbildung (10.–11. Klasse), vgl. Art. 10 Abs. 4 BiG. Die Hauptschule in Russland stellt keine einzelne Art der Schule wie in Deutschland dar. Sie ist eine nach der Grundschulbildung weiterführende Bildungsstufe, ohne deren Abschluss keine

1230 Die Anfänge des modernen russischen Bildungswesens gehen auf den Beginn des 18. Jh. zurück, als unter Zar Peter dem Großen Schulen für die berufliche und allgemeine Ausbildung gegründet wurden. Bis 1917 gab es in Russland unterschiedliche Schultypen, darunter auch Gymnasien und Realschulen. Die Einheitsschulen traten erst nach der Oktoberrevolution in Erscheinung. Zu Beginn der 1930er Jahre formte sich im Zuge der stalinistischen Bildungspolitik die zentral vorgegebene (Aus)Bildung. Mehr dazu: Willems, Religiöse Bildung in Russlands Schulen, Orthodoxie, nationale Identität und Positionalität des Faches „Grundlagen orthodoxer Kultur" (OPK), 2006, S. 65 ff.

Mittelschulbildung erlaubt ist. Sie ist eine Grundlage für die Grund- und mittlere Berufsausbildung. Nach dem erfolgreichen Abschluss der 9. Klasse bekommen die Schüler das Zeugnis über die Hauptschulbildung, in dem die Noten in allen Unterrichtsfächern bezeichnet sind. Die allgemeine Mittelschulbildung wird hingegen nach elfjähriger Schulzeit erlangt. Das in diesem Rahmen verliehene Reifezeugnis (attestat zrelosti), wird von der Mehrheit der Schüler (in den Städten nahezu von allen) erworben. Nach Abschluss der Mittelschule legen alle Schüler ein einheitliches Staatsexamen (sog. EGE) ab. Als Pflichtfächer gelten die Fächer Mathematik und Russisch, während die anderen von den Schülern freiwillig ausgewählt werden können.[1231] Mit dem Abschluss der allgemeinen Mittelschule erlangt man die allgemeine Mittelschulreife, die die Möglichkeiten zur Berufsausbildung eröffnet, oder die allgemeine Hochschulreife.[1232] In der Regel ist die Schulzeit kürzer als in Deutschland.

e) Beschulung der Migrantenkinder in den russischen Schulen

aa) Statistische Angaben

Im Schuljahr 2011/12 betrug die gesamte Schülerzahl in der RF 13.445.800, darunter wurden in den öffentlichen allgemeinbildenden Schulen – 13.362.300 und in den privaten Schulen 83.500 Schüler ausgebildet.[1233] In den Gymnasien[1234] Russlands werden 1.056.000 Personen und in den Lyzeen ca. 736.200 Schüler unterrichtet. Durchschnittlich werden in einer Klasse 17–18 Schüler zusammen unterrichtet. Im Jahr 2011 erhielten insgesamt ca. 1,3 Mio. Personen (außer Abendschulen) in den allgemeinen Schulen das Zeugnis über die Hauptschulbildung. Das Zeugnis über die allgemeine (vollständige) Mittelschulbildung erlangten hingegen 0,6 Mio. Absolventen.[1235] Laut Statistik besaßen im Jahr 2009 insgesamt 38.191 Kinder und

1231 Vor Einführung der allgemeinen EGE im Jahr 2009 erlangten die besten Absolventen der Schule eine Gold- oder Silbermedaille und erhielten eine privilegierte Zulassung zum Studium. Mit der Einführung der EGE haben diese Vorteile an Bedeutung verloren, obwohl ihre Ausstellung noch erlaubt und praktiziert wird.

1232 RVO v. 19.03.2001 Nr. 196 „Über die Festlegung der Rahmenordnung über die allgemeinbildenden Bildungseinrichtungen“, zul. geändert am 10.03. 2009.

1233 Zum Vergleich: Die Gesamtschülerzahl in den öffentlichen, privaten und Abendschulen betrug im Schuljahr 2005/06 – ca. 15.631 Millionen, 2006/07–14.787, 2007/08–14.174, 2008/09–13.825 und im Schuljahr 2009/10 ca. 13.689 Mio. Personen. Es ist hierbei einen jährlichen Rückgang der Schülerzahl in den russischen Schulen festzustellen.

1234 Insgesamt existieren in Russland 46.459 allgemeinbildende (staatliche) Bildungseinrichtungen, davon 1.438 Gymnasien und 1.074 Lyzeen. Im Vergleich zum Jahr 2010 stieg die Zahl der privaten allgemeinbilden Einrichtungen (Schulen, Gymnasien und Lyzeums) auf 3,3 % an und beträgt zurzeit 687. Zugenommen haben auch die öffentlichen mittleren Berufsbildungseinrichtungen, während die Anzahl der privaten Bildungseinrichtungen sich verringerte.

1235 Föderaler Dienst für staatliche Statistik (Rosstat), abrufbar unter: http://www.gks.ru (abgerufen am 17.07.2012.

Jugendliche in Russland keinen Schulabschluss. Darunter haben 1.144 schulpflichtige Kinder aus unterschiedlichen Gründen niemals eine Schule besucht. 115 Kinder mussten, aufgrund der finanziellen Notlage ihrer Eltern, auf den Schulbesuch verzichten.[1236] Oft findet sich eine finanzielle Notlage in der RF bei Mehrkinderfamilien und zerrütteten Familien (Alkohol- und Drogensüchtige). Sie haben oft kein Geld für den Kauf von einfachen Schulsachen und Büchern. Deshalb können diese Eltern keine Schulbildung ihrer Kinder gewährleisten. Allerdings geben diese Zahlen nur eine allgemeine Auskunft über die Absolventen. Nicht erfasst werden die Zahlen bzgl. der ausländischen Schüler in Russland, die sowohl von der *Rosstat* als auch vom *Bildungsministerium Russlands* stammen. Auch die Schulen verfügen über keine statistischen Angaben hinsichtlich der Migrantenkinder in der RF, weil diese vom Bildungsministerium der RF oder vom regionalen Bildungskomitee nicht verlangt werden.[1237] Es wird vermutet, dass 10 % aller Migranten mit Kindern in die RF kommen. Von diesen Kindern besuchen dann ca. 80–90 % keine Kindertagesstätten und ca. 3–5 % keine allgemeinbildenden Schulen.[1238] Jedoch ergeben sich vermutliche Zahlen aus den Massenmedien. Danach wird bspw. geschätzt, dass 50 % der Erstklässler in Sankt Petersburg im Jahr 2005 Migrantenkinder waren.[1239]

1236 Ebenda. Trotz der Tatsache, dass alle Kinder in der RF der allgemeinen Schulpflicht unterliegen, besuchen z.B. viele Roma-Kinder in der Region Krasnodar, in den Wolgograder und Rostower Gebieten gar keine Schule. Die Gründe dafür sind einerseits die Armut ihrer Eltern, fehlende russische Sprachkenntnisse, kein fester Wohnsitz und die Weigerung der Schulverwaltung, Roma-Kinder in die Schule aufzunehmen. Andererseits verweigern die Eltern selbst, insbesondere ihren weiblichen Kindern, aus kulturellen Gründen die Einschulung, weil sie der Meinung sind, dass Frauen nicht ausgebildet sein müssen. Laut Angaben verlassen die meisten Roma-Kinder nach nur sechs Jahren die Schule. Entsprechend schlecht sind ihre Chancen auf einen Ausbildungs- oder Arbeitsplatz. Allerdings wurde in diesem Jahr in Russland ein Programm zur sozialen Integration dieser Ethnien vorbereitet. Dieses Programm umfasst Kultur-, Bildungs- und Businessprojekte mit Roma-Vertretern und soll die Rechtsstellung der Roma verbessern. S. *Zhukov*; Im Süd-Föderalen Bezirk können viele Zigeunerkinder keine Schule besuchen, in: Kavkazskiy uzel v. 08.04.2009, abrufbar unter: http://www.kavkaz-uzel.ru/articles/gipsy_kids_no_school (abgerufen am 21.05.2013); Denissowa/ Liachow, Russland wird Roma fördern, in: Radio Stimme Russlands v. 21.02.2013.

1237 Es gibt allerdings eine Statistik hinsichtlich der ausländischen Studierenden in der RF. So studieren nach Angaben der russischen Botschaft in der BRD an den Hochschulen der RF ca. 70.000 Ausländer. S. unter: http://russische-botschaft.de/russland/kultur/bildungswesen.html (abgerufen am 19.05.2013).

1238 Vgl. *Makarov*, Die Besonderheiten ethnokultureller Akzeptanz von Migrantenkindern an den Moskauern Schulen, in: Demoskop Weekly, 2012, S. 94–101. Abrufbar unter: www.demoscope.ru (abgerufen am 29.05.2013).

1239 Vgl. *Mostozkiy*, In Sankt Petersburg sind 50 % der Erstklässler Kinder von Migranten, in: Informationsagentur „Rosbalt“, v. 17.10.2005, zu finden ist auch unter: http://www.contrtv.ru (abgerufen am 18.07.2012).

Diese Angaben werden allerdings vom Bildungskomitee der Sankt Petersburger Regierung zurückgewiesen. Laut Bildungskomitee hatten im Schuljahr 2005/06 lediglich 2,4 % aller Schüler in allgemeinbildenden Schulen eine fremde Staatsangehörigkeit, also insgesamt 8.800 Kinder und Jugendliche.[1240] Nach den Angaben der Bildungsabteilungen der Stadtbezirke Sankt Petersburgs werden in allen elf Klassen insgesamt 39–40 % Migrantenkinder im Bezirk Admiraltejsk, in Petrogradsk ca. 45% und Krasnogvardejsk ca. 10–11 % Migrantenkinder unterrichtet. Der Migrationsdienst der GUVD in Sankt Petersburg behauptet, dass der Migrantenanteil in den allgemeinbildenden Schulen lediglich ca. 7,2 % beträgt, wobei 500–700 darunter Staatenlose sind.[1241] In den Moskauer Schulen lernen ca. 70.000 Migrantenkinder. Die Mehrheit der Kinder besucht Schulen in den Ost-, Süd- und Südostkreisen Moskaus.[1242] Die Schülerzahl der Migrantenkinder in anderen Subjekten der RF ist bislang unbekannt.

bb) Inhalt und praktische Darstellung der Beschulung

Zurzeit existiert in der RF, anders als in Deutschland, kein ausgearbeitetes Bildungsprogramm für zugewanderte Kinder. Das Bildungsministerium der RF ist weit entfernt von den Problemen der öffentlichen und privaten Schulen in Russland, die vor allem mit dem Sprachmangel der Migrantenkinder zu kämpfen haben. Die Problemlösung bleibt daher eine freiwillige Aufgabe der einzelnen Regionen der RF und der Schulen. Wie sich aber aus der Praxis ergibt, beschäftigten sich mit dieser Problematik bislang lediglich einige öffentlichen Schulen Russlands. Diese Schulen bieten den Migrantenkindern Russischkurse an. Vor allem sind hier Schulen in Moskau und Sankt Petersburg zu erwähnen, die im Vergleich zu anderen russischen Regionen einen großen Migrantenanteil haben und sich mit den Sprachproblemen der zugewanderten Kinder früher als andere auseinandergesetzt haben.[1243] Heute wird Russisch als Fremdsprache in dreizehn öffentlichen Schulen in Moskau unterrichtet. In der Moskauer allgemeinbildenden Schule Nr. 1150 wurde dieser Unterricht im Jahr 2003 für Flüchtlingskinder aus Afghanistan eingeführt. Seitdem lernen hier Migrantenkinder aus China, Vietnam, Kirgisien, Usbekistan

---

1240 *Alyabeva*, Über die Integration der Migranten in Sankt Petersburg, in: Expert-Nord-West, v. 12.12.2005.

1241 *Alyabeva*, Über die Integration der Migranten in Sankt Petersburg, in: Expert-Nord-West, v. 12.12.2005.

1242 Institut für Demographie der nationalen Forschungsuniversität „Wirtschaftshochschule“, in: Demoskop Weekly, Nr. 471–472, v. 20.06–14.08.2011.

1243 *Schkurenok*, In Sankt Petersburg wurde das erste Buch (bukvar’) für Migrantenkinder veröffentlicht, in: Current News, v. 02.06.2010; *RGSU*, Über Migrantenkinder in den Moskauer Schulen, in: Bildung und Consulting, September, 2011; Institut für Demographie der nationalen Forschungsuniversität „Wirtschaftshochschule“, in: Demoskop Weekly, Nr. 471–472, v. 20.06–14.08.2011; *Razumovskaya*, Migrantenkinder in gegenwärtigen Russland, v. 20.03.2012, abrufbar unter: http://www.sovet-naroda.ru (abgerufen am 18.07.2012).

und Tadschikistan Russisch. In der Schule gibt es zwei Vorbereitungsklassen: für sechs bis achtjährige und acht bis zwölfjährige Kinder. Die Kinder lernen fünf Tage in der Woche. Jeden Tag werden vier bis fünf russischen Unterrichtsstunden durchgeführt. Der Unterricht dauert ein ganzes Jahr. Danach können die Migrantenkinder, die Russisch beherrschen, in eine allgemeinbildende Schule eingeschult werden, wo sie mit den russischen Kindern zusammen lernen können.[1244] Für die Unterrichtung der Migrantenkinder im Alter von acht bis vierzehn Jahren wurde im Jahr 2011 ein spezielles Lehrbuch „Wir lernen in Russland zu leben" (sog. kleine Enzyklopädie für Ausländer) ausgearbeitet, in dem die Kultur, die Geschichte, die Traditionen des Landes und die grundlegenden Verhaltensregeln in einfacher Form dargelegt sind. Das Buch soll auch einen Beitrag zur soziokulturellen Anpassung der Zuwanderer leisten, die, wie bereits im zweiten Kapitel dieser Untersuchung umfangreich dargestellt ist, eine wichtige Rolle für die Integration der Ausländer in die Aufnahmegesellschaft darstellt.

Erwähnenswert sind auch die positiven Erfahrungen in Tomsk und im Tomsker Gebiet, die als einzige Region in Sibirien in den öffentlichen Schulen Russisch als Zweitsprache anbieten. Hier wird die russische Sprache im Rahmen eines Pilotprojektes „Der Gesellschaftsfrieden und die interethnische Toleranz im Tomsker Gebiet in den Jahren 2012–2014" unterrichtet. Nach Angaben des regionalen Bildungsamtes bedürfen ca. 414 Kinder einer entsprechenden Unterstützung. Die Einführung eines Russischunterrichtes hat den Staat etwa 2,4 Mio. Rubel gekostet. Zudem werden hier auch Lehrkräfte für Russisch als Fremdsprache vorbereitet.[1245] Entsprechende Lehrkräfte werden auch in der Moskauer Lomonosov-Universität vorbereitet.

Schließlich wurde im Jahr 2011 im Rahmen der Diskussion des Programms „Bildung in Metropolen für die Jahre 2012–2016" entschieden, in Moskauer Schulen ab dem 1. September 2012 einen Aufnahmetest für Russisch einzuführen.[1246] Nach Auffassung von NGOs und russischen Wissenschaftlern soll der Aufnahmetest bei der Problemlösung der „Migrantenschulen" Hilfe leisten. Er soll bei der Anmeldung des zugewanderten Kindes in der Schule stattfinden. Dieser Test ist auf drei Ebenen durchzuführen: für Erstklässler, Mittelschüler und Oberschüler.

cc) Problematik der Beschulung der Migrantenkinder in der RF

Wie bereits erwähnt, ist die Beschulung der Migrantenkinder in der RF mit zahlreichen Problemen verbunden, nämlich mit Bildungsdefiziten, mit Mängeln bei

1244 *RGSU*, Über die Migrantenkinder in den Moskauer Schulen, in: Bildung und Consulting, September, 2011, S. 20.

1245 *Yakovleva*, Im Tomsker Gebiet wurde Russisch für Migrantenkinder eingeführt, in: Uchitelskaya gazeta v. 12.10.2012; Russisch für Migrantenkinder, in: http://www.tv2.tomsk.ru (abgerufen am 18.07.2012).

1246 Institut für Demographie der nationalen Forschungsuniversität „Wirtschaftshochschule", in: Demoskop Weekly, Nr. 471–472, v. 20.06–14.08.2011, S. 22.

der sozialen Anpassung der Migrantenkinder in der Schule und mit Problemen im Kindergarten. In Moskau gibt es z. B. Schulen mit 70 % Schülern ausländischer Herkunft und Bezirke, in denen 25 % der Bevölkerung gar kein Russisch sprechen. In den meisten Schulen Russlands werden die Migrantenkinder, unabhängig davon, ob sie ausreichende Russischkenntnisse besitzen oder nicht, mit anderen Schülern zusammen unterrichtet. Wie oben dargelegt, ist die Zahl der speziellen Schulen, in denen sie Sprachkurse besuchen können, sehr niedrig. Darüber hinaus soll auch die Zahl der Sprachkurse erhöht werden.

Die Kinder, die kein Russisch sprechen oder über schlechte Sprachkenntnisse verfügen, haben häufig Probleme beim Lernen und stören auch andere Schüler. Die Eltern von Einheimischen wehren sich, ihre Kinder mit den Migrantenkindern in einer Schule gemeinsam unterrichten zu lassen, denn sie sind der Meinung, dass ca. 60 % der Grundschüler in Moskau schlechtes oder kein Russisch beherrschen. Da das gemeinsame Unterrichten von ausländischen und russischen Kindern oft die Realisierung eines hohen Bildungsniveaus erschwert,[1247] werden in einigen Schulen Klassen mit einer versteckten Segregation herausgebildet.

Alle Kinder haben das Recht auf allgemeine Bildung, deshalb müssen die Schulen alle Kinder, unabhängig von Rasse, ethnischer Herkunft und Religion aufnehmen. Das Argument, dass das Kind keine Sprache beherrscht, kann kein Grund für die Nichtteilnahme oder Entlassung des Kindes an und von der Schule sein. Das Kind kann aber während der Beschulung trotz schlechter Leistungen versetzt werden. Die Durchführung eines Aufnahmetests für Russisch ist – mit Ausnahme der Moskauer Schulen – bislang verboten. Allerdings darf und kann niemand die Migrantenkinder verpflichten, die russische Sprache zu lernen. Es fehlt dafür eine Gesetzesgrundlage. Deshalb wehren sich auch die Migranten, die Sprache des Landes zu lernen.

In der Regel können Migrantenkinder nur mit vorläufiger Registrierung die russischen Schulen oder Kindergärten besuchen. Die Registrierung muss jedoch immer wieder verlängert werden. In den meisten Fällen wird dies von den Ausländern jedoch nicht beachtet: wenn die Registrierung abgelaufen ist, bleiben ihre Kinder in der jeweiligen Schule. In komplizierten Fällen holen die Schulen die Hilfe des FMS ein.

Als weiteres Problem sind die kulturellen Unterschiede zu nennen: Die Migrantenkinder muslimischer Herkunft akzeptieren in der Schule z. B. keine weiblichen Lehrkräfte. Die größten Anpassungsprobleme haben meistens die Kinder mit einer nichtslawisch ethnischen Herkunft, die aus den asiatischen Ländern der GUS-Staaten, dem Kaukasus oder aus Afghanistan stammen. Keine Integrationsprobleme weisen hingegen die Migrantenkinder aus Weißrussland, der Ukraine und den baltischen Ländern sowie die Kinder von Landsleuten auf.[1248]

1247 *Kruschelnizkaya/Tretyakova*, Wie kann man den Migrantenkindern helfen, in: Otechestvennye Zapiski, Nr. 4 (18) 2004: Migration: eine Bedrohung oder ein Vorteil?

1248 *Razumovskaya*, Migrantenkinder im gegenwärtigen Russland, v. 20.03.2012, S. 2, abrufbar unter: http://www.sovet-naroda.ru (abgerufen am 18.07.2012).

f) Religionsunterricht in den öffentlichen Schulen

Nach zweijährigem Schulversuch zunächst in 19, danach in 21 Subjekten der RF wurde im September 2012 in Russland landesweit Unterricht über religiöse Themen mit der Bezeichnung „Grundlagen der religiösen Kulturen und der weltlichen Ethik“ (Osnovy religioznych kul'tur i svetskoj etiki, im Folgenden kurz: ORKSE) eingeführt,[1249] der die Religionsfreiheit der Schüler beachten soll (vgl. Art. 87 ff. BiG). Zurzeit wird dieser Unterricht in der Grundschule, v. a. in den vierten und fünften Klassen angeboten. Die Russische Akademie für Bildung beabsichtigt, in naher Zukunft den Religionsunterricht für alle Schüler in den Klassen 1 bis 11 einzuführen. Allerdings wird derzeit dieses Vorhaben etwas zurückhaltend aufgenommen: problematisch seien der Lehrkräftemangel[1250] und der Eingriff in das Privatleben der einzelnen Personen.

Das Fach besteht aus sechs Fachmodulen, die von den Schülern allein oder von den Eltern (gesetzlichen Vertretern) ausgewählt werden müssen, nämlich: Grundlagen orthodoxer Kultur, Grundlagen islamischer Kultur, Grundlagen buddhistischer Kultur, Grundlagen jüdischer Kultur, Grundlagen der Kulturen der Weltreligionen und Grundlagen weltlicher Ethik.[1251] Problematisch erscheint allerdings die freiwillige Auswahl dieser Module, die in der Praxis nicht von den Schülern oder Eltern, sondern von der Schule vorgenommen wird: Die Schulen stellen einen Lehrer zur Verfügung und bieten lediglich eine von sechs Fachmodulen zum

---

1249 Die Einführung dieser Fachgruppe wurde nach einer langjährigen kontroversen Diskussion um Religion in der russischen Schule vorgenommen. Vor allem standen sich drei Parteien gegenüber: die Befürworter von konfessionellem Religionsunterricht – meist Orthodoxe – die für die Einführung des Faches „Grundlagen orthodoxer Kultur“ als freiwilliges Wahlfach eintraten, die Befürworter von nichtkonfessionellen religionskundlichen Fächern „Weltreligionen“ oder „Religionsgeschichte“ und diejenigen, die überhaupt kein Religion thematisierendes Fach eingeführt sehen wollten. Die Debatte wurde mit der Einführung der „Grundlagen der religiösen Kulturen und der weltlichen Ethik“ beendet. Allerdings ist der Religionsunterricht an russischen Schulen nicht ganz neu: Es gab ihn bereits im alten Russland des 19 Jh. Damals waren Geistliche als Religionslehrer tätig. Die enge Zusammenarbeit von Staat und Kirche endete mit der Oktoberrevolution von 1917.

1250 Im Jahr 2010 wurden über 22.000 Lehrkräfte fortgebildet. Sie sind keine Vertreter der Glaubensgemeinschaften oder gar Geistliche. Nach statistischen Angaben haben z. B. in der Republik Tschuwaschien ca. 90 % Grundschullehrerinnen und knapp 5 % Fachlehrer für Russisch oder Tschuwaschisch die Weiterbildung für ORKSE absolviert. Unter den übrigen sind Geographie-, Musik- und Geschichtslehrer. Für andere Regionen liegt keine Statistik vor. *Vachruševa*, Die Lehrer bereiten sich auf das neue Fach vor. Am 1. April beginnt man in den Schulen der 19 Subjekte mit dem Unterricht im Fach „Grundlagen der religiösen Kulturen und der weltlichen Ethik“, in: Trud, 31.03.2010.

1251 *Murav'ev/Schahnovich*, Die Religion in der gegenwärtigen russischen Schule, in: Otechestvennye Zapiski, Nr. 4 (49) 2012.

Unterricht an. In der ersten Zeit wurden die Lehrer in Moskau auch ohne Mitsprache der religiösen Gemeinschaften in einem Kurs für alle Fachmodule vorbereitet. Die Lehrbücher wurden von den kirchlichen Vertretern ausgearbeitet. Das Modul „Grundlagen orthodoxer Kultur" wurde von der russisch-orthodoxen Kirche vorbereitet. Es stellte sich allerdings heraus, dass seine bildungspolitischen Vorgaben mehr den Auffassungen und Ansprüchen der Kirche entsprachen. Deshalb wurde bei der Herausgabe des Buches auch versucht, diese Lehrbücher aus neutraler Sicht zu korrigieren. Alles das sind Probleme, die in der Zukunft gelöst werden sollten.

Der Religionsunterricht wird zurzeit als fakultatives Pflichtfach angeboten. Er setzt eher auf Patriotismus und auf die Stabilisierung des politischen Systems in der RF. Als grundlegende Aufgabe der geistig-moralischen Erziehung benennt der „föderale staatliche Bildungsstandard" für die Grundschule: Erziehung zur Fähigkeit der geistigen Entwicklung, moralische Selbstvervollkommnung, Bildung erster Vorstellungen über die weltliche Ethik, die Darstellung traditioneller vaterländischer Religionen, ihrer Rolle in Kultur, Geschichte und Gegenwart Russlands.[1252]

3. *Gesellschaftliche und politische Aspekte der Integration*

Wie bereits oben dargelegt, ist die politische Partizipation der Ausländer in Russland eingeschränkt: sie besitzen kein aktives und passives Wahlrecht für die föderalen Organe der Staatsgewalt und die Organe der örtlichen Selbstverwaltung der RF und auch kein Teilnahmerecht an Referenden der RF und der Subjekte der RF. Lediglich die Ausländer mit einem ständigen Wohnsitz in Russland und einer Wohnerlaubnis haben das Recht, an den aktiven und passiven Kommunalwahlen sowie an örtlichen Referenden teilzunehmen, soweit in den föderalen Gesetzen nicht anderes geregelt ist (vgl. § 4 WahlG[1253] und § 12 AuslG). Es fehlen allerdings die statistischen Angaben über den Charakter der Beteiligung und die Zahl der Ausländer, die diese politischen Rechte bislang wahrgenommen haben.

Für Ausländer und Staatenlose ist weiterhin nach nationalem Recht die Mitgliedschaft in einer politischen Partei ausgeschlossen (vgl. § 23 Abs. 2 PartG).[1254] Sie besitzen auch kein Recht, sich in Russland friedlich und ohne Waffen zu versammeln, Versammlungen, Kundgebungen, Demonstrationen und Umzüge durchzuführen sowie Streikposten aufzustellen, denn Art. 31 VerfRF verbürgt diese Rechte nur den Bürgern der RF. Allerdings wird Ausländern – ähnlich wie Inländern – aufgrund gültiger völkerrechtlicher Verträge eine gesellschaftspolitische Partizipation in der RF gewährleistet. Art. 11 EMRK und Art. 22 IPbpR garantiert allen

1252 Erlass des Bildungsministeriums der RF „Über den Unterricht in den Fächern Religionsgeschichte und -kultur in der Schule" Nr. 03–2375, v. 25.11.2009.

1253 FG v. 12.06.2002 Nr.67-FG „Über die allgemeinen Garantien des Wahlrechts und das Recht der Bürger der RF an Referenden teilzunehmen".

1254 § 23 Abs. 2 PartG legt fest, dass „Ausländer und Staatenlose nicht Mitglieder politischer Partei werden können", s. Föderales Gesetz Nr. 95-FG v. 11.07.2001 „Über die politischen Parteien", zul. geändert am 02.10.2012, in: base.consultant.ru.

Menschen die Versammlungs- und Vereinigungsfreiheit. Ausländer haben zudem die Möglichkeit, die o. g. Rechte als Mitglied oder Teilnehmer gesellschaftlicher und religiöser Vereine zu verwirklichen. Sie dürfen ebenso wie die russischen Bürger gesellschaftliche Vereinigungen gründen – etwa gemeinnützige Vereine und gesellschaftliche Stiftungen – und Mitglied oder Teilnehmer solcher Vereinigungen sein, soweit in den föderalen Gesetzen oder in internationalen Verträgen nichts anderes geregelt ist.

Seit dem Inkrafttreten des föderalen Gesetzes v. 17. Juni 1996 Nr. 74-FZ „Über nationalkulturelle Autonomie"[1255] wurden in der RF zahlreiche ethnokulturelle Vereinigungen gebildet. Entsprechende Vereinigungen haben russlandweit auch die Migranten aus den GUS-Ländern gegründet, in denen sich die Ausländer meistens kulturell partizipieren können. Außerdem haben solche Vereinigungen die soziale und kulturelle Integration der Migranten in der RF zum Ziel. Sie werden jedoch vom Staat nicht unterstützt. Das hat zur Folge, dass viele Migrantenvereinigungen wegen Finanzierungsmängeln nicht mehr existieren.[1256] Heutzutage können entsprechende Vereinigungen in der Tat als ein Hilfsmittel für Migranten in Russland dienen, denn hier – anders als in Deutschland – existieren noch keine anderen Organisationen, die ausländischen Bürger unmittelbar unterstützen können oder für ihre Partizipation zur Verfügung stehen. In der Praxis sind die Möglichkeiten der gesellschaftlichen Partizipation der Ausländer relativ stark eingeschränkt. Auch im neuen Migrationskonzept der RF wird darüber nicht gesprochen. In diesem Bereich bedarf es daher zukünftig einer Änderung.

IV. Perspektive: Unentbehrlichkeit der Vervollkommnung und Europäisierung der Gesetzgebung

In der RF existieren zahlreiche Gesetzesregelungen hinsichtlich der Zuwanderung und der Aufnahme der Erwerbstätigkeit von Migranten. Allerdings verliert man wegen der fehlenden Transparenz der Gesetze häufig die Übersicht. Vorhandene gesetzliche Regelungen sind widersprüchlich und umfassen nicht alle Fragen im Bereich der Migration. Eine erhebliche Gesetzeslücke besteht im Bereich der Ausländerintegration in der RF. Bislang sind in keinem Gesetz die sprachliche Förderung der Migranten und ihrer Kinder sowie die Anforderungen an das Mindestmaß der Integration von Einwanderern geregelt. Allerdings wird im neuen Migrationskonzept die Verpflichtung zum Erlernen der russischen Sprache festgelegt.[1257] Hinzuweisen ist auch darauf, dass am 1. Dezember 2012 in Russland ein

---

1255 Gesetzessammlung der RF, 1996, Nr. 25, S.2905; 2009, Nr. 7, S. 779.

1256 Rundtisch „Nationalkulturelle Autonomie in der RF: 15–jähriger Beitrag der Entwicklung der Zivilgesellschaft", 27.04.2011, abrufbar unter: http://www.fnkaa.ru (abgerufen am 10.12.2012).

1257 Während der redaktionellen Bearbeitung dieser Dissertationsschrift wurde festgestellt, dass in der ersten Hälfte des Jahres 2014 vom FMS Russlands der Gesetzentwurf bzgl. der sozialen und kulturellen Integration von Ausländern

neues Gesetz in Kraft getreten ist, wonach die Arbeitsmigranten in Russland, die im Bereich der Wohnungs- und Kommunalwirtschaft, Handels- und Versorgungsbranche tätig sind, ein Zertifikat über Sprachkenntnisse vorlegen müssen.[1258] Die Sprachkenntnisse dürfen nicht unter dem Basisniveau liegen, d. h. sie müssen ca. 1000 einfache Wörter und Redewendungen umfassen. Der Test ist kostenpflichtig und kostet 3000 Rubel. Zu begrüßen ist vor allem, dass diesen Test nicht nur neue Zuwanderer, sondern auch bereits eingereiste Ausländer, die ihre Arbeitserlaubnis verlängern wollen, ablegen müssen. Erst dann sind sie berechtigt, eine Erwerbstätigkeit in Russland aufzunehmen. Befreit sind hingegen vom Test die Bürger der Republik Belarus und Südossetien, weil in diesen Ländern nach wie vor Russisch als Amtssprache gilt. Zudem müssen Arbeitsmigranten in diesem Bereich auch den Nachweis über ihre Ausbildung vorlegen.

In diesem Bereich sind inzwischen einige Änderungen vorgenommen worden: Am 20. Dezember 2013 hat die Staatsduma ein neues Gesetz verabschiedet, wonach alle Ausländer, die in Russland unterschiedliche Aufenthaltserlaubnisse oder das Patent beantragen wollen, zu einer Prüfung in der Geschichte, der russischen Sprache und in den Grundlagen der Rechtsordnung verpflichtet sind. Das Gesetz

---

vorbereitet und dem russischen Parlament vorgelegt wurde. Der Entwurf des Gesetzes lautet: „Über die soziale und kulturelle Anpassung und Integration ausländischer Bürger in der RF" v. 29.04.2014. Dieser wurde noch nicht beschlossen und befindet sich in der Bearbeitung in der Staatsduma. Diese Vorschrift soll „ein wirksames Mittel zur Migrations- und nationalen Politik sein". Der Entwurf definiert folgende Begriffe etwa „Anpassung", „Integration von Ausländern", „Anpassungsvertrag", „Integrationsvertrag", „Infrastruktur für die Anpassung und Integration von Ausländern" und „Anpassungs- und Integrationsveranstaltungen und zentrale Einrichtungen". Hier sind insbesondere die Kompetenzen von föderalen Organen der Exekutive, Organe der Staatsgewalt auf Landes- und Kommunalebene im Bereich der Anpassung und Integration sowie die Rechte und Pflichten von Ausländern geregelt. Die Kosten für die Teilnahme an den Integrationsveranstaltungen trägt der Ausländer selbst, sein Arbeitgeber oder diese werden aus anderen Mitteln finanziert.
Interessant ist vor allem, dass laut Gesetzesentwurf (Art. 10 Abs. 1) auch Ausländer, die sich nur vorübergehened in Russland aufhalten, zum Abschluss eines Integrationsvertrages verpflichtet werden können. Wie lange er ohne diesen Vertrag hier leben darf, wurde allerdings nicht geregelt.

1258 Föderales Gesetz der RF v. 12.11.2012, Nr. 185-FZ „Über die Änderungen des § 13 (1) AuslG und § 27(2) BildungG", in: Rossiyskaya gazeta, 14.11.2012, Nr. 5935. Nach entsprechenden Angaben werden solche Zertifikate bereits auf dem freien Markt verkauft. Sie kosten anstatt 3.000 7.000 Rubel. Das zeigt, dass die neue Regelung in Russland nicht vollständig funktionieren kann. Zukünftig bedarf es daher gesetzgeberische Maßnahmen sowohl wegen der Betrüger als auch für Migranten selbst. Siehe auch: *Kalinin*, Die Ausländer in Russland müssen weiterhin Russisch lernen, 01.12.2012, abrufbar unter: www.ntv.ru (abgerufen am 02.12.2012).

betrifft als Adressaten, also Ausländer, die ab Januar 2015 nach Russland kommen und Ausländer, die bereits in Russland leben, aber noch eine Aufenthaltserlaubnisse benötigen. Das Gesetz umfasst allerdings nicht die Ausländer, die bereits in Russland wohnen und keinen entsprechenden Aufenthaltstitel benötigen, aber keine Sprachkenntnisse besitzen. Für die Durchführung des Tests und die Vorbereitung zur Prüfung sind gegenwärtig an den russischen und ausländischen Bildungseinrichtungen ca. 298 Sprachkurse gebildet worden.

Perspektivisch ist es erforderlich, von allen nach Russland kommenden und zugewanderten Ausländern Sprachkenntnisse zu verlangen. Ferner bedarf es auch einer gesetzlichen Regelung zur sprachlichen Förderung der Migrantenkinder und der Anforderungen an das Mindestmaß der Integration von Einwanderern. Bis zur o. g. Neuregelung wurde in der bei der Erteilung der unterschiedlichen Aufenthaltstitel keine Sprachkenntnisse verlangt; bei der Verleihung der Staatsangehörigkeit sind sie eine der Voraussetzungen. Wie bereits in den vorherigen Kapiteln festgestellt wurde, spielt die Sprache eine besonders große Rolle bei der Integration der Zuwanderer. Sie soll nicht nur von den erwachsenen Migranten verlangt werden, sondern auch von den Kindern im Vorschulalter. Bereits im Kindergarten und in den Vorschulklassen muss die russische Sprache für alle Migrantenkinder unterrichtet werden. Das ist ein Manko, das gegenwärtig in der RF besteht. In der Perspektive bedarf es daher einer Vervollkommnung der Gesetzgebung in Richtung Integration der Zuwanderer in Russland, die die sprachliche Förderung, die gesellschaftliche und politische Partizipation der in Russland sesshaften Ausländer ermöglicht. Gegenwärtig wird die Integration der Zugewanderten in Russland noch nicht als eine Aufgabe der Gesellschaft und des Staates angenommen. Ausländer in Russland werden nämlich oft von der Gesellschaft noch als eine Gefahr angesehen.

Das AuslG dient heute als grundlegende Vorschrift für die Regulierung des Rechtstatus der Ausländer. Aufgrund der im Gesetz vorhandenen zahlreichen „verweisenden“ Normen kann es jedoch nicht direkt angewendet werden. Im Gesetz gibt es weiterhin keine Aufzählung der Rechte, die Ausländer in Russland besitzen, nämlich materielle und immaterielle Rechte, das Recht auf soziale Garantien, Bildung, Wohnung, auf Teilnahme in gesellschaftlichen Vereinigungen, Freiheitsrechte und andere Rechte, die den Rechtsstatus der Ausländer bilden, obwohl das Gesetz vorgibt, den Rechtstatus der Ausländer regeln zu wollen. Außerdem ist im Gesetz (§ 3 AuslG) nicht verankert, dass die allgemein anerkannten Prinzipien und Normen des Völkerrechts und der internationalen Verträge einen Bestandteil des Gesetzes bilden, was in der Praxis bedeutet, dass die völkerrechtlichen Regelungen nicht zur Anwendung kommen können. Folglich enthält das Gesetz selbst weitere Lücken, nämlich das Recht der Ausländer auf Justizgewähr (obwohl dies von der Verfassung der RF gewährleistet wird) und auf Freizügigkeit. Die Gesetzesänderung 2010 hat wesentliche Erleichterungen für die Gruppe der Hochqualifizierten in Russland gebracht. Es fehlen jedoch Regelungen für den gleichen Zugang zum Arbeitsmarkt für ausländische Studierende und qualifizierte Absolventen.

Es ist darauf zu verweisen, dass Russland als Vertragspartei der zahlreichen völkerrechtlichen und internationalen Verträge verpflichtet ist, die grundlegenden Menschenrechte in allen Bereichen auch Ausländern zu gewährleisten. Aus zahlreichen internationalen Abkommen hinsichtlich der Arbeitsmigrantenrechte hat Russland alle acht grundlegenden Erklärungen ratifiziert. Allerdings werden diese Regelungen nicht vollständig realisiert. In der Praxis sind umfangreiche Verletzungen der Rechte von Arbeitsmigranten festzustellen.[1259] Vor allem ist dies der Fall, wenn es sich um Arbeitsverträge, arbeitsrechtlichen Garantien und soziale Leistungen handelt. Trotz der gesetzlichen Regelung weigern sich die Arbeitgeber in den meisten Fällen, mit den Migranten einen Arbeitsvertrag abzuschließen oder ihnen ein Gehalt zu zahlen. Außerdem haben die Arbeitsmigranten schlechte Wohnbedingungen (Wohnen in Bausektoren oder in Kellern), leiden an Gewaltandrohungen und Erpressungen seitens der Arbeitgeber und werden von der Miliz oder anderen Beamten betrogen.[1260] Unter anderem gilt für Russland der Internationale Pakt über wirtschaftliche, soziale und kulturelle Rechte, der auch Ausländern das Recht auf angemesseneren Lohn und auf gleiches Entgelt für gleichwertige Arbeit (Art. 7 a)i), das Recht auf sichere und gesunde Arbeitsbedingungen (Art. 7 b) und das Recht zur Bildung von Gewerkschaften (Art. 8) gewährleistet. In der Praxis werden diese Rechte gar nicht oder nicht vollständig gewährleistet. Im Zuge der weiteren Europäisierung der Gesetzgebung hat Russland zukünftig die Aufgabe, die völkerrechtlichen Verträge nicht nur zu ratifizieren und zu unterzeichnen, sondern auch in die Praxis effektiv umzusetzen. Erst dann kann ein besserer Schutz der Rechte von Migranten im Land gewährleistet werden.

D. Zusammenfassung des 4. Kapitels

1. In der russischen Geschichte haben Migrationsprozesse immer eine besondere Rolle gespielt. Während bis zum 19. Jh. Russland ein Zuwanderungsland war, nahm seit Ende des 19. Jh. die Emigration aus dem Land zu. Heute ist das gegenwärtige Russland – nach den USA – das zweitgrößte Einwanderungsland der Welt. Nach den offiziellen Angaben des FMS Russlands leben dort 13,6 Mio.

1259 Ausnutzung von Arbeitsmigranten im russischen Bausektor, in: Human Rights Watch, 2009, S. 47.

1260 Mehr zu diesem Thema: „Über die Einhaltung des Übereinkommens zur Beseitigung jeder Form von Rassendiskriminierung durch die RF. Der alternative Vortrag NGOs für den UN-Ausschuss für die Beseitigung der Rassendiskriminierung (73. Tagung, v. 28.07–15.08.2008)“, abrufbar unter: http://www.memo.ru/hr/discrim/ver1/Report-ICERD-Rus-site.html (abgerufen am 20.05.2013). Auch aus der Jahresbilanz des EGMR aus dem Jahre 2012 wird deutlich, dass Russland grundsätzlich an der Spitze der Menschenrechtsverletzungen steht. Im Jahr 2012 wurde Russland 122-mal verurteilt. Abrufbar unter: http://www.glaronia.com/2013/01/24/egmr-russland-an-spitze-klageflut-bei-menschenrechtsgericht-reist-nicht (abgerufen am 20.05.2013).

Migranten. Die größte Zuwanderungsgruppe bilden die Arbeitsmigranten, die vor allem aus den GUS-Staaten stammen.

2. Seit dem Zusammenbruch der UdSSR wurden in Russland zahlreiche Gesetzesregelungen im Zuwanderungsbereich geschaffen. Im Wesentlichen sind sie nicht transparent und außerdem widersprüchlich. Die Gesetzesregelungen sind ganz überwiegend auf die temporäre Arbeitsmigration und auf die Verhinderung der illegalen Migration fokussiert und umfassen nicht alle Aspekte der Zuwanderung.
3. Eine erhebliche Gesetzeslücke besteht im Bereich der Ausländerintegration. Bislang sind in keinem Gesetz die sprachliche Förderung der Migranten und ihrer Kinder sowie die Anforderungen an das Mindestmaß der Integration von Einwanderern geregelt. Das neue Migrationskonzept 2012 legt die Verpflichtung zum Erlernen der russischen Sprache fest. Es fehlt aber eine Regelung über die staatliche Unterstützung der Zuwanderer. Auch die neue gesetzliche Regelung, die am 1. Dezember 2012 in Kraft getreten ist, verlangt im Allgemeinen lediglich ein Zertifikat über Sprachkenntnisse eines bestimmten Personenkreises.
4. Im Migrationskonzept 2012 sind wichtige Meilensteine der zukünftigen Zuwanderungspolitik Russlands für die Jahre 2012–2025 festgelegt. Nicht geregelt sind allerdings soziale Gewährleistungen für die Migranten, die Verstärkung des arbeitsrechtlichen und gerichtlichen Rechtsschutzes sowie die Gewährung politischer Rechte der Ausländer.

5. Kapitel: Vergleich der gefundenen Ergebnisse

In diesem abschließenden Kapitel werden die im Rahmen der rechtsvergleichenden Untersuchung in den zwei Rechtsordnungen gefundenen Ergebnisse verglichen und zusammengefasst sowie einer abschließenden Bewertung unterzogen.

A. Methodik der Rechtsvergleichung

Methodisch bedient sich die Arbeit vor allem eines rechtsvergleichenden Ansatzes. An dieser Stelle soll zunächst diese Vorgehensweise konkretisiert werden.

I. Gegenstand der Rechtsvergleichung

Bei der Rechtsvergleichung handelt es sich um einen geistigen Vorgang, der das „Miteinandervergleichen von verschiedenen Rechtsordnungen der Welt"[1261] wissenschaftlich beinhaltet. Obwohl nach wie vor streitig ist, ob die Rechtsvergleichung als eine eigene wissenschaftliche Disziplin oder nur als ein Teilgebiet der Rechtswissenschaft[1262] betrachtet werden kann, folgt sie zweifelsohne eigenen, nachvollziehbaren Regeln. Die Hauptdomäne der Rechtsvergleichung ist das Privatrecht.[1263] Aber sie wird ebenfalls im öffentlichen Recht angewendet. Allerdings ist Rechtsvergleichung nicht jeder Bezug zu einer oder mehreren ausländischen Rechtsordnungen. Daher empfiehlt sich ein Blick auf die Aufgaben der Rechtsvergleichung, was ihren Gegenstand deutlicher entfaltet.

II. Aufgaben der Rechtsvergleichung

Die Aufgaben und Ziele der Rechtsvergleichung werden sehr unterschiedlich systematisiert.[1264] Die Hauptfunktion der Rechtsvergleichung ist Erkenntnisgewinn.[1265]

1261 *Zweigert/Kötz*, Einführung in die Rechtsvergleichung, 3. Aufl. (1996), S. 2.

1262 So etwa wie die Rechtsgeschichte, Rechtssoziologie, Rechtsphilosophie und das Internationale Privatrecht. Vgl. *Rusch*, Methoden und Ziele der Rechtsvergleichung, in: Jusletter, 13.02.2006, S. 1; *Haase*, Einführung in die Methodik der Rechtsvergleichung, in: JA 2005, Heft 3, S. 233; *Markesinis*, Rechtsvergleichung in Theorie und Praxis, 2004, S. 6 ff.

1263 Vgl. *Zweigert/Kötz*, Einführung in die Rechtsvergleichung, 3. Aufl. (1996), S. 3.

1264 Vgl. *Zweigert/Kötz* sehen neben dem Erkenntnisgewinn folgende Funktionen der Rechtsvergleichung: 1) Material für den Gesetzgeber; 2) Auslegungsinstrument; 3) Hilfe im Rechtsunterricht; 4) Bedeutung für die Rechtsvereinheitlichung. *Koch/ Magnus/Winkler v. Mohrenfels* heben daneben noch den pädagogischen Ansatz in der Ausbildung und gezielten rechtspolitischen und –praktischen Einsatz in Gesetzgebung und Normanwendung hervor.

1265 Vgl. *Zweigert/Kötz*, Einführung in die Rechtsvergleichung, 3. Aufl. (1996), S. 14 ff.

Sie hilft beim Erlangen von Kenntnissen über die Rechtslage anderer Länder und ermöglicht, das eigene Recht kritisch zu sehen, Vor- und Nachteile zu beurteilen sowie Distanz zur eigenen Rechtskultur zu schaffen. Rechtsvergleichung erweitert und bereichert daher den „Vorrat an Lösungen" und bietet die Chance, bessere Lösungen zu finden.[1266] Generell dient Rechtsvergleichung

- dem besseren Verständnis und der Verbesserung der eigenen und der analysierten fremden Rechtsordnung,
- der Rechtsangleichung und dem Rechtsverkehr mit dem Ausland,
- der Vorbereitung wichtiger nationaler und internationaler Gesetzgebungsvorhaben,
- der internationalen Völkerverständigung und
- dem rechtspolitischen und -praktischen Einsatz in Gesetzgebung und Normanwendung.

In jüngster Zeit eröffnete die Rechtsvergleichung die Umgestaltung der Rechtsordnungen in den Übergangsgesellschaften Mittel- und Osteuropas sowie Mittelasiens.[1267]

III. Formen der Rechtsvergleichung

Im Rahmen der Rechtsvergleichung wird zwischen einer Makro- und Mikrovergleichung unterschieden. Während die Makrovergleichung sich mit allgemeinen Formen, Methoden, Denkweisen und Problemlösungsmechanismen einzelner Rechtsordnungen befasst und diese miteinander vergleicht, beschränkt sich die Mikrovergleichung auf den Vergleich einzelner Probleme, Interessenkonflikte und Rechtsinstitute verschiedener Rechtsordnungen.[1268] Die Grenzen zwischen beiden Formen sind fließend. Beide Formen ergänzen sich meist. Die Einzelvorschriften oder –fragen werden im Zusammenhang mit dem jeweiligen Rechtssystem betrachtet.[1269]

1266 Vgl. *Zweigert/Kötz*, Einführung in die Rechtsvergleichung, 3. Aufl. (1996), S. 14.

1267 Mehr dazu: *Zweigert/Kötz*, Einführung in die Rechtsvergleichung, 3. Aufl. (1996), S. 14 ff.; *Röver*, Vergleichende Prinzipien dinglicher Sicherheiten: eine Studie zur Methode der Rechtsvergleichung, 1999, S. 10; *Haase*, Einführung in die Methodik der Rechtsvergleichung, in: JA 2005, Heft 3, S. 233; *Koch/Magnus/Winkler v. Mohrenfels*, IPR und Rechtsvergleichung, 4. Aufl. (2010), S. 278 ff.

1268 Vgl. *Rusch*, Methoden und Ziele der Rechtsvergleichung, in: Jusletter, 13.02.2006, S. 4; *Zweigert/Kötz*, Einführung in die Rechtsvergleichung, 3. Aufl. (1996), S. 4 ff.

1269 Vgl. *Koch/Magnus/Winkler v. Mohrenfels*, IPR und Rechtsvergleichung, 4. Aufl. (2010), S. 280.

IV. Prozess der Rechtsvergleichung

Es gibt keinen allgemein gültigen und verbindlichen methodischen Kanon. Allerdings ist dieser Prozess etwas vergröbert in drei Schritten durchzuführen.[1270]

1. ***Fragestellung***: *„Wie wird eine Rechtsvergleichung durchgeführt?"*

Jede rechtsvergleichende Untersuchung beginnt mit der richtigen Fragestellung oder Arbeitshypothese. Die Fragestellung muss funktional breit genug und frei von Begrifflichkeiten der eigenen Rechtsordnung sein. Gegenstand der Rechtsvergleichung ist ein abstrakt beschriebenes Problem, dessen rechtliche und tatsächliche Lösung als Vergleichsmaterial in der ganzen Rechtsordnung und allen gesellschaftlichen Phänomenen gesucht wird.

2. ***Auswahl der Rechtsordnung***: *„Welche Rechtsordnungen sollen verglichen werden?"*

Generell gilt hier der sog. „Grundsatz weiser Beschränkung"[1271]. Als Faustregeln entwickelte die Lehre gewisse Vorrangregeln im Zusammenhang mit sog. Rechtskreisen, denen die Rechtsordnungen zugeordnet werden können. Im Prinzip wird Rechtsvergleichung mit den „Mutterrechtsordnungen" empfohlen.[1272] Zur Rechtsvergleichung einzelner Probleme und Lücken sind regelmäßig verwandte Rechtssysteme geeignet. Für die Auswahl der Rechtsordnung spielen auch die Sprachkenntnisse des vergleichenden Juristen eine wichtige Rolle.[1273]

3. ***Kritik***: *„Was ist vom Vergleichsergebnis zu halten?"*

In diesem Schritt erfolgt die Bewertung der Ergebnisse: „Kommentarlose Gegenüberstellung der Lösungen verschiedener Rechtsordnungen ist noch keine Rechtsvergleichung."[1274] Die eigentliche Rechtsvergleichung beginnt erst nach der Formulierung der Fragestellung, der Auswahl des vergleichenden Rechts und der Erfassung des relevanten Stoffes. Vorteilhaft ist bei einer wissenschaftlichen Arbeit ein vorangestellter Länderbericht.[1275] Auf dieser Stufe erfolgt vor allem die Analyse und Wertung von Gemeinsamkeiten, Ähnlichkeiten und Unterschieden. Allerdings bedeutet diese Bewertung nicht, dass über einen «besseren» oder «schlechteren» ausländischen Lösungsvorschlag entschieden werden soll. Die Lösung im Ausland ist einfach «gleich», «ähnlich» oder «anders», und daraus können gewisse Folgerungen abgeleitet werden.[1276] Dem Vergleich schließen sich eigene (begründete)

1270 Vgl. *Peter V. Kunz*, Einführung zur Rechtsvergleichung in der Schweiz, in: Recht, 2006, Heft 2, S. 48 ff.

1271 *Zweigert/Kötz*, Einführung in die Rechtsvergleichung, 3. Aufl. (1996), S. 40.

1272 Vgl. *Zweigert/Kötz*, Einführung in die Rechtsvergleichung, 3. Aufl. (1996), S. 40.

1273 Vgl. *Rusch*, Methoden und Ziele der Rechtsvergleichung, in: Jusletter, 13.02.2006, S. 6.

1274 *Zweigert/Kötz*, Einführung in die Rechtsvergleichung, 3. Aufl. (1996), S. 42.

1275 Vgl. *Rusch*, Methoden und Ziele der Rechtsvergleichung, in: Jusletter, 13.02.2006, S. 7.

1276 Vgl. *Kunz*, Einführung zur Rechtsvergleichung in der Schweiz, in: Recht 2006, Heft 2, S. 49.

Folgerungen an, z. B. Reformvorschläge für das eigene Recht. Zum Schluss sind die wesentlichen Ergebnisse des Vergleichs zusammenzufassen.[1277]

B. Rechtsvergleichende Untersuchung und Bewertung

I. Allgemeines

Im Folgenden sollen bedeutsame Probleme der Integration von Ausländern in Deutschland und Russland, die im Rahmen der Untersuchung erörtert wurden, rechtsvergleichend untersucht und sodann bewertet werden. Zunächst ist allerdings zu fragen: „Was gehört zu einer gelungenen Integration von Zuwanderern in die Aufnahmegesellschaft? Was ist für die Integration von Zuwanderern besonders wichtig?"

Integration von Zuwanderern wird – wie ausgeführt – sehr unterschiedlich definiert (s. o.). Im wissenschaftlichen, politischen und öffentlichen Diskurs besteht auch kein wirklicher Konsens hinsichtlich ihrer Bedeutung: Sie ist ein bestimmter Zustand oder ein Prozess, eine strategische oder gesamtgesellschaftliche Aufgabe oder die Herstellung einer Einheit aus einzelnen Teilen. Manchmal wird sie auch als Synonym für Assimilation verwendet.[1278]

Im Grunde genommen ist die Integration ein gegenseitiger und andauernder Prozess, basierend auf gleichen Rechten und Pflichten der Zuwanderer und der Aufnahmegesellschaft, der auf die umfassende politische und gesellschaftliche Partizipation der Zuwanderer abzielt und zu einer Herstellung von Einheit bzw. Ganzheit in der Gesellschaft führt. Danach soll zum einen das Aufnahmeland den Zuwanderern zwecks Teilhabe am wirtschaftlichen, sozialen, kulturellen und gesellschaftlichen Leben einen formalen Rechtsrahmen bieten, zum anderen aber sollen die Zuwanderer selbst die grundlegende Normen und Werte des Aufnahmelandes respektieren und aktiv und freiwillig am Integrationsprozess teilnehmen –ohne Aufgabe ihrer kulturellen Identität. Sie ist ein dynamischer, lange andauernder und sehr differenzierter Prozess des Zusammenwachsens.

Die Integration von rechtmäßig auf Dauer im Aufnahmeland lebenden und bleibewilligen Ausländern setzt daher eine Entwicklung des Zusammengehörigkeitsgefühls, des Respekts, des gegenseitigen Vertrauens und der gemeinsamen Verantwortung sowie die soziale Anerkennung durch die Gesellschaft voraus. Sie kann nur dann gelingen, wenn der Zuwanderer selbst zur aktiven Lebensgestaltung im Aufnahmeland, zum Erwerb von Sprachkenntnissen, zu Bildung und Ausbildung sowie zur Beachtung der für die Mehrheitsgesellschaft verbindlichen

---

1277 Vgl. *Rusch*, Methoden und Ziele der Rechtsvergleichung, in: Jusletter, 13.02.2006, S. 7; *Koch/Magnus/Winkler v. Mohrenfels*, IPR und Rechtsvergleichung, 4. Aufl. (2010), S. 288.

1278 Vgl. *Bauböck*, Die Integration von Einwanderern – Reflexionen zum Begriff und seinen Anwendungsmöglichkeiten, in: Waldrauch, Die Integration von Einwanderern. Ein Index der rechtlichen Diskriminierung, 2001, S. 28 ff.

demokratischen Grundwerte und kulturellen Traditionen bereit ist. Es besteht also einerseits eine Integrationspflicht von bleibewilligen Zugewanderten und andererseits eine Integrationsverantwortung des Staates. In diesem Sinne könnte man Integration als juristischen Vertrag zwischen dem Staat und den Zugewanderten oder als eine „Bringschuld der Migranten und eine Holschuld des Staates"[1279] bezeichnen. Der Staat muss nicht nur „die nationalen und ihn bindenden europäischen und internationalen Diskriminierungsverbote beachten", sondern auch im Rahmen seiner Kompetenz in der Aufnahmegesellschaft die Xenophobie und den Rassismus bekämpfen.[1280] Aufgabe des Staates ist es auch, für die Integration von Zugewanderten maßgebliche Integrationsangebote zu machen und Integrationsmaßnahmen durchzuführen. Als unverzichtbares und wirksames Mittel dafür dient die staatliche Sprachförderung für Zuwanderer, denn die Sprache verkörpert als Teil der nationalen Identität eines Staates ein rationales, vor allem ein emotionales einheitsbildendes Verbindungs- und Integrationselement ersten Ranges. Sie ist ein Fundament für die Staatlichkeit und ein Instrument der (politischen) Einflussnahme in einem Land. Dieses Instrument ist von zahlreichen europäischen Ländern – unter anderem auch von Deutschland – zu Recht anerkannt und wird daher als bedeutendes staatliches Mittel zur Ausländerintegration eingesetzt.

Die Integration der Zuwanderer setzt weiterhin voraus, dass sie die gleichen Chancen wie die Inländer für die Selbstverwirklichung haben: Sie sollen gleiche Chancen für den Zugang zum Arbeitsmarkt und zu Ausbildungsstätten, gleiche Lebenschancen, Rechtsschutzgleichheit und die gleiche Garantie der Freiheitsrechte haben. Es sollen auch für sie die tatsächliche und rechtliche Gleichberechtigung und Gleichbehandlung gelten. Das heißt, dass jeder Zuwanderer – ohne „Wenn" und „Aber" – sich im Rahmen der Gesellschaftsordnung der BRD oder der RF als ein gleichberechtigtes Mitglied der deutschen oder russischen Gesellschaft fühlt, weil diese Regelung sowohl für Inländer als auch für Ausländer gilt.

Die Integration von Zuwanderern ist dann gelungen, wenn die Zuwanderer die Sprache des Aufnahmelandes beherrschen, die für die Mehrheitsgesellschaft verbindlichen demokratischen Grundwerte und kulturellen Traditionen akzeptieren und respektieren, sich sozial anerkannt (wie in seinem Heimatland) fühlen, sich mit dem Aufnahmeland identifizieren, in allen Lebensbereichen: auf dem Arbeitsmarkt, im (Aus-)Bildungsbereich, in der Politik, in der Nachbarschaft, im sozialen Umfeld sich nicht isoliert, sondern eingegliedert fühlen und wegen ihrer ethnischen Herkunft, der Sprache, der Religion und der Rasse nicht diskriminiert sind, bei der Lebensgestaltung im Aufnahmeland auf allen Ebenen gleiche Chancen,

1279 *Klein*, Integration in Freiheit – Chancen und Hindernisse. Eine Einführung, in: Stiftung Gesellschaft für Rechtspolitik (Hrsg.), Bitburger Gespräche, Jahrbuch 2010/I, S. 11 (14).

1280 *Klein*, Integration in Freiheit – Chancen und Hindernisse. Eine Einführung, in: Stiftung Gesellschaft für Rechtspolitik (Hrsg.), Bitburger Gespräche, Jahrbuch 2010/I, S. 11 (14).

gleiche Rechte und gleiche Pflichten wie die Inländer haben und nicht zuletzt gleichberechtigte Staatsbürger des Landes sind. Für die erfolgreiche Integration von Zuwanderern ist daher die Erfüllung aller genannten Mindestvoraussetzungen besonders wichtig. Liegt eine der genannten Voraussetzungen nicht vor, ist die Integration der Zuwanderer in die Aufnahmegesellschaft noch nicht gelungen und dauert an. Allerdings ist die Integration von Zuwanderern niemals endgültig gelungen oder vollständig abgeschlossen, denn es handelt sich hierbei um einen offenen und andauernden Prozess, der ungleich und ungleichzeitig verläuft. Integration ist somit ein Prozess mit sehr unterschiedlichen Dimensionen (ökonomische, politische und kulturelle) und feinen Grenzen, der in seinem Verlauf zur Abschaffung der fremden Elemente führt. Im Zuge dieses Prozesses bemühen sich alle Gesellschaftsmitglieder freiwillig, die materiellen und politischen Voraussetzungen zu verbessern, um ihr Leben nach eigenen Vorstellungen gestalten zu können. Die demokratische Gesellschaft soll ihrerseits also allen die Chance bieten und die Bedingungen schaffen, um sich in die Gesellschaft einzugliedern, aber sie darf nicht eine bestimmte Form der Integrierung erzwingen. Deshalb heißt es auch: freiwillige Integration bzw. Anpassung.

Integration bedeutet schließlich keine Assimilation in die neue Gesellschaft. Die Zuwanderer dürfen ihre eigene Identität behalten, d. h. sie können auch im Zuwanderungsland die Kultur des Herkunftslandes pflegen, ihre ursprüngliche Religion ausüben und ihre Heimatsprache sprechen. Dies soll aber die Integration der Zuwanderer in die neue Gesellschaft nicht beeinträchtigen. Da dieser Prozess kompliziert, uneinheitlich und widersprüchlich ist, ist er mit zahlreichen Problemen verbunden, die im Rahmen der Untersuchung erläutert wurden. In der rechtsvergleichenden Untersuchung wurden vor allem drei wesentliche Probleme der Ausländerintegration in der BRD und der RF analysiert: Zugang zum Arbeitsmarkt, Zugang zu den Bildungseinrichtungen (Schule und Berufsschulen) sowie gesellschaftliche und politische Partizipation der Zuwanderer. Daraus ergaben sich folgende Aufgaben, die die Eingliederung der Zuwanderer in die Aufnahmegesellschaft wesentlich bestimmen.

II. Einzelfragen

1. Sprachkenntnisse

a) Stand

Eine besonders wichtige Voraussetzung für eine erfolgreiche Integration ist die Beherrschung der Sprache des Aufnahmelandes. Mit dem Inkrafttreten des Zuwanderungsgesetzes 2004 wurden im deutschen Recht die Förderung der Integration gesetzlich festgelegt und die Rechte und Pflichten von Staat und Zuwanderern ausgestaltet. Danach wird die Eingliederung von Ausländern gezielt durch ein staatliches Grundangebot zur Integration – also durch einen Integrationskurs i. S. d. § 43 Abs. 2 S. 1 AufenthG – unterstützt. Der Integrationskurs, der aus einem Basis- und Aufbausprachkurs (sog. Deutschkurs) sowie einem Orientierungskurs besteht, soll den Zuwanderern vor allem die deutsche Sprache, die Rechtsordnung, die Kultur und die Geschichte Deutschlands erfolgreich vermitteln und ein Minimum an erforderlicher Integration gewährleisten. Kraft Gesetzes sind die Zuwanderer ohne oder mit sehr geringen Sprachkenntnissen entweder zur Teilnahme an einem Integrationskurs berechtigt oder dazu verpflichtet (vgl. §§ 44 und 44a AufenthG). Die inhaltliche Gestaltung von Integrationskursen ergibt sich aus der Integrationskursverordnung, die gem. § 10 IntV für den gesamten Integrationskurs 645 Stunden vorsieht. Vorgesehen sind in bestimmten Fällen auch spezielle Integrationskurse, etwa Jugendintegrationskurs, Eltern- bzw. Frauenintegrationskurs, Alphabetisierungskurs und Förderkurs (vgl. § 13 Abs. 1 S. 3 IntV). Bei Bedarf kann der Integrationskurs auch als Intensivkurs durchgeführt werden. Die Sprach- und Integrationskurse enden sich mit einer Sprachprüfung „Deutsch-Test für Zuwanderer" auf der Niveaustufe B 1 (Basiskurs: A 1) des Gemeinsamen Europäischen Referenzrahmens für Sprachen. Die Kursteilnehmer, die diese Prüfung bestanden haben, erhalten einen Nachweis ausreichender Deutschkenntnisse, § 17 Abs. 2 IntV. Ausreichend sind die Kenntnisse der deutschen Sprache dann, wenn sich die Kursteilnehmer im täglichen Leben in ihrer Umgebung selbstständig sprachlich zurechtfinden, entsprechend ihrem Alter und Bildungsstand ein Gespräch führen und sich schriftlich ausdrücken können. Das ist das eigentliche Ziel des Sprachkurses. Die Finanzierung der Integrationskurse erfolgt durch den Bund in Form einer Kostenbeteiligung.

Anders als das deutsche kennt das russische Recht keine entsprechende Regelung. Generell fehlt im russischen Recht eine rechtliche Regelung zur Integration von Zuwanderern. Eine Regelung über den Nachweis der russischen Sprachkenntnisse (Art. 13 (1) Abs. 8.2 AuslG) wurde erst Ende des Jahres 2012 eingeführt. Danach sind die Migranten, die im Bereich der Wohnungs- und Kommunalwirtschaft sowie der Handels- und Versorgungsbranche tätig sind – also nur ein spezieller Personenkreis der Zuwanderer – verpflichtet, einen *Sprachtestnachweis* über Kenntnisse der russischen Sprache vorzulegen oder einen in Russland anerkannten Bildungsabschluss i. S. d. Art. 13 (1) Abs. 8.2 Nr. 2–4 AuslG vorzulegen (vgl. Art. 13 (1) Abs. 8.2 AuslG und Art. 27 (2) BildungG). Am 20. Dezember 2013 hat die Staatsduma ein neues Gesetz verabschiedet, wonach alle Ausländer, die in Russland unterschiedliche Aufenthaltserlaubnisse oder das Patent beantragen wollen, zu *einer Prüfung in der Geschichte, der russischen Sprache und den Grundlagen der Rechtsordnung* verpflichtet sind. Das Gesetz sieht eine Reihe von Befreiungen für privilegierte Personen vor und tritt am 1. Januar 2015 in Kraft.

Eine gewisse Ähnlichkeit besteht im Maßstab der verlangten Sprachkenntnisse, der sowohl im russischen als auch im deutschen Recht Basisniveau voraussetzt.

b) Bewertung

Zweifellos spielen Sprachkenntnisse für die Eingliederung der Zuwanderer in die Aufnahmegesellschaft eine Schlüsselrolle, weil die Sprache das wichtigste Kommunikationsmittel der Menschen darstellt. Sie ist die Grundlage für zwischenmenschliches Verstehen und soziales Handeln und ein wesentliches Werkzeug für Kultur und Bildung. Die Sprache ist die Grundlage für die Wahrnehmung von Rechten und Pflichten. Demnach sollen in den Aufnahmeländern die Voraussetzungen für das Erlernen der Sprache festgelegt werden. Die Sprache als wichtigstes Integrationsmittel für Zuwanderer soll vom Staat gefordert und gefördert werden. Ein Vergleich der Sprachförderung von Ausländern in den zwei untersuchten Rechtsordnungen zeigt einen erheblichen Unterschied.

Wie oben dargelegt wurde, sind in diesem Sinne in Deutschland mehr Möglichkeiten für das Erlernen der Sprache des Landes gegeben als in Russland. In Russland ist dieses Problem – trotz der starken Einwanderung seit den 90er Jahren – erst vor kurzem thematisiert worden.[1281]

Während im deutschen Recht die inhaltliche Gestaltung, die Kosten, die Finanzierung des Integrationskurses, die Sanktionen bei Nichtteilnahme am Sprachkurs und der begünstigte Personenkreis im Einzelnen gesetzlich festgelegt sind, existiert im russischen Recht lediglich die Regelung über den Nachweis ausreichender Russischkenntnisse. Entsprechend dieser Regelung sind bis jetzt nur die Zuwanderer, die in bestimmten Arbeitsbereichen tätig sind, zur Vorlage des entsprechenden Nachweises verpflichtet. Besonders deutlich fällt ein Unterschied zum deutschen Recht auf: Das russische Recht bestimmt nicht, dass die Zuwanderer einen Sprachkurs besuchen und abschließend einen Test ablegen müssen, der für das Erlernen der Sprache eine besondere Rolle spielt. Zurzeit gibt es an den Bildungseinrichtungen Russlands insgesamt ca. 298 Sprachkurse, was zu wenig erscheint. Vorrangig führen sie einen Sprachtest durch.[1282] In seltenen Fällen wird auch ein Sprachkurs für das Erlernen der russischen Sprache angeboten. Ein Drittel der Sprachkurse sind kostenfrei.

Zu kritisieren war auch, dass diese Regelung nach russischem Recht nur einen speziellen Personenkreis, nicht aber alle Zuwanderer betrifft, die die russische Sprache nicht beherrschen oder schlechte Sprachkenntnisse vorweisen, während im deutschen Recht diese Regelung konkret und transparent ist. Auch in diesem Bereich sind inzwischen einige Änderungen vorgenommen worden. So müssen künftig – also ab Januar 2015 – laut Neuregelung alle Zuwanderer eine Prüfung in der Geschichte, der russischen Sprache und den Grundlagen der Rechtsordnung ablegen. Das Gesetz betrifft als Adressaten die Ausländer, die ab Januar 2015 nach Russland kommen und die Ausländer, die bereits in Russland leben, aber noch eine Aufenthaltserlaubnis benötigen. Das Gesetz umfasst allerdings *nicht* die Ausländer und ihre Familienangehörigen, die bereits in Russland wohnen und keinen entsprechenden Aufenthaltstitel benötigen, aber keine Sprachkenntnisse besitzen. D. h., dass auch nach dem Inkrafttreten des neuen Gesetzes im Januar 2015 sich in diesem Bereich nicht viel ändern wird. Nach wie vor bestehen also Gesetzeslücken.

1281 Siehe Kap. 4, B. 2.
1282 Siehe Kap. 4, C. IV.

Es fehlt im deutschen Recht allerdings eine Regelung für Zuwanderer, deren Sprachkenntnisse nicht mit der Qualität der im Ausland erworbenen Berufsqualifikation in Übereinstimmung stehen. Das kann sich auf die Zuwanderer, die beruflich in Deutschland tätig sein wollen, nachteilig auswirken. Daher muss das Unterrichtsniveau der Sprachkurse regelmäßig kontrolliert und entsprechend erhöht werden oder es sollte ein spezieller Deutschkurs für Berufseinsteiger eingeführt werden. So würde die Chance für den Zugang zum Arbeitsmarkt entsprechend der ausländischen Berufsabschlüsse für qualifizierte Zuwanderer mehrfach erhöht werden. Im russischen Recht ist die gesetzliche Regelung hinsichtlich der russischen Sprachkenntnisse unvollständig, mangelhaft und auslegungsbedürftig. Hieran ist zu kritisieren, dass weitere Gesetzeslücken insbesondere im Bereich der Regelung zur Integration von Zuwanderern bestehen. Zunächst muss die RF zwischen zwei großen Gruppen von Zuwanderern unterscheiden: zwischen Arbeitsmigranten, die sich temporär in der RF aufhalten und denjenigen Zuwanderern, die in der RF bleiben wollen. Darauf bezogen bedarf es in der RF im Bereich der Ausländerintegration einer Reform. Die Integrationsvorschriften sollten in einem Gesetz geregelt werden. Für beide Rechtsordnungen ist der Abschluss eines Integrationsvertrages vorzuschlagen, in dem der Zuwanderer und der Aufnahmestaat ihre gegenseitigen Rechte und Pflichten verbindlich vereinbaren können.

2. Zugang zur Aus(Bildung) und Bildungsdefizite

a) Stand

Beim Vergleich der ***Beschulung der zugewanderten Kinder*** in den öffentlichen Schulen Deutschlands und Russlands fällt ein Unterschied besonders deutlich auf: Bereits die ersten KMK-Beschlüsse von 1964 und 1971, die explizit auf die Zuwanderung von Gastarbeitern und deren Kindern in den 50er und 60er Jahren in die Bundesrepublik fokussiert waren, befassen sich mit der Situation der zugewanderten Kinder in den öffentlichen Schulen der Bundesrepublik Deutschland. Sie haben die bildungspolitische Grundlage für eine gemeinsame (nicht mehr separate, wie früher) Beschulung von in- und ausländischen Schülern in den deutschen Schulen und die Integration ausländischer Schüler in den deutschen Klassenverbund geschaffen. Hier sind auch wesentliche Grundsätze verankert, die bis dato als Kernelemente der Ausländer- und Integrationspolitik in Deutschland fortwirken: die Festschreibung der Schulpflicht, die Verbesserung der Deutschkenntnisse von ausländischen Kindern durch zusätzlichen Unterricht und die Erteilung von muttersprachlichem Unterricht in den deutschen Schulen. Diese Beschlüsse wurden auf der Länderebene konkret umgesetzt.[1283] Das deutsche Recht fördert die Integration von ausländischen Schülern durch Angebote zum Erwerb der deutschen Sprache. Die Zuwandererkinder werden hier bereits vor dem Schuleintritt sprachlich gefördert. In einigen Bundesländern wie Nordrhein-Westfalen wird seit 2006

1283 Zu den Einzelheiten siehe Kap. 3. A, VI. 4.3 a).

die Sprachentwicklung zwei Jahre vor der Einschulung des Kindes festgestellt. Beherrscht das Kind die deutsche Sprache nicht hinreichend und wird es nicht in einer Tageseinrichtung für Kinder sprachlich gefördert, wird das Kind verpflichtet, an einem vorschulischen Sprachförderkurs teilzunehmen. Dadurch wird gewährleistet, dass jedes Kind bereits von Beginn des Schulbesuchs dem Schulunterricht folgen und sich daran beteiligen kann. Diese Schritte sollen Bildungsdefizite von zugewanderten Kindern verringern.

Trotz des Vorhandenseins von Bildungsdefiziten bei Migrantenkindern in Russland fehlen im russischen Recht entsprechende gesetzliche Regelungen. Allgemein wird von den öffentlichen Schulen Russlands erkannt, dass die Bildungsdefizite dieses Personenkreises mit fehlenden Sprachkenntnissen verbunden sind. Die kurzfristige Änderung des AuslG hinsichtlich der Sprachkenntnisse betrifft – wie gezeigt – nur die Arbeitsmigranten in den vom Gesetz genannten Fällen, aber nicht ihre Kinder. Die Regelung ist somit nicht darauf gerichtet, die Bildungsdefizite von Zuwandererkindern zu beseitigen. Bislang ist die schulische Sprachförderung der zugewanderten Kinder in den öffentlichen Schulen der RF lediglich flächenmäßig gesichert, weil sie am häufigsten von der konkreten Schule initiiert ist. Praktiziert wird dies von 83 Bundesländern (auch Subjekte genannt) der RF zurzeit nur in Moskau, Sankt Petersburg, in Tomsk und im Tomsker Gebiet. Vor Einschulung des Kindes wird generell – mit Ausnahme einiger Moskauer Schulen, in denen ab 1. September 2012 ein Aufnahmetest für Russisch eingeführt wurde – kein Nachweis der Sprachentwicklung des ausländischen Kindes verlangt. Für die Verbesserung der Russischkenntnisse von zugewanderten Kindern durch zusätzlichen oder fakultativen Unterricht in der Schule fehlen sowohl die Finanzmittel als auch die Lehrkräfte.

Weitere große Unterschiede bestehen darin, dass beide Rechtsordnungen unterschiedliche Bildungssysteme haben. Im russischen Recht wird ein bundeseinheitlicher staatlicher Bildungsstandard festgelegt, der durch ein einheitliches Bildungssystem gekennzeichnet ist. Die Vorteile eines einheitlichen Bildungssystems bestehen in den einheitlichen Lehrplänen, in der Vergleichbarkeit der Schülerleistungen, in der Kostenersparnis, in den einheitlichen Voraussetzungen aller Schulabsolventen für Hochschulen, Ausbildungen und Schulwechsel sowie in dem einheitlichen Abitur in Russland. So haben alle Kinder – unabhängig von sozialer und ethnischer Herkunft – gleiche Chancen zur Aus(Bildung). Im deutschen Recht ist das Schulsystem als mehrgliedriges System ausgestaltet.[1284] Dazu hat jedes der sechzehn Bundesländer in der BRD ein anderes Bildungssystem mit verschiedenen Unterrichtsplänen und einer eigenen Ausbildung für die Lehrer. In Berlin dauert z. B. die Grundschule sechs Jahre, in Baden-Württemberg dagegen nur vier. Dort lernt man bereits in der ersten Klasse Englisch (oder Französisch), in Berlin erst in der dritten. Darüber hinaus hat jedes Land seine eigenen Schulbücher und weist unterschiedliche Leistungen von Schülern aus.

1284 Mehr dazu siehe Kap. 3 A VI 5.

Eine Ähnlichkeit besteht allerdings darin, dass in beiden Ländern teilweise eine selektive Beschulung von in- und ausländischen Schülern festzustellen ist, die die Integration der zugewanderten Kinder in der öffentlichen Schule negativ beeinträchtigt.

b) Bewertung

Wie bereits ausgeführt wurde, besteht zwischen beiden Rechtsordnungen im Bereich der Beschulung von zugewanderten Kindern ein großer Unterschied. Im besonderen Maße betrifft dies das unterschiedliche Schulsystem und den Inhalt der Beschulung. Während in Deutschland ein besonderer Wert auf die vorschulische und bildungsbegleitende Sprachförderung, auf die vorschulische Beratung und Förderung sowie die frühzeitige Feststellung des Sprachstandes der eingeschulten Kinder gelegt wird, werden die Zuwandererkinder in den öffentlichen Schulen Russlands nur ausnahmsweise (!) sprachlich gefördert. Dies geschieht meist in Großstädten. Im russischen Recht existiert – im Gegensatz zum deutschen Recht – generell keine Regelung über die Sprachförderung der Zuwandererkinder: Weder vor der Einschulung noch in den öffentlichen Schulen werden die Zuwandererkinder sprachlich gefördert. Dies führt dazu, dass sie wegen des Sprachmangels große Bildungsdefizite aufweisen, die die Realisierung des Bildungsprogramms in vollem Umfang erschweren. Es gibt im russischen Recht kein ausgearbeitetes Bildungsprogramm für zugewanderte Kinder. Bislang existiert auch keine Gesetzesgrundlage dafür, von den Zuwandererkindern das Erlernen der russischen Sprache zu verlangen. Diese Probleme könnte der Gesetzgeber dadurch lösen, dass er die zugewanderten Kinder verpflichtet, Russisch zu lernen und den Staat, dies vielseitig zu unterstützen. Dafür sollen in den Kindergärten und in den öffentlichen Schulen Russlands unterschiedliche Tests, Sprachkurse und unterstützender Zusatzunterricht in verschiedenen Lehrfächern angeboten werden. Kosten und Finanzierung sollen vom Gesetzgeber transparent geregelt werden. Die Integration von zugewanderten Kindern kann in der RF erst dann erfolgreich erfolgen, wenn die Regierung dafür entsprechende Bedingungen schafft. Arbeitsmigranten und ihre Familienangehörigen werden auch künftig nach Russland kommen, denn das Land braucht Arbeitskräfte, so dass die Integration der Zuwandererkinder eine besondere Aufgabe des Staates und der Gesellschaft sein muss.

Das Problem der Bildungsbenachteiligung zugewanderter Kinder besteht in einer schlechten Sprach- und einer niedrigen Lesekompetenz, die ihre Ursache in der Struktur des Bildungssystems hat. Wie sich aus der Untersuchung ergibt, weisen beide Rechtsordnungen ein sehr unterschiedliches Schulsystem auf. Darüber hinaus findet nach dem deutschen Recht eine sehr frühe Selektionsentscheidung statt. Kritisch anzumerken ist, dass das deutsche Bildungssystem – im Unterschied zum einheitlichen Bildungssystem im russischen Recht – viel komplizierter ausgestaltet ist. Im Vergleich zu Russland gibt es hier eine Vielzahl von Schulformen und -arten (bundesweit existieren über 70 Typen weiterführender Schulen), die je nach Bundesland unterschiedlich eingeteilt sind. Strukturell lassen sich drei Schulstufen unterscheiden: Primär-, Sekundarstufe I und II. Die Grundschule, die die Klassen eins bis vier umfasst, legt die Grundlagen für die weitere Schullaufbahn. Mit dem Halbjahreszeugnis der vierten Klasse wird auf der Grundlage des Leistungsstandes, der Lernentwicklung und der Fähigkeiten des Schülers eine begründete Empfehlung für die Schulform gegeben, die für die weitere schulische Förderung geeignet erscheint. Gerade hier tritt das Problem des deutschen Bildungssystems deutlich hervor, dass die Schule eine Instanz für Schülerselektion ist. Wie bereits ausgeführt, zeigen sich bei der Verteilung auf die Schulformen deutliche Unterschiede zwischen deutschen und ausländischen Schülern: Zuwandererkinder besuchen in Deutschland am häufigsten die Haupt- oder Sonderschule, an den Realschulen und Gymnasien sind sie unterrepräsentiert.[1285] Durch diesen Fakt wird die Reformbedürftigkeit der deutschen Schulen überdeutlich.

3. Zugang zum Arbeitsmarkt

a) Stand

Ein weiteres Problemfeld bei der Integration der Zuwanderer ist ihr Zugang zum Arbeitsmarkt. Ein zusammenfassender Vergleich des Zugangs zum Arbeitsmarkt in den zwei untersuchten Rechtsordnungen zeigt, dass dieser bzgl. ausländischer Staatsangehörigen in beiden Ländern sehr unterschiedlich geregelt ist. Zunächst lässt sich feststellen, dass sich die Ausgestaltung der Grundrechte von Arbeits- und Berufsfreiheit in beiden Rechtssystemen voneinander wesentlich unterscheidet. Im deutschen Recht steht das Grundrecht der Berufsfreiheit allen Deutschen i. S. d. Art. 116 GG zu. Anders als das deutsche gewährleistet das russische Recht auch Ausländern (Jedermann) einen verfassungsrechtlichen Schutz der Arbeits- und Berufsfreiheit. Es besteht im russischen Recht keine Unterscheidung zwischen Staatsbürgern und Ausländern. Jedoch wird im deutschen Recht ein grundrechtlicher Schutz der beruflichen Betätigung von Drittstaatsangehörigen aus der Garantie der allgemeinen Handlungsfreiheit i. S. d. Art. 2 Abs. 1 GG hergeleitet. Art. 2 Abs. 1 GG bietet ihnen insoweit den Schutz, der von den Schranken des Art. 12 Abs. 1 GG nicht mehr gedeckt ist und nicht vom speziellen Regelungsbereich des Art. 12 Abs. 1 GG erfasst wird. Diesem Personenkreis wird nach deutschem Recht im Arbeitsbereich von Verfassungs wegen allerdings geringerer Schutz als Deutschen gewährleistet. Ergänzt wird dieses Grundrecht durch die einfachgesetzlichen Vorschriften, die auch für sonstige Ausländer eine berufliche Betätigung zulassen oder/und ggf. beschränken. Trotz dieser Regelung ist in beiden Rechtsordnungen der Zugang zum Arbeitsmarkt für Ausländer in der Praxis erschwert und – wie ausgeführt – mit einigen Einschränkungen verbunden.

Beiden Rechtsordnungen ist gemeinsam, dass für die Ausübung einer Erwerbstätigkeit von Zuwanderern grundsätzlich eine Arbeitserlaubnis verlangt wird. Einer Arbeitserlaubnis bedarf es sowohl bei der Beschäftigung aufgrund eines

---

1285 Siehe Kap. 3 A, VI. 4, 4.1.

Arbeits- oder Dienstvertrages als auch bei einer selbstständigen Tätigkeit. Ein Unterschied besteht hingegen darin, dass im russischen Recht im Wesentlichen der Kreis der Zuwanderergruppen, die keine Arbeitserlaubnis für die Aufnahme einer Erwerbstätigkeit in Russland benötigen, größer ist als im deutschen Recht. Gem. Art. 13 Abs. 4 S. 2 i. V. m. Art. 13 Abs. 4.5 AuslG bedürfen Ausländer, die ständig in der RF wohnen, die an einem Rückkehrprogramm teilnehmen, die in die RF als Lehrkräfte zwecks Durchführung von Unterricht an Bildungseinrichtungen eingeladen sind, Studierende aus dem Ausland, in die RF visumsfrei eingereiste Ausländer sowie Hochqualifizierte und ihre Familienangehörigen keiner Arbeitserlaubnis, soweit diese vom Arbeitgeber nicht verlangt wird. Im Unterschied zum russischen Recht dürfen Ausländer im deutschen Recht eine selbstständige oder unselbstständige Tätigkeit nur dann ausüben, wenn sie kraft ihres Aufenthaltstitels dazu berechtigt sind. Hier wird also die Erteilung eines Aufenthaltstitels und einer Arbeitserlaubnis kombiniert. Gem. § 4 Abs. 2 S. 1 AufenthG berechtigt ein Aufenthaltstitel zur Ausübung einer Erwerbstätigkeit, sofern es nach dem Aufenthaltsgesetz bestimmt ist oder der Aufenthaltstitel die Ausübung einer Erwerbstätigkeit ausdrücklich erlaubt. Grundsätzlich gilt daher für Ausländer in der Bundesrepublik ein gesetzliches Beschäftigungsverbot mit Erlaubnisvorbehalt. Für die Ausübung einer Beschäftigung ist das Vorliegen eines Aufenthaltstitels mit der Erlaubnis zur Erwerbstätigkeit erforderlich.

Anders als das russische verlangt das deutsche Recht grundsätzlich – abgesehen von den in §§ 9–15 BeschV i. V. m. § 42 AufenthG festgelegten Ausnahmen – bei der Erteilung einer solchen Erlaubnis die Zustimmung der Bundesagentur für Arbeit. So stehen die Entscheidungen über die Zulassung einer Erwerbstätigkeit generell im Ermessen der Ausländerbehörde und/oder der Bundesagentur für Arbeit. Trotz der Erfüllung aller Voraussetzungen für eine Beschäftigung hat der Ausländer *keinen Anspruch* auf die Erteilung einer Arbeitserlaubnis. Selbst bei der Anfechtung negativer Entscheidungen ist eine ungerechtfertigte Ungleichbehandlung zu beweisen. In anderen Fällen hat der Antragsteller keinen Erfolg. Bedarf die Beschäftigung der Zustimmung, kann die Bundesagentur für Arbeit eine Arbeitsmarktprüfung im nach § 39 Abs. 2 AufenthG geregelten Umfang durchführen, die zwei wesentliche Elemente umfasst: die sog. Vorrangprüfung und die Prüfung der Beschäftigungsbedingungen. Im Rahmen der Vorrangprüfung wird geprüft, ob für die konkrete Beschäftigung bereits deutsche Arbeitnehmer oder Ausländer, die diesen im Arbeitsmarktbereich gleichgestellt sind, oder andere Ausländer, die nach europäischem Recht einen Anspruch auf vorrangigen Zugang zum Arbeitsmarkt haben, zur Verfügung stehen. Nur dann, wenn solche Personen nicht vorhanden sind, können Drittstaatsangehörige zu einer Erwerbstätigkeit in Deutschland zugelassen werden; allerdings nur dann, wenn Ausländer nicht zu ungünstigeren Arbeitsbedingungen als vergleichbare deutsche Arbeitnehmer beschäftigt werden (vgl. § 39 Abs.2 S. 1 AufenthG). Bei dieser Prüfung orientiert sich die Bundesagentur für Arbeit in der Praxis an tarifvertraglichen Regelungen oder ortsüblichen Bedingungen für vergleichbare Arbeitsverhältnisse. Anders als in Deutschland ist diese Frage in Russland bis dato vom Gesetzgeber nicht geregelt. Das russische

Recht kennt weder eine Vorrangprüfung noch eine Prüfung der Beschäftigungsbedingungen.

Ein besonderer Unterschied besteht darin, dass im russischen Recht anders als im deutschen die sog. *Quote* für die Erteilung einer Einladung zur Aufnahme der Erwerbstätigkeit und einer Arbeitserlaubnis sowie das *Patent* ausgestaltet wurden. Eine Quote wird aufgrund der jährlichen Festlegung durch die Regierung der RF bestimmt. Für quotenfreie Berufe wird jährlich vom Ministerium für Gesundheit und soziale Entwicklung der RF ein Verzeichnis der Berufe festgelegt. Als Patent wird im russischen Migrationsrecht ein Dokument verstanden, das das Recht der nach Russland gemäß dem visafreien Verfahren eingereisten ausländischen Bürger zur Erwerbstätigkeit bei natürlichen Personen begründet. Es stellt somit eine Art von Arbeitserlaubnis dar. Die Inhaber des Patents haben im Vergleich zur Arbeitserlaubnis einige Vorteile: flexible Zahlungsmöglichkeiten, keinen Quotenbedarf und Kostengünstigkeit. Das Patent und die Arbeitserlaubnis gelten jeweils nur für ein Subjekt der RF, während in Deutschland die einmal erteilte Arbeitserlaubnis es gestattet, bundesweit eine Tätigkeit aufzunehmen.

Trotz der Einführung solcher Instrumente wie Quote und Patent bleibt im russischen Arbeitsmarkt die benötigte Zahl der ausländischen Arbeitskräfte unklar. Der Umfang der ausländischen Arbeitskräfte in Russland wird bisher sowohl von der Föderation als auch von den Subjekten der RF weder geprüft und noch geregelt.

Die wohl bedeutendsten Unterschiede zwischen den beiden Rechtssystemen zeigen sich bei der Behandlung Hochqualifizierter. Der Rechtsgedanke für eine Hochqualifizierten-Regelung zielt sowohl im deutschen als auch im russischen Recht auf ihre Anwerbung #für das eigene Land und den nationalen Arbeitsmarkt. Das russische Recht hat diese Kategorie im Zuge einer Gesetzesänderung im Jahr 2010 eingeführt und im Gegensatz zum deutschen Recht für Hochqualifizierte zahlreiche Privilegien geschaffen. Der Begriff der Hochqualifizierten ist hier abstrakt definiert.[1286] Beide Gesetzgeber machen den Status der Hochqualifizierten von ihrem Jahresgehalt abhängig. Während im deutschen Recht ein Bruttojahresgehalt von Hochqualifizierten in Höhe von mind. 44.800 € (3733 €/ monatlich) in sog. Mangelberufen und in Höhe von 34.944 € (2912 €/ monatlich) in anderen Berufen betragen soll, wird im russischen Recht ein Bruttojahresgehalt in Höhe von 2 Mio. Rubel, z. Z. also mehr als 50.000 € (4.275 €/ monatlich) verlangt. Dabei obliegt die Überprüfung und Bewertung der Kompetenz und des Qualifikationsniveaus der ausländischen Hochqualifizierten im russischen Recht eigenständig auf eigene Rechnung und Gefahr dem Arbeitgeber, ohne dass eine Kontrolle durch staatliche Organe stattfindet (vgl. Art. 13.2 Abs. 3 AuslG).

Im russischen Recht wird an Hochqualifizierte und ihre Familienangehörige eine Erlaubnis zum zeitweiligen Wohnsitz erteilt, die von der Dauer ihres Arbeits- oder Dienstvertrages abhängig ist. Dieser Aufenthaltstitel begründet das Recht des Ausländers, zeitweilig (gesetzlich also drei Jahre) in der RF zu wohnen und

1286 Siehe oben unter Kap. 4 IV 1, 1.5.

zu arbeiten. Laut Gesetz kann dies unbegrenzt verlängert werden. Im deutschen Recht wird hingegen an Hochqualifizierte die Niederlassungserlaubnis (§ 19 AufenthG) oder die Blaue Karte EU (§ 19a AufenthG) erteilt, wenn die Voraussetzungen für die Vergabe des jeweiligen Aufenthaltstitels erfüllt sind. Gem. § 19a Abs. 6 AufenthG wird dem Inhaber einer Blauen Karte EU in den im Gesetz genannten Fällen sogar eine deutsche Niederlassungserlaubnis erteilt.

Ein weiterer Unterschied zwischen den beiden Rechtssystemen besteht beim Zugang von ausländischen Studierenden und Hochschulabsolventen zum Arbeitsmarkt. In beiden Ländern stellt diese Zuwanderergruppe eine zahlenmäßig große Gruppe dar. In Deutschland wurde vor einigen Jahren die rechtliche Grundlage dafür geschaffen, den Zugang zum Arbeitsmarkt für Studenten und Hochschulabsolventen zu erleichtern. Nach dem deutschen Recht sind ausländische Studierende berechtigt, während des Studiums 120 oder 240 halbe Tage im Jahr zu arbeiten sowie unbegrenzte studentische Nebentätigkeiten auszuüben. Nach erfolgreichem Abschluss des Studiums kann die Aufenthaltserlaubnis bis zu achtzehn Monaten zur Suche eines diesem Abschluss angemessenen Arbeitsplatzes verlängert werden. An Absolventen deutscher Hochschulen wird bereits nach zwei Jahren eine Niederlassungserlaubnis – also ein zeitlich unbefristetes Aufenthaltsrecht – erteilt (§ 18b AufenthG). Im russischen Recht fehlen dagegen entsprechende ausführliche Regelungen. Das russische Recht besagt nur, dass ausländische Studierende generell in den Ferien und im vom Studium freien Zeitraum studentische Nebentätigkeiten in den Hochschuleinrichtungen, in denen sie studieren, ausüben können (Art. 13 (6–7) AuslG). Das Gesetz beschränkt also ihre Erwerbstätigkeit. Hinsichtlich der Hochschulabsolventen gibt es keine gesetzliche Regelung.

b) Bewertung

Wie einmal vom *BVerfG* betont wurde, hat die Arbeit als „Beruf" für alle Menschen gleichen Wert und gleiche Würde.[1287] Für jeden Einzelnen stellt sie eine „Lebensaufgabe und Lebensgrundlage"[1288] dar und hat eine existenzsichernde Bedeutung. Die Arbeit hilft den Ausländern nicht nur ein wirtschaftliches Einkommen zu erzielen, sondern auch sich selbst als ein Individuum in der Aufnahmegesellschaft zu verwirklichen und ihre Persönlichkeit zu entfalten. Für die Integration der Ausländer ist sie daher von herausragender Bedeutung.

Der zusammenfassende Vergleich des deutschen und russischen Rechts lässt erkennen, dass trotz der unterschiedlichen Ausgestaltung des Grundrechts der Berufsfreiheit in beiden Rechtsordnungen die Zuwanderer in Russland und Deutschland gleichen Zugang zur beruflichen Betätigung haben (s. o.). Zwar sind in beiden Rechtsordnungen verfassungsrechtlich die Grundrechte der Arbeits- und Berufsfreiheit verankert, aber kein Recht auf Arbeit – also kein Anspruch des Einzelnen gegen den Staat auf Gewährleistung der Möglichkeit, sich den Lebensunterhalt

---

1287 Vgl. *BVerfGE* 7, 377 (397).
1288 *BVerfGE* 7, 377 (397).

durch ökonomische Verwertung der Arbeitskraft zu sichern. Die verfassungsrechtliche Gewährleistung eines Rechts auf Arbeit verpflichtet den Staat, dem Einzelnen eine Arbeit zu garantieren, was auf den ersten Blick zu begrüßen ist. Andererseits führt dies zu einem starken Eingriff, denn der Staat ist nicht in der Lage, für das Vorhandensein von Arbeitsplätzen für jeden Einzelnen zu sorgen. Die Ausgestaltung dieses Rechts als Menschenrecht kann daher in den demokratischen Ländern nur Illusion bleiben.

In beiden Rechtsordnungen werden für den Zugang zum Arbeitsmarkt unterschiedliche rechtliche Instrumente verwendet. Ein besonderer Unterschied besteht darin, dass das russische Recht anders als das deutsche für die Erteilung einer Einladung zur Aufnahme der Erwerbstätigkeit und einer Arbeitserlaubnis solche rechtlichen Instrumentarien wie *Quote* und *Patent* kennt. Grundsätzlich soll die Quote den Arbeitskräftebedarf aus dem Ausland aufzeigen. In der Praxis aber hat die von der Regierung festgelegte Quotenzahl nur einen formalen Charakter, weil es bislang in der RF keine exakten Zahlen vom tatsächlichen Bedarf an Arbeitskräften gibt. Dies bedeutet, dass die Quotenzahl und der tatsächliche Bedarf an Arbeitskräften voneinander deutlich abweichen und damit das System der Quote leer läuft. In diesem Bereich wird daher die Reformbedürftigkeit überdeutlich. Im Unterschied dazu erleichtert das *Patent* den Zugang zum Arbeitsmarkt für visumfrei eingereiste Ausländer in der RF und ermöglicht die Aufnahme einer Tätigkeit aufgrund eines Arbeitsvertrages oder eines zivilrechtlichen Vertrages über die Erbringung von Leistungen bei natürlichen Personen. Unter vielen Arten der Erlaubnisse zur Aufnahme einer Arbeitstätigkeit gilt das Patent als ein effektives Instrument für die Regelung der Arbeitsverhältnisse zwischen Zuwanderern und Arbeitgebern: Es hat eine *revolutionäre* Bedeutung in der russischen Gesetzgebung, da es ermöglicht hat, mehr als 1 Mio. Arbeitsmigranten, die in der Schattenwirtschaft Russlands tätig waren, zu legalisieren. Die weiteren Vorteile des Patents bestehen in der unbegrenzten Erteilung (es fehlt also eine Quote für das Patent), in der besseren Ausgestaltung seiner Erlangung (dies ermöglicht es, Bestechungsfälle zu vermeiden) und in seiner erleichterten Verlängerung. Vorgeschlagen wird daher die Erweiterung des Patents in der RF für die Erwerbstätigkeit bei juristischen Personen des Privatrechts.

Dem russischen wie auch dem deutschen Recht ist gemeinsam, dass für die Aufnahme einer legalen Erwerbstätigkeit grundsätzlich von Ausländern eine Arbeitserlaubnis verlangt wird. Es gilt also in beiden Rechtsordnungen – von einigen Ausnahmen abgesehen – für Ausländer ein gesetzliches Beschäftigungsverbot mit Erlaubnisvorbehalt. Einer Arbeitserlaubnis bedarf es bei jeder Beschäftigung. Die Zuwanderergruppe, die keine Arbeitserlaubnis für die Aufnahme einer Erwerbstätigkeit in Russland benötigt, ist im russischen Recht im Art. 13 Abs. 4 S. 2 i. V. m. Art. 13 Abs. 4.5 AuslG geregelt. Im deutschen Recht wird die Erteilung eines Aufenthaltstitels und einer Arbeitserlaubnis kombiniert (vgl. § 4 Abs. 2 S. 1 AufenthG). Für die Ausübung einer Beschäftigung ist daher das Vorliegen eines Aufenthaltstitels mit der Erlaubnis zur Erwerbstätigkeit erforderlich.

Des Weiteren ist – wie bereits aufgezeigt – der Arbeitsmarktbereich in beiden Rechtsordnungen für Zuwanderer mit unterschiedlichen Problemen und Einschränkungen verbunden. Die Probleme bestehen im russischen Recht vor allem darin, dass die Arbeitsmigranten – unabhängig von der Art ihrer Arbeitserlaubnisse – massenhafte Rechtsverletzungen hinnehmen müssen, weil sie keine schriftlichen Arbeits- oder Dienstverträge mit den Arbeitgebern abschließen müssen, ihre Rechte und Pflichten also nicht vertragsmäßig fixiert sind. Dies führt vielfach dazu, dass ihnen keine arbeitsrechtlichen Garantien und sozialen Leistungen gewährleistet werden: Häufig weigern sich die Arbeitgeber, ihnen Gehalt zu zahlen und angemessene Arbeitsbedingungen zu schaffen. Darüber hinaus haben die Arbeitsmigranten häufig schlechte Wohnbedingungen (sie wohnen in Bausektoren, Baracken oder in Kellern), müssen oft Gewaltdrohungen und Erpressungen seitens der Arbeitgeber hinnehmen, sie werden von Miliz oder anderen Beamten betrogen. Die Probleme beginnen in Russland bereits mit der Einreise des Ausländers, der mit allen Mitteln versuchen muss, eine Arbeitserlaubnis zu erhalten und in der Quoten zu sein. Auf dem freien Markt gekaufte Erlaubnisse und die Lösung der Probleme bei der Registrierung mit Geld sind nur einige Beispiele dafür.

Für die Gewährleistung eines besseren Rechtsschutzes von Migranten im Arbeitsbereich ist es notwendig, die Erforderlichkeit von Arbeitsverträgen zwischen Arbeitnehmer und Arbeitgeber gesetzlich festzulegen und deren Einhaltung zu kontrollieren. In diesen Verträgen sollten alle Punkte hinsichtlich des Aufenthalts, der Gewährleistung von sozialen Leistungen (sozpaket), der Krankenversicherung, des Arbeitsentgeltes und der Ermäßigungen geregelt werden. Die Arbeitgeber müssen per Gesetz verpflichtet werden, den Migranten normale Wohn- und Arbeitsbedingungen zu schaffen und für Gastarbeiter Versicherungsbeiträge zu zahlen. Die Nichteinhaltung der Gesetze ist zu sanktionieren. Für den effektiven Schutz von Arbeitsmigranten sind daher vor allem rechtliche Instrumente zu schaffen.

Im Vergleich zu Russland werden die Ausländer in Deutschland andersartig diskriminiert: Obwohl auch für Ausländer im Bundesgebiet eine Generalklausel der allgemeinen Gleichheit gem. Art. 3 Abs. 1 GG und die Bestimmungen des AGG sowie zahlreiche völkerrechtliche Ungleichbehandlungsverbote gelten – wonach die Benachteiligungen aus Gründen der Rasse oder wegen der ethnischen Zugehörigkeit, der Religion oder Weltanschauung verhindert oder beseitigt werden sollen –, ist der Zugang zum Arbeitsmarkt in der Praxis für diese Personengruppe sehr erschwert. Das betrifft vor allem die Erwerbstätigkeit für Nicht-EU-Bürger in Deutschland. Die Gründe dafür sind die Nichtanerkennung beruflicher Qualifikationen und ausländischer Hochschulabschlüsse, die schlechten Sprachkenntnisse und die Diskriminierung wegen der Herkunft. EU-Ausländer sind im Vergleich zu den Drittstaatlern aufgrund einer Nichtdiskriminierungsklausel in den Vertragsstaaten bei der Erwerbstätigkeit und der Berufsfreiheit den Deutschen gleichgestellt.

Weitere Unterschiede zwischen den beiden Rechtssystemen zeigen sich bei der Hochqualifizierten-Regelung. Aus der oben ausgeführten Analyse ergibt sich, dass dies im deutschen viel attraktiver als im russischen Recht gestaltet ist. Vor allem sind rechtliche Verbesserungen für Drittstaatsangehörige im Zuge der Umsetzung der europäischen Hochqualifizierten-Richtlinien erreicht worden. Im deutschen Recht existieren für hochqualifizierte Zuwanderer zwei Erlaubnisse zum Wohnsitz: die Niederlassungserlaubnis und die Blaue Karte-EU, während im russischen Recht an Hochqualifizierte und ihre Familienangehörige nur eine Erlaubnis zum zeitweiligen Wohnsitz erteilt wird. Die Gültigkeit des Aufenthaltstitels von Hochqualifizierten in Russland hängt von ihren Arbeits- oder Zivilverträgen ab, sie haben somit keine langfristige Perspektive. Hochqualifizierte in Russland erlangen somit nur einen zeitweiligen Rechtsstatus. Vom Gedanken der sog. europäischen „Blue Card" oder der amerikanischen „Green Card" ist die RF leider weit entfernt. In diesem Bereich bedarf es daher einer Ergänzung des AuslG.

Eine weitere Lücke des russischen AuslG besteht darin, dass es bislang keine Regelungen zur Arbeitsaufnahme für ausländische Absolventen und Wissenschaftler enthält. Der Zugang zum Arbeitsmarkt für ausländische Studierende ist weiterhin beschränkt und umfasst nur Tätigkeiten, die in der Freizeit und an den Bildungseinrichtungen, an denen sie studieren, ausgeübt werden.

Beim Vergleich der deutschen und russischen Rechtsordnung fällt weiterhin folgender Unterschied auf: Beim Zugang zum Arbeitsmarkt sind im deutschen Recht die Einheimischen durch die Vorrangprüfung geschützt, die von der Bundesagentur für Arbeit durchgeführt wird. Im russischen Recht fehlt eine solche Regelung. Dies führt dazu, dass der russische Arbeitsmarkt selbst für Einheimische ungeschützt bleibt. Bei der Festlegung des Bedarfs an ausländischen Arbeitskräften sollte daher eine umfangreiche Prüfung durchgeführt werden, um Arbeitsstellen für die Bürger der RF gewährleisten zu können.

4. Anerkennung ausländischer Hochschul- und Berufsabschlüsse

a) Stand

Wie das deutsche verlangt auch das russische Recht beim Zugang zum Arbeitsmarkt die Gleichwertigkeit im Ausland erworbener Hochschul- und Berufsabschlüsse. Beim zusammenfassenden Vergleich der Anerkennung ausländischer Hochschul- und Berufsabschlüsse in den zwei untersuchten Rechtssystemen fällt auf, dass diese in den beiden Rechtsordnungen unterschiedlich gestaltet ist. Ein bedeutsamer Unterschied besteht darin, dass das russische Recht die Nostrifizierung ausländischer Bildungsabschlüsse kennt, d. h. *eine volle Anerkennung eines ausländischen Studienabschlusses* durch das Nostrifikationszentrum Russlands (Rosobrnadzor) oder das sog. FGNU „Glavexpertzentr". Die Anerkennung ausländischer Bildungsabschlüsse beruht in diesem Fall auf einem Vergleich der Inhalte, des Umfangs und der Anforderungen mit dem russischen Studium, mit dessen Abschluss die Gleichwertigkeit beantragt wird. Keiner Anerkennung von Bildungsabschlüssen bedarf es in den Fällen, wenn die Bildungsabschlüsse in den ehemaligen Sowjetrepubliken vor dem 15. Mai 1992 erteilt worden sind, wenn sie von einem Staat ausgestellt worden sind, mit dem Russland ein bilaterales Abkommen über die Anerkennung abgeschlossen hat oder wenn das in internationalen Verträgen geregelt ist. Primär gilt dies für die Bürger aus den GUS-Staaten. In anderen Fällen obliegt die Bewertung des ausländischen Studiums dem Arbeitgeber. Gleichzeitig werden die akademischen Grade kraft bilateraler Vereinbarung anerkannt.

Anders als im russischen Recht stellt die Nichtanerkennung ausländischer Hochschul- und Berufsabschlüsse im deutschen Recht ein großes Problemfeld dar. Wegen der Nichtanerkennung ausländischer Hochschul- und Berufsabschlüsse haben qualifizierte oder hochqualifizierte Drittstaatsangehörige – wie ausgeführt – sehr häufig Arbeitsstellen mit keinem oder geringem Qualifikationsanspruch. Sie arbeiten oft in risikoreichen Bereichen und in schlecht bezahlten, körperlich anstrengenden Jobs. Trotz ihres Qualifikationsniveaus sind sie in allen EU-Ländern sozial deklassiert.

Bis zum Inkrafttreten des Anerkennungsgesetzes 2012 fokussierte sich das deutsche Anerkennungsrecht besonders auf bestimmte Zuwanderer- und Berufsgruppen. Während es für die anerkannten Spätaussiedler einen Rechtsanspruch auf ein Anerkennungsverfahren in allen Berufen gab, konnten Drittstaatsangehörige nur für die im Gesetz reglementierten Berufe einen Antrag auf Anerkennung stellen. Anerkannte Flüchtlinge hatten die gleichen Möglichkeiten wie die Drittstaatsangehörigen. Kraft Anerkennungsgesetzes 2012 gilt im deutschen Recht eine bundeseinheitliche Anerkennungsregelung, um für ausländische Berufsqualifikationen eine Teil- und Vollanerkennung auszusprechen. Somit verbleibt das Anerkennungsverfahren nicht – wie früher – lediglich in der Länderkompetenz, was zu sehr unterschiedlichen Ergebnissen führte. Nach der neuen Rechtslage haben alle Zuwanderer – unabhängig von ihrer Staatsangehörigkeit und Herkunft – erstmalig einen Rechtsanspruch auf eine individuelle Gleichwertigkeitsprüfung ihrer Abschlüsse mit den vergleichbaren inländischen Berufsqualifikationen. Das deutsche Recht sieht darüber hinaus einige Erleichterungen für Spätaussiedler vor: Sie haben in den nichtreglementierten Berufen die Wahl, für ihre beruflichen Abschlüsse, die sie oder ihre Familienangehörigen in den Herkunftsländern erworben haben, wie bisher das Verfahren nach § 10 BVFG oder das Gleichwertigkeitsverfahren nach dem neuen Berufsqualifikationsfeststellungsgesetz anzustreben.

Das Anerkennungsgesetz gilt – wie oben dargelegt[1289] – für bundesrechtlich geregelte Berufe. Nicht umfasst sind hier Berufe, die sich in der Länderzuständigkeit befinden (Lehrer, Erzieher, Ingenieure) sowie Hochschulabschlüsse, akademische Anerkennungen und schulische Berufsausbildungsabschlüsse. Für diese soll durch Länderregelungen die Anerkennung festgelegt werden.

b) Bewertung

Beim Vergleich fällt besonders deutlich auf, dass die zwei untersuchten Rechtsordnungen zwischen Anerkennung und Nichtanerkennung der im Ausland erworbenen Hochschul- und Berufsabschlüsse unterscheiden. Ein bedeutsamer Unterschied besteht darin, dass das russische Recht vor allem die Nostrifizierung

---

1289 Siehe Kap. 3 B II.

ausländischer Bildungsabschlüsse und akademischer Grade kennt, die einer vollen Anerkennung ausländischer Studien- und Promotionsabschlüsse entspricht und zu einem wesentlich erleichterten Zugang zum russischen Arbeitsmarkt und zur Gleichstellung der Ausländer mit den Inländern führt.

Eine deutsche Besonderheit besteht darin, dass im deutschen Recht einerseits zwischen der beruflichen Anerkennung und der schulischen und akademischen Anerkennung unterschieden wird. Andererseits unterscheidet das deutsche Recht – anders als das russische – zwischen Anerkennung der Berufe im Zuständigkeitsbereich des Bundes und der Länder,[1290] für deren Anerkennung bundeseinheitliche Regelungen oder Länderregelungen gelten (s. o.).

Das Führen akademischer Grade ist im deutschen Recht landesrechtlich geregelt. Anders als im russischen Recht ist die Umwandlung eines ausländischen Grades in einen deutschen Grad nicht möglich (Ausnahme: Spätaussiedler). Möglich ist aber nach einigen Landeshochschulgesetzen die Führung des ausländischen Grades.

Trotz der neuen Rechtslage, die zahlreiche vorteilhafte Änderungen mit sich gebracht hat, bleiben für einige Berufe in Deutschland nach wie vor Einschränkungen zur Anerkennung der Berufsabschlüsse bestehen. Für die Integration von Zuwanderern in die Gesellschaft und den Arbeitsmarkt bedarf es daher perspektivisch weiterer Erleichterungen im Anerkennungsverfahren. Zu berücksichtigen sind im Rahmen des Anerkennungsverfahrens auch die Weiterbildungs- und Weiterqualifizierungsmodelle, die einen wesentlichen Beitrag zur Integration der Zuwanderer auf dem Arbeitsmarkt leisten würde.

5. *Keine Diskriminierung aufgrund von Herkunft, Sprache, Religion und Rasse*

a) Stand

Die Integration in die Aufnahmegesellschaft setzt weiterhin voraus, dass in den Einwanderungsländern keine Diskriminierung der Zuwanderer aufgrund von Herkunft, Sprache und Rasse möglich ist. Benachteiligungen widersprechen generell dem Grundsatz der Gleichheit aller Menschen.

Ein zusammenfassender Vergleich dieses Problems in der deutschen und russischen Rechtsordnung zeigt, dass Diskriminierungsverbote in den beiden Rechtssystemen sehr unterschiedlich gestaltet sind. Im deutschen Recht ist der Grundsatz der Nicht-Diskriminierung sowohl verfassungsrechtlich als auch einfachgesetzlich verankert. So darf nach dem Wortlaut des Art. 3 Abs. 3 GG „niemand (dazu gehören auch Zuwanderer. – A.) wegen ... seiner Rasse, seiner Sprache, seiner Heimat und Herkunft, seines Glaubens, seiner religiösen ... Anschauungen benachteilig oder bevorzugt werden“. Das deutsche Grundgesetz enthält damit nicht nur den allgemeinen Gleichheitssatz, sondern eine ganze Reihe von speziellen

---

1290 Siehe Kap. 3 B II.

Diskriminierungsverboten, die sowohl für Inländer als auch für zugewanderte Personen in Deutschland gelten. Im russischen Recht wird durch Art. 19 Abs. 2 VerfRF „die Gleichheit der Rechte und Freiheiten des Menschen und Bürgers unabhängig von Rasse, Nationalität, Sprache, Herkunft, ... religiöser Einstellung und Überzeugung..." garantiert. Anders als das deutsche garantiert das russische Recht durch diese Norm verfassungsrechtlich nur die Gleichheit aller Menschen und enthält keinen Schutz vor Diskriminierung. Ein von der russischen Verfassung gewährleistetes Gleichheitsrecht besitzen unter anderem – wie in Deutschland – auch die Zuwanderer. Der allgemeine Gleichheitsgrundsatz wird im russischen Recht in mehreren verfassungsrechtlichen Normen verankert, etwa in Artt. 19 Abs. 3 und 32 VerfRF. Der Terminus Nicht-Diskriminierung wird in der russischen Verfassung nur in Art. 37 Abs. 3 VerfRF erwähnt, wonach jeder das Recht auf Arbeitsentgelt ohne Diskriminierung hat.

Ein weiterer Unterschied zwischen den untersuchten Rechtssystemen besteht darin, dass beide Grundsätze im deutschen Recht auch einfachgesetzlich im AGG geregelt sind. Mit dem AGG wurden im Jahre 2006 mehrere EU-Richtlinien[1291] in deutsches Recht umgesetzt, die wegen ihrer europarechtlichen Grundlage bei der Auslegung des deutschen AGG mitberücksichtigt werden müssen. Das Ziel des Gesetzes besteht darin, unter anderem Benachteiligungen aus Gründen der Rasse oder wegen der ethnischen Herkunft, der Religion oder Weltanschauung zu verhindern oder zu beseitigen (vgl. § 1 AGG). Im russischen Recht gibt es hingegen bislang keine entsprechenden Gesetze oder Sonderbestimmungen, die die Diskriminierung aus Gründen der ethnischen Herkunft, der Sprache, der Religion und der Rasse regeln. Es existieren aber zahlreiche einfachgesetzliche Vorschriften hinsichtlich der Gleichberechtigung und der Beschränkung der Rechte. Im russischen Recht werden diese als Antidiskriminierungsgesetze qualifiziert. Die detaillierten Bestimmungen über die Gleichbehandlung und das Verbot der Diskriminierung im Arbeitsbereich sind im Arbeitsgesetzbuch der RF geregelt. So gewährleistet z.B. Art. 3 AGB-RF den Schutz vor Diskriminierung im Arbeitsbereich und beim Bewerbungsverfahren, also vor Beginn der Tätigkeit. Allerdings enthält eine Reihe wichtiger Rechtsvorschriften keine Bestimmungen über Gleichberechtigung und Nichtdiskriminierung, etwa das FG „Über die Flüchtlinge" und „Über die Vertriebenen" (beide sind seit 1993 in Kraft).

Beim Vergleich fällt ein weiterer Unterschied besonders deutlich auf: In der russischen Gesetzgebung und Rechtsprechung sowie in der wissenschaftlichen Literatur werden neben vielen anderen Begriffen auch „Diskriminierung" oder

1291 Relevant sind für vorliegende Untersuchung zwei davon: RL 2000/43/EG des Rates v. 29.06.2000 zur Anwendung des Gleichbehandlungsgrundsatzes ohne Unterschied der Rasse oder der ethnischen Herkunft (ABl. EG Nr. L 180 S. 22) und RL 2000/78/EG des Rates v. 27.11.2000 zur Festlegung eines allgemeinen Rahmens für die Verwirklichung der Gleichbehandlung in Beschäftigung und Beruf (ABl. EG Nr. L 303 S. 16).

„Einschränkung der Rechte" nicht legaldefiniert und ausgelegt, was in der Praxis zu Schwierigkeiten bei der Rechtsanwendung und Normauslegung führt. Eine formale Ausnahme bildet der Art. 136 StGB-RF, der einen Versuch unternimmt, diesen Begriff zu definieren, dessen Vollständigkeit jedoch bezweifelt wird. Ein entsprechendes Problem existiert im deutschen Recht nicht.

Trotz der Gewährleistung des Rechtsschutzes des Einzelnen gegen Diskriminierung aufgrund von Herkunft, Sprache, Religion und Rasse ist beiden Rechtsordnungen gemeinsam, dass in der Praxis eine Diskriminierung von Zuwanderern besteht. Solche Diskriminierungsfälle sind insbesondere im Arbeitsmarktbereich ersichtlich. Im deutschen Recht sind die Zuwanderer nach der Analyse bereits beim Zugang zum Arbeitsmarkt benachteiligt. Die Gründe dafür sind die Nichtanerkennungen beruflicher Qualifikationen und ausländischer Hochschulabschlüsse sowie die Diskriminierung wegen der Herkunft. Betroffen sind von dieser Art der Diskriminierung in Deutschland insbesondere die zugewanderten Drittstaatsangehörigen, die Zuwanderer mit türkischem Migrationshintergrund und Personen der Herkunftsgruppe Afrika/ Asien/ Lateinamerika sowie die Spätaussiedler. So belegen auch zahlreiche Studien, dass in Deutschland vor allem die Zuwanderer in Bewerbungsverfahren häufig benachteiligt werden. Generell erleben die Zuwanderer nach einer Studie fast doppelt so häufig Diskriminierungen wie die Mehrheitsbevölkerung. Im Allgemeinen gaben 41,9 % der Befragten mit Migrationshintergrund (zum Vergleich: ca. 25 % der Befragten ohne Migrationshintergrund) an, in den letzten zwölf Monaten benachteiligt worden zu sein. Am häufigsten werden Zuwanderer bei der Wohnungssuche (9,4 %), auf dem Arbeitsmarkt (10 %), im Bildungsbereich (6,5 %) und durch Ämter und Behörden (9 %) sowie „sehr stark" oder „eher stark" in der Nachbarschaft (ca. 44,6 %) benachteiligt. Die Gruppe der Spätaussiedler erlebt mit 23,1 % die stärksten Diskriminierungen am deutschen Arbeitsmarkt. Schließlich haben die Zuwanderer mit muslimischer Religionszugehörigkeit signifikant höhere Benachteiligungserfahrungen.

Wie in der deutschen sind auch in der russischen Rechtsordnung die Zuwanderer insbesondere auf dem Arbeitsmarkt benachteiligt (s. o.). Zahlreiche internationale Normen, etwa die Wanderarbeiterkonvention, die in Art. 7 jede Diskriminierung aufgrund von Rasse, Hautfarbe, Sprache, Religion oder ethnischer Herkunft verbietet,[1292] wurden in der RF nicht realisiert. Außerdem werden die Arbeitsmigranten und die Flüchtlinge in der RF – wie in Deutschland – bei der

1292 Art. 7 Wanderarbeiterkonvention lautet: „Jeder Vertragsstaat dieser Konvention verpflichtet sich gemäß den internationalen Instrumenten über die Menschenrechte, die in dieser Konvention niedergelegten Rechte zu achten und sie allen in seinem Hoheitsgebiet befindlichen und seiner Hoheitsgewalt unterstehenden Wanderarbeitnehmern und ihren Familienangehörigen zu gewähren, ohne irgendeinen Unterschied, etwa nach Geschlecht, Rasse, Hautfarbe, Sprache, Religion oder Weltanschauung, politischer oder sonstiger Überzeugung, nationaler, ethnischer oder sozialer Herkunft, Staatsangehörigkeit, Alter, wirtschaftlichen Verhältnissen, Vermögen, Familienstand, Geburt oder sonstigem Stand."

Wohnungssuche, im Wohnbereich (schlechte Wohnbedingungen – s. o.), beim Zugang zum Arbeitsmarkt und Bildungsbereich und durch Ämter und Behörden (z. B. der Miliz) benachteiligt, aber anders als im deutschen Recht werden sie auch bei der medizinischen Versorgung und bei der Freizügigkeit (mit Ausnahme von Flüchtlingen in Deutschland) diskriminiert. Darüber hinaus werden die sog. Mescheten-Türken,[1293] die seit 1944 auf dem Territorium der UdSSR wohnen, bis heute in der südrussischen Region Krasnodar massiv diskriminiert. Generell besitzen sie keine allgemeinen bürgerrechtlichen und politischen Rechte. Ihnen steht kein Rechtsweg offen. Sie haben keinen Zugang zum System des sozialen Rechtsschutzes und zum höheren Bildungssystem. Diskriminiert sind sie – vor allem in den letzten 25 Jahren – auch bei der Registrierung am Wohnort. Benachteiligt sind Mescheten vom Staat als eine unerwünschte ethnische Gruppe mit einer fremden Kultur, die die „ethnische Balance" in der Region destabilisiert. Deshalb findet in Krasnodar – wo früher auch die Krimtataren verfolgt waren – eine gezielte ethnische Vertreibung statt.[1294]

Darüber hinaus kam es in den letzten Jahren in der RF verstärkt zur Gründung rechtsradikaler und faschistischer Organisationen oder Parteien. Damit gehen zahlreiche massive Übergriffe von Mitgliedern dieser Gruppierungen (z. B. Skinheads) auf Ausländer, nichtrussische Ethnien und Angehörige bestimmter Religionsgemeinschaften, insbesondere Schwarzafrikaner, Kaukasier und Moslems einher.

Der Unterschied zwischen dem russischen und deutschen Recht wird ersichtlich, wenn man sich vor Augen führt, dass benachteiligte Zuwanderer in Deutschland

---

1293 Mescheten-Türken (oder Muslim-Mescheten) sind eine türkischsprachige und sunnitische Volksgruppe, die bis zu ihrer Zwangsumsiedlung im Jahr 1944 in Südgeorgien lebte. In den 30er und 40er Jahren wurden rund 120.000 Mescheten aus ihren angestammten Regionen wegen angeblicher „Unterstützung des Feindes" gewaltsam nach Zentralasien deportiert. In Zentralasien waren sie eine verfolgte Minderheit mit Residenzpflicht. Grundsätzlich wurden sie über 60 Jahre ignoriert. Im Sommer 1989 wurden die Mescheten – nach den Pogromen im usbekischen Ferganatal – erneut zu Flüchtlingen. Die meisten kamen in die Region Krasnodar. In den 1990er Jahren war die Repatriierung der Mescheten eine der Bedingungen des Europarates an Georgien. Seit 2008 nimmt Georgien – trotz heftiger Widerstände – per Gesetz die Mescheten auf. Bislang wurden seit Juli 2010 knapp 10.000 Personen eingebürgert. Heute wohnt die Mehrheit der Mescheten in Aserbaidschan, in Russland, in der Ukraine und in Zentralasien sowie in der Türkei und in den USA. Mehr zur Situation von Mescheten in der RF siehe: *Ossipov, A., Cherepova, O.* Violation of the Rights of Forced Migrants and Ethnic Discrimination in the Krasnodar Territory. The situation of Meskhetian Turks, 1996; *Ossipov, A.* Russian Experience of Ethnic Discrimination: Meskhetians in Krasnodar Region, 2000.

1294 Es ist darauf zu verweisen, dass Krasnodar eine der zwei Regionen in der UdSSR war (die zweite bildete Nordossetien, in welcher die Inguscheten benachteiligt wurden), in denen die Zentrale Parteileitung bestimmte Ethnien verfolgte.

sich an die Antidiskriminierungsstelle des Bundes wenden können. Ein solches Amt existiert in der RF nicht, so dass die Zuwanderer, die in irgendeiner Weise diskriminiert werden, hilflos bleiben. Allerdings wurde vom Gesetzgeber in Art. 391 AGB-RF und Art. 70 (15) FG „Über den staatsbürgerlichen Dienst der RF" die Möglichkeit vorgesehen, in diesem Fall sich an das zuständige Gericht zu wenden. Das Problem der Regelung der Diskriminierung im Arbeitsbereich ist im russischen Recht im Vergleich zum deutschen Recht relativ jung.

b) Bewertung

Beim zusammenfassenden Vergleich fällt besonders deutlich auf, dass Zuwanderer in beiden Rechtsordnungen in irgendeiner Weise diskriminiert sind. Unterschiedlich sind nur die Diskriminierungsfälle und die benachteiligten Zuwanderergruppen. Stark differenziert ist die rechtliche Ausgestaltung von Diskriminierungsverboten in beiden Rechtssystemen, das betrifft auch den Maßstab der Diskriminierung in beiden Ländern. Während im deutschen Recht der Grundsatz der Nicht-Diskriminierung sowohl verfassungsrechtlich als auch einfachgesetzlich verankert ist, existiert im russischen Recht bislang keine verfassungsrechtliche oder einfachgesetzliche spezielle Regelung zur Diskriminierung aus Gründen der ethnischen Herkunft, der Sprache, der Religion und der Rasse. Die russische Verfassung garantiert allen, unter anderem auch Zuwanderern, die Gleichheit, enthält aber keinen Schutz vor Diskriminierung. Es existieren jedoch zahlreiche einfachgesetzliche Vorschriften hinsichtlich der Gleichberechtigung und der Beschränkung der Rechte, die im russischen Recht fälschlicherweise als Antidiskriminierungsgesetze qualifiziert werden. Detaillierte Bestimmungen über die Gleichbehandlung und das Verbot der Diskriminierung im Arbeitsbereich sind – wie oben ausgeführt – im russischen Arbeitsgesetzbuch geregelt. Zudem gelten für Russland Art. 14 EMRK, Artt. 20 Abs. 2, 24 Abs. 1 und Art. 26 IPbpR, Art. 13 Abs. 1 IPwskR und Art. 2 Abs. 1 AEMR. Diese Vorschriften verbieten eine Diskriminierung wegen der nationalen Herkunft, der Sprache, der Religion und der Rasse.

Zusammenfassend ist darauf hinzuweisen, dass das nationale Antidiskriminierungsrecht in der RF im Allgemeinen – auch im Vergleich zum deutschen Recht – noch unzureichend entwickelt ist. Die vorhandenen Vorschriften hinsichtlich des Diskriminierungsverbotes im Arbeitsbereich sind lückenhaft und bedürfen einer weiteren Entwicklung und Vervollkommnung. Vor allem ist der Begriff „Diskriminierung" legal zu definieren. Es fehlen auf föderaler wie auch auf regionaler Ebene ein spezielles Amt oder NGOs für die Benachteiligten, vor allem im Arbeitsbereich. Die Analysen zeigen zudem, dass es nur wenige Gerichtsverfahren in Bezug auf die Diskriminierung gibt. Generell ist auch das Thema der Nichtdiskriminierung aufgrund von Herkunft, Sprache, Religion und Rasse selbst nur unzureichend erforscht, vor allem in Bezug auf die Zuwanderer in der RF. Bei seiner weiteren Entwicklung sollte daher das Antidiskriminierungsrecht in der RF alle o. g. Punkte umfassen, um Zuwanderern und auch Inländern einen effektiven Rechtsschutz gegen jegliche Diskriminierung zu gewährleisten.

Im Vergleich dazu ist das europäische und deutsche Antidiskriminierungsrecht relativ gut entwickelt und enthält zahlreiche Instrumente zum Schutz der Zuwanderer gegen Diskriminierung aufgrund von Herkunft, Sprache und Rasse. Dennoch werden nicht nur in der RF sondern auch in Deutschland die Rechte und Freiheiten von Zuwanderern verletzt und nach wie vor werden Zuwanderer in den unterschiedlichen Lebensbereichen aufgrund ihrer Herkunft, Sprache und Rasse diskriminiert.

Das ist umso problematischer, da jegliche Diskriminierung negative Auswirkungen auf die Integration von Zuwanderern hat:

- So schwächen Diskriminierungserfahrungen die Identifikation des Zuwanderers mit dem Aufnahmeland,
- Die ständige Auseinandersetzung mit Vorurteilen und Stereotypen beeinflusst den Charakter des Zuwanderers, und beeinträchtigt sein Selbstbewusstsein,
- Ausgrenzung und Benachteiligung erhöhen die Integrationsweigerung des Zuwanderers und schaffen die sog. Parallelgesellschaften in der Aufnahmegesellschaft,
- Nicht zuletzt verhindert Diskriminierung die Integration des Zuwanderers in den Arbeitsmarkt, was einerseits zu einem höheren Armutsrisiko und zur Klassenbildung in der Gesellschaft führt und andererseits die Zuwanderer von den staatlichen Leistungen abhängig macht.

Für die erfolgreiche Integration von Zuwanderern in beiden Ländern sind demzufolge gleiche Chancen in den verschiedenen Lebensbereichen und gleiche Rechte und Freiheiten zu gewährleisten. Für einen besseren Rechtsschutz von Migranten in Russland bedarf es künftig der Schaffung von effektiven rechtlichen Instrumentarien sowie im Zuge der weiteren Europäisierung der Gesetzgebung der effektiven Umsetzung völkerrechtlicher Verträge in die Praxis.

6. Politische Rechte

a) Stand

Politische Rechte ermöglichen dem Einzelnen die Mitwirkung an der Ausübung der Staatsgewalt. Hierzu gehören insbesondere das aktive und passive Wahlrecht, das Zugangsrecht zum öffentlichen Dienst sowie die Fähigkeit zu allen Diensten, mit denen die Ausübung der Staatsgewalt verbunden ist. Ein zusammenfassender Vergleich der politischen Rechte von Ausländern in den zwei untersuchten Jurisdiktionen zeigt, dass diese im Wesentlichen gleich ausgestaltet sind. So ist beiden Rechtsordnungen gemeinsam, dass ein aktives und passives Wahlrecht auf der Bundes- und Landesebene nur den Staatsbürgern gewährleistet ist. Im russischen Recht haben gem. Art. 32 Abs. 2 VerfRF nur die Bürger der RF das Recht, sich an den Wahlen zu beteiligen. Ausländer dürfen weder die föderalen Organe der Staatsgewalt und die Organe der örtlichen Selbstverwaltung der RF wählen noch in sie gewählt zu werden. Nach Art 12 AuslG besitzen Ausländer auch kein Teilnahmerecht an Referenden der RF und der Subjekte der RF. Im deutschen Recht ist durch zahlreiche Grundrechtsnormen wie Artt. 28, 29, 38 und Art. 20 Abs. 2 GG erkennbar, dass das Wahlrecht formalrechtlich nur Deutschen zusteht und die Beteiligung daran an die Staatsangehörigkeit gebunden ist.

Ähnlich ausgestaltet ist auch der Zugang zum öffentlichen Dienst: Im russischen Recht haben den gleichen Zugang zum Staatsdienst i. S. d. Art. 32 Abs. 3 VerfRF nur die Staatsangehörigen der RF. Im deutschen Recht besitzen gem. Art. 33 GG dieses grundrechtsgleiche Recht nur Deutsche i. S. d. 116 GG.

Die wohl bedeutendsten Unterschiede zeigen sich bei der Gestaltung einiger politischen Rechte für bestimmte Zuwanderergruppen. Im russischen Recht haben Ausländer sowohl verfassungsrechtlich als auch einfachgesetzlich keine Zugangsrechte zum öffentlichen Dienst und zu kommunaler Betätigung sowie zur Aufnahme einiger Tätigkeiten. Allerdings können Ausländer, die in Russland einen ständigen Wohnsitz haben und eine Wohnerlaubnis besitzen, an den Kommunalwahlen aktiv und passiv teilnehmen, soweit dies in den föderalen Gesetzen nicht anderes geregelt ist. Ihnen steht gem. Art 12 Abs. 1 HS 2 AuslG auch das Recht zu, an den örtlichen Referenden teilzunehmen. Im Vergleich dazu besitzen im deutschen Recht Ausländer – mit Ausnahme der EU-Ausländer – bislang kein Recht, an den Kommunalwahlen teilzunehmen. Seit 1992 haben EU-Ausländer nach Art. 28 Abs. 1 S. 3 GG das aktive und passive Wahlrecht bei Wahlen in Kreisen und Gemeinden nach Maßgabe des Rechts der EG. Diese Regelung gewährt das Kommunalwahlrecht in dem in Art. 20 Abs. 2b AEUV vorgesehenen Umfang den Personen, die keine Deutschen sind, aber die Staatsangehörigkeit eines Mitgliedstaates der EG besitzen und ihren Wohnsitz in Deutschland haben. Andere Ausländer, also die sog. Drittstaatsangehörigen, sind vom Wahlrecht für die Bundes-, Landtags- und Kommunalwahlen ausgeschlossen.

b) Bewertung

Die politischen Rechte für Ausländer sind in beiden untersuchten Rechtsordnungen im Wesentlichen gleich gestaltet. Im russischen Recht wird gem. Artt. 31–33 VerfRF Ausländern generell keine Ausübung politischer Rechte gewährt. Politische Rechte sind hier nur den Bürgern der RF gewährleistet. Einfachgesetzliche Regelungen garantieren nur den Ausländern mit einem ständigen Wohnsitz in der RF und einer Wohnerlaubnis das aktive und passive Wahlrecht an den Kommunalwahlen, soweit dies in den föderalen Gesetzen nicht anders geregelt ist, sowie gewährleisten das Recht, an örtlichen Referenden teilzunehmen. Wie im russischen sind auch im deutschen Recht die politischen Rechte nur den Staatsbürgern verbürgt. Dies ist im deutschen Grundgesetz an dem in mehreren Vorschriften festgelegten Volksbegriff erkennbar. Zuwanderer mit einer fremden Staatsangehörigkeit – mit Ausnahme der EU-Ausländer für Kommunalwahlen – besitzen kein Wahlrecht für die Bundes-, Landtags- und Kommunalwahlen.[1295] Seit 1992 sind gem. Art. 28 Abs. 1

1295 Dazu mehr: *Syuzyukina*, Das kommunale Ausländerwahlrecht für Drittstaatsangehörige in Deutschland, in: Schulze (Hrsg.), Aktuelle Probleme des Öffentlichen Rechts in Deutschland und Russland, 2011, S. 123 ff.

S. 3 GG bei Wahlen in Kreisen und Gemeinden die EU-Ausländer nach Maßgabe des gemeinschaftlichen Rechts wahlberechtigt und wählbar. Die neue Regelung gewährt das aktive und passive Kommunalwahlrecht in dem in Art. 20 Abs. 2b AEUV vorgesehenen Umfang. Dieses Recht wird durch eine „Unionsbürgerschaft ohne Rechtscharakter einer Staatsbürgerschaft eingeführt."[1296] Allerdings umfasst dieses Wahlrecht kein Wahlrecht für Bundes- und Landtagswahlen. Eine solche Regelung würde nach der Vorstellung des deutschen Gesetzgebers die Frage ihrer Vereinbarkeit mit Art. 79 Abs. 3 GG aufwerfen.[1297] Demnach steht das Wahlrecht zu den Landesparlamenten und zum Bundestag nach wie vor nur Deutschen zu.[1298] Die Frage, ob auch Drittstaatsangehörigen auf Gemeindeebene das aktive und passive Wahlrecht verliehen werden kann, ist heftig umstritten (s. o.). Das *BVerfG* hat 1990 im Rahmen von zwei Normenkontrollverfahren bzgl. Gesetze, mit denen die Bundesländer Hamburg und Schleswig-Holstein auf kommunaler Ebene ein Ausländerwahlrecht einführen wollten, entschieden, dass solche Wahlrechte mit Art. 28 Abs. 1 GG nicht vereinbar sind.[1299] Nach seiner Auffassung wird auch auf lokaler Ebene die Staatsgewalt i. S. d. Art. 20 Abs. 2 GG ausgeübt, so dass auch hier das „Volk" nur das Staatsvolk sein könne. Wegen fehlender deutscher Staatsangehörigkeit gehören die Ausländer dann nicht zum Staatsvolk. Das Gericht hat aber auf die Möglichkeit der Einführung eines Kommunalwahlrechts für EU-Mitglieder durch die zulässige Änderung des Grundgesetzes verwiesen. Die Frage, ob auch die Einführung eines kommunalen Wahlrechts für Drittstaatsangehörige im Wege einer Verfassungsänderung mit Art. 79 Abs. 3 GG vereinbar ist, hat das *BVerfG* noch nicht ausdrücklich beantwortet. Auf der politischen Ebene wurden jedoch dafür mehrere Versuche unternommen. Um eine entsprechende Verfassungsänderung vornehmen zu können, muss die erforderliche Zweidrittelmehrheit in Bundestag und Bundesrat erreicht werden, was bisher aber nicht gelangt wurde. Die Einführung des Kommunalwahlrechts für Drittstaatsangehörige ist aus integrationspolitischer Sicht gesehen unbedenklich.

Im deutschen Recht ist Ausländern aber das Recht auf politische Betätigung in anderer Weise sowohl verfassungsrechtlich (über die allgemeine Handlungsfreiheit aus Art. 2 Abs. 1 GG als Auffanggrundrecht) als auch einfachgesetzlich (z. B. das Versammlungsrecht durch das Versammlungsgesetz, das Recht, Vereine zu bilden, durch das Vereinsgesetz) gewährleistet. Die Reformbedürftigkeit der Vorschriften hinsichtlich der Gewährung politischer Rechte auch für Ausländer

---

1296 *Hofmann*, in: Schreiber (Hrsg.), BWahlG – Kommentar, 8. Aufl. (2009, Einführung, Rn. 50.

1297 Vgl. BT-Drucks. 12/3338, S. 11.

1298 *BVerfG,* Urteil v. 31.10.1990–2BvF 2/89, u.a. (Ausländerwahlrecht bei Gemeinde- und Kreiswahlen) – E 83, 37; Urteil v. 31.10.1990–2BvF 3/89 (Ausländerwahlrecht) – E 83, 60.

1299 Vgl. *BVerfG,* Urteil v. 31.10.1990–2BvF 2/89, u.a. (Ausländerwahlrecht bei Gemeinde- und Kreiswahlen) – E 83, 37; Urteil v. 31.10.1990–2BvF 3/89 (Ausländerwahlrecht) – E 83, 60.

wird in beiden Rechtsordnungen überdeutlich. In beiden Rechtsordnungen soll daher die politische Integration der Zuwanderer aktiver als gegenwärtig gestaltet werden. Auf Dauer kann und darf in demokratischen Staaten wie Deutschland und Russland keine Minderheit ohne politische Rechte leben.

7. *Akzeptanz der Kultur und Struktur der Aufnahmegesellschaft*

a) Stand

Grundlegende Voraussetzung für die Integration der Zuwanderer in die neue Gesellschaft ist sowohl in der BRD als auch in der RF die Akzeptanz der Kultur und der Struktur der Aufnahmegesellschaft. Die Struktur wird meist als Grundlage des sozialen Handelns definiert. Über die Strukturen der Gesellschaften verteilen sich also die Chancen für das Verhalten und für die sozialen Beziehungen von Menschen.[1300] In Anlehnung an Esser[1301] sind somit mit dem Begriff der gesellschaftlichen Struktur insbesondere drei Eigenschaften zu verbinden: Infrastruktur einer Gesellschaft (Bevölkerungs- und Technostruktur), die institutionelle Struktur einer Gesellschaft (Wirtschaft, politisches System, Klasse) und die soziale Struktur einer Gesellschaft (Einkommen und soziale Netzwerke). Alle Strukturen müssen sich auch beim Gesellschaftswandel infolge der Zuwanderung an die gesellschaftliche Realität anpassen.[1302] Von entscheidender Bedeutung ist bei der Integration von Zuwanderern – neben der Struktur einer Gesellschaft – auch ihre Kultur. Die Kultur des Landes gibt dem Einzelnen in der Gesellschaft – wie bereits ausgeführt – *Orientierung* und vermittelt *Identität*: Dazu benötigen Zuwanderer Kenntnis über die grundlegenden Werte und Normen, Verfahrens- und Verhaltensregeln des menschlichen Zusammenlebens in der neuen Gesellschaft und über die Gesellschaftsnormen, an die sich die Zuwanderer anpassen sollen, wenn sie sich in die Aufnahmegesellschaft eingliedern und Mitglieder dieser Gesellschaft sein wollen. Eine *gemeinsame* Kultur stiftet das Gefühl von *Zusammengehörigkeit* und *Loyalität* gegenüber einem Land und gibt jedem Individuum ein Gefühl von *Geborgenheit* und *Sicherheit*.[1303]

In einer Gesellschaft zusammengehörig zu sein, bedeutet daher, dass die Personen unterschiedlicher kultureller Abstammung eine gemeinsame Kultur akzeptieren. Als solche Kultur kann nur die Kultur der Aufnahmegesellschaft dienen, die auch als Leitkultur bezeichnet werden kann: In der BRD ist das die deutsche Kultur, in der RF die russische Kultur. Ist der Zuwanderer bereit, die neue Kultur zu akzeptieren, so ist er bereit, sich in die neue Gesellschaft einzugliedern. Im anderen Fall spricht man von einer multikulturellen Gesellschaft, die dadurch gekennzeichnet

1300 *Esser*, Soziologie. Allgemeine Grundlagen, 1993, S. 419.
1301 *Esser*, Soziologie. Allgemeine Grundlagen, 1993, S. 426.
1302 Siehe Kap. 2 D I 1.2.
1303 *Hoffmann-Nowotny*, Soziologische Aspekte der Multikulturalität, in: Bade (Hrsg.), Migration-Ethnizität-Konflikt: Systemfragen und Fallstudien, 1996, S. 103 (105).

ist, dass in einem Land zahlreiche einzelne Kulturen nebeneinander oder parallel existieren und sich entwickeln. Dies kann aber in der Tat zu Parallelgesellschaften führen, weil es zwar ein Nebeneinander, aber kein Miteinander der einzelnen Kulturen gibt. Auf Dauer können sich auf dieser Grundlage neue Minderheiten und fremdethnische Unterschichten herausbilden. Kulturelle Absonderung bedeutet dann auch die strukturelle Segregation in einer Gesellschaft. Die strukturelle Integration von Zuwanderern ist ihre Stellung in der Aufnahmegesellschaft in Bereichen wie Bildung, Arbeitsmarkt und politische Mitbestimmung.[1304] Es ist durchaus entscheidend, über welche Ressourcen die Zuwanderer verfügen, um sich in die Aufnahmegesellschaft strukturell integrieren zu können. Die Zuwanderer sind strukturell erfolgreich integriert, wenn sie aufgrund ihrer Rechte und Fähigkeiten eine gesellschaftliche Position besetzen und einen uneingeschränkten Zugang zum Bildungs- und Arbeitsbereich, zu beruflichen Positionen und Sozialprestige haben.

Zunächst ist darauf hinzuweisen, dass für einen tatsächlichen Vergleich der deutschen und russischen Rechtsordnungen hinsichtlich der Akzeptanz der Kultur und Struktur der Aufnahmegesellschaft von Zuwanderern in der RF bislang aussagekräftige Untersuchungen fehlen, während in Deutschland diese Frage in verschiedenen Wissenschaftsgebieten umfangreich untersucht worden ist. Schon beim Herausarbeiten der Frage zur Akzeptanz der fremden Kultur wird in den vorhandenen russischen Untersuchungen im Allgemeinen ein starker Bezug auf ausländische Modelle genommen.[1305] Nicht erforscht ist insbesondere die kulturelle und strukturelle Integration der neuen Zuwanderer. Allerdings stellt die Frage zur Akzeptanz der russischen Kultur seitens der Migranten heutzutage ein äußerst aktuelles Problem der modernen Gesellschaft dar. Gegenwärtig arbeiten die religiösen Organisationen Russlands daran, dass die Zuwanderer die russische Kultur akzeptieren lernen. Während in Deutschland Türken und Araber z. T. Probleme bei der Integrationswilligkeit haben, wohnen und leben bestimmte Gruppen von Zuwanderern auch in der RF von der Aufnahmegesellschaft isoliert, etwa Usbeken und Kirgisen. Das wird im russischen Recht damit begründet, dass diese ethnischen Gruppen sich in der RF nur vorübergehend aufhalten und nur als Saisonarbeiter zu betrachten sind. Auf der anderen Seite sind viele Migranten bereit, – wie sich auch aus den Massenmedien ergibt – die russische Kultur und die russischen Traditionen zu akzeptieren.

Beim Vergleich fällt weiterhin auf, dass sowohl in der wissenschaftlichen Untersuchung als auch in der russischen Öffentlichkeit nur die Probleme von Zuwanderern der ersten Generation thematisiert werden. Daraus könnte man einerseits

---

1304 Im Rahmen der wissenschaftlichen Arbeit wurden die Probleme der strukturellen Integration von Zuwanderern in der Aufnahmegesellschaft in beiden Rechtsordnungen umfassend analysiert. S. Kap. 3.

1305 Vgl. *Cassin*, Transformation von Formen der Wahrnehmung anderer Kulturen im Prozess der kulturellen Kontakte, Diss., 2007. S. 45; *Podporinova*, Soziale Eingliederung von Migranten in das soziokulturelle Umfeld, Diss. 2005.

den teilweise falschen Schluss ziehen, dass sich die Zuwanderer der zweiten Generation zügiger als in Deutschland in die russische Gesellschaft eingliedern. Dagegen spricht aber der Fakt, dass es trotz des Assimilationszwangs in der Geschichte Russlands zahlreiche ethnische Konflikte gab. Eine Reihe von Problemen zwischen den vielen Völkern gab es sowohl in den ehemaligen Sowjetrepubliken als auch in Russland, insbesondere nach dem Zerfall der Sowjetunion. Im Unterschied dazu gibt es in Deutschland zahlreiche wissenschaftliche Untersuchungen in Bezug auf die Zuwanderer der zweiten und dritten Generationen, die teilweise Integrationsdefizite haben. Trotz der Beherrschung der deutschen Sprache, der Eingliederung in den Arbeitsmarkt, der Identifikation mit Deutschland und trotz der deutschen Staatsangehörigkeit werden sie in der Gesellschaft als Ausländer wahrgenommen.

Eine gewisse Ähnlichkeit zwischen der russischen und deutschen Rechtsordnung besteht darin, dass beide Rechtsordnungen als wichtigstes Problem der kulturellen Anpassung die Sprachmängel von Zuwanderern aufzeigen (s. o.). Eine weitere Ähnlichkeit besteht darin, dass Probleme bei der Akzeptanz der Kultur und Struktur der Aufnahmegesellschaft in beiden Rechtsordnungen sehr häufig die Zuwanderer aus muslimischen Herkunftsländern haben. Das ist primär mit den großen kulturellen Unterschieden zwischen den Kulturen der Aufnahmegesellschaft und der Zuwanderer verbunden, aber auch damit, dass in Deutschland die Türken zunächst als Saisonarbeitskräfte betrachtet wurden. Unterschiedliche Kulturen bedeuten unterschiedliche Welten. Gerade hier gibt es sowohl in Deutschland als auch in der RF zahlreiche Integrationsdefizite. Jedoch zeigt der zusammenfassende Vergleich zwischen der deutschen und russischen Rechtsordnung, dass sie in Deutschland stärker als in Russland in den Fokus wissenschaftlicher Untersuchungen gerückt sind.

Schließlich unterscheidet sich in den zwei Rechtsordnungen das Gesellschaftsbild. Die russische Gesellschaft ist stets multinational gewesen und schließt derzeit ca. 180 Nationen, Nationalitäten und Völkerschaften in sich ein, in der viele unterschiedliche Kulturen und Religionen nebeneinander existieren. Im Vergleich zu Russland ist die deutsche Gesellschaft erst im Zuge der Globalisierung im letzten Jahrhundert durch eine Vielfalt ethno-kultureller Prägungen bestimmt. Im Allgemeinen – abgesehen von der deutschen Ausgangsgesellschaft, die als kulturell heterogen bezeichnet wird (städtische, ländliche Kultur, pfälzische, Berliner, schwäbische Kultur) – war die deutsche Gesellschaft stark homogen. Bereits die Ideologie der völkischen Nation in der Weimarer Republik basierte auf der Vorstellung einer homogenen „nationalen“ Kultur. Ausländer mit ihren „fremden Kulturelementen“ waren für die deutsche Gesellschaft zunächst fremd. Heute kann man hinsichtlich der Akzeptanz der ethno-kulturellen Vielfalt in der deutschen Gesellschaft – teilweise auch in der russischen Gesellschaft – drei unterschiedliche Gruppen herausfiltern: die Personen, die kulturelle Vielfalt als gesellschaftliche Normalität anerkennen, wertschätzen und die andere Kulturen tolerieren; die Personen, die ausländerfeindlich sind oder in den rechtsextremen Bewegungen aktiv sind und die Zuwanderer, die unter sich bleiben und sog. Parallelgesellschaften bilden. Die letzte Gruppe ist in Russland aber kaum erkennbar.

b) Bewertung

Der Soziologe Hoffmann-Nowotny bezeichnete die Kultur als das „Symbolsystem einer Gesellschaft“[1306]. Nach seiner Auffassung sind „Kultur“ und „Struktur“ einer Gesellschaft voneinander abhängend verknüpft, und der Strukturaspekt, der auf den Sachverhalt „soziale Ungleichheit“ verweist, ist gerade im Zusammenhang mit den Konsequenzen der Einwanderung von größter Bedeutung.[1307] In der Praxis sind damit gewisse Veränderungen in der Gesellschaft verbunden. Das heißt, mit der Zuwanderung findet sowohl ein struktureller als auch ein kultureller Wandel statt. Für die Eingliederung in die Aufnahmegesellschaft müssen zunächst die Zuwanderer selbst bereit sein, sowohl die Struktur als auch die Kultur des Landes zu akzeptieren. Die Anpassungsleistung liegt also allein beim Individuum. Akzeptiert der Zuwanderer die Kultur des Landes und seine Struktur, so ist von einer erfolgversprechenden Integration auszugehen. Akzeptiert er die Kultur des Aufnahmelandes und verweigert er dessen Struktur oder umgekehrt, so findet keine vollständige Integration statt, weil Struktur und Kultur einer Gesellschaft – wie bereits festgestellt – voneinander abhängig sind. Demgemäß stehen die strukturelle und kulturelle Integration – wie oben ausgeführt – in einem Wechselverhältnis. Allerdings müssen für eine erfolgreiche Integration von Zuwanderern weitere Voraussetzungen erfüllt werden, denn die Wahrscheinlichkeit ihrer Eingliederung in die neue Gesellschaft hängt auch von der Aufnahmegesellschaft ab. In der Aufnahmegesellschaft sollen dafür entsprechende Bedingungen geschaffen werden. Integration von Zuwanderern in die neue Gesellschaft setzt vor allem voraus, dass sich nicht nur der Zuwanderer selbst, sondern auch die aufnehmende Gesellschaft oder jedes Mitglied der Gesellschaft bereit erklärt, neue Gesellschaftsmitglieder zu akzeptieren. Für die Integration benötigt man daher eine offene Gesellschaft.

In der RF sind die strukturelle und kulturelle Integration und die Akzeptanz der Kultur und Struktur der Aufnahmegesellschaft bislang nur unzureichend untersucht. Auf diesem Grund ist es unmöglich, einen tatsächlichen Vergleich der deutschen und russischen Rechtsordnung hinsichtlich dieser Frage durchzuführen. Im russischen Recht sind nur allgemeine Probleme – aber keine Integrationsprobleme – von Zuwanderern der ersten Generation in den Fokus der wissenschaftlichen Untersuchungen gerückt. Die Integration der Zuwanderer zweiter und dritter Generation wird bisher nicht thematisiert. Der zusammenfassende Vergleich der untersuchten Rechtsordnungen hat weiterhin gezeigt, dass beide Rechtssysteme Integrationsprobleme bei der Kultur- und Strukturakzeptanz, insbesondere bei

1306 *Hoffmann-Nowotny*, Soziologische Aspekte der Multikulturalität, in: Bade (Hrsg.), Migration – Ethnizität – Konflikt: Systemfragen und Fallstudien, 1996, S. 103 (104). Siehe Kap. 2 D.

1307 Vgl. *Hoffmann-Nowotny*, Soziologie des Fremdarbeiterproblems. Eine theoretische und empirische Analyse am Beispiel der Schweiz, 1973, zit. nach *Mintzel*, Multikulturelle Gesellschaften in Europa und Nordamerika. Konzepte – Streitfragen – Analysen – Befunde, 1997, S. 301.

Zuwanderern aus muslimischen Herkunftsländern haben. Dies ist vor allem mit den großen Unterschieden zwischen der Kultur des Herkunfts- und des Aufnahmelandes verbunden: So sind die sakrale Scharia und die christlich-deutsche Kultur in der Struktur des Landes absolut unvereinbar. Es besteht also ein Kulturkonflikt. Wie soll dies in einer Gesellschaft verhindert werden? Oder muss es ihn notwendiger Weise geben? Ob kulturelle Unterschiede, d. h. die Existenz einer fremden Kultur neben der deutschen Leitkultur bestehen und sich entfalten können, hängt auch von der Integrationspolitik und vom ausgewählten Integrationsmodell ab. Unerheblich ist dabei, wie dieses Modell genannt wird. Das verlangt von der Aufnahmegesellschaft und von den Zuwanderern gleichermaßen Toleranz und Respekt bezüglich der Fremdheit. Die Integration von Zuwanderern setzt daher die Fähigkeit voraus, mit der Fremdheit konfliktfrei umzugehen. Dafür bedarf es einer gewissen Grenze für die Entfaltung der fremden Kultur in der neuen Gesellschaft, wenn dort die Kultur des Aufnahmelandes herrschen soll. Dies zeigt sich z.B. bei der Zwangsheirat, die einerseits als eine Tradition und andererseits als eine Menschenrechtsverletzung in einem demokratischen Einwanderungsland betrachtet werden muss, bei der diese beiden Aspekte miteinander in Konflikt treten. Dieser Konflikt muss vom Staat und seiner Rechtsordnung geschlichtet werden. Bei manchen Muslimen muss sich ein stärkeres Verständnis für die Gleichberechtigung von Frauen und Männer und für die Trennung von staatlicher und religiöser Ordnung entwickeln. Das sind Dinge, die für das Gelingen der Integration von Zuwanderern sprechen. Generell soll aber gelten: die Zuwanderer sollen sich an die Kultur und die Struktur des Aufnahmelandes freiwillig anpassen. Die Gesellschaft soll dafür die Chancen bieten.

8. Bewahrung der eigenen Identität

a) Stand

Wie bereits ausgeführt, setzt die Integration im deutschen Recht nicht den Verzicht auf die eigene kulturelle Identität voraus. Die kulturelle Identität einer Person als ein Teil der individuellen und kollektiven Identität bedeutet zum einen die Identifikation mit einer bestimmten Gruppe oder Ethnie. Zum anderen ist sie ein Teil der Selbstbestimmung des Individuums und wird durch die Sozialisation innerhalb der ethnischen Gruppe erworben.[1308] Eine Person identifiziert sich mit einer ethnischen Gruppe, wenn sie sich aufgrund bestimmter Merkmale, nämlich aufgrund der Abstammung, der Erziehung und des persönlichen Kontakts in einem sozialen Umfeld, das allgemeine Vorstellungen über eine gemeinsame Herkunft, gemeinsame geschichtliche und aktuelle Erfahrungen sowie eine gemeinsame Kultur und

1308 Vgl. *Agocs*, Introduction to Sociology – a Canadian Focus, 1986, S. 192, zit. nach Mintzel, Multikulturelle Gesellschaften in Europa und Nordamerika, Konzepte, Streitfragen, Analysen, Befunde, 1. Aufl. (1997), S. 119.

die Sprache vermittelt, zugehörig fühlt.[1309] Die Werte, Fähigkeiten und Gewohnheiten, die die Zuwanderer in die Aufnahmegesellschaft mitbringen und von denen sie sich nur schwer trennen können und wollen, weswegen sie diese meist im häuslichen Bereich weiter pflegen, unterscheiden sich von denen der Mehrheitsbevölkerung. Bei einigen Zuwanderergruppen treten sie in hohem Maße hervor, bei anderen weniger. Dieser Grad differiert, je nachdem, von welcher Gruppe von Zuwanderern man spricht.

Beim Vergleich dieser Frage in der deutschen und russischen Rechtsordnung fällt ein Unterschied besonders deutlich auf: Im russischen Recht wird diese Frage gar nicht thematisiert. Allerdings ist es hier nicht verboten, die eigene Kultur auch in der Aufnahmegesellschaft zu pflegen. Die Zuwanderer pflegen daher ihre Kultur (Religion, Sprache und Sitten) im häuslichen Bereich weiter. Die Wahrung der kulturellen Identität ist dagegen eine deutsche Besonderheit. Sie gilt auch dann, wenn der Heimatstaat auf religiöses Recht verweist. Dadurch wird eine wesentlich weiterreichende Beibehaltung der kulturellen Identität erzielt.

So gewährleistet das deutsche Recht auf der Landesebene den nationalen und ethnischen Minderheiten ausdrücklich das Recht „auf Bewahrung ihrer Identität sowie auf Pflege ihrer Sprache, Religion, Kultur und Überlieferung" (vgl. Art. 5 Abs. 2 SächsVerf)[1310] und achtet gem. Art. 5 Abs. 3 SächsVerf die Interessen ausländischer Minderheiten, deren Angehörige sich rechtmäßig im Land aufhalten. Im Vergleich dazu werden im russischen Recht die Rechte der kleinen Urvölker und allen ihren Völkern das Recht auf Erhalt ihrer Muttersprache verfassungsrechtlich garantiert (vgl. Artt. 68–69 VerfRF). Hinsichtlich der Minderheiten ausländischer Herkunft fehlen gesetzliche Regelungen. Ebenso gibt es keine Bestimmungen zur Bewahrung ihrer kulturellen Identität.

Der Muttersprache kommt eine besondere Rolle für die Identität der Zuwanderer, insbesondere für die zugewanderten Kinder, zu. Sowohl in Deutschland als

---

1309 Vgl. *Mintzel*, Multikulturelle Gesellschaften in Europa und Nordamerika, Konzepte, Streitfragen, Analysen, Befunde, 1. Aufl. (1997), S. 119; *Rautz*, Das Zusammenleben in einem mehrsprachigen Gebiet am Beispiel Südtirol, in: Marko/Burkert-Dottolo (Hrsg.), Multikulturelle Gesellschaft und Demokratie, 1. Aufl. (2000), S. 69 (69); *Heckmann*, Ethnische Minderheiten, Volk und Nation, Soziologie interethnischer Beziehungen, 1992, S. 30; *Böhm*, Sprachenwechsel, Akkulturation und Mehrsprachigkeit der Brandenburger Hugenotten vom 17. bis 19. Jahrhundert, 2010, S. 69.

1310 Verfassung des Freistaates Sachsen v. 27.05.1992, in: SächsGVBl. S. 243. Eine entsprechende Regelung ist zum Schutz der sog. anerkannten Minderheiten in Deutschland (Sorben, Dänen, Friesen und Sinti und Roma) entstanden. Ähnliche Bestimmungen finden sich auch in anderen Landesverfassungen: Art. 37 Abs. 1 SAVerf, Art. 18 Meckl-VPVerf, Art. 5 Abs. 2 SchlHLVerf und Art. 25 Abs. 1 S. 2 BrandVerf. Allerdings wird hier anstatt der kulturellen oder ethnischen Identität die „kulturelle Eigenständigkeit ethnischer und nationaler Minderheiten" geschützt.

auch in Russland wird von den zugewanderten Kindern bis zum Kindergarteneintritt oder Schulbeginn fast nur ihre Muttersprache gesprochen. Die Muttersprache ist daher für viele Zuwanderer das vorherrschende familiäre und wichtigste soziale Kommunikationsmedium, während Deutsch oder Russisch einen instrumentellen Wert haben, also die Sprachen sind, die man in der Schule, am Arbeitsplatz oder im Umgang mit den Einheimischen gebraucht. Während in Russland Untersuchungen in Bezug auf die Bedeutung der Muttersprache für die Identitätsbewahrung und -entwicklung der Zuwandererkinder und ihre Muttersprachenförderung fehlen, wird in Deutschland die Förderung der Muttersprache als ein unverzichtbares Instrument für die Stärkung und Erhaltung der ursprünglichen kulturellen Identität angesehen. Deshalb ist die Muttersprachenförderung von Zuwandererkindern in den deutschen Schulen von großer Bedeutung.

Der wesentliche Unterschied zwischen den zwei Systemen besteht daher darin, dass in den russischen Schulen derzeit kein muttersprachlicher Unterricht für Zuwandererkinder angeboten wird (s. o.). Anders als in Russland wird in deutschen Schulen die ethnische, kulturelle und sprachliche Identität der Schüler gefördert. Z. B. wird gem. § 2 Abs. 1 S. 2 SchulG NRW in der Schule die ethnische, kulturelle und sprachliche Identität (Muttersprache) der Schüler beachtet und durch Einrichtung des muttersprachlichen Unterrichts gefördert. Die Bilingualität des Kindes wird als besonders wünschenswerte Form der sozialen Integration von Zuwanderern angesehen, die aufgrund innerfamiliärer Kommunikationsmöglichkeit nicht nur für den Schulerfolg des Kindes, sondern auch für die Eltern – Kind – Beziehung von großer Bedeutung ist.

Aus der Praxis ergibt sich, dass die ethnische Kultur, Traditionen und die Religion in beiden Rechtsordnungen in den muslimischen Familien eine besonders große Rolle spielen. Beweise dafür sind bspw. in Deutschland das Heiratsverhalten (Zwangsehen) oder das Kopftuchtragen, die kontroverse Debatten im Rahmen der deutschen Migrations- und Integrationspolitik hervorgerufen haben, und in Russland das Kopftuchtragen.

b) Bewertung

Der zusammenfassende Vergleich der Bewahrung der kulturellen Identität von Zuwanderern in beiden Rechtsordnungen lässt erkennen, dass diese grundsätzlich unterschiedlich ausgestaltet ist. Während die Wahrung der kulturellen Identität eine deutsche Besonderheit darstellt, wird in der russischen Rechtsordnung diese Frage weder in einer Untersuchung noch in der Öffentlichkeit erwähnt und thematisiert. Noch vor mehr als zwanzig Jahren erlaubte Russland den Ausländern nicht, ihre ethnische Identität zu bewahren. Es galt für alle das Gleiche: Assimilierung und Russifizierung. Eine nachhaltige Russifizierungspolitik gibt es bis heute. Deshalb scheint fraglich, ob in Russland diese Frage perspektivisch überhaupt thematisiert wird. Ihre ethnische Kultur weiter zu pflegen, ist aber allen erlaubt: sowohl den nationalen Minderheiten als auch den Zuwanderern. Darüber hinaus wird dieses Thema nicht berührt, weil in Russland noch keine „zielgerichtete“

Eingliederung von Zuwanderern stattfindet. In Deutschland werden die Zuwanderer in die deutsche Gesellschaft ohne Aufgabe der eigenen kulturellen Identität integriert. Allerdings stellt sich die Frage, wie weit die Zuwanderer von der Kultur des Aufnahmelandes entfernt sein dürfen und ob sich auf diese Weise Parallelgesellschaften bilden. Das bedarf einer Erörterung und Diskussion auch in der Rechtswissenschaft.

Während in deutschem Recht in der letzten Zeit die Auslegung des Minderheitenbegriffs und seine Erweiterung auf die Minderheiten ausländischer Herkunft diskutiert werden, werden im russischen Recht als Minderheiten die kleinen Urvölker des Landes verstanden. Die Rechte der kleinen Urvölker werden in Russland verfassungsrechtlich garantiert. Erforderlich ist eine ausdrückliche Regelung zur Wahrung der kulturellen Identität von Zuwanderern.

9. Einbürgerung

a) Stand

Der zusammenfassende Vergleich der deutschen und russischen Rechtsordnung zeigt, dass in beiden Rechtsordnungen die Staatsangehörigkeit durch die Einbürgerung erworben werden kann. Im deutschen Recht geschieht dies gem. §§ 8 und 10 StAG, während im russischen Recht kraft Art. 13 und 14 StAG-RF eingebürgert werden kann. Das deutsche Staatsangehörigkeitsrecht kennt zwei Möglichkeiten der Einbürgerung: eine Anspruchseinbürgerung gem. § 10 StAG und eine Einbürgerung nach dem Ermessen der Einbürgerungsbehörde i. S. v. § 8 StAG. Ein Ausländer, der rechtmäßig seinen gewöhnlichen Aufenthalt in Deutschland hat, kann gem. § 8 StAG auf seinen Antrag eingebürgert werden, wenn im Einzelfall die gesetzlichen Voraussetzungen für Einbürgerung vorliegen und ein öffentliches Interesse an der Einbürgerung besteht. Mit dieser Vorschrift wird im deutschen Recht die Möglichkeit eröffnet, eine Einbürgerung auch dann vorzunehmen, wenn die Voraussetzungen der §§ 10 ff. teilweise noch nicht vorliegen.

Auch im russischen Recht ist die Einbürgerung auf zwei Wegen möglich: durch allgemeine und einfache Regelung (vgl. Artt. 13 und 14 StAG-RF). Sie unterscheiden sich voneinander durch die Voraussetzungen zum Erwerb der Staatsbürgerschaft, durch die gesetzliche Bearbeitungsfrist der Bewerberanträge und durch die Kompetenzverteilung. Während nach der allgemeinen Regelung die Bearbeitung bis zu einem Jahr dauert und die Entscheidung vom Präsidenten der RF getroffen wird, ist nach der einfachen Regelung innerhalb von sechs Monaten vom FMS oder seinen territorialen Organen und vom ausländischen Konsulat der RF die Entscheidung über die Einbürgerung zu treffen, vgl. Art. 35 Abs. 4 und Art. 30e i. V. m. Artt. 31e, 35 Abs. 3 StAG-RF.

Einen bedeutsamen Unterschied zwischen dem deutschen und russischen Recht bildet die Tatsache, dass das deutsche Recht für die Einbürgerung des Ausländers grundsätzlich einen mindestens achtjährigen Aufenthalt im Inland verlangt, vgl. § 10 StAG. Die Aufenthaltsdauer kann gem. § 10 Abs. 3 StAG auf sieben und sechs Jahre verkürzt werden, wenn der Ausländer an einem Integrationskurs erfolgreich teilgenommen hat oder wenn er besondere Integrationsleistungen nachweisen kann, z.B. in Deutschland studiert hat. Im russischen Recht kann der Ausländer auf seinen Antrag nach der allgemeinen Regelung eingebürgert werden, wenn er sich in der RF seit dem Erwerb der Wohnerlaubnis – nach russischem Recht wird sie nach dem Besitz einer Erlaubnis zum zeitweiligen Wohnsitz (Rasreschenie na vremennoje prozhivanie) nach mindestens einem Jahr erteilt – und bis zur Antragstellung ununterbrochen fünf Jahre rechtmäßig aufhält. Der Aufenthalt ist ununterbrochen, wenn der Ausländer nicht mehr als drei Monate in einem Jahr im Ausland wohnt. Für den privilegierten Personenkreis i. S. v. Art. 13 Abs. 2 StAG-RF wird die Aufenthaltsdauer für die Einbürgerung auf vier Jahre verkürzt (vgl. Art. 13 Abs. 1a StAG-RF).

Beiden Rechtsordnungen ist gemeinsam, dass sie für die Einbürgerung des Ausländers die Beherrschung der Sprache des jeweiligen Staates verlangen. Vor allem sind die Integrationsleistungen im deutschen Recht von großer Bedeutung. Ausreichende Sprachkenntnisse werden im deutschen Recht mit einer Bescheinigung über die erfolgreiche Teilnahme an einem Integrationskurs, einem erfolgreichen vierjährigen Schulbesuch oder einem dem Hauptschulabschluss gleichwertigen Schulabschluss oder durch einen weiteren Ausbildungs-, Hochschul- oder Fachhochschulabschluss nachgewiesen, während sie im russischen Recht mit einer Zertifikatsprüfung in der russischen Sprache, mit einem Dokument über den Bildungsabschluss, das im Ausland erstellt wurde und das eine Eintragung über die Russischkurse enthält, oder mit weiteren Dokumenten über den Ausbildungs-, Hochschul- oder Fachhochschulabschluss in Russland oder in der UdSSR (bis zum Jahr 1991) nachgewiesen werden. Ein enger Personenkreis wird in Russland vom Nachweis der entsprechenden Unterlagen befreit.

Eine weitere Gemeinsamkeit besteht darin, dass sowohl das russische als auch das deutsche Recht grundsätzlich keine Mehrstaatigkeit zulassen. Im deutschen Recht muss der Ausländer vor der Einbürgerung den Beweis dafür erbringen, dass er keine fremde Staatsangehörigkeit mehr besitzt oder eine solche mit dem Erwerb der deutschen Staatsangehörigkeit verliert.[1311] Davon abweichende Regeln sind aber in Art. 12 StAG festgelegt, wonach in Ausnahmefällen die Mehrstaatigkeit zugelassen werden kann. Im russischen Staatsangehörigkeitsgesetz steht unter der lit. (r), dass die Einbürgerungswilligen einen Antrag auf Einbürgerung in Russland stellen können, wenn: „sie sich an die bevollmächtigte Stelle wenden und unterschreiben, dass sie auf ihre zweite Staatsangehörigkeit verzichten" (vgl. Art. 13 Abs. 1 StAG). Der Verzicht ist nur in zwei Fällen nicht nötig: wenn er in den internationalen Gesetzen der RF festgelegt ist und wenn die zweite Staatsangehörigkeit aus verschiedenen Gründen nicht abgelegt werden kann. Diese Gründe sind allerdings in keinem Rechtsakt verankert. Im Ausnahmefall können die Bürger der Ukraine, die einen ständigen Wohnsitz in der Republik Krim haben, neben der russischen auch ihre zweite Staatsangehörigkeit behalten, sofern sie innerhalb

1311 Vgl. *OVG NRW* v. 05.03.2009, AZ.: 19 A 1657/06, in: DÖV 2009, 546.

eines Monats einen Antrag über die Beibehaltung der ukrainischen Staatsangehörigkeit einreichen.[1312]

b) Bewertung

Die Einbürgerung ist die *abgeschlossene* **rechtliche** Integration von Zuwanderern, denn Ausländer, die bereits eine deutsche oder russische Staatsbürgerschaft erworben haben, sind im rechtlichen Sinne nicht mehr als ausländische Bürger zu betrachten. Der Erwerb der Staatsangehörigkeit bildet die rechtliche Voraussetzung für den gleichen staatsbürgerlichen Status und begründet für Ausländer wie auch für Inländer sowohl gleiche Rechte als auch gleiche Pflichten.[1313] Mit der Einbürgerung des Zuwanderers ist allerdings die tatsächliche Integration der Zuwanderer noch nicht abgeschlossen. Die Einbürgerung allein stellt somit noch keine erfolgreiche Integration dar. Vielmehr ist sie das Instrument oder der Schlüssel zur erfolgreichen Integration. Sie ist aber sowohl für die Zuwanderer selbst als auch für den jeweiligen Staat von herausragender Bedeutung. Mit der Einbürgerung ist nicht nur die Beseitigung eines gravierenden Demokratiedefizits durch Teilnahme an Wahlen verbunden, sondern wird auch die Chancengleichheit von Zuwanderern in verschiedenen Lebensbereichen erhöht. Für viele Ausländer bedeutet der Erwerb der Staatsangehörigkeit des Aufnahmelandes mehr als nur die Möglichkeit, die politischen Rechte ausüben zu dürfen. Mit dem Erwerb der Staatsangehörigkeit wollen sie auch als Staatsbürger anerkannt und im Umgang mit Behörden respektiert werden. Das sind nur einige psychologische und symbolische Aspekte des Besitzes des deutschen oder russischen Passes, die jedoch in der Tat nicht unterschätzt werden sollen.

Ein zusammenfassender Vergleich der Einbürgerung in den zwei untersuchten Rechtsordnungen zeigt, dass beide Rechtssysteme die Tatsache anerkennen, dass die Staatsangehörigkeit des Landes neben anderen Gründen auch durch die Einbürgerung zu erwerben ist. Dafür gibt es im russischen und deutschen Rechtsystem – wie ausgeführt – unterschiedliche Wege zur Einbürgerung. Die Ansprüche auf Einbürgerung unterliegen in beiden Rechtsordnungen im Wesentlichen ähnlichen Voraussetzungen. Gleich sind vor allem die allgemeinen Voraussetzungen für die Einbürgerung: die Sprachkenntnisse, das Bekenntnis und die Loyalitätserklärung zur demokratischen Grundordnung, die Aufenthaltsdauer und die Vermeidung der Mehrstaatigkeit. Die geforderten Tatbestandsvoraussetzungen sind im deutschen Recht breiter als im russischen Recht.

Ein wesentlicher Unterschied zwischen den beiden Rechtsordnungen besteht – wie gezeigt – in der erforderlichen Aufenthaltsdauer des Ausländers für die Einbürgerung: Die russische Staatsangehörigkeit kann ein Ausländer leichter erlangen als die deutsche Staatsangehörigkeit, da im deutschen Recht Einbürgerungswillige zahlreiche Hürden nehmen müssen. Anders als im russischen Recht

---

1312 Siehe Kap. 4 C II 3b bb).
1313 Vgl. *BVerfGE* 83, 37 (51).

existierte bspw. bis zum Ende 2014 im deutschen Staatsangehörigkeitsrecht die sog. Optionspflicht gem. § 29 StAG.[1314] Danach waren Kinder und Jugendliche aus Zuwandererfamilien, die nach dem 1. Januar 2000 durch Geburt die Staatsangehörigkeit erworben haben oder erwerben und neben der deutschen eine ausländische Staatsangehörigkeit besaßen, – inzwischen sind das in Deutschland mehr als 100.000 – verpflichtet, bis zu ihrem 23. Lebensjahr eine der beiden Staatsangehörigkeiten auszuwählen. Bei der Nichtbeachtung dieser Regelung ging die deutsche Staatsangehörigkeit automatisch verloren. In der Praxis stellte diese Regelung inzwischen eine Hürde für diejenigen Zuwandererkinder dar, die sich mit zwei Identitäten auseinandersetzen müssten. Zudem weiß laut einer Studie des BAMFs ein Drittel der sog. Optionspflichtigen gar nicht, dass sie ihren deutschen Pass verlieren, wenn sie den anderen nicht rechtzeitig abgeben.[1315]

Im Zuge der Gesetzesänderung[1316] wurde die Optionspflicht ersatzlos abgeschafft. Ab 20. Dezember 2014 müssen sich die bislang optionspflichtigen Personen nicht mehr für eine Staatsangehörigkeit entscheiden, wenn sie gem. § 29 Abs. 1a StAG bis zur Vollendung des 21. Lebensjahres nachweisen, dass sie

- mind. acht Jahre in Deutschland gelebt haben oder
- sechs Jahre eine Schule in Deutschland besucht haben oder
- über einen in Deutschland erworbenen Schulabschluss oder
- eine in Deutschland abgeschlossene Berufsausbildung verfügen.

Die neue Regelung gilt allerdings nicht für alle Personen mit ausländischer Staatsangehörigkeit, die vor dem 1. Januar 2000 in Deutschland geboren und aufgewachsen sind und deren Eltern im Jahr 2000 keinen Antrag auf Einbürgerung gestellt hatten. Für sie bleibt die Rechtslage unverändert: Sie haben keine Möglichkeit, die doppelte Staatsangehörigkeit zu erhalten. Hinzu kommt, dass heute innerhalb der EU von den Ländern gegenseitig der doppelte Pass anerkannt wird. Auch in binationalen Ehen erlangen die Kinder grundsätzlich die Staatsangehörigkeiten ihrer Eltern und besitzen mehrere Staatsangehörigkeiten. Nicht anerkannt ist die doppelte Staatsangehörigkeit daher nur für die übrigen Ausländer in Deutschland. Dies zeigt die Reformbedürftigkeit des Staatsangehörigkeitsrechts deutlich auf. Die Einführung der generellen Mehrstaatigkeit ist perspektivisch gesehen integrationsfördernd. Nicht zuletzt liegt die Verleihung der Staatsangehörigkeit im Interesse des Staates.

Schließlich bedarf die Frage der Einbürgerung privilegierter Personen in Deutschland Beachtung. Zunächst ist im deutschen Recht der Kreis der privilegierten Personen zu erweitern. Zudem muss die Dauer des Aufenthaltes für den

---

1314 Staatsangehörigkeitsgesetz v. 22.07.1913 (RGBl. I S. 583) wurde zuletzt durch Art des Gesetzes v. 13.11.2014 (BGBl. I S. 1714) geändert.

1315 Vgl. *Peters*, Deutsche mit Verfallsdatum, in : Die Welt Kompakt, v. 25.02.2013, S. 2.

1316 Vgl. Zweites Gesetz zur Änderung des Staatsangehörigkeitsgesetzes v. 13.11.2014 (BGBl. I S. 1714), Nr. 52.

privilegierten Personenkreis verkürzt werden, wenn diese Personen für den Staat von Interesse sind.

10. Abschließende Bewertung

Die gefundenen Ergebnisse sind nun einer kurzen abschließenden Bewertung zu unterziehen. Neben den Unterschieden bei der Ausländerintegration in Deutschland und Russland soll dargelegt werden, welche Rechtsordnung aus welchen Gründen jeweils als vorzugswürdig erscheint. Schließlich soll die Frage erörtert werden, welche Instrumente auf das russische und deutsche Recht zu ihrer Weiterentwicklung übertragen werden können.

Erstens ist die Ausländerintegration im deutschen Recht mit dem Inkrafttreten des Zuwanderungsgesetzes 2004 gesetzlich festgelegt. Die rechtliche Regelung der Integration soll für die Integration der Zuwanderer günstige Bedingungen schaffen und ihre Eingliederung in die Aufnahmegesellschaft fördern. Die Rahmenbedingungen für konkrete Maßnahmen zur Integration von Zuwanderern wurden hierbei vom Gesetzgeber in einem Kapitel zusammengefasst. Anders als im deutschen fehlt im russischen Recht eine gesetzliche Regelung zur Integration von Zuwanderern in die RF. Die Regelung der Ausländerintegration Deutschlands sollte auf das russische Recht übertragen werden. Darüber hinaus ist auf die Lückenhaftigkeit der russischen Gesetzgebung im Zuwanderungs- und Integrationsbereich hinzuweisen, die die Reformbedürftigkeit in diesem Bereich aufzeigt.

Zweitens wird die Ausländerintegration im deutschen Recht gezielt durch ein staatliches Grundangebot zur Integration – also durch einen Integrationskurs i. S. d. § 43 Abs. 2 S. 1 AufenthG – unterstützt. Der Integrationskurs besteht aus einem Deutschkurs und einem Orientierungskurs und vermittelt den Zuwanderern vor allem die deutsche Sprache, die Rechtsordnung, die Kultur und die Geschichte Deutschlands, um dadurch ein Minimum an erforderlicher Integration zu gewährleisten. Die inhaltliche Gestaltung von Integrationskursen ist in der Integrationskursverordnung geregelt. Ein zusammenfassender Vergleich beider Rechtsordnungen hat gezeigt, dass im russischen Recht gegenwärtig weder ein Integrationskurs noch ein Russischkurs für Zuwanderer festgeschrieben ist. Nach der Neuregelung (s. o.) Ende 2012 sind lediglich 298 Arbeitsgemeinschaften bei den Universitäten zur Durchführung von Sprachtests gebildet worden, aber keine Sprachschulen. Demzufolge wurde kein geeignetes Mittel zum Spracherwerb geschaffen, was sich auf ihre Integration in die russische Gesellschaft nachteilig auswirken kann. Für die Förderung der Integration ist es daher erforderlich, Zuwanderern Sprachkurse im Herkunfts- und Aufnahmeland anzubieten und sie zu verpflichten, die Kenntnisse der russischen Sprache und der russischen Kultur zu erwerben. Erst dann können in Russland Integrationsdefizite von Zuwanderern in unterschiedlichen Lebensbereichen verringert werden.

Drittens sind Zuwanderer ohne oder mit sehr geringen Sprachkenntnissen im deutschen Recht kraft Gesetzes entweder zur Teilnahme an einem Integrationskurs berechtigt oder auch dazu verpflichtet (vgl. §§ 44 und 44a AufenthG). Zwar wurde im russischen Recht Ende 2012 eine ähnliche Regelung – die Rechtsnorm über den Nachweis von Russischkenntnissen (Art. 13(1) Abs. 8.2. AuslG, Art. 27(2) BildungG) – eingeführt, wonach ein spezieller Personenkreis der Zuwanderer (s. o.) verpflichtet sind, einen Sprachtestnachweis über ihre Kenntnisse der russischen Sprache oder einen in Russland anerkannten Bildungsabschluss i. S. d. Art. 13 (1) Abs. 8.2 Nr. 2–4 AuslG vorzulegen. Jedoch ist vom Gesetzgeber nicht geregelt, wer anspruchsberechtigt ist. Der Nachteil der russischen Regelung besteht darin, dass der Gesetzgeber kein Rechtsinstitut des Sprachkurses mit abschließendem Test eingeführt hat. Er verlangt nur einen Sprachtestnachweis, den man in der RF überall – auch auf dem freien Markt – erwerben kann. Zudem beschränkt der russische Gesetzgeber erheblich den begünstigten Personenkreis. Dies zeigt, dass diese Neuregelung im russischen Recht im Allgemeinen modifizierungsbedürftig ist. Vorzugswürdig erscheinen damit die deutschen Regeln zur verpflichtenden und berechtigten Teilnahme von Zuwanderern an einem Integrationskurs. Im deutschen Recht sind darüber hinaus die inhaltliche Gestaltung, die Kosten, die Finanzierung des Integrationskurses, die Sanktionen bei Nichtteilnahme am Sprachkurs und der begünstigte Personenkreis umfangreich und im Einzelnen geregelt. Damit wurde ein wichtiges Instrument für die Eingliederung von Zuwanderern in die deutsche Gesellschaft geschaffen, denn zunächst sind die Sprachkenntnisse des Aufnahmelandes bei der Integration der Zuwanderer von außerordentlicher Bedeutung. Die Sprachkenntnisse haben – wie ausgeführt[1317] – eine Schlüsselrolle bei der erfolgreichen Integration. Die Sprache ist als wichtigste Kommunikationsform des Menschen, sozusagen die Brücke zur neuen Gesellschaft, zur Kultur und Struktur des Aufnahmelandes. Von den sprachlichen Kenntnissen hängt stark ab, ob die Zuwanderer in allen Lebensbereichen: auf dem Arbeitsmarkt, im Bildungswesen und in der Politik – erfolgreich eingegliedert werden oder nicht. Deshalb müssen beide Länder darauf einen besonderen Wert legen. Vorzuschlagen ist darüber hinaus für beide Rechtsordnungen, die Sprache des Landes den zugewanderten Kindern möglichst frühzeitig im vorschulischen Raum (Kindertagesstätten) und in der Schule (insbesondere in der Grundschule) in Form eines (zusätzlichen) Pflichtfaches zu unterrichten.

Viertens fällt bei der Beschulung der Zuwandererkinder in den öffentlichen Schulen beider Länder ein bedeutender Unterschied zwischen den Schulsystemen und den Inhalten der Beschulung auf. Im Gegensatz zu Russland hat Deutschland bei der Beschulung der Zuwandererkinder ein vergleichsweise hohes Niveau erreicht. So wird in Deutschland ein besonderer Wert auf die vorschulische und bildungsbegleitende Sprachförderung, auf die vorschulische Beratung und Förderung sowie die frühzeitige Feststellung des Sprachstandes der eingeschulten Kinder gelegt. Die Schwäche des russischen Systems liegt hingegen darin, dass hier anders als im deutschen Recht generell eine Regelung zur Sprachförderung oder Verpflichtung zum Erlernen der russischen Sprache für die Zuwandererkinder fehlt.

1317 Siehe Kap. 2 A.

Die Zuwandererkinder werden damit in der RF weder vor der Einschulung noch in den öffentlichen Schulen – mit Ausnahme von einigen öffentlichen Schulen in den Großstädten – sprachlich gefördert. Dies führt dazu, dass sie wegen des Sprachmangels große Bildungsdefizite aufweisen, die die Realisierung des allgemeinen Bildungsprogramms in vollem Umfang erschweren. Es gibt im russischen Recht auch kein ausgearbeitetes Bildungsprogramm für zugewanderte Kinder. Diese Probleme könnte der Gesetzgeber dadurch lösen, dass er die zugewanderten Kinder verpflichtet, Russisch zu lernen und den Staat verpflichtet, dies vielseitig zu unterstützen. Dafür sollen in den Kindergärten und in den öffentlichen Schulen Russlands unterschiedliche Tests, Sprachkurse und unterstützender Zusatzunterricht in verschiedenen Lehrfächern angeboten werden. Kosten und Finanzierung sollen vom Gesetzgeber transparent geregelt werden.

Im Gegensatz zum russischen Recht weist das deutsche Recht in der Struktur des Bildungssystems einige Mängel auf, die die Integration der zugewanderten Kinder beeinträchtigen. Aufgrund des relativ kompliziert ausgestalteten deutschen Bildungssystems –in dem die Schule als eine Instanz für Schülerselektion hervortritt, die die Ursache der Aussonderung vor allem beim Übergang vom Primär- zum Sekundärbereich bildet – lassen sich nach wie vor Bildungsdefizite von zugewanderten Kindern feststellen. Auch im Vergleich zu anderen Einwanderungsländern sind die Disparitäten zwischen zugewanderten und deutschen Schülern in der BRD groß. Auch die Verteilung auf die Schulformen zeigt erhebliche Unterschiede zwischen deutschen und ausländischen Schülern. Da wird die Reformbedürftigkeit des deutschen Schulsystems überdeutlich. Man könnte hier ein einheitliches Bildungssystem wie in Russland empfehlen.

Fünftens zeigt der zusammenfassende Vergleich des deutschen und russischen Rechts die wesentlichen Unterschiede im Arbeitsmarktbereich. Obwohl die Grundrechte der Arbeits- und Berufsfreiheit in den Verfassungen beider Rechtsordnungen unterschiedlich geregelt sind (s. o.), haben die Zuwanderer in beiden Ländern einen angemessenen Zugang zum Arbeitsmarkt. Ein deutlicher Unterschied besteht darin, dass das russische Recht anders als das deutsche für die Erteilung einer Einladung zur Aufnahme der Erwerbstätigkeit und einer Arbeitserlaubnis die sog. *Quote* oder das *Patent* verlangt, die in der Praxis unterschiedliche Bedeutungen haben (s. o.). Weitere Unterschiede bestehen bei der Hochqualifizierten-Regelung. Zu bemängeln ist im russischen Recht, dass Hochqualifizierte und ihre Familienangehörigen nur einen kurzfristigen Aufenthaltstitel erhalten, der von ihren Arbeits- und Zivilverträgen abhängig ist und ihnen keine langfristige Perspektive bietet. Es gibt keine der „Blue Card" oder „Green Card" entsprechende Rechtsinstrumentarien. Dies wirkt sich auf die Anwerbung von Hochqualifizierten ins Land nachteilig aus. In diesem Bereich bedarf es daher einer Ergänzung des AuslG. Als positiv zu bewerten ist, dass im russischen Recht – im Unterschied zum deutschen Recht – Hochqualifizierte in der RF zahlreiche Privilegien haben (s. o.). Die Norm des Art. 13.2 i. V. m. Art. 13 Abs. 4.5 AuslG tritt aber mit dem Gleichheitsgrundsatz des Art. 19 Abs. 2 VerfRF in Kollision. Andererseits ist ohne die entsprechenden Instrumentarien eine Anwerbung von Fachkräften für Russland fragwürdig. Im deutschen Recht kann man trotz des Vorhandenseins der Blauen-Karte-EU die Regelung der Hochqualifizierten auch nicht als effektiv bezeichnen, solange die Möglichkeit für ihre langfristige Beschäftigung in Deutschland nicht besteht. Auf Dauer haben die kurzfristigen Verträge auf dem deutschen Arbeitsmarkt zur Auswanderung von Hochqualifizierten in andere Länder geführt.

Weitere Lücken im russischen Recht bestehen in der fehlenden Regelung zur Arbeitsaufnahme für bestimmte Zuwanderergruppen wie Hochschulabsolventen und Wissenschaftler und im beschränkten Zugang zum Arbeitsmarkt für ausländische Studierende. Im deutschen Recht wurden hingegen mit der letzten Modifizierung des Zuwanderungsgesetzes verbesserte Möglichkeiten für Absolventen und Studierende geschaffen – Zustimmungsfreiheit, Zugang zu selbstständigen Tätigkeiten und Verlängerung der Arbeitssuchphase. Es fehlt noch ein verbesserter Zugang zu Finanzierungsmöglichkeiten.

Sechstens unterscheiden die beiden Rechtsordnungen zwischen Anerkennung und Nichtanerkennung ausländischer Hochschul- und Bildungsabschlüsse. Während das russische Recht die Nostrifizierung – also eine volle Anerkennung eines ausländischen Studien- und Promotionsabschlusses – kennt, und in diesem Bereich weitaus offener ist als das deutsche, ist die Nichtanerkennung ausländischer Hochschul- und Bildungsabschlüsse im deutschen Recht mit zahlreichen Problemen verbunden. Allerdings ist im deutschen Recht mit dem Inkrafttreten des Anerkennungsgesetzes 2012 eine bundeseinheitliche Anerkennungsregelung ausländischer Berufsqualifikationen geschaffen, die für bundesrechtlich geregelte Berufe eine Teil- und Vollanerkennung ausspricht. Ein Meilenstein der Neuregelung ist die Einführung eines allgemeinen Anspruchs auf ein Bewertungsverfahren. Für Berufe, die sich in der Länderkompetenz befinden, sollen die Bundesländer (mit Ausnahme von fünf Ländern, die bereits die Regelung umgesetzt haben) Länderregelungen zur Anerkennung erlassen. Trotz der neuen Rechtslage bestehen im deutschen Recht weiter Einschränkungen zur Anerkennung einiger Berufe. Für die erfolgreiche Integration von Zuwanderern bedarf es daher perspektivisch Erleichterungen im Anerkennungsverfahren bei Weiterbildungs- oder Weiterqualifizierungsmodellen.

Siebtens muss auf die erhebliche Lückenhaftigkeit des Antidiskriminierungsrechts in der RF hingewiesen werden: Die vorhandenen Vorschriften hinsichtlich des Diskriminierungsverbotes im Arbeitsbereich sind unvollkommen und unzureichend und bedürfen einer weiteren Entwicklung und Vervollkommnung. Es fehlt im russischen Recht eine Legaldefinition des Begriffs „Diskriminierung". Ein spezielles Amt oder eine NGO als Ansprechpartner für die Benachteiligten existieren bisher nicht. Generell ist das Problem der Nichtdiskriminierung aufgrund von Herkunft, Sprache, Religion und Rasse nicht erforscht, vor allem in Bezug auf die Zuwanderer in der RF. Bei seiner weiteren Entwicklung soll das russische Antidiskriminierungsrecht alle o. g. Punkte umfassen, um Zuwanderern einen effektiven Rechtsschutz gegen jegliche Diskriminierung zu gewährleisten.

Als *achter* Punkt ist zu nennen, dass das russische Recht im Vergleich mit dem deutschen Recht Zuwanderern mit einem ständigen Wohnsitz in der RF und einer

Wohnerlaubnis das aktive und passive Wahlrecht an den Kommunalwahlen und die Teilnahme an örtlichen Referenden gewährt, sofern dies in den föderalen Gesetzen nicht anderes geregelt ist. Das deutsche Recht gewährleistet das Wahlrecht generell nur den Staatsbürgern – mit Ausnahme von EU-Ausländern, die seit 1992 das Kommunalwahlrecht in Deutschland besitzen. Allerdings wird Ausländern das Recht auf politische Betätigung in anderer Weise garantiert. Im Übrigen sind die politischen Rechte in beiden Rechtsordnungen gleich ausgestaltet.

Neuntens besteht ein wesentlicher Unterschied zwischen beiden Rechtsordnungen darin, dass in Russland – im Vergleich zu Deutschland – weder die Akzeptanz der Kultur und Struktur der Aufnahmegesellschaft noch die kulturelle Identität von Zuwanderern thematisiert werden. Wissenschaftlich werden bisher auch nur die Probleme von Zuwanderern der ersten Generation bearbeitet. Die Bewahrung der kulturellen Identität von Zuwanderern trotz der Integration in die Aufnahmegesellschaft ist daher eine Besonderheit der deutschen Rechtsordnung.

Literaturverzeichnis

Albrecht, Günter, Soziologie der geographischen Mobilität: zugleich ein Beitrag zur Soziologie des sozialen Wandels, 1972.

Alekseev, M. A., Gefährdet das Russland die chinesische Einwanderung? in: Weltwirtschaft und internationale Beziehungen, 2006, Nr. 12, S. 99. [Алексеев М. А. Угрожает ли России китайская миграция? (Территориальная безопасность и межэтнические отношения в Приморском крае) // Мировая экономика и международные отношения, 2006, № 12. Стр. 99].

Altmann, Werner (Hrsg.), Bilingualer Unterricht in Spanien und Deutschland: aktuelle Situation und methodische Ansätze, 1. Aufl. 2004.

Altrichter, Helmut, „Offene Großbaustelle Russland". Reflexionen über das „Schwarzbuch des Kommunismus", in: Vierteljahrshefte für Zeitgeschichte, Jahrgang 47, 1999, Heft 3, S. 321–361.

Alvarez, J. M., Comparison of academic aspirations and achievement in bilingual versus monolingual classrooms. Diss., University of Texas at Austin, Austin, 1975.

Alyabeva, Ekaterina, Über die Integration der Migranten in Sankt Petersburg, in: Expert-Nord-West, v. 12.12.2005. [Алябьева Е. Об интеграции мигрантов в Санкт-Петербурге // Газета „Эксперт Северо-Запад" от 12 декабря 2005 г.].

Angenendt Steffen /Kruse, Imke, Migrations- und Integrationspolitik in Deutschland 2002–2003: Der Streit um das Zuwanderungsgesetz, in: Bade, Klaus J. (Hrsg.), Migrationsreport 2004 – Fakten – Analysen – Perspektiven, 2004, S. 175–202.

Anger, Thorsten, Islam in der Schule: rechtliche Wirkungen der Religionsfreiheit und der Gewissensfreiheit sowie des Staatskirchenrechts im öffentlichen Schulwesen, 2003.

Avenarius, Hermann/Füssel, Hans-Peter, Schulrecht: ein Handbuch für Praxis, Rechtsprechung und Wissenschaft, 8. Aufl. 2010.

Bachof, Otto, Freiheit des Berufs, in: Bettermann, Karl-August/Nipperdey, Hans-Karl/Scheuner, Ulrich (Hrsg.), Die Grundrechte, Band III/1, 1958, S. 177 ff.

Bade, Klaus J., Ausländer, Aussiedler und Asyl, Eine Bestandsaufnahme, 1994.

Bade, Klaus J., Nachholende Integrationspolitik, in: ZAR 2005, S. 217–222.

Bade, Klaus J., Nationaler Integrationsplan und Aktionsplan Integration NRW: Aus Erfahrung klug geworden?, in: ZAR 2007, S. 307–315.

Baden, Christian/ Maßling, Andreas/Schubert, Frank/Zellmer, Norman, Russische Föderation – eine migrationspolitische Herausforderung, 2002.

Bähr, Jürgen, Weltweites Bevölkerungswachstum – Zur Anwendung des „Modells des demographischen Übergangs" auf die Länder der Dritten Welt, in: Geographie und Schule, 13 (69), 1991, S. 2–10.

Baker, Colin, Foundations of bilingual education and bilingualism, 4th edition, 2001.

BAMF (Hrsg.), Erfahrungsbericht: Integrationskurse verbessern, Stand: März 2007, 2007.

BAMF (Hrsg.), Projektjahrbuch 2009: Potenzialen nutzen – Integration fördern, Stand: 30.03.2010, 2010.

BAMF (Hrsg.), Bericht zur Integrationskursgeschäftsstatistik für das Jahr 2012, 2012.

BAMF (Hrsg.), Aktuelle Zahlen zu Asyl: Tabellen, Diagramme und Erläuterungen, Ausgabe: Oktober 2014.

BAMF (Hrsg.), Das Bundesamt in Zahlen 2013. Asyl, Migration und Integration, 2014.

Baraulina, Tatjana/Friedrich, Lena, Integrationspolitik im Wandel: Bedeutungsgewinn der Kommunen, in: ZAR 2008/9, S. 299–303.

Barchatova, Елена, Kommentar der Verfassung der RF, 2010.[Бархатова Е. Ю. Комментарий к Конституции Российской Федерации. – М.: „Проспект", 2010.].

Bauböck, Rainer, Integration von Einwanderern – Reflexionen zum Begriff und seinen Anwendungsmöglichkeiten, in: Waldrauch, Harald, Die Integration von Einwanderern: ein Index der rechtlichen Diskriminierung, 2001, S. 27–52.

Beck, Ulrich, Was ist Globalisierung? 2. Aufl. 2004.

Becker, Rolf/Beck, Michael, Migration, Sprachförderung und soziale Integration. Eine Evaluation der Sprachförderung von Berliner Schulkindern mit Migrationshintergrund anhand von ELEMENT – Panel – Daten, in: Becker, Rolf (Hrsg.), Integration durch Bildung: Bildungserwerb von jungen Migranten in Deutschland, 1. Aufl. 2011, S. 121–134.

Beckerath, Erwin v. (Hrsg.), Handwörterbuch der Sozialwissenschaften: zugleich Neuauflage des Handwörterbuchs der Staatswissenschaften, Band 11, 1961.

Beicht, Ursula/Granato, Mona, Übergänge in eine berufliche Ausbildung: Geringere Chancen und schwierige Wege für junge Menschen mit Migrationshintergrund, in: FES (Hrsg.), Übergänge in eine berufliche Ausbildung, WISO Diskurs, 2009.

Belkovez, V. V., Der Ausländer in der RF als Einzelunternehmer, in: Praxis und Verwaltung, 2010, Nr. 7, S. 10. [Белковец В. В. Иностранный гражданин в РФ в качестве индивидуального предпринимателя // Практика и бухгалтерия, 2010, № 7. Стр. 10.].

Berg, Wilfried, Grundrechtskonkurrenzen, in: Merten, Detlef/Papier, Hans-Jürgen (Hrsg.), Handbuch der Grundrechte in Deutschland und Europa, Band III: Grundrechte in Deutschland – Allgemeine Lehren II, 2009, § 71, S. 633–666.

Bergmann, Jan Michael, Staatsangehörigkeitsgesetz: Textausgabe mit ausführlichem Sachverzeichnis, 1. Aufl. 2009.

Berlit, Uwe, Eingliederungsvereinbarungen nach dem SGB II – Rechtsrahmen und Rechtsschutz, in: Sozialrecht aktuell 2006/2, S. 41–50.

Bibliographisches Institut & F. A. Brockhaus AG (Hrsg.), Brockhaus-Enzyklopädie: in 24 Bänden, Band 10, 19. Aufl. 1991.

Bibliographisches Institut Mannheim (Hrsg.), Meyers enzyklopädisches Lexikon: in 25 Bänden, Band 12, 1974.

Bickenbach, Christian, Rudolf Smend – Grundzüge der Integrationslehre, in: JuS 2005/7, S. 588–591.

Bielefeldt, Heiner, Einbürgerungspolitik in Deutschland. Zur Diskussion über Leitkultur und Staatsbürgerschaftstests, 2006.

Bilgü, Ilhan, Wieder der islamische Religionsunterricht, in: Das islamische Portal, v. 01.04.2011.

Birg, Herwig, Demographisches Wissen und politische Verantwortung – Überlegungen zur Bevölkerungsentwicklung Deutschlands im 21.Jahrhundert, in: ZAR 1999, S. 195–199.

Bleckmann, Albert, Staatsrecht II – Die Grundrechte, 4. Aufl. 1997.

BMBF (Hrsg.), Erläuterungen zum Anerkennungsgesetz des Bundes, Stand: 15.03.2012, 2012.

BMBF, (Hrsg.), Anerkennung ausländischer Berufsqualifikationen, 2013.

BMI (Hrsg.), Evaluation der Integrationskurse nach dem Zuwanderungsgesetz. Abschlussbericht und Gutachten über Verbesserungspotenziale bei der Umsetzung der Integrationskurse, 2006.

BMI (Hrsg.), Migrationsbericht des Bundesamtes für Migration und Flüchtlinge im Auftrag der Bundesregierung. Migrationsbericht 2005, 1. Aufl. 2005.

BMI (Hrsg.), Migrationsbericht des Bundesamtes für Migration und Flüchtlinge im Auftrag der Bundesregierung. Migrationsbericht 2006, 1. Aufl. 2007.

BMI (Hrsg.), Migrationsbericht des Bundesamtes für Migration und Flüchtlinge im Auftrag der Bundesregierung. Migrationsbericht 2008, 1. Aufl. 2010.

BMI (Hrsg.), Migrationsbericht des Bundesamtes für Migration und Flüchtlinge im Auftrag der Bundesregierung. Migrationsbericht 2010, 1. Aufl. 2012.

BMI (Hrsg.), Migrationsbericht des Bundesamtes für Migration und Flüchtlinge im Auftrag der Bundesregierung. Migrationsbericht 2012, Stand: Januar 2014.

Bock, Wolfgang, Islam. Religionsunterricht? Rechtsfragen, Länderberichte, Hintergründe. 2007.

Bock, Wolfgang, Islamischer Religionsunterricht? 2006.

Böckenförde, Ernst-Wolfgang, Vorläufige Bilanz im Streit um das Schulgebet, in: DÖV 1974, S. 253.

Böckenförde, Ernst-Wolfgang, Zum Ende des Schulgebetstreits, in: DÖV 1980, S. 323.

Böhm, Manuela, Sprachenwechsel: Akkulturation und Mehrsprachigkeit der Brandenburger Hugenotten vom 17. bis 19. Jahrhundert, 2010.

Bommes, Michael/Schiffauer, Werner (Hrsg.), Migrationsreport 2006: Fakten – Analysen – Perspektiven, 2006.

Bondyreva S. K./Kolesov D. V., Migration (Wesen und Erscheinung), 2007. [Бондырева С. К., Колесов Д. В., Миграция (сущность и явление). – М. – Воронеж, 2007].

Bourdieu, Pierre, Ökonomisches Kapital, kulturelles Kapital, soziales Kapital, in: Kreckel, Reinhard (Hrsg.) „Soziale Ungleichheiten" (Soziale Welt Sonderband 2), 1983, S. 183–198.

Brain Waste (Hrsg.), Die Anerkennung von ausländischen Qualifikationen in Deutschland, 2007.

Breuer, Rüdiger, Freiheit des Berufs, in: Isensee, Josef/Kirchhof, Paul (Hrsg.), Handbuch des Staatsrechts der Bundesrepublik Deutschland, Band VIII, 3. Aufl. 2010, § 170, S. 63–170.

Brumlik, Micha, Wann ist muttersprachlicher Unterricht sinnvoll?, in: Erziehung und Wissenschaft, 2000, Heft 4 (April), S. 21.

Bryde, Brun-Otto, Die bundesrepublikanische Volksdemokratie als Irrweg der Demokratietheorie, in: Staatswissenschaft und Staatspraxis 5, 1994, S. 305–330.

Budzinski, Manfred, Die multikulturelle Realität: Mehrheitsgesellschaft und Minderheitenrechte, 1. Aufl., 1999.

Bundesregierung (Hrsg.), Der Nationale Integrationsplan. Neue Wege – Neue Chancen, Stand Juli 2007.

Bünte, Rudolf/Knödler, Christoph, Recht der Arbeitsmigration – die nicht selbstständige Beschäftigung ausländischer Arbeitnehmer nach dem Zuwanderungsgesetz, in: NZA 2008/13, S. 743–750.

Bürklin, Wilhelm, Integration durch Partizipation, in: Stiftung Gesellschaft für Rechtspolitik (Trier) und dem Institut für Rechtspolitik an der Universität Trier (Hrsg.), Bitburger Gespräche, Jahrbuch 2010/I, S. 43–54.

Cassin, Yurij, Transformation von Formen der Wahrnehmung anderer Kulturen im Prozess der kulturellen Kontakte, Diss., 2007. [Кассин Юрий Владленович. Трансформация способов восприятия чужих культур в процессе культурных контактов: на отечественном материале. Автореф. дисс., 2007].

Chirkov, S. A., Zu der Frage nach dem Recht auf die russische Rente für ausländische Bürger und Staatenlose, in: Arbeitsrecht, 2009, N 8, S. 45. [Чирков С. А. К вопросу о праве иностранных граждан и лиц без гражданства на российскую пенсию// Трудовое право, 2009, № 8. Стр. 45].

Cohen, Yinon/Haberfeld, Yitchak/Kogan, Irena, Jüdische Immigration aus der ehemaligen Sowjetunion, in: Kalter, Frank, Migration und Integration, Kölner Zeitschrift für Soziologie und Sozialpsychologie, Sonderheft 48, 2008, S. 185–201.

Cornils, Matthias, Allgemeine Handlungsfreiheit, in: Isensee, Josef/Kirchhof, Paul (Hrsg.), Handbuch des Staatsrechts der Bundesrepublik Deutschland, Band VII, 3. Aufl. 2009, § 168, S. 1155–1224.

Czermak, Gerhard, Der Kruzifix-Beschluss des BVerfG, seine Ursachen und seine Bedeutung, in: NJW 1995, S. 3348–3353.

Das Schulwesen in NRW aus quantitativer Sicht 2013/14. Statistische Übersicht Nr. 836–4. Auflage, November 2014.

Das Schulwesen in NRW aus quantitativer Sicht 2010/11. Statistische Übersicht 373–2. Auflage, April 2011.

De Wall, Heinrich, Zum Verfassungsstreit um den Religionsunterricht in Brandenburg, in: Zeitschrift für evangelisches Kirchenrecht 42, 1997, S. 353–371.

Degenhart, Christoph, Staatsrecht I: Staatsorganisationsrecht mit Bezügen zum Europarecht, 27. Aufl. 2011.

Delev, Dmitrij I., Verfassungsrechtliche Grundlage der Einschränkung der Rechte und Pflichten der Ausländer in der RF, Diss. 2008. [Делев Д. И. Конституционно-правовые основы ограничения прав и свобод иностранных граждан и лиц без гражданства в Российской Федерации. Дисс. 2008.].

Denisenko, Michail/Cheraeva, Olga/Chudinovskih, Olga, Migrationspolitik in der RF und in den westlichen Staaten, 2003. [Денисенко М. Б., Хараева О. А., Чудиновских О. С. Иммиграционная политика в Российской Федерации и странах Запада. – М., 2003.].

Denissova, Olga/Liachov, Aleksei, Russland wird Roma fördern, in: Radio Stimme Russlands v. 21.02.2013. [Денисова Ольга, Лиахов Алексей. Россия способствует адаптации цыган// Радио „Эхо России“ от 21 февраля 2013 г.].

Denninger, Erhard/Hoffmann-Riem, Wolfgang/Schneider, Hans-Peter/Stein, Ekkehard (Hrsg.), Kommentar zum Grundgesetz für die Bundesrepublik Deutschland (Alternativkommentar), Loseblattwerk, 3. Aufl. 2002.

Die Beschlüsse der KMK, in: Ständige Konferenz der Kultusminister der Länder, Sammlung der Beschlüsse der Ständigen Konferenz der Kultusminister der Länder in der BRD, Loseblattsammlung, 1963 ff., Bd. 1–5.

Diehl, Claudia/Blohm, Michael, Die Entscheidung zur Einbürgerung. Optionen, Anreize und identifikative Aspekte, in: Kalter, Frank (Hrsg.), Migration und Integration, Kölner Zeitschrift für Soziologie und Sozialpsychologie, Sonderheft 48/2008, S. 437–464.

Dietlein, Johannes, Berufs-, Arbeitsplatz- und Ausbildungsfreiheit, in: Stern, Klaus (Hrsg.), Das Staatsrecht der Bundesrepublik Deutschland, Band IV/1, 2006, § 111, S. 1757–1948.

Dittmann, Armin, Erziehungsauftrag und Erziehungsmaßstab der Schule im freiheitlichen Verfassungsstaat, in: VVDStRL, Band 54, 1995, S. 47–74.

Dochunaeva, Tatjana N., Bevölkerungsmigration, in: Arbeitsrecht, 2006, Nr. 7, S. 15. [Дохунаева Т. Н. Миграция населения// Трудовое право. 2006. № 7. Стр. 15].

Doehring, Karl, Die staatsrechtliche Stellung der Ausländer in der Bundesrepublik Deutschland, in: VVDStRL, Band 32, 1974, S. 7–48.

Dolde, Klaus-Peter, Die politischen Rechte der Ausländer in der Bundesrepublik, 1972.

Dörre, Tanja, Anmerkung zu BVerfGE: BGH-Urteil „Le Corbusier" ist verfassungskonform, in: GRUR-Prax 2011, S. 454.

Drahn, Ernst, Russische Emigration. Eine kulturstatistische Studie, in: Zeitschrift für die gesamte Staatswissenschaft, 89. 1930, S. 124–130.

Dreier, Horst (Hrsg.), Grundgesetz-Kommentar, Bände I-III, 3. Aufl. 2013.

Eckardt, Ann-Kathrin, Deutschlands vergessene Kinder, in: Süddeutsche Zeitung v. 21.10.2008.

Eichenhofer, Eberhard, Die sozialrechtliche Stellung von Ausländern aus Nicht-EWR- und Nicht-Abkommensstaaten, in: ZAR, 1996, S. 62–70.

Eichenhofer, Johannes, Begriff und Konzept der Integration im Aufenthaltsgesetz, Schriften zum Migrationsrecht, Bd. 11, 1. Aufl. 2013.

Eicher, Wolfgang/Spellbrink, Wolfgang, Sozialgesetzbuch II: Grundsicherung für Arbeitssuchende: Kommentar, 3. Aufl. 2013.

Engelmann, Klaus/Wulffen, Matthias v., Sozialgesetzbuch: zehntes Buch Sozialgesetzbuch – Sozialverwaltungsverfahren und Sozialdatenschutz – (SGB X), Kommentar, 7. Aufl. 2010.

Epping, Volker, Grundrechte, 5. Aufl. 2012.

Erichsen, Hans-Uwe, Allgemeine Handlungsfreiheit, in: Isensee, Josef/Kirchhof, Paul (Hrsg.), Handbuch des Staatsrechts der Bundesrepublik Deutschland, Band VI, 2. Aufl. 2001, § 152, S. 1185–1220.

Esser, Hartmut, Ethnische Konflikte und Integration, in: Robertson-Wensauer, Caroline Y. (Hrsg.), Multikulturalität-Intekulturalität? Probleme und Perspektive der multikulturellen Gesellschaft, 2. Aufl. (2000), S. 37–70.

Esser, Hartmut, Ethnische Ressourcen. Das Beispiel der Bilingualität, in: Berliner Journal für Soziologie, 2006, 16, S. 89–104.

Esser, Hartmut, Inklusion, Integration und ethnische Schichtung, in: Journal für Konflikt- und Gewaltforschung, Heft 1/1999, S. 5–34.

Esser, Hartmut, Integration und ethnische Schichtung, Arbeitspapiere – Mannheimer Zentrum für Europäische Sozialforschung, Nr. 40, 2001.

Esser, Hartmut, Integration, Assimilation und „plurale Gesellschaft", in: Hohn, Charlotte/Rein, Detlev B. (Hrsg.), Ausländer in der Bundesrepublik Deutschland. Schriftenreihe des Bundesinstituts für Bevölkerungsforschung, Bd. 20, 1990, S. 15–31.

Esser, Hartmut, Nur eine Frage der Zeit? Zur Eingliederung von Migranten im Generationen-Zyklus und zu einer Möglichkeit, Unterschiede hierin zu erklären, in: Esser, Hartmut/Friedrichs, Jürgen (Hrsg.), Generation und

Identität: theoretische und empirische Beiträge zur Migrationssoziologie, 1990, S. 3–100.

Esser, Hartmut, Soziologie. Allgemeine Grundlagen, 1993.

Esser, Hartmut, Spracherwerb und Einreisealter: Die schwierigen Bedingungen der Bilingualität, in: Kalter, Frank (Hrsg.), Migration und Integration, Kölner Zeitschrift für Soziologie und Sozialpsychologie. Sonderheft 48/2008, S. 202–229.

Feldgen, Dagmar, Das neue Ausländerbeschäftigungsrecht – Zugang zum Arbeitsmarkt für Drittstaatsangehörige, in: Barwig, Klaus/Beichel-Benedetti, Stephan/Brinkmann, Gisbert, Perspektivwechsel im Ausländerrecht? Rechtskonflikte im Spiegel politischer und gesellschaftlicher Umbrüche in Deutschland und Europa, 20. Jahre Hohenheimer Tage zum Ausländerrecht, 2007, S. 393–424.

Feldgen, Dagmar, Das neue Ausländerbeschäftigungsrecht – Zugang zum Arbeitsmarkt für Drittstaatsangehörige, in: ZAR, 2006, 168–184.

Flume, Werner, Das „Kruzifixurteil" und seine Berichtigung, in: NJW 1995, S. 2904–2905.

Franz, Einiko B. Der Abschluss eines Aufhebungsvertrags – Schutz des Arbeitnehmer-Verbrauchers und seine Grenzen, 1. Aufl. 2006.

Franz, Fritz, Der Gesetzesentwurf der Bundesregierung zur Neuregelung des Ausländerrechts, in: ZAR 1990, 3–10.

Fritzsch, Falk, Zum Verhältnis von Aufenthaltsgesetz und Europäischer Menschenrechtskonvention, insbesondere zur Auslegung des § 1 I S. 5 Aufenthaltsgesetz, in: VBlBM 2005, S. 378–381.

Gagel, Alexander/Bieback, Karl-Jürgen/Knickrehm, Sabine, Sozialgesetzbuch II, Sozialgesetzbuch III: Grundsicherung für Arbeitsförderung. Kommentar, 1. Aufl. 2012.

Galiachmetova, Klara D./Suchareva-Krylova, E. A., Das Prinzip der Auswahl im verfassungsrechtlichen Regulierungssystem der Migration in der RF, in: Das moderne Recht, 2011, Nr. 8, S. 60–63. [Галиахметова К. Д., Сухарева-Крылова Е. А. Принцип избирательности в системе конституционно-правового регулирования миграции в РФ // Современное право. – М.: Новый Индекс, 2011, № 8. – С. 60–63.].

Georgi, Viola, Zur Vielfalt multikultureller Gesellschaftsentwürfe, in: Kiesel, Doron/Messerschmidt, Astrid /Scherr, Albert (Hrsg.), Die Erfindung der Fremdheit. Zur Kontroverse um Gleichheit und Differenz im Sozialstaat, Arnoldshainer Interkulturelle Diskurse 2, 1. Aufl. 1999, S. 123–144.

Gieler, Wolfgang, Handbuch der Ausländer- und Zuwanderungspolitik: von Afghanistan bis Zypern, 2003.

Glazyrin, Victor V., Die Arbeit der Ausländer in Russland, 1997.[Глазырин В. В. Труд иностранцев в России, М., 1997].

Glotz, Peter/Faber, Klaus, Grundgesetz und Bildungswesen (Richtlinien und Grenzen des Grundgesetzes für das Bildungswesen) in: Benda, Ernst/Maihofer, Werner/Vogel, Klaus (Hrsg.), Handbuch des Verfassungsrechts der Bundesrepublik Deutschland, 2. Aufl. 1994, § 28, S. 1363–1424.

Gogolin Ingrid/Neumann Ursula, Streitfall Zweisprachigkeit – The Bilingualism Controversy, 2009.

Grafova, Lydia, Einwanderung: Katastrophe oder Rettung?, in: Mensch und Arbeit, 2002, Heft 7, S. 17.[Графова Л. Миграция: беда или спасение? // Человек и труд, 2002, № 7б Стр. 17.].

Grawert, Wolf, Staatsvolk und Staatsangehörigkeit, in: Isensee, Josef/Kirchhof, Paul, Handbuch des Staatsrechts der Bundesrepublik Deutschland, Band II, 3. Aufl. 2004, § 16, S.107–141.

Griesbeck, Michael, Das Bundesamt für Migration und Flüchtlinge, in: ZAR 2002/9, S. 303–306.

Groenendijk, Kees, Rechtliche Konzepte der Integration im EG-Migrationsrecht, in: ZAR 2004, S. 123–130.

Groll, Verena, Migration und Partizipation in Österreich. Die Wahrnehmung von Migration und WählerInnen mit Migrationshintergrund durch die österreichischen Parteien, 2010.

Groß, Thomas, Das deutsche Integrationskonzept – vom Fördern zum Fordern?, in: ZAR 2007, S. 315–319.

Grumann, Marc-Olaf, Die Verfassungskonformität eines kommunalen Ausländerwahlrechts ausschließlich für ausländische Unionsbürger i. S. d. Art. 8 b I EGV – Rechtsfolgen im Hinblick auf die Umsetzung der Richtlinie 94/80/EG insbesondere in Hessen, Diss. 1996.

Gudkov, Lev, Das leere Land, in: Novaya Gazeta, Nr. 28 (1777), 12.07.2011. [Гудков Лев. Пустая страна // Газета „Новая газета“ от 12 июля 2011 г., № 28 (1777).].

Gugenberger, Eva, Einflussfaktoren auf Migrantensprachen. Bausteine für ein migrationslinguistisches Modell, in: Erfurt, Jürgen/Budach, Gabriele/Hofmann, Sabine (Hrsg.), Mehrsprachigkeit und Migration. Ressourcen sozialer Identifikation, 2003, S. 37–62.

Gutmann, Rolf, Fehlerhafte Umsetzung von Richtlinien, in: InfAuslR 2006, S. 165–167.

Haase, Florian F., Einführung in die Methodik der Rechtsvergleichung, in: JA 2005, Heft 3, S. 233–237.

Habermas, Jürgen, Anerkennungskämpfe im demokratischen Rechtsstaat, in: Taylor, Charles, Multikulturalismus und die Politik der Anerkennung, 1993, S. 147–196.

Hagedorn, Heike, Wer darf Mitglied werden? Einbürgerungen in Deutschland und Frankreich im Vergleich, 2001.

Hailbronner, Kay, Asyl- und Ausländerrecht, 3. Aufl. 2013.

Hailbronner, Kay, Der Gesetzentwurf der Bundesregierung zur Neuregelung des Ausländerrechts, in: ZAR 1990, S. 56–62.

Hailbronner, Kay, Die Neuregelung des Ehegattennachzugs im Kreuzfeuer des Verfassungs- und Europarechts, in: FamRZ 2008, S. 1583–1589.

Hailbronner, Kay, Freizügigkeit, in: Isensee, Josef/Kirchhof, Paul (Hrsg.), Handbuch des Staatsrechts der Bundesrepublik Deutschland, Band VII, 3. Aufl. 2009, § 152, S. 309–367.

Hailbronner, Kay, Die Rechtsstellung von Ausländern in der Bundesrepublik Deutschland, in: Frowein, Jochen Abr./Stein, Torsten (Hrsg.), Die Rechtsstellung von Ausländern nach staatlichem Recht und Völkerrecht, 1987, S. 323–395.

Hailbronner, Kay, Integration und Staatsangehörigkeit, in: Stiftung Gesellschaft für Rechtspolitik, Institut für Rechtspolitik an der Universität Trier (Hrsg.), Bitburger Gespräche: Jahrbuch 2010/I, 2010, S. 55–63.

Hailbronner, Kay, Ausländer- und Asylrecht: Vorschriftensammlung, 3. Aufl. 2008.

Hailbronner, Kay/Kau, Marcel, Der Staat und der Einzelne als Völkerrechtssubjekte, in: Vitzthum, Wolfgang Graf (Hrsg.), Völkerrecht, 6. Aufl. 2013, S. 139–243.

Hailbronner, Kay/Renner, Günther/Maaßen, Hans-Georg, Staatsangehörigkeitsrecht. Kommentar, 5. Aufl. 2010.

Heckel, Martin, Religionskunde im Lichte der Religionsfreiheit. Zur Verfassungsmäßigkeit des LER-Unterrichts in Brandenbrug, in: ZevKR 44, 1999, S. 147–225.

Heckel, Martin, Religionsunterricht für Muslime?, in: Heckel, Martin, Gesammelte Schriften: Staat, Kirche, Recht, Geschichte, Band V, 2004, S. 579–607.

Heckel, Martin, Religionsunterricht in Brandenburg, 1998.

Heckel, Martin, Unterricht in Islam an deutschen Schulen – seine Gründe und Formen, Voraussetzungen und Grenzen, in: RdJB 2004, S. 39–53.

Heckmann, Friedrich, Ethnische Minderheiten, Volk und Nation, Soziologie inter-ethnischer Beziehungen, 1992.

Heimann, Hans Marcus, Materielle Anforderungen an Religionsgemeinschaften für die Erteilung schulischen Religionsunterrichts, in: Haratsch, Andreas (Hrsg.), Religion und Weltanschauung im säkularen Staat, 2001, S. 81–100.

Heitmeyer, Wilhelm, Gesellschaftliche Integration, Anomie und ethnisch-kulturelle Konflikte, in: Imbusch, Peter/Heitmeyer, Wilhelm (Hrsg.), Integration-Desintegration, Ein Reader zur Ordnungsproblematik moderner Gesellschaften, 1. Aufl. 2008, S. 571–590.

Heitmeyer, Wilhelm, Was treibt die Gesellschaft auseinander? Bundesrepublik Deutschland: Auf dem Weg von der Konsens- zur Konfliktgesellschaft, Band 1, 2004.

Herbert, Ulrich, Geschichte der Ausländerpolitik in Deutschland: Saisonarbeiter, Zwangsarbeiter, Gastarbeiter, Flüchtlinge, 2003.

Herwartz-Emden, Leonie, MigrantInnen im deutschen Bildungssystem, in: Bildungsministerium für Bildung und Forschung (Hrsg.), Bildungsreform, Band 14, 2007, S. 7–24.

Hirsch, Günther, Die Rechtsprechung des Europäischen Gerichtshofs zu Assoziierungsabkommen, in: BayVBl. 1997, S. 449–453.

Höfling, Wolfram, Elternrecht, in: Isensee, Josef/Kirchhof, Paul (Hrsg.), Handbuch des Staatsrechts der Bundesrepublik Deutschland, Band VII, 3. Aufl. 2009, § 155, S. 477–520.

Hofmann, Rainer M./Hoffmann, Holger (Hrsg.), Ausländerrecht. Aufenthaltsgesetz/ Freizügigkeitsgesetz/ Asylverfahrensgesetz/ Staatsangehörigkeitgesetz. Handkommentar, 1. Aufl. 2008.

Hoffmann-Nowotny, Hans-Joachim, Chancen und Risiken multikultureller Einwanderungsgesellschaften, Schweizerischer Wissenschaftsrat, Nr. 119, 1992.

Hoffmann-Nowotny, Hans-Joachim, Soziologische Aspekte der Multikulturalität, in: Bade, Klaus J. (Hrsg.), Migration-Ethnizität-Konflikt: Systemfragen und Fallstudien, 1996, S. 103–126.

Hoffmann-Nowotny, Hans-Joachim/Hondrich, Karl Otto (Hrsg.), Ausländer in der Bundesrepublik Deutschland und in der Schweiz – Segregation und Integration. Eine vergleichende Untersuchung, 1982.

Hoffmann-Nowotny, Hans-Joachim, Weltmigration und multikulturelle Gesellschaft. Begriffliche, theoretische und praktische Überlegungen, in: Robertson-Wensauer, Caroline Y. (Hrsg.), Multikulturalität-Interkulturalität? Probleme und Perspektiven der multikulturellen Gesellschaft. 2. Aufl. 2000, S. 71–90.

Hollerbach, Alexander, Freiheit kirchlichen Wirkens, in: Isensee, Josef/Kirchhof, Paul (Hrsg.), Handbuch des Staatsrechts der Bundesrepublik Deutschland, Band VI, 2. Aufl. 2001, § 140, S. 595–633.

Hopf, Dieter, Zweisprachigkeit und Schulleistung bei Migrantenkindern, in: Zeitschrift für Pädagogik, 51(2), 2005, S. 236–242.

Huber, Bertold, Die geplante ausländerrechtliche Pflicht zur Teilnahme an Integrationskursen, in: ZAR 2004, S. 86–92.

Huber, Wolfgang, Verschieden und doch gleich, in: FAZ v. 22.01.2011.

Hufen, Friedhelm, Privatschulgarantie als verfassungsrechtliche Konkretisierung von Elternrechten, Rechtsprechungsübersicht zu BVerwG, Beschl. v. 15.11.1991–6 B 16/91, in: JuS 1993, S. 156–157.

Human Rights Watch (Hrsg.), Ausnutzung von Arbeitsmigranten im russischen Bausektor, 2009.

Hunger, Uwe, Schulerfolg und bildungspolitische Integrationsmodelle im Vergleich der Zuwanderungsnationalitäten und Bundesländer, Vortrag auf der internationalen Fachtagung „Zweisprachigkeit, Schulerfolg und gesellschaftliche Integration" des Landesinstituts für Schule und Weiterbildung, Soest, 27.10–29.10.1999.

Hurrelmann, Klaus, Einführung in die Sozialisationstheorie, 9. Aufl. 2006.

Hussner, Manja, Die Umsetzung von Art. 6 Abs. 3 EMRK in der neuen Strafprozessordnung Russlands, 2008.

Ilichev, Georgiy/Kolesnikov, Andrey, Anatoliy Vishnevskiy: „Wir müssen auf die Migrantenkinder hoffen", in: Nowaja gazeta, Nr. 118, v. 22.10.2010.[Ильичев Георгий, Колесников Андрей. Анатолий Вишневский: „Надо делать ставку на детей мигрантов" // Новая газета, № 118 от 22 октября 2010 г.].

Imbusch, Peter, Konzeptionen sozialer Integration, Einführung, in: Imbusch, Peter/Heitmeyer, Wilhelm (Hrsg.), Integration-Desintegration, Ein Reader zur Ordnungsproblematik moderner Gesellschaften, 1. Aufl. 2008, S. 121–127.

Inyshin, Valerij, Russische Emigration, in: Online-Zeitung „Polarstern" v. 26.01.2005. [Инюшин Валерий. Российская эмиграция // Интернет-газета „Полярная звезда" от 26 января 2005 г.].

IOM (Hrsg.), Migration Trends in Eastern Europe and Central Asia: 2001–2002 Rewiev, 2002, p. 119.

Ionzev, Vladimir A., Internationale Migration der Bevölkerung: Forschungstheorie und -geschichte, 1999. [Ионцев В. А. Международная миграция населения: теория и история исследования. – М.: Диалог-МГУ, 1999.].

Isensee, Josef, Die staatsrechtliche Stellung der Ausländer in der Bundesrepublik Deutschland, in: VVDStRL, Band 32, 1974, S. 49–106.

Isensee, Josef, Die Garantie des Religionsunterrichts im Grundgesetz, in: Bitter, Gottfried (Hrsg.), Religionsunterricht hat Zukunft, Kleine Bonner Theologische Reihe, 2000, S. 19–45.

Isensee, Josef, Gemeinwohl im Verfassungsstaat, in: Isensee, Josef/Kirchhof, Paul (Hrsg.), Handbuch des Staatsrechts der BRD, Band IV, 3. Aufl. 2006, § 71, S. 3–79.

Isensee, Josef, Staatsaufgaben, in: Isensee, Josef/Kirchhof, Paul (Hrsg.), Handbuch des Staatsrechts der Bundesrepublik Deutschland, Band IV, 3. Aufl. 2006, § 73, S. 117–160.

Isensee, Josef, Integration mit Migrationshintergrund: Verfassungsrechtliche Daten, in: JZ 7/2010, S. 317–327.

Ivakhnyuk, Irina, New Answers to Irregular Migration Challenges in Russia, in: ZAR 2008, S. 12–24.

Ivakhnyuk, Irina, The Russian Migration Policy and Its Impact on Human Development: The Historical Perspective, in: UNDP (Hrsg.), Human Development Research Paper 2009/14 (April 2009), S. 9–10.

IW Köln (Hrsg.), Deutschland in Zahlen, 2011.

Jarass, Hans D./Pieroth, Bodo, Grundgesetz-Kommentar, 13. Aufl. 2014.

Jestaedt, Matthias, Schule und außerschulische Erziehung, in: Isensee, Josef/ Kirchhof, Paul (Hrsg.), Handbuch des Staatsrechts der Bundesrepublik Deutschland, Band VII, 3. Aufl. 2009, § 156, S. 521–596.

Jochum, Heike, Integration und Recht, in: NJW 2004, Heft 4, S. 208.

Jülich, Christian, Das neue Schulgesetz NRW v. 15.02.2005, 3. Aufl. 2009.

Jurin, A, V. Migrationsprozesse in EU-Ländern und Möglichkeiten zu seiner Regulierung, Diss. 2011. [Юрин А. В. Миграционные процессы в странах ЕС и пути их регулирования. Автореф. дисс. – М., 2011.].

Kahl, Wolfgang, Sprache als Kultur- und Rechtsgut, in: VVDStRL, Bd. 65: Kultur und Wissenschaft, 2006, S. 386–469.

Kalinin, Alexander, Die Ausländer in Russland müssen Russisch lernen, in: www.ntv.ru, 01.12.2012.[Калинин Александр. У иностранцев в России появился новый стимул учить русский язык. НТВ-канал от 1 декабря 2012 г.].

Karpen, Ulrich, Kommunalwahlrecht für Ausländer, in: NJW 1989, S. 1012–1014.

Kau, Marcel, Sanktionsmöglichkeiten zur Durchsetzung von Integrationsanforderungen, in: ZAR 2007/5/6, S. 185–190.

Keck, Rudolf W./Rudolph, Margitta/Whybra, David/Wiater, Werner, Schule in der Fremde – Fremde in der Schule: Heterogenität, Bilingualität – kulturelle Identität und Integration, 2004.

Keim, Inken/Tracy, Rosemarie, Mehrsprachigkeit und Migration, in: Die Bürger im Staat, Heft 4, 2006.

Kersten, Jens, Segregation in der Schule, in: DÖV 2007, Januar, Heft 2, S. 50–57.

Khabriyeva, Taliya Y. Migrationsrecht der RF: Theorie und Praxis, 2008. [Хабриева Т. Я. Миграционное право России: теория и практика. – М.: Юридическая фирма „КОНТРАКТ", 2008.].

Kirchhof, Paul, Allgemeiner Gleichheitssatz, in Isensee, Josef/Kirchhof, Paul (Hrsg.), Handbuch des Staatsrechts der Bundesrepublik Deutschland, Band VIII, 3. Aufl. 2010, § 181, S. 697–838.

Kirchhof, Paul, Deutsche Sprache, in: Isensee, Josef/Kirchhof, Paul (Hrsg.), Handbuch des Staatsrechts der Bundesrepublik Deutschland, Band II, 3. Aufl. 2004, § 20, S. 209–258.

Kleff, Sanem, Modelle bilingualer Erziehung in Berlin, in: Landesgemeinschaft der Ausländerbehörde NRW (Hrsg.), Aus vielen Quellen schöpfen: Mehrsprachigkeit, religiöse und kulturelle Identität – eine Bereicherung für diese Gesellschaft, 1998, S. 65–77.

Klein, Eckart, Status des deutschen Volkszugehörigen und Minderheiten im Ausland, in: Isensee, Josef/Kirchhof, Paul, Handbuch des Staatsrechts der Bundesrepublik Deutschland, Band X, 3. Aufl. 2012, § 212, S. 225–264.

Klein, Eckart, Integration in Freiheit – Chancen und Hindernisse. Eine Einführung, in: Stiftung Gesellschaft für Rechtspolitik (Trier) und dem Institut für Rechtspolitik an der Universität Trier (Hrsg.), Bitburger Gespräche, Jahrbuch 2010/I, S. 11–17.

Klein, Eckart, Menschenwürde und Sprache, in: Grözinger, Karl E. (Hrsg.), Sprache und Identität im Judentum, 1998, S. 59–74.

Koch, Harald/Magnus, Ulrich/Winkler v. Mohrenfels, Peter, IPR und Rechtsvergleichung, 4. Aufl. 2010.

Kolb, Holger, Pragmatische Routine und symbolische Inszenierungen – Zum Ende der „Green Card", in: ZAR 2003, S. 231–235.

Köppe, Olaf, MigrantInnen zwischen sozialem Rechtsstaat und nationalem Wettbewerbstaat. Zur Bedeutung von Justiz und Politik bei der Vergabe von „bürgerlichen" und sozialen Rechten an MigrantInnen unter sich verändernden sozialen, politischen und ökonomischen Bedingungen, Diss., 2002.

Korioth, Stefan, Islamischer Religionsunterricht und Art. 7 Abs. 3 GG, in: NVwZ 1997, S. 1041–1045.

Kreß, Hartmut, Islamischer Religionsunterricht zwischen Grundsatzproblemen und neuen Rechtsunsicherheiten, in: ZRP 2010, S. 14–17.

Krüger-Potratz, Marianne, Bildungspolitik und Migration. Texte und Dokumente zur Beschulung ausländischer und ausgesiedelter Kinder und Jugendlicher 1950 bis 1999, 2 Bände, Interkulturelle Studien 31, 1999.

Kruschelnizkaya Olga/Tretyakova, Antonina, Wie kann man den Migrantenkindern helfen, in: Otechestvennye Zapiski, № 4 (18), 2004: Migration: eine Bedrohung oder ein Vorteil? [Крушельницкая Ольга, Третьякова Антонина. Как помочь детям мигрантов // Отечественные записки. 2004. № 4 (18): Миграция: угроза или благо?].

Kuczynski, Alexandra/Solka, Simone, Die Hochqualifiziertenrichtlinie, in: ZAR 2009, S. 219–229.

Kujbida, Artem, Ministerium für Bildung und Wissenschaften will die Unterrichtsmethodik des Russischen für nationale Minderheiten ändern, in: Izvestija, 18.10.2011.[Куйбида Артем. Минобрнауки хочет поменять методику преподавания русского национальным меньшинствам // Газета „Известия" от 18 октября 2011 г.].

Lämmermann, Falk, Einbürgerung – Aktuelle Entwicklungen und Perspektiven, in: ZAR 2009/09, S. 289–296.

Lang, Heinrich, Die Eingliederungsvereinbarung zwischen Autonomie und Bevormundung – Rechts- und Verfassungsfragen des SGB II, in: NZS 2006, S. 176–184.

Lange, Klaus, Grundrechtliche Besonderheiten in den Landesverfassungen, in: Merten, Detlef/Papier, Hans-Jürgen (Hrsg.), Handbuch der Grundrechte in Deutschland und Europa, Grundrechte in Deutschland, Band III, 2009, § 83, S. 1147–1183.

Langenfeld, Christine, Integration und kulturelle Identität zugewanderter Minderheiten: Eine Untersuchung am Beispiel des allgemeinbildenden Schulwesens in der Bundesrepublik Deutschland, 2001.

Langenfeld, Christine, Religiöse Freiheit – Gefahr oder Hilfe für die Integration?, in: Stiftung Gesellschaft für Rechtspolitik (Trier)/Institut für Rechtspolitik an der Universität Trier (Hrsg.), Bitburger Gespräche, Jahrbuch 2010/I, 2010, S. 83–98.

Lazarev, L., V./Zorkin, V., D. (Hrsg.), Kommentar der Verfassung der RF, 2010. [Лазарев Л. В., Зорькин В. Д., Комментарий к Конституции Российской Федерации. – М.: „Эксмо“, 2010.].

Li, Svetlana Y., Die Begriffe „Ausländer“, „ausländisches Element“, „ausländische Rechtsordnung“ in der russischen Gesetzgebung und ihre Anwendung im familienrechtlichen Bereich, in: Amtsblatt der Chabarovsker staatlichen Akademie für Wirtschaft und Recht, 2010, Nr. 2 (47), S. 60–65.[Ли, С. Ю. Понятия „иностранец“, „иностранный элемент“, „иностранный правопорядок“ в российском законодательстве и практика их применения к брачно-семейным отношениям // Вестник ХГАЭП, 2010, № 2 (47), Стр. 60–65.].

Liegmann, Gabriele, Kommunales Wahlrecht für Ausländer in den Bundesländern und Europa: Dokumentation und Stellungnahmen, 1990.

Lindner, Rainer, Raum ohne Volk?, in: FAZ v. 20.02.2009, Nr. 43.

Link, Christoph, Religionsunterricht, in: Listl, Joseph/Pirson, Dietrich (Hrsg.), Handbuch des Staatskirchenrechts der Bundesrepublik Deutschland, Band II, 2. Aufl. 1996, § 54, S. 439–509.

Link, Christoph, „LER“, Religionsunterricht und das deutsche Staatskirchenrecht, in: Bohnert, Joachim/Gramm,Christof/Kindhäuser, Urs/Lege, Joachim/Rinken, Alfred/Rodders, Gerhard (Hrsg.), Verfassung – Philosophie – Kirche. Festschrift für Alexander Hollerbach zum 70. Geburtstag, 2001, S. 747–769.

Link, Christoph, Stat Crux? Die “Kruzifix” – Entscheidung des Bundesverfassungsgerichts, in: NJW 1995, S. 3353–3357.

Löffler, Berthold, Integration in Deutschland, 2011.

Löhr, Julia, Harianto, Wijaya: „Ingenieurskunst lockt, Papierkram vertreibt“, in: FAZ v. 21.09.2010.

Lorenz, Dieter, Schulgebet und Toleranz, in: JuS 1974, S. 436–440.

Luft, Stefan, Staat und Integration – Zur Steuerbarkeit von Integrationsprozessen, in: soFid: Migration und ethnische Minderheiten, 2008/1.

Maas, Utz, Sprache und Sprachen in der Migrationsgesellschaft: Die schriftkulturelle Dimension, IMIS-Schriften Band 15, 2008.

Maaßen, Hans-Georg, Ausländerrecht, Gesetze und Verordnungen mit erläuternder Einführung, 12. Aufl. 2007.

Makarov, Alexander M., Allgemeine Lehren des Staatsangehörigkeitsrechts, 1962.

Makarov, Alexander Y., Die Besonderheiten ethnokultureller Akzeptanz von Migrantenkindern an den Moskauern Schulen, in: Demoskop Weekly, 2012, S. 94–101.[Макаров А. Я. Особенности этнокультурной адаптации детей-мигрантов в московских школах // Demoskop Weekly, 2012, стр. 94–101.].

Mansoor, Ali/Quillin, Bryce, Migration and remittances: Eastern Europe and the Former Soviet Union, Washington, D. C., 2006.

Markesinis, Basil, Rechtsvergleichung in Theorie und Praxis, 2004.

Markus, Frederic, Zuwanderung von Hochqualifizierten nach Deutschland und in die USA, 2011.

Marx, Reinhard, Handbuch zur Qualifikations-RL, Flüchtlingsanerkennung und subsidiärer Schutzstatus, 2009.

Marx, Reinhard, Kommentar zum Asylverfahrensgesetz, 8. Aufl. 2014.

Maunz, Theodor/Dürig, Günter (Hrsg.), Grundgesetz: Kommentar, Loseblattwerk, Stand: Lfg. 67, 2012.

Metelev, S. E., Internationale Arbeitsmigration und illegale Migration in Russland, 2006.[Метелев С. Е. Международная трудовая миграция и нелегальная миграция. - М., 2006.].

Meyer, Hans, Wahlgrundsätze, Wahlverfahren, Wahlprüfung, in: Isensee, Josef//Kirchhof, Paul (Hrsg.), Handbuch des Staatsrechts der Bundesrepublik Deutschland, Band III, 3. Aufl. 2005, § 46, S. 521–542.

Mickel, Wolfgang W./Bergmann, Jan, Handlexikon der Europäischen Union, 4. Aufl. 2012.

Micksch, Jürgen, Kulturelle Vielfalt statt nationaler Einfalt. Eine Strategie gegen Nationalismus und Rassismus, 1989.

Mintzel, Alf, Multikulturelle Gesellschaften in Europa und Nordamerika, Konzepte, Streitfragen, Analysen, Befunde, 1. Aufl. 1997.

Mostozkiy, Philipp, In Sankt-Petersburg sind 50% der Erstklässler Kinder von Migranten, in: Informationsagentur „Rosbalt“, v. 17.10.2005, zu finden ist auch unter: http://www.contrtv.ru.[Мостоцкий Филипп. В Санкт-Петербурге 50 % первоклассников – дети мигрантов // Информационное агентство

„Росбалт“ от 17 октября 2005 г. Также в онлайн версии: http://www.contrtv.ru.].

Muckel, Stefan, Islamischer Religionsunterricht und Islamkunde an öffentlichen Schulen in Deutschland, in: JZ 2001, S. 58–65.

Mückl, Stefan, Freiheit kirchlichen Wirkens, in: Isensee, Josef//Kirchhof, Paul (Hrsg.), Handbuch des Staatsrechts der Bundesrepublik Deutschland, Band VII, 3. Aufl. 2009, § 161, S. 831–873.

Münch, Richard, Elemente einer Theorie der Integration moderner Gesellschaften. Eine Bestandsaufnahme, in: Berliner Journal für Soziologie, 5. Jahrgang, 1995, S. 5–24.

Münch, Richard, Soziologische Theorie, Band 3: Gesellschaftstheorie, 2004.

Münch, Ingo von/Kunig, Philip (Hrsg.), Grundgesetz-Kommentar, 6. Aufl. 2012.

Murav'ev, Aleksey/Schahnovich, Marianna, Die Religion in der gegenwärtigen russischen Schule, in: Otechestvennye Zapiski, № 4 (49) 2012.[Муравьев Алексей, Шахнович Марианна. Религия в современной российской школе // Отечественные записки, 2012, № 4 (49)].

Murswiek, Dietrich, Schutz der Minderheiten in Deutschland, in: Isensee, Josef//Kirchhof, Paul (Hrsg.), Handbuch des Staatsrechts der Bundesrepublik Deutschland, Band X, 3. Aufl. (2012), § 213, S. 265–296.

Nasyrov, Eugeniy, Schmerzpunkte des neuen Gesetzesentwurfes über die Bildung, in: „Moskauer Nachrichten“, 25.10.2012, Nr. 394. [Насыров Евгений. Болевые точки проекта нового закона об образовании // Газета „Московские новости“. № 394 (394). 25 октября 2012 г.].

Neubert, Stefan/Roth, Hans-Joachim/Yildiz, Erol, Multikulturalismus – ein umstrittenes Konzept, in: Neubert, Stefan/Roth, Hans-Joachim/Yildiz, Erol, Multikulturalität in der Diskussion, 2. Aufl. 2008, S. 9–29.

Neumann Ursula, Erwerb des Türkischen in einsprachigen und mehrsprachigen Situationen, 2009.

Niedermeyer-Krauß, Sabine, Kommunalwahlrecht für Ausländer und Erleichterung der Einbürgerung: Integrationsmöglichkeiten für Ausländer aus verfassungs- und europarechtlicher Sicht, 1. Aufl. 1989.

Niehues, Nohlen/ Rux, Johannes, Schul- und Prüfungsrecht, Band 1, 4. Aufl. 2006.

Niehues, Nohlen/ Rux, Johannes, Schulrecht, 5. Aufl. 2013.

Niño-Murcia, Mercedes/Rothman, Jason, Bilingualism and Identity, Spanish at the crossroads with other languages, 2008.

Nohlen, Dieter (Hrsg.), Lexikon der Politik. Die östlichen und südlichen Länder. Band 4, 1997.

Nohlen, Dieter/ Schultze, Rainer-Olaf (Hrsg.), Lexikon der Politikwissenschaft. Theorien, Methoden, Begriffe, Band 2, 4. Aufl. 2010.

Nozhenko, Maria, Historische Entwicklung und aktuelle Trends, in: Bundeszentrale für politische Bildung, Heft 20, 2010.

Nozhenko, Maria, Russische Föderation, in: focus Migration, 2010, Nr. 20, als pdf-Format abrufbar unter: www.focus-migration.de.

Nuscheler, Franz, Bevölkerung und Migration, in: Hauchler, Ingomar/Messner, Dirk/Nuscheler, Franz (Hrsg.), Globale Trends 2000: Fakten, Analysen, Prognosen, 1999, S. 100–119.

Oeynhausen, Manfred, Rechtshandbuch Schule Nordrhein-Westfalen, 1994.

Oeynhausen, Manfred,/Birnbaum, Christian, Schulrecht NRW, Handbuch für die Praxis mit Datenschutzrecht und Lehrerdienstrecht, 2. Aufl. 2005.

Oksaar, Els, Zweitspracherwerb. Wege zur Mehrsprachigkeit und zur interkulturellen Verständigung, 2003.

Oltmer, Jochen, Flucht, Vertreibung und Asyl im 19. und 20. Jh., in: Bade, Klaus J. (Hrsg.), Migration in der europäischen Geschichte seit dem späten Mittelalter, IMIS-Beiträge, Heft 20/ 2002, S. 107–128.

Oltmer, Jochen, Migration und Integration in der Weimarer Republik, Göttingen, 2005.

Oltmer, Jochen, Die Vorgeschichte der Aussiedler-Zuwanderung, in: ZAR 2005/1, S. 18–25.

Oppermann, Thomas, Schule und berufliche Ausbildung, in: Isensee, Josef/ Kirchhof, Paul, Handbuch des Staatsrechts der Bundesrepublik Deutschland, Band VI, 2. Aufl. 2001, § 135, S. 329–368.

Ossipov, A. Russian Experience of Ethnic Discrimination: Meskhetians in Krasnodar Region, Moscow, 2000. (Auch auf russischer Sprache).

Ossipov, A./ Cherepova, O. Violation of the Rights of Forced Migrants and Ethnic Discrimination in the Krasnodar Territory. The situation of Meskhetian Turks. Moscow: Memorial, 1996.

Ovchinnikova A. N./Malumov G. Y., Neues in der Migrationsgesetzgebung: Von der Registrierung bis zur Einbürgerung in der RF, 2009. [Овчинникова А. Н., Малумов Г. Ю. Новое в миграционном законодательстве. От регистрации до получения российского гражданства. – М.: Деловой двор, 2009.].

Papier, Hans-Jürgen, Die wirtschaftlichen Freiheitsrechte in der Rechtsprechung der Landesgerichte, in: Christian Starck/Klaus Stern (Hrsg.), Landesverfassungsgerichtsbarkeit, Teilbd. III, 1983, S. 319–359.

Pasenow, Michaela/Strunden, Martin, Fachkräfte gesucht! – Ausländerrecht fit?, in: ZAR 2011/4, S. 121–126.

Peter V. Kunz, Einführung zur Rechtsvergleichung in der Schweiz, in: Recht, 2006, Heft 2, S. 48–52.

Peters, Bernhard, Die Integration moderner Gesellschaften, in: Imbusch, Peter/Heitmeyer, Wilhelm (Hrsg.), Integration-Desintegration. Ein Reader zur Ordnungsproblematik moderner Gesellschaften, 1. Aufl. 2008, S. 75–92.

Peters, Freia, Deutsche mit Verfallsdatum, in : Die Welt Kompakt, v. 25.02.2013.

Podporinova, Natalia, Soziale Eingliederung von Migranten in soziokulturellem Umfeld, Diss. 2005.[Подпоринова Н. Н. Социальная адаптация мигрантов к социокультурной среде региона, Автореф. дисс., М., 2005].

Pofalla, Ronald, Kopftuch ja – Kruzifix nein? – Zu den Widersprüchen der Rechtsprechung des BVerfG, in: NJW 2004, S. 1218–1220.

Pogodina, Irina V., Erwerbstätigkeit der Ausländer in Russland, in: Personalmanager, Arbeitsrecht für Personalleiter, 2011, Nr. 7, S. 3.[Погодина И. В. Труд иностранцев в России // Кадровик. Трудовое право для кадровика, 2011, № 7, Стр. 3.].

Pollern, Hans-Ingo von, Die Entwicklung der Asylbewerberzahlen im Jahre 1991, in: ZAR 1992, S. 24–32.

Pollern, Hans-Ingo von, Die Entwicklung der Asylbewerberzahlen im Jahre 1993, in: ZAR 1994/1, S. 29–36.

Pollern, Hans-Ingo von, Die Entwicklung der Asylbewerberzahlen im Jahre 1995, in: ZAR 1996, S. 86–92.

Ponomareva, E. A., Besonderheiten der Arbeitsregulierung der ausländischen Bürger in der RF, in: Migrationsrecht, 2010, Nr. 1, S. 24–32.[Пономарева Е. А. Особенности регулирования труда иностранных граждан в Российской Федерации // Миграционное право, 2010, № 1, Стр. 24–32.].

Prokopieva, Olga, Gesetzliche Regelung von Migrationsprozessen, Dipl., 2007 (nicht veröffentlicht).[Прокопьева О. Правовое регулирование миграционных процессов, дипл. работа, 2007 (не опубликована).].

Prudnikova, Tatjana, Die Migrationsprozesse und ihr Einfluss auf gesellschaftliche und nationale Sicherheit, Theoretisch-methodologische Aspekte, 2011. [Прудникова Татьяна А. Миграционные процессы и их влияние на общественную и национальную безопасность.

Теоретико-методологические аспекты: монография. – М.: ЮНИТИ-ДАНА: Закон и право, 2011.].

Putzhammer, Heinz, Für einen Paradigmenwechsel in der Einwanderungs- und Migrationspolitik, in: ZAR 2001, S. 204–210.

Quaritsch, Helmut, Der grundrechtliche Status des Ausländers, in: Isensee, Josef//Kirchhof, Paul (Hrsg.), Handbuch des Staatsrechts der Bundesrepublik Deutschland, Band V, 2. Aufl. 2000, § 120, S. 663–737.

Radtke, Frank-Olaf, Lob der Gleich-Gültigkeit. Die Konstruktion des Fremden im Diskurs des Multikulturalismus, in: Bielefeld, Ulrich (Hrsg.), Das Eigene und das Fremde. Neuer Rassismus in der Alten Welt?, 1991, S. 79–96.

Radtke, Frank-Olaf, Multikulturalismus: Ein postmoderner Nachfahre des Nationalismus, in: Ostendorf, Berndt (Hrsg.), Multikulturelle Gesellschaft. Modell Amerika, 1994, S. 229–235.

Ramirez, J. David/Sandra D. Yuen/Dena R. Ramey, Longitudinal study of structured English immersion strategy, early-exit and late-exit transitional bilingual education programs for language-minority children. Final report – Executive summary, 1991a.

Ramm, Gesa, Soziokulturelle Herkunft: Migration, in: PISA – Konsortium Deutschland (Hrsg.), PISA 2003, Der Bildungsstand der Jugendlichen in Deutschland – Ergebnisse des zweiten internationalen Vergleichs, 2004, S. 254–272.

Randelzhofer, Albrecht, Asylrecht, in: Isensee, Josef/Kirchhof, Paul (Hrsg.), Handbuch des Staatsrechts der Bundesrepublik Deutschland, Band VII, 3. Aufl. 2009, § 153, S. 369–429.

Rautz, Günther, Das Zusammenleben in einem mehrsprachigen Gebiet am Beispiel Südtirol, in: Marko, Joseph/Burkert-Dottolo, Günther R. (Hrsg.), Multikulturelle Gesellschaft und Demokratie, 1. Aufl. 2000, S. 69–84.

Razumovskaya, N. D., Migrantenkinder in gegenwärtigen Russland, v. 20.03.2012, abrufbar unter: http://www.sovet-naroda.ru (abgerufen am 18.07.2012).[Разумовская Н. Д. Дети мигрантов в современной России // http://www.sovet-naroda.ru от 20.03.2012 г.].

Redecker, Konrad, „Der moderne Fluch der Versuchung zur Totalität“, in: NJW 1995, S. 3369–3370.

Reich, Hans H., Die Gegner des Herkunftssprachen-Unterrichts und ihre Argumente, in: Deutsch lernen, 25 (2), 2000, S. 112–126.

Reinle, Dominik, Islamunterricht ab 2012 in ganz NRW, in: http://www.wdr.de.

Reißig, Birgit, Der Übergang von der Schule in den Beruf – eine (zu) hohe Hürde?, in: FES (Hrsg.), Wege in den Arbeitsmarkt für Jugendliche mit schlechteren Startchancen, S. 7–10.

Renner, Günther, Was ist vom deutschen Asylrecht geblieben?, in: ZAR 1996, S. 103–109.

Renner, Günther, Zuwanderung und Integration statt Anwerbestopp, in: ZAR 2001, S. 147–155.

Renner, Günther, Das Urteil des BVerfG zum Zuwanderungsgesetz – Bewertung und Folgerungen, in: NJW 2003, S. 332–337.

Renner, Günther, Vom Ausländerrecht zum Zuwanderungsrecht, in: ZAR 2004, S. 266–275.

Renner, Günther, Ausländerrecht, Kommentar: Ausländergesetz und Asylverfahrensgesetz mit Art. 16a GG und materiellem Asylrecht sowie arbeits- und sozialrechtlichen Vorschriften, 8. Aufl. 2005.

Renner, Günther/Bergmann, Jan/ Dienelt, Klaus, Ausländerrecht, Kommentar: Aufenthaltsgesetz, Freizügigkeitsgesetz/EU und ARB 1/80 (Auszug), Grundrechtecharta und Art. 16a GG, Asylverfahrensgesetz, 10. Aufl. 2013.

Rennert, Klaus, Entwicklungen in der Rechtsprechung zum Schulrecht, in: DVBl. 2001, 504 ff.

RGSU (Hrsg.), Über die Migrantenkinder in den Moskauer Schulen, in: Bildung und Consulting, September, 2011.

Rjasanzev, Sergey V., Arbeitsmigration in den GUS-Ländern und im Baltikum: Tendenzen, Folgen und Regulierung, 2007. [Рязанцев С. В. Трудовая миграция в странах СНГ и Балтии: тенденции, последствия и регулирование. – М.: Формула права, 2007.].

Robbers, Gerhard, Ausländer im Verfassungsrecht, in: Benda, Ernst/Maihofer, Werner/Vogel, Klaus/Hesse/ Hesse, Konrad/Heyde, Wolfgang (Hrsg.), Handbuch des Verfassungsrechts der Bundesrepublik Deutschland, 2. Aufl. 1994. § 11, S. 391–424.

Röper, Erich, Die Grundrechte als Integrationsmaßstab, in: ZRP 2006/6, S. 187–190.

Rossell, Christine H., The effectiviness of educational alternatives for limited-English-proficient children, in: Gary Imhoff (Hrsg.), Learning in two languages, 1990, S. 71–121.

Roth, Hans-Joachim, Dämmerung der Aufklärung?, in: Neubert, Stefan/Roth, Hans-Joachim/Yildiz, Erol (Hrsg.), Multikulturalität in der Diskussion. Neuere Beiträge zu einem umstrittenen Konzept, 2. Aufl. 2008, S. 105–119.

Röver, Jan-Hendrik, Vergleichende Prinzipien dinglicher Sicherheiten: eine Studie zur Methode der Rechtsvergleichung, 1999.

Rozhkova Tatjana N., Das Unterrichten der Migrantenkinder in russischer Sprache, 2011.[Рожкова Т. Н. Обучение русскому языку детей мигрантов, 2011.].

Rüfner, Wolfgang, Grundrechtsträger, in: Isensee, Josef/Kirchhof, Paul (Hrsg.), Handbuch des Staatsrechts der Bundesrepublik Deutschland, Band V, 2. Aufl. 2000, § 116, S. 485–524.

Ruppel, Peter, Der Grundrechtsschutz der Ausländer im deutschen Verfassungsrecht, Diss., 1968.

Rusch, Arnold R., Methoden und Ziele der Rechtsvergleichung, in: Jusletter, 13.02.2006, S. 1–11.

Rux, Johannes, Aktiv mit dem Schulrecht umgehen. Erziehen und Unterrichten in der Schule, 2008.

Ryasantsev, Sergey V./Gorshkova, Irina D./Akramov Sharif Y./Akramov Furkat Y., Die Praxis der Verwendung von Patenten für die Erwerbstätigkeit durch ausländische Bürger in der RF, 2012. [Рязанцев С. В., Горшкова И. Д., Акрамов Ш .Ю., Акрамов Ф. Ю. Практика использования патентов на осуществление трудовой деятельности иностранными гражданами в Российской Федерации. – М., 2012.].

Rybakovskiy, Leonid L., Bevölkerungsmigration: Prognosen, Faktoren und Politik, 1987. [Рыбаковский Л. Л. Миграция населения: прогнозы, факторы, политика. – М., 1987].

Rybakovskiy, Leonid L., Bevölkerungswanderung, Band 5, Die Phasen des Migrationsprozesses, 2001. [Рыбаковский Л. Л. Миграция населения. Вып. 5. Стадии миграционных процессов. – М., 2001].

Sachs, Michael, Ausländerrechte im Schutzbereich von Deutschengrundrechten, in: BayVBl. 1990, S. 385–390.

Sachs, Michael, Das Recht zum Aufenthalt im Staatsgebiet, in: Stern, Klaus, Das Staatsrecht der Bundesrepublik Deutschland, Band IV/1, 1. Aufl. 2006, § 102, S. 715–791.

Sachs, Michael (Hrsg.), Grundgesetz: Kommentar, 6. Aufl. 2011.

Sachs, Michael, Besondere Gleichheitsgarantien, in: Isensee, Josef/Kirchhof, Paul (Hrsg.), Handbuch des Staatsrechts der Bundesrepublik Deutschland, Band VIII, 3. Aufl. 2010, § 182, S. 839–933.

Sachs, Jutta/Lieb, Manuela, Islamische Kindergärten in Deutschland – Ein neuer Weg zur Integration?, 2003.

Säcker Franz Jürgen/Rixecker, Roland (Hrsg.), Münchener Kommentar zum Bürgerlichen Gesetzbuch: BGB (in 11 Bänden), Band I, 6. Aufl. 2012.

Santel, Bernhard, Migration in und nach Europa: Erfahrungen, Strukturen, Politik, 1995.

Sauter, Matthias, Engagementförderung bei Jugendlichen mit Migrationshintergrund – Grundlagen, Praxiserfahrungen, Empfehlungen, in: Newsletter Wegweiser Bürgergesellschaft, 23/2008 vom 21.11.2008.

Scherega, V. E./Arefyev A. L., Die Zahl der studierenden Jugendlichen in den Bildungseinrichtungen der RF. Mittelfristige Prognose bis 2014 und Bewertung der Tendenz bis 2025, 2012, S. 573. [Шерега Ф. Э, Арефьев А. Л. Численность учащейся молодежи образовательных учреждений Российской Федерации. Среднесрочный прогноз до 2014 года и оценка тенденций до 2025 года. – 2012г. – Стр. 573].

Schiffer, Eckart, Vor der Neuregelung des Ausländerrechts, in: ZAR 1990, S. 51–56.

Schindler, Erwin, Sprachförderung, in: ZAR 2004, S. 318–323.

Schkel, Tamara, Abgeordnete haben daraus gelernt, in: „Rossiyskaya gazeta", 18.10.2012, Nr. 5913. [ШкельТамара. Депутаты извлекли урок. Правительственный проект нового закона об образовании прошел первое чтение // Газета „Российская газета" – Федеральный выпуск № 5913 (240), 18.10.2012].

Schkurenok, Natalia, In Sankt Petersburg wurde das erste Buch für Migrantenkinder veröffentlicht, in: Die Zeit der Nachrichten, 02.06.2010. [Шкуренок Наталья. В Петербурге издан первый букварь для детей мигрантов // Газета „Время новостей" от 2 июня 2010 г.].

Schkurenok, Natalia, In Sankt Petersburg wurde das erste Buch (bukvar') für Migrantenkinder veröffentlicht, in: Current News, v. 02.06.2010. [Шкуренок Наталья. В Петербурге издан первый букварь для детей мигрантов // Газета „Current News" от 2 июня 2010 г.].

Schliesky, Utz, Ausländerintegration als kommunale Aufgabe, in: ZAR 2005, S. 106–108.

Schmidt-Bleibtreu, Bruno/Klein, Franz/Hofmann, Hans/Hopfauf, Axel (Hrsg.), GG: Kommentar zum Grundgesetz, 12. Aufl. 2011.

Schneider, Hans-Peter, Art. 12 GG: Freiheit des Berufs und Grundrecht der Arbeit, in: Veröffentlichungen der Vereinigung der Deutschen Staatsrechtslehrer, Band 43, 1985, S. 7–47.

Schneider, Hans-Peter, Berufsfreiheit, in: Merten, Detlef/Papier, Hans-Jürgen (Hrsg.), Handbuch der Grundrechte in Deutschland und Europa, Band V: Grundrechte in Deutschland: Einzelgrundrechte II, 2013, § 113, S. 89–207.

Schoen,Ulrich, Bi-Identität: Zweisprachigkeit, Bi-Religiosität, doppelte Staatsbürgerschaft, 1996.

Schuback, Markus, Die Ausweisung nach dem AuslG in der Rechtssprechungskonzeption der Gerichte, 2003.

Schulga, V. A./Topilin, A. V./Drogginova, G. A./Proskurjakova, O. A., Arbeitsmarktzustand und Bevölkerungsmigration in GUS: analytischer Vortrag, in: Wirtschaft der GUS, Ausgabe 4, 2000, S. 105. [Шульга В. А., Топилин А. В., Дрожжинова Г. А., Проскурякова О. А. Состояние рынка труда и миграция населения в СНГ: Аналитический доклад // Экономика СНГ. Выпуск 4. – М.: Исполком СНГ, 2000. Стр. 105.].

Schulte, Axel, Demokratie als Leitbild einer multikulturellen Gesellschaft, in: Butterwegge, Christoph/Gudrun, Hentges/Fatma, Sarigöz (Hrsg.), Medien und multikulturelle Gesellschaft, 1999, S. 187–206.

Schulte, Axel, Multikulturelle Gesellschaft: Chancen, Ideologie oder Bedrohung? in: Aus Politik und Zeitgeschichte. Beilage zur Wochenzeitung Das Parlament, B 23–24, 1.06.1990, S. 3–15.

Schulze, Carola, Minderheitenschutz und Minderheitenrechte in der Bundesrepublik Deutschland, in: Breuer, Marten/Epiney, Astrid/Haratsch, Andreas/Schmahl, Stefanie/Weiß, Normann (Hrsg.), Der Staat im Recht: Festschrift für Eckart Klein zum 70. Geburtstag, 2013, S. 335–349.

Schwarze, Jürgen (Hrsg.), EU-Kommentar, 3. Aufl. 2012.

Schwippert, Knut, Heterogenität und Chancengleichheit am Ende der vierten Jahrgangsstufe im internationalen Vergleich, in: Bos, Wilfried/Lankes, Eva-Maria/Prenzel, Manfred (Hrsg.), Erste Ergebnisse aus IGLU, Schülerleistung am Ende der vierten Jahrgangsstufe im internationalen Vergleich, 2003, S. 265–302.

Schwenk, Helga, Das Sprachvermögen zweisprachiger türkischen Schüler, 1988.

Sen, Faruk, Einbürgerung ist der Schlüssel zur Integration, in: FAZ v. 28.09.2004, S. 7.

Sibagatulina, E. T., Gesetzliche Regelung der Migrationsprozesse in der Geschichte der russischen Gesetzgebung, in: Migrationsrecht, 2010, Nr. 3, S. 8–14. [Сибагатулина Э. Т. Правовое регулирование миграционных процессов в истории отечественного законодательства // Миграционное право. 2010. № 3. Стр. 8–14.].

Siekmann, Helmut/Duttge, Gunnar, Staatsrecht I, Grundrechte, 3. Aufl. 2000.

Sieveking Klaus/Barwig, Klaus/Lörcher, Klaus/Schumacher, Christoph, Das Kommunalwahlrecht für Ausländer, 1989.

Sieveking, Klaus, Kommunalwahlrecht für Drittstaatsangehörige – „kosmopolitische Phantasterei" oder Integrationsrecht für Einwanderer?, in: ZAR 2008, S. 121–126.

Silagi, Michael, Der Begriff des Ausländers in § 1 Abs. 2 AuslG und in Nr. 1.2 Ausl-VwV, in: Das Standesamt 2001, S. 225–228.

Skachkova, Galina S., Die Arbeitsverhältnisse der Ausländer in Russland: gesetzliche Regelung, 2006. [Скачкова Г. С. Труд иностранцев в России: правовое регулирование: научно-практ. пособие. – М.: Волтерс Клувер, 2006.].

Slawek, Anna, Migranten und ihre Muttersprache: Konzepte und Möglichkeiten gelungener Integration und Schulbildung, 2007.

Söhn, Janina, Rechtsstatus und Bildungschancen: Die staatliche Ungleichbehandlung von Migrantengruppen und ihre Konsequenzen, 2011.

Söhn, Janina, Zweisprachiger Schulunterricht für Migrantenkinder, Ergebnisse der Evalutionsforschung zu seinen Auswirkungen auf Zweitsprachenerwerb und Schulerfolg, AKI-Forschungsbilanz 2, 2005.

Speck, Otto, System Heilpädagogik. Eine ökologisch reflexive Grundlage, 2008.

Spellbrink, Wolfgang/Eicher, Wolfgang, Sozialgesetzbuch II: Grundsicherung für Arbeitssuchende: Kommentar, 3. Aufl. 2013.

Spriewald, Simone, Rechtsfragen im Zusammenhang mit der Einführung von islamischen Religionsunterricht als ordentliches Lehrfach an deutschen Schulen, 1. Aufl. 2003.

Starck, Christian/Mangoldt, Hermann von/Klein, Friedrich (Hrsg.), Das Bonner Grundgesetz: Kommentar in 3 Bänden, Band I, 6. Aufl. 2010.

Starck, Christian, Religionsunterricht in Brandenburg. Art. 141 GG als Ausnahme von der Regel des Art. 7 Abs. 3 GG, in: Isensee, Josef/Rees, Wilhelm/Rüfner, Wolfgang (Hrsg.), Dem Staate, was des Staates – der Kirche, was der Kirche ist. Festschrift für Joseph Listl zum 70. Geburtstag (= Staatskirchenrechtliche Abhandlung, Band 33), 1999, S. 391–406.

Statistisches Bundesamt (Hrsg.), Datenreport 2008 und Datenreport 2011 – Ein Sozialbericht für die BRD, 2011.

Stein, Torsten, Aufenthalt und aufenthaltsbeendende Maßnahmen gegenüber Fremden, in: Hailbronner, Kay, Die allgemeinen Regeln des völkerrechtlichen

Fremdenrechts. Bilanz und Ausblick an der Jahrtausendwende, 2000, S. 53–64.

Stein, Torsten/Buttlar, Christian von, Völkerrecht, 13. Aufl. 2012.

Steiner-Khamsi, Gita, Transkulturalität und kulturelle Staatsbürgerschaft, in: Jahrbuch für Pädagogik 1996, Pädagogik in der multikulturellen Gesellschaft, 1996, S. 263–285.

Stern, Klaus, Das Staatsrecht der Bundesrepublik Deutschland, Band III/1: Allgemeine Lehren der Grundrechte, 1988.

Stern, Klaus/Becker, Florian, Grundrechte-Kommentar: [die Grundrechte des Grundgesetzes mit ihren europäischen Bezügen], 2010.

Stock, Martin, Islamunterricht in öffentlichen Schulen in Nordrhein-Westfalen, in: NWVBl. 2005, S. 285–287.

Storr, Christian/Wenger, Frank/Eberle, Simone/Albrecht, Rainer/Harms, Karsten (Hrsg.), Kommentar zum Zuwanderungsrecht: Aufenthaltsgesetz und Freizügigkeitsgesetz/EU, 2. Aufl., 2008.

Surkov Konstantin R.., „Die Gesetzgebung im Migrationsbereich wird ständig novelliert“, 24.05.2011, abrufbar unter: http://council.gov.ru/inf_ps/chronicle/2011/05/item16509.html. [Сурков К. Р. „Законодательство в миграционной сфере постоянно обновляется“. Доклад от 24 мая 2011 г.].

Syuzyukina, Oxana, Das kommunale Ausländerwahlrecht für Drittstaatsangehörige in Deutschland, in: Schulze, Carola (Hrsg.), Aktuelle Probleme des Öffentlichen Rechts in Deutschland und Russland, 2011, S. 121–136.

Taylor, Charles, Die Politik der Anerkennung, in: Taylor, Charles (Hrsg.), Multikulturalismus und die Politik der Anerkennung, 2. Aufl. 2012, S. 11–66.

Terre des hommes Deutschland e. V. (Hrsg.), Wir bleiben draußen, Schulpflicht und Schulrecht von Flüchtlingskindern in Deutschland, 2005.

Theuersbacher, Paul, Die Entwicklung des Schulrechts in den Jahren 1991 und 1992, in: NVwZ 1993, S. 631–636.

Theuersbacher, Paul, Die Entwicklung des Schulrechts von 1988 bis 1990, in: NVwZ 1991, S. 125–132.

Thiele, Carmen, Das Integrationserfordernis für Drittstaatsangehörige nach dem Zuwanderungsgesetz, in: DÖV 2007, Januar, Heft 2, S. 58–65.

Thomas, W./V. Collier, School effectiveness for language minority Students. Washington: National Clearinghouse for Bilingual Education, 1997.

Thomas, W./V. Collier, A national study of school effectiveness for language minority students. Long-term academic achievement, 2002.

Thürer, Daniel/Burri, Thomas, Zum Sprachenrecht der Schweiz, 2006.

Thürer, Daniel, Zur Bedeutung des sprachenrechtlichen Territorialprinzips für die Sprachenlage im Kanton Graubünden, in: Schweizerisches Zentralblatt für Staats- und Gemeindeverwaltung, 85, 1984, S. 241–270.

Thurn, John Philipp/Reimer, Franz, Homeschooling als Option?, in: NVwZ 2008, S. 718–722.

Thym, Daniel, Europäischer Grundrechtsschutz und Familienzusammenführung, in: NJW 2006, S. 3249–3252.

Tibi, Bassam, Europa ohne Identität? 1. Aufl. 1998.

Tichomirova, Nadezhda, Das Migrationspatent brachte den Regionen Russlands Milliarden Rubel, in: ITAR-TASS-Nachrichten, v. 22.09.2011 und v. 01.10.2012.[Тихомирова Надежда. Патенты для мигрантов принесли России миллиарды рублей. // Новости ИТАР-ТАСС, 22 сентября 2011 г. и 1 октября 2012 г.].

Tomuschat, Christian (Hrsg.), Völkerrecht. Textsammlung. 5. Aufl. 2012.

Tozkiy, Nikolay N., Einführung in das Migrationsrecht. Migrationsrecht als Teilgebiet des Verfassungsrechts der RF. Die Rechtsvorschriften, die Rechtsverhältnisse und die Zuwanderer-Regeln, 1999. [Тоцкий Н. Н. Введение в миграционное право. Миграционное право как подотрасль конституционного права РФ. Правовые положения, правовые отношения и положения об иностранцах. – М.: Диалог МГУ, 1999.].

Tozkiy, Nikolay N., Rechtsstaatliche Regelung der Migrationsprozesse, Diss., 2010. [Тоцкий Н. Н. Государственно-правовое регулирование миграционных процессов: Дисс. канд. юрид. наук. 2010.].

Trofimchuk, N. V., Die staatliche Regulierung des Aufenthalts von ausländischen Bürgern in der RF, in: Migrationsrecht, 2009, Nr. 3, S. 3. [Трофимчук Н. В., Государственное регулирование режима пребывания иностранных граждан в РФ // Миграционное право. 2009. № 3. Стр. 3.].

Trushkina, Eugeniya, Das Unterrichten der Migrantenkinder in russischer Sprache als ein Faktor der erfolgreichen sozial-psychologischen Adaption, in: Aktuelle Probleme der Pädagogik und Psychologie, 2012. [Трушкина Е. А., Обучение русскому языку детей-мигрантов как один из факторов успешной социально-психологической адаптации // Актуальные проблемы педагогики и психологии [Текст]: материалы междунар. заочн. науч.-практ. конф. [27 февраля 2012 г.] /Сиб. ассоц. консультантов. – Новосибирск: Сиб. ассоц. консультантов, 2012.].

Tyurkin, M. L., Das Migrationssystem der RF: Monographie, 2005. [Тюркин М. Л. Миграционная система России. Монография. – М.: „Стратегия“, 2005.].

Tyurkin, M. L., Die Migrationspolitik der RF, Entwicklungserfahrungen und Perspektiven, 2009, S. 20. [Тюркин М. Л. Миграционная политика Российской Федерации: опыт развития и перспектива. – М., 2009.].

Tyuryukanova, E., Arbeitsmigranten in Moskau: „zweite Klasse“, in: Bulletin des Kennan Instituts in Russland, 2008, Nr. 13, S. 16–27. [Тюрюканова Е. Трудовые мигранты в Москве: „второе общество“.// Вестник Института Кеннана в России, 2008. № 13. С. 16–27.].

Uber, Giesbert, Freiheit des Berufs. Artikel 12 des Grundgesetzes. Nach einer rechtsgrundsätzlichen Betrachtung der individuellen Freiheit, 1952.

Udke, Gerwin, Dableiben, Weggehen, Wiederkommen: Abwanderung aus Ostdeutschland, 1945 bis heute; Motive, Hintergründe, Folgen, Auswege, 2008.

Uhle, Arnd, Innere Integration, in: Isensee, Josef/Kirchhof, Paul (Hrsg.), Handbuch des Staatsrechts der Bundesrepublik Deutschland, Band IV, 3. Aufl. 2006, § 82, S. 531–587.

Universität Bremen (Hrsg.), Migration und soziale Ungleichheit: Integrationschancen zwischen Institution und Biographie, 2007.

Vachruševa, Die Lehrer bereiten sich auf das neue Fach vor. Am 1. April beginnt man in den Schulen der 19 Subjekte mit dem Unterricht im Fach „Grundlagen der religiösen Kulturen und der weltlichen Ethik“, in: Trud, 31.03.2010.

Vasyaev, Alexander/Knyazkin, Sergey, Über die Anwendbarkeit der EMRK durch die russische Gerichte (Staatsanwaltschaft und Untersuchungsorgane), in: Rechtsanwalt, 2013, Nr. 8, S. 11–15. [Васяев А. А., Князькин С. А. О применении российскими судами (органами прокуратуры, следствия) Конвенции о защите прав человека и основных свобод // Адвокат. – М.: Законодательство и экономика, 2013, № 8. – Стр. 11–15.].

Viellechner, Lars, Anspruch auf islamischen Religionsunterricht, in: Jura 2007, S. 298–305.

Vitkovskaya, Galina, S./Panarin, S., A. (Hrsg.), Russische Diaspora in Zentralasien und Sicherheit Russlands, 2000. [Витковская Г. С., Панарин С. А. Российские диаспоры в Центральной Азии и безопасность в России. – М.: Интердиалект, 2000.].

Vitzthum, Wolfgang Graf, Staatsgebiet, in: Isensee, Josef/ Kirchhof, Paul (Hrsg.), Handbuch des Staatsrechts der Bundesrepublik Deutschland, Band 2, 3. Aufl. 2004, § 18, S. 163–192.

Walter, Oliver/Taskinen, Päivi, Kompetenzen und bildungsrelevante Einstellungen von Jugendlichen mit Migrationshintergrund in Deutschland: Ein Vergleich mit ausgewählten OECD-Staaten, in: PISA-Konsortium Deutschland (Hrsg.), PISA 2006, Die Ergebnisse der dritten internationalen Vergleichsstudie, 2007, S. 337–366.

Walther, Harald, Der Wettbewerb um die besten Köpfe – aufenthaltsrechtliche Grundlagen für das Studium von Ausländern in Deutschland, in: ZAR 2006/10, S. 354–359.

Westphal, Dietrich M/Herzog, Thomas, Kommentar zum Gesetz über die Angelegenheiten der Vertriebenen und Flüchtlinge (Bundesvetriebenengesetz), Das Deutsche Bundesrecht, 1126. Lfg. – Januar 2012.

Wilk, Burkhard, Die politische Idee der Integration, 2011.

Wilke, Natalia, Das Ausländerrecht in der Russischen Föderation, 2010.

Willems, Joachim, Religiöse Bildung in Russlands Schulen, Orthodoxie, nationale Identität und Positionalität des Faches „Grundlagen orthodoxer Kultur“ (OPK), 2006.

Wollenschläger, Michael/Weickhardt, Wolfgang, Entscheidungssammlung zum Zuwanderungs-, Asyl- und Freizügigkeitsrecht (EZAR), 2011.

Wölker, Ulrich, Zu Freiheit und Grenzen der politischen Betätigung von Ausländern. Der politische Gebrauch der Meinungs-, Versammlungs- und Vereinigungsfreiheit der Ausländer nach innerstaatlichem Recht, Völkerrecht und Europarecht, 1987.

Yakovleva, Natalia, Im Tomsker Gebiet wurde Russisch für Migrantenkinder eingeführt, in: Lehrerzeitung v. 12.10.2012. [Яковлева Наталья. В Томской области работает программа по обучению русскому языку детей мигрантов // Газета «Учительская газета» от 12 октября 2012 г.].

Zacher, Hans F., Elternrecht, in: Isensee, Josef/Kirchhof, Paul (Hrsg.), Handbuch des Staatsrechts der Bundesrepublik Deutschland, Band VI, 2. Aufl. 2001, § 134, S. 265–328.

Zenin, Sergey S., Institut der Bürgerschaft in der Entwicklung der Bundesbeziehungen in Russland, in: Belling (Hrsg.), Dritte Woche des Russischen Rechts, Potsdam, 13. – 17.10.2014, mit der Moskauer Staatlichen Juristischen O. E. Kutafin Universität, 2015 [Зенин С. С. Институт гражданства в условиях развития федеративных отношений в России. // Беллинг Д. В. Вторая неделя российского права, Потсдам, 14.–18.05.2012, с участием Московского государственного юридического университета им. О. Е. Кутафина. – Потсдам, 2015.]

Zhukov, Alexander, Im Süd-Föderalen Bezirk können viele Zigeunerkinder keine Schule besuchen, in: Kavkazskiy uzel v. 08.04.2009, abrufbar unter: http://www.kavkaz-uzel.ru/articles/gipsy_kids_no_school. [Жуков Александр. В ЮФО многие дети цыган не могут ходить в школу // Газета „Кавказский узел“ от 8 апреля 2009 г.].

Zimmer, Dieter E., Lieber gleich ins kalte Wasser. Die zweisprachige Erziehung in den USA ist ein Stück dafür, wie leicht sich vermeintlicher Fortschritt verrennt, in: Die Zeit, 1998, Nr. 48.

Zinchenko, Nina N., Internationales Migrationsrecht: Die Grundlagen der Theorie und Praxis, 2011. [Зинченко Н. Н. Международное миграционное право: основы теории и практики. – М.: Научная книга, 2011.].

Zuck, Rüdiger, Kreuz-Züge, in: NJW 1995, S. 2903–2904.

Zweigert, Konrad/Kötz, Hein, Einführung in die Rechtsvergleichung, 3. Aufl. 1996.

Verwendete Internetressourcen

www.archipelag.ru	Webseite für das Projekt „Russkij mir“
www.bamf.de	Homepage des Bundesministeriums für Migration und Flüchtlinge
www.beck.online.de	Datenbank juristischer Dokumente
www.bmi.bund.de	Homepage des Bundesministeriums des Innern
www.bundesregierung.de	Homepage der Bundesregierung
www.constitution.ru/de	Das Internetportal für die Verfassung der Russischen Föderation auf vier Sprachen, darunter auch auf deutscher Sprache
www.demoscope.ru/weekly/proekt.php	Homepage des Bulletins „Демоскоп Weekly“, Datenbank für wissenschaftliche Literatur
www.eur-lex.europa.eu	Internetportal für die Rechtsvorschriften der Europäischen Union, Online-Ausgaben des Amtsblatts der Europäischen Union
www.ec.europa.eu	Offizielle Internetpäsenz der Europäischen Kommission
www.ec.europa.eu/ewsi/de	Europäische Webseite für Integration
http://ec.europa.eu/internal_market	Die thematische Webseite zum EU-Binnenmarkt
www.fms.gov.ru	Homepage des Föderalen Migrationsdienstes (Federalnaja migrazionnaja sluzhba)
www.focus-migration.de	Datenbank für aktuelle Zahlen, Daten und Analysen zu den Themen Zuwanderung, Flucht und Asyl sowie Integration.
www.garant.ru	Datenbank für aktuelle Gesetze und Literatur
www.gks.ru	Homepage des Föderalen Dienstes staatlicher Statistiken (Federal'naja sluzhba gosudarstvennoj statistiki)

www.institut-fuer-menschenrechte.de	Homepage des Deutschen Instituts für Menschenrechte
www.integration-in-deutschland.de	Homepage des Bundesministeriums für Migration und Flüchtlinge zum Thema „Integration“
www.it.nrw.de	Datenbank des statistischen Landesamtes für Nordrhein-Westfalen
www.juris.de	Das Rechtsportal für juristische Informationen
www.kmk.org	Homepage der Sekretariat der Ständigen Konferenz der Kultusminister der Länder in der Bundesrepublik Deutschland
www.rg.ru	Homepage der Zeitung „Rossijskaja gazeta“
www.russia.edu.ru	Homapage des Ministeriums für Bildung und Forschung der Russischen Föderation
www.russlanddeutschegeschichte.de	Internetseite zur Geschichte der Russlanddeutschen, Online-Version des Manifestes der Zarin Katharina II. v. 22.07.1763.
www.schulministerium.nrw.de	Das Bildungsportal des Ministeriums für Schule und Weiterbildung des Landes Nordrhein-Westfalen
www.tv2.tomsk.ru	Homepage der Nachrichtenagentur „TV 2“ in Tomsk (Russische Föderation)
www.worldbank.org.ru	Homepage der Weltbank (Russland)

Anhang

Verfassung der Russischen Föderation

(angenommen durch Volksabstimmung von 12. Dezember 1993)

Wir, das multinationale Volk der Rußländischen Föderation, vereint durch das gemeinsame Schicksal auf unserem Boden, die Rechte und Freiheiten des Menschen, den inneren Frieden und die Eintracht bekräftigend, die historisch entstandene staatliche Einheit wahrend, ausgehend von den allgemein anerkannten Prinzipien der Gleichberechtigung und Selbstbestimmung der Völker, das Ansehen der Vorfahren ehrend, die uns Liebe und Achtung gegenüber dem Vaterland sowie den Glauben an das Gute und an die Gerechtigkeit überliefert haben, die souveräne Staatlichkeit Rußlands wiederbelebend und die Unerschütterlichkeit seiner demokratischen Grundlagen bekräftigend, danach strebend, das Wohlergehen und das Gedeihen Rußlands zu gewährleisten, ausgehend von der Verantwortung für unsere Heimat vor der jetzigen und vor künftigen Generationen, im Bewußtsein, Teil der Weltgemeinschaft zu sein, geben uns die VERFASSUNG DER RUSSLÄNDISCHEN FÖDERATION.

Erster Abschnitt. Grundbestimmungen
Kapitel 1. Grundlagen der Verfassungsordnung

Artikel 1

5. Die Rußländische Föderation – Rußland ist ein demokratischer föderativer Rechtsstaat mit republikanischer Regierungsform.
6. Die Bezeichnungen Rußländische Föderation und Rußland sind gleichbedeutend.

Artikel 2

Der Mensch, seine Rechte und Freiheiten bilden die höchsten Werte. Anerkennung, Wahrung und Schutz der Rechte und Freiheiten des Menschen und Bürgers sind Verpflichtung des Staates.

Artikel 3

1. Träger der Souveränität und einzige Quelle der Macht in der Rußländischen Föderation ist ihr multinationales Volk.
2. Das Volk übt seine Macht unmittelbar sowie durch die Organe der Staatsgewalt und die Organe der örtlichen Selbstverwaltung aus.
3. Höchster unmittelbarer Ausdruck der Volksmacht sind Referendum und freie Wahlen.
4. Niemand darf die Macht in der Rußländischen Föderation an sich reißen. Die Machtergreifung und die Anmaßung von hoheitlichen Befugnissen werden aufgrund Bundesgesetzes verfolgt.

Artikel 4

5. Die Souveränität der Rußländischen Föderation erstreckt sich auf ihr gesamtes Territorium.
6. Die Verfassung der Rußländischen Föderation und die Bundesgesetze haben auf dem gesamten Territorium der Rußländischen Föderation Vorrang.
7. Die Rußländische Föderation gewährleistet die Integrität und die Unverletzlichkeit ihres Territoriums.

Artikel 5

1. Die Rußländische Föderation besteht aus Republiken, Regionen, Gebieten, bundesbedeutsamen Städten, einem autonomen Gebiet und autonomen Bezirken als den gleichberechtigten Subjekten der Rußländischen Föderation.
2. Die Republik ist ein Staat und hat ihre eigene Verfassung und Gesetzgebung. Die Region, das Gebiet, die bundesbedeutsame Stadt, das autonome Gebiet und der autonome Bezirk haben ihr Statut und ihre Gesetzgebung.
3. Die Bundesstaatlichkeit der Rußländischen Föderation gründet auf ihrer staatlichen Integrität, auf der Einheit des Systems der Staatsgewalt, auf der Abgrenzung der Zuständigkeitsbereiche und Befugnisse zwischen den Organen der Staatsgewalt der Rußländischen Föderation und den Organen der Staatsgewalt der Subjekte der Rußländischen Föderation sowie auf der Gleichberechtigung und Selbstbestimmung der Völker in der Rußländischen Föderation.
4. In den Beziehungen zu den Bundesorganen der Staatsgewalt sind alle Subjekte der Rußländischen Föderation untereinander gleichberechtigt.

Artikel 6

1. Die Staatsangehörigkeit der Rußländischen Föderation wird erworben und endet gemäß Bundesgesetz; sie ist einheitlich und gleich, unabhängig von den Gründen ihres Erwerbs.
2. Jeder Bürger der Rußländischen Föderation genießt auf ihrem Territorium alle Rechte und Freiheiten und trägt die gleichen durch die Verfassung der Rußländischen Föderation vorgesehenen Pflichten.
3. Dem Bürger der Rußländischen Föderation darf seine Staatsangehörigkeit oder sein Recht, sie zu wechseln, nicht entzogen werden.

Artikel 7

1. Die Rußländische Föderation ist ein Sozialstaat, dessen Politik darauf gerichtet ist, Bedingungen zu schaffen, die ein würdiges Leben und die freie Entwicklung des Menschen gewährleisten.
2. In der Rußländischen Föderation werden Arbeit und Gesundheit der Menschen geschützt, ein garantierter Mindestlohn festgelegt, die staatliche Unterstützung von Familie, Mutterschaft, Vaterschaft und Kindheit, Invaliden und älteren Bürgern gewährleistet, ein System sozialer Dienste entwickelt sowie staatliche Renten, Beihilfen und andere Garantien des sozialen Schutzes festgelegt.

Artikel 8

1. In der Rußländischen Föderation werden die Einheit des Wirtschaftsraums, der freie Verkehr von Waren, Dienstleistungen und Kapital, die Unterstützung des Wettbewerbs und die Freiheit der wirtschaftlichen Betäti-gung garantiert.
2. In der Rußländischen Föderation werden private, staatliche, kommunale und andere Formen des Eigentums gleichermaßen anerkannt und geschützt.

Artikel 9

1. Grund und Boden und die anderen Naturvorräte werden in der Rußländischen Föderation als Grundlage des Lebens und Wirkens der Völker, die auf dem entsprechenden Territorium leben, genutzt und geschützt.
2. Grund und Boden und die anderen Naturvorräte können sich in privater, staatlicher, kommunaler oder anderer Form des Eigentums befinden.

Artikel 10

Die Staatsgewalt in der Rußländischen Föderation wird auf der Grundlage der Aufteilung in gesetzgebende, vollziehende und rechtsprechende Gewalt ausgeübt. Die Organe der gesetzgebenden, vollziehenden und rechtsprechenden Gewalt sind selbstständig.

Artikel 11

1. Die Staatsgewalt in der Rußländischen Föderation wird vom Präsidenten der Rußländischen Föderation, der Föderationsversammlung (dem Bundesrat und der Staatsduma), der Regierung der Rußländischen Föderation und den Gerichten der Rußländischen Föderation ausgeübt.
2. Die Staatsgewalt in den Subjekten der Rußländischen Föderation üben die von diesen gebildeten Organe der Staatsgewalt aus.
3. Die Abgrenzung der Zuständigkeitsbereiche und Befugnisse zwischen den Organen der Staatsgewalt der Rußländischen Föderation und den Organen der Staatsgewalt der Subjekte der Rußländischen Föderation erfolgt durch diese Verfassung, den Föderationsvertrag und andere Verträge über die Abgrenzung der Zuständigkeitsbereiche und Befugnisse.

Artikel 12

In der Rußländischen Föderation wird die örtliche Selbstverwaltung anerkannt und garantiert. Die örtliche Selbstverwaltung ist im Rahmen ihrer Befugnisse selbstständig. Die Organe der örtlichen Selbstverwaltung gehören nicht zum System der Organe der Staatsgewalt.

Artikel 13

1. In der Rußländischen Föderation ist die ideologische Vielfalt anerkannt.
2. Keine Ideologie darf als staatliche oder verbindliche festgelegt werden.
3. In der Rußländischen Föderation ist die politische Vielfalt und das Mehrparteiensystem anerkannt.
4. Die gesellschaftlichen Vereinigungen sind vor dem Gesetz gleich.

5. Die Bildung und die Tätigkeit gesellschaftlicher Vereinigungen, deren Ziele oder Handlungen auf gewaltsame Änderung der Grundlagen der Verfassungsordnung und auf Verletzung der Integrität der Rußländischen Föderation, auf Untergrabung der Sicherheit des Staates, auf Bildung von bewaffneten Formationen oder auf Entfachen sozialer, rassischer, nationaler und religiöser Zwietracht gerichtet sind, sind verboten.

Artikel 14

1. Die Rußländische Föderation ist ein weltlicher Staat. Keine Religion darf als staatliche oder verbindlich festgelegt werden.
2. Die religiösen Vereinigungen sind vom Staat getrennt und vor dem Gesetz gleich.

Artikel 15

1. Die Verfassung der Rußländischen Föderation hat die höchste juristische Kraft, gilt unmittelbar und findet auf dem gesamten Territorium der Rußländischen Föderation Anwendung. Gesetze und andere Rechtsakte, die in der Rußländischen Föderation verabschiedet werden, dürfen der Verfassung der Rußländischen Föderation nicht widersprechen.
2. Die Organe der Staatsgewalt, die Organe der örtlichen Selbstverwaltung, Amtsträger, Bürger und ihre Vereinigungen sind verpflichtet, die Verfassung der Rußländischen Föderation und die Gesetze zu beachten.
3. Die Gesetze müssen amtlich veröffentlicht werden. Nicht veröffentlichte Gesetze werden nicht angewandt. Jegliche normativen Rechtsakte, die die Rechte, Freiheiten und Pflichten des Menschen und Bürgers berühren, dürfen nicht angewandt werden, sofern sie nicht zur allgemeinen Kenntnisnahme amtlich veröffentlicht worden sind.
4. Die allgemein anerkannten Prinzipien und Normen des Völkerrechts und die völkerrechtlichen Verträge der Rußländischen Föderation sind Bestandteil ihres Rechtssystems. Legt ein völkerrechtlicher Vertrag der Rußländischen Föderation andere Regeln fest als die gesetzlich vorgesehenen, so werden die Regeln des völkerrechtlichen Vertrages angewandt.

Artikel 16

1. Die Bestimmungen dieses Kapitels der Verfassung bilden die Grundlagen der Verfassungsordnung der Rußländischen Föderation und können nicht anders geändert werden als in dem durch diese Verfassung festgelegten Verfahren.
2. Keine anderen Bestimmungen dieser Verfassung dürfen den Grundlagen der Verfassungsordnung der Rußländischen Föderation widersprechen.

Kapitel 2. Rechte und Freiheiten des Menschen und Bürgers

Artikel 17

1. In der Rußländischen Föderation werden die Rechte und Freiheiten des Menschen und Bürgers entsprechend den allgemein anerkannten Prinzipien und Normen des Völkerrechts und in Übereinstimmung mit dieser Verfassung anerkannt und garantiert.
2. Die Grundrechte und -freiheiten des Menschen sind unveräußerlich und stehen jedem von Geburt an zu.
3. Die Wahrnehmung der Rechte und Freiheiten des Menschen und Bürgers darf die Rechte und Freiheiten anderer nicht verletzen.

Artikel 18

Die Rechte und Freiheiten des Menschen und Bürgers gelten unmittelbar. Sie bestimmen den Sinn, den Inhalt und die Anwendung der Gesetze, die Tätigkeit der gesetzgebenden und der vollziehenden Gewalt sowie der örtlichen Selbstverwaltung und werden durch die Rechtsprechung gewährleistet.

Artikel 19

1. Alle sind vor dem Gesetz und vor Gericht gleich.
2. Der Staat garantiert die Gleichheit der Rechte und Freiheiten des Menschen und Bürgers unabhängig von Geschlecht, Rasse, Nationalität, Sprache, Herkunft, Vermögensverhältnissen und Amtsstellung, Wohnort, religiöser Einstellung, Überzeugungen, Zugehörigkeit zu gesellschaftlichen Vereinigungen oder von anderen Umständen. Jede Form der Einschränkung der Bürgerrechte aus Gründen der sozialen, rassischen, nationalen, sprachlichen oder religiösen Zugehörigkeit ist verboten.
3. Mann und Frau haben gleiche Rechte und Freiheiten und gleiche Möglichkeiten, sie zu verwirklichen.

Artikel 20

1. Jeder hat das Recht auf Leben.
2. Bis zu ihrer Abschaffung kann ein Bundesgesetz die Todesstrafe als außerordentliche Strafmaßnahme für besonders schwere Straftaten gegen das Leben festlegen, wobei dem Beschuldigten das Recht auf Verhandlung seiner Sache durch ein Gericht unter Mitwirkung von Geschworenen gewährt wird.

Artikel 21

1. Die Würde der Person wird vom Staat geschützt. Nichts kann ihre Schmälerung begründen.
2. Niemand darf der Folter, Gewalt oder einer anderen grausamen oder die Menschenwürde erniedrigenden Behandlung oder Strafe unterworfen werden. Niemand darf ohne sein freiwilliges Einverständnis medizinischen, wissenschaftlichen oder anderen Versuchen unterworfen werden.

Artikel 22

1. Jeder hat das Recht auf Freiheit und persönliche Unverletzlichkeit.
2. Arrest, Verhaftung und Aufrechterhaltung der Untersuchungshaft sind nur aufgrund einer gerichtlichen Entscheidung zulässig. Bis zu einer gerichtlichen Entscheidung darf eine Person nicht länger als 48 Stunden festgehalten werden.

Artikel 23

1. Jeder hat das Recht auf Unverletzlichkeit des Privatlebens, auf Personen- und Familiengeheimnis, auf Schutz seiner Ehre und seines guten Rufes.
2. Jeder hat das Recht auf das Geheimnis des Schriftverkehrs, von Telefongesprächen, postalischen, telegraphischen und anderen Mitteilungen. Eine Einschränkung dieses Rechts ist nur aufgrund einer gerichtlichen Entscheidung zulässig.

Artikel 24

1. Das Sammeln, Aufbewahren, Verwenden und Verbreiten von Informationen über das Privatleben einer Person sind ohne deren Einwilligung unzulässig.
2. Die Organe der Staatsgewalt und die Organe der örtlichen Selbstverwaltung sowie ihre Amtsträger sind verpflichtet, jedem die Möglichkeit zur Einsicht in Dokumente und Materialien, die unmittelbar seine Rechte und Freiheiten berühren, zu gewährleisten, wenn ein anderes nicht durch Gesetz vorgesehen ist.

Artikel 25

Die Wohnung ist unverletzlich. Niemand hat das Recht, in eine Wohnung gegen den Willen der dort lebenden Personen einzudringen, außer in den durch Bundesgesetz festgelegten Fällen oder aufgrund einer gerichtlichen Entscheidung.

Artikel 26

1. 1 Jeder ist berechtigt, seine nationale Zugehörigkeit zu bestimmen und anzugeben. 2 Niemand darf zur Bestimmung und Angabe seiner nationalen Zugehörigkeit gezwungen werden.
2. Jeder hat das Recht auf Gebrauch der Muttersprache sowie auf freie Wahl der Umgangs-, Erziehungs-, Ausbildungssprache und des künstlerischen Ausdrucks.

Artikel 27

1. Jeder, der sich rechtmäßig auf dem Territorium der Rußländischen Föderation aufhält, hat das Recht, sich frei zu bewegen und seinen Aufenthalts- und Wohnort zu wählen.
2. Jeder kann frei aus der Rußländischen Föderation ausreisen. Der Bürger der Rußländischen Föderation hat das Recht, ungehindert in die Rußländische Föderation zurückzukehren.

Artikel 28

Jedem wird die Gewissensfreiheit und die Glaubensbekenntnisfreiheit garantiert einschließlich des Rechts, sich allein oder gemeinsam mit anderen zu einer beliebigen

Religion zu bekennen oder sich zu keiner zu beken-nen, religiöse und andere Überzeugungen frei zu wählen, zu haben und zu verbreiten sowie nach ihnen zu handeln.

Artikel 29

1. Jedem wird die Freiheit des Gedankens und des Wortes garantiert.
2. Unzulässig sind Propaganda und Agitation, die zu sozialem, rassenbedingtem, nationalem oder religiösem Haß und Feindschaft aufstacheln. Verboten ist das Propagieren sozialer, rassenbedingter, nationaler, religiöser und sprachlicher Überlegenheit.
3. Niemand darf gezwungen werden, seine Meinungen und Überzeugungen zu äußern oder sich von ihnen loszusagen.
4. Jeder hat das Recht, auf rechtmäßige gesetzliche Weise Informationen frei zu beschaffen, entgegenzunehmen, weiterzugeben, hervorzubringen und zu verbreiten. Eine Liste der Nachrichten, die ein Staatsgeheimnis darstellen, wird durch Bundesgesetz bestimmt.
5. Die Freiheit der Masseninformation wird garantiert. Zensur ist verboten.

Artikel 30

1. Jeder hat das Recht auf Vereinigung einschließlich des Rechts, Gewerkschaften zum Schutz seiner Interessen zu gründen. Die Betätigungsfreiheit gesellschaftlicher Vereinigungen wird garantiert.
2. Niemand darf zum Eintritt oder zum Verbleib in irgendeiner Vereinigung gezwungen werden.

Artikel 31

Die Bürger der Rußländischen Föderation haben das Recht, sich friedlich und ohne Waffen zu versammeln, Versammlungen, Kundgebungen, Demonstrationen und Umzüge durchzuführen sowie Streikposten aufzustellen.

Artikel 32

1. Die Bürger der Rußländischen Föderation haben das Recht, an der Verwaltung von Angelegenheiten des Staates sowohl unmittelbar als auch durch ihre Vertreter teilzuhaben.
2. Die Bürger der Rußländischen haben das Recht, die Organe der Staatsgewalt und die Organe der örtlichen Selbstverwaltung zu wählen, in sie gewählt zu werden sowie am Referendum teilzunehmen.
3. Bürger, die gerichtlich für geschäftsunfähig erklärt worden sind oder aufgrund eines Gerichtsurteils in Haftanstalten einsitzen, haben nicht das Recht zu wählen und gewählt zu werden.
4. Die Bürger der Rußländischen Föderation haben gleichen Zugang zum Staatsdienst.
5. Die Bürger der Rußländischen Föderation haben das Recht, sich an der Ausübung der Rechtsprechung zu beteiligen.

Artikel 33

Die Bürger der Rußländischen Föderation haben das Recht, sich persönlich an die Organe der Staatsgewalt und an die Organe der örtlichen Selbstverwaltung zu wenden sowie individuelle und kollektive Eingaben an sie zu richten.

Artikel 34

1. Jeder hat das Recht auf freie Nutzung seiner Fähigkeiten und seines Vermögens zu unternehmerischer und zu anderer nicht durch Gesetz verbotener wirtschaftlicher Tätigkeit.
2. Unzulässig ist die auf Monopolisierung und unlauteren Wettbewerb gerichtete wirtschaftliche Tätigkeit.

Artikel 35

1. Das Recht des Privateigentums wird durch Gesetz geschützt.
2. Jeder ist berechtigt, Vermögen allein oder gemeinsam mit anderen zu Eigentum zu haben, zu besitzen, zu nutzen und darüber zu verfügen.
3. Niemandem darf sein Vermögen entzogen werden, es sei denn auf Entscheidung eines Gerichts. Zwangsenteignung für staatliche Bedürfnisse darf nur bei vorheriger und gleichwertiger Entschädigung durchgeführt werden.
4. Das Erbrecht wird garantiert.

Artikel 36

1. Die Bürger und ihre Vereinigungen sind berechtigt, Grund und Boden zu Privateigentum zu haben.
2. Besitz und Nutzung des Bodens und anderer Naturvorräte sowie die Verfügung über sie werden durch ihre Eigentümer frei ausgeübt, sofern dies nicht der Umwelt Schaden zufügt und nicht die Rechte und gesetzlich geschützten Interessen anderer verletzt.
3. Bedingungen und Verfahren der Bodennutzung werden aufgrund Bundesgesetzes bestimmt.

Artikel 37

1. Die Arbeit ist frei. Jeder hat das Recht, frei über seine Arbeitsfähigkeiten zu verfügen und die Art seiner Tätigkeit und seines Berufes frei zu wählen.
2. Zwangsarbeit ist verboten.
3. Jeder hat das Recht auf Arbeitsbedingungen, die den Sicherheits- und Hygieneerfordernissen entsprechen, auf Arbeitsentgelt ohne wie auch immer geartete Diskriminierung und nicht unter dem Maß des durch Bundesgesetz festgelegten Mindestlohns sowie auf Schutz vor Arbeitslosigkeit.
4. Das Recht auf individuellen und kollektiven Arbeitsstreitigkeiten unter Anwendung der durch Bundesgesetz festgelegten Mittel zu seiner Entscheidung, einschließlich des Streikrechts, wird anerkannt.
5. Jeder hat das Recht auf Erholung. Dem arbeitsvertraglich Beschäftigten werden die bundesgesetzlichen Festlegungen der Arbeitszeit, der wöchentlichen Ruhetage, der Feiertage und des bezahlten Jahresurlaubs garantiert.

Artikel 38

1. Mutter und Kind sowie die Familie stehen unter dem Schutz des Staates.
2. Die Sorge um die Kinder und ihre Erziehung sind gleiches Recht und Pflicht der Eltern.
3. Erwerbsfähige Kinder, die das 18. Lebensjahr vollendet haben, müssen für ihre nicht erwerbsfähigen Eltern sorgen.

Artikel 39

1. Jedem wird soziale Sicherung im Alter, bei Krankheit, Invalidität und Verlust des Ernährers, für die Erziehung der Kinder und in anderen gesetzlich festgelegten Fällen garantiert.
2. Die staatlichen Renten und die sozialen Beihilfen werden durch Gesetz festgelegt.
3. Die freiwillige Sozialversicherung, die Schaffung zusätzlicher Formen der sozialen Sicherung und die freie Wohlfahrtspflege werden gefördert.

Artikel 40

1. Jeder hat das Recht auf Wohnung. Niemandem darf willkürlich die Wohnung entzogen werden.
2. Die Organe der Staatsgewalt und die Organe der örtlichen Selbstverwaltung fördern den Wohnungsbau und schaffen die Bedingungen für die Verwirklichung des Rechts auf Wohnung.
3. Bedürftigen und anderen durch Gesetz bezeichneten Bürgern, die eine Wohnung benötigen, wird diese unentgeltlich oder zu einem erschwinglichen Preis aus staatlichen, kommunalen oder anderen Wohnungsbeständen nach gesetzlich festgelegten Normen bereitgestellt.

Artikel 41

1. Jeder hat das Recht auf Schutz der Gesundheit und auf medizinische Hilfe. Medizinische Hilfe in staatlichen und kommunalen Einrichtungen des Gesundheitsschutzes wird den Bürgern unentgeltlich zu Lasten des entsprechenden Haushalts, von Versicherungsbeiträgen und anderen Einnahmen geleistet.
2. In der Rußländischen Föderation werden Bundesprogramme zum Schutz und zur Verbesserung der Gesundheit der Bevölkerung finanziert, Maßnahmen zur Entwicklung des staatlichen, kommunalen und privaten Systems des Gesundheitsschutzes ergriffen und die Tätigkeit, die die Stärkung der Gesundheit des Menschen, die Entwicklung von Körperkultur und Sport sowie die ökologische und hygienisch-epidemiologische Wohlfahrt unterstützt, gefördert.
3. Amtsträger, die Tatsachen und Umstände verheimlichen, die eine Gefahr für Leben und Gesundheit von Menschen darstellen, haften gemäß Bundesgesetz.

Arlikel 42

Jeder hat das Recht auf wohlbehaltene Umwelt, auf verläßliche Information über ihren Zustand sowie auf Ersatz des Schadens, der seiner Gesundheit oder seinem Vermögen durch ökologische Rechtsverletzung zugefügt worden ist.

Artikel 43

1. Jeder hat das Recht auf Bildung.
2. Die allgemeine Zugänglichkeit und die Unentgeltlichkeit der Vorschul-, der grundlegenden Allgemein- und der mittleren Berufsbildung in staatlichen oder kommunalen Bildungseinrichtungen und in Betrieben wird garantiert.
3. Jeder ist berechtigt, aufgrund eines Auswahlverfahrens mit Wettbewerbscharakter unentgeltlich eine Hoch-schulbildung in einer staatlichen oder kommunalen Bildungseinrichtung oder in einem Betrieb zu erhalten.
4. Die grundlegende Allgemeinbildung ist obligatorisch. Die Eltern oder die sie ersetzenden Personen gewährleisten, daß die Kinder die grundlegende Allgemeinbildung erhalten.
5. Die Rußländische Föderation legt bundeseinheitliche staatliche Bildungsstandards fest und unterstützt die unterschiedlichen Formen der Bildung und der Selbstbildung.

Artikel 44

1. Jedem wird die Freiheit literarischer, künstlerischer, wissenschaftlicher, technischer und anderer Arten schöpferischer Tätigkeit sowie die Freiheit der Lehre garantiert. Das geistige Eigentum wird gesetzlich geschützt.
2. Jeder hat das Recht auf Teilnahme am kulturellen Leben, auf Nutzung kultureller Einrichtungen und auf Zugang zu kulturellen Werten.
3. Jeder ist verpflichtet, für den Erhalt des historischen und des kulturellen Erbes zu sorgen und die Geschichts- und Kulturdenkmäler zu bewahren.

Artikel 45

1. Der staatliche Schutz der Rechte und Freiheiten des Menschen und Bürgers in der Rußländischen Föderation wird garantiert.
2. Jeder ist berechtigt, seine Rechte und Freiheiten mit allen Mitteln, die nicht gesetzlich verboten sind, zu verteidigen.

Artikel 46

1. Jedem wird der gerichtliche Schutz seiner Rechte und Freiheiten garantiert.
2. Gegen Entscheidungen und Handlungen (oder die Untätigkeit) der Organe der Staatsgewalt, der Organe der örtlichen Selbstverwaltung, der gesellschaftlichen Vereinigungen und Amtsträger steht der Rechtsweg offen.
3. Jeder ist berechtigt, sich gemäß den völkerrechtlichen Verträgen der Rußländischen Föderation an die zwischenstaatlichen Organe zum Schutz der Menschenrechte und -freiheiten zu wenden, wenn alle bestehenden innerstaatlichen Mittel des Rechtsschutzes ausgeschöpft sind.

Artikel 47

1. Niemandem darf das Recht auf Verhandlung seiner Sache vor dem Gericht und durch die Richter, die gesetzlich für sie zuständig sind, entzogen werden.

2. Der einer Straftat Beschuldigte hat in den durch Bundesgesetz vorgesehenen Fällen das Recht auf Verhandlung seiner Sache durch ein Gericht unter Mitwirkung von Geschworenen.

Artikel 48

1. Jedem wird das Recht garantiert, qualifizierten juristischen Beistand zu erhalten. In den durch Gesetz vorgesehenen Fällen wird der juristische Beistand unentgeltlich geleistet.
2. Jeder Festgenommene, Verhaftete oder einer Straftat Beschuldigte hat das Recht, sich des Beistands eines Rechtsanwalts (Verteidigers) vom Moment seiner Festnahme, Verhaftung oder Beschuldigung an zu bedienen.

Artikel 49

1. Jeder einer Straftat Beschuldigte gilt als unschuldig, solange seine Schuld nicht in dem durch Bundesgesetz vorgesehenen Verfahren bewiesen und durch rechtskräftiges Gerichtsurteil festgestellt worden ist.
2. Der Beschuldigte ist nicht verpflichtet, seine Unschuld zu beweisen.
3. Unüberwindliche Zweifel an der Schuld einer Person werden zugunsten des Beschuldigten ausgelegt.

Artikel 50

1. Niemand darf wegen ein und derselben Straftat mehrmals verurteilt werden.
2. Bei der Ausübung der Rechtsprechung sind Beweise, die unter Verletzung eines Bundesgesetzes erlangt worden sind, nicht verwertbar.
3. Jeder wegen einer Straftat Verurteilte hat das Recht auf Überprüfung des Urteils durch ein höheres Gericht in dem durch Bundesgesetz festgelegten Verfahren sowie das Recht, um Begnadigung oder Strafmilderung nachzusuchen.

Artikel 51

1. Niemand ist verpflichtet, gegen sich selbst, gegen seinen Ehegatten oder gegen nahe Verwandte, deren Kreis durch Bundesgesetz bestimmt wird, auszusagen.
2. Durch Bundesgesetz können andere Fälle des Zeugnisverweigerungsrechts festgelegt werden.

Artikel 52

Die Rechte der Opfer von Straftaten oder von Machtmißbrauch werden durch Gesetz geschützt. Der Staat gewährleistet den Opfern den Zugang zur Gerichtsbarkeit und den Ersatz des zugefügten Schadens.

Artikel 53

Jeder hat das Recht auf staatlichen Ersatz des Schadens, der durch ungesetzliches Handeln (oder Unterlassen) der Organe der Staatsgewalt oder ihrer Amtsträger verursacht wurde.

Artikel 54

1. Ein Gesetz, das Haftung begründet oder verschärft, hat keine rückwirkende Kraft.
2. Niemand haftet für eine Tat, die im Zeitpunkt ihrer Begehung nicht als Rechtsverletzung galt. Wird nach der Begehung der Rechtsverletzung die Haftung für sie aufgehoben oder gemildert, so gilt das neue Gesetz.

Artikel 55

1. Die Aufzählung der Grundrechte und Grundfreiheiten in der Verfassung der Rußländischen Föderation darf nicht als Verneinung oder Schmälerung anderer allgemein anerkannter Rechte und Freiheiten des Menschen und Bürgers ausgelegt werden.
2. In der Rußländischen Föderation dürfen keine Gesetze erlassen werden, die die Rechte und Freiheiten des Menschen und Bürgers aufheben oder schmälern.
3. Die Rechte und Freiheiten des Menschen und Bürgers können durch Bundesgesetz nur in dem Maße eingeschränkt werden, wie dies zum Schutz der Grundlagen der Verfassungsordnung, der Moral, der Gesundheit, der Rechte und gesetzlichen Interessen anderer sowie zur Gewährleistung der Landesverteidigung und Staatssicherheit notwendig ist.

Artikel 56

1. Unter den Bedingungen des Ausnahmezustandes können zur Gewährleistung der Sicherheit der Bürger und zum Schutz der Verfassungsordnung in Übereinstimmung mit einem Bundesverfassungsgesetz einzelne Beschränkungen der Rechte und Freiheiten unter Angabe ihrer Grenzen und ihrer Geltungsfrist festgelegt werden.
2. Der Ausnahmezustand auf dem gesamten Territorium der Rußländischen Föderation und in einzelnen ihrer Gegenden kann unter den Umständen und nach dem Verfahren verhängt werden, die durch Bundesverfassungs-gesetz festgelegt sind.
3. Die in den Artikeln 20, 21, 23 Abs. 1, 24, 28, 34 Abs. 1, 40 Abs. 1, 46–54 der Verfassung der Rußländischen Föderation vorgesehenen Rechte und Freiheiten unterliegen keiner Einschränkung.

Artikel 57

Jeder ist verpflichtet, die rechtmäßig festgesetzten Steuern und sonstige Abgaben zu zahlen. Gesetze, die neue Steuern einführen oder die Lage der Steuerzahler verschlechtern, haben keine rückwirkende Kraft.

Artikel 58

Jeder ist verpflichtet, die Natur und die Umwelt zu erhalten und sorgsam mit den Naturreichtümern umzugehen.

Artikel 59

1. Der Schutz des Vaterlandes ist Schuldigkeit und Pflicht des Bürgers der Rußländischen Föderation.
2. Der Bürger der Rußländischen Föderation leistet Militärdienst gemäß dem Bundesgesetz.

3. Der Bürger der Rußländischen Föderation hat das Recht, falls die Ableistung des Militärdienstes seinen Überzeugungen oder seinem Glaubensbekenntnis widerspricht, und ebenso in anderen durch Bundesgesetz festgelegten Fällen statt dessen einen zivilen Ersatzdienst zu leisten.

Artikel 60

Von seinem 18. Lebensjahr an kann der Bürger der Rußländischen Föderation selbstständig in vollem Umfang seine Rechte und Pflichten wahrnehmen.

Artikel 61

1. Der Bürger der Rußländischen Föderation darf nicht aus der Rußländischen Föderation ausgewiesen oder an einen anderen Staat ausgeliefert werden.
2. Die Rußländische Föderation garantiert ihren Bürgern Fürsorge und Schutz über ihre Grenzen hinaus.

Artikel 62

1. Der Bürger der Rußländischen Föderation kann in Übereinstimmung mit Bundesgesetz oder völkerrechtlichem Vertrag die Staatsangehörigkeit eines anderen Staates besitzen (doppelte Staatsangehörigkeit).
2. Besitzt ein Bürger der Rußländischen Föderation die Staatsangehörigkeit eines ausländischen Staates, so schmälert dies nicht seine Rechte und Freiheiten und befreit ihn nicht von den sich aus der rußländischen Staatsangehörigkeit ergebenden Pflichten, wenn nicht ein anderes durch Bundesgesetz oder völkerrechtlichen Vertrag der Rußländischen Föderation vorgesehen ist.
3. 3. Ausländer und Staatenlose genießen in der Rußländischen Föderation die gleichen Rechte und tragen die gleichen Pflichten wie die Bürger der Rußländischen Föderation, außer in den durch Bundesgesetz oder völkerrechtlichen Vertrag der Rußländischen Föderation festgelegten Fällen.

Artikel 63

1. Die Rußländische Föderation gewährt Ausländern und Staatenlosen politisches Asyl entsprechend den allgemein anerkannten Normen des Völkerrechts.
2. In der Rußländischen Föderation ist die Auslieferung von Personen, die wegen ihrer politischen Überzeugung sowie wegen in der Rußländischen Föderation nicht als Straftaten angesehenen Handlungen (oder Unterlassung), verfolgt werden, an andere Staaten unzulässig. Die Auslieferung von Personen, die einer Straftat beschuldigt sind, und ebenso von Verurteilten, die ihre Strafe in anderen Staaten verbüßen sollen, richtet sich nach Bundesgesetz oder völkerrechtlichem Vertrag der Rußländischen Föderation.

Artikel 64

Die Bestimmungen dieses Kapitels bilden die Grundlagen der Rechtsstellung des Einzelnen in der Rußländischen Föderation und dürfen nur in dem durch die vorliegende Verfassung festgelegten Verfahren geändert werden.

Kapitel 3. Föderativer Aufbau

Artikel 65

1. Die Rußländische Föderation bilden folgende Subjekte der Rußländischen Föderation:

Republik Adygien (Adygien), Republik Altai, Republik Baschkortostan, Republik Burjatien, Republik Dagestan, Republik Inguschische, Kabardino-Balkarische Republik, Republik Kalmykjen, Karatschaisch-Tscherkessische Republik, Republik Karelien, Republik Komi, Republik Mari El, Republik Mordwinien, Republik Sacha (Jakutien), Republik Nordossetien – Alania, Republik Tatarstan (Tatarstan), Republik Tuwa, Udmurtische Republik, Republik Chakassien, Tschetschenische Republik, Tschuwaschische Republik – Tschawasch;

Region Altai, Region Krasnodar, Region Krasnojarsk, Region Primorje, Region Stawropol, Region Chabarowsk;

Gebiet Amur, Gebiet Archangelsk, Gebiet Astrachan, Gebiet Belgorod, Gebiet Brjansk, Gebiet Wladimir, Gebiet Wolgograd, Gebiet Wologda, Gebiet Woronesch, Gebiet Iwanowo, Gebiet Irkutsk, Gebiet Kaliningrad, Gebiet Kaluga, Gebiet Kamtschatka, Gebiet Kemerowo, Gebiet Kirow, Gebiet Kostroma, Gebiet Kurgan, Gebiet Kursk, Gebiet Leningrad, Gebiet Lipezk, Gebiet Magadan, Gebiet Moskau, Gebiet Murmansk, Gebiet Nischni Nowgorod, Gebiet Nowgorod, Gebiet Nowosibirsk, Gebiet Omsk, Gebiet Orenburg, Gebiet Orjol, Gebiet Pensa, Gebiet Perm, Gebiet Pskow, Gebiet Rostow, Gebiet Rjuasan, Gebiet Samara, Gebiet Saratow, Gebiet Sachalin, Gebiet Swerdlowsk, Gebiet Smolensk, Gebiet Tambow, Gebiet Twer, Gebiet Tomsk, Gebiet Tula, Gebiet Tjumen, Gebiet Uljanowsk, Gebiet Tscheljabinsk, Gebiet Tschita, Gebiet Jaroslawl;

Moskau, Sankt Petersburg – Städte föderalen Ranges;

Jüdisches Autonomes Gebiet;

Autonomer Bezirk der Aginer Burjaten, Autonomer Bezirk der Komi-Permjaken, Autonomer Bezirk der Korjaken, Autonomer Bezirk der Nenzen, Taimyrischer (Dolgano-Nenzischer) Autonomer Bezirk, Autonomer Bezirk der Ust-Ordyner Burjaten, Autonomer Bezirk der Chanten und Mansen, Autonomer Bezirk der Tschuktschen, Autonomer Bezirk der Ewenken, Autonomer Bezirk der Jamal-Nenzen.

2. Ein neues Subjekt wird in dem durch Bundesverfassungsgesetz festgelegten Verfahren in die Rußländische Föderation aufgenommen oder innerhalb der Rußländischen Föderation gebildet.

Artikel 66

1. Der Status einer Republik wird durch die Verfassung der Rußländischen Föderation und die Verfassung der Republik bestimmt.
2. Der Status einer Region, eines Gebiets, einer bundesbedeutsamen Stadt, eines autonomen Gebietes und eines autonomen Bezirks wird bestimmt durch die Verfassung der Rußländischen Föderation und das Statut der Region, des Gebiets, der bundesbedeutsamen Stadt, des autonomen Gebietes, des autonomen Bezirkes, das von dem

Gesetzgebungs(Vertretungs-)organ des entsprechenden Subjekts der Rußländischen Föderation verabschiedet wird.

3. Auf Vorschlag der gesetzgebenden und vollziehenden Organe des autonomen Gebiets oder eines autonomen Bezirks kann ein Bundesgesetz über das autonome Gebiet bzw. den autonomen Bezirk verabschiedet werden.
4. Die Beziehungen der innerhalb einer Region oder eines Gebietes belegenen autonomen Bezirke können durch Bundesgesetz und Vertrag zwischen den Organen der Staatsgewalt des autonomen Bezirks und den Organen der Staatsgewalt der Region beziehungsweise des Gebiets geregelt werden.
5. Der Status eines Subjekts der Rußländischen Föderation kann in gegenseitigem Einvernehmen zwischen der Rußländischen Föderation und dem Subjekt der Rußländischen Föderation in Übereinstimmung mit einem Bundesverfassungsgesetz geändert werden.

Artikel 67

1. Das Territorium der Rußländischen Föderation umfaßt die Territorien ihrer Subjekte, die Inneren Gewässer, das Küstenmeer und den darüberliegenden Luftraum.
2. Die Rußländische Föderation verfügt über die souveränen Rechte und übt die Jurisdiktion über den Festlandsockel und die ausschließliche Wirtschaftszone der Rußländischen Föderation gemäß der durch Bundesgesetz und Völkerrechtsnormen bestimmten Ordnung aus.
3. Grenzen zwischen Subjekten der Rußländischen Föderation können bei deren gegenseitigem Einvernehmen geändert werden.

Artikel 68

1. Staatssprache der Rußländischen Föderation auf ihrem gesamten Territorium ist die russische Sprache.
2. Die Republiken sind berechtigt, ihre eigenen Staatssprachen festzulegen. Diese werden in den Organen der Staatsgewalt, den Organen der örtlichen Selbstverwaltungs und den staatlichen Einrichtungen der Republiken gleichberechtigt neben der Staatssprache der Rußländischen Föderation verwendet.
3. Die Rußländische Föderation garantiert allen ihren Völkern das Recht auf Erhalt ihrer Muttersprache sowie die Schaffung von Bedingungen für deren Erlernen und deren Entwicklung.

Artikel 69

Die Rußländische Föderation garantiert die Rechte der kleinen Urvölker in Übereinstimmung mit den allgemein anerkannten Prinzipien und Normen des Völkerrechts und den völkerrechtliche Verträgen der Rußländischen Föderation.

Artikel 70

1. Staatsflagge, -wappen und -hymne der Rußländischen Föderation, ihre Beschreibung und das Verfahren ihrer offiziellen Verwendung werden durch Bundesverfassungsgesetz festgelegt.

2. Hauptstadt der Rußländischen Föderation ist die Stadt Moskau. Der Status der Hauptstadt wird durch Bundesgesetz festgelegt.

Artikel 71

Zur Zuständigkeit der Rußländischen Föderation gehören:

a) die Verabschiedung und Änderung der Verfassung der Rußländischen Föderation und der Bundesgesetze sowie die Kontrolle über ihre Einhaltung;
b) der bundesstaatliche Aufbau und das Territorium der Rußländischen Föderation;
c) die Regelung und der Schutz der Rechte und Freiheiten des Menschen und Bürgers; die Staatsangehörigkeit der Rußländischen Föderation; die Regelung und der Schutz der Rechte der nationalen Minderheiten;
d) die Festlegung des Systems der Bundesorgane der gesetzgebenden, vollziehenden und rechtsprechenden Gewalt sowie der Ordnung ihrer Organisation und Tätigkeit; die Bildung von Bundesorganen der Staatsgewalt;
e) das Bundeseigentum und dessen Verwaltung;
f) die Festlegung der Grundsätze der Bundespolitik sowie Bundesprogramme auf dem Gebiet der staatlichen, wirtschaftlichen, ökologischen, sozialen, kulturellen und nationalen Entwicklung der Rußländischen Föderation;
g) die Festlegung der rechtlichen Grundlagen eines einheitlichen Marktes; die Regelung des Finanz-, Währungs-, Kredit- und Zollwesens, die Geldemission, die Grundsätze der Preispolitik; die Bundeswirtschaftsdienste einschließlich der Banken des Bundes;
h) der Bundeshaushalt; die Bundessteuern und -abgaben; die Bundesfonds für Regionalentwicklung;
i) die Bundes-Energiesysteme, Kernenergie, spaltbare Materialien; Bundesverkehr, Bundesverkehrswege sowie Informations-, Post- und Fernmeldewesen des Bundes; Aktivitäten im Weltraum;
j) die Außenpolitik und die internationalen Beziehungen der Rußländischen Föderation, völkerrechtliche Verträge der Rußländischen Föderation; Fragen von Krieg und Frieden;
k) die außenwirtschaftlichen Beziehungen der Rußländischen Föderation;
l) Verteidigung und Sicherheit; Rüstungsproduktion; die Bestimmung des Verfahrens für Verkauf und Kauf von Waffen, Munition, Militärtechnik und anderem Militärgut; die Produktion von Giftstoffen und Betäubungsmitteln sowie die Ordnung ihres Gebrauchs;
m) die Bestimmung des Status und der Schutz der Staatsgrenze, des Küstenmeers, des Luftraums, der ausschließlichen Wirtschaftszone und des Festlandsockels der Rußländischen Föderation;
n) die Gerichtsverfassung; die Staatsanwaltschaft; die Straf-, Strafprozeß- und Strafvollzugsgesetzgebung; Amnestie und Begnadigung; die Zivil-, Zivilprozeß- und Arbitrageverfahrensgesetzgebung; die rechtliche Regelung des geistigen Eigentums;
o) das Bundeskollisionsrecht;

p) der meteorologische Dienst, Industriestandards, Eichmaße, metrisches System und Zeitberechnung; Vermessungswesen und Kartographie; Benennungen geographischer Objekte, amtliche Statistik und Buchführung;
q) die staatlichen Auszeichnungen und Ehrentitel der Rußländischen Föderation;
r) der Staatsdienst des Bundes.

Artikel 72

1. Zur gemeinsamen Zuständigkeit der Rußländischen Föderation und der Subjekte der Rußländischen Föderation gehören:

   a) die Gewährleistung der Übereinstimmung der Verfassungen und Gesetze der Republiken, der Statuten, Gesetze und anderen normativen Rechtsakten der Regionen, Gebiete, bundesbedeutsamen Städte, des autonomen Gebiets und der autonomen Bezirke mit der Verfassung der Rußländischen Föderation und den Bundesgesetzen;
   b) der Schutz der Rechte und Freiheiten des Menschen und Bürgers; der Schutz der Rechte der nationalen Minderheiten; die Gewährleistung der Gesetzlichkeit, der Rechtsordnung und der öffentlichen Sicherheit; die Ordnung der Grenzgebiete;
   c) Fragen des Besitzes, der Nutzung und der Verfügung über Grund und Boden, Bodenschätze, Wasser- und andere Naturvorräte;
   d) die Abgrenzung des Staatseigentums;
   e) Naturnutzung; Umweltschutz und Gewährleistung der ökologischen Sicherheit; besonders geschützte Naturgebiete; Schutz von Geschichts- und Kulturdenkmälern;
   f) allgemeine Fragen der Erziehung, der Bildung, der Wissenschaft, der Kultur, der Körperkultur und des Sports;
   g) Koordination von Fragen des Gesundheitsschutzes; Schutz von Familie, Mutterschaft, Vaterschaft und Kindheit; sozialer Schutz einschließlich der sozialen Sicherung;
   h) die Durchführung von Maßnahmen zur Bekämpfung von Katastrophen, Naturkatastrophen und Epidemien sowie die Beseitigung ihrer Folgen;
   i) die Festlegung allgemeiner Prinzipien der Besteuerung und Abgaben in der Rußländischen Föderation;
   j) die Verwaltungs-, Verwaltungsprozeß-, Arbeits-, Familien-, Wohnungs-, Boden-, Wasser- und Forstgesetzgebung; die Gesetzgebung über Bodenschätze und Umweltschutz;
   k) das Personal der Gerichts- und Rechtsschutzorgane; Rechtsanwaltschaft, Notariat;
   l) Schutz des angestammten Lebensraums und der traditionellen Lebensform kleiner ethnischer Gemeinschaften;
   m) die Festlegung allgemeiner Organisationsprinzipien für das System der Organe der Staatsgewalt und der örtlichen Selbstverwaltung;
   n) die Koordinierung der internationalen und außenwirtschaftlichen Beziehungen der Subjekte der Rußländischen Föderation und die Erfüllung der völkerrechtlichen Verträge der Rußländischen Föderation.

2. Die Bestimmungen dieses Artikels gelten gleichermaßen für die Republiken, Regionen, Gebiete, bundesbedeutsamen Städte, das autonome Gebiet und die autonomen Bezirke.

Artikel 73

Außerhalb der Zuständigkeit der Rußländischen Föderation und der Befugnisse der Rußländischen Föderation im Bereich der gemeinsamen Zuständigkeit der Rußländischen Föderation und der Subjekte der Rußländischen Föderation verfügen die Subjekte der Rußländischen Föderation über die gesamte Fülle der Staatsgewalt.

Artikel 74

1. Auf dem Territorium der Rußländischen Föderation ist die Einführung von Zollgrenzen, -gebühren und -abgaben oder von irgendwelchen anderen Behinderungen des freien Verkehrs von Waren, Dienstleistungen und Finanzmitteln unzulässig.
2. Beschränkungen des Waren- und Dienstleistungsverkehrs können in Übereinstimmung mit einem Bundesgesetz eingeführt werden, wenn dies für die Gewährleistung der Sicherheit, des Schutzes des Lebens und der Gesundheit von Menschen, des Naturschutzes und des Schutzes kultureller Werte notwendig ist.

Artikel 75

1. Die Geldeinheit in der Rußländischen Föderation ist der Rubel. Die Geldemission erfolgt ausschließlich durch die Zentralbank der Rußländischen Föderation. Die Einführung und die Emission anderen Geldes in der Rußländischen Föderation ist unzulässig.
2. Der Schutz und die Gewährleistung der Stabilität des Rubels ist die Grundfunktion der Zentralbank der Rußländischen Föderation, die sie unabhängig von anderen Organen der Staatsgewalt ausübt.
3. Das System der Steuern, die an den Bundeshaushalt abgeführt werden, sowie die allgemeinen Prinzipien der Besteuerung und Abgaben in der Rußländischen Föderation werden durch Bundesgesetz festgelegt.
4. Staatsanleihen werden in einem durch Bundesgesetz bestimmten Verfahren emittiert und auf freiwilliger Basis untergebracht.

Artikel 76

1. Im Zuständigkeitsbereich der Rußländischen Föderation werden Bundesverfassungsgesetze und Bundesgesetze verabschiedet, die auf dem gesamten Territorium der Rußländischen Föderation unmittelbar gelten.
2. Im gemeinsamen Zuständigkeitsbereich der Rußländischen Föderation und der Subjekte der Rußländischen Föderation werden Bundesgesetze erlassen sowie in Einklang mit diesen verabschiedete Gesetze und andere normative Rechtsakte der Subjekte der Rußländischen Föderation.
3. Bundesgesetze dürfen Bundesverfassungsgesetzen nicht widersprechen.
4. Außerhalb des Zuständigkeitsbereichs der Rußländischen Föderation und des gemeinsamen Zuständigkeitsbereichs der Rußländischen Föderation und der Subjekte

der Rußländischen Föderation treffen die Republiken, die Regionen, Gebiete, bundesbedeutsamen Städte, das autonome Gebiet und die autonomen Bezirke ihre eigenen rechtlichen Regelungen, einschließlich der Verabschiedung von Gesetzen und anderer normative Rechtsakte.

5. Die Gesetze und anderen normativen Rechtsakte der Subjekte der Rußländischen Föderation dürfen den Bundesgesetzen nicht widersprechen, die in Übereinstimmung mit den Absätzen 1 und 2 dieses Artikels verabschiedet wurden. Widersprechen ein Bundesgesetz und ein anderer in der Rußländischen Föderation erlassener Akt einander, so gilt das Bundesgesetz.
6. Wenn ein Bundesgesetz und ein normativer Rechtsakt eines Subjekts der Rußländischen Föderation, der in Übereinstimmung mit Absatz 4 dieses Artikels erlassen wurde, einander widersprechen, so gilt der normativer Rechtsakt des Subjekts der Rußländischen Föderation.

Artikel 77

1. Das System der Organe der Staatsgewalt der Republiken, Regionen, Gebiete, bundesbedeutsamen Städte, des autonomen Gebietes und der autonomen Bezirke wird von den Subjekten der Rußländischen Föderation, in Übereinstimmung mit den Grundlagen der Verfassungsordnung der Rußländischen Föderation und den allgemei-nen Prinzipien der Organisation der Vertretungs- und Vollzugsorgane der Staatsgewalt, die durch Bundesgesetz bestimmt sind, selbstständig festgelegt.
2. In den Grenzen der Zuständigkeit der Rußländischen Föderation und der Befugnisse der Rußländischen Föderation im gemeinsamen Zuständigkeitsbereich der Rußländischen Föderation und der Subjekte der Rußländischen Föderation bilden die Bundesorgane der vollziehenden Gewalt und die Vollzugsorgane der Subjekte der Rußländischen Föderation ein einheitliches System der vollziehenden Gewalt in der Rußländischen Föderation.

Artikel 78

1. Die Bundesvollzugsorgane können zur Ausübung ihrer Befugnisse eigene territoriale Organe bilden und entsprechende Amtsträger ernennen.
2. Die Bundesvollzugsorgane können im Einvernehmen mit den Vollzugsorganen der Subjekte der Rußländischen Föderation diesen die Ausübung eines Teils ihrer Befugnisse übertragen, sofern dies nicht der Verfassung der Rußländischen Föderation und den Bundesgesetzen widerspricht.
3. Die Vollzugsorgane der Subjekte der Rußländischen Föderation können in Übereinkunft mit den Bundesvollzugsorganen diesen die Ausübung eines Teils ihrer Befugnisse übertragen.
4. Der Präsident der Rußländischen Föderation und die Regierung der Rußländischen Föderation gewährleisten in Übereinstimmung mit der Verfassung der Rußländischen Föderation die Ausübung der Befugnisse der Bundesstaatsgewalt auf dem gesamten Territorium der Rußländischen Föderation.

Artikel 79

Die Rußländische Föderation kann sich in Übereinstimmung mit völkerrechtlichen Verträgen an zwischenstaatlichen Vereinigungen beteiligen und diesen einen Teil ihrer Befugnisse übertragen, sofern dies nicht eine Beschränkung der Rechte und Freiheiten des Menschen und Bürgers zur Folge hat und nicht den Grundlagen der Verfassungsordnung der Rußländischen Föderation widerspricht.

Kapitel 4. Der Präsident der Rußländischen Föderation

Artikel 80

1. Der Präsident der Rußländischen Föderation ist das Staatsoberhaupt.
2. Der Präsident der Rußländischen Föderation ist Garant der Verfassung der Rußländischen Föderation sowie der Rechte und Freiheiten des Menschen und Bürgers. Gemäß dem durch die Verfassung der Rußländischen Föderation festgelegten Verfahren ergreift er Maßnahmen zum Schutz der Souveränität der Rußländischen Föderation, ihrer Unabhängigkeit und staatlichen Integrität und gewährleistet das aufeinander abgestimmte Funktionieren und Zusammenwirken der Organe der Staatsgewalt.
3. Der Präsident der Rußländischen Föderation bestimmt in Übereinstimmung mit der Verfassung der Rußländischen Föderation und den Bundesgesetzen die Richtlinien der Innen- und Außenpolitik des Staates.
4. Der Präsident der Rußländischen Föderation vertritt als Staatsoberhaupt die Rußländische Föderation innerhalb des Landes und in den internationalen Beziehungen.

Artikel 81

1. Der Präsident der Rußländischen Föderation wird von den Bürgern der Rußländischen Föderation auf der Grundlage des allgemeinen, gleichen und unmittelbaren Wahlrechts in geheimer Abstimmung auf vier Jahre gewählt.
2. Zum Präsidenten der Rußländischen Föderation kann ein Bürger der Rußländischen Föderation gewählt werden, der nicht jünger als 35 Jahre ist und seit mindestens 10 Jahren ständig in der Rußländischen Föderation lebt.
3. Ein und dieselbe Person kann das Präsidentenamt nicht länger als zwei Amtsperioden in Folge innehaben.
4. Das Verfahren der Wahl des Präsidenten der Rußländischen Föderation wird durch Bundesgesetz bestimmt.

Artikel 82

1. Bei Amtsantritt leistet der Präsident der Rußländischen Föderation dem Volk folgenden Eid:

   „Ich schwöre, bei der Ausübung der Befugnisse des Präsidenten der Rußländischen Föderation die Rechte und Freiheiten des Menschen und Bürgers zu achten und zu schützen, die Verfassung der Rußländischen Föderation einzuhalten und zu verteidigen, die Souveränität, Unabhängigkeit, Sicherheit und Integrität des Staates zu verteidigen und dem Volke treu zu dienen".

2. Der Eid wird in feierlichem Rahmen in Anwesenheit der Mitglieder des Bundesrates, der Abgeordneten der Staatsduma und der Richter des Verfassungsgerichts der Rußländischen Föderation geleistet.

Artikel 83

Der Präsident der Rußländischen Föderation:

a) ernennt mit Zustimmung der Staatsduma den Vorsitzenden der Regierung der Rußländischen Föderation;
b) hat das Recht, bei Sitzungen der Regierung der Rußländischen Föderation den Vorsitz zu führen;
c) entscheidet über die Frage des Rücktritts der Regierung der Rußländischen Föderation;
d) präsentiert der Staatsduma die Kandidatur für das Amt des Vorsitzenden der Zentralbank der Rußländi-schen Föderation; legt der Staatsduma die Frage der Entlassung des Vorsitzenden der Zentralbank der Rußländschen Föderation vor;
e) ernennt und entläßt auf Vorschlag des Vorsitzenden der Regierung der Rußländischen Föderation die Stellvertreter des Vorsitzenden der Regierung der Rußländischen Föderation und die Bundesminister;
f) präsentiert dem Bundesrat die Kandidaturen für die Ernennung zu Richtern des Verfassungsgerichts der Rußländischen Föderation, des Obersten Gerichts der Rußländischen Föderation, des Obersten Arbitragegerichts der Rußländischen Föderation, sowie die Kandidatur für das Amt des Generalstaatsanwalts der Rußländischen Föderation; bringt den Vorschlag für die Entlassung des Generalstaatsanwalts der Rußländischen Föderation in den Bundesrat ein; ernennt die Richter der anderen Bundesgerichte;
g) bildet und leitet den Sicherheitsrat der Rußländischen Föderation, dessen Status durch Bundesgesetz bestimmt wird;
h) bestätigt die Militärdoktrin der Rußländischen Föderation;
i) bildet die Verwaltung des Präsidenten der Rußländischen Föderation;
j) ernennt und entläßt die bevollmächtigten Vertreter des Präsidenten der Rußländischen Föderation;
k) ernennt und entläßt das Oberkommando der Streitkräfte der Rußländischen Föderation;
l) ernennt und beruft ab nach Konsultierung der entsprechenden Komitees oder Kommissionen der Kammern der Bundesversammlung die diplomatischen Vertreter der Rußländischen Föderation in ausländischen Staaten und bei internationalen Organisationen.

Artikel 84

Der Präsident der Rußländischen Föderation:

a) beraumt im Übereinstimmung mit der Verfassung der Rußländischen Föderation und dem Bundesgesetz die Wahlen zur Staatsduma an;
b) löst die Staatsduma in den Fällen und nach dem Verfahren auf, die in der Verfassung der Rußländischen Föderation vorgesehen sind;

c) beraumt ein Referendum an in dem Verfahren, das durch Bundesverfassungsgesetz festgelegt ist;
d) bringt Gesetzentwürfe in die Staatsduma ein;
e) unterzeichnet und verkündet die Bundesgesetze;
f) wendet sich an die Bundesversammlung mit alljährlichen Botschaften über die Lage im Lande und über die Grundrichtungen der Innen- und Außenpolitik des Staates.

Artikel 85

1. Der Präsident der Rußländischen Föderation kann Schlichtungsverfahren anwenden zur Klärung von Meinungsverschiedenheiten zwischen Organer Staatsgewalt der Rußländischen Föderation und Organen der Staatsgewalt von Subjekten der Rußländischen Föderation, ebenso wie zwischen Organen der Staatsgewalt von Subjekten der Rußländischen Föderation. Wird keine einvernehmliche Lösung erreicht, so kann er die Entscheidung des Streits dem entsprechenden Gericht zur Prüfung vorlegen.
2. Der Präsident der Rußländischen Föderation ist berechtigt, den Vollzug von Akten der Vollzugsorgane der Subjekte der Rußländischen Föderation, die der Verfassung der Rußländischen Föderation, Bundesgesetzen oder völkerrechtlichen Verpflichtungen der Rußländischen Föderation widersprechen oder die Rechte und Freiheiten des Menschen und Bürgers verletzen, bis zur Klärung dieser Frage durch das entsprechende Gericht auszusetzen.

Artikel 86

Der Präsident der Rußländischen Föderation:

a) hat die Leitung der Außenpolitik der Rußländischen Föderation inne;
b) führt Verhandlungen und unterzeichnet die völkerrechtlichen Verträge der Rußländischen Föderation;
c) unterzeichnet die Ratifikationsurkunden;
d) nimmt die Beglaubigungs- und Abberufungsurkunden der bei ihm akkreditierten diplomatischen Vertreter entgegen.

Artikel 87

1. Der Präsident der Rußländischen Föderation ist Oberbefehlshaber der Streitkräfte der Rußländischen Föde-ration.
2. Im Falle eines Angriffs gegen die Rußländische Föderation oder eines unmittelbar drohenden Angriffs verhängt der Präsident der Rußländischen Föderation unter unverzüglicher Benachrichtigung des Bundesrates und der Staatsduma den Kriegszustand über das Territorium der Rußländischen Föderation oder einzelne ihrer Gegenden.
3. Das Regime des Kriegszustands wird durch Bundesverfassungsgesetz bestimmt.

Artikel 88

Der Präsident der Rußländischen Föderation verhängt unter sofortiger Benachrichtigung des Bundesrates und der Staatsduma unter den Umständen und in dem Verfahren, die durch Bundesverfassungsgesetz vorgesehen sind, über das Territorium der Rußländischen Föderation oder einzelne ihrer Gegenden den Ausnahmezustand.

Artikel 89

Der Präsident der Rußländischen Föderation:

a) entscheidet Fragen der Staatsangehörigkeit der Rußländischen Föderation und der Gewährung politischen Asyls;
b) verleiht die staatlichen Auszeichnungen der Rußländischen Föderation, die Ehrentitel der Rußländischen Föderation sowie die höchsten militärischen Ränge und die höchsten Dienstränge;
c) übt das Begnadigungsrecht aus.

Artikel 90

1. Der Präsident der Rußländischen Föderation erläßt Ukaze und Verfügungen.
2. Ukaze und Verfügungen des Präsidenten der Rußländischen Föderation müssen auf dem gesamten Territorium der Rußländischen Föderation ausgeführt werden.
3. Ukaze und Verfügungen des Präsidenten der Rußländischen Föderation dürfen der Verfassung der Rußländische Föderation und den Bundesgesetzen nicht widersprechen.

Artikel 91

Der Präsident der Rußländischen Föderation genießt Immunität.

Artikel 92

1. Der Präsident der Rußländischen Föderation beginnt die Ausübung seiner Amtsbefugnisse mit seiner Eidesleistung und beendet sie nach dem Ablauf seiner Amtsperiode mit der Eidesleistung des neu gewählten Präsidenten der Rußländischen Föderation.
2. Der Präsident der Rußländischen Föderation beendet die Ausübung seiner Amtsbefugnisse vorzeitig im Fall seines Rücktritts, im Fall, daß er die ihm zukommenden Befugnisse aus Gesundheitsgründen nicht wahrnehmen kann, oder durch Amtsenthebung. In diesen Fällen müssen Wahlen zum Präsidenten der Rußländischen Föderation spätestens drei Monate ab vorzeitiger Amtsbeendigung stattfinden.
3. In allen Fällen, in denen der Präsident der Rußländischen Föderation nicht in der Lage ist, seine Pflichten wahrzunehmen, erfüllt sie vorübergehend der Vorsitzende der Regierung der Rußländischen Föderation. Der geschäftsführende Präsident der Rußländischen Föderation hat nicht das Recht, die Staatsduma aufzulösen, ein Referendum anzusetzen und Vorlagen über Änderungen oder eine Überarbeitung von Bestimmungen der Verfassung der Rußländischen Föderation einzubringen.

Artikel 93

1. Der Präsident der Rußländischen Föderation kann durch den Bundesrat nur dann seines Amtes enthoben werden, wenn die Staatsduma die Anklage des Staatsverrats oder der Begehung einer anderen schweren Straftat erhoben hat, die durch ein Gutachten des Obersten Gerichts der Rußländischen Föderation über das Vorliegen von Straftatmerkmalen in Handlungen des Präsidenten der Rußländischen Föderation und durch ein Gutachten des Verfassungsgerichts der Rußländischen Föderation darüber, daß die Anklageerhebung dem vorgeschriebenen Verfahren entspricht, bestätigt worden ist.
2. Die Entscheidung der Staatsduma über eine Anklageerhebung und die Entscheidung des Bundesrates über die Amtsenthebung des Präsidenten muß mit zwei Dritteln der Gesamtstimmzahl in jeder der Kammern auf In-itiative von mindestens einem Drittel der Abgeordneten der Staatsduma und unter Vorliegen eines Gutachtens einer von der Staatsduma gebildeten Sonderkommission angenommen werden.
3. Die Entscheidung des Bundesrates der Rußländischen Föderation über die Amtsenthebung des Präsidenten der Rußländischen Föderation muß spätestens drei Monate nach Anklageerhebung der Staatsduma gegen den Präsidenten erfolgen. Wenn in dieser Frist keine Entscheidung des Bundesrates angenommen wird, gilt die Anklage gegen den Präsidenten als abgewiesen.

Kapitel 5. Föderationsversammlung

Artikel 94

Die Bundesversammlung – das Parlament der Rußländischen Föderation – ist das Vertretungs- und Gesetzgebungsorgan der Rußländischen Föderation.

Artikel 95

1. Die Bundesversammlung besteht aus zwei Kammern: dem Bundesrat und der Staatsduma.
2. Dem Bundesrat gehören jeweils zwei Vertreter von jedem Subjekt der Rußländischen Föderation an: je einer von dem Vertretungs- und von dem Vollzugsorgan der Staatsgewalt.
3. Die Staatsduma besteht aus 450 Abgeordneten.

Artikel 96

1. Die Staatsduma wird auf vier Jahre gewählt.
2. Das Verfahren der Bildung des Bundesrates und der Wahl der Abgeordneten der Staatsduma werden durch Bundesgesetze festgelegt.

Artikel 97

1. Zum Abgeordneten der Staatsduma kann jeder Bürger der Rußländischen Föderation gewählt werden, der das 21. Lebensjahr vollendet hat und das aktive Wahlrecht besitzt.
2. Ein und dieselbe Person kann nicht gleichzeitig Mitglied des Bundesrates und Abgeordneter der Staatsduma sein. Ein Abgeordneter der Staatsduma kann nicht

Abgeordneter anderer Vertretungsorgane der Staatsgewalt oder örtlicher Selbstverwaltungsorgane sein.

3. Die Abgeordneten der Staatsduma arbeiten hauptberuflich. Die Abgeordneten der Staatsduma dürfen weder im Staatsdienst stehen noch eine andere bezahlte Tätigkeit ausüben, ausgenommen eine lehrende, wissenschaftliche oder sonstige schöpferische Tätigkeit.

Artikel 98

1. Mitglieder des Bundesrates und Abgeordnete der Staatsduma genießen während der gesamten Dauer ihres Mandates Immunität. Sie dürfen nicht festgenommen, verhaftet oder durchsucht werden, außer bei Festnahme am Tatort, und keiner Leibesvisitation unterzogen werden, es sei denn, daß dies in einem Bundesgesetz zur Gewährleistung der Sicherheit anderer Menschen vorgesehen ist.
2. Über die Aufhebung der Immunität entscheidet auf Vorlage des Generalstaatsanwalts der Rußländischen Föderation die entsprechende Kammer der Bundesversammlung.

Artikel 99

1. Die Bundesversammlung ist ein ständig tätiges Organ.
2. 1 Die Staatsduma tritt am 30. Tag nach der Wahl zur ersten Sitzung zusammen. 2 Der Präsident der Rußländi-schen Föderation ist berechtigt, vor diesem Zeitpunkt eine Sitzung der Staatsduma einzuberufen.
3. Die erste Sitzung der Staatsduma eröffnet der nach Lebensalter älteste Abgeordnete.
4. Mit dem Beginn der Arbeit der Staatsduma der neuen Legislaturperiode erlöschen die Befugnisse der Staatsduma der vorherigen Legislaturperiode.

Artikel 100

1. Bundesrat und Staatsduma tagen getrennt.
2. 1 Die Sitzungen des Bundesrates und der Staatsduma sind öffentlich. 2 In von der Geschäftsordnung einer Kammer vorgesehenen Fällen ist diese berechtigt, geschlossene Sitzungen abhalten.
3. Zur Anhörung von Botschaften des Präsidenten der Rußländischen Föderation, von Botschaften des Verfassungsgerichts der Rußländischen Föderation oder Reden ausländischer Staatsführer dürfen die Kammern gemeinsam zusammentreten.

Artikel 101

1. Der Bundesrat wählt aus seiner Mitte den Vorsitzenden des Bundesrates und dessen Stellvertreter. Die Staatsduma wählt aus ihrer Mitte den Vorsitzenden der Staatsduma und dessen Stellvertreter.
2. Der Vorsitzende des Bundesrates und dessen Stellvertreter sowie der Vorsitzende der Staatsduma und dessen Stellvertreter leiten die Sitzungen und sind für den internen Arbeitsablauf der Kammer zuständig.
3. Bundesrat und Staatsduma bilden Komitees und Kommissionen und führen zu Fragen, die in ihre Zuständigkeit fallen, parlamentarische Anhörungen durch.

4. Jede der Kammern verabschiedet ihre Geschäftsordnung und entscheidet Fragen ihres internen Arbeitsablaufs.
5. Zur Ausübung der Kontrolle über den Vollzug des Bundeshaushaltes bilden Bundesrat und Staatsduma einen Rechnungshof, dessen Zusammensetzung und Verfahrensordnung durch Bundesgesetz bestimmt werden.

Artikel 102

1. Zur Zuständigkeit des Bundesrates gehören:

   a) die Bestätigung der Änderung von Grenzen zwischen Subjekten der Rußländischen Föderation;
   b) die Bestätigung eines Ukaz des Präsidenten der Rußländischen Föderation über die Verhängung des Kriegszu-standes;
   c) die Bestätigung eines Ukaz des Präsidenten der Rußländischen Föderation über die Verhängung des Ausnahmezustandes;
   d) die Entscheidung über die Möglichkeit eines Einsatzes der Streitkräfte der Rußländischen Föderation außerhalb des Territoriums der Rußländischen Föderation;
   e) die Ausschreibung der Wahlen zum Präsidenten der Rußländischen Föderation;
   f) die Amtsenthebung des Präsidenten der Rußländischen Föderation;
   g) die Ernennung von Richtern des Verfassungsgerichts der Rußländischen Föderation, des Obersten Gerichts der Rußländischen Föderation und des Obersten Arbitragegerichts der Rußländischen Föderation;
   h) die Ernennung und Entlassung des Generalstaatsanwalts der Rußländischen Föderation;
   i) die Ernennung und Entlassung des Stellvertreters des Vorsitzenden des Rechnungshofes und der Hälfte seiner Prüfer.

2. Der Bundesrat faßt Beschlüsse zu Fragen, für die er nach der Verfassung der Rußländischen Föderation zuständig ist.
3. Beschlüsse des Bundesrates werden mit der Stimmehrheit der Gesamtmitgliederzahl des Bundesrates gefaßt, sofern die Verfassung der Rußländischen Föderation kein anderes Beschlußverfahren vorsieht.

Artikel 103

1. Zur Zuständigkeit der Staatsduma gehören:

   a) die Erteilung der Zustimmung an den Präsidenten der Rußländischen Föderation zur Ernennung des Vorsitzenden der Regierung der Rußländischen Föderation;
   b) die Entscheidung der Vertrauensfrage der Regierung der Rußländischen Föderation;
   c) die Ernennung und Entlassung des Vorsitzenden der Zentralbank der Rußländischen Föderation;
   d) die Ernennung und Entlassung des Vorsitzenden des Rechnungshofes und der Hälfte seiner Prüfer;

e) die Ernennung und Entlassung des Menschenrechtsbeauftragten, der gemäß einem Bundesverfassungsgesetz tätig ist;
f) die Verkündung einer Amnestie;
g) die Anklageerhebung gegen den Präsidenten der Rußländischen Föderation zur Amtsenthebung.

2. Die Staatsduma faßt Beschlüsse zu Fragen, für die die nach Verfassung der Rußländischen Föderation zuständig ist.
3. Beschlüsse der Staatsduma werden mit der Stimmehrheit der Gesamtabgeordnetenzahl der Staatsduma gefaßt, sofern die Verfassung der Rußländischen Föderation kein anderes Beschlußverfahren vorsieht.

Artikel 104

1. Das Recht der Gesetzesinitiative steht dem Präsidenten der Rußländischen Föderation, dem Bundesrat, Mitgliedern des Bundesrates, Abgeordneten der Staatsduma, der Regierung der Rußländischen Föderation und gesetzgebenden (Vertretungs-) Organen der Subjekte der Rußländischen Föderation zu. Das Recht zur Gesetzesinitiative steht ferner dem Verfassungsgericht der Rußländischen Föderation, dem Obersten Gericht der Rußländischen Föderation und dem Obersten Arbitragegericht der Rußländischen Föderation in Fragen ihrer Zuständigkeit zu.
2. Gesetzentwürfe werden in der Staatsduma eingebracht.
3. Gesetzentwürfe über die Einführung oder Abschaffung von Steuern, die Steuerbefreiungen, die Auflage von Staatsanleihen, die Änderung finanzieller Verpflichtungen des Staates und andere Gesetzesentwürfe, die Ausgaben zu Lasten des Bundeshaushaltes vorsehen, können nur bei Vorliegen eines Gutachtens der Regierung der Rußländischen Föderation eingebracht werden.

Artikel 105

1. Bundesgesetze beschließt die Staatsduma.
2. Bundesgesetze werden mit Stimmehrheit der Gesamtabgeordnetenzahl der Staatsduma beschlossen, sofern die Verfassung der Rußländischen Föderation nichts anderes vorsieht.
3. Von der Staatsduma beschlossene Bundesgesetze werden innerhalb von fünf Tagen dem Bundesrat zur Behandlung zugeleitet.
4. Ein Bundesgesetz gilt als vom Bundesrat gebilligt, wenn mehr als die Hälfte der Gesamtzahl der Mitglieder dieser Kammer dafür gestimmt hat oder wenn es binnen vierzehn Tagen vom Bundesrat nicht verhandelt worden ist. Wird das Bundesgesetz vom Bundesrat abgelehnt, so können die Kammern einen Vermittlungsausschuß zur Überwindung der entstandenen Meinungsverschiedenheiten bilden, wonach das Bundesgesetz erneuter Verhandlung durch die Staatsduma unterliegt.
5. Ist die Staatsduma mit der Entscheidung des Bundesrates nicht einverstanden, so ist das Bundesgesetz beschlossen, wenn bei der erneuten Abstimmung nicht mindestens zwei Drittel der Gesamtabgeordnetenzahl der Staatsduma dafür stimmen.

Artikel 106

Der notwendigen Verhandlung im Bundesrat unterliegen durch die Staatsduma beschlossene Gesetze über Fragen:

a) des Bundeshaushalts;
b) der Bundessteuern und -abgaben;
c) der Regelung von Finanz-, Währungs-, Kredit- und Zollangelegenheiten sowie der Geldemission;
d) der Ratifizierung und Kündigung völkerrechtlicher Verträge der Rußländischen Föderation;
e) des Status und Schutzes der Staatsgrenze der Rußländischen Föderation;
f) von Krieg und Frieden.

Artikel 107

1. Das beschlossene Bundesgesetz ist innerhalb von fünf Tagen dem Präsidenten der Rußländischen Föderation zur Unterzeichnung und Verkündung zuzuleiten.
2. Der Präsident der Rußländischen Föderation unterzeichnet und verkündet das Bundesgesetz innerhalb von vierzehn Tagen.
3. Lehnt der Präsident der Rußländischen Föderation das Bundesgesetz innerhalb von vierzehn Tagen ab Eingang ab, so behandeln Staatsduma und Bundesrat das vorliegende Gesetz erneut in dem von der Verfassung der Rußländischen Föderation vorgesehenen Verfahren. Wird das Bundesgesetz bei erneuter Verhandlung in der vorher beschlossenen Fassung mit einer Mehrheit von mindestens zwei Dritteln der Stimmen der Gesamtmitgliederzahl des Bundesrates und der Gesamtabgeordnetenzahl der Staatsduma gebilligt, so ist es innerhalb von sieben Tagen vom Präsidenten der Rußländischen Föderation zu unterzeichnen und verkünden.

Artikel 108

1. Bundesverfassungsgesetze werden zu den von der Verfassung der Rußländischen Föderation vorgesehenen Fragen verabschiedet.
2. Ein Bundesverfassungsgesetz ist beschlossen, wenn es mit einer Mehrheit von mindestens drei Viertel der Stimmen der Gesamtmitgliederzahl des Bundesrates und mindestens zwei Drittel der Stimmen der Gesamtabgeordnetenzahl der Staatsduma gebilligt worden ist. Das beschlossene Bundesverfassungsgesetz ist innerhalb von vierzehn Tagen vom Präsidenten der Rußländischen Föderation zu unterzeichnen und zu verkünden.

Artikel 109

1. Die Staatsduma kann in den Fällen, die in den Artikeln 111 und 117 der Verfassung der Rußländischen Föderation vorgesehen sind, vom Präsidenten der Rußländischen Föderation aufgelöst werden.
2. Im Fall der Auflösung der Staatsduma bestimmt der Präsident der Rußländischen Föderation das Datum für Neuwahlen so, daß die neu gewählte Staatsduma spätestens vier Monate nach der Auflösung zusammentritt.

3. Die Staatsduma kann innerhalb des ersten Jahres nach ihrer Wahl nicht aus den in Artikel 117 der Verfassung der Rußländischen Föderation vorgesehenen Gründen aufgelöst werden.
4. Die Staatsduma kann vom Zeitpunkt, in dem sie Anklage gegen den Präsidenten der Rußländischen Föderation erhoben hat, bis zur Verabschiedung einer entsprechenden Entscheidung durch den Bundesrat nicht aufgelöst werden.
5. Während des Kriegs- oder Ausnahmezustandes auf dem gesamten Territorium der Rußländischen Föderation sowie während der letzten sechs Monate vor Ablauf der Amtsperiode des Präsidenten der Rußländischen Föderation kann die Staatsduma nicht aufgelöst werden.

Kapitel 6. Regierung der Rußländischen Föderation

Artikel 110

1. Die vollziehende Gewalt der Rußländischen Föderation übt die Regierung der Rußländischen Föderation aus.
2. Die Regierung der Rußländischen Föderation besteht aus dem Vorsitzenden der Regierung der Rußländischen Föderation, den Stelvertretern des Vorsitzenden der Regierung der Rußländischen Föderation und den Bundesministern.

Artikel 111

1. Den Vorsitzenden der Regierung der Rußländischen Föderation ernennt der Präsident der Rußländischen Föderation mit Zustimmung der Staatsduma.
2. Der Kandidatenvorschlag für das Amt des Vorsitzenden der Regierung der Rußländischen Föderation wird spätestens zwei Wochen nach Amtsantritt des neu gewählten Präsidenten der Rußländischen Föderation oder nach Rücktritt der Regierung der Rußländischen Föderation oder binnen einer Woche ab dem Tage der Ablehnung einer Kandidatur durch die Staatsduma eingebracht.
3. Die Staatsduma erörtert die vom Präsidenten der Rußländischen Föderation vorgeschlagene Kandidatur für das Amt des Vorsitzenden der Regierung der Rußländischen Föderation binnen einer Woche nach Einbringung des Kandidatenvorschlags.
4. Nach dreimaliger Ablehnung der vorgeschlagenen Kandidaturen für das Amt des Vorsitzenden der Regierung der Rußländischen Föderation durch die Staatsduma ernennt der Präsident der Rußländischen Föderation den Vorsitzenden der Regierung der Rußländischen Föderation, löst die Staatsduma auf und setzt Neuwahlen an.

Artikel 112

1. Der Vorsitzende der Regierung der Rußländischen Föderation macht dem Präsidenten der Rußländischen Föderation spätestens eine Woche nach seiner Ernennung Vorschläge über die Struktur der Bundesorgane der vollziehende Gewalt.
2. Der Vorsitzende der Regierung der Rußländischen Föderation schlägt dem Präsidenten der Rußländischen Föderation Kandidaten für die Ämter der Stellvertreter des Vorsitzenden der Regierung der Rußländischen Föderation und der Bundesminister vor.

Artikel 113

Der Vorsitzende der Regierung der Rußländischen Föderation bestimmt in Übereinstimmung mit der Verfassung der Rußländischen Föderation, den Bundesgesetzen und den Ukazen des Präsidenten der Rußländischen Föderation die Grundrichtungen der Tätigkeit der Regierung der Rußländischen Föderation und organisiert deren Arbeit.

Artikel 114

1. Die Regierung der Rußländischen Föderation:

   a) arbeitet den Bundeshaushalt aus, legt ihn der Staatsduma vor und gewährleistet seinen Vollzug; legt der Staatsduma einen Rechenschaftsbericht über den Vollzug des Bundeshaushalts vor;
   b) gewährleistet die Durchführung einer einheitlichen Finanz-, Kredit- und Geldpolitik in der Rußländischen Föderation;
   c) gewährleistet die Durchführung einer einheitlichen staatlichen Politik auf dem Gebiet der Kultur, Wissenschaft und Bildung, des Gesundheitsschutzes, der sozialen Sicherung und des Umweltschutzes in der Rußländischen Föderation;
   d) verwaltet das Bundeseigentum;
   e) trifft Maßnahmen, um die Landesverteidigung und die Staatssicherheit zu gewährleisten und die Außenpolitik der Rußländischen Föderation zu verwirklichen;
   f) trifft Maßnahmen, um die Gesetzlichkeit und die Rechte und Freiheiten der Bürger zu gewährleisten, das Eigentum zu schützen, die öffentliche Ordnung zu wahren und die Kriminalität zu bekämpfen;
   g) übt weitere Befugnisse aus, die ihr von der Verfassung der Rußländischen Föderation, den Bundesgesetzen und Ukazen des Präsidenten der Rußländischen Föderation übertragen worden sind.

2. Ein Verfassungsgesetz des Bundes bestimmt das Verfahren, in dem die Regierung der Russischen Föderation tätig wird.

Artikel 115

1. Die Regierung erläßt auf der Grundlage und in Ausführung der Verfassung der Rußländischen Föderation, der Bundesgesetze und der normativen Ukaze des Präsidenten der Rußländischen Föderation Verordnungen und Verfügungen und gewährleistet deren Vollzug.
2. Verordnungen und Verfügungen der Regierung der Rußländischen Föderation unterliegen in der Rußländischen Föderation der verbindlichen Ausführung.
3. Verordnungen und Verfügungen der Regierung der Rußländischen Föderation können, falls sie der Verfassung der Rußländischen Föderation, Bundesgesetzen oder Ukazen des Präsidenten der Rußländischen Föderation widersprechen, vom Präsidenten der Rußländischen Föderation aufgehoben werden.

Artikel 116

Vor einem neu gewählten Präsidenten der Rußländischen Föderation legt die Regierung ihre Ämter nieder.

Artikel 117

1. Die Regierung der Rußländischen Föderation kann ihren Rücktritt einreichen, der vom Präsidenten der Rußländischen Föderation angenommen oder abgelehnt wird.
2. Der Präsident der Rußländischen Föderation kann eine Entscheidung über die Entlassung der Regierung der Rußländischen Föderation treffen.
3. Die Staatsduma kann der Regierung der Rußländischen Föderation das Mißtrauen aussprechen. Ein Mißtrauensvotum gegenüber der Regierung der Rußländischen Föderation wird mit der Stimmenmehrheit der Gesamtabgeordnetenzahl der Staatsduma angenommen. Hat die Staatsduma der Regierung der Rußländischen Föderation das Mißtrauen ausgesprochen, so ist der Präsident der Rußländischen Föderation berechtigt, die Entlassung der Regierung der Rußländischen Föderation zu erklären oder der Entscheidung der Staatsduma die Zustimmung zu verweigern. Spricht die Staatsduma der Regierung der Rußländischen Föderation binnen drei Monaten erneut das Mißtrauen aus, so erklärt der Präsident der Rußländischen Föderation entweder die Entlassung der Regierung oder die Auflösung der Staatsduma.
4. Der Vorsitzende der Regierung der Rußländischen Föderation kann vor der Staatsduma die Vertrauensfrage gegenüber der Regierung der Rußländischen Föderation stellen. Verweigert die Staatsduma das Vertrauen, so trifft der Präsident binnen sieben Tagen eine Entscheidung über die Entlassung der Regierung der Rußländischen Föderation oder die Auflösung der Staatsduma und die Anberaumung von Neuwahlen.
5. Im Falle des Rücktritts, der Entlassung oder der Niederlegung der Vollmachten führt die Regierung der Rußländischen Föderation im Auftrag des Präsidenten der Rußländischen Föderation bis zur Bildung einer neuen Regierung der Rußländischen Föderation ihre Amtsgeschäfte fort.

Kapitel 7. Die rechtsprechende Gewalt

Artikel 118

1. Die Rechtsprechung wird in der Rußländischen Föderation nur durch das Gericht ausgeübt.
2. Die rechtsprechende Gewalt wird im Wege des Verfassungs-, Zivil-, Verwaltungs- und Strafgerichtsverfahrens ausgeübt.
3. Das Gerichtssystem der Rußländischen Föderation wird durch die Verfassung der Rußländischen Föderation und ein Bundesverfassungsgesetz festgelegt. Die Errichtung von Ausnahmegerichten ist unzulässig.

Artikel 119

Richter können Bürger der Rußländischen Föderation sein, die das 25. Lebensjahr vollendet haben sowie über eine juristische Hochschulausbildung und eine juristische Berufspraxis von mindestens fünf Jahren verfügen. Durch ein Bundesgesetz können zusätzliche Anforderungen an Richter an Gerichten der Rußländischen Föderation gestellt werden.

Artikel 120

1. Die Richter sind unabhängig und nur der Verfassung der Rußländischen Föderation und dem Bundesgesetz unterworfen.
2. Hat ein Gericht bei der Verhandlung einer Sache festgestellt, daß ein Akt eines staatlichen oder anderen Organs nicht mit dem Gesetz übereinstimmt, so entscheidet es gemäß dem Gesetz.

Artikel 121

1. Die Richter sind nicht absetzbar.
2. Die Amtsbefugnisse eines Richters können nur aus den Gründen und in dem Verfahren aufgehoben oder suspendiert werden, die bundesgesetzlich festgelegt sind.

Artikel 122

1. Richter genießen Immunität.
2. Ein Richter darf nur in dem durch ein Bundesgesetz bestimmten Verfahren strafrechtlich zur Verantwortung gezogen werden.

Artikel 123

1. Die Verhandlung ist in allen Gerichten öffentlich. Verhandlungen unter Ausschluß der Öffentlichkeit sind in den durch ein Bundesgesetz vorgesehenen Fällen zulässig.
2. Eine gerichtliche Verhandlung von Strafsachen in Abwesenheit des Angeklagten ist außer in den durch ein Bundesgesetz vorgesehenen Fällen unzulässig.
3. Das Gerichtsverfahren wird auf der Grundlage des kontradiktorischen Prinzips und der Gleichberechtigung der Parteien durchgeführt.
4. In den durch ein Bundesgesetz vorgesehenen Fällen findet das Gerichtsverfahren unter Mitwirkung von Geschworenen statt.

Artikel 124

Die Finanzierung der Gerichte erfolgt ausschließlich aus dem Bundeshaushalt und soll die Möglichkeit einer vollständigen und unabhängigen Ausübung der Rechtsprechung in Übereinstimmung mit dem Bundesgesetz gewährleisten.

Artikel 125

1. Das Verfassungsgericht der Rußländischen Föderation besteht aus 19 Richtern.
2. Das Verfassungsgericht der Rußländischen Föderation entscheidet auf Ersuchen des Präsidenten der Rußländi-schen Föderation, des Bundessrates, der Staatsduma, eines Fünftels der Mitglieder des Bundesrates oder der Abgeordneten der Staatsduma, der Regierung der Rußländischen Föderation, des Obersten Gerichts der Rußländischen Föderation, des Obersten Arbitragegerichts der Rußländischen Föderation und den Organen der gesetzgebenden und vollziehenden Gewalt der Subjekte der Rußländischen Föderation über die Vereinbarkeit mit der Verfassung der Rußländischen Föderation von

   a) Bundesgesetzen und Normativakten des Präsidenten der Rußländischen Föderation, des Bundesrates, der Staatsduma und der Regierung der Rußländischen Föderation;

b) Verfassungen der Republiken, Statuten sowie Gesetzen und anderen Normativakten der Subjekte der Rußländischen Föderation, die zu Fragen erlassen wurden, die in die Zuständigkeit der Organe der Staatsgewalt der Rußländischen Föderation und in die gemeinsame Zuständigkeit der Organe der Staatsgewalt der Rußländischen Föderation und der Organe der Staatsgewalt der Subjekte der Rußländischen Föderation fallen;
c) Verträgen zwischen den Organen der Staatsgewalt der Rußländischen Föderation und den Organen der Staatsgewalt der Subjekte der Rußländischen Föderation sowie Verträgen zwischen den Organen der Staatsgewalt der Subjekte der Rußländischen Föderation;
d) nicht in Kraft getretenen völkerrechtlichen Verträgen der Rußländischen Föderation.

3. Das Verfassungsgericht entscheidet Kompetenzstreitigkeiten

a) zwischen Organen der Staatsgewalt des Bundes;
b) zwischen Organen der Staatsgewalt der Rußländischen Föderation und Organen der Staatsgewalt der Subjekte der Rußländischen Föderation;
c) zwischen den höchsten Staatsorganen der Subjekte der Rußländischen Föderation.

4. Das Verfassungsgericht überprüft in dem durch ein Bundesgesetz festgelegten Verfahren auf Beschwerden gegen die Verletzung verfassungsmäßiger Rechte und Freiheiten der Bürger oder auf Ersuchen von Gerichten die Verfassungsmäßigkeit eines Gesetzes, das in einem konkreten Fall angewendet worden ist oder angewendet werden soll.
5. Das Verfassungsgericht der Rußländischen Föderation legt auf Ersuchen des Präsidenten der Rußländischen Föderation, des Bundesrates, der Staatsduma, der Regierung der Rußländischen Föderation und der Gesetzgebungsorgane der Subjekte der Rußländischen Föderation die Verfassung der Rußländischen Föderation aus.
6. Akte oder einzelne ihrer Bestimmungen, die für verfassungswidrig erklärt werden, treten außer Kraft; völkerrechtliche Verträge der Rußländischen Föderation, die der Verfassung der Rußländischen Föderation widersprechen, dürfen nicht in Kraft gesetzt und angewendet werden.
7. Das Verfassungsgericht der Rußländischen Föderation erstattet auf Ersuchen des Bundesrates ein Gutachten darüber, ob bei der Erhebung einer Anklage gegen den Präsidenten der Rußländischen Föderation wegen Staatsverrats oder wegen der Begehung einer anderen schweren Straftat das dafür festgelegte Verfahren eingehalten worden ist.

Artikel 126

Das Oberste Gericht der Rußländischen Föderation ist das höchste Gerichtsorgan für Zivil-, Straf-, Verwaltungs- und andere Sachen, für die die Gerichte der ordentlichen Gerichtsbarkeit zuständig sind, führt die Aufsicht über deren Tätigkeit in den durch ein

Bundesgesetz vorgesehenen prozessualen Formen und gibt Erläuterungen zu Fragen der Rechtsprechung.

Artikel 127

Das Oberste Arbitragegericht der Rußländischen Föderation ist das höchste Gerichtsorgan zur Entscheidung von Wirtschaftsstreitigkeiten und anderer Sachen, die von den Arbitragegerichten verhandelt werden, führt die Aufsicht über deren Tätigkeit in den durch ein Bundesgesetz vorgesehenen prozessualen Formen und gibt Erläute-rungen zu Fragen der Gerichtspraxis.

Artikel 128

1. Die Richter des Verfassungsgerichts der Rußländischen Föderation, des Obersten Gerichts der Rußländischen Föderation und des Obersten Arbitragegerichts werden vom Bundesrat auf Vorschlag des Präsidenten der Rußländischen Föderation ernannt.
2. Die Richter der anderen Bundesgerichte werden durch den Präsidenten der Rußländischen Föderation in dem durch ein Bundesgesetz festgelegten Verfahren ernannt.
3. Die Zuständigkeiten sowie das Verfahren der Bildung und der Tätigkeit des Verfassungsgerichts der Rußländischen Föderation, des Obersten Gerichts der Rußländischen Föderation, des Obersten Arbitragegerichts der Rußländischen Föderation und der anderen Bundesgerichte werden durch ein Bundesverfassungsgesetz festgelegt.

Artikel 129

1. Die Staatsanwaltschaft der Rußländischen Föderation stellt ein einheitliches zentralisiertes System dar, in dem die untergeordneten Staatsanwälte den übergeordneten Staatsanwälten und dem Generalstaatsanwalt unterstellt sind.
2. Der Generalstaatsanwalt der Rußländischen Föderation wird vom Bundesrat auf Vorschlag des Präsidenten der Rußländischen Föderation in sein Amt eingesetzt und aus seinem Amt entlassen.
3. Die Staatsanwälte der Subjekte der Rußländischen Föderation werden vom Generalstaatsanwalt der Rußländischen Föderation mit Zustimmung ihrer Subjekte ernannt.
4. Die anderen Staatsanwälte werden vom Generalstaatsanwalt der Rußländischen Föderation ernannt.
5. Zuständigkeiten, Organisation sowie die Art und Weise der Tätigkeit der Staatsanwaltschaft der Rußländischen Föderation werden durch ein Bundesgesetz bestimmt.

Kapitel 8. Die örtliche Selbstverwaltung

Artikel 130

1. Die örtliche Selbstverwaltung in der Rußländischen Föderation gewährleistet, daß die Bevölkerung Fragen von örtlicher Bedeutung selbstständig entscheidet und das kommunale Eigentum besitzt, nutzt und darüber verfügt.
2. Die örtliche Selbstverwaltung wird von den Bürgern durch Referendum, Wahlen und andere Formen der unmittelbaren Willensäußerung sowie durch gewählte und andere Organe der örtlichen Selbstverwaltung ausgeübt.

Artikel 131

1. Die örtliche Selbstverwaltung wird in städtischen und ländlichen Siedlungen und in sonstigen Territorien unter Berücksichtigung der historischen und sonstigen örtlichen Traditionen ausgeübt. Die Struktur der Organe der örtlichen Selbstverwaltung wird von der Bevölkerung selbstständig bestimmt.
2. Eine Änderung der Grenzen von Gebieten, in denen die örtliche Selbstverwaltung ausgeübt wird, ist unter Berücksichtigung der Meinung der Bevölkerung der betreffenden Gebiete zulässig.

Artikel 132

1. Die Organe der örtlichen Selbstverwaltung verwalten selbstständig das kommunale Eigentum, stellen den örtlichen Haushalt auf, bestätigen und vollziehen ihn, legen örtliche Steuern und sonstige Abgaben fest, sorgen für den Schutz der öffentlichen Ordnung und entscheiden sonstige Fragen von örtlicher Bedeutung.
2. Den Organen der örtlichen Selbstverwaltung können durch ein Gesetz einzelne staatliche Zuständigkeiten übertragen werden, wobei sie mit den zu deren Wahrnehmung erforderlichen sachlichen und finanziellen Mitteln auszustatten sind. Die Ausübung der übertragenen Zuständigkeiten unterliegt der Kontrolle des Staates.

Artikel 133

Die örtliche Selbstverwaltung wird in der Rußländischen Föderation garantiert durch das Recht auf gerichtlichen Schutz und auf die Erstattung zusätzlicher Ausgaben, die durch Entscheidungen von Organen der Staatsgewalt entstanden sind, sowie durch das Verbot einer Einschränkung der durch die Verfassung der Rußländischen Föderation und durch Bundesgesetze festgelegten Rechte der örtlichen Selbstverwaltung.

Kapitel 9. Verfassungsänderungen und Überarbeitung der Verfassung

Artikel 134

Vorlagen über Änderungen oder eine Überarbeitung von Bestimmungen der Verfassung der Rußländischen Föderation können der Präsident der Rußländischen Föderation, der Bundesrat, die Staatsduma, die Regierung der Rußländischen Föderation, Gesetzgebungs-(Vertretungs-)organe der Subjekte der Rußländischen Föderation sowie eine Gruppe von mindestens einem Fünftel der Mitglieder des Bundesrates oder der Abgeordneten der Staatsduma einbringen.

Artikel 135

1. Die Bestimmungen der Kapitel 1, 2 und 9 der Verfassung der Rußländischen Föderation können von der Bundesversammlung nicht revidiert werden.
2. Wird eine Vorlage zur Überarbeitung von Bestimmungen der Kapitel 1, 2 und 9 der Verfassung der Rußländischen Föderation mit drei Fünfteln der Stimmen der Gesamtzahl der Mitglieder der Bundesrates und der Abgeordneten der Staatsduma unterstützt, so wird in Übereinstimmung mit einem Verfassungsgesetz des Bundes eine Verfassungsversammlung einberufen.

3. Die Verfassungsversammlung bestätigt entweder die Unverändertheit der Verfassung der Rußländischen Föderation oder arbeitet den Entwurf einer neuen Verfassung der Rußländischen Föderation aus, der von der Verfassungsversammlung mit zwei Dritteln der Stimmen aller ihrer Mitglieder angenommen oder in einer Volksabstimmung zur Entscheidung gestellt wird. Bei Durchführung einer Volksabstimmung gilt die Verfassung der Rußländischen Föderation als angenommen, wenn sich mehr als die Hälfte der Wähler, die an der Abstimmung teilgenommen haben, für sie ausgesprochen haben – vorausgesetzt, an der Abstimmung hat mehr als die Hälfte der Wähler teilgenommen.

Artikel 136

Änderungen an den Kapiteln 3–8 der Verfassung der Rußländischen Föderation werden nach dem Verfahren verabschiedet, das für die Verabschiedung eines Bundesverfassungsgesetzes vorgesehen ist, und treten nach Billigung durch die Gesetzgebungsorgane von mindestens zwei Dritteln der Subjekte der Rußländischen Föderation in Kraft.

Artikel 137

1. Änderungen des Artikel 65 der Verfassung der Rußländischen Föderation, der die Zusammensetzung der Rußländischen Föderation bestimmt, erfolgen auf der Grundlage eines Bundesverfassungsgesetzes über die Aufnahme in die Rußländische Föderation und die Bildung eines neuen Subjekts der Rußländischen Föderation innerhalb derselben beziehungsweise über die Änderung des verfassungsrechtlichen Status eines Subjekts der Rußländischen Föderation.
2. Ändert eine Republik, eine Region, ein Gebiet, eine bundesunmittelbare Stadt, ein autonomes Gebiet oder ein autonomer Bezirk ihren/ seinen Namen, so ist der neue Name dieses Subjekts der Rußländischen Föderation in Artikel 65 der Verfassung der Rußländischen Föderation aufzunehmen.

Zweiter Abschnitt. Schluss- und Übergangsbestimmungen

1. Die Verfassung der Rußländischen Föderation tritt mit dem Tage in Kraft, an dem sie entsprechend den Ergebnissen der Volksabstimmung offiziell veröffentlicht wird.

   Der Tag der Volksabstimmung, der 12. Dezember 1993, gilt als der Tag der Annahme der Verfassung der Rußländischen Föderation.

   Gleichzeitig verliert die am 12. April 1978 verabschiedete Verfassung (das Grundgesetz) der Rußländischen Föderation – Rußlands – mitsamt den nachfolgend vorgenommenen Änderungen und Ergänzungen ihre Gültigkeit.

   Falls die Bestimmungen des Föderationsvertrages – des Vertrages über die Abgrenzung der Zuständigkeiten und Befugnisse zwischen den Bundesorganen der Staatsgewalt der Rußländischen Föderation und den Organen der Staatsgewalt der souveränen Republiken innerhalb der Rußländischen Föderation, des Vertrages über die Abgrenzung der Zuständigkeiten und Befugnisse zwischen den Bundesorganen der Staatsgewalt der Rußländischen Föderation und den Organen der Staatsgewalt der Regionen, der Gebiete sowie der Städte Moskau und Sankt Petersburg der Rußländischen

Föderation, des Vertrages über die Abgrenzung der Zuständigkeiten und Befugnisse zwischen den Bundesorganen der Staatsgewalt der Rußländischen Föderation und den Organen der Staatsgewalt des autonomen Gebietes und der autonomen Bezirke innerhalb der Rußländischen Föderation sowie sonstiger Verträge zwischen den Bundesorganen der Staatsgewalt der Rußländischen Föderation und Organen der Staatsgewalt der Subjekte der Rußländischen Föderation und der Verträge zwischen den Organen der Staatsgewalt der Subjekte der Rußländischen Föderation – nicht in Einklang mit Bestimmungen der Verfassung der Rußländischen Föderation stehen, gelten die Bestimmungen der Verfassung der Rußländischen Föderation.

2. Die Gesetze und sonstigen Rechtsakte, die bis zum Inkrafttreten dieser Verfassung auf dem Territorium der Rußländischen Föderation gegolten haben, werden angewandt, soweit sie der Verfassung der Rußländischen Föderation nicht widersprechen.
3. Der Präsident der Rußländischen Föderation, der in Übereinstimmung mit der Verfassung (dem Grundgesetz) der Rußländischen Föderation – Rußlands – gewählt worden ist, übt ab dem Tag des Inkrafttretens dieser Verfassung die darin festgelegten Befugnisse bis zum Ablauf des Zeitraums aus, für den er gewählt wurde.
4. Der Ministerrat – die Regierung der Rußländischen Föderation – übernimmt mit dem Tag des Inkrafttretens dieser Verfassung die Rechte, die Pflichten und die Verantwortung der Regierung der Rußländischen Föderation, wie sie in der Verfassung der Rußländischen Föderation festgelegt sind, und wird fortan als Regierung der Rußländischen Föderation bezeichnet.
5. Die Gerichte in der Rußländischen Föderation üben die Rechtsprechung im Rahmen ihrer in dieser Verfassung festgelegten Kompetenzen aus.
   Nach Inkrafttreten der Verfassung behalten die Richter aller Gerichte der Rußländischen Föderation ihre Kompetenzen bis zum Ablauf des Zeitraums, für den sie gewählt worden sind. 3 Freie Stellen werden in dem durch diese Verfassung festgelegten Verfahren besetzt.
6. Bis zur Inkraftsetzung des Bundesgesetzes, das das Verfahren für die Verhandlung von Sachen durch ein Gericht unter Mitwirkung von Geschworenen festlegt, wird das frühere Verfahren der gerichtlichen Verhandlung entsprechender Fälle beibehalten.
   Bis die Strafprozeßgesetzgebung der Rußländischen Föderation mit den Bestimmungen dieser Verfassung in Einklang gebracht worden ist, bleibt das frühere Verfahren des Arrestes, der Untersuchungshaft und der Festnahme von Personen, die einer Straftat verdächtig sind, erhalten.
7. Der erste Bundesrat und die erste Staatsduma werden auf zwei Jahre gewählt.
8. Der Bundesrat tritt am 30. Tage nach seiner Wahl zu seiner ersten Sitzung zusammen. Die erste Sitzung des Bundesrates eröffnet der Präsident der Rußländischen Föderation.
9. Ein Abgeordneter der ersten Staatsduma kann gleichzeitig Mitglied der Regierung der Rußländischen Föderation sein. Die Bestimmungen der vorliegenden Verfassung über die parlamentarische Immunität erstrecken sich nicht auf die Abgeordneten

der Staatsduma, die zugleich Mitglieder der Regierung der Rußländischen Föderation sind, sofern es sich um die Haftung für Handlungen (oder Unterlassungen) bei der Erfüllung ihrer Dienstpflichten handelt.
Die Abgeordneten des ersten Bundesrates üben ihre Mandate auf nichtständiger Grundlage aus.

(Deutsche Übersetzung vom Lehrstuhl Prof. Dr. Martin Fincke, Passau http://www.jura.uni-passau.de/fakultaet/lehrstuehle/Fincke/osttitle.htm)

Quelle: www.constitution.ru/de

STUDIEN ZUM ÖFFENTLICHEN RECHT, VÖLKER- UND EUROPARECHT

Herausgegeben von Prof. Dr. Eckart Klein

Band 1 Ulrike Suchsland-Maser: Menschenrechte und die Politik multilateraler Finanzinstitute. Eine Untersuchung unter völkerrechtlichen Gesichtspunkten an den Beispielen der Weltbank, des Währungsfonds und regionaler Entwicklungsbanken. 1999.

Band 2 Jean Angelov: Grundlagen und Grenzen eines staatsbürgerlichen Informationszugangsanspruchs. 2000.

Band 3 Norman Weiß: Objektive Willkür. Zu einem Prüfungskriterium im Verfahren der Urteilsverfassungsbeschwerde. 2000.

Band 4 Eva Tanuschev: Entwicklung, Stand und Perspektiven eines freien Personenverkehrs in Europa. 2001.

Band 5 Heiner Baab: GATT und WTO im Recht der USA. Die Integration des Völkervertragsrechts in die Rechtsordnung der USA am Beispiel der GATT-Abkommen und der WTO-Übereinkommen. 2001.

Band 6 Malte Graßhof: Die Vollstreckung von Normenkontrollentscheidungen des Bundesverfassungsgerichts. Ein Beitrag zum Verhältnis zwischen Bundesverfassungsgericht und Gesetzgeber. 2003.

Band 7 Christof Berthold: Die Europäische Politische Gemeinschaft (EPG) 1953 und die Europäische Union (EU) 2001. Eine rechtsvergleichende Betrachtung. 2003.

Band 8 Felix Bark: Das gemeinschaftsrechtliche Defizitverfahren. Reformansätze und ihre rechtlichen Umsetzungsmöglichkeiten. 2004.

Band 9 Astrid Ihns: Entwicklung und Grundlagen der europäischen Rechtsangleichung. 2005.

Band 10 Stefanie Klein: Recht zu erben - Pflicht zu teilen. Das Grundrecht Angehöriger auf Nachlaßteilhabe. Zugleich ein Beitrag zur Dogmatik des Verfassungserbrechts. 2006.

Band 11 Matthias Schlotmann: Interessenvertretung bei der Europäischen Kommission. Am Beispiel des Rechtsetzungsverfahrens im Bereich der Umweltpolitik. 2006.

Band 12 Claudia Kissling: Die Interparlamentarische Union im Wandel. Rechtspolitische Ansätze einer repräsentativ-parlamentarischen Gestaltung der Weltpolitik. 2006.

Band 13 Marten Breuer / Norman Weiß (Hrsg.): Das Vertragswerk von Locarno und seine Bedeutung für die internationale Gemeinschaft nach 80 Jahren. Ergebnisse eines interdisziplinären Rundtischgesprächs. 2007.

Band 14 Franca Fülle: Embryonenforschung und Embryonenschutz. Rechtliche Rahmenbedingungen sowie nationale, regionale und internationale Standards der pränatalen Biomedizin. 2007.

Band 15 Andreas Lach: Umgekehrte Diskriminierungen im Gemeinschaftsrecht. Eine Analyse der Rechtsprechung des EuGH zum Merkmal des grenzüberschreitenden Bezugs unter besonderer Brücksichtigung der Unionsbürgerschaft. Zugleich ein Beitrag zur Dogmatik der Grundfreiheiten. 2008.

Band 16 Dorothee Höch: Beschäftigungspolitik im Gemeinschaftsrecht. Die Kompetenzen der Europäischen Gemeinschaft im Kampf gegen die Arbeitslosigkeit. 2009.

Band 17 Roxana Heinrich: Befristung und Bedingung baulicher und sonstiger Nutzungsrechte nach § 9 Abs. 2 BauGB. 2009.

Band 18 Runhild Solveig Vogel: Die Außenfischereibeziehungen der Europäischen Gemeinschaft. Schutz und Bewirtschaftung kommerziell genutzter Fischbestände in der Europäischen Gemeinschaft. 2009.

Band 19 Bernhard Plamper: Die Nichtigkeit völkerrechtlicher Gerichtsentscheidungen. Unter besonderer Berücksichtigung von Entscheidungen zu Staatenstreitigkeiten. 2010.

Band 20 Jan Thiele: Auslandseinsätze der Bundeswehr zur Bekämpfung des internationalen Terrorismus. Völker- und verfassungsrechtliche Aspekte. 2011.

Band 21 Manuela Ludewig: Beendigungstatbestände als notwendige und dynamische Elemente der Mitgliedschaft in internationalen Organisationen unter besonderer Berücksichtigung von Art. 50 EUV. 2015.

Band 22 Oxana Syuzyukina: Einreise und Integration von Ausländern in der Bundesrepublik Deutschland und der Russischen Föderation. Eine rechtsvergleichende Untersuchung. 2015.

www.peterlang.com